汉译人类学名著丛书

西太平洋上的航海者

——美拉尼西亚新几内亚群岛土著人之事业及冒险活动的报告

〔英〕马林诺夫斯基 著

弓秀英 译

Bronislaw Malinowski
ARGONAUTS OF THE WESTERN PACIFIC
An Account of Native Enterprise and Adventure in the Archipelagoes of Melanesian New Guinea
根据 Kessinger Publishing 2010 年版译出

汉译人类学名著丛书

总　　序

　　学术并非都是绷着脸讲大道理，研究也不限于泡图书馆。有这样一种学术研究，研究者对一个地方、一群人感兴趣，怀着浪漫的想象跑到那里生活，在与人亲密接触的过程中获得他们生活的故事，最后又回到自己原先的日常生活，开始有条有理地叙述那里的所见所闻——很遗憾，人类学的这种研究路径在中国还是很冷清。

　　"屹立于世界民族之林"的现代民族国家都要培育一个号称"社会科学"（广义的社会科学包括人文学科）的专业群体。这个群体在不同的国家和不同的历史时期无论被期望扮演多少不同的角色，都有一个本分，就是把呈现"社会事实"作为职业的基础。社会科学的分工比较细密或者说比较发达的许多国家在过去近一个世纪的时间里发展出一种扎进社区里搜寻社会事实、然后用叙述体加以呈现的精致方法和文体，这就是"民族志"（ethnography）。

　　"民族志"的基本含义是指对异民族的社会、文化现象的记述，希罗多德对埃及人家庭生活的描述，旅行者、探险家的游记，那些最早与"土著"打交道的商人和布道的传教士以及殖民时代"帝国官员"们关于土著人的报告，都被归入"民族志"这个广义的文体。这些大杂烩的内容可以被归入一个文体，主要基于两大因素：一是它们在风格上的异域情调（exotic）或新异感，二是它们表征着一个有着内在一致的精神（或民族精神）的群体（族群）。

具有专业素养的人类学家逐渐积累了记述异民族文化的技巧,把庞杂而散漫的民族志发展为以专门的方法论为依托的学术研究成果的载体,这就是以马林诺夫斯基为代表的"科学的民族志"。人类学把民族志发展到"科学"的水平,把这种文体与经过人类学专门训练的学人所从事的规范的田野作业捆绑在一起,成为其知识论和可靠资料的基础,因为一切都基于"我"在现场目睹(I witness),"我"对事实的叙述都基于对社会或文化的整体考虑。

民族志是社会文化人类学家所磨砺出来的学术利器,后来也被民族学界、社会学界、民俗学界广泛采用,并且与从业规模比较大的其他社会科学学科结合,发展出宗教人类学、政治人类学、法律人类学、经济人类学、历史人类学、教育人类学……

人类学的民族志及其所依托的田野作业作为一种组合成为学术规范,后来为多个学科所沿用,民族志既是社会科学的经验研究的一种文体,也是一种方法,即一种所谓的定性研究或者"质的研究"。这些学科本来就擅长定性研究,它们引入民族志的定性研究,使它们能够以整体的(holistic)观念去看待对象,并把对象在经验材料的层次整体性地呈现在文章里。民族志是在人类学对于前工业社会(或曰非西方社会、原始社会、传统社会、简单社会)的调查研究中精致起来的,但是多学科的运用使民族志早就成为也能够有效地对西方社会、现代社会进行调查研究的方法和文体。

作为现代社会科学的一个主要的奠基人,涂尔干强调对社会事实的把握是学术的基础。社会科学的使命首先是呈现社会事实,然后以此为据建立理解社会的角度,建立进入"社会"范畴的思想方式,并在这个过程之中不断磨砺有效呈现社会事实并对其加以解释的方法。

民族志依据社会整体观所支持的知识论来观察并呈现社会事实,对整个社会科学、对现代国家和现代世界具有独特的知识贡献。中国古训所讲的"实事求是"通常是文人学士以个人经历叙事明理。"事"所从出的范围是很狭窄的。现代国家需要知道尽可能广泛的社会事实,并且是超越个人随意性的事实。民族志是顺应现代社会的这种知识需要而获得发展机会的。

通过专门训练的学者群体呈现社会各方的"事",使之作为公共知识,作为公共舆论的根据,这为各种行动者提供了共同感知、共同想象的社会知识。现代社会的人际互动是在极大地超越个人直观经验的时间和空间范围展开的,由专业群体在深入调查后提供广泛的社会事实就成为现代社会良性化运作的一个条件。现代世界不可能都由民族志提供社会事实,但是民族志提供的"事"具有怎样的数量、质量和代表性,对于一个社会具有怎样的"实事求是"的能力会产生至关重要的影响。

社会需要叙事,需要叙事建立起码的对社会事实的共识。在现代国家的公共领域,有事实就出议题,有议题就能够产生共同思想。看到思想的表达,才见到人之成为人;在共同思想中才见到社会。新闻在呈现事实,但是新闻事实在厚度和纵深上远远不够,现代世界还需要社会科学对事实的呈现,尤其是民族志以厚重的方式对事实的呈现,因为民族志擅长在事实里呈现并理解整个社会与文化。这是那些经济比较发达、公共事务管理比较高明的国家的社会科学界比较注重民族志知识生产的事实所给予我们的启示。

在中国现代学术的建构中,民族志的缺失造成了社会科学的知识生产的许多缺陷。学术群体没有一个基本队伍担当起民族志事业,不能提供所关注的社会的基本事实,那么,在每个人脑子里的"社会事实"太不一样并且相互不可知、不可衔接的状态下,学术群体不易形成共同话题,不易形成相互关联而又保持差别和张力的观点,不易磨炼整体的思想智慧和分析技术。没有民族志,没有民族志的思想方法在整个社会科学中的扩散,关于社会的学术就难以"说事儿",难以把"事儿"说得有意思,难以把琐碎的现象勾连起来成为社会图像,难以在社会过程中理解人与文化。

因为民族志不发达,中国的社会科学在总体上不擅长以参与观察为依据的叙事表述。在一个较长的历史时期,中国社会在运作中所需要的对事实的叙述是由文学和艺术及其混合体的广场文艺来代劳的。收租院的故事,《创业史》《艳阳天》,诉苦会、批斗会,都是提供社会叙事的形式。在这些历史时期,如果知识界能够同时也提供社会科学的民族志叙事,中国社会对自己面临的问题的判断和选择会很不一样。专家作为第三方叙事对于作为大共同体的现代国家在内部维持明智的交往行为是不可缺少的。

民族志在呈现社会事实之外,还是一种发现或建构民族文化的文体。民族志学者以长期生活在一个社区的方式开展调查研究,他在社会中、在现实中、在百姓中、在常人生活中观察文化如何被表现出来。他通过对社会的把握而呈现一种文化,或者说他借助对于一种文化的认识而呈现一个社会。如果民族志写作持续地进行,一个民族、一个社会在文化上的丰富性就有较大的机会被呈现出来,一度被僵化、刻板化、污名化的文化就有较大的机会尽早获得准确、全面、公正的表述,生在其中的人民就有较大的机会由此发现自己的多样性,并容易使自己在生活中主动拥有较多的选择,从而使整个社会拥有各种更多的机会。

中国社会科学界无法回避民族志发育不良的问题。在中国有现代学科之前,西方已经占了现代学术的先机。中国社会科学界不重视民族志,西洋和东洋的学术界却出版了大量关于中国的民族志,描绘了他们眼中的中国社会的图像。这些图像是具有专业素养的学人所绘制的,我们不得不承认它们基于社会事实。然而,我们一方面难以认同它们是关于我们社会的完整图像,另一方面我们又没有生产出足够弥补或者替换它们的社会图像。要超越这个局面中我们杂糅着不服与无奈的心理,就必须发展起自己够水准的民族志,书写出自己所见证的社会图像供大家选择或偏爱、参考或参照。

这个译丛偏重选择作为人类学基石的经典民族志以及与民族志问题密切相连的一些人类学著作,是要以此为借鉴在中国社会科学界推动民族志研究,尽快让我们拥有足够多在学术上够水准、在观念上能表达中国学者的见识和主张的民族志。

我们对原著的选择主要基于民族志著作在写法上的原创性和学科史上的代表性,再就是考虑民族志文本的精致程度。概括地说,这个"汉译人类学名著丛书"的入选者或是民族志水准的标志性文本,或是反思民族志并促进民族志发展的人类学代表作。民族志最初的范本是由马林诺夫斯基、米德等人在实地调查大洋上的岛民之后创建的。我们选了米德的代表作。马林诺夫斯基的《西太平洋上的航海者》是最重要的开创之作，好在它已经有了中文本。

我们今天向中国社会科学界推荐的民族志，当然不限于大洋上的岛民，不限于非洲部落，也不应该限于人类学。我们纳入了社会学家写美国工厂的民族志。我们原来也列入了保罗·威利斯（Paul Willis）描写英国工人家庭的孩子在中学毕业后成为工人之现象的民族志著作《学会劳动》，后来因为没有获得版权而留下遗憾。我们利用这个覆盖面要传达的是，中国社会科学的实地调查研究要走向全球社会，既要进入调查成本相对比较低的发展中国家，也要深入西洋东洋的主要发达国家，再高的成本，对于我们终究能够得到的收益来说都是值得的。

这个译丛着眼于选择有益于磨砺我们找"事"、说"事"的本事的大作，因为我们认为这种本事的不足是中国社会科学健康发展的软肋。关于民族志，关于人类学，可译可读的书很多；好在有很多中文出版社，好在同行中还有多位热心人。组织此类图书的翻译，既不是从我们开始，也不会止于我们的努力。大家互相拾遗补缺吧。

高 丙 中

2006 年 2 月 4 日立春

"人世何处是桃源?"(代译序)

梁永佳[①]

费孝通先生一向对马林诺夫斯基既热爱又敬重。说热爱,费马通信最能说明。"二战"爆发次日,费先生从云南致信,慰问这位波兰裔老师,称欧洲战事一定"让马大叔痛心疾首",形容中国和波兰"同是天涯沦落人,相逢何须曾相识",并请马老师尽快回信报平安[②]。说敬重,费先生晚年多次论述马氏实地调查的丰功伟绩,并用"时势"解释马氏的成功,认为在一战后的英国,"始终离不开时势的学术已不能在老路上继续下去了,正在呼唤新一代的诞生。马老师的主观条件正好适应了时势的需要。他在 1922 年出版的第一本实地调查报告 Argonauts of the Western Pacific(《西太平洋上的航海者》)使他一举成名,并成了社会人类学新兴一代的代表作"[③]。费先生说,此书有划时代意义,勾画出和前代人类学经典《金枝》完全不同的图景:

在他笔下西太平洋小岛上的土人,尽管肤色、面貌、语言、举动果然不同于伦敦学府里的人士,但是他们在喜怒哀乐、爱恨信疑上却并无轩轾。如果你能像马老师那样进入当地土人社会的各种角色,你就会觉得这些老黑和我们当前的左邻右舍并无太大区别。读了《金枝》我们会觉得自己高人一等,读了《航海者》就会由衷地觉得四海之内,人同此心,都在过着人间相似的生活,甚至会感叹,人世何处是桃源?[④]

[①] 承蒙高丙中教授美意,使我有幸为这部人类学经典作序,十分感谢。同时感谢译者弓秀英女士的辛苦工作。

[②] Fei Hsiao-tung to Malinowski, 2 September 1939,迈克尔·扬(Michael Young)私人收藏。笔者感谢扬教授的慷慨惠赠。

[③] 费孝通:"从马林诺斯基老师学习文化论",《从实求知录》,北京大学出版社 1998[1995]年版,第 309 页。

[④] 同上书,第 311—312 页。

"桃源"的比喻生动地讲明了文化差异背后存在共性的道理。马林诺夫斯基"罗曼蒂克式"的逃避,并非要找到与世隔绝的"桃源",而是将差异归结为人类的共同需要,以需要代替进化,这正是功能主义的本意。桃源比喻也不只适用于功能主义,后世对《航海者》的后续研究,虽有结构主义、女性主义、马克思主义等范式区别,但"互惠"、"让渡"、"等级"、"权力"等概念,皆超越"桃源"的特殊性,探讨"四海之内,人同此心"的命题。如果说美拉尼西亚民族志在人类学界独占鳌头,那正是因为这里的研究放眼四海,追求普遍性和比较性。费先生用"人生何处是桃源?"的诘问,道出了西太平洋上的航海者和它前前后后的人类学脉络。我将借用费先生的比喻,探讨《航海者》的主要内容、田野方法与后续研究。

本书主要内容

马林诺夫斯基(1884—1942)的履历人所共知。他出身波兰贵族,24岁获得数学和物理学博士。后来,他受到弗雷泽(James Fraser)《金枝》(Golden Bough)的强烈吸引转向人类学,到伦敦经济学院(London School of Economics)投师威斯特马克(Edward Westermarck)和塞利格曼(C. G. Seligman)。1914年他获得去巴布亚新几内亚做研究的机会,一去四年,在一个叫特罗布里恩的小岛上学会了土著语言,调查了各种风俗,写成了好几本经典著作,有《巴洛马:特罗布里恩群岛的亡灵》(Baloma: the Spirits of the Dead in the Trobriand Islands [1916])、《原始社会的犯罪与习俗》(Crime and Custom in Savage Society [1926],中文版由法律出版社2007年出版)、《原始心理中的性与压抑》(Sex and Repression in Savage Society [1927],李安宅所译中文版译作《两性社会学》)、《野蛮人的性生活》(The Sexual Life of Savages [1929],有各种中文版本)、《珊瑚园艺与巫术》(Coral Gardens and Their Magic [1935])等著作。其中最有影响的,当然是这本《西太平洋上的航海者》[1922]。

《西太平洋上的航海者》(以下简称《航海者》)取名希腊神话中寻找金羊毛的英雄伊阿宋所乘的船只阿尔戈号(Argo),主要写的巴布亚新几内亚东部群岛上的一种叫"库拉"(kula)的交换制度。马林诺夫斯基第一次到达那里没几天,就注意到了库拉的存在。他主要田野工作地点称为"特罗布里恩群岛"(Trobriand Islands,当地人称之为"基里维纳"[Kiriwina]),位于巴新海岸以东200公里的一个环状群岛西部。群岛上的居民热衷交换两种东西:一种叫 *soulava*,是用红色贝壳打造的项链;一种叫 *mwali*,是以白色贝壳琢磨的臂镯,它们统称为 *vaygu'a*,即库拉宝物。除了能在少数仪式中佩戴外,它们没有实际用途。土著人十分看重它们,谁得到的宝物多且名贵,谁的声望就大。很多宝物具有专名,土著人不仅耳熟能详,还能如数家珍般讲一串它们的故事。

　　库拉交换的首要规则,是宝物按规定的方向不定期流动。这便在整个环形群岛间形成了一个闭合回路,马林诺夫斯基称其为"库拉圈"(kula ring)。两种宝物各有流向,非常明确:项链(*soulava*)按顺时针方向流动;臂镯(*mwali*)按逆时针方向流动。如果你站在库拉圈的任意一点上,面对圆心,那么你的左手永远接到臂镯,传出项链;右手永远接到项链,传出臂镯。库拉宝物不能永久占有,只能保留一段时间,最长不过几个月,顶多一年,然后就要在下一次交换中送出去,否则别人会责备你"太慢"。收到库拉的人会得到荣耀和声望,拿到名器更会令整个社区侧目动心,这有点儿像在体育比赛中得到奖杯。

　　库拉交换大多在大型仪式中进行,但要在个人之间结成的"库拉伙伴"中传递。参与库拉的人主要是男子,海外库拉更是只许男子参与,不同村落的参与规模也不尽相同。但参与者"一旦库拉,终身库拉。"由于两种宝物的流动方向一定,所以每两个伙伴之间的交换关系也不能更改。例如,甲根据住地的相对位置,按宝物的流向送给乙臂镯,那么乙就要回给甲项链,次序不能颠倒。

　　地位越高,库拉伙伴也越多,酋长多达几十上百,经他之手传递的宝物也比一般人多。一件宝物在库拉圈上循环一周,大致要几年,一般人很少能两次得到同样的宝物。这是因为酋长的伙伴多,经常能改变宝物的流通路径,如同扳道工。一个人一般是在成年之际,得到父亲或舅舅赠送的宝物,然后他再用这件宝物打入库拉圈,建立自己的伙伴。伙伴有两个,一个送他项链,一个送他臂镯。库拉伙伴分内陆和海外两种:内陆伙伴主要在自己的亲朋中发展;海外伙伴则是他们在异地的接待人、保护人和盟友。土著人非常害怕巫术、飞行女巫和食人族等海外危险,所以海外伙伴十分重要,但是每个社区的海外伙伴都有极限。

　　项链和臂镯在互赠的时候,珍贵程度应该相当。这由受礼者决定,方式是回赠一件价值相当的礼物。即使回礼不等值,对方也不能拒绝,但可以抱怨,取得他人的同情。实际上,每次送礼并非像人们熟悉的那样彬彬有礼,而是送礼者站在那里夸耀一番自己的宝物,把库拉抛给对方,一脸不屑,让对方的随从去捡。受礼者试图贬低宝物的价值,但却不得不坐在地上低人一头。"给出者地位高"这一"四海之内,人同此心"的现象,在库拉圈也不例外。库拉宝物从来不能马上对换,一赠一回必须隔开一段时间,从几个小时到一年不等。如果手头没有合适的宝物作回礼,你就要在下一次库拉交换的场合送一件次等的过渡礼物,等有了合适的宝物再作正式回礼。如果你得到一件贵重的宝物,你的伙伴们也可以送去索求礼,争取你的青睐。索求礼有很多种,都不属于库拉宝物。

　　库拉宝物有两种交换场合:内陆交换和海外库拉,后者的交易量最大。实际上,库拉并非"匀速"交换,而是随着一次次海外库拉而做脉冲式流动。海外库拉以"库拉社区"为单位,由临近的岛屿和村落结成,整个库拉圈共有17个库拉社区。同社区的村落订好时间,建造或翻新船只后,一齐开往海外另一个库拉社区。海外库拉的目的是获取库拉宝物,且有竞争意义,所以任何人都不许带宝物,而是要靠巫术获得海外伙伴的青睐。

　　海外库拉必须造船。土著人建造的是一种能承载20多人的轻便独木舟,叫 *masawa*。造船的工序是先把一根树干挖空,两侧绑上围板加高船舷,船头船尾也镶嵌围板,上刻有巫术意义的图案,船身髹漆,船帆则用露兜树叶织成。另用木棍做一副巨大的浮架绑在一侧船舷上,中间隔开一段距离,这样可以保持船身在水中的平衡。造船需要大量人手,有时全村人都要参加,所以一般由酋长出面组织,他也就成为这艘船的"船主"(*toliwaga*)。船主有权主持仪式、决定出海人选、取得库拉的最大收益,并有责任施行独木舟巫术。特罗布里恩人的母系制度,要求男子必须把自己的农业收获(主要是甘薯)送给自己姐妹的丈夫,所以只有独享多妻特权的酋长才有足够的财力负担建造船只、组织大型仪式等活动的必要支出。此外造船还需要工程专家和巫术专家,指挥整个建造过程。

马林诺夫斯基全程描述了特罗布里恩和多布之间的一次海外库拉交易。在造船阶段,特罗布里恩人伐木挖树、绑制浮架、雕刻围板、鬃漆堵缝,每一道工序都有严格的巫术仪式伴随。各村船只大致同时造好,然后举行下水礼。下水之后,由出航的船队首领出资,举行食物分派仪式(sagali)。新舟还要到邻近的村落探访,由主人为客人的船只"破脑"。至此库拉船队才真正集结出发。他们先在穆瓦岛稍作停顿,举行一次食物分派仪式。然后穿过惊险刺激的海面,来到安菲莱特群岛,稍作交易,随即奔向目的地多布群岛。一路上都有船只加入,每艘船只也都不停施加各种巫术,增加速度,回避危险。在抵达多布之前,旅团要在萨鲁布沃纳海滩实施祈美、祈安等巫术,争取最多的库拉收获。

多布人是可怕的食人族,但是他们不会吃库拉伙伴。旅团到来的时候,独木舟连成一排,由船队头人指挥,划向他的主要伙伴所在的村落。他在上岸前就会得到第一件库拉礼物,然后法螺齐鸣,岸上的人拿着项链各自寻找他们的伙伴。接待礼完毕后,船队分头行动,每艘独木舟的船主都把船只带到自己的主要伙伴所在的村落。船主在收足库拉之前,不能吃当地的食物。如果一个人收到的库拉礼物不多,他还会装病博取伙伴的同情,这是一种索要方式。此外,他还会用巫术网罗伙伴交出宝物。

海外旅团还会进行附属贸易。交易物品多为实用目的,一般是家乡的物产或采购来的工业制品。在土著人看来,它的重要性远在库拉交换之下。附属贸易必须在非库拉伙伴之间进行。他们通过讨价还价达成交易,这就是著名的 gimwali,即以物易物。他们还会探亲访友,但是不能接近当地女人,这使性行为自由的特岛来客颇为烦恼。停留三四天后,他们起航回家。回航途中,旅团还在萨纳罗阿海湖潜采 kaloma 贝壳,带回去请人制造库拉项链。返抵家乡之前的最后仪式,是在穆瓦岛展示各船的收获。

六个月之后,多布人组织船队,回访特罗布里恩。他们的活动,与特岛访问大同小异。但是这一次,作者让我们看到了特岛上的准备工作。其中一项重大事宜,就是酋长去到临近的村落换取库拉宝物,准备送给将要来访的多布人。内陆的库拉交换相对频繁,但是随着殖民政府对酋长制度的破坏,酋长的风光已经今非昔比。

与库拉制度密不可分的,是土著人的神话和巫术。在本书中,有关神话和巫术的篇幅超过了一半。作者认为,土著人的神话是过去有关超自然事件的故事,由于神话英雄使用过的巫术早已失传,人们已不再能起死回生,或驾独木舟飞行了。这些神话为现在的巫术提供了可信的基础。在土著人的观念中,巫术是人固有的力量,它只作用于人或者人造物身上。巫术主宰着生活的方方面面,一切幸运和灾祸,既不来自个人的原因,也不来自上帝安排,而是巫术所为。如树精 tokway 的巫术能把人弄痛,巫师 bwaga'u 的巫术能置人死地,飞行女巫 mulukwausi 的巫术能攫人内脏。另一方面,所有的巫术都有反巫术来对付。没有自然死亡,也没有自然康复,一切都是巫术所致。在重要的人生阶段,在重大的利益关头,都有巫术的参与。巫术和工作并行不悖。例如造一艘独木舟,当然需要细致精巧的技术,巫术不能代替。但是如果两艘同样好的独木舟,一个快一个慢,那就是巫术的功劳了。在农园耕作中,巫术也不能代替勤劳,但是巫术可以招致好运,使自己的收成比别人强。

马林诺夫斯基没有对库拉做理论概括,只是在结尾强调了一下库拉的几个特性及其潜在的民族学价值。认为库拉介于商业和仪式之间。它不是以物易物,而是严格根据风俗信仰而进行的等价交换。他提醒读者注意,如此大规模的区域交易制度,完全是为两种"没有用"的装饰品而设。它们维系着土著人的光荣与梦想,消耗着他们的时间和精力,激励着他们的聪明与才智,撩拨着他们的贪欲和野心。马林诺夫斯基发现,这些"勤劳勇敢"的土著人,在从事一种闻所未闻的交换方式。它打破了西方经济学家对原始经济的虚构,它告诉人们,原始人不是唯利是图的小人,也不是非到要交换不可的时候才去交换,更不是只为生活必需品才去交换。马林诺夫斯基预言道,库拉的交换形式还会在世界的其他地方发现,就像"马纳"、"图腾"、"塔怖"(Taboo)一样,库拉将成为经典的人类学概念。事实的确如此,《航海者》开启的库拉研究,已经成为人类学中最经典的课题之一。

本书的田野方法

马林诺夫斯基在澳大利亚和巴布亚新几内亚的活动，人们原本所知不多。弗斯（Raymond Firth）、库伯（Adam Kuper）、艾伦（Roy Ellen）、松顿（Robert Thornton）、斯多金（George Stocking）、克利福德（James Clifford），以及马氏的"官方传记人"迈克尔·扬（Michael Young）等都曾致力于马氏田野工作的研究。1967年出版的马林诺夫斯基日记，更大大增加了人们对《航海者》的理解①。但最重要的研究是2004年问世的，这一年，迈克尔·扬出版了《马林诺夫斯基：一位人类学家的奥德赛，1884—1920》（Malinowski: Odyssey of an Anthropologist, 1884—1920，中文译本于2013年出版）。扬教授遍查澳大利亚、英国、美国、巴新的马林诺夫斯基档案，仔细阅读了马氏本人及其周围人士的通信、笔记等手稿材料，写出了一部长达720页的专著。这本书使我们对《航海者》的研究过程有了全面的认识。我个人认为，这本略显繁琐的"流水账"，已经全面地呈现了《航海者》成书背景。有兴趣深入了解的读者不妨找来一读，此处不做详述，仅略述该书三个有趣的发现。

首先，马林诺夫斯基的田野工作并非那么"偶然"。他固然是第一个进行此类田野工作的人类学者，但说马氏一扫人类学之颓，自己发明了高密度的田野工作方法，则有些言过其实。当时，英国人类学界的有识之士已然认识到，靠殖民官、传教士、旅行家收集田野资料的方法并不可靠，人类学家应该亲自从事长期的、高密度的田野工作，并用当地语言针对一个小群体进行全方位的研究。与人类学名宿不同，马林诺夫斯基年轻气盛，有大把的时间。况且，他在伦敦已经崭露头角，曾当面批评过弗雷泽、里弗斯（W. H. R. Rivers）等大人物，也撰文批评过涂尔干的《宗教生活的基本形式》。他对盛极一时的进化论不以为然，认为遗留物之说站不住脚。在塞利格曼、哈登

---

① Bronislaw Malinowski, *A Diary in the Strict Sense of the Term*. London: Routledge, 1967.

(Alfred Haddon)和马雷特(R. R. Marret)的共同努力下,马林诺夫斯基总共得到了大约 450 英镑的经费,专门用于在巴布亚新几内亚从事田野工作。塞利格曼 1913 年在致哈登的信说,"我觉得这[450 英镑]应该差不多够他[马林诺夫斯基]两年的田野开销了。他告诉我如果我能筹到钱的话他准备在田野待这么长的时间"[①]。可见,马氏的田野工作恰逢其时,是一个"正确的人在正确的时间出现在正确的地点"[②]。这大概正是费孝通先生所说"时势"的意义吧。

其次,马林诺夫斯基虽然是奥属波兰人,是大英帝国在一战中的敌国公民,但他并未像普遍认为的那样,受到澳大利亚政府的严厉管制,"流放"般地被赶到巴布亚新几内亚从事孤独的田野调查。恰恰相反,他在澳国和巴布亚新几内亚并未遭遇真正麻烦,也没有与世隔绝。他登陆澳大利亚的身份,是不列颠科学促进会(British Association for the Advancement of Science)人类学分会的秘书,目的是出席在澳大利亚召开的第 84 届年会。同行的有近百位英国重量级科学家,其中包括里弗斯、哈登、史密斯(Elliot Smith)等人类学家,以及后来与马氏齐名的拉德克里夫-布朗(Alfred Radcliffe-Brown)。虽然他们登陆不久,就传来了英国加入一战的消息,但是马氏手握伦敦经济学院院长的推荐信,身边有哈登等人的支持,嘴里挂着大英帝国的殖民利益,因此田野工作一路绿灯。上岸没两个月(1914 年 9 月 12 日),他就到了巴布亚新几内亚首府莫尔兹比港,并受到了热情接待,而这里正是塞利格曼和他计划的目的地。

第三,马林诺夫斯基的田野工作,并非像他自己在著作里说的那样"高密度"。从 1914 年 7 月 28 日登陆澳大利亚到 1919 年 2 月 25 日离开的四年半里,他大部分时间是在澳大利亚本土度过的,田野工作总共加起来不到 19 个月,分为三次:第一次在莫尔兹比港附近的迈卢(Mailu)岛,从 1914 年 12 月开始,到次年 2 月结束;第二次在特罗布里恩,从 1915 年 6 月 27 日持

---

① 转引自迈克尔·扬(Michael Young):《马林诺夫斯基:一位人类学家的奥德赛,1884—1920》,宋奕、宋红娟、迟帅译,北京大学出版社 2013 年版,第 276 页。

② Michael Young, *The Ethnography of Malinowski*: *The Trobriand Islands 1915—1918*. London: Routledge & Kegan Paul, 1979, p. 7.

续到当年12月,这次田野工作几乎没有留下什么记录;第三次仍然是在特罗布里恩及其周围,从1917年12月一直到1918年9月。他先后在特岛的时间总共有16个月,虽然很长,但并非一般想象得那么长,也并没有"风萧萧兮易水寒"的气概。相反,他是特岛殖民官、传教士、商人的常客,也很自然地卷入当地的政治纷争和感情纠葛。而且,他与远在欧洲战争中的母亲、导师塞利格曼等"文明世界"中的人士一直保持通信,甚至与澳大利亚本土的两位大家闺秀谈了一场三角恋,并且最终娶了其中一位做太太。

传奇往往经不起推敲,迈克尔·扬用"奥德赛"反讽般地解构了一个人类学神话。他让我们看到,马林诺夫斯基不仅没有给我们一个桃源,他自己的田野工作,也似乎不是人类学独一无二的"桃源"。在《严格意义上的日记》中,马氏经常透露出他对土著"与日俱增的厌恶",抱怨"基里维纳村庄十足的乏味"[1]。但这一切都不能抹杀马林诺夫斯基的不世贡献。他或许不是一个百分之百诚实的人类学家,却是第一个用土著语言从事田野工作的人类学家。他超凡的语言能力、观察能力和表述能力,淋漓尽致地反映在《西太平洋上的航海者》中。这本书也为整个人类学界树立了一个至今未被取代的范式。自他开始,高密度田野工作也成为人类学者的不二法门。就连与他分道扬镳的埃文思-普里查德(E. E. Evans-Pritchard),也慷慨地赞扬马氏道:"可以公正地说,现代人类学的全面的田野工作直接或间接地来自他的教导。"[2]

有关田野研究方法,马林诺夫斯基在《航海者》的导论中提出了著名的"三步策略":用大纲表格勾画出部落生活的骨架、用不可测量的例证填充部落生活的血肉、收集语言材料和精神生活资料。他认为首先要将部落组织及其文化构成以翔实、明确、具体的大纲记录下来,并简化成图表,这被称为"具体证据统计记录法",其目的在于尽快找到那些常态的、多发的情况,并总结这些实例,归纳出土著文化和社会的框架。其次,观察在原则、规定之下,人们如何行为,感情如何,某些活动的生命力怎样。例如,在某一公众集

---

[1] Malinowski, *Diary*, p. 163.
[2] 爱德华·埃文思-普里查德:《论社会人类学》,冷凤彩译,世界图书出版公司,2010年,第53页。

会,人们是敷衍塞责、无动于衷,还是积极热情、自觉自愿?这些现象,不能用询问或统计资料的方式记录下来,而只能在具体的状态中观察,马氏称之为"实际生活的不可测度方面"。最后,土著人的观点、意见、说法等心理状态,由于可以左右他们的行为,所以也必须予以观察记录。作为社会学家,不必纠缠于难以捉摸的个人心理,而应努力找出典型化的思想和情感使之与某一给定社区的习俗和文化对应。这需要一字不易地引述关键的陈述,甚至直接用土著语言做笔记,并形成一个土著语料库。

马林诺夫斯基的这些方法,被后世总结为整体论和主位法。整体论在马氏那里,意味着"对整个部落文化的所有方面都给予研究"[①]。对于主位法原则,他也指出,民族志田野工作的最终目标,"是把握土著人的观点、他与生活的关系,搞清他对他的世界的看法。"[②]

这一套方法,不仅迥异于殖民官、传教士、旅行家的业余记录方式,也不同于里弗斯、哈登、塞利格曼等前辈蜻蜓点水式的材料搜集法,有着开创性意义,为人类学今后的研究奠定了重要的基石。尤其难得的是,他对整体的关注和对土著人视角的强调,到今天仍然有效,反对声音至多只是质疑这个目的是否能达到而已。但以下三个问题却值得进一步推敲:

第一,"三步策略"实际上建立在三个前提之上:土著生活存在均一的原则,土著根据这些原则行为,行为背后是心理反应。但我们不得不承认,将生活划分为原则、行为、心理的方法过于粗糙,透露着马氏功能主义一系列还原论前提:现象还原为规则,规则还原为心理,心理还原为需要。显然,土著生活的逻辑很容易在这些还原的过程中流失。就连《航海者》本身的丰富程度,也超出了"三步策略"所设定的范围。

第二,用土著语言记录土著人精神的主张,基本是失败的。马氏所追求的,是一份原汁原味的土著语言材料库。然而有兴趣使用这些语言材料的人士,并没有像他预言的那样如期而至。埃文思-普理查德创造性地改造了这一方法,在坚持使用土著语言进行调查的同时,突出了关键词的意义,"每

---

① Malinowski, *Argonauts*, p. 11. 着重号为原著者加。
② 同上书,第 25 页,着重号为原著者加。

一个有经验的田野工作者都知道,田野工作中最难的是确定一些关键词的意思,整个调查的成功都建立在理解它们的基础上"[1]。

第三,马氏的整体论方法,不同于今天我们熟悉的法国传统中的"总体"(totality)概念[2],而是一种"记录一切"的野心,这显然是不可能的。日常生活的复杂程度,并不因土著社会"简单"、人口规模小就可以"穷尽调查"(实际上,不少人至今仍然固执地认为,人类学田野工作,就是对一个社区进行"穷尽调查")。《航海者》篇幅虽大,但也相当不完整,甚至缺乏有关库拉的关键材料,弗雷泽在序言中预告的有关特罗布里恩土著生活的全面记录,也从未问世。"库拉"是什么意思?它是怎么生产的?巫术是怎么传递的?殖民对库拉有什么影响?这样的问题可以一直问下去,但我们永远都无法得到一个涉及生活方方面面的"整体"。马氏常被批评"未能展示一个连贯的、提纲挈领式的特罗布里恩文化"[3],"在同样的法律和经济原则的支配下的那些制度——如婚姻、有关死者的节日、成年礼,等等——还有待详述。"[4]正如埃文思-普理查德隐讳的批评所说:"在叙说赞德神秘信仰和仪式时,我非要描述赞德人的整个社会生活吗?如果描述与农业和狩猎有关的魔法,我就必须介绍歌舞吗?我想并非如此,世界上任何事物最终都与其他所有事物相联系,如果我们不把现象从中提取出来,对它们的研究就无法开始。"[5]

在《航海者》中,马林诺夫斯基称田野工作是一种叫"民族志"(ethnography)的"科学方法",其中一个要领就是长期地与土著生活在一起。他认为研究者需要交代观察的条件和情境,经历长年累月的辛劳,把亲身观察和土著陈述的原始材料整理成一本有条理的记述。研究者需要克服与土著人接触的艰苦、语言的障碍、身心承受的巨大压力等种种困难,他认为这需要三个条件:"首先,学者

---

[1] 埃文思-普里查德:《论社会人类学》,第 57 页。
[2] 如,布迪厄这样评价法国学术传统中的"总体":"观察和理解人类实践所展示的一切,只能通过他们的相互关系,这就是'总体'(totality)",见 Pierre Bourdieu, *Distinction*. London: Routledge, 2010[1984], p. xvi.
[3] Michael Young, *The Ethnography of Malinowski*, p. 2.
[4] 马塞尔·莫斯:《礼物》,汲喆译,上海人民出版社 2005 年版,第 43 页。
[5] E. E. 埃文思-普里查德:《阿赞德人的巫术、神谕和魔法》,覃俐俐译,商务印书馆,2006 年,第 18 页。

理所当然必须怀有科学的目标,明了现代民族志的价值与准则;其次,他应该自己具备良好的工作条件,主要是指完全生活在土著人当中而无须白种人介入;最后,他得使用一些特殊方法来搜集、处理和核实他的证据"①。马林诺夫斯基尤其强调不能待在白人的住处,定期冒出来"做"土著人,否则土著人无法在民族志学者面前行为如常,民族志学者也会遗漏很多有意义的事件和细节。但根据扬的研究,马氏自己并没有完全做到这些要求。

扬认为,马林诺夫斯基的田野工作时长,比《航海者》英文版第 16 页提供的田野工作时间要短得多。在迈卢田野工作中,马氏经常穿梭于莫尔兹比港和小岛之间,扬说:

> 他习惯性地夸大了自己在田野里停留的时长,称"在 12 月、1 月、2 月的大部分时间里,除了两三天,自己都独自和土著人待在一起",这显然不是事实(他的日记提供了最好的证据)。实际上,他在迈卢度过的七十多天时间里,只有一半时间可被看成未受到其他欧洲人进行的生活交往的影响,而且即便他希望如此,他也无法完全躲过他们的影响。②

马林诺夫斯基曾宣称,自己在特罗布里恩(即"基里维纳")的田野工作,"仅仅只在满打满算不超过六个星期的短暂期间内,我享受了我在古萨维塔的朋友汉考克及在西纳克塔的布鲁多夫妇的热情款待。其余时间我都是支开帐篷,生活在土著中"③。但扬替他算了一笔账:

> 因为缺乏日记记录,无从核实其 1915—1916 年的田野之旅,但是根据他 1917—1918 年的日记,……他在古萨维塔和汉考克一起过了八个星期,在西纳克塔和布鲁多夫妇过了三个星期。他还有另外五个星期是在西纳克塔的汉考克的一间老屋舍度过的,那里离布鲁多夫妇家只有一小段步行距

---

① Bronislaw Malinwoski, *Argonauts of the Western Pacific*. Prospect Heights, Illinois: Waveland Press, Inc., 1984[1922], p. 6.
② 扬:《马林诺夫斯基:一位人类学家的奥德赛,1884—1920》,第 402 页。
③ Bronislaw Malinowki, *Coral Gardens and Their Magic*, Vol. 1. London: Alien & Unwin, 1935, p. 453,转引自扬:《马林诺夫斯基:一位人类学家的奥德赛,1884—1920》,第 531 页。

离,他会在晚上和他们一起吃晚饭。他在基里比过的几夜加起来又是一个星期。鉴于这些数字,我们可以宽厚地猜想马林诺夫斯基声称的"满打满算不过六个星期"中的"六"其实是"十六"的误拼。可以计算出来的是他在"土著人中间"住帐篷的时间不过是二十二星期,而他在 1917 年 12 月至 1918 年 9 月在这些岛上居住的总时间是四十一个星期。换句话说,他在基里维纳期间有近一半时间帐篷是收起来的。[①]

考虑到迈卢田野工作的挫折和第一次特岛之行的有限成果,马氏田野工作的主要部分当数第二次特岛之行。而这次田野工作却只有二十二个星期可能是在马氏设定的理想状态下进行的,因此他的田野工作并非像他自己说的那样惊世骇俗。不过从另一个角度看,马氏能在这样的工作密度下收集那样丰富的材料,并写出一系列民族志经典,足见其惊世骇俗的田野工作才干。正如库拉船队像希腊神话的阿尔戈英雄一样,马林诺夫斯基也不愧人类学界的英雄奥德修斯。

本书引发的后续探讨

《航海者》发表后不久,就受到同时代人类学家的高度重视,并与拉德克里夫-布朗的《安达曼岛人》一道,开创了高密度田野工作的传统,马氏与布朗两个人也培养了一整代田野工作能人,如弗思、埃文思-普里查德、福忒斯(Meyer Fortes)、格鲁克曼(Max Gluckman)、利奇(Edmund Leach),以及费孝通、许烺光、田汝康等。不过,真正将《航海者》纳入人类学理论脉络的,是比马林诺夫斯基大一轮的马塞尔·莫斯(Marcel Mauss)。在他的经典著作《礼物》中,莫斯将库拉纳入更大的视野,指出它并没有像马氏所说的那样独特,而是与美拉尼西亚其他地方的交换体系十分类似,甚至与西方现代人的权利原则也没有什么差别。通过对库拉涉及的各项礼物(开礼、回礼、咬定礼、刺破表皮的礼)关系的分析,莫斯精确地指出马林诺夫斯基没有意识到的问题:"就其本质形式来说,库拉只不过是特罗布里恩的庞大

[①] 扬:《马林诺夫斯基:一位人类学家的奥德赛,1884—1920》,第 531 页。

的、涵盖了该岛的经济生活和社会生活的全部的呈献与回献体系中最庄严的一环。库拉似乎是这种生活的高潮,其中又以族际库拉和部落间库拉最为突出。"① 在莫斯看来,库拉是一种"竞争性的总体呈献体系",是互惠② 关系的一种。它仍然无外乎礼物的三项极为普遍的原则:赠礼义务、受礼义务、回礼义务。

后续研究补充了《航海者》的不足,也纠正一些错误,证明并丰富了莫斯的推测。③ 例如,《航海者》认为,存在丈夫对妻子以及父亲对儿子的、不求回报的"白送礼"(free gift)。道格拉斯(Mary Douglas)指出,世界上没有"白送礼"这回事,马林诺夫斯基错误地按个人动机区分礼物种类,却没有意识到,丈夫给妻子的礼物是对于妻子性服务的回报。④ 维纳(Annette Weiner)的再研究则告诉我们,父亲对儿子的礼物绝非白送,而是为了获取名声。⑤ 维纳还从性别的角度指出,马氏所说特岛男人将自己辛苦耕种的甘薯送给姐(妹)夫,并非仅仅出于慷慨,而是履行义务。在这样一个母系从夫居的社会里,女性婚后仍由兄弟抚养,得到妻兄(弟)甘薯的丈夫也因此欠了妻子的人情。回报的方式在于妻方亲属身故之时,丈夫的姐妹列队送来香蕉叶和裙子。在亲属关系上,这一列队与送来甘薯的列队方向正好相反。用言语和列队展示的方式夸大礼物、用巫术降低获赠者的胃口、用巫术祈美,都是为了在交换中占得优势,获得荣誉、声望、权力。⑥ 维纳还指出,库拉的互惠原理与甘薯换蕉叶的原理一样,同样要求臂镯和项链之间的"等价",同

---

① 莫斯:《礼物》,第52—53页。
② "互惠"为 reciprocity 的通用译法。但莫斯使用的 reciprocity,也可以指竞争,甚至不乏暴力和对抗,因此更合适的译法应为"互往"。笔者感谢朱晓阳教授在这个问题上对我的启发。
③ 由于《航海者》的贡献,使美拉尼西亚成为人类学调查最为频繁、多产、深入的区域。步马氏后尘的人类学家,写作了高水平的民族志作品,如 Reo Fortune, *Sorcerers of Dobu*. London: Routledge & Kegan Paul, 1932; J. P. Singh Uberoi, *Politics of the Kula Ring*. Manchester: Manchester University Press, 1962; Jerry Leach & Edmund Leach (eds.) *The Kula: New Perspectives on Massim Exchange*. Cambridge: Cambridge University Press, 1983 等。
④ Mary Douglas, "Foreword: No Free Gifts", in Marcel Mauss, *The Gift*, translated by W. D. Halls. New York: W. W. Norton, 1990, p. viii.
⑤ Annette Weiner, *Women of Value, Men of Renown*. Austin: University of Taxas Press, 1976, pp. 137–167.
⑥ 同上书,第195—201页。

样要夸大礼物、列队展示、用巫术索取。其不同处，在于库拉让男子暂时将自己的农园、妻儿、姐妹搁置一边，专心与其他男人争夺荣誉和声望。但正如甘薯与蕉叶之间要斤斤计较一样，那些看似以等价为原则的臂镯和项链的交换，其最终目的乃是获得"利润"。敢于用大礼回小礼的人，会改变交换链的平衡，自己获益的同时，使遥远的某个人受害。但一个人由于高度依赖他的库拉伙伴，他必须有足够的力量才敢于改动这场"零和博弈"。因此，库拉如同银行户头，善于交易的人能提高他在地方社会中的信誉。①

不少《航海者》的后续研究都在库拉圈内外发现了美拉尼西亚交换体系的竞争性质。例如，曼恩（Nancy Munn）从马克思主义角度提出，库拉交换的真正含义是声望的生产。② 斯特拉森（Andrew Strathern）则发现，巴新主岛上哈根人的"摩卡"（moka）交换，目的在于"大人物"积累声望和财富。③ 哥德利埃（Maurice Godelier）总结了截止到1996年有关库拉的重要研究，认为后人有三个重要发现：只有特岛的库拉不能进入其他领域；库拉宝物是由一种称为 kitoum 的人造物转变而成的；转为库拉的 kitoum 形成一个"库拉路径"（keda），在交换路径首尾衔接之前，库拉不能以其他非库拉宝物取代。由此，哥德利埃借用维纳的"不可让渡的所有物"（inalienable possession）概念④，发展了莫斯的礼物理论，提出了社会构成必须建立在"交换"与"不可交换"两种属性上，后者往往是神圣的、不可让渡⑤。可见，莫斯在1924年《礼物》一书的三个判断基本正确：库拉是特岛全部呈献和回献体系的一部分，库拉是美拉尼西亚各种交换体系中的一种，库拉是一个为声望和名誉竞争的体系。正是莫斯，将《航海者》"世外桃源"般的记述，纳入了跨时空的比较视野。

---

① Annette Weiner, *The Trobrianders of Papua New Guinea*. Fort Worth: Harcourt Brace Jovanovich College Publishers, 1988, pp. 155–157.
② Nancy Munn, *The Fame of Gawa*. Cambridge: Cambridge University Press, 1986.
③ Andrew Strathern, *The Rope of the Moka*. Cambridge: Cambridge University Press, 1971.
④ Annette Weiner, *Inalienable Possessions: The Paradox of Keeping-While-Giving*. Berkeley: University of California, 1992.
⑤ Maurice Godelier, *The Enigma of Gift*, translated by Nora Scott. Chicago: University of Chicago Press, 1999[1996], pp. 78—95. 中文版见莫里斯·古德利尔：《礼物之谜》，王毅译，上海人民出版社，2007年。

"人世何处是桃源？"（代译序） **xxi**

　　戴木德（Frederick Damon）对库拉的研究，从莫斯的交换理论转向了马克思的生产理论。受到格里高利（Christopher Gregory）的启发[①]，戴木德提出，库拉看上去像列维-斯特劳斯的"广义交换"，实际则有赖于库拉宝物和社会关系的生产过程[②]。理论上，库拉圈上的所有人都可以参与库拉交换，但实际上只有少数人有能力参加，整个库拉圈里的库拉宝物也不过一千个左右，因此这是一个高度竞争的制度。所有库拉宝物都由 *kitoum* 转换而成，它以一件项链（*mwal*，《航海者》拼写为 *mwali*）或臂镯（*bagi*，即《航海者》的 *soulava*）的形式进入库拉圈。但第一个将 *kitoum* 作为宝物送给库拉伙伴的人，并没有失去他对 *kitoum* 的所有权，其他库拉伙伴也因为不拥有库拉宝物的 *kitoum* 而必须将它送出去。但正因如此，送出库拉的人会增加他的"名声"（fame）。库拉交换之所以在理论上等价，就在于送出臂镯的人和送出项链的人所拥有的 *kitoum* 等价。这里的"价"由两个因素决定：宝物本身的大小和传播的远近。戴木德指出，*kitoum* 既属于马克思所说的"生产"问题，即生产宝物所需的社会必要劳动时间（体现为宝物大小），也属于马克思所说的"转换"问题，即 *kitoum* 在流通过程中能使臂镯和项链交换，完成社会关系的转换。[③]

　　近年，戴木德又在斯特拉森（Marilyn Strathern）和瓦格纳（Roy Wagner）的启发下，将混沌理论纳入库拉研究，提出库拉体系可能与整个印度洋-太平洋地带的区域互动有关。考古发现说明库拉体系是在类似复活节岛巨石建筑之后的 1300—1400 年间出现的，与此同时，巴厘岛出现了"尼加拉"（*negara*），东南亚大陆出现了"曼荼罗"（*mandala*），三者都是围绕"名望"而

[①] Christopher Gregory, *Gifts and Commodities*. London: Academic Press. 中文版见格雷戈里：《礼物与商品》，杜杉杉、姚继德、郭锐译，云南大学出版社，2001 年。

[②] Frederick Damon, *From Muyuw to the Trobriands: Transformations Along the Northern Side of the Kula Ring*. Tucson: The University of Arizona Press, 1990.

[③] Frederick Damon, "Kula Valuables: The Problem of Value and the Production of Names", *L'Homme* 162 (2002): 107—136. 有意思的是，戴木德只字未提另一个可能与这个命题十分相关的概念，即 *kitoum* 对于探讨"礼物之灵"的意义。正是 *kitoum*，使库拉必须回到"老家"。有关"礼物之灵"的讨论，见莫斯：《礼物》，第 18—22 页；萨林斯：《石器时代经济学》，张经纬、郑少雄、张帆译，三联书店，2009 年，第 171—213 页。

运转的体制,这可能与当时印度和中国在上述区域的不同影响有关。① 根据混沌理论,库拉的形成很可能是由原初的一个小的、被称为"奇异因子"的细微改变导致的。随着时间的推移,这一变通做法不断自我复制,每次复制又不完全同于前例,长此以往,逐渐形成一个不同于先前的稳定体系。② 更有意义的问题在于大范围、长距离、长时段的重大转换。最近,在笔者主编的一期专刊上,戴木德以"劳动过程"为线索,将库拉交换中的独木舟生产技术与中国东南的冶金技术联系起来,让这两个在人类学意义上看似不相关的体系,发生了富有启发的关联。③ 如果中国沿海真的在这个意义上与遥远的特罗布里恩有着千丝万缕的联系,那么《航海者》与中国就多了一层关联。这显然对理解"文明"、"帝国"等人类学研究的某些新问题,有十分重要的启示。

  回到库拉与中国的最初关联。费孝通先生用"人世何处是桃源?"形容《航海者》,用意大概是在学术史脉络中,点明功能主义与进化论的区别,提醒我们注意这一范式转变对人类学的重要性。他的功能主义范式如此新颖,以至于美国自然历史博物馆人类学分馆馆长威斯勒(Clark Wissler)收到马氏的出版申请信时,竟然婉拒了这份送上门来的大礼④。但是,马林诺夫斯基在英国大获成功,他也不遗余力地告诉他的学生们"社会人类学于1914年在特罗布里恩群岛开始"⑤。可见,新范式的确立,既离不开"时势",也离不开马林诺夫斯基这样的"英雄"。若不是马林诺夫斯基的执着、个人魅力和灵光一现的"狡黠"——这些同样都是奥德修斯的品格——人类学的今天必然会是另一般光景。

---

  ① Frederick Damon, "From Regional Relations to Ethnic Groups? On the Transformation of Value Relations to Property Claims in the Kula Ring of Papua New Guinea", *The Asia Pacific Journal of Anthropology* 1 (2000), 2: 49-72.

  ② Frederick Damon, "'Pity' and 'Ecstasy': The Problem of Order and Differentiated Difference across Kula Societies", in Mark Mosko & Frederick Damon (Eds.), *On the Order of Chaos: Social Anthropology and the Science of Chaos*. New York: Berghahn Books, pp. 79-107.

  ③ Frederick Damon, "'Labour Processes' Across the Indo-Pacific: Towards a Comparative Analysis of Civilisational Necessities", *The Asia Pacific Journal of Anthropology* 13 (2012) 2: 170-198.

  ④ 扬:《奥德赛》,第 603 页。

  ⑤ Edmund Leach, "The Epistemological Background to Malinowski's Empiricism", in Raymond Firth edited, *Man and Culture*. London: Routledge & Kegan Paul, 1957, p. 124.

今年距离马林诺夫斯基开始田野工作已经整整一百年,我们该如何在中国阅读《西太平洋上的航海者》? 民族志方法对于中国是否仍然有意义? 功能主义呢? 田野工作是否仍要遵循《航海者》的标准? 文字材料与参与观察有什么关系? 库拉研究是否真的"无历史感"? 了解库拉研究的前世今生,是否与中国人类学有关? 这些问题或许一时还没有确定答案。但我们至少可以从《航海者》看到,马林诺夫斯基的研究,不是"社区调查",而是探究一个区域体系;他也不是在研究自己,而是跑到天边探讨"四海之内,人同此心"的普遍问题;《航海者》更不是一个无法量化的"个案",而是一系列比数字深入的事实。这三个"不是",或许能说明很多"民族志"与《航海者》的区别。《航海者》问世至今,人类学固然经历了多重变化,但人类学的魅力,似乎仍然在于有意停留在"片段",在于走出自己理解他者,在于"人类学家不算数"[①];更在于将每个片段视为整体,将每段生活视为中心,将每种"地方知识"视为普遍知识。如果我们能像马林诺夫斯基那样,对不同于自己的世界充满好奇、希望理解,那么,"人世何处是桃源?"又是否可以理解成"人世处处是桃源"?

---

① John Comaroff, "The End of Anthropology, Again: On the Future of an In/Discipline", *American Anthropologist* 112 (2010) 4: 5245—38, p. 533. 卡马洛夫一语双关地调侃道:"人类学家不算数,但是我们爱说我们知道什么算——但那极少可以用数字衡量。对我们很多人来说,数字是一种拜物教。"

献　　给

我的尊师及朋友
皇家学会会员C.G.塞利格曼教授

一个库拉仪式行为

目 录

序 ··· 1
前言 ·· 7
致谢 ·· 10
导论：调查对象、方法和范围 ··· 12
  一　南海的航行和贸易；库拉。································· 12
  二　民族志的方法。··· 13
  三　开始田野调查。一些令人困惑的难题。成功的三个条件。····· 14
  四　住在土著环境中的帐篷里。和土著人"接触"的机制。········· 16
  五　积极的研究方法。野蛮文化中的秩序和一贯性。该事实的
     方法论结果。··· 18
  六　构建部落结构的原则及文化剖析的原则。从具体资料的统
     计累计得出推论的方法。概要表的使用。····················· 20
  七　呈现与土著生活的亲密接触；呈现行为的类型。系统地固定
     印象的方法；详细连续记录的方法。························· 28
  八　记录模式化的思维方式和态度。基里维纳语文字语料库。
     ··· 32
  九　论点总结。土著人眼中的世界。··························· 34
第一章　库拉区的范围及居民 ··· 35
  一　新几内亚东部的种族划分。塞利格曼的分类。库拉土著人。
     ··· 35
  二　库拉区的分区。··· 38
  三　新几内亚东端的景色。南马辛诸村落；他们的习俗和社会
     制度。··· 43

四　当特尔卡斯托群岛。多布部落。多布地区的神话联想。他们的一些习俗和制度。妖术。萨鲁布沃纳海滩上的幻景。…… 47

五　向北航行。安菲莱特群岛。未开化的垄断者。……………… 53

第二章　特罗布里恩群岛上的土著人……………………………………… 59

一　抵达珊瑚群岛。对土著人的第一印象。一些重要现象及其深层次意义。……………………………………………………… 59

二　妇女的地位。她们婚前和婚后的生活及行为。……………… 62

三　各村落的进一步探访。村中漫步。园圃和园圃种植。……… 64

四　土著人的劳作能力；他们的劳作动机和劳作的激励因素。巫术和劳作。关于原始经济的题外话。……………………… 66

五　酋长制：财富带来权力；一个富足的社区；特罗布里恩群岛的各大区和政治区划。……………………………………… 70

六　图腾制度、氏族的凝聚力及亲属关系纽带。………………… 80

七　逝者的灵魂。巫术无与伦比的重要性。黑巫术。鬼鬼祟祟的妖术师和飞行女巫。来自南方的恶毒访客及流行病。……… 82

八　特罗布里恩人的东方邻居。其他库拉区。…………………… 87

第三章　库拉的要点……………………………………………………… 93

一　库拉的简明定义。……………………………………………… 93

二　库拉的经济特点。……………………………………………… 95

三　交换的物品；瓦古阿的概念。………………………………… 97

四　库拉的主要规则和各个方面：社会学方面（伙伴关系）；流动的方向；库拉所有权的性质；这些规则的区别性和整合性效果。
……………………………………………………………………… 101

五　交换行为；交换规则；对土著人的贪婪倾向和"共产主义"倾向的反思；交换的具体要点；索求礼。……………………… 104

六　库拉的关联活动和次要方面：独木舟的建造；附属贸易——它们与库拉的真实关系；与库拉相关的礼仪、神话和巫术；与库拉相关的丧葬禁忌和食物分配。…………………………… 108

第四章　独木舟及航行…………………………………………………… 113

一　独木舟对土著人的价值和重要性。独木舟的外形，及它在

　　　　　使用者和所有者心中留下的印象、唤起的情感。土著人眼
　　　　　中围绕在独木舟周围的浪漫气息。……………………… 113
　　二　结合功能，分析独木舟的构造。特罗布里恩群岛的三类独木舟。
　　　　　……………………………………………………………… 119
　　三—五　大型独木舟（马萨瓦）的社会学。……………… 123
　　三—A　独木舟建造劳动的社会组织；职能划分；巫术对劳动
　　　　　的管理。 ……………………………………………… 123
　　四—B　独木舟所有权的社会学；托利关系；独木舟的托利瓦加，
　　　　　即"主人"或"所有者"；托利瓦加的特权和职能。……… 125
　　五—C　操控和驾驶独木舟时的社会职能划分。特罗布里恩群岛
　　　　　独木舟的统计数据。 ………………………………… 129

第五章　瓦加的礼仪性建造 ………………………………… 132
　　一　建造独木舟是库拉进程中的一部分。巫术和神话。建造的
　　　　　准备和礼仪阶段。 …………………………………… 132
　　二　第一阶段：驱赶树精托奎；运输原木；挖空原木及关联巫术。…… 134
　　三　第二阶段：库拉巫术的启动仪式；土著人认真处理建造问题；
　　　　　瓦尤戈藤绳；对瓦尤戈藤绳念诵的咒语；填缝；三个巫术避邪术。
　　　　　……………………………………………………………… 140
　　四　简要评述独木舟建造的两个阶段及伴随的巫术。独木舟的
　　　　　布卢布瓦拉塔（邪恶巫术）。具有装饰作用的船头围板。
　　　　　多布类型及穆鲁阿类型的海外独木舟。………………… 147

第六章　独木舟的下水和访问礼
　　　　　——特罗布里恩群岛的部落经济 ……………………… 154
　　一　下水的程序和巫术。试航（塔萨索里阿）。描述在考卢库
　　　　　巴海滩上看到的下水和塔萨索里阿。对风俗在欧洲影响
　　　　　下衰落的反思。 ……………………………………… 154
　　二　关于劳作的社会学的题外话：劳动的组织；集体劳动的形式；
　　　　　劳作的酬劳。 ………………………………………… 162
　　三　访问礼风俗（塔萨索里阿）；在这种旅程中进行的地方贸易。
　　　　　……………………………………………………………… 172

四—七 关于馈赠、酬劳和交换的题外话。……………… 174

四 土著人的财富观。展示的欲望。通过财富提高社会声望。囤积粮食的动机。维拉马利阿（祈求食物丰裕的巫术）。对甘薯的处理。进食的心理。制造品的价值及相关心理分析。……………… 174

五 交换动机。馈赠，虚荣心的满足和权力的展示。"经济上孤立的个体或家庭"之谬论。交换中没有盈利。……………… 180

六 礼物交换和以物易物；馈赠、酬劳及商业交易列举：1. 纯粹馈赠；2. 回赠不规律且不严格等值的习俗性馈赠；3. 服务酬劳；4. 经济上等价的馈赠；5. 物品与特权、头衔及非物质财产的交换；6. 延迟支付的礼仪性以物易物；7. 简单纯粹的贸易。……………… 182

七 与各种社会关系相对应的经济责任；以明确经济义务界定的八类社会关系一览表。……………… 193

第七章 海外远航的启程 ……………… 196
锡纳凯塔的场景。当地各酋长。村中的骚动。航行团的社会划分。与独木舟备航和装货有关的巫术仪式。苏伦沃亚仪式。巫术包裹（利拉瓦）。独木舟的舱室和格博博咒语。海滩上的告别。

第八章 船队在穆瓦的第一次停靠 ……………… 209
一 尤拉瓦库（礼仪性和竞争性远航）的定义。……………… 209
二 穆瓦上的萨加利（礼仪性分配）。……………… 212
三 航行巫术。……………… 215

第九章 在皮洛卢海湾上航行 ……………… 219
一 风景。远方地域的神话地理。……………… 219
二 航行：风；航海；驾驶独木舟的技术和危险。……………… 223
三 航行的习俗和禁忌。某些亚氏族的特权地位。……………… 228
四 对海中潜藏怪物的信仰。……………… 232

第十章 海难的故事 ……………… 236
一 飞行女巫，穆卢夸西或约约瓦：信仰的要点；约约瓦（女巫）的

　　　　 启蒙和教育；该身份的神秘；施行该巫术的方式；真实案例。
　　　　 236

　　二　海上和海难中的飞行女巫。其他危险的作用物。凯加乌巫
　　　　 术及其作用方式。.. 242

　　三　描述凯加乌的准备仪式。引述一些咒语。................ 245

　　四　海难和营救的故事。.. 252

　　五　营救巨鱼咒语。托库卢布韦多加的神话和巫术咒语。...... 257

第十一章　在安菲莱特群岛
　　　　——库拉的社会学 263

　　一　抵达古马奇拉。库拉对话一例。特罗布里恩人在安菲莱特
　　　　 群岛的长期访问。... 263

　　二　库拉的社会学：1. 参与库拉的社会学限制；2. 伙伴关系；3. 进
　　　　 入库拉关系；4. 女性在库拉中的参与。...................... 269

　　三　安菲莱特群岛的土著人：他们的手工业制造和贸易；陶器；输
　　　　 入黏土；制陶工艺；与周边地区的商业关系。.............. 276

　　四　该地的移民流动和文化影响。............................... 281

第十二章　在特瓦拉和萨纳罗阿
　　　　——库拉神话 289

　　一　航行于科亚塔布的背风处。未知丛林地带的食人族。关于
　　　　 他们的特罗布里恩传说和传奇。古马加布的历史和歌谣。
　　　　 289

　　二　神话故事和现实：神话赋予地貌意义；神话事件与真实事件的
　　　　 区分标准；巫术法力和神话气氛；特罗布里恩神话的三个层面。
　　　　 296

　　三—五　库拉神话故事 302

　　三　库拉神话概述及其地理分布。穆鲁阿（伍德拉克）之盖勒乌
　　　　 的故事。迪古梅努和古马奇拉之托科西库纳的两个故事。
　　　　 302

　　四　关于飞行独木舟的库达尤里神话。该神话的注解和分析。
　　　　 独木舟和飞行女巫之间的联系。神话和卢库巴氏族。....... 307

五　卡萨布瓦布瓦雷塔神话及古马卡拉凯达凯达项链。对这些故事的比较。……316

六　神话故事的社会学分析：库拉神话故事对土著观念的影响；神话和习俗。……320

七　重述神话与现实的关系。……322

八　神话人物阿图阿伊纳、阿图拉莫阿及其姐妹西娜泰穆巴迪耶伊的故事、自然纪念碑和宗教礼仪。具有相似传说性质的其他岩石。……323

第十三章　在萨鲁布沃纳海滩上……327

一　停靠在海滩上。美容巫术。引述一些咒语。塔乌亚（海螺号）咒语。……327

二　对科亚施巫术。该巫术的心理分析。……336

三　格瓦拉（禁忌）和卡乌巴纳伊咒语。……340

第十四章　在多布的库拉
——交换的技术细节……343

一　在多布的接待。……343

二　库拉的主要交易及附属馈赠和交换：关于库拉驱动力的一般性反思；主要交易的规则；瓦加（启动礼）和约泰尔（回礼）；索求礼（波卡拉、奎波卢、卡里布图、科罗汤纳）；过渡礼（巴西）和最后的成交礼（库杜）；库拉主要交易中有时交换的其他物品（多加、萨马库帕、贝库）；库拉的商业信誉和道德规范。……343

三　在多布的库拉进程：拉拢伙伴；克沃伊亚帕尼巫术；附属贸易；博约瓦人在多布地区漫步。……351

第十五章　回乡之旅
——卡洛马贝壳的采集和制作……356

一　回乡途中的访问。得到的一些物品。……356

二　在萨纳罗阿潟湖中和家乡的水域里采集海菊蛤贝壳：采集的一般特点和巫术；卡洛马神话；连续叙述潜水采集贝壳

　　　　的技术细节、礼仪和巫术。 ··· 357

　　三　用贝壳生产圆片和项链的工艺、经济学和社会学。 ············· 360

　　四　塔纳雷勒，对收获的展示。远航团抵达家乡锡纳凯塔。 ····· 363

第十六章　多布人对锡纳凯塔的回访 ·· 366

　　一　从多布到博约瓦南部的尤瓦拉库（礼仪性远航）：在多布和
　　　　萨纳罗阿的准备；在古马奇拉的准备；兴奋，消息的传播和
　　　　汇集；多布船队抵达纳布瓦盖塔。 ·· 366

　　二　锡纳凯塔为接待访问团做准备。多布人抵达。在凯库亚瓦
　　　　的场景。礼仪性接待。讲话和礼物。多布人在锡纳凯塔
　　　　停留的三日。生活的方式。礼物交换和以物易物。 ············· 377

　　三　回乡。在塔纳雷勒上展示收获。 ··· 381

第十七章　巫术与库拉 ·· 383

　　一　博约瓦巫术的对象物。它与所有极为重要的活动及现实
　　　　之无法解释的方面之间的关联。 ··· 383

　　二—五　土著人的巫术观念。 ··· 386

　　二　取得巫术知识的方法。 ·· 386

　　三　土著人对巫术来源的看法。巫术的原始性。土著人否认
　　　　巫术是自然产生的。巫术是人的能力，而非自然的力量。
　　　　巫术和神话，及它们的超常气氛。 ······································ 387

　　四　巫术行动：咒语和仪式；这两个因素之间的关系；无伴随仪
　　　　式而直接念诵的咒语；伴随着转移仪式的咒语；伴随着供品
　　　　和召唤的咒语；该调查的总结。 ··· 393

　　五　人体储存巫术的位置。 ·· 398

　　六　巫术施行者的条件。禁忌和规矩。社会学地位。实际的
　　　　传承和巫术亲缘关系。 ··· 399

　　七　体系性巫术的定义。独木舟巫术和库拉巫术的"体系"。 ··· 401

　　八　巫术的超常性或超自然性：土著人对某些巫术形式的情感
　　　　反应；卡里亚拉（巫术预兆）；祖先灵魂的作用；土著术语。 ··· 408

　　九　巫术的礼仪环境。 ··· 411

十　由巫术支撑的禁忌制度。凯图布塔布和凯塔帕库。⋯⋯⋯ 412
十一　某些巫术的购买。巫术服务的酬劳。⋯⋯⋯⋯⋯⋯⋯ 413
十二　简短的总结。⋯⋯⋯⋯⋯⋯⋯⋯⋯⋯⋯⋯⋯⋯⋯⋯ 413

第十八章　词语的巫术法力
　　　　　——一些语言资料⋯⋯⋯⋯⋯⋯⋯⋯⋯⋯⋯ 415

一　研究巫术中的语言资料以了解土著人对词语力量的观念。
　⋯⋯⋯⋯⋯⋯⋯⋯⋯⋯⋯⋯⋯⋯⋯⋯⋯⋯⋯⋯⋯⋯ 415
二　瓦尤戈咒语的文本及直译译文。⋯⋯⋯⋯⋯⋯⋯⋯⋯ 416
三　对该咒语之尤乌拉（绪言）的语言分析。⋯⋯⋯⋯⋯⋯ 420
四　念诵咒语的声音技巧。对塔普瓦纳（正文）和多吉纳（结束语）
　　的分析。⋯⋯⋯⋯⋯⋯⋯⋯⋯⋯⋯⋯⋯⋯⋯⋯⋯⋯ 423
五　苏伦沃亚咒语的文本及分析。⋯⋯⋯⋯⋯⋯⋯⋯⋯⋯ 425
六—七　关于本书提到的其他咒语的语言资料及一些一般推论。
　⋯⋯⋯⋯⋯⋯⋯⋯⋯⋯⋯⋯⋯⋯⋯⋯⋯⋯⋯⋯⋯⋯ 428
六　托奎咒语及独木舟咒语的开头部分。⋯⋯⋯⋯⋯⋯⋯ 428
七　独木舟咒语的塔普瓦纳（正文）。⋯⋯⋯⋯⋯⋯⋯⋯⋯ 432
八　独木舟咒语的结束语（多吉纳）。⋯⋯⋯⋯⋯⋯⋯⋯⋯ 433
九　姆瓦西拉咒语的尤乌拉。⋯⋯⋯⋯⋯⋯⋯⋯⋯⋯⋯⋯ 434
十　姆瓦西拉咒语的塔普瓦纳和多吉纳。⋯⋯⋯⋯⋯⋯⋯ 435
十一　凯加乌咒语。⋯⋯⋯⋯⋯⋯⋯⋯⋯⋯⋯⋯⋯⋯⋯⋯ 436
十二　语言调查结果的总结。⋯⋯⋯⋯⋯⋯⋯⋯⋯⋯⋯⋯ 437
十三　这些巫术仪式中使用的物质。⋯⋯⋯⋯⋯⋯⋯⋯⋯ 439
十四—十七　对一些非巫术文本的分析，用以阐明民族志方法和
　　　　　土著人的思维方式。⋯⋯⋯⋯⋯⋯⋯⋯⋯⋯ 439
十四　关于研究方法的某些方面的一般性评论。⋯⋯⋯⋯⋯ 439
十五　文本一，直译和意译。⋯⋯⋯⋯⋯⋯⋯⋯⋯⋯⋯⋯ 440
十六　注解。⋯⋯⋯⋯⋯⋯⋯⋯⋯⋯⋯⋯⋯⋯⋯⋯⋯⋯ 444
十七　文本二和文本三的译文及解释。⋯⋯⋯⋯⋯⋯⋯⋯ 445

第十九章　内陆库拉⋯⋯⋯⋯⋯⋯⋯⋯⋯⋯⋯⋯⋯⋯⋯⋯ 450
一　基里维纳的酋长托乌卢瓦访问锡纳凯塔。其权力的衰落。

　　　　对现在流行的破坏土著秩序、逐渐削弱土著权威的愚蠢之
　　　　举的悲哀反思。……………………………………………… 450
　　二　"库拉社区"的划分；与这一划分相关的三类库拉。海外库拉。…… 453
　　三　两个"库拉社区"之间的和一个"库拉社区"内的内陆库拉。…… 455
　　四　博约瓦（特罗布里恩群岛）的各"库拉社区"。………………… 461
第二十章　基里维纳和基塔瓦之间的远航 ……………………………… 464
　　一—二　描述从基里维纳到基塔瓦的一次远航。……………………… 464
　　一　确定日期及各地区的准备。………………………………………… 464
　　二　远航前的准备。从考卢库巴海滩出发。航行。这些远航与
　　　　锡纳凯塔人到多布的远航之相似点和区别。进村。尤拉瓦
　　　　达习俗。在基塔瓦的停留及返航。…………………………… 467
　　三　东部区域（基塔瓦到穆尤瓦）的索伊（丧葬宴席）及它与库
　　　　拉的关联。………………………………………………………… 474
第二十一章　库拉的余部和旁支 ………………………………………… 478
　　一　伍德拉克岛（穆鲁阿或穆尤瓦）和恩吉尼厄群岛之间及恩吉
　　　　尼厄群岛和多布之间的航线速览。…………………………… 478
　　二　这些社区之间进行的普通贸易。…………………………………… 483
　　三　库拉的一个旁支：特罗布里恩群岛西部（卡瓦塔里亚和凯
　　　　卢拉）和当特尔卡斯托群岛西部之间的贸易远航。………… 484
　　四　姆瓦利（臂镯）的生产。…………………………………………… 486
　　五　库拉圈的其他旁支和渗漏点。库拉瓦古阿进入库拉圈。…… 488
第二十二章　库拉的意义 ………………………………………………… 492

索引 ………………………………………………………………………… 501

译后记 ……………………………………………………………………… 508

整版插图目录

卷首插图　一个库拉仪式行为 ································ xxvi
1. 努阿加锡海滩上民族志学者的帐篷 ························ 26
2. 奥马拉卡纳酋长的利西加（个人的棚屋）···················· 26
3. 卡萨纳伊（在特罗布里恩岛的基里维纳）的街道 ············ 27
4. 在尤拉沃图（特罗布里恩岛）的景象 ······················ 27
5. 锡洛锡洛（南马辛地区）海滩上的景象 ···················· 41
6. 一次索伊宴席中的村中景象 ······························ 42
7. 在安菲莱特群岛 ·· 56
8. 图夸乌夸村的土著人群 ·································· 57
9. 来自基里维纳的上等男人 ································ 58
10. 特亚瓦的渔民 ··· 58
11. 一位典型的纳库布夸布亚（未婚女子）·················· 72
12. 博约瓦的女孩儿们 ····································· 73
13. 凯代布舞蹈 ··· 74
14. 盛装的舞蹈者 ··· 74
15. 一户人家 ··· 75
16. 臂镯 ··· 90
17. 两名佩戴臂镯的男子 ··································· 90
18. 两串项链，用红色海菊蛤贝壳圆片制作 ················· 91
19. 两名佩戴项链的女子 ··································· 92
20. 锡纳凯塔海滩上的库拉集会 ····························· 106
21. 一艘马萨瓦独木舟 ····································· 115
22. 把独木舟放入船篷 ····································· 116
23. 航行中的独木舟 ······································· 116

24. 捕鱼独木舟（卡利保洛）	117
25. 村中的挖空原木	151
26. 雕刻一个塔布约	151
27. 一艘瓦加的建造	152
28. 制作船帆	153
29. 一卷卷干漏兜树树叶	153
30. 一艘独木舟的下水	166
31. 在考卢库巴海滩上的塔萨索里阿	166
32. 卡萨纳伊一位酋长的甘薯仓房	167
33. 往亚卢马格瓦的一间仓房里装甘薯	167
34. 一次食物分配（萨加利）中猪和甘薯的展示	168
35. 集体烹煮莫纳（芋头布丁）	168
36. 瓦西（用粮食换鱼的礼仪性交换）中的场景	169
37. 瓦瓦，用粮食换鱼的直接的以物易物	169
38. 考塔乌亚，锡纳凯塔的一位酋长	207
39. 一艘装载了货物的独木舟	208
40. 一艘瓦加在库拉远航中航行	224
41. 独木舟的索具	225
42. 安菲莱特群岛的景色	282
43. 在古马奇拉大村靠岸	283
44. 制陶工艺（一）	284
45. 制陶工艺（二）	285
46. 安菲莱特陶锅中的精品	286
47. 一艘独木舟在古马奇拉装载陶锅	287
48. 一支库拉船队暂停下来举行最后的姆瓦西拉仪式	329
49. 姆瓦西拉的美容巫术	330
50—A. 制作卡洛马贝壳（一）	364
50—B. 制作卡洛马贝壳（二）	364
51. 制作卡洛马贝壳（三）	365

52. 制作卡洛马贝壳（四） ·················· 365
53. 在纳布瓦盖塔的海滩上 ·················· 374
54. 拖至锡纳凯塔海滩上的多布独木舟 ·················· 375
55. 停泊在潟湖岸边浅水处的独木舟 ·················· 375
56. 在锡纳凯塔的多布访客 ·················· 376
57. 一个与怀孕相关的巫术咒语 ·················· 390
58. 一个战争巫术仪式 ·················· 390
59. 一个园圃巫术仪式 ·················· 391
60. 从基塔瓦带回的臂镯 ·················· 457
61. 送来一件索拉瓦 ·················· 458
62. 敬献索拉瓦 ·················· 458
63. 一场索伊宴席中的礼仪性破坏 ·················· 471
64. 纳盖加独木舟 ·················· 481
65. 一具覆盖着宝物的尸体 ·················· 496

地 图

1. 新几内亚东部 …………………………………………… xlii
2. 新几内亚东部的种族分布 ……………………………… 36
3. 库拉区 …………………………………………………… 39
4. 特罗布里恩群岛 ………………………………………… 60
5. 库拉圈 …………………………………………………… 94

表　格

1. 作者目睹的库拉事件之纪年表 …………………………… 24
2. 从多布到锡纳凯塔的尤瓦拉库远航(1918年)时间表 ………… 370
3. 库拉巫术及相应活动一览表 ………………………………… 403

文 中 插 图

1. 说明独木舟的一些稳定性和建造原则的横截面示意图 …………… 120
2. 三类特罗布里恩独木舟的横截面示意图 …………………………… 121

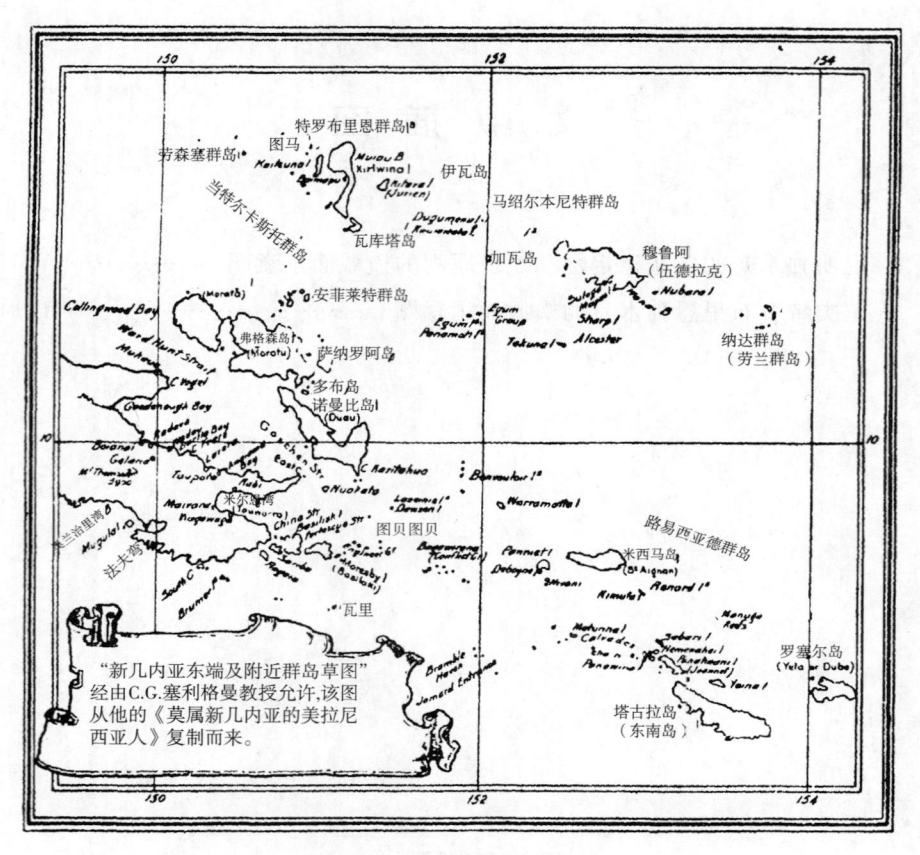

地图 1　新几内亚东部

该地图及下一张地图上的土著地名及其拼写与图表和老地图上的传统命名法一致。地图 3—5 上的土著地名依据我查明的发音拼写而成。

序

我尊敬的朋友 B. 马林诺夫斯基博士请我为他的著作写序，我欣然同意了，然而，恐怕我的任何文字都难以为他在本书中为我们呈现的卓越的人类学研究记录增色。如下言论将围绕作者的研究方法和本著作的研究对象两方面展开。

在方法上，我认为马林诺夫斯基博士是在最佳条件下，用精心设计的、能确保取得最佳结果的方式完成调查的。无论在理论素养上还是在实践经验上，他都具备完成这项研究的能力。理论训练方面，他关于澳大利亚土著家庭之博学而睿智的专著可为证明[①]；在实践经验方面，他也毫不逊色，对新几内亚迈卢（Mailu）土著人的描述即为证明，该描述以他在那些土著人中的六个月的生活为基础。[②] 之后，马林诺夫斯基博士把注意力转向位于新几内亚岛东边的特罗布里恩群岛。在那里，他像一个土著人一样，成年累月地和当地人一起生活，观察他们的日常劳作和娱乐，用土著语和他们交谈，其所有信息都取自最可靠的来源——切身观察和土著人用他们自己的语言直接向他所做的陈述，没有翻译的介入。通过这种方式，他积累了大量具有很高科学价值的材料，涉及特罗布里恩岛民的社会、宗教及经济或生产生活。他希望并计划日后将这些材料完整出版。在本著作中，他向我们呈现的是对特罗布里恩社会一个有趣特征的初步研究。那是一种不寻常的交换制度，仅在部分上具有经济性或商业性，存在于特罗布里恩群岛岛民内部及

[①] 《澳大利亚土著人的家庭：一项社会学研究》（*The Family among the Australian Aborigines: A Sociological Study*）（London: University of London Press, 1913）。

[②] 《迈卢的土著人：罗伯特·蒙德在英属新几内亚的研究工作之初步成果》（"The Natives of Mailu: Preliminary Results of the Robert Mond Research Work in British New Guinea"），载于《南澳大利亚皇家学会汇报》（*Transactions of the Royal Society of South Australia*），第39卷，1915。

其与邻岛居民之间。

我们无需太多思考即可相信,人类从最原始到最高级的所有发展阶段中,经济力量都具有根本重要性。人类毕竟是动物界的一部分,所以他像其他动物一样,生活在物质基础之上;在此基础上,才有可能形成知识、道德、社会等更高级的生活形式,否则就不可能形成这些上层建筑。物质基础主要指对食物、一定程度的温暖及可遮风避雨的栖身之所的需求,它构成人类生活的经济或生产基础,是人类生存的首要条件。如果人类学家至今对这一问题仍视而不见,我们宁愿假定这是因为他们被人性的更高层面吸引,而不是因为他们有意忽略和低估较低层面的重要性和其的确存在的必要性。为了谅解他们的忽略,我们也该记得,人类学仍然是一门年轻的科学,摆在诸学者面前的众多问题不可能立即全部得到处理,而须逐一攻克。尽管如此,马林诺夫斯基博士挑选了特罗布里恩岛民不同寻常的交换制度,通过对该制度进行专门的研究,成功地强调了原始经济的重要意义。

此外,他明智地拒绝将自己局限于只是描述交换的各个过程,而是让自己洞察交换背后的动机及交换在土著人头脑中引发的情愫。有时人们似乎认为,纯粹的社会学应仅限于行为描述,而把动机和情感问题留给心理学。毋庸置疑,动机和情感分析在逻辑上有别于行为描述,严格地讲,属于心理学范畴。但在实践中,如果观察者不知道或不能推测出行为人在做某一个行为时的思想和情感,该行为对观察者而言便没有任何意义。因此,若只是描述一系列行为,而不涉及行为人的思想状态,将无法实现社会学的目的。社会学的目的不只是记录,还要理解社会中的人的行为。因此,如若不在每个转折点上求助于心理学,社会学则不能完成它的任务。

马林诺夫斯基博士在方法上的特点是,充分考虑人性的复杂。可以说,在他眼中,人是立体的,而非平面的。他明白,人类感性的一面至少不亚于其理性的一面,他常常不遗余力地探究人类行为的感性基础和理性基础。科学家和文学家一样,都太容易抽象地看待人类,只出于自己的考虑,选择关注复杂而多面人性中的一面。著名作家中,莫里哀就是这种片面处理的突出例子。在他笔下,所有人物都是干瘪的:要么是守财奴,要么是伪君子,要么就是花花公子,等等;但是,他们全都不是真正的人,而是装扮得非常像人的木偶，但这种相像只停留在表面，里面都是虚假和空洞的，因为人性的真实为实现文学效果而被牺牲了。伟大的艺术家，如塞万提斯和莎士比亚，对人性的呈现则非常不同：他们笔下的人物是立体的，是从多方面而非一方面描绘的。无疑，在科学中，一定的抽象化处理不仅合理而且必须，因为科学就是升华为最高力量的知识，别无其他，而所有知识都暗含着一个抽象概括的过程。即便是一个我们每天都见的人，如果没有通过对他过去的外貌进行概括而形成的抽象印象，也是不可能辨认的。因此，人的科学（the science of man）不得不抽象出人性的某些方面，并将它们和具体的现实分离开来；抑或，将这个科学分成若干不同的学科，每门学科都研究人之复杂有机体的一个方面，可以是其存在的生理、智力、道德或社会性的方面。人的科学得出的笼统结论，将呈现出人作为一个整体的肖像画，但这幅肖像画或多或少是不完整的，因为构成它的线条必须是从众多线条中挑出的必要的少数几根。

在这本专著中，马林诺夫斯基博士主要关注的是特罗布里恩岛民的一种活动，乍看之下，像是单纯的经济活动；但是，凭借其惯有的广阔视野和敏锐洞察力，他谨慎地指出，在特罗布里恩岛民和其他岛屿居民之间，与普通贸易并行发生着一种奇特的贵重物品的循环流动，该活动本身绝非单纯的商业交易；他阐明，这种循环流动并非以有用性和得失的简单计算为基础，它用以满足更高一级的情感和审美需求，而非只是对动物性需求的满足。这引得马林诺夫斯基博士对"原始经济人"的概念进行了严厉的批评，说这一概念是一种妖怪，似乎仍在经济学课本中萦绕不去，甚至破坏性地影响了某些人类学家的思考。这个可怕的怪物披着杰里米·边沁先生（Mr. Jeremy Bentham）和葛擂硬先生*脱下的衣服，不义之财显然就是他唯一的驱动力，为了得到这种财货，他按照斯宾塞原则（Spencerian principles），沿着阻力最小的路线，不断追逐。如果认真的调查者真的认为这一凄凉的虚构在野蛮社会中有对应物，而不仅仅是一个有用的抽象，那么，马林诺夫斯基博士在本书中关于库拉（Kula）的描述，将有助于从根本上扳倒这个怪物；因

---

* 葛擂硬（Gradgrind），狄更斯小说《艰难时世》中的主人公，注重实利而不讲情义，将功利主义作为生活原则。——译者

为他证明了,作为库拉制度一部分的有用物品的贸易,在土著人心中,其重要性完全不及其他物品的交换,而后者却并无任何实用目的。且不提该制度施行地域之广阔,单就它将商业活动、社会组织、神话故事和巫术仪式交织在一起而言,库拉这一独特的制度在当前的人类学记录中都是不可匹敌的;但其发现者马林诺夫斯基博士的猜测是非常正确的,即库拉很有可能是一种制度类型,随着对野蛮和蒙昧民族研究工作的进一步推进,我们很有可能在以后会发现,即便不是完全类同,但却与其类似的制度。

正如马林诺夫斯基博士所描述的那样,库拉的一个有趣且富有启发性的特点是,巫术(magic)在该制度中发挥极为重要的作用。根据他的描述,在土著人的观念中,巫术仪式的举行和咒语的念诵,对库拉在所有阶段上的成功都必不可少:从为制造独木舟而伐树,到远航成功完成、满载贵重货物的商船即将开启回乡之旅。此外,我们还偶然发现,巫术仪式和咒语对园圃的耕种和捕鱼的成功同样必不可少,而这两种生产活动形式是岛民主要的生计手段。因此,那些通过念咒来促进园圃增产的园圃巫师(garden magician)是村里最重要的人物之一,地位仅次于酋长和妖术师(sorcerer)。简言之,巫术被认为是每一种生产劳动绝对必不可少的组成部分,它和技术性操作——如填缝、涂色、独木舟下水、园圃下种、鱼夹的放置——对生产活动的顺利进行同样必要。"巫术信仰,"马林诺夫斯基博士说:"是特罗布里恩群岛经济力量得以组织化和系统化的主要心理力量之一。"

巫术对于社区的福祉、甚至对社区的根本存在而言,是一个具有基本经济重要性的要素,这一有价值的描述足以消除以下错误观点:巫术与宗教不同,就其本性而言,是邪恶的、反社会的,总是被个人用来帮助自己实现私欲、伤害敌人,全然不顾对共同福祉的影响。无疑,在世界的每个角落,巫术都可能被如此使用,而且很可能在事实上已经被如此使用;特罗布里恩群岛上的土著人也认为巫术会被用于邪恶的目的,其施行者是让人们深深惧怕并经常感到担忧的妖术师。但巫术本身并无友善和邪恶之分;它只是一种想象中能够控制自然力的力量,巫师对这种控制力的运用,既可为善,亦可为恶,既可降福于个人和社区,亦可伤害个人和社区。在这方面,巫术和各门科学的地位完全一样,并且是它们的好姐妹。各门科学本身也无善恶可言,但根据其用途不同，可能成为善之源或恶之源。例如，关于药物效用的知识，可以用来治救人也可以用来毁灭人，但如果因此就诬蔑制药是反社会之举，堪称荒谬。忽视巫术为善的应用，挑出巫术为恶的应用并将此视为定义巫术的特征，同样荒谬。科学和巫术都对自然的各种过程实施控制，一个是真实的，另一个则是想象的，但自然过程并不受运用知识那个人的道德倾向、善恶意图影响。无论施药者是医生还是投毒者，药物对人体的作用完全一样。自然和她的科学女仆对于道德来说非友非敌；她们对道德漠然视之，只要向她们发出某个号令，无论发号施令的是圣贤还是恶徒，她们都会服从。如果已将炮弹上膛并瞄准目标，无论炮手是为保卫国家而战的爱国者，还是发动非正义侵略战争的入侵者，开火都将是毁灭性的。根据应用和行为人的道德意图区分一门科学或一项技艺，这种荒谬足以与制药和大炮的例子相比；对巫术而言，同样如此，但很多人显然并未觉察到这种荒谬。

巫术对特罗布里恩岛民的整个生活和思想有巨大影响，这或许是马林诺夫斯基博士这本书中最让读者感到印象深刻的特征。他告诉我们，"巫术，即人通过一类专门知识来直接控制自然力量的企图，在特罗布里恩群岛无处不在，且极为重要"；它"和所有的手工业制造活动和集体活动交织在一起"；"目前搜集到的所有资料都显示巫术在库拉中极为重要。但是，如果我们谈及的问题是关于这些土著人的部落生活的其他任何方面的，我们也会发现，每当他们碰上至关重要的事情时，他们都会求助于巫术。可以毫不夸张地说，在他们的观念中，巫术管理人的命运、赋予人控制自然力的力量，是他应对许许多多各方而降的危险的武器和盔甲。"

因此，在特罗布里恩岛民的观念中，巫术具有异常重要的力量，可为善，亦可为恶；可成就，亦可毁掉人的生活；可支撑和保护个人和社区，亦可伤害和破坏他们。与这个普遍且根深蒂固的信仰相比，亡灵信仰似乎对这些人的生活只有微乎其微的影响。与野蛮*人对亡灵的一般态度相反，据说特罗布里恩岛民几乎毫不畏惧鬼魂。事实上，他们相信鬼魂每年都会返回村

---

* 全书中的"野蛮（savage）"一词，除极个别情况外，均不含贬义，而指一种"未开化"的，"原始"的状态。——译者

子一次,参与盛大的年度宴席;但"通常,灵魂不会对人构成什么影响,无论这种影响是好还是坏。","人与神灵之间并无相互影响,也无亲密合作,而宗教崇拜的本质却是人与神灵之间相互影响、亲密合作。"巫术明显比宗教重要,至少比对逝者的崇拜重要,这在像特罗布里恩岛民这样发展程度相对较高的野蛮民族文化中,是非常引人注意的特征。它提供了一个最新的证据,表明巫术这个在世界上普遍存在的错觉对人的思想影响极为强大和坚固,曾经如此,现在依然如此。

马林诺夫斯基博士对他在这些岛屿上进行的研究撰写的完整的民族志报告,无疑将使我们更多地了解特罗布里恩岛民中巫术和宗教的关系。他为一个制度倾注了如此多的耐心,用如此丰富的细节对其进行阐述,正在准备中的更为完整的著作,其规模和价值由此可见一斑。相信那将是所有描述野蛮民族的民族志中,最具完整性和科学性的作品之一。

J. G. 弗雷泽

于伦敦圣殿

1922 年 3 月 7 日

前　　言

民族学目前所处的尴尬境地，即使不说是悲剧性的，也可说是悲哀的了。正当她整理好工作坊、锻造了合适的工具、对其指定任务准备就绪之际，她的研究材料却在以无可挽回的速度逐渐消失。此刻，科学的田野民族学（field ethnology）的方法和目标刚刚成形，训练有素的民族学工作者刚刚踏上去往蛮荒之地的旅程，去研究那里的居民——这些却在我们的眼前慢慢消失了。

受过学术训练的人对土著种族进行的研究已明确证明，科学的、井然有序的调查研究能向我们提供比最好的业余作品更为丰富、更为高质的成果。虽然不是全部，但大部分现代的、科学的描述都展现了部落生活的崭新及出乎意料的方面。它们用清晰的轮廓向我们展现了社会制度的画卷，其广阔和复杂程度常常令人大吃一惊；它们在我们面前呈现的是原原本本的土著人的面貌，生活在他们自己的宗教和巫术信仰及实践中；它们使得我们比以往任何时候都更深刻地了解土著人的思想。根据这些在科学上具有标志性意义的新材料，比较民族学的学者们已得出一些非常重要的结论，涉及人类风俗、信仰和制度的起源，涉及文化的历史、传播和接触，涉及人类社会行为和人类精神的法则。

我们希望用科学专业人员的劳动去获取野蛮人的新图景，但这个希望如同海市蜃楼，稍显即逝，因为虽然目前仍有大量的原始社区可用于科学研究，但在一两代的时间内，这些社区连同他们的文化将几乎消失。时间紧迫，我们急需全力以赴地工作。然而，令人唏嘘的是，公众至今还未对这些研究提起足够的兴趣。相关研究人员寥寥，他们得到的鼓励也少之又少。因此，在我看来，一份由专业的田野调查带来的民族学贡献，其价值不证自明。

在本书中，通过描述存在于新几内亚（New Guinea）土著人中某些形式的部落间贸易关系，我只呈现了原始生活的一个方面。本书是一部初步的民族志，是从涵盖一个地区部落文化的全部领域的民族志资料中挑选出来的。可接受的民族志著作的首要条件之一，自然是该著作应论述一个社区的所有方面，包括社会、文化和心理，因为这些方面紧密交织在一起，要理解其中任何一个方面，就必须考虑其他所有方面。本书读者将清楚地看到，虽然该民族志的主题是经济性的——因为它涉及的是商业活动、交换和贸易——但除此之外，本书还常常提及社会组织、巫术力量、神话故事和民间传说，事实上，主题之外的其他所有方面均有涉及。

　　本书探讨的地理区域仅限于新几内亚东端诸群岛。即便在这个区域内，主要的田野调查区也只有一个，即特罗布里恩群岛。然而，针对该地区的田野调查十分详尽。我三到新几内亚，在那个群岛生活了约两年，在此期间，我自然而然地彻底掌握了当地的语言。我只身一人开展工作，大部分时间就住在村子里。因此，土著人的日常生活常常就在我的眼前，偶发性事件、戏剧性事件、死亡、争吵、村落纷争、公共和礼仪性事件，都逃不过我的眼睛。

　　就民族志的现状而言，为给后面的研究铺垫道路，划定民族志的研究领域，仍需做很多工作。在这种情况下，每个新成果都应从几方面证明其存在的合理性。它应该在方法上有所改进；在深度、广度，或同时在这两方面，突破之前的研究局限；最终还应尽力用准确但不枯燥的方式呈现调查结果。阅读本书时，对方法感兴趣的专业学者，可在导论部分的第二节到第九节及第十八章中找到我在这方面的观点和所做的努力。关心调查结果而非取得结果之方式的读者，可在第四章到第二十一章中看到对库拉远航的连续描述，以及各种相关的习俗和信仰。不仅对描述感兴趣，而且对描述的民族志背景及库拉体系的清晰定义也感兴趣的学者，可在本书的第一章和第二章中看到前者，在本书的第三章中看到后者。

　　在此，我要向罗伯特·蒙德（Robert Mond）先生致以最诚挚的谢意。正是他的慷慨捐助，我才得以坚持研究数年，本书正是这些研究成果的一部分。感谢澳大利亚联邦内政和国土部大臣阿特利·亨特先生（Atlee Hunt, C. M. G.），感谢该部门给予我的资金支持及在当地给予我的诸多帮助。在特罗布里恩群岛，珍珠商 B. 汉考克（B. Hancock）先生对我的工作给予了极大的帮助,在此,我不仅要感谢他提供的协助和服务,还要感谢他的诸多友善之举。

书中的很多论证,因我的维也纳朋友保罗·昆那(Paul Khuner)先生的批判,得以大大改进,他是现代工业实务专家,也是一位卓越的经济思想家。承蒙 L. T. 霍布豪斯(L. T. Hobhouse)教授阅读校样并就几个方面向我提出宝贵的意见。

承蒙詹姆斯·弗雷泽(James Frazer)先生为本书作序,极大提升了本书的价值。先生的引介,于我不仅是极大的荣幸和恩惠,更是一种别样的愉悦,因为我初次爱上民族学,即源于阅读弗雷泽先生的《金枝》(*Golden Bough*),那时已是第二版。

最后,我要特别提到 C. G. 塞利格曼(C. G. Seligman)教授,本书正是献给他的。我的考察由教授首倡,并且在新几内亚开展调查的过程中,教授那么慷慨地给予我鼓励和科学教诲,我的感谢无以言表。

B. 马林诺夫斯基

于特内里费岛

1921 年 4 月

致　　谢

　　研究的性质决定了民族志学者对他人协助的依赖程度远远高于其他科学工作者。因此,我必须特别在此向帮助过我的许多人致以谢意。如前言所述,资金上,承蒙罗伯特·蒙德先生的帮助最多,他在五年中(1914年及1917—1920年)授予我每年250英镑的"罗伯特·蒙德旅行奖学金"(伦敦大学),使我的调查研究成为可能。在阿特利·亨特先生的帮助下,我获得了澳大利亚内政与国土部的拨款250英镑。伦敦经济学院于1915—1916两年中授予我每年100英镑的"康斯坦斯·哈钦生奖学金"(Constance Hutchinson Scholarship)。如在其他事务中一样,在资金上,塞利格曼教授也给予我极大的帮助,除帮助我获得所有其他款项外,他本人还资助我100英镑作为考察的费用,并为我配备了一台照相机、一台留声机、人体测量仪器和进行民族志调查需要的其他设备。1914年,我作为澳大利亚联邦政府的客人随大不列颠科学促进会(British Association for the Advancement of Science)进入澳大利亚,相关费用由澳大利亚联邦政府承担。

　　我的民族志研究历时六年(1914—1920),其间,对我主要关注的地区进行了三次考察,并在考察的间隙整理资料、研究特别的文献,每年的经费却只有250英镑多一点。对此,意欲做田野调查的人可能会感到惊奇。我用这些钱不仅支付了旅行和研究费用,如路费、土著仆人的工资、翻译酬劳,而且还收集了相当数量的民族志标本,其中部分已送与墨尔本博物馆,作为"罗伯特·蒙德藏品"。若没有新几内亚居民的诸多帮助,这一切对我而言都是不可能的。我的好朋友,特罗布里恩群岛古萨韦塔(Gusaweta)的B.汉考克先生允许我将他的房子和仓房作为我放置装备和口粮的基地;他在各种场所将快艇借给我使用,并给我提供了一个家,使我在需要或生病的时候总是有地方可去。他帮助我进行摄影工作,还给我许多他自己的摄影底片,其中一些已复制于本书中(整版插图11、整版插图37及整版插图50—52)。

特罗布里恩群岛的其他珍珠商人和买家对我也非常友好，特别是巴黎的拉斐尔·布吕多夫妇（M. and Mme. Raphael Brudo），奥尔巴克兄弟（C. and G. Auerbach）及已故的迈克·乔治（Mick George）先生。他们都曾以各种方式帮助过我，并给予我友好的款待。

考察间隙，我在墨尔本作研究时，得到了杰出的维多利亚公共图书馆其全体职员的诸多帮助，对此，我要感谢图书管理员 E. 拉·图谢·阿姆斯特朗（E. La Touche Armstrong）先生和我的朋友 E. 皮特（E. Pitt）先生、库克（Cooke）先生及其他人。

书中的两幅地图和两幅整版插图，承蒙塞利格曼教授惠准，从他的《英属新几内亚的美拉尼西亚人》（*Melanesians of British New Guinea*）中复制而来。我必须感谢《人类》（*Man*）的编辑 T. A. 乔伊斯上尉（Captain T. A. Joyce），感谢他允许我在本书中再次使用此前刊出过的整版插图。

乔治·罗德里奇父子有限公司的威廉·斯旺·斯塔利布拉斯（William Swan Stallybrass）先生不遗余力地满足我在本书出版上对于科学细节的所有愿望，对此我谨致以诚挚的感谢。

发音注释

本书中的土著名和土著词依照皇家地理学会（Royal Geographical Society）和皇家人类学学会（Royal Anthropological Institute）推荐的最简规则拼写，即，元音依据意大利语发音，辅音依据英语发音。这种拼写规则极适合新几内亚的各美拉尼西亚语言的发音。两个元音之间的撇号表明应该分开发音，不能发成双元音。重音几乎总在倒数第二个音节上，很少在其他音节上。所有音节的发音都须清楚分明。

导论：调查对象、方法和范围

一

1　　除极少数例外情况，南海*群岛(South Sea Islands)沿岸的居住群体历代都是航海家和贸易家。其中的一些曾发展了式样精良的大型航海船，他们曾乘这些船进行远途贸易，或是发动突袭、进行征服。居住在新几内亚(New Guinea)沿岸和外围岛屿上的巴布亚-美拉尼西亚人(Papuo-Melanesians)也不例外。大体上说，他们是勇敢的水手、勤劳的制造者、精明的商人。诸如陶器、石具、独木舟、精美花篮、贵重装饰品等重要物品的制造中心分布在几个不同的地方，这主要取决于当地居民的技艺、他们继承的部落传统和当地的特殊便利条件。物品从这些地方输送出去，在广阔的区域内交易，有时要辗转千百英里。

　　各部落之间有明确的贸易航线和交换形式。其中，莫尔兹比港(Port Moresby)的莫图人(Motuan)和巴布亚湾(Papuan Gulf)诸部落之间的部落间贸易形式非常独特。莫图人用的独木舟叫拉卡托伊(lakatoi)，又沉又笨，有独特的蟹爪帆。他们航行数百英里，把陶器、贝壳饰品，从前还有石刃，带给巴布亚湾人，以换取西米和沉重的挖空木料，用于建造拉卡托伊独木舟。①

2　　再往东的南海岸上居住着勤劳、以航海为业的迈卢人(Mailu)，他们每

---

　　* 此处的南海并非一个固定的地理名词。在本书中，"南海"即巴布亚新几内亚岛东南端附近的海域，为南太平洋西部的一部分。——译者

　　① 这些远航在莫图语中叫西里(hiri)，F.巴顿(F. Barton)船长描述这些远航时提供了大量的细节，并对其进行了清楚的概括，见于C. G.塞利格曼著《英属新几内亚的美拉尼西亚人》(Cambridge, 1910)，第八章。

年进行的远航贸易连接了新几内亚的东端和中部沿海诸部落。① 最后,新几内亚东端周围散布的岛屿及群岛上居住的土著人,彼此之间也保持着经常性的贸易往来。塞利格曼教授的著作对此有精彩描述,特别是住着南马辛人(Southern Massim)的各岛屿之间的短程贸易路线。② 然而,那里还有另外一个非常广泛、高度复杂的贸易体系。该体系及其分支不仅覆盖了新几内亚东端附近的岛屿,还将路易西亚德群岛(Louisiades)、伍德拉克岛(Woodlark Island)、特罗布里恩群岛(the Trobriand Archipelago)和当特尔卡斯托群岛(the d'Entrecasteaux group)囊括在内;它深入到新几内亚大陆,并间接影响诸如罗塞尔岛(Rossel Island)几个外围岛屿、新几内亚北岸和南岸的一些地方。这个贸易体系叫库拉,就是我要在本书描述的对象。我们将会看到,库拉是一种具有相当大理论价值的经济现象。对于那些生活在库拉圈内的土著人而言,库拉在其部落生活中至高无上;它的重要性被部落成员们充分理解,他们的观念、野心、欲望和虚荣心都与库拉紧密相连。

二

叙述库拉之前,我们最好先描述一下收集民族志资料的方法。任何学科的科学研究结果都应以绝对坦诚公开的方式呈现。没有人能在梦想对物理或化学做出实验性贡献的同时,却不对实验的所有安排、仪器、观察方式、数量、实验时间及每次测量的精确度进行详细精确的描述。在没那么精确的学科里,如生物学或地质学,不可能做到如此严格,但所有学者都会尽力向读者阐明进行实验或观察的所有条件。对民族志而言,对这类资料的忠实描述或许更为必要,但遗憾的是,一直以来,民族志作者并不总能慷慨地提供足够的这方面资料,很多作者穿梭于各种事实之间时,并没有充分且诚恳地说明其所用方法,而是将这些事实从完全的晦暗中直接摆在我们面前。

---

① 参见:B. 马林诺夫斯基,《迈卢的土著人》,载于《南澳大利亚皇家学会汇报》,1915;第四章,4,第612—629页。

② 前引,第四十章。

我们很容易就能举出一些名声颇大的著作，它们带着科学的标签，将大量的结论摆在我们面前，却完全不告诉我们作者是根据什么样的实际经历得出他们的结论的，书中也没有一个章节或段落专门向我们描述观察和收集信息的条件。我认为，民族志资料若要具有确凿可信的科学价值，就应该使我们能清楚地分辨出，哪些资料来自直接观察及土著人的陈述和解释，哪些则是作者基于常识和心理洞察力的推测。① 事实上，应该提供如我在下文（本章第六节）表格中列出的那些调查情况，这样读者一眼便可准确估计作者个人对他所描述事实的熟悉程度，并了解信息是在何种条件下从土著人那里得到的。

在历史学中，如果一个人对其资料的来源秘而不宣，在谈论过去的时候仿佛是通过占卜得知一切，他就不能指望被严肃地对待。民族志作者既是他自己的编年史家，同时也是史学家。他的资料固然易得，却极难以捕捉且极为复杂；它们并不存在于固定的资料文献中，而是体现在活着的人的行为和记忆中。在民族志中，从原始的信息资料——在学者自己的观察、土著人的陈述和千变万化的部落生活中呈现出来的那些——到最终对结果进行的权威呈现，其间要经过漫长的历程。从踏上土著人的海滩、首次尝试与土著人接触的那一刻，到写完研究结果的终稿，民族志学者必须艰苦前行数年，才能走完这段遥远的路程。简短地概括一下一个民族志学者的艰难，如我所经历过的那些，可能比任何长篇大论的抽象讨论都更能说明这个问题。

三

想象一下，你突然置身于一个热带海滩上，附近有一个土著人村落，你独自一人，身旁堆放着所有的用具，载你而来的大汽艇或小船已经远去。在附近某商人或传教士的白人大院里住下后，无事可做，只能立刻开始你的民

---

① 在这个方法上，我们要感谢剑桥人类学学院（Cambridge School of Anthropolgy）对这一问题引入了真正科学的处理方法。特别是在哈登（Haddon）、里弗斯（Rivers）和塞利格曼的著作中，推论和观察之间总是界线分明，我们能十分准确地想象出他们当时的工作条件。

族志工作。进一步想象,你是个新手,没什么经验,没人引导,也没人帮忙,因为那个白人暂时不在,抑或是他不能或不愿在你身上浪费任何时间。这就是我第一次在新几内亚南岸上进行田野调查时的情形。我十分清楚地记得,在刚到的前几周,我花了很长时间对那些村落进行探访;在多次顽强却徒劳的尝试之后,我感到失望和绝望,我无法真正地与土著人接触,也没能获得任何资料。很多时候,我都非常沮丧,就开始埋头读小说,就像一个男人在热带的抑郁和无聊中可能去借酒消愁一样。

然后想象,你第一次进入土著村落,或独自一人,或有白人向导相伴,一些土著人蜂拥而至,围在你身边,特别是当他们闻到烟草味时,其他人,即更尊贵的人和老人,则仍坐在那儿,你的白人向导以惯用的方式和他们打交道,既不理解也不十分关心作为民族志学者的你在接近土著人时应该用的方式。第一次探访给你带来了希望,你觉得下次自己一个人来时,事情会容易些,这至少是我当时怀有的希望。

我如期返回,身边很快聚集了一群土著人。我们用洋泾浜英语寒暄了几句,几支香烟递来递去,营造起互相友善的氛围。然后,我试着开始工作。首先,要从不会引起怀疑的话题开始,于是我最先着手的是手工艺。几个土著人正忙着制造某个物件。看看这个物件,问问制造工具的名称、甚至得到一些关于该制造的术语都不是难事,但仅此而已。要记住,洋泾浜英语非常不利于思想的表达。在拟定问题和理解答案上还未做到训练有素时,用这种语言会让你觉得不舒服,因为你永远无法与土著人进行自由的交流。最初,我完全不能和他们进行详细明白的对话。我很清楚,对此,最好的补救办法就是收集具体的资料,于是我在村里做了一个人口普查,写下系谱,画下详图,收集了亲属称谓,但所有这些都是没有生命的资料,无助于进一步理解土著人真正的心态或行为,因为我既没能从土著人那里获得对其中任何一个术语的良好解释,也没找到所谓的部落生活的门道。关于他们的宗教观念和巫术观念、妖术信仰和灵魂信仰,除了几项民俗事象外,我别无所获。即便是那几项民俗事象,也因为使用洋泾浜英语而变得残缺不全。

我从当地一些白人那里得到的信息,虽然本身很有价值,但却比其他任何事情更能给我的工作带来挫败。这些白人在这里住了数年,经常有机会观察土著人，并和他们交流，但几乎不真正了解他们的任何一件事，我怎能奢望在几个月或一年后赶上并超过他们？此外，向我提供信息的白人，在谈论土著人、叙述土著人的观点时，其思维方式自然是未经训练的，他们不习惯于用连贯、准确的方式阐述想法。更自然不过地是，他们大多满怀讲求实际的普通人都有的偏见和预设，无论是行政官员、传教士，还是商人。但在努力追求对事物客观科学认识的人看来，那些偏见和预设则令人十分反感。习惯性地用一种自鸣得意的随意心态对待在民族志学者看来是真正严肃的东西，低估民族志学者眼中的科学宝藏，即土著人的文化和心理特点及独立性——在拙劣的业余作品里常见的这些特征，我在大部分白人的口吻中也发现了。①

实际上，当我第一次在新几内亚南岸进行民族志调查时，直到我独自一人身处那个地区时，我才开始有所进展，至少，我找到了有效开展田野调查的诀窍。那么，民族志学者得以唤起土著人之真正灵魂并得到部落生活之真实图景的魔法是什么呢？通常，要获得成功，只能通过耐心且系统地运用一些常识性的规则和众所周知的科学原则，而非指望能发现什么奇妙的捷径，从而不费吹灰之力就能取得预期结果。方法原则可分为三条：首先，民族志学者当然必须有真正的科学目的，了解现代民族志的价值和标准；第二，他应将自己置身于良好的工作条件中，即基本上不和白人住在一起，就住在土著人中间；最后，他必须用一些收集、处理和整理证据的专门方法。关于田野调查的这三块基石，必须稍加说明，我就从第二点说起，这一点最为基本。

四

适当的民族志工作条件。如前所述，这主要是指脱离其他白人的陪伴，与土著人保持尽可能近的接触，只有在他们的村子里搭帐篷住，才能真正实现这一点（见整版插图 1 和整版插图 2）。在一个白人大院里有个基地来存

---

① 我能立即指出有些让人感到高兴的例外，在此我只提我的几个朋友，他们是特罗布里恩群岛的比利·汉考克（Billy Hancock），另外一个珍珠商拉斐尔·布吕多先生和传教士 M. K. 吉尔摩（M. K. Gilmour）先生。

放东西,知道生病时以及和土著人待得太久时,有个避难所可去,当然是件好事,但这个地方必须远到它不会成为你的固定住所,不会让你仅仅是在固定时间出去"调研那个村子",它甚至不能近得让你在任何时候都能飞奔回去,轻松一番。土著人不是白人的天然伴侣。看他如何种植,让他讲讲民俗,或是谈谈他的风俗习惯,这样和土著人工作几小时后,你会很自然地渴望同类的陪伴。这时,如果你是独自一人住在某个土著村子里,同伴离你很远,你就会独自去散步,大约一小时后,你走回来了,会很自然地去寻找土著人的陪伴,这一次是为了解闷,就像去寻找其他任何陪伴一样。当土著人只是按劳付酬的资料提供者时,他常常感到厌烦,而通过这种自然的交往,你能更好地了解他,并熟悉他的习俗和信仰。

偶尔投身到土著人中间,与和他们真正接触截然不同。后者是什么意思呢？对民族志学者而言,它意味着最初使他时而不悦、时而感到有趣至极的奇遇般的村中生活,很快变得自然起来,与周边环境非常地和谐一致。

我在奥马拉卡纳(Omarakana)(特罗布里恩群岛)安顿下来后不久就开始在某种程度上参与村落生活了。我期盼重要事件或节日事件的发生,对人们的闲言碎语和村中小事的进展满是好奇,每天清晨醒来后的那一天,呈现给我的和呈现给土著人的差不多一样。每当我从蚊帐里爬出来,便发现身边的村落生活刚刚开始动起来,或是人们早已经开始劳作,这取决于时间和季节,因为他们起床劳作有早有晚,依活计需要而定。早上,当我走在村里时,我能看到家庭生活,如梳洗、做饭、吃饭的详尽细节;我还能看到他们白天的劳作安排,人们穿梭于村中,忙于各种事项,抑或是一群群男人和女人忙着一些制造的活计(见整版插图 3)。争吵,玩笑,家庭场景,通常很琐碎、偶尔激动人心但却总是具有重要意义的事件,构成了我的也是他们的日常生活环境。要知道,当土著人每天都看到我时,他们不再因为我的存在而表现出兴趣、警觉或不自在,我也不再是即将研究部落生活的打扰者,每次一靠近就会引起它的改变,就像来到每个野蛮社区的新手总会遇到的那样。事实上,因为他们知道我会介入每一件事,甚至包括一个举止得体的土著人做梦都不会介入的事,所以最后就把我视为生活中的组成部分——一个躲不开的祸害或讨厌鬼,这种感觉只有在我送给他们烟草时,才有所缓和。

之后,无论那天发生什么,我都很容易凑近,不可能注意不到。妖术师(sorcerer)在夜间出没的警告信号、社区内一两宗重大争吵和嫌隙、疾病的案例、未能如愿的治愈和死亡、必须施行的巫术仪式,所有这些我不曾追寻、害怕错过的,现在可以说,就发生在我眼皮底下,发生在我自家门前(见整版插图4)。必须强调一点:每当任何激动人心或重要的事情发生时,一定要在发生之时就开始调查,因为土著人会按捺不住地讨论,他们因太过兴奋而不会有所保留,因太感兴趣而不会懒得动脑去提供细节。此外有很多次,当我违反礼节时,和我很熟的土著人很快就会指出来。我必须学习如何端正举止,在某种程度上,我对土著人的礼貌和不礼貌有了"感觉"。有了这种感觉,再加上我能和他们愉快共处、能和他们一起玩一些他们的游戏和娱乐活动,我便开始觉得我在真正地和他们接触,这当然是能成功进行田野调查的初步条件。

五

但民族志学者不仅须在正确的地方撒网,等着猎物送上门来,还须做一个主动的猎人,把猎物赶入网中,再跟着它进入其最难接近的巢穴。这就将我们引向了寻求民族志证据更主动的方法。在本章第三节末,我曾提到,民族志学者必须得到科学研究的最新成果、原则和目的的启发。在此,我不想详述这个话题,只想指出一点以避免误解,即在理论方面训练有素并熟知最新成果并不等于被"先入之见"所累。当一个人踏上一段征程、决心证明某些假设时,如果不能迫于证据的压力而经常改变其观点、毫不吝惜地抛弃其观点,不用说,他的工作将毫无价值。但是,他带入田野的问题越多,根据事实塑造理论和关注事实对理论影响的习惯越强,他的准备就越充分。先入之见对任何科学工作都是致命的,但预示性问题则是科学思考者的主要禀赋,而这些问题最初则是通过理论研究被观察者发现的。

在民族学中,巴斯蒂安(Bastian)、泰勒(Tylor)、摩尔根(Morgan)和德国民族心理学派(German Volkerpsychologen)的早期努力,重塑了旅行家、传教士等人先前获得的粗糙信息,并向我们展示了使用更深刻的概念及摒弃粗糙和误导概念的重要性。①

泛灵论(animism)的概念取代了两个毫无意义的概念:"拜物教"(fetichism)和"魔鬼崇拜"(devil-worship)。对亲属关系分类体系的理解,为剑桥学派在田野调查中进行卓越的现代土著社会学研究铺垫了道路。德国思想家对德国人最近到非洲、南美洲和太平洋地区考察所取得的成果进行心理分析,从中提炼出大量非常宝贵的信息,而弗雷泽、涂尔干(Durkheim)和其他人的理论著作已经而且无疑还将继续在长时间内启发田野调查者,把他们引向新的成果。田野调查者完全依赖于从理论中获得灵感。当然,他可能也是一个理论思考家和工作者,因而能从自身汲取灵感。但作为田野调查者和理论思考家的这两种职能是分开的,而且在实际研究中必须分开,无论在时间上,还是工作条件上。

当科学兴趣转向某个仅由业余爱好者的好奇心开发出来的领域,并开始在其上耕耘时,这个领域的面貌便会焕然一新。民族学就是这样把法则和秩序引入了看似混乱古怪的事物之中。它为我们把耸人听闻、狂野、不可理解的"野蛮人"世界转变成井然有序的社区,这些社区由规则治理,根据一贯的原则行事和思考。无论其产生的最初联想是什么,"野蛮人"这个词总暗含着无限自由、没有法纪、极端古怪之意。在我们大多数人的观念中,土著人生活在大自然的庇护下,是无规律、捉摸不定的信仰和恐惧的牺牲者。然而,现代科学却告诉我们,他们的社会体制有非常明确的组织,他们在公共和私人关系中都受到权威、法则和秩序的统治,此外,人际关系还受到极其复杂的亲属关系和氏族关系的管理。我们的确看到,他们缠绕在一张由责任、职能和特权交织而成的网中,与之对应的是一个复杂的部落、社区和亲属关系组织(见整版插图5)。他们的信仰和实践决不缺乏某种类型上的一致性,他们对外部世界的知识足以指导他们开展很多艰难的事业和活动,他们的艺术产品既不乏意义,也不乏美感。

很久以前,一位具有代表性的权威人士被问及土著人有什么风俗和习

---

① 根据一个有用的科学术语习惯,我用民族志一词指关于人的科学的经验性和描述性成果,用民族学一词指思辨和比较理论。

惯时,答道,"没有风俗,习惯如野兽一般"。这与现代民族志学者的立场大相径庭。后者用亲属称谓表、系谱、地图、详图和示意图证明了一个广泛而庞大组织的存在,展示了部落、氏族和家庭的结构,并向我们描绘了受制于严格的行为和礼貌准则的土著人,相比之下,凡尔赛宫或艾斯库里尔的宫廷生活却显得自由散漫①。

因此,民族志田野调查首要和基本的理想,就是清晰明确地勾勒出社会结构,把所有文化现象的规则和规律从不相关的问题中梳理出来。首先要查明确定部落生活的框架。为实现这一理想,首先要履行的基本义务就是对文化现象进行全面调查,而非专挑耸人听闻的、奇特的现象,更不是专挑那些滑稽古怪的。在某些描述中,土著人就是一幅扭曲的、幼稚的人物漫画像,人们容忍这些描述的日子已一去不返。这幅漫画像是虚假的,和很多其他谬误一样,已被科学戳穿。研究部落文化时,民族志学者的田野调查必须认真审慎地覆盖部落文化每个方面之现象的所有范围,对稀松平常或单调普通的事物和让他觉得惊奇、古怪的事物同等对待。与此同时,在研究中,须仔细检查整个部落文化区域的所有方面。存在于每个方面的一致性和秩序也有利于把所有方面连成一个统一的的整体。

如果一个民族志学者研究的只是宗教,或只是技术,抑或只是社会组织,他无异于为自己裁剪了一块人工的调查田野,在工作中必将面临严重不利。

六

确定了这个总原则后,让我们更细致地考虑一下方法。据前文所述,民族志学者在田野调查中的职责是:阐述部落生活的所有规则和规律,所有永

---

① 相较于一位现代作家,说土著人只是像野兽一般、没有风俗的这位名扬四海的"早期权威"是小巫见大巫了。该位作家在南马辛与当地人"亲密接触"、生活和工作数年后,说道:"……我们教无法无天的人变得顺从,残忍的人变得有爱心,野蛮的人去改变。"他还说:"他的行为只受本能和习性的指引,由未加约束的情感控制……""目无法纪、残忍、野蛮!"这是对事实进行的更为粗俗的错误描述,超越了任何传教士观点的模仿者。引自伦敦传道会(The London Missionary Society)C. W. 埃布尔(C. W. Abel)牧师所著《新几内亚的野蛮生活》("Savage Life in New Guinea"),没有日期。

恒和固定的东西；剖析他们的文化；描述他们的社会结构。然而，这些东西虽是明确固定的，却不曾被确切地阐述。土著人没有书面或表达清晰的法典，所有部落传统和整个社会结构都隐藏于所有材料中最难以捉摸的材料即人之中。但是，甚至在人的头脑和记忆中，也没有对这些法则的确切阐述。土著人服从部落准则的约束和命令，但并不理解它们，正如他们遵从本能和冲动却不能列出一条心理学规律一样。土著制度中的规律是传统的精神力量和环境的物质条件相互作用而自动产生的结果。这就好像，在任何现代制度中，如国家、教堂、军队，其谦卑的成员虽然都属于它并身处其中，却看不到整个制度产生的完整作用，更不用说对它的组织进行任何描述了。因此，试图用抽象的社会学术语向一个土著人提问，将是徒劳的。不同的是，在我们的社会中，每个制度都有聪慧的成员、史学家、卷宗和文献，但土著社会却没有这些。意识到这一点后，我们必须找一个权宜之计来克服这个困难。对民族志学者而言，权宜之计就是收集具体的证据资料，并为自己推断出概括性的结论。表面上看，这似乎很明显，但是，直到受到科学训练的人们开始进行田野调查时，这个方法才被发现，或至少才开始用于民族志中。此外，在将该方法付诸实践时，不易为其设计具体的应用方法，即便设计好了应用方法，也难以坚持系统地实施。

虽然我们不能向土著人询问抽象概括的规则，但我们总是可以询问某个案例会如何处理。例如，问他们会如何处理或惩罚犯罪时，诸如"你们如何处理和惩罚一名罪犯？"这样笼统的问题将毫无用处，因为在土著语或洋泾浜英语中，甚至没有可以回答这个问题的词语。相反，一个想象出来的案例，抑或最好是一个真实的案例，将激发土著人去表达自己的观点并提供大量的信息。实际上，一个真实的案例将让土著人掀起讨论的浪潮，宣泄愤怒，表明立场——所有这些言论很有可能都包含大量的明确观点和道德谴责，并揭示那个罪行启动的社会机制。从这里，就不难引导他们谈论相似的案例，回忆其他真实的案例，或讨论某案例的所有方面和影响。对这些材料——其涵盖的事实应尽可能广泛——进行简单的归纳，便可推断出结论。科学性处理不同于良好常识性处理：首先，民族志学者将用一种学究式的系统且井井有条的方式，使调查更加全面和详尽；其次，训练有素的科学头脑将使调查沿着真正相关的路线前行,迈向真正重要的目标。的确,科学训练的目标就是为经验主义的研究者提供一张心智航行图,从而让他为自己找到方位、确定道路。

上文中,我们说到,对一些明确案例进行讨论,将向民族志学者揭示社会的惩罚机制。这是部落权威的一部分或一方面。再想象一下,凭借类似的从确切资料推断结论的方法,民族志学者能了解战争、经济活动和部落庆典中的领导权——同时,他能立刻掌握回答有关部落政府和社会权威问题时必备的所有资料。在实际的田野调查中,当我们比较这些数据并试图把他们拼接在一起时,常常会出现信息裂缝和缺口,从而促使我们进行进一步的调查。

就我自己的经验而言,经常是某个问题看似已经解决,所有事情看似明确清楚,但直到我开始动笔,对我取得的结果写下简短的初步描述后,我才发现仍有许多不足之处。这些不足告诉我新问题所在,把我引向新的工作。事实上,在第一次和第二次考察之间,以及在第二次和第三次之间,我分别花了几个月和一年多的时间仔细整理所有材料,每次都将部分材料整理到几乎可以发表的程度,但每次,我都知道,我将不得不重写。我发现,建设性工作和观察之间的交互滋养非常有价值,没有二者之间的交互滋养,我不可能取得真正的进展。在此提及这点个人经历,只是为了表明当前所说的一切并非空谈,而是个人的切身体会。本书描绘的是一个大型制度,有许多活动与之关联,呈现出许多方面。任何考虑这个课题的人都清楚,面对一个高度复杂、具有诸多支流的现象,若没有建设性工作和经验式核查之间的相互作用,就不能获得任何准确和完整的信息。事实上,我至少六次就库拉制度起草大纲,有时是在田野调查中,有时是在几次探险之间,但每次都有新问题和新困难出现。

因此,田野调查法(field method)的要点之一就是针对广泛的事实收集具体资料。调查者的责任不仅仅是列举几个例子,而是要尽可能穷尽所有可触及到的案例;搜寻案例时,心智航行图最清楚的调查者,收获亦将最多。但是,只要搜寻到的材料允许,就应把心智航行图转变为一张真正的图,应将其具体化为示意图、详图、详细的案例概要表。长期以来,在所有还不错的有关土著人的现代著作中,我们期望找到一个完整的亲属关系称谓清单或列表,这个完整的清单或列表应包含所有与亲属关系称谓相关的信息,而不是仅仅挑了几个奇怪异常的亲属关系或表达方式。调查亲属关系时,在具体的案例中对亲属关系逐个进行追查,自然引向系谱表的构建。这一方法已由早期最优秀的民族志作者们实践过,如蒙森格尔(Munzinger),如果我记对了的话,还有库伯雷(Kubary),并在里弗斯博士的著作中得到了最充分的发展。再如,为追踪一件贵重物品的历史,并判断其流通的性质,而研究经济交易的具体资料时,全面详尽的原则将有助于交易表的构建,如我们在塞利格曼教授的书中看到的那些。① 正是因为在这个方面效仿了塞利格曼教授的做法,我才得以确定某些更难更具体的库拉规则。如果可能,就把信息简化为图表或概要表,这种方法应推广到对土著生活几乎所有方面的研究中。研究所有类型的经济交易时,都可追踪互相关联的真实案例,将这些案例做成概要表;此外,也应对一个给定社会中的所有习俗性馈赠和礼物制表,表中要列出每类物品的社会学的、礼仪上的和经济上的定义。另外,巫术体系、相互关联的典礼系列、合法行为的类型,所有这些都可以制成图表,可将表中的每一项都归入到某个标题之下。当然,除此之外,对每个社区进行的更详细的系谱调查,用来说明园圃所有权和渔猎特权的大量地图、详图和示意图等,都是进行民族志研究所需的更为基础的文献。

系谱不外乎是对一些相互关联的亲属关系进行描述的概要图。作为研究工具,其价值在于它能让调查者向自己提出抽象(*in abstracto*)问题的同时,向土著资料提供者提出具体问题。作为文献,其价值在于它提供了自然归类的真实资料。巫术概要表也具有同样的功能。作为研究工具,我用它是为了查明真相,例如,查明关于巫术法力(magical power)性质的观念。有一张图表在面前,我就可以方便容易地对其中的条目逐一检查,记下包含在其中的相关做法和信仰,然后我就能以所有案例为基础,推断出大概的结论,从而回答向自己提出的抽象问题。关于这一过程,我将在第十七章和第

---

① 例如,贵重斧刃的流通图,前引,第 531 页、532 页。

十八章中说明。① 在此,我无法进一步讨论该问题,因为进一步的讨论需要做进一步的区分,如区分什么是具体真实的数据表(如系谱),什么是一个风俗或信仰的概括总结表(如巫术体系表)。

再回到第二节里谈到的方法论上的真诚问题。在此,我想指出,具体的、列表化的数据呈现过程,首先应用于证明民族志学者自己的资质。也就是说,一个民族志学者,若希望被信任,就必须用列表的方式,言简意赅地表明,其描述所依据的基础,哪些是他自己的直接观察,哪些是间接信息。下一页上的表格就是该过程的示范,它将帮助本书读者对他急于核实的所有陈述建立起信任感。有了这张表及分散于全书的许多参考资料,我希望,本书的资料来源问题,如我是如何及在何种情况下得到某一知识、其准确度如何等,将没有任何含糊之处。

作者目睹的库拉事件之纪年表

第一次考察	1914年8月—1915年3月
1915年3月	在迪柯亚斯村(Dikoyas)(伍德拉克岛)看到几次仪式性赠予,取得初步信息。
第二次考察	1915年5月—1916年5月
1915年6月	从瓦库塔(Vakuta)来的一个卡比吉多亚(Kabigidoya)访问团抵达基里维纳(Kiriwina)。在卡瓦塔里亚(Kavataria)目睹访问团的停泊,在奥马拉卡纳看到访问团的男人们并收集信息。
1915年7月	从基塔瓦(Kitava)来的几伙男人在考卢库巴(Kaulukuba)海滩上岸。在奥马拉卡纳观察了这些人,其间收集了很多信息。

---

① 严格地说,下面的表格不属于我在这里提到的这类文献。在本书中,除此表格外,读者只会看到几个概要表作为示范,如第十三章第二节中提到并分析的库拉伙伴名单,第六章第六节的礼物和馈赠品列举清单,二者都未采用表格形式,只是描述;此外,第十六章还有关于一次库拉远航的总结概括资料,第十七章中有库拉巫术表。在本书中,我不想让叙述里到处都是各种图表,而希望等到完整出版我的资料时,再将它们列出。

1915年9月　　与奥马拉卡纳的酋长托乌卢瓦试图驾船前往基塔瓦,未果。

1915年10月—12月　　看到从基里维纳到基塔瓦三次远航的启程。每次托乌卢瓦都带回一批姆瓦利(*mwali*)(臂镯)。

1915年11月—1916年3月　　为一次从基里维纳到马绍尔本尼特群岛(Marshall Bennett Islands)的大型海外远航作准备:建造一只独木舟;翻新另一只;在奥马拉卡纳的船帆制作;下水;在考卢库巴海滩上塔萨索里阿(*tasasoria*)。与此同时,收集以上各活动及相关话题的信息,还得到了一些有关独木舟建造和库拉巫术的巫术文本。

第三次考察　　1917年10月—1918年10月

1917年11月—12月　　内陆库拉;在图克沃克瓦(Tukwaukwa)取得一些资料。

1917年12月—1918年2月　　基塔瓦的几个访问团抵达瓦韦拉(Wawela)。收集了有关约约瓦(*yoyova*)的信息,得到凯加乌(*kayga'u*)巫术及该咒语的若干咒语。

1918年3月　　在萨纳罗阿(Sanaroa)的准备;在安菲莱特群岛(Amphletts)的准备;多布人的船队抵达安菲莱特群岛。从多布(Dobu)来的尤瓦拉库(*uvalaku*)远航队随后去往博约瓦(Boyowa)。

1918年4月　　他们抵达目的地;在锡纳凯塔(Sinaketa)受到接待;许多库拉交易;最大的部落间聚会。得到一些巫术咒语。

1918年5月　　在瓦库塔见到从基塔瓦来的一个访问团。

1918年6月、7月　　在奥马拉卡纳核实和补充关于库拉巫术和习俗的信息,特别是关于东部各分支的。

1918年8月、9月　　在锡纳凯塔得到若干巫术文本。

1918年10月　　在多布和南马辛区,从一些当地土著人那里获得了信息[在萨马赖(Samarai)核实信息]。

整版插图 1

努阿加锡海滩上民族志学者的帐篷

该图显示了边码第 6 页上描述的土著人的生活方式。注意(参考第四章和第五章)帐篷旁有一根用于建造大独木舟的挖空原木,图中左侧的棕榈树叶下面有一艘马萨瓦独木舟。

整版插图 2

奥马拉卡纳酋长的利西加(个人的棚屋)

现任酋长托乌卢瓦站在前面(参见第二章第五节);左边,掩映在棕榈树中的是民族志学者的帐篷(见边码第 6 页),一群土著人蹲在帐篷前。

整版插图 3

卡萨纳伊(在特罗布里恩岛的基里维纳)的街道

一幕日常景象,三五成群的土著人正忙于日常之事。(见边码第 7 页)

整版插图 4

在尤拉沃图(特罗布里恩)的景象

一场复杂但却有条不紊的萨加利正在进行中。看似混乱的过程背后有一套明确的社会、经济和礼仪原则。(见边码第 8 页)

总结研究方法的第一个要点，我或许可以这样说，研究每个现象时，应对它的具体表现做尽可能广泛的研究，应详尽调查每个现象的具体事例。如果可能，应把结果体现为某种概要图，既可用作研究工具，也可用作民族学文献。有了这些文献及对现状的研究，就能呈现最广泛意义上的土著人文化的清晰框架和他们的社会结构。我们可将这一方法称为具体证据统计记录法(the method of statistic documentation by concrete evidence)。

七

无需赘言，在这个方面，科学的田野调查远远超过甚至是最优秀的业余作品。然而，后者往往擅长以下一点，即展示与土著生活的密切接触，并且使我们了解只能通过以某种方式长期与土著人密切接触才能了解到的土著生活的方方面面。科学工作——特别是被称为"调查工作"的科学工作——的某些成果，可以说，给我们提供了极好的部落结构骨架，但它缺乏血肉。我们对其社会框架了解颇多，但在这个框架中，我们无法感知或想象到人的生活的真实情况、平淡的日常活动，以及因某次宴席、仪式或某个异常事件而偶然泛起的兴奋的涟漪。在考查土著风俗的规则和规律，以及根据收集到的信息和土著人的陈述对规则和规律作出精确描述的过程中，我们发现这种精确对从不严格遵守任何规则的真实土著生活而言，却是陌生的。所以必须做如下补充：在研究过程中，应观察一个给定习俗的实施方式、土著人在遵守被民族志学者阐述得极为确切的规则时表现出的行为，以及在社会学现象中几乎总会出现的例外。

如果所有结论仅是以资料提供者的陈述为基础，或仅从客观文献推断而来，自然不可能用实际观察到的真实行为资料对其进行补充。这便是为什么某些长期居住在当地的业余人士，如受过教育的商人和农场主、医务人员和官员，以及少数为民族志做出巨大贡献的聪慧且不怀偏见的传教士，其著作在灵活性和生动性方面比单纯的科学描述更胜一筹。但是，如果专业的田野调查者能够采用前文描述过的生活条件，则将比其他任何白人能更好地与土著人进行真正的接触。因为那些白人，除短期探访之外，没有一个真地住在一个土著村落里,他们都有自己要做的事,这占据了他们相当一部分时间。此外,当一个商人、一个传教士、一名官员,或其他白人,主动与土著人交往时,如果他必须改变、影响或利用土著人,就不可能进行真实、不偏不倚、公正的观察,也无法做到完全的真诚,至少传教士和官员是如此。

若一个人住在村里,除观察土著人的生活,别无他事,就可以一遍遍地观看土著人的各种习俗、典礼和交易,获得体现其信仰的活生生的案例,如此一来,他很快就能在抽象的骨架里填满真实土著生活的全部血肉。这就是为什么,当民族志学者在前文所述的那种环境中工作时,能在空空的部落结构框架中加入本质的内容,用行为、环境和小事件的所有细节对这个结构进行补充。他可以在每个案例中说明,某个行为是公众行为还是私人行为,某次公众集会如何举行及是什么样的;他能判断一个事件是普通事件还是令人激动的不寻常事件,土著人在做这件事时,是满怀真诚和热切,还是为了娱乐,是敷衍了事,还是热忱审慎。

换言之,一系列非常重要的现象无法通过提问或对文献进行推算的方式记录下来,而只能在完整的现实中被观察到。我们不妨称之为"现实生活的不可测量性(the inponderabilia of actual life)"。以下所述便属于这样的现象:一个人例行的日常工作、护理身体的细节、进食和备食的方式、发生在篝火旁的对话和交际的氛围、存在于人们之间强烈的友情和敌意以及一闪而过的同情和憎恶、通过个人行为和周围人们的情感反应表现个人虚荣和野心的微妙而清楚的举止。所有这些事实都能被科学地阐述和记录,而且也应该如此,但不能只是像未接受过训练的观察者经常所做的那样仅是肤浅地记录细节,而应努力探究这些细节传达出的心态。因此,我相信,经过科学训练的观察者的工作一旦严肃地应用于这个方面的研究,必将产生价值卓越的成果。然而,迄今为止,这方面的工作还只是业余人士在做,因此总体质量不高。

事实上,如果我们记得这些不可衡量但却都非常重要的真实生活的事实,是构成社会结构实实在在的组成部分,记得在这些事实中编织着无数的丝线,把家庭、氏族、村落社区和部落联系在一起,它们的重要性就显而易见了。而更为具体的社会凝聚纽带,如确定的礼仪、经济和法律责任、义务、礼仪性馈赠及表示尊敬的正式表现,虽对学者而言都同等重要,但执行的个体必然不会像学者那样强烈地感受到它们。就拿我们自己来说，我们都知道"家庭生活"对我们而言，首要的意义是家庭氛围，形成亲密的喜爱之情、共同兴趣、细小的偏好和憎恶，这些都体现在无数细小的举动和关注中。我们可能会从某人处继承遗产，或者必须为另外一个人送终，虽然在社会学上，这些事情都属于"家庭"和"家庭生活"的范畴，但是当从个人的视角来看家庭生活对我们而言到底是什么时，这些事情通常都变得非常模糊。

　　土著社区也是如此。如果民族志学者想让读者彻底了解真正的土著生活，他就绝不能忽视这一点。无论是个人私事还是法律大端，都不应一带而过。然而，民族志描述却常常只记录其一，不能做到二者兼备——目前，个人私事这一方面几乎从未被恰当地对待。其实，除家庭关系外，在所有社会关系中，甚至是在部落成员之间、不同部落的或敌或友的成员之间，任何社会事务场合上的会面都有私密的一面，通过交流中特有的细节和在彼此面前表现出的行为基调而显露出来。这一方面有别于社会关系明确、具体和合乎规则的一面，本身就必须加以研究和说明。

　　同样，在研究诸如礼仪、仪式和庆典等引人注目的部落生活行为时，除描述事件的要点之外，还应描述行为的细节和气氛。其重要性从下文例子中可见一斑。关于"遗留物"（survival），所谈所写甚多，但一个行为的遗留物特征只有在该行为的伴随行为及其施行方式中才能体现得最好。从我们自己的文化中随便举个例子，无论是由国家举行的盛大庆典，还是由街头流浪儿维继的生动风俗，其"概述"不会告诉你这一仪式是仍充满活力地活在仪式表演者或协助者的心中，还是几乎已经死去，人们只是为了传统才将它保留至今。但是通过观察和确定他们的行为，就能立刻弄清行为的生命力。毋庸置疑，从所有社会学或心理学分析的观点来看，对任何理论问题而言，在行为过程中观察到的行为方式和类型具有至高重要性。事实上，行为是一种事实，一种相关事实，一种可记录的事实。若一个科学工作者忽略一整类现成的现象，不去收集，任其浪费，实属愚蠢和短视，即便当时他看不到如何将之付诸理论应用！

　　至于在田野调查中观察和记录这些真实生活和典型行为中不可测量方面的方法，观察者个人在其中的作用无疑比在收集具体明确的民族志资料时更为突出。但是在此,主要的努力仍必须是让事实为事实说话。每天在村子里漫步时,如果发现某些小事,如有特点的进食、交谈和劳作形式(见整版插图 3 示例)频频出现,就应该立刻记录下来。同样重要的是,在研究一个地区时,应尽早开展这种收集和整理印象的工作。因为一些细微的特征,只有在你感到新奇的时候才会留下印象,一旦熟悉,就不会再注意,而其他特征则只有在更好地了解当地环境后才能领悟。在某地开展工作时,对田野调查这类研究而言,自始至终系统记录的民族志日记是理想的研究工具。如果除了记录正常和典型现象外,民族志学者还能将稍微或明显偏离常态的情形记录下来,就能标示出两个极端,而常规情形就在这两个极端之间移动。

在观察礼仪或其他部落事件时,如整版插图 4 所示场景,民族志学者不仅需要记录由传统和习俗规定的该行动过程的核心事件和细节,还应仔细准确地逐一记录施行者和观看者的动作。要暂时忘记自己知道并明白该典礼的结构及其背后的主要信条,可以尽力只把自己置身于集会人群中,那些人的行为或许严肃,或许滑稽,或许全神贯注,或许漫不经心,他们的心情也许和他平日里看到的一样,也许紧张到亢奋的程度,等等。当民族志学者经常关注部落生活的这个方面,经常努力地去梳理它并用真实的事实表述它,就会记录下大量可靠且富含思想和感情的材料。他就能将土著人的行为"放在"部落生活中的合适位置,即说明它是特例,还是常态,是土著人如往常一样的行为,还是整个都发生了改变的行为。此外,他还能用清楚的、使人信服的方式让其读者明白这一切。

再者,在这类工作中,偶尔放下手中的相机、笔记本和铅笔,加入到正在发生的事情中,对民族志学者而言,是件好事。他可以参与土著人的游戏,跟着他们一起出访和行走,坐下来聆听他们,和他们一起说话。我不确定这是否对于所有人都同样容易——或许斯拉夫人天生比西欧人更灵活、更具天然的野性——但是,尽管成功程度各异,所有人都可尝试。我自己就经常这么做,不只是为了研究,也是因为每个人都需要别人的陪伴。投身于土著人的生活之后,我清楚地感觉到,土著人在各种部落交易中表现出的行为和存在方式(manner of being),较之先前变得更清楚易懂。所有这些方法论方面的言论,本书将在后面的章节中再次向读者解释。

八

最后，让我们谈谈科学田野调查的第三个也是最后一个目的，即为了完整全面地呈现土著文化之图景，应记录的最后一类现象是什么。除稳定的部落结构轮廓和构成骨架的具体文化现象之外，除可以称之为血肉的日常生活和普通行为之外，还须记录精神，即土著人的观点、看法和说法。因为，在部落生活的每个行动中，首先存在的是由风俗和传统规定的惯例，然后是行动的方式，最后还有存在于土著人头脑中对行为的评价。一个人若屈服于各种习俗性义务、遵守传统的行为方式，必然是受到了某些动机的驱使和某些观念的指导，并伴随着某些情感。这些观念、情感和动机受到其所处文化的塑造和影响，因而是该社会的一个民族特征。因此，我们必须加以研究和记录。

但这可能吗？这些主观状态是否太捉摸不定、无影无形？此外，即便我们认定当习俗性行动发生时，人们通常会感受到、或想到、或经历某些与之相联系的心理状态，大部分人也一定无法用语言阐述这些状态。后面这一点当然必须承认，它或许就是社会心理学事实研究中真正的戈尔迪之结（Gordian knot）。① 在此，我不会试图切掉或解开这个结，也就是说，我不会试图从理论上解决这个问题，或进一步深入到一般方法论的领域，我将直接转向克服困难的实际方法这个问题。

首先要明确的是，这里我们必需研究模式化的思维和情感方式。作为社会学家，我们并不关心甲或乙作为个人，在偶然发生的个人经历过程中，有何种感受——我们只关心他们作为某社区的成员有何种感受和思考。在这种身份之下，他们的思想状态被烙上一个印记，因他们所处的制度、传统习俗的影响和语言这一思维工具变得模式化。他们所在的社会和文化环境迫使他们用一种确定的方式思考和感受。例如，生活在一妻多夫制社区中的男人不可能感受到与严格的一妻主义者一样的嫉妒之情，即便他可能有

---

① 希腊神话中弗利基亚国王戈尔迪打的难解之结，按神谕，能入主亚洲者才能解开，后被马其顿国王亚历山大用利剑斩开，后用以比喻"难以解决的问题。"——译者

这些感情元素。又如,生活在库拉圈内的男人不会长久眷恋他的某些所有物,即便他把它们看得贵重至极。这些例子很粗浅,本书正文还将提供更充分的例子。

所以,田野调查的第三条戒律是:找出与给定社区的制度和文化相对应的典型思维和感受方式,并用最具说服力的方式对其进行阐述。那么如何进行操作呢?最优秀的民族志撰写者——剑桥学派的哈登、里弗斯和塞利格曼是英国最卓越的民族志学者——总是尽力一字不差地引述至关重要的陈述。此外,他们还援引土著人的分类术语及社会学、心理学和工业术语(*termini technici*),尽可能准确地翻译土著人思想的语言外壳。掌握了土著语言并可将它用作调查工具的民族志学者可在这个方法上更进一步。用基里维纳语工作时,起初,我用翻译的方法记笔记,发现有时很难直接把陈述翻译过来。翻译常常将文本的所有重要特点洗劫一空——抹杀了所有要点——于是,我逐渐开始用土著语一字不差地记下某些重要的词语。随着我的语言积累越来越多,我记下了越来越多的基里维纳语,直到最后,我发现我完全用基里维纳语飞快地记录每个陈述的每个字词。达到这一步后,我很快意识到,我的笔记同时也是丰富的语言资料和一系列民族志文献,除了用于撰写报告外,还应该将其原貌出版。① 该基里维纳文字语料库(*corpus inscriptionum Kiriviniensium*),除我之外,其他人也可使用,具有更强洞察力和解释能力的他们,也许能发现我没注意到的要点,这就好像其他语料库是远古和史前文化之各种解释的基础一样。只是这些民族志的文字资料都可以得到很清楚的破译,它们几乎都有完整清晰的译文,并配有土著交叉注解或边注,而这些全都取自活生生的来源。

关于这个话题,此处无需再赘述,因为本书将有一个完整的章节(第十八章)专门加以讨论,届时还将提供几篇土著人文本作为例证。语料库将于以后另行出版。

---

① 就在我采用了这个处理方式后不久,我收到了著名埃及学家 A. H. 加迪纳(A. H. Gardiner)博士的一封信,鼓励我这么做。他用考古学家的视角,自然地看到民族志学者在获得类似古文化流传下来的那种书面材料上,有巨大的可能性,还有可能凭借自己对那一文化的全部生活的了解去阐释那些材料。

九

以上各项考虑表明，要实现民族志田野调查的目标，有三条必由之路：

1. 部落组织和文化剖析须用明确清楚的框架记录下来，这一框架须由具体证据统计记录法提供。

2. 须在该框架内填充真实生活的不可测量方面及行为类型。这些资料须通过详尽细致的观察以某种民族志日记的形式记录收集，只有亲密接触土著生活才有可能得到。

3. 须收集民族志陈述、有特点的叙述、典型的表达、各种民俗及巫术咒语，用作文字语料库(*corpus inscriptionum*)及反映土著心态的文献。

这三条道路将把民族志学者引向他从不应忽视的最终目标。简言之，这个目标就是理解土著人的观点、他和生活的关系，认识他眼中的他的世界。我们必须研究人，必须研究他最关心什么，即生活对他的影响。每个文化的价值观都略不相同，人们也会追求不同的目标、追随不同的冲动、渴求不同形式的幸福。我们发现，每一种文化都有不同的制度让人追求他的生活兴趣，有不同的习俗来满足他的愿望，有不同的法则和道德准则来嘉奖其美德、惩罚其过错。研究这些制度、习俗和准则，或者说，研究这些行为和心理，却不想从主观上去感受这些人赖以生存的情感、领悟其幸福的主旨，在我看来，就是错过了我们可从人类研究中获得的最大回报。

关于这些概述，本书将在以后的章节中向读者阐明。在本书中，我们将看到野蛮人努力地去满足某些愿望、实现他自己的价值、追求他自己的社会抱负。我们将看到，巫术和英雄主义传统把他引向危险艰难的事业，他自己的冒险精神引诱着他一直前行。或许，当我们阅读这些关于遥远风俗的描述时，会对这些土著人的努力和抱负产生一种亲近感。或许，人的心态会被揭示出来，会以前所未有的方式展现在我们面前。抑或，通过了解那些遥远而陌生的土著人的人性，我们将明白我们自己的人性。这样，且只有这样，我们才有理由认为，我们值得花时间去理解这些土著人及他们的制度和习俗，我们从库拉中有所收获。

第一章　库拉区的范围及居民

一

库拉贸易体系内的部落都属于同一种族群(racial group),唯一例外的可能就是我们知之甚少的罗塞尔岛土著人。这些部落分布在新几内亚大陆的最东端及临近的群岛上,那些岛屿沿着新几内亚大陆的走向,由南向东呈长条状分布,仿佛是连接新几内亚和所罗门群岛(Solomons)的一座桥梁。

新几内亚是多山的大陆岛,内陆地形险要,部分海岸线被暗礁、沼泽、岩石包围,船只很难停靠,甚至连土著人的船都很难接近。现在生活在南海地区的居民,其祖先很有可能是从海上迁徙至此。很显然,面对这样的地形特点,当年,他们不是想从哪里登陆都可以的,而那些易于登陆的海岸和偏远的岛屿自然将迎来更多的移民。在那些危险且难以靠近的地方,高山、沼泽浅滩上的坚固要塞和难以登陆的危险海岸,很容易地保护了原住民,阻挡了移民的流入。

新几内亚岛上种族分布的实际情况完全证实了以上假设。地图2显示的是新几内亚主岛东部、新几内亚群岛及土著人的种族分布情况。在内陆地区、低洼的西米沼泽地和巴布亚湾三角洲地带——很有可能是新几内亚北海岸和西南海岸的大部分地区,居住着一个"个子较高、肤色较深、头发卷曲"的种族,塞利格曼博士称之为"巴布亚人(Papuan)";在山区一带,则居住着俾格米人(pygmy)的部落。对这些生活在沼泽和丘陵地区的人,我们都不熟悉,但他们极有可能是这个地方的原住民。① 由于在后面的叙述中,我们不会再碰

---

① 对这些内陆部落的最佳描述见于 W. H. 威廉森(W. H. Williamson)的《马富卢人》("The Mafulu")(1912)及 C. 凯泽(C. Keysser)的《凯人的生活》("Aus Dem Leben der Kaileute"),见于 R. 诺伊豪斯(R. Neuhauss)的《德属新几内亚》("Deutsch Neu Guinea")(Berlin,1911),第三卷。G. 兰特曼(G. Landtmann)关

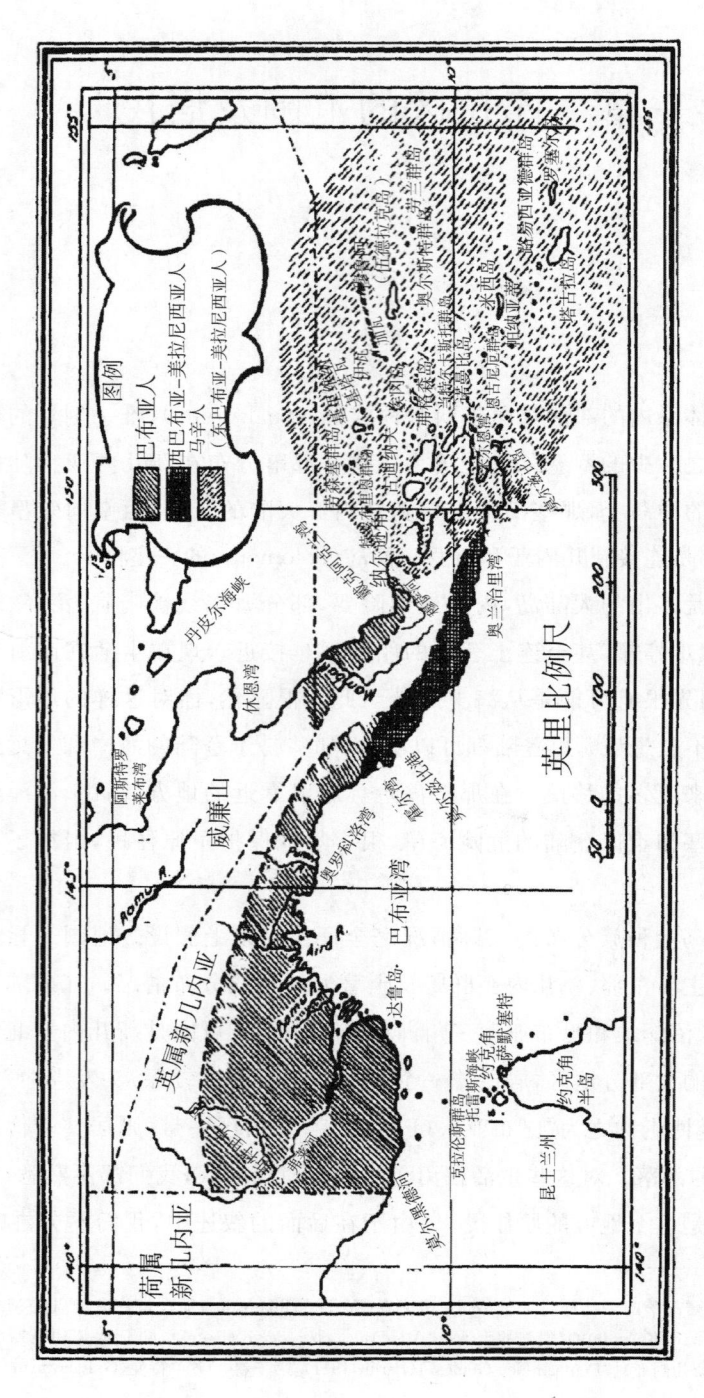

地图 2 新几内亚东部的种族分布

该示意图显示了马辛的地理区域及它与西巴布亚-美拉尼西亚人和巴布西亚人居住的各地区之间的关系。经由 C. G. 塞利格曼教授的惠准，该图从他的《英属新几内亚的美拉尼西亚人》复制而来。

到他们，现在，我们还是谈谈那些在新几内亚容易到达的地区居住着的部落吧。"东巴布亚人现在需要一个名字。他们居住在新几内亚东部及附近的群岛上，体型较小、肤色较浅、头发卷曲，有非常明显的美拉尼西亚人特征，因此可以被称为巴布亚-美拉尼西亚人。A. C. 哈登博士第一个指出这些东巴布亚人是'美拉尼亚人向新几内亚迁徙'而到达此地的。他还指出，'简单地走走看看无法解释某些令人困惑的事实。'"① 巴布亚-美拉尼西亚人可进一步分为两个群体，即西部群体和东部群体。在本书中，我们将沿用塞利格曼博士的术语，将它们分别称作西巴布亚-美拉尼西亚人和马辛人（Massim）。后者将是本书关注的重点。

拿起地图，顺着新几内亚东部及其海岸线的地形特征看过去，立刻就能发现，绵延在新几内亚岛上的主要山脉，在149度子午线和150度子午线之间急剧降低，沿岸的暗礁也在同一点，即奥兰治里湾（Orangerie Bay）的西端消失。这说明新几内亚的最东端及其群岛，即马辛地区，是最容易到达的。这里的居民可能属于同一种族，他们迁徙至此，几乎未和原住民混合（参照地图2）。"的确，马辛地区的实际状况表明那里不存在入侵者和原住民的缓慢混合，而西巴布亚-美拉尼亚地区的地理特点——高地、大山和沼泽——则决定了入侵者既不可能迅速侵占这块地方，也不可能免受原住民的影响……"②

我假定读者们熟悉我所引用的塞利格曼博士的这一著作，他在书中逐一详述了所有主要的巴布亚-美拉尼亚社会和文化类型，但本书必须对在东巴布亚-美拉尼亚或马辛地区生活的部落进行更详细的描述，因为这个相当同质化的区域就是库拉发生的区域。事实上，库拉的影响范围和马辛各部落的民族志区域几乎完全重叠，我们几乎可以把库拉型文化和马辛文化当作同义词。

于基巴伊人（Kiwai）的预备性出版物《房屋建造中的巴布亚巫术》（"Papuan magic in the Building of Houses"），载于《图尔库皇家学院学报》（人文科学）卷 1（"Acta Arboenses, Humanora" I. Abo, 1920），及《基巴伊巴布亚人的民间故事》（"The Folk-Tales of the Kiwai Papuans"）（Helsingfors, 1917），承诺完整的叙述将驱散围绕巴布亚湾周围的神秘。同时，W. N. 比弗（W. N. Beaver）所著《未探索的新几内亚》（"Unexplored New Guinea"）（1920）是描述这些土著人的很好的半通俗读物。我个人非常怀疑在山区居住的部落和在沼泽地带居住的部落是否属于同一种群或有同样的文化。同时参照对这一问题的最新贡献：A. C. 哈登，《英属新几内亚的文化的迁移》（"Migrations of Cultures in British New Guinea"），1921年赫胥黎纪念讲座（Huxley Memorial Lecture for 1921），由皇家人类学学会出版。

① 见 C. G. 塞利格曼，《英属新几内亚的美拉尼西亚人》（Cambridge, 1910）。
② 参见 C. G. 塞利格曼，前引，第 5 页。

二

相邻的地图3显示的是库拉区,即新几内亚主岛的最东端及在主岛东边和东北边的群岛。如 C. G. 塞利格曼教授所说:"该区域可分为两个部分:较小的北部,包括特罗布里恩群岛、马绍尔本尼特群岛、伍德拉克(穆鲁阿,Murua)和一些较小的岛屿,如劳兰群岛(Laughlans)(纳达,Nada),和比北部大得多的南部,包含马辛地区的剩余部分。"(前引,第7页)

地图3显示了这一划分,粗线以北是安菲莱特群岛、特罗布里恩群岛、马绍尔本尼特小群岛、伍德拉克岛和劳兰群岛。我发现,一条垂直的线即可将南部进一步分为东西两块区域,垂线以东是米西马岛(Misima)、东南岛(Sud-Est Island)和罗塞尔岛,我们对这块区域了解甚少,因此我倾向于把它排除在南马辛之外。在这块被排除的区域中,只有米西马土著人参与库拉贸易,但是在后文的叙述中,他们的参与微不足道。垂线以西的区域,即我们称之为南马辛地区的部分,首先包括新几内亚主岛的东部和少数临近岛屿,包括萨里巴岛(Sariba)、罗杰阿岛(Roge'a)、锡德亚岛(Sideia)和巴西拉基岛(Basilaki),其次,还包括主岛南边的瓦里岛(Wari)、主岛东边小而重要的图贝图贝群岛(Tubetube)[恩吉尼厄群岛(Engineer Group)]以及北边的当特尔卡斯托大群岛。在最后这块区域中,只有一个地区,即多布,特别引起我们的兴趣。在地图上,我们将在文化上同质的南马辛各部落标记为五区,将多布土著人标记为四区。

再回到早先划分的南北两大部分。北部的居民是很同质化的,在语言和文化上、在对他们自己民族一体性的清晰认识上,都具同质性。再次引用塞利格曼教授的话来说,北部"以没有同类相食为特点,而在政府下令杜绝之前,同类相食广泛存在于马辛的其他部分;北马辛的另外一个特点是,他们认可酋长行驶广泛的权力,不过只是在某些地区,而不是在所有地区"。(前引,第7页)北部的土著人曾经常常发动——我说"曾经",是因为战争已是过去的事了——一类公开的、具有骑士风范的战争,与南马辛的突袭大为不同。他们的村落用大而坚硬的石头修筑而成,用于储存食物的仓房全

第一章 库拉区的范围及居民 39

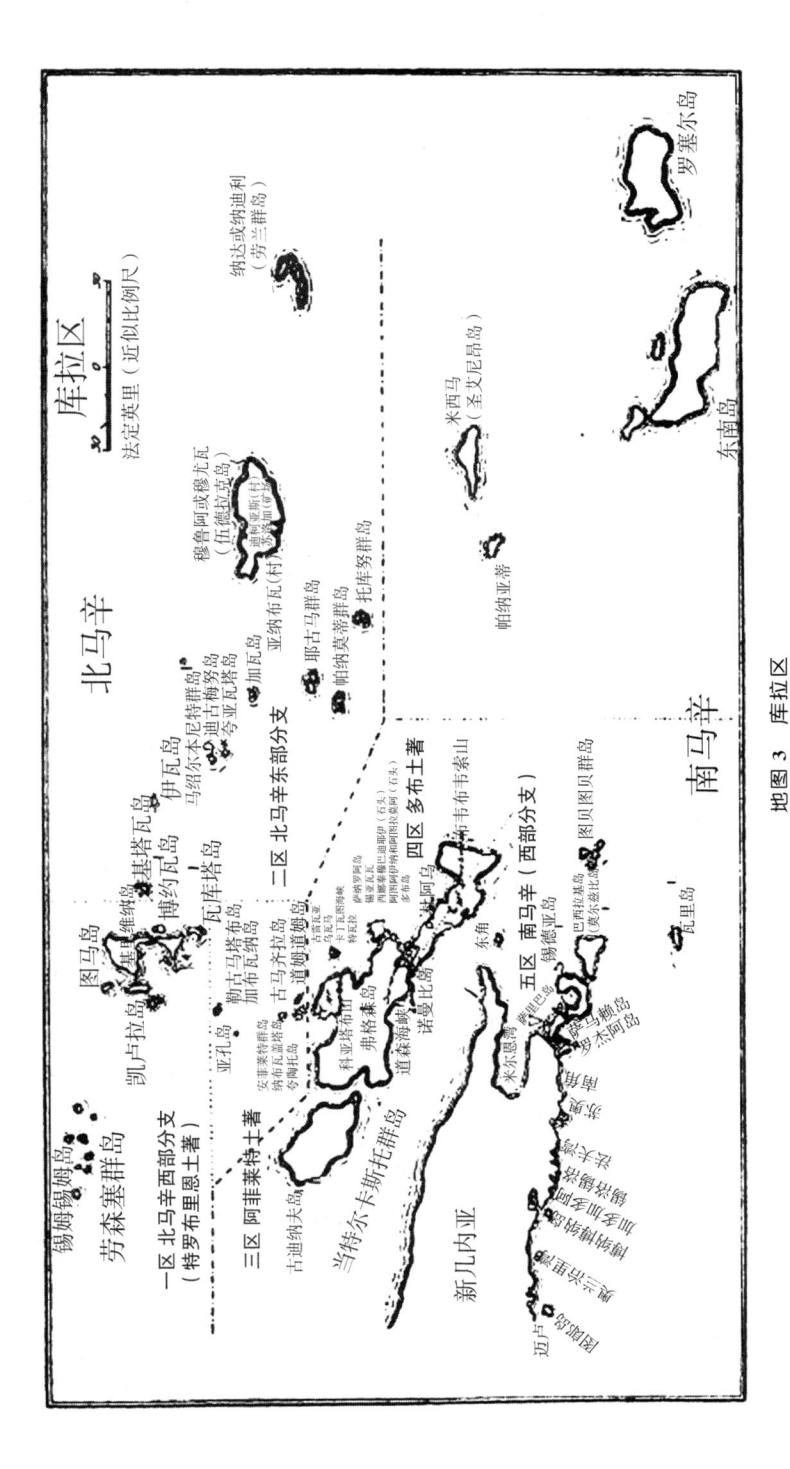

地图 3 库拉区

草图。显示了马辛的进一步划分及库拉中的主要重要之地。

都建在桩子上,相比之下,居住用的房屋倒显得很简陋,直接建在地上,没有桩子。如地图所示,我们有必要将北马辛人进一步分为三个群体:第一个是特罗布里恩人或博约瓦人(西部分支),第二个是伍德拉克人和马绍尔本尼特人(东部分支),第三个是人数较少的安菲莱特人。

库拉部落的另一个大分区是南马辛,对于这个分区,如上所述,我们主要关心其西部分支。那里的土著人身材矮小,大都比北部人丑陋。① 他们的社区非常分散,每个房屋或房屋群都坐落在自己的棕榈林和水果林中,与其他房屋分离开来。从前,他们是食人族和猎头族,常常突袭敌人。他们不实行酋长制,权威由每个社区中的长者们行使。他们的房屋建于桩子上,建造精美,装饰漂亮。

为了研究的需要,我将南马辛的西部分支分成两块地区(地图3中的四区和五区),因为这两个地区对库拉具有特别的重要性。然而,必须记住,我们目前的知识不足以让我们对南马辛的划分下任何定论。

上面,我简单地说了说北马辛和南马辛的一般特点。但是,在开始描述我们的研究对象之前,最好再简单但却更为详细地概括一下其中的每个部落。我将从最南端开始,按照一个访客乘邮轮从莫尔兹比港出发依次接触这些地区的顺序,对它们进行描述,事实上,这就是我初次看到它们时所走的路线。但是,我对这些不同部落的了解很不平衡:我在特罗布里恩人(一区)中间住了很久,在安菲莱特群岛(三区)考察了一个月,在伍德拉克岛或穆鲁阿(二区)、萨马赖地区(五区)和新几内亚南海岸(也是五区)待了几个星期,对多布(四区)有过三次短暂的拜访。至于参与库拉贸易的其他一些地区,我的了解仅源于和这些地区土著人的几次对话和及白人那里获得的二手信息。然而,C.G.塞利格曼教授的著作补充了我对图贝图贝、伍德拉克、马绍尔本尼特和其他几个地方的认识。

自然,我对库拉的全部叙述,可以说,将从特罗布里恩地区的角度出发。在本书中,特罗布里恩地区常被叫作博约瓦,这是它的土著名,那里使用的

---

① H.牛顿(H. Newton)传教士所著的《在远新几内亚》("In Far New Guinea")(1914)是一本很有价值的书,里面有一些很好的南马辛人的照片,C. W.埃布尔传教士(伦敦传道会)所著的《新几内亚的野蛮生活》(无日期)里也有,那是本很有趣的小册子,但写得很表面化,也常常不可靠。

第一章 库拉区的范围及居民 41

整版插图 5

锡洛锡洛(南马辛地区)海滩上的景象

两幅图描绘了一年一次的大型索伊宴席的不同阶段。(见边码第 37 页,并参照第二十一章。)注意女性在该过程中的突出作用、"礼仪性"斧柄的使用、抬猪的方式和拖至岸上的独木舟。

42 西太平洋上的航海者

整版插图 6

一次索伊宴席中的村中景象

　　图上显示的是南马辛人的形象及他们的装饰物;再次注意女性在礼仪性活动中的突出作用。(见边码第 37 页)

语言被称为基里维纳语。基里维纳是特罗布里恩地区的一个主要大区,其语言被特罗布里恩人当作标准语。但是,我需立刻补充的是,在研究这部分地区的库拉时,事实上(*ipso facto*),我还研究了邻近的库拉分支,包括特罗布里恩群岛和安菲莱特群岛之间的、特罗布里恩群岛和基塔瓦岛之间的、特罗布里恩群岛和多布之间的;我不只在博约瓦看到了远航的准备和启程,还看到从其他地区来的土著人抵达博约瓦,事实上,我还亲自跟随了一两次这样的远航。① 此外,库拉是一种部落之间的事务,因此,一个部落中的土著人对海外库拉习俗的了解多于他们对任何其他话题的了解。在库拉的所有要素上,整个库拉圈内关于交换的习俗和部落规则都是一样的。

三

想象我们正沿着新几内亚的南海岸,驶向它的东端,大约行至奥兰治里湾中部时,便到达马辛的边界,从这里开始向西北延伸,一直到纳尔逊角(Cape Nelson)(见地图2)附近的北海岸。如前所述,马辛人的居住界线与这里明确的地理条件相呼应,也就是说,这里没有阻挡进入内陆的天然要塞,或是任何阻碍登陆的屏障。实际上,就在这里,大堡礁(Great Barrier Reef)最终没入海里,总是隔着小山脉与海滨相望的主山脉也在这一点消失了。

在奥兰治里湾的东边,连绵的小山破海而出,其中的第一座恰好将奥兰治里湾封住。靠近陆地时,我们能清晰地看到,陡峭、坑坑洼洼的山坡上长满了浓密茂盛的丛林,其间点缀着一片片明亮的白茅草。海岸线最先被数个小型内陆海湾或泻湖打破了,过了法夫湾(Fife Bay)后,是一两个更大的海湾,有海水冲积形成的平坦的前滩,然后就到了南角(South Cape),从这里,海岸线几乎数英里未断,一直绵延至大陆的尽头。

新几内亚东端地处热带,旱季和雨季不十分分明。事实上,这里并没有明显的旱季,大地上总是郁郁葱葱,与湛蓝的大海形成天然的对比。山顶上,常有蔼蔼雾气,海上的白云或静止不动,或飘荡流走,打破了那饱和浓稠

---

① 见"导论"中的纪年表(边码第16页),及第十六章和第二十章。

而单调的蓝与绿。对于不熟悉南海景色的人，我们很难向他们描述那里永远欢快的节日气氛和洁净诱人的海滩。海滩边上是丛林和棕榈树、白浪和碧海，海滩上，一道道山坡在一条条或暗或明的绿色山谷里渐渐升高，山顶掩映在热带的雾霭中，或隐或现，斑斑驳驳。

当我第一次沿着这条海岸航行时，我已经在附近的迈卢地区住了几个月，开展了几个月的田野调查。图朗岛（Toulon Island）是迈卢的主要中心和最重要的聚居地，我曾常常从那里遥望奥兰治里湾的东端，天气晴朗时，可以看到博纳博纳（Bonabona）和加多加多阿（Gadogado'a）的锥形小山，远远望去，仿佛蓝色的剪影。受工作的影响，我开始用有点狭隘的土著人的眼界看待那个地区，觉得那是艰险的季节性远航所要到达的遥远目的地，从那里来的物品，如篮子、有装饰的雕刻品、武器和饰品，制作尤为精美，胜于当地的物品，那里也是迈卢土著人在讲到格外邪恶致命的各种妖术时充满畏惧和怀疑地指向之地，是令人感到恐惧的食人族的故乡。迈卢雕刻品中任何真正有艺术品位的精品，都是直接从东方输入的，或是对东方雕刻品的仿制。我还发现，最柔和美妙的歌谣和最好看的舞蹈也都来自马辛。他们的许多习俗和制度被介绍给我时，都被冠以离奇古怪和异于寻常，于是，作为一个身处两种文化边界之地的民族志学者，我的兴趣和好奇心油然而生。将东部人和粗俗愚笨的迈卢人进行比较时，似乎东部人必定要复杂得多，一方面，他们是残忍的食人族，而另一方面，他们又是原始森林和海洋的主人，极富才华和诗意。难怪在那次航行中，当我乘坐小汽艇接近他们的海岸时，我就饶有兴趣地观察着那里的风景，迫不及待地想要看看那些土著人，或是他们的足迹。

这里能证明有人类存在的第一个明显可见的迹象就是那一块块园圃。这些大块大块的空地，呈三角状，顶角向上，仿佛被粘在了陡峭的山坡上一般。八月到十一月是土著人砍烧灌木的季节，夜里，慢慢燃烧的原木将园圃点亮，白天，园圃上方便盘旋着燃烧产生的烟，沿着山坡缓慢地漂。再过些时候，农作物开始吐芽，抽出嫩绿的叶子，明油油地点缀在山坡上。

该地区的所有村子都坐落在山脚下的海滨上，隐于小树林中，常有金色或略微发紫的茅草屋顶从深绿色的树叶里露出来。在风平浪静的日子里，几只独木舟很有可能就在不远的地方捕鱼。如果探访者足够幸运，经过此地时,恰逢宴席、贸易远航或任何其他大型部落集会,便可看见很多漂亮的航海独木舟,在悠扬的海螺声伴随下,驶向村子。

要探访这些土著人的典型大聚居地,如南海岸法夫湾附近的,或是萨里巴和罗杰阿岛上的,最好从某个有遮挡的大海湾,或从某个多山岛屿山脚下广阔的海滩上登陆。我们进入一片开阔高大的树林,有棕榈树、面包果树、芒果树和其他果树,林中的底土多为沙质,干干净净,没有杂草,只有一丛丛装饰性的灌木,如开着红花的木槿、变叶木、香木灌等。就在这里,我们找到了村落。莫图人在泻湖中心建于高桩上的房子,或是阿罗马(Aroma)或迈卢人聚居地里整洁的街道,抑或是特罗布里恩海岸上不规则的小茅屋群,虽然令人着迷,却不敌南马辛这些村子的如画风景或魅力。在一个炎热的日子里,当我们走进水果树和棕榈树林的深处时,看到了设计绝妙、装饰漂亮的房屋,它们呈现为一个个不规则的群落,隐藏在绿树之中,四周环绕着装饰了贝壳和花卉的小园圃,小道都用鹅卵石镶了边,圆形的蹲坐处都用石头铺成。原始的、快乐的、未开化的生活景象突然出现在眼前,但这只是一种转瞬即逝的印象。离海很远的海滩上躺着大独木舟,上面盖着棕榈叶,村里到处都是晾晒在专门架子上的渔网,房屋前的平台上坐着一群群的男人和女人,一边忙着家务,一边抽烟聊天。

我们走在连绵数英里的小道上,每走几百码,就能碰到一个由几间房屋构成的小村落。有的房子显然很新,刚刚装饰过,有的则已成了荒宅,地上放着一堆破损的家用物品,表明这房子是村中一位长老的,他去世后,房子就废弃了。夜幕降临时,村里的生活变得更加活跃,土著人点着了火,忙着做饭、吃饭。跳舞季的黄昏时分,一群群男女聚在一起,唱歌、跳舞、打鼓。

当我们进一步走近这些土著人,仔细观察了他们的外表后,我们被他们极浅的肤色、结实得甚至显得笨重的体型和他们给人的一种柔弱到近乎虚弱的总体印象——与其西部邻居相比——吸引了。他们的脸盘又胖又宽,塌鼻,经常低垂着眼睛,看起来古怪有趣,而非那么凶猛野蛮。他们的头发,既不像纯种的巴布亚人那样毛躁,也没像莫图人那样长成巨大的环状,而是像蓬乱的拖把。他们常常把两边的头发剪掉,整个头形就像个椭圆,或几乎像个圆柱。他们举止羞涩胆怯,但却并非不友好,事实上,他们笑眯眯的,几乎有点低三下四,与难以取悦的巴布亚人、南海岸上不友好且寡言少语的迈卢人或阿罗马人形成鲜明对比。总而言之,第一次靠近时,他们给人的印象不像是野蛮的未开化之人,倒像是自鸣得意、沾沾自喜的中产阶级。

他们戴的饰品不如其西边邻居的那么精致和抢眼,平日里固定戴的饰品只有一种深棕色藤蔓编的腰带和臂环、红色的小贝壳圆片和用龟壳做的耳环。和东新几内亚的所有美拉尼西亚人一样,他们身上非常干净,走近时不会让我们有任何感官上的不舒服。他们非常喜欢在头发上插红木槿花,把有香味的花环戴在头上,把芳香的叶子插在腰带和臂环上。与西边部落插满羽毛的造型相比,他们隆重的节日头饰显得极其朴素,主要就是在头发上插一个白色的凤头鹦鹉羽毛头冠(见整版插图 5 和整版插图 6)。

在过去那些白人还没来的日子里,这些亲切友好、表面虚弱的土著人是恶习成瘾的食人族和猎头者。他们乘坐大战船,发动危险凶残的突袭,猛烈攻击正在酣睡的村庄,杀死男人、女人和孩子,用他们的尸体做宴。村里那些引人注意的石头砌成的圆形蹲坐处,在过去就和食人宴关联在一起。①

若能在他们的一个村子住下,待上足够长的时间,从而去研究他们的习惯,进入他们的生活,你很快就会发现,村里没有一个众所公认的头号权威人物。这一点不仅和新几内亚的西美拉尼西亚人相似,而且与美拉尼西亚群岛上的土著人相似。像许多其他部落一样,在南马辛部落中,权力被赋予村中的长老们。在每个小村子里,最年长者有很大的个人影响力、掌握着权力。在所有事件中,各村落的最年长者们会一起代表部落做决定,而后人们再实施和执行他们的决定——这些决定总是严格遵照部落传统而达成。

更深入的社会学研究能揭示这些土著人特有的图腾崇拜及他们的母系社会构造。血统、遗产及社会地位都沿母系继承——男子总是属于其母亲所在的图腾分支(totemic division)和地方群体(local group),并从其舅父处继承。妇女享有非常独立的地位,受到极好的对待,在部落和节日事务中,具有突出作用(见整版插图 5 和整版插图 6)。一些妇女因会巫术,甚至具有相当大的影响力。②

---

① 参见 C.G. 塞利格曼,前引,第四十章和第四十二章。
② C.G. 塞利格曼,前引,第三十五章、第三十六章、第三十七章。

这些土著人的性生活极为放纵。我们发现,即便是与性道德标准十分自由的新几内亚岛上美拉尼西亚诸部落,如莫图和迈卢相比,这里的土著人在性事方面仍可谓随便至极。在其他部落常见的某些矜持和佯装,在这里完全被抛弃了。像许多性道德宽松的社区可能的那样,这里完全没有不自然和不正常的性关系。婚姻就是一段长久关系的自然结果。①

这些土著人是勤劳能干的制造者和伟大的贸易家。他们有大型的航海独木舟,但他们自己并不制造这些船,而是从北马辛或帕纳亚蒂(Panayati)输入。在后文中,我们还会说到他们的另外一个文化特征,即叫作索伊(so'i)的大型宴席(见整版插图 5 和整版插图 6),这种宴席与丧葬庆典和一种叫格瓦拉(gwara)的特殊丧葬禁忌相关联。在大型的部落间库拉贸易中,这些宴席具有相当大的作用。

这个必然有些肤浅的概括性描述,旨在让读者对这些部落获得一个明确的印象,可以说,是为了向读者提供一个概况,而不是全面描述他们的部落结构。读者若想了解这方面的知识,请参考 C. G. 塞利格曼教授的专著,那是我们了解新几内亚美拉尼西亚人的主要渠道。上文概述的对象是塞利格曼教授称为南马辛的地区,更确切地说,就是民族志简图 3 上标记的"五区 南马辛"——在新几内亚主岛最东端及附近群岛上居住的居民。

四

现在让我们向北,朝着在地图上标记为"四区 多布土著人"的地区前行,那是库拉链中最重要的环节之一,也是很有影响力的文化中心。向北航行,过了东角(East Cape),即新几内亚主岛的最东端(这是一块狭长平坦的岬角,覆盖着一条条棕榈树和水果树的树带,居住人口非常稠密),一个地理学意义和民族志意义上的新世界出现在我们面前。起初,我们看到的只是个模模糊糊的蓝影,仿佛是山脉的影子,悬挂在远处北方的地平线上。当我们逐渐靠近时,当特尔卡斯托群岛三大岛屿中最近的诺曼比岛(Normanby)

---

① 参见 C. G. 塞利格曼教授,第三十七章和第三十八章。

上的小山,变得更加清晰,呈现出更清楚的形状,看上去更真实了。几个高高的山峰从热带气候常有的雾霭中高耸而出,其中包括布韦布韦索山(Bwebweso)独特的双峰。在土著人的传说中,布韦布韦索山就是这些地方的人死后,其灵魂生活的地方。在诺曼比南海岸及内陆生活着一个或多个部落,对于他们的民族志,我们一无所知,只知道他们在文化上异于邻邦,也不直接参与库拉。

诺曼比岛北端、将诺曼比岛和弗格森岛(Fergusson)分开的道森海峡(the Dawson straits)的两侧,以及弗格森岛的东南角,生活着一个非常重要的部落——多布。这个部落所在地区的中心是一个小型死火山岛,位于道森海峡的东入口处,名叫多布岛,多布部落便因此得名。要到多布岛,我们必须驶过风景如画的道森海峡。那里水道狭窄蜿蜒,两侧的青山陡然落下,把水道围住,仿佛是高山上的平湖。群山时而隐去,形成一个泻湖,时而拔起,在陡峭的山坡上,有三角形的园圃、建在桩子之上的土著人房屋、绵延不断的丛林地带和一块块草地,都清晰可见。我们继续前行,狭窄的水道变宽了,可以看到右侧诺曼比岛上苏路马纳伊山(Mt. Sulomona'i)那宽阔的侧翼,左侧则是一个浅水湾,其后有一大块平原,一直延伸到弗格森岛的内陆。透过平原遥望,我们看到了宽阔的山谷,还有远处的几条山脉。再转一个弯,便驶入一个大海湾,两边都是平坦的海滨,一个沟壑纵横的圆锥形死火山在海湾中央的一片热带植物中冒出,这就是多布岛。

现在,我们身处一个人口稠密、具有重要民族志意义的地区中心。凶残勇猛的食人族和猎头者曾经定期从这座岛屿出发,让周围的部落恐惧不已。最邻近地区,道森海峡两岸平坦海滨上,及附近几个大岛屿上的土著人,曾经联合起来共同对抗他们。但是,即便是远在上百英里航程之外的地区,也从未感到安全。这里曾经是库拉圈的主要纽带之一,是贸易、手工业制造和文化的中心,今天依然是。多布人享有国际地位,他们的语言,在整个当特尔卡斯托群岛,在安菲莱特群岛,甚至在遥远北方的特罗布里恩群岛,被当作通用语使用。在特罗布里恩群岛南部,几乎每个人都会说多布语,然而在多布,特罗布里恩的语言,即基里维纳语,几乎没什么人会说。这是个引人注意的事实,很难用现在的情况解释,因为无论如何,现在,特罗布里恩人的文化发展程度比多布人高,人口更多,普遍享有的声望也和多布人不相上下。①

多布岛及多布地区另一个引人注意的地方就是,这里遍布特别的、充满神话色彩的地方。火山锥、开阔平静的海湾、被高耸的青山环抱起来的潟湖、北边那布满暗礁和岛屿的大海,这些迷人的景色,在土著人看来,有浓重的传奇意义。在遥远的过去,就在这片土地和海域上,在巫术的鼓舞下,水手和英雄们上演了勇敢和力量的技艺。在我们进入道森海峡、穿过多布区和安菲莱特群岛,驶向博约瓦的途中,几乎途经的每处新地方,都曾经发生过某个传奇事迹。这个狭窄的山谷是被一艘施了巫术的独木舟飞过时劈开的,海里的那两块大石是两个神话人物在争吵之后困于此地石化而成的,这个内陆潟湖则是传说中一伙船员避难的港湾。除了各种传奇之外,我们眼前的美景,之所以令人神往,更是因为这里一直都是遥远的"理想黄金国(Eldorado)",是北方岛屿上历代真正航海勇士向往的希望之土。过去这些陆地和海域上必定发生过移民和战争、部落的入侵及各人种和各文化之间的逐渐渗透。

在体型容貌方面,多布人的体格独特,与南马辛人和特罗布里恩人明显不同。他们肤色黝黑,身材矮小,头大肩圆,第一眼看上去怪怪的,像个土地爷。在举止和部落性格方面,他们明显表现出和气、诚实、开放的特点,相处越久,越能证实和加深这一印象。多布人一般是白人喜欢的对象,可以做最好、最可靠的仆人,久居他们之间的商人也认为他们比其他土著人更招人喜欢。

像前文描述过的马辛人的村落一样,多布人的村落分散在广阔的区域上。在肥沃平坦的海滨上,散落着一个个小而紧凑的村落,每个村落有十几个房子,掩藏在连绵不断的水果树、棕榈树、香蕉树和甘薯藤之中。房子也坐落在桩子上,但比南马辛人的建造更粗糙,也几乎没有任何装饰,但过去他们猎头的时候,有些房子会用头盖骨做装饰。

在社会结构上,多布人信奉图腾制度,分为多个异族婚制氏族,氏族的

---

① 我对多布的了解是支离破碎的,来自我对多布的三次短暂拜访、与为我服务的几个多布土著人的对话及我在特罗布里恩南部进行田野调查时经常碰到的与多布习俗的对比和对多布习俗的提及。我还参考了多布的第一位传教士 W. E. 布罗米洛(W. E. Bromilow)对某些多布习俗和信仰所做的简要概括,见于奥大拉西亚科学促进会(Australasian Association for the Advancement of Science)的记录。

图腾都互相关联。他们不实行固定的酋长制，也没有我们会在特罗布里恩群岛上看到的任何等级或阶层体系。权威被赋予部落中的长老们。每个村子都有一个人在本村具有最大的影响力，并在因典礼和远航而举行的部落议事会中代表本村。

他们的亲属制度是母系的，妇女享有非常高的地位，有很大的影响力。与邻近的土著群体相比，多布妇女在部落生活中发挥的作用似乎更固定、更突出，多布社会的这一显著特点似乎让特罗布里恩人觉得很特别，当他们说到多布时总会提到，尽管特罗布里恩妇女也享有足够高的社会地位。在多布，妇女在园圃种植中发挥重要作用，并参与园圃巫术的实施，这本身赋予她们很高的地位。此外，在多布地区，行使权力、施加惩罚的主要工具，即妖术，在很大程度上掌握在妇女手中。东新几内亚型文化中非常典型的飞行女巫，其大本营之一就在多布。关于这个话题，我们讲到海难和航海危险时会更详细地阐述。除此之外，妇女还施行普通的妖术，而在其他部落中，这只是男人的特权。

在土著人中，妇女的高社会地位通常伴随着性放纵，但多布在这个方面却是一个例外。不只已婚女子要忠贞，通奸被视为弥天大罪，而且与周围所有部落形成鲜明对比的是，未婚女子也要严格地保持贞洁。这里没有礼仪或习俗形式的放纵，私通必然会被视为犯罪。

关于妖术，这里必须再多说几句，因为它在所有部落间关系中都非常重要。土著人对妖术极为恐惧，当他们拜访远方时，这种恐惧会因对未知事物和陌生事物新生的惧怕而进一步升级。在多布，除飞行女巫外，懂得巫术咒语和仪式的男人和女人也可使人遭受疾病和死亡。这些妖术师使用的方法，及与此相关的所有信念，都与我们随后将在特罗布里恩群岛碰到的非常类似。这些方法的特点是：非常理性和直接，几乎没有任何超自然因素。妖术师必须对某个物质念诵咒语，而后由受害者服下或者将它置于受害者屋里的火堆上焚烧。在某些仪式中，妖术师还会用魔杖指指点点。

飞行女巫会吃掉敌人的心肺，喝他们的血，折断他们的骨头，还有隐身和飞行的能力，与她们相比，多布妖术师似乎只会用简单而笨拙的方法。他们也远远不及其迈卢或莫图的同名者——这里，我用了"同名者"一词，因为整个马辛地区的妖术师都叫巴拉乌（Bara'u），迈卢也用这个词，莫图用的则是叠音词(巴巴拉乌,Babara'u)。这些地方的妖术师的法术非常强大,例如,先杀掉受害者,剖开尸体,把内脏取出撕裂或施以魔法,然后再让受害者起死回生,只有这样,受害者才可能很快生病并最终死亡。①

在多布人的信仰中,人死后,灵魂将去往诺曼比岛上布韦布韦索山的顶峰。这个有限的空间容纳了当特尔卡斯托群岛上几乎所有土著人的灵魂,但古迪纳夫岛(Goodenough Island)北部的土著人除外,几个当地的信息提供者告诉我,他们死后,灵魂会去往特罗布里恩人的冥界。② 多布人还信仰双重灵魂——其中一个如影子般,没有感情,身体死亡后只能存活几天,就待在死者坟墓的周围,另外一个是真正的灵魂,去往布韦布韦索山。

一个有趣的问题是:生活在两个文化和两种信仰边界上的土著人如何看待由此产生的诸多不同?比如说,当博约瓦南部的一个土著人碰到下面这个问题:为什么多布人将冥界置于布韦布韦索山上,而他们特罗布里恩人却将冥界置于图马岛(Tuma)上,他不会觉得这个问题难以回答。他并不认为此差别源于信仰上的教义冲突,他会简单地回答:"他们死后去布韦布韦索山,而我们死后去图马。"关于存在的形而上学的规律并不受制于一个恒定不变的真理。如同人的命运因部落风俗的多样而在生活中发生改变一样,灵魂的行动也是如此!于是,土著人发展了一个有趣的理论,用以在混杂的情况下调和两种信仰。有一种说法是,如果一个特罗布里恩人在库拉远航的途中死在多布,他的灵魂将在布韦布韦索山待一段时间,在适当的时候,特罗布里恩人的灵魂将从冥界图马出发,航行至布韦布韦索山进行灵魂库拉,到那时,那个新近去世的人就会加入到同乡的库拉团,和他们一起返回图马。

离开多布后,我们进入一片开阔的海域,海面上点缀着珊瑚礁和沙洲,还有一道道长长的堤礁,这里的浪潮变化莫测,有时以每小时5海里的速度涌来,使海上的航行变得十分危险,尤其是对那些无助的土著小船而言。这就是库拉的海洋,即进行部落间远航和冒险活动的地方,而这些远航和冒险活动正是本书后文的描述对象。

---

① C. G. 塞利格曼教授,前引,第170页和第171页;第187页和第188页,关于科伊塔人(Koita)和莫图人;及 B. 马林诺夫斯基的《迈卢的土著人》,第647—652页。

② 参照:D. 詹内斯和 A. 巴兰坦(D. Jenness and A. Ballantyne),《当特尔卡斯托群岛的北部》("The Northern d'entrecasteaux")(Oxford,1920),第七章。

我们沿着离多布很近的弗格森岛东海岸航行,首先映入眼帘的是一个个火山锥和岬角,让人感觉天工造物还未完成,只是把它们粗糙地放在了一起。群山脚下,一片宽阔的冲积平地绵延数英里,直至过了多布。这片平原就是代代伊(Deide'i)、图乌陶纳(Tu'utauna)、布瓦约瓦(Bwayowa)这几个村子的所在地,它们都是重要的贸易中心,也是特罗布里恩人直接库拉伙伴的家乡。代代伊的温泉每隔几分钟就高高地喷射而出,使得丛林上雾气腾腾。

不久之后,我们行至两块形状奇特的深色大石,一块半掩在海滩上的植被中,另一块则矗立在将这两块岩石分开的一条狭长沙洲的顶端,它们就是在神话传统中变为石头的阿图阿伊纳和阿图拉莫阿两位男子。从多布出发向北航行及从北方出发的大型远航团,行至此处仍会稍作停留,就像他们几个世纪以来一直做的那样。他们遵守许多禁忌,向这两块石头供奉祭品,举行仪式,祈求贸易吉利。

两块石头的背风处有一个海滩干净多沙的小海湾,叫萨鲁布沃纳(Sarubwoyna)海湾。探访者如果足够幸运,能在恰当季节的恰当时刻路经此地,就能看到一幅优美有趣的图景。在他面前会出现一个巨大的船队,大约有五十到一百艘独木舟泊在浅水处,船上满载着土著人,都在忙于一些奇怪神秘的活计,有些人俯身在香草堆上,叽里咕噜地念咒,有些人则在涂抹和装扮自己的身体。若是在两代前,一个旁观者碰上同样的场景,一定会以为这是在为某个激烈的部落争夺、为能把整个村落和整个部落都除掉的某次大型袭击做准备,他甚至很难根据这些土著人的行为判断出,驱动他们的更多的是恐惧感,还是好斗的精神,因为这两种强烈的感情都可能从他们的态度和行为中反映出来——的确如此。如果说这个场景并没有战争因素,船队航行了大约百英里到此,只是为了一次完全常规性的部落访问,停于此处是为了进行最后和最重要的准备——这便没那么容易猜了。时至今日,此场面虽然依旧如画般壮丽,但显然已平淡无奇了,因为危险带来的浪漫色彩,在土著生活中已不复存在。在该研究过程中,随着我们更多地了解这些土著人、他们普遍的方式和习俗,特别是他们关于库拉的整套信仰、想法和情感,我们就能用一双理解的眼睛来观察这个场景,理解那种敬畏和强烈得几乎有攻击性的渴望夹杂在一起的情感,以及同时表现出畏惧和凶狠的行为。

五

离开萨鲁布沃纳，绕过两块神石所在的岬角后，萨纳罗阿岛立刻映入眼帘，那是一个开阔平坦的大珊瑚岛。岛上西边有一列火山，该岛东边是个开阔的泻湖，乃采集之地，每年，特罗布里恩人从多布返回时，都会在这里寻找宝贵的海菊蛤贝壳，回到家乡后，把它们做成红色的圆片，这是代表土著财富的主要物品之一。萨纳罗阿岛北部一个潮水湾中，有一块石头，名叫西娜泰穆巴迪耶伊，原本是名女子，和她的两个兄弟阿图阿伊纳和阿图拉莫阿一起到这儿后，在旅程的最后一个阶段前变成了石头，南来北往的库拉远航船队也向她供奉祭品。

继续向前航行，一片美景呈现在我们的左侧，高耸的山脉绵延至海滩上，小巧的海湾、深邃的山谷和披满树林的山坡，错落有致。仔细观察这些山坡，能看到一个个房屋群，每个都有大约三到六间简陋不堪的棚屋。住在这里的居民，其文化发展水平显然低于多布人，他们不参与库拉，在过去，他们受到邻居们的恐吓而生活在不安中。

右手边，在萨纳罗阿岛的后面，出现两座岛屿——乌瓦马（Uwama）和特瓦拉（Tewara）。特瓦拉岛上居住的是多布人，我们对这个岛很感兴趣，因为它是库拉的发源地，与之相关的神话故事我们将在后文提到。继续向前航行，转过弗格森岛东端的一个个岬角，一组轮廓清楚的巨大图景出现在远方的天水交接处，那便是安菲莱特群岛。这些群岛既是地理的，也是文化的纽带，将多布火山区的沿海部落和平坦的特罗布里恩珊瑚群岛居民连接起来。这部分海洋非常美丽，甚至在这多姿多彩的风景胜地，仍自有一股魅力。弗格森岛上的最高峰科亚塔布山（Koyatabu），从海里挺立而出，形如一个纤细而高雅的金字塔，从南面眺望着安菲莱特群岛。其宽阔而碧绿的山坡上有一条水道，宛如一条白色的丝带从半山腰处飘入大海。在科亚塔布山的背风处，散落着大大小小的岛屿，它们就是安菲莱特群岛——陡峭的岩石山，有的像金字塔，有的像狮身人面像，有的像个圆屋顶，形状独特，形成一道奇特而美丽的风景线。

强劲的东南风——这里一年当中的三个季度都刮强劲的东南风——使

我们很快就靠近了这些岛屿,其中两个最重要的岛屿古马瓦纳(Gumawana)和奥梅阿(Ome'a)几乎像是从迷雾中跳出来一般。当我们于古马瓦纳岛东南端停泊在古马瓦纳村前时,不禁大吃一惊。村子建在一条狭长的海滨上,背后高耸的丛林将其挤到水边。为了阻挡迎面扑来的大浪,房屋周围都建了石头墙,还有几道防波堤,石头砌的大坝则沿着滨海区形成了一个个人造小港口。建于桩子上的棚屋十分简陋,没有任何装饰,但在这一环境中却很是诗情画意(见整版插图 7 和整版插图 43)。

该村落及群岛上其余四个村落的居民是个奇怪的民族(people)。他们这个部落人口不多,容易受到来自海上的攻击,也很难从自己的岩石岛上获得食物。然而,凭借独一无二的制陶技艺、勇敢高效的水手身份、地处多布和特罗布里恩群岛中间这一有利位置,他们成功地在几个方面成为这个地区的垄断者。他们也具备垄断者的主要特点:好财吝啬、冷漠贪婪,热衷于将贸易和交换掌握在自己的手中,却不准备做任何牺牲来改善;羞怯,却又对任何与之交易的人都很傲慢;比不上其南方和北方的邻族。不只是白人有这种印象。① 在特罗布里恩人和多布人的印象中,他们名声极坏,在所有库拉交易中都很吝啬且不公道,也没有真正的慷慨和好客之情。

当我们把船停泊在那儿时,他们便划船凑过来,向我们卖陶锅。但是,如果我们想上岸看看他们的村子,就会引起一阵骚乱,所有女人都会从空地上消失,年轻的跑到村子后面的丛林里藏起来,甚至连长相丑陋的老妪都会躲进房屋里,闭门不出。所以,如果我们想看看几乎都由女人来干的陶器制作,必须先把某个老妪引诱出来,为此,我们要承诺给她很多烟草,并保证我们的意图是高尚的。

在此提及这一点,是因为它具有民族志意义,因为不只是白人会引起这种羞怯,如果有陌生的土著人为了贸易远道而来,在安菲莱特群岛短暂停留时,妇女们也会像前文所描述的那样消失不见。然而,这种非常夸张的羞怯并非伪装,因为在安菲莱特群岛,无论是已婚,还是未婚,都要严格遵守贞操和保持忠诚,比多布更甚。这里的妇女还具有很大的影响力,在种植园圃和

---

① 我在这些岛上待了大约一个月,发现他们惊人地倔强,很难和他们进行民族志工作。安菲莱特"男孩"是有名的好船夫,但他们一般都不像多布人那么善于和愿意工作。

施行园圃巫术方面发挥重要作用。在社会制度和习俗方面,他们兼具北马辛和南马辛的特点,没有酋长,由有影响力的长老们行使权威,每个村子都有一个头人,执掌典礼和其他大型部落事务。他们的图腾氏族与穆鲁阿(二区)的一样。他们的食物供给颇为不稳定,部分来自贫瘠的园圃,部分来自他们用鸢和捕鱼器捕的鱼,然而,捕鱼不能经常进行,收获也不多。他们无法自给自足,通过礼物馈赠和贸易从弗格森、多布和特罗布里恩群岛获取大量的蔬菜和猪。在体型容貌上,他们与特罗布里恩人非常相像,也就是说,比多布人个子高、肤色更浅、五官更细腻。

现在,我们必须离开安菲莱特群岛,前往特罗布里恩群岛了,那是本书描述大部分事件的发生地,也是迄今为止我拥有民族志资料最多的地方。

整版插图 7

在安菲莱特群岛

古马奇拉大村（或古马瓦纳村）的滨海区。（见边码第 46 页）

整版插图 8

图夸乌夸村的土著人群

该图呈现了沿海村落的样子,土著人蹲坐在四处。(见边码第 5 页)

整版插图 9

来自基里维纳的上等男人

酋长之子托库卢巴基基、享有最高等级的托韦塞伊和社会等级较低的约布夸乌。三个人相貌英俊、神情聪慧,他们都属于我最好的资料提供者。(见边码第 52 页)

整版插图 10

特亚瓦的渔民

一个潟湖村的平民形象。(见边码第 52 页)

第二章　特罗布里恩群岛的土著人

一

我们离开了安菲莱特群岛的青岩和密林——但仅仅是暂别,因为我们在研究期间还将再次访问安菲莱特群岛,进一步了解它们的居民——向北航行,进入一个截然不同的平坦的珊瑚岛世界。这里的风俗习惯与巴布亚-美拉尼西亚的其他地方有诸多不同之处,是一个独特的民族志地区。我们仍然航行在蔚蓝清澈的海面上,浅海处,五颜六色、形状各异的珊瑚礁清晰可见,鱼儿在珊瑚礁上的水藻间游来游去,甚是迷人。热带丛林、火山高峰、湍急的水流和瀑布、飘荡在山谷间的云雾,环绕着大海,构成了一幅引人入胜的美景图。我们最终作别了这一切,向北航行,安菲莱特群岛的轮廓在炎热的雾霭中变得越来越模糊,最后只剩下科亚塔布山留在地平线上,远远望去,仿佛一座优雅挺立的纤细的金字塔,直至我们行驶到基里维纳泻湖,依然可见。

现在,我们进入一片暗绿色的海域,几个沙洲点缀其间,打破了这里的单调。有些沙洲光秃秃的,浸没在海水中;有些则高高耸立着几棵根茎外露的露兜树。安菲莱特土著人常常来这里,一待就是几个星期,捕抓海龟和儒艮。这里也是有关远古库拉几个神话故事的发生地。再往前走,穿过迷雾,地平线在某些地方忽然变得浓重了,仿佛被铅笔淡淡地描过一样,然后越来越重,其中的一笔变得又长又粗,而其他地方则突然呈现出清晰的小岛轮廓,随后我们就发现自己已身处特罗布里恩群岛的大泻湖中,右边是群岛中最大的博约瓦岛,北边和西北边则有很多有人居住或无人居住的小岛。

地图 4　特罗布里恩群岛,又称博约瓦或基里维纳。

我们继续在泻湖中航行,沿着错综复杂的水路辗转于浅滩之间。当要靠近主岛时,缠绕在一起的密密的矮丛渐次展开,露出一个个缝隙地带。透过缝隙,可见棕榈树林,像一个由柱子支撑的内室,说明这里有村落。于是,我们上了岸。和其他土著人居住的地方一样,滨海处都是泥巴和废弃物,几条独木舟被拖至离海较远的地方,船身干干的。穿过树林,我们便进入了村子(见整版插图8)。

很快,我们就在一个甘薯仓房前的平台上坐了下来,仓房屋顶延伸出的屋檐为我们遮阳。眼前是灰色的圆木,在与赤脚和裸体的长期接触下,它变得很光滑;村里的街道也在人们的长期踩踏下变得很平整;棕色皮肤的土著人立刻成群地围住了探访者——这一切形成了一幅以古铜色与灰色为基调的图景,任何一个曾与这些土著人共同生活的人,比如我,都将难以忘怀。

当一个民族志学者初次进入某个他即将进行田野调查的地方时,那种既兴致勃勃又忐忑不安的感觉难以言表。当地某些显著的特点会立刻引起他的注意,让他充满希望的同时,也让他忧心忡忡。当地土著人的表情、举止和行为方式可能预示着民族志学者是否能迅速轻松地进行研究。他得细心观察哪些表象其实暗含了更深的社会学事实,他得推测看似平常的事态背后是否隐藏了很多神秘的民族志现象。或许,那个长相古怪却极富智慧的土著人就是当地声名远扬的妖术师?抑或,那两群人之间存在某种重要的对抗或世仇,只要能介入其中,就能了解当地人的风俗和特性?这些至少是我第一天抵达博约瓦岛后,坐在那儿看一群特罗布里恩土著人闲聊时的想法。

特罗布里恩土著人在相貌上有巨大的差异,这是博约瓦给人的第一印象。[①] 有些男人和女人身材高挑,举止优雅,面容精致,轮廓清晰,额头宽阔,鼻子和下巴长得很漂亮,神情大方聪慧(见整版插图9、整版插图15、整版插图17);有些则长着黑种人一般的脸,下颌突出,嘴宽唇厚,前额狭窄,神情粗俗(见整版插图10、整版插图11、整版插图12)。相貌好的人,皮肤

---

① C.G.塞利格曼博士已经注意到,有些北马辛人的相貌类型很出众,而特罗布里恩人就是北马辛人的西部分支,这些外貌出众的人"普遍比那些短脸、宽鼻子、塌鼻梁类型的人长得高(通常十分明显)。"前引,第8页。

颜色也明显较浅。他们甚至连头发都长得不一样，从一头直发，到像典型的美拉尼西亚人那样的乱蓬蓬的卷发，各不相同。他们佩戴的装饰品的种类和其他马辛人的一样，主要是纤维编制的臂环和腰带，龟壳耳环和海菊蛤圆片耳环，此外，他们还非常喜欢用花和香草装饰身体。在举止上，他们比我们以往见到的任何土著人都更随和、亲切和自信。一旦有个有趣的陌生人进入村子，半个村子的人就会立刻围在他身边，大声地品头论足，通常都是些贬损的话，但语气却十分亲切诙谐。

一个新来的观察力敏锐的人会立刻注意到这里一个主要的社会学特征——等级和社会差别的存在。有些土著人，常常是那些长得更英俊的，会受到非常明显的尊敬，这些人常常是酋长或上等人，他们对待陌生人的方式也极为不同，事实上，他们体现了"举止极好"一词的全部含义。

当酋长在场时，平民不敢站得高于他，必须弯身或蹲下。同样，当酋长坐下时，没人敢站着。这种明确的酋长制度，受到人们极为明显的尊重，带有某种原始的宫廷仪式，也带着等级和权威的标记，与美拉尼西亚部落生活的整体精神是那么不同，以致一个民族志学者初次看到时，以为进入了一个不同的世界。在调查研究期间，我们会经常看到基里维纳酋长展示权威，看到特罗布里恩人和其他部落在这方面的不同，以及由此带来的部落习俗上的变化。

二

另一个立刻引起探访者注意的社会学特征是特罗布里恩妇女的社会地位。与多布妇女的冷漠和安菲莱特妇女对陌生人的不理不睬相比，特罗布里恩妇女亲切友善，几乎让人大吃一惊。和其他地方一样，这里的上等妇女与等级低的平民妇女在举止上自然极为不同。但总体而言，无论尊卑，他们决不矜持，为人亲切，令人愉悦，很多都长得非常漂亮（见整版插图11和整版插图12）。她们的衣着也与目前为止我们所观察到的其他土著人不一样。所有新几内亚的美拉尼西亚妇女都穿着纤维短裙。南马辛妇女的裙子会到膝盖或更长，而特罗布里恩妇女的裙子则更短更肥大，层层叠叠，圆鼓鼓地裹着身体,像飞边一样(比较整版插图5、整版插图6中的南马辛妇女和整版插图4中的特罗布里恩妇女)。这种裙子的装饰效果极好,再加上装饰在外围几层上的精美三色饰品,就越发漂亮了。总体而言,这种装束非常适合年轻貌美的女子,让身材娇小的姑娘显得优雅而活泼。

特罗布里恩人不知贞洁为何物。在年龄异常小的时候,他们就开始接触性生活,很多看似无知的儿童游戏并不像表面上那样天真无邪。长大后,他们起初过着乱交的性生活,之后逐渐形成较为稳定的性爱关系,最后与其中的一个恋人走向婚姻。但在结婚前,人们公然认可未婚女孩可以自由地做她们喜欢做的事情。更甚者,在一种礼仪安排中,一个村落的姑娘集体去另外一个地方,公开接受当地男孩的检阅,然后与选中她们的那个男孩共度一夜。这个礼仪安排叫卡图姚西(*katuyausi*)(见整版插图20)。若有其他地区的拜访团来访,本地的未婚姑娘要拿出食物款待,并满足他们的性需求。在大型葬礼上,人们围在死者周围守夜,一大群一大群的人从附近的村庄赶来一起为死者哀号、唱挽歌。这时,来访团中的姑娘应按习俗安慰痛失亲人的村落的男孩,安慰的方式使她们正式的恋人痛苦万分。在另外一个奇特的礼仪性放纵形式中,女性则是公开的主动方。在种植季里,到了除草的时候,妇女们集体劳动。这时,任何胆敢穿过该地区的陌生男子都将面临相当大的风险,因为这些妇女会追赶他,抓住他,然后扯掉他的遮羞叶,大肆羞辱一番。除了这些礼仪性的放纵形式外,平日里他们也经常私通,节日时节更甚,当部落忙于种植、贸易和收获时,则较为收敛。

特罗布里恩人在结婚时不举行任何公开或私人的仪式或典礼。结婚时,新妇直接住进夫家,之后会发生一系列的礼物交换,但这绝不可理解为是给女方的彩礼。事实上,特罗布里恩人婚姻中最为重要的特点是,女方家庭必须为她婚后的新家庭做相当大的经济贡献,还必须为她的丈夫提供各种服务。结婚后,女人需对丈夫忠贞,但这个规定既没被严格遵守,也没被严格执行。在所有其他方面,女性仍保持着很强的独立性,她的丈夫必须善待、体贴她,否则她就会直接回娘家。这通常会使丈夫蒙受经济损失,因此丈夫不得不通过送礼物和劝说的方式尽力让妻子回家。妻子可以选择永远地离开他,因为她总能找到其他人结婚。

在部落生活中,妇女也享有很高的地位。通常,她们不参加男人们的议事会,但在很多事情上可以为所欲为,并在几个方面控制着部落生活。例如,她们负责园圃种植中的一些活儿,这既是一种特权,也是一种职责;在与非常完整复杂的博约瓦葬礼相关联的大型礼仪性食物分配中,她们负责管理某些阶段(见整版插图 4);此外,某些形式的巫术,如对新生儿施行的巫术、部落典礼上的美容巫术、某些种类的妖术,也都为妇女所垄断。上等妇女享有其地位带来的特权,等级低的男人在她们面前需俯身弯腰,并遵守所有在酋长面前应遵守的礼节和禁忌。酋长等级的妇女嫁给平民后,地位不变,甚至连她的丈夫也必须按照相应的礼节对待她。

特罗布里恩人是母系社会,即沿着母亲这一方追溯血统、安排继承。孩子属于他母亲所在的氏族和村落社区;财富和社会地位并非由父亲传承给儿子,而是由舅父传给外甥。这个规定允许某些重要而有趣的例外,我们将在随后的研究中碰到。

三

现在,让我们再回到这次想象中的岸上初访,在仔细端详了土著人的外貌和举止后,接下来的趣事就是去村子里转转,这又会让我们看到很多,而一双训练有素的眼睛将立刻从中发现深刻的社会学事实。但是,在特罗布里恩群岛,第一次观察最好是在某个较大的内陆村,这些村子所在之地平坦广阔,因此有可能按照典型的格局建造。沿海的村落则都建在湿软的土地和珊瑚露头上,地势不规则,空间狭小,使设计受到了极大的限制,村落看起来杂乱无章。而中心诸地区的大村落则都呈现出近乎规则的几何形状。

村中间,是一大块圆形空地,四周围环绕着一圈甘薯仓房。这些仓房都建于桩子之上,正面非常漂亮,具有装饰性,墙壁由粗粗的圆木交叉建成,形成一道道较宽的缝隙,露出储藏在内的甘薯(见整版插图 15、整版插图 32、整版插图 33)。一些仓房立刻引起了我们的注意,它们较其他仓房建得更好、更大、更高,山墙周边及山墙上还有大的装饰板。这些是酋长或上等人的仓房。通常,每个仓房前都有一个小平台,晚上,男人们会三五成群地坐在上面聊天，访客也可在上面休息。

甘薯仓房的外围是一圈居住用的棚屋，和仓房形成同心圆，于是，两排房屋之间形成了一条环绕村子的街道（见整版插图 3 和整版插图 4）。棚屋比仓房矮，没有桩子，直接建在地上，屋内黑暗而窒闷，门是仅有的开口，通常都关着。每个棚屋内住一户人家（见整版插图 15），包括丈夫、妻子和小孩儿。青少年及成年男子和女子单独住在可容纳大约二到六人的单身房里。酋长和上等人除了妻子的房子外，有专门的个人住房。酋长的房子通常位于中心的仓房圈上，面朝村里的主要场所。

在村里四处观察后，我们会发现：装饰是地位的标记、有单身汉和未婚女子住的房子、非常重视甘薯收成——所有这些都是细小的迹象，对它们的进一步研究将把我们引入土著社会学的深层次问题。这样的观察还将引导我们去探究村落里的不同分区在部落生活中发挥何种作用。然后，我们会发现，巴库（baku），即中央的圆形空地，是举行公共典礼和庆典的场所，如跳舞（见整版插图 8 和整版插图 14）、食物分配、部落宴席、丧葬守夜，简言之，所有代表整个村落的活动都在这里举行。甘薯仓房和棚屋之间的环形街道是进行日常生活的地方，人们在这里准备食物、吃饭、闲聊、进行日常的社会交往。房子的内部只在夜晚和雨天使用，更像是卧室，而不是起居室。房子的后面和紧挨房子的小树林是孩子们玩耍和妇女们劳作的场所。更远处的小树林则是卫生区，男女分开，各有隐蔽处。

巴库（中心空地）是村中最美丽如画的地方，在这里，颇为单调的古铜色和灰色被打破了，小树林的一簇簇绿叶从甘薯仓房上垂下来，与仓房漂亮的正面和花哨的装饰相映成趣，每当跳舞或举行礼仪时，则有成群结队的人们佩戴着各种装饰品来到这里（见整版插图 13 和整版插图 33）。舞季一年只有一次，与叫做米拉马拉（milamala）的收获庆典相关，届时，逝去之人的灵魂也从冥界图马返回自己的村落。舞季有时只持续几个星期，甚或几天，有时则发展成一种叫尤西戈拉（usigola）的特别舞季。在这样的庆祝时节里，村民们会天天跳舞，时间长达一个月或更久。这个特别的舞季由一场宴席开启，中间还会穿插几次宴席，最后以一场大型的结束表演达到高潮。在这个表演上，许多村落都前来观看助兴，还会分配食物。在尤西戈拉期间，舞者跳舞时盛装打扮，即脸上画彩绘、佩戴花饰和贵重的装饰品、头戴凤头鹦鹉毛做的白色羽毛头冠（见整版插图13和整版插图14）。表演时，舞者们总是围成圆圈，和着歌声和鼓声跳舞，唱歌和敲鼓的各有一伙人，都站在圈内。有些舞蹈会使用有雕饰的舞蹈盾牌。

在特罗布里恩群岛，村落是一个重要的社会单位。即便是最强大的酋长，其权威的行使，首要针对的是他自己的村落，其次才是地区。村落社区共同开垦用作园圃的土地、举行仪式、进行战斗、组织贸易远航，并作为一个集体，用同一艘独木舟，或在同一个船队中航行。

初步观察过村落后，我们自然想去更多地了解村落的周围，想去灌木丛里走走。但是，如果你想在那里看到变化多端的风景，必定会大失所望。这个广阔平坦的岛屿是一整块肥沃的平原，低矮的珊瑚礁断断续续地环绕着海岸。几乎整个平原都是时断时续的园圃，灌木规律性地每几年被清除一次，都长得不高。岛上的丛林低矮茂密，乱乱地缠结在一起，几乎无论走到哪儿，所见都是绿色，仿佛在两道绿色的墙中间行走一般，缺乏变化，也看不到远方。打破这种单调的只是偶尔碰到的老树丛——通常是禁忌之地——和每隔一两英里就能碰到的村落（特罗布里恩人口稠密，村落众多，每走一两英里就能看到一个）。无论在景色上，还是在民族志意义上，岛上最主要的构成要素都是土著人的园圃。每年，约有总面积的四分之一或五分之一真正地用作园圃耕种。这些园圃受到很好的照料，它们带来令人欣喜的变化，打破了灌木的单调乏味。在初耕时节，园圃就是一块空地，从园圃眺望远处，可见横亘在岛屿东部的珊瑚脊，及地平线上高高的树林，这些树林表明那里或有村落，或是禁忌之林。过一段时间，甘薯藤、芋头和甘蔗开始生长发芽，原先光秃秃的棕色土壤披上了嫩苗的鲜绿色。再过一段时间，每株甘薯旁边都立上又高又粗的竿子，藤蔓盘绕而上，形成一个遮阴的绿叶环，整个园圃宛如枝繁叶茂的啤酒花藤园。

四

特罗布里恩土著人一半的劳动时光都在园圃上度过，而他们的兴趣和志向也可能多半都围绕着园圃。在此,我们须暂停一下,试着去了解他们在园圃种植一事上的态度,因为它代表了他们对所有劳作的态度。如果我们仍然误以为土著人是大自然听天由命且懒惰的孩子,误以为他们尽可能远离所有劳作和努力,直到慷慨的热带大自然馈赠的丰硕果实成熟落地,掉入他们嘴里,我们绝对无法理解他们进行库拉和开展任何其他事业的目的和动机。恰恰相反,事实的真相是土著人能做到努力劳作,在某些情况下,他们的确劳作努力、有条理、有耐力、有目的,他们也不会一直等到迫于基本需求的压力才去劳作。

以园圃种植为例,土著人的产出远远超过他们的实际需求。在任何一个普通的年份里,他们的收成可能都是食用所需的两倍。今天,多余的收成被欧洲人输出到新几内亚的其他地区,供应给那些地方的农场工人吃,而在过去,只能任其腐烂。此外,在生产这些多余的收成时,他们付出的劳动远远超过单就收获农作物所需的劳动。很多时间和劳动的付出都是出于审美的目的:使园圃干净整洁、没有一丝杂物,建造漂亮坚固的篱笆,搭建特别结实粗大的甘薯藤盘绕竿。在某种程度上,土著人所做的这一切都是作物生长所需,但他们的认真无疑已大大超过了单纯的需求所需。园圃劳动中的这种非功利因素在其他各种劳作中体现得更明显,他们干那些活儿,完全是为了装饰,为了巫术典礼,为了遵守部落惯例。例如,他们一丝不苟地把土地清理得可以耕种后,还会把每块园圃分成长宽各约几码的小块,这样做只是为了遵守惯例,为了使园圃显得整齐,任何有自尊心的人都不会想着省略这道工序。再如,在修剪得极为整齐的园圃里,人们还会在甘薯藤盘绕竿上绑上横向长竿,只是为了美化园圃。另外一个、可能也是最有意思的非功利劳作的例子是叫做坎科科拉(*kamkokola*)的大棱柱,这些柱子用于装饰目的和巫术目的,与作物的生长毫无关系(见整版插图59)。

在影响和管理园圃劳动的诸种力量和信仰中,或许园圃巫术最为重要。园圃巫术自成一体,而园圃巫师则是村中的重要人物,仅次于酋长和妖术师。这一职位乃继承而得,每个村落都有一个特别的巫术体系,沿女性一脉代代相传。我称之为体系,是因为巫师必须对园圃施行一系列的仪式和咒语,这些仪式和咒语与劳动同时进行,事实上,劳动的每个阶段和作物生命的每个新发展都由施咒开启。甚至在还未开始种植时,巫师就须举行一次大型的土地祭祀仪式,村中所有的男人都必须参加。这个大型仪式正式开启了该季的园圃种植,只有在举行完这个仪式后,村民们才开始砍自己地里的灌木丛。随后,巫师施行一系列的仪式,逐一开启园圃种植的所有阶段:焚烧灌木、清理、耕种、除草和收获。此外,他还施行其他仪式和咒语,用巫术帮助作物破土、发芽、抽叶、攀爬、形成茂密的藤架、长出可食的块茎果实。

因此,在土著观念中,园圃巫师既控制人的劳动,也控制自然的力量。他还是园圃种植的直接监督人,确保人们既不敷衍了事,也不拖拖拉拉。因此,巫术对园圃劳动的影响是使之系统化、对其进行管理和控制。巫师通过举行仪式来确定节奏,督促人们去做某些工作并恰当及时地完成。随之而来的是,巫术也会强加给部落大量的额外工作和显然多余且束手束脚的禁忌和规定。然而,从长远来看,巫术对劳作具有排序、系统化和管理的作用,因此对土著人而言,无疑具有非常宝贵的经济意义。①

另外一个须永远推翻的概念是一些流行的经济教科书中提到的"原始经济人(Primitive Economic Man)"的概念。这个想象中的虚拟人一直顽强地存活于通俗和半通俗的经济著作中,他的影子甚至萦绕在一些有能力的人类学家的脑际,让他们产生了一种先入之见,该想象中的原始人或野蛮人,在其所有行为中,都由理性的利己思想驱动,以直接的方式和最少的努力实现他的目的。甚至只要一个得到充分证实的例子,就可证明这个假设——人,尤其是文化水平发展低的人,驱动他的应是单纯的理性利己的经济动机——是多么荒谬。原始的特罗布里恩人恰是能驳斥这个荒谬理论的范例。特罗布里恩人的劳动动机具有高度的复杂性、社会性和传统性。他们劳作的目的肯定不是为了满足当前的需要,也不是要直接实现某些功利的目的。因此,首先,如我们所见,他们劳作时并不奉行花最少气力的原则,相反,他们付出的很多时间和精力,从功利的观点来看,甚至完全多余。其次,劳作和努力不只是达到目的的方式,在某种程度上,它们本身就是目的。在特罗布里恩群岛,一个优秀园圃种植者的声望直接来自他能承受的劳动

---

① 关于特罗布里恩群岛的园圃劳动及其经济重要性,我在《特罗布里恩岛民的原始经济学》("The Primitive Economics of the Trobriand Islanders")一文中有更全面的阐述,载于《经济学杂志》(*The Economic Journal*),1921年3月。

量和他能耕种的园圃面积。托奎巴古拉(Tokwaybagula)的意思是"好园丁"或"高效的园丁",这是个荣誉头衔,并非任何人都能获得。我的几个土著人朋友是有名的托奎巴古拉,他们会向我吹嘘他们劳作了多长时间,耕了多少地,还会拿效率低的人和自己比较。真正劳动时,有些是共同进行的,会有很多竞争。男人们比谁的速度快,谁更细致,往园圃拿大竿子或搬运收割下来的甘薯时,还比谁举的东西更重。

然而,关于园圃种植,最重要的一点是,一个男人的所有劳动成果,或者说,几乎所有的劳动成果,当然也包括他额外劳动所产生的任何盈余,都不归自己所有,而是归其姻亲所有。在此,我不会详述收成分配制度的细节,因为关于收成分配制度的社会学相当复杂,而且还需要先描述特罗布里恩群岛的亲属制度和亲属观念,但可以这么说,一个男人要把他收成的四分之三送给别人,一部分敬献给酋长,一部分则应送给他姐妹(或母亲)的丈夫及其家庭。

虽然在功利意义上,种植者个人并不能从自己的收成中获得实际的个人利益,但是他却可以因为收成的数量和质量获得很多赞誉,这种赞誉直接而具体。他们将所有收成堆成一个个圆锥状的堆,整齐地放在园圃里的甘薯藤架下,展示一段时日。于是,每个人都在自己的地上展示收成,供人赏评,一群群土著人行走于田间,欣赏比较,称赞最好的收成。食物展示的重要性可从以下事实窥见一斑:过去,酋长权力远远超过今天,如果一个既不是上等人又不为上等人劳动的男人,其展示的收成远远胜过酋长,则会很危险。

在收成看好的年份里,酋长会宣布举行卡亚萨(kayasa)丰收节,即对食物进行礼仪性和竞争性的展示。届时,人们为了获得好收成,会更加竭尽全力、热火朝天地干活儿。我们将在后文碰到卡亚萨类型的礼仪活动,并发现这种活动在库拉中具有相当重要的作用。这一切表明,有骨有肉的真正的土著人,完全不同于幻影般的原始经济人,而后者的虚构行为是许多抽象经济学学术推论的基础。① 特罗布里恩人的劳作方式非常迂回,并无直接功

---

① 这并不意味着一般的经济学结论是错误的。通常,当把人类的经济性放在想象中的野蛮人身上进行解释时,只是出于说教的目的,而且事实上,这些作者的结论都以他们对发达经济状态下事实的研究为基础。然而,通过引入不实之辞让事物看起来更简单,是错误的教学法原则,此外,反对将外面的错误事实引入到自己的研究领域中,也是民族志学者的职责和权利。

力的目的，在很大程度上，劳作就是为了劳作本身。他们在园圃的布置和整体外观上，下很多功夫，进行美的润色。引导他们这样做的首要动力并非想要满足自身需求的欲望，而是一套非常复杂的东西，包括传统的力量、责任和义务、巫术信仰、社会野心和虚荣心。通常，如果他是个男人，他就想赢得好园丁和好劳动者的社会荣誉。

在此，我之所以用这么多的篇幅来阐述特罗布里恩人在园圃劳动中的动机和目的，是因为本书后面几章将专门研究他们的经济活动，只有用各种例子进行说明，读者才能最好地了解土著人的态度。这里对特罗布里恩人所做的阐述也适用于邻近诸部落。

五

对土著人的思想及他们的收成分配安排有了新的认识后，再去描述酋长权威的性质，就容易多了。特罗布里恩群岛上的酋长制是两个制度的结合：一个是头人制，或村落权威；一个是图腾氏族制，即社区被分为不同的阶层（class）或种姓（caste），每个都有某个大致明确的等级。

在特罗布里恩群岛的每个社区里，都有一个具有最高权威的人，不过，这个权威通常并没多大，在很多情况下，他不过是村中长老的居首位者（*primus inter pares*），而村中所有重大事务都由这些长老们共同商议，在都同意的情况下达成某个决定。不要忘记，这里几乎没有太多怀疑或商议的余地，因为无论是集体还是个人，土著人总是按照传统和习俗做事。因此，通常情况下，村落的头人不过是部落仪式的主持者，并在需要的时候，充当部落对内对外的主要发言人。

然而，当头人本身的等级很高时，他的地位就不止于此，当然，头人并不是总是等级高的人。在特罗布里恩群岛，有四个图腾氏族，每个图腾氏族又分成很多更小的亚氏族（sub-clans），可称之为家族或阶层，因为每个亚氏族的成员都是同一个女性祖先的后代，每个亚氏族都有明确的等级。这些亚氏族都有地域性，因为他们的女始祖都是从某处地洞钻出来的，而这个地洞通常就在他们村落社区的附近。特罗布里恩群岛上所有亚氏族的成员都能指出他们的发源地，即其女始祖第一次看到阳光的地方。他们称之为发源"洞"或"室"的地方，一般都是珊瑚露头、水坑、小的洞穴或洞室。通常，这个洞的周围环绕着前文提及的禁忌树林。很多洞都位于村庄周围的树林中，还有一些靠近海岸，但从不会在园圃上。

等级最高的亚氏族是塔巴卢（Tabalu），属于马拉奇（Malasi）图腾氏族。住在奥马拉卡纳村的基里维纳最重要的酋长托乌卢瓦就属于该亚氏族（见整版插图 2 和卷首插图）。首先，托乌卢瓦是自己所在村落的头人，与等级低的头人相比，他有相当大的权力。他拥有的高等级使他周围的人对他敬畏有加，甚至现在，当白人当权者愚蠢地、灾难性地使出浑身解数来破坏他的名望和影响力时，他的残余权力依然大得惊人。

酋长——此处，我指的是社会等级高的头人——不仅在他自己的村落里有很高程度的权威，其影响范围还延伸到村外很远的地方。很多村落都向他进贡，在几个方面臣服于他的权威。有战事发生时，这些村落就是酋长的同盟，必须齐聚于他的村落；当酋长需要人为他干活时，传话下去，各村落便会派遣人手。在所有大型庆典中，他所在区域内的所有村落都会参加，他自己将是典礼的主持者。然而，所有这些服务都是有偿的。他甚至需动用自己的财富储备来偿付收到的所有贡品。在特罗布里恩群岛，财富既是权力的外在表现和实物体现，也是行使权力的方式。但是，一个酋长如何获得财富呢？这就要说说臣服村对酋长的主要责任了。酋长从每个臣服村里都娶一个妻子，根据特罗布里恩律法，妻子的家庭必须向他供应大量的农作物。这位妻子不是臣服村头人的姐妹，就是他的某个亲戚，这样一来，实际上整个臣服村都必须为他服务。过去，奥马拉卡纳酋长有多达四十个妻子，基里维纳所有园圃产出的百分之三十到百分之五十都被他收入囊中。即便今天，奥马拉卡纳酋长只有十六位妻子，但他仍有巨大的仓房，每到收获时节，所有仓房里的甘薯一直堆到屋顶。

有了这些供应，他就能支付他需要的很多服务，就能在大型宴席、部落集会或远航中给参与者提供食物。他还用部分粮食去换取象征土著财富的物品，或制造那些物品。简言之，通过行使一夫多妻的特权，酋长总是能得到大量体现为粮食和贵重物品的财富，继而维持其社会地位、组织部落庆典和活动、支付许多他根据习俗而有权享受的个人服务。

整版插图 11

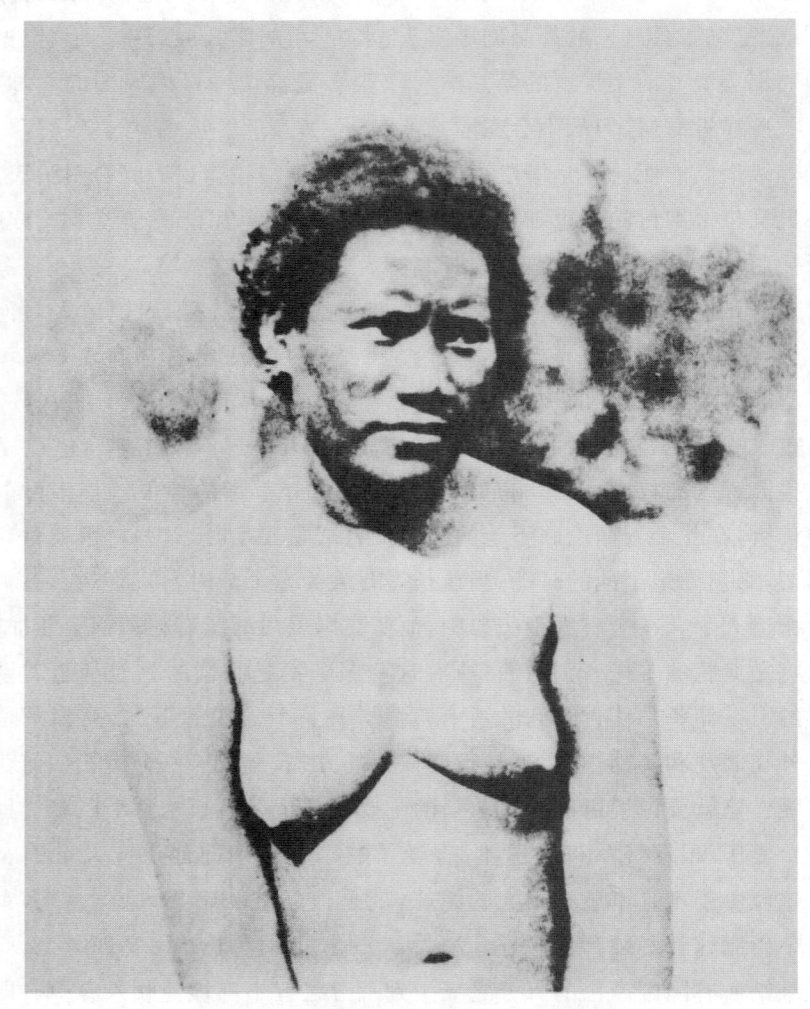

一位典型的纳库布夸布亚(未婚女子)
该图呈现了粗野但美丽的平民妇女的形象。

第二章 特罗布里恩群岛的土著人 73

整版插图 12

博约瓦的女孩儿们

这种面部彩绘和装饰用于她们进行卡图姚西之旅时。(见边码第 52 页)

整版插图 13

凯代布舞蹈

在奥马拉卡纳的巴库上进行的手拿雕刻盾牌的圆圈舞蹈。(见边码第 57 页)注意素净但却漂亮的凤头鹦鹉羽毛头冠。

整版插图 14

盛装的舞蹈者

一场凯代布舞蹈的舞蹈圈的一部分,在亚拉卡村。(见边码第 57 页)

第二章 特罗布里恩群岛的土著人 75

一户人家

奥马拉卡纳的托华卢巴基及其母亲、妻子和孩子。(见边码第57页)注意图中的仓房。从缝隙处可以看到里面的甘薯。

整版插图 15

有一点与酋长的权威关联在一起，值得我们特别注意，即权力不仅使酬谢成为可能，也是惩罚的手段。在特罗布里恩群岛，惩罚通常通过妖术间接实施。地区内最优秀的妖术师总是听命于他。当然，服务后，他必须酬谢这些妖术师。若有谁冒犯了他，或是侵犯了他的权威，他就召唤来妖术师，下令用黑巫术处死罪犯。酋长能有效地实现自己的目的，因为他可以公开这么做，这样，每个人，包括受害人自己，都知道妖术师在跟着他。由于土著人真地深深惧怕妖术，那种正在被猎杀和想象自己在劫难逃的感觉本身就足以让他们在现实中遭受厄运。只有在极端的情况下，酋长才会直接惩罚罪犯。酋长手下会有一两个世袭的亲信，其职责就是杀死那些严重冒犯酋长以致必须被处死以示警戒的人。但事实上，这类事件极少发生，现在当然已经完全没有了。

因此，要理解酋长的地位，就必须认识到财富的高度重要性和支付酬劳的必要性。酋长需为一切支付酬劳，甚至包括他理应享有和不能拒绝的服务。再次强调，酋长的财富来源于姻亲，正是通过行使一夫多妻的权力，他才得以实际地实现其酋长地位、行使其酋长权力。

显赫的等级、对他高人一等的直接认可，与上述相当复杂的权威机制，一起赋予了酋长极大的权力，甚至辐射到他所在地区之外。在特罗布里恩群岛，甚至在部落日渐衰落的今天，当奥马拉卡纳的这位大酋长走近时，除少数和他具有同样等级的人之外，没有一个土著人敢直立身体。无论他走到哪里，都被尊奉为最重要的人，坐在高高的平台上，受到款待。当然，虽然他受到大家的尊敬，人们靠近他时，仿佛他是一个至高无上的专制君主，但这并不意味着良好的伙伴关系和交际在他与同伴及臣属的个人关系中不重要。他的兴趣和观点与臣属们并无差异。他们坐在一起聊天，交换村里的闲言碎语，唯一不同的是他总是很警觉，与其同伴相比，更少言寡语，更老练，但并不比他们少一分兴趣。若非是因为年纪太大，他还会和人们一起跳舞，甚至一起游戏。事实上，他把他享有的优先权当作理所当然之事。

在试图理解特罗布里恩人及其邻居的社会状况时，须谨记，他们的社会组织在某些方面复杂而又含糊不清。除了严格遵守非常明确的规则外，还有许多稀奇古怪的惯例、尺度模糊的规则，还有些规则，例外情况太多，以致他们宁愿将其废除，也不愿去核实。狭隘的无法超越自身地域的社会视野，及特殊和例外情况的盛行，是土著社会学的主要特点之一，但因为种种原因，这一特点尚未被充分认识。然而，这里讲到的酋长制的要点，足以让我们清楚地了解酋长制，初步了解各种土著制度的一些特点。事实上，这些认识已足以让我们理解酋长在库拉中的作用了。但是，还必须在一定程度上补充一些有关特罗布里恩群岛政治区划（political division）的具体资料。

如前所述，最重要的酋长住在奥马拉卡纳，统治着农业上最富裕和最重要的地区——基里维纳。他所属的家族或亚氏族是塔巴卢，其等级目前在整个群岛上公认是最高的。他们在整个库拉区内声名远扬，整个基里维纳大区也因其酋长而获得声望，其居民则遵守着酋长的所有个人禁忌，这既是责任，也是荣誉。在这位地位颇高的酋长旁边，即约两英里之遥的另一个村落里，有一个人物，在很多方面，都是奥马拉卡纳酋长的臣属，但也是后者的主要敌人和对手，这个人就是卡布瓦库村（Kabwaku）头人，统治着蒂拉陶拉（Tilataula）大区。现在拥有这一头衔的人是个名叫莫利阿西的老无赖。过去，这两个大区之间经常发生战事，每个地区都能召集大约十二个村落作战。这些战争既不十分血腥，也不会持续很长时间，在很多方面都以一种竞技的方式进行，因为不同于多布人和南马辛人，博约瓦人既不猎头，也不食人。然而，战败是件严重的事，它意味着战败方的村落暂时会被毁掉，战败方要流亡一两年。之后，双方会举行一个和解仪式，既为敌也为友的战胜方将帮助战败方重建那些村落。① 蒂拉陶拉的酋长等级居中，在该大区之外并无太多威望，但在该大区内，他有相当大的权力及体现为食物和礼仪物品的大量财富。他统治的每个村落当然都有自己独立的头人，他们等级低微，权威很小，仅限于当地。

在博约瓦（指特罗布里恩群岛的主岛）辽阔的北半部的西部，又分为两个大区，过去，这两个大区之间的战事也很频繁。其中一个大区叫库博马（Kuboma），为古米拉巴巴（Gumilababa）酋长所统治，该酋长等级颇高，但

---

① 参照：C. G. 塞利格曼教授，前引，第 663—668 页；及本书作者的文章《特罗布里恩岛民中的战争和武器》（"War and Weapons among the Trobriand Islanders"），载于《人类》，1918 年 1 月。

低于基里维纳酋长。库博马是非常重要的手工业制造中心,大约包含十个内陆村落,其中,亚拉卡(Yalaka)、布杜韦拉卡(Buduwaylaka)、库杜夸伊凯拉(Kudukwaykela)生产用于嚼蒌叶*的生石灰,还生产石灰罐。在石灰罐上烧制艺术图案是这些村民特有的手艺,但遗憾的是,这一手工制造业正在迅速衰败。卢亚(Luya)的居民以编篮技艺闻名,最好的品种就出自他们之手。但是,在所有村落中,布沃塔卢村(Bwoytalu)最引人注目,这里的居民是最受人鄙视的贱民和最令人畏惧的妖术师,同时又是特罗布里恩岛上最娴熟和最勤劳的手工艺人。他们分属几个亚氏族,发源地都在该村的附近。据传说,化身为一只螃蟹的第一个妖术师也是从该村附近的土地里钻出来的。他们吃野猪肉,捕食魟,而这两种东西是博约瓦北部其他居民严格忌食和真正厌恶的东西。因此,他们受到其他人的鄙视,被视为"不干净的人"。过去,他们必须比其他任何人更卑躬屈膝,没有哪个男人或女人愿意与他们结合,无论是结婚还是私通。然而,在木雕方面,特别是在制造精美的圆盘、纤维编织品和梳子方面,他们的技艺远胜于其他任何人,这也是大家公认的。他们是这些输出物品的制造商和批发商,他们生产出的东西,任何其他村落都不可与之匹敌。

在博约瓦岛北部的西海岸,即特罗布里恩泻湖的岸上,坐落着五个村落,构成了库卢马塔大区(Kulumata)。这五个村落都是渔村,但捕鱼方式各异,他们有各自的渔场,使用渔场的方式也各不相同。① 该大区与之前提到的任何一个大区相比同质程度都更低,那里没有至高无上的酋长,过去发生战争时,村民们甚至都不站在同一战壕内。但是在此,我们无法探究政治组织所有的细微差别和独特之处。

博约瓦南部的第一个大区是卢巴(Luba),位于博约瓦岛的腰部,从这里开始,博约瓦岛逐渐变窄,成了一个地峡。统治这部分的酋长具有很高的等级,住在奥利维莱维村和住在奥马拉卡纳村的酋长属于同一个家族。三

---

* 一种胡椒科藤本植物,蔓生,叶呈椭圆形,叶片厚大,有药用价值。蒌叶常与石灰一起作为食用槟榔的配料。——译者

① 参照作者的文章《特罗布里恩群岛上的捕鱼和捕鱼巫术》("Fishing and Fishing Magic in the Trobriands"),载于《人类》,1918 年 6 月。

代前，年轻的一支从家族中分离出来，由此形成了这块南部统治区。当时在一场战争中，整个基里维纳部落战败，南逃至卢巴，建了一个临时村落，住了两年。之后，部落的主体返回到基里维纳，一小部分人则随酋长的弟弟留了下来，由此建立了奥利维莱维村。瓦韦拉曾经是一个非常大的村落，但现在只剩不到二十间棚屋了。它是东海岸上唯一坐落在海边的村落，正对着广阔的海湾，海滩洁净，风景秀丽。瓦韦拉的重要性在于它是传统的天文知识中心。历代土著人的历法都在这里调节，今天依旧如此。这意味着一些最重要的日期都是在这里确定的，特别是每年一次、总在满月之日举行的盛大节日米拉马拉。此外，瓦韦拉是第二种妖术形式，即飞行女巫存在的村落之一，是她们在特罗布里恩的主要基地。事实上，土著人认为这种妖术形式只存在于南部，不为北部妇女所知，但她们的施法场所却遍布整个博约瓦。瓦韦拉面向东方，总是与基塔瓦岛上的村落和马绍尔本尼特群岛的余部保持着密切的联系，瓦韦拉和这些岛屿因庇护着许多会飞、会用巫术杀人的女人而颇有名声，这些女巫还以尸体为食，对身处险境的水手来说尤其危险。

继续南下，我们来到了位于泻湖西岸的锡纳凯塔大聚居地，包含大约六个村落，各个村落之间相隔数百码，每个村落都有自己的头人，并各具地方特色。然而，当有战争发生或进行库拉时，这些村落则以一个共同体（community）的身份出现。有些头人具有最高的等级，有些则是平民；但总体而言，随着我们逐渐往南，等级原则和酋长权力也越来越弱。过了锡纳凯塔，我们又看到几个村落，它们进行一种地方库拉（local Kula），我们将在后文中描述这些村落。锡纳凯塔在后文的描述中非常重要。博约瓦岛的南部有时被称作凯布瓦基纳（Kaybwagina），但与北部各大区不同，它并不构成一个明确的政治区划。

最后，在主岛的南面，躺着半月形的瓦库塔岛，一条狭窄的水道将其与主岛分开，岛上有四个小村落和一个大村落。近世以来，即大约在四到六代人之前，一支真正的塔巴卢南下，在该岛住下。这支塔巴卢人是等级最高的酋长家族，但在这里，他们的权力水平从来不及锡纳凯塔的小酋长们。在瓦库塔，部落长老管理制这一典型的巴布亚-美拉尼西亚制度——其中一位长老比其他长老地位显赫，但并非至高无上——充满活力。

锡纳凯塔和库瓦塔这两个大聚居地在库拉中占有重要地位，是整个特罗布里恩群岛唯一生产红贝壳圆片的两个社区。我们将会看到,这项手工制造业和库拉紧密相连。在政治上,锡纳凯塔和瓦库塔是对手,而在过去,他们之间会定期爆发战争。

还有一个地区也形成了一个明确的政治和文化单元,即西部的大岛凯卢拉(Kayleula)。那里的居民是渔夫、独木舟制造者和贸易家。他们进行大型的远航,到西方的当特尔卡斯托群岛去,用自己的手工制造品换回槟榔、西米、陶器和龟壳。

对酋长制和政治区划进行一定程度的详述很有必要,因为深刻领会主要政治制度,对理解库拉必不可少。部落生活的所有方面、宗教、巫术和经济活动,都交织在一起,而部落的社会组织则是一切的基础。因此,我们须谨记,特罗布里恩群岛是一个文化单元,使用同一语言,拥有相同的制度,遵守相同的法则和规定,受到相同信仰和惯例的影响。刚才所列特罗布里恩群岛的几个大区是一种政治区划,而非文化区划;也就是说,在所有那些地区居住的土著人都是同一种人,只是他们各自服从(至少是认可)自己的酋长,各有自己的利益和追求,打仗时则各为其主。

此外,每个地区内的若干村落社区也有很大的独立性。每个村落社区都由一个头人代表,有自己的园圃巫师,其成员的园圃都在同一块土地上;每个村落举行自己的宴席和礼仪活动,共同哀悼社区的死者,并举行多次食物分配以纪念死者。在所有大事中,无论是地区大事,还是部落大事,同属一个村落社区的居民都会团结在一起,作为一个团体一起行动。

六

政治和地区区划割裂了各图腾氏族,每个氏族都有一系列互相关联的图腾,主要图腾是鸟。[①] 四大图腾氏族的成员遍布整个博约瓦部落,在每个村落社区里,都可以找到四个氏族的成员,甚至在每个家庭里,至少会有两个不同氏族的成员,因为丈夫的氏族必须不同于妻子和孩子的氏族。氏族

---

① 发现"关联"图腾的存在并引入该术语和概念的人是 C.G. 塞利格曼教授,前引,第 9 页,第 10 页;另见索引。

内部有一定程度的凝聚力,源于氏族成员对图腾鸟和图腾动物莫名的共同亲近感,但更源于许多社会责任,如举行某些典礼,特别是葬礼,这些仪式把同属一个氏族的成员捆绑在一起。然而,真正的凝聚力只存在于亚氏族的成员之间。亚氏族是氏族的一个地方分支,其成员宣称有共同的祖先,因而具有真正相同的身体物质(bodily substance),他们还依附于祖先出现的发源地。正是这些亚氏族,有明确的等级。马拉齐是四大图腾氏族之一,既包括最高贵的塔巴卢亚氏族,也包括最低贱的亚氏族,即在布沃塔卢村的地方分支。如果有人向一个塔巴卢酋长暗示,他和不洁净之村的某个鲕捕食者有关系,他会觉得受到了莫大的侮辱,虽然那些鲕捕食者像他一样,也是马拉齐人。将图腾划分与等级关联在一起的原则仅存在于特罗布里恩社会学中,其他所有巴布亚-美拉尼西亚部落对此完全陌生。

关于亲属关系,最需牢记的是土著人是母系社会,所有社会群体中等级、成员身份的承继,及财产的继承都沿母系传递。一个男孩的真正监护人是他的舅父,二者之间有一系列的相互责任和义务,从而使他们之间建立了非常亲密和重要的关系。真正的亲属关系,即身体物质上的真正同一性,被认为只存在于男人和他的母系亲属之间。在这些亲属中,兄弟姐妹属于第一级,与他尤为亲近。一旦他的姐妹长大成人并结了婚,他就必须为她或她们劳动。尽管他们关系亲密,但从很小他们之间就有非常严格的禁忌。任何男子不会在其姐妹面前肆意开玩笑和说话甚至都不会看她。另外,一个男人或女人,只要在其兄弟姐妹面前提及一点点关于性的问题,无论是私通的,还是婚姻之内的,都是极大的无礼和羞辱。当一个男人走近一群人后,发现他的姐妹正在其中聊天,要么是他的姐妹退出,要么是他自己转身离开。

父亲和子女之间的关系也引人注意。他们不知何为生理上的父亲身份①,并认为父亲和子女之间没有任何亲属关系,二者的关系只是母亲的丈夫和妻子的子女。然而,父亲总是其子女最近、最亲爱的朋友。在许多案例中,我都观察到,当一个小孩儿,无论是男孩儿还是女孩儿,遇到麻烦或生病

---

① 见作者的文章《巴洛马,特罗布里恩群岛的亡灵》("Baloma, Spirits of the Dead in the Trobriand Islands"),第七部分,载于《皇家人类学学会志》(J. R. A. I.,1917)。这篇文章用大量的证据证实了这一说法。在另外一次对特罗布里恩的探访中获得的更多的资料,用大量的细节,证实了生理上的父亲身份完全被忽视。

时,当需要有人因为孩子而面对困难和危险时,担忧扛难的人总是父亲,从来都不是舅父。土著人对这一状况十分清楚,并直言不讳。事关继承和移交财产时,尽管男人会考虑其对姐妹的家庭的义务,但总会表现出尽力照顾自己孩子的倾向。

只言片语,很难说清甥舅关系和父子关系之间的区别。最好的简单解释可能就是,舅父享有的近亲关系,被视为是规则和惯例规定的权利;而父亲对子女的关心和喜爱则是感情使然,是二者之间亲密的个人关系使然。父亲看着孩子长大;他们在襁褓中时,帮着母亲细心温柔地照料他们,四处抱着他们;他们长大后,通过带他们看大人们怎么劳动来教育他们,帮他们逐渐加入劳动的队伍。在继承上,父亲对子女的给予是尽其所能和心甘情愿的;而舅父的给予则是迫于习俗的强制规定,给予的是他无法留给自己孩子的东西。

七

这里还须对特罗布里恩人的一些巫术-宗教观念作些说明。关于特罗布里恩人的亡灵信仰,让我感到吃惊的是,他们几乎完全不怕鬼魂,我们想到死者可能返回人世时产生的那种毛骨悚然的感觉,他们几乎完全没有。土著人的所有害怕和畏惧都源于黑巫术、飞行女巫和邪恶的致病生灵(being),但他们最畏惧的是妖术师和飞行女巫。人死后,其灵魂立即前往博约瓦西北部的图马岛,开始另外一生,有人说是在地下,也有人说是在地上,但活人看不到。他们每年返回自己的村落探访一次,参加每年一次的大型宴席,即米拉马拉,接受供品。在这个时节里,他们有时会在活人面前现形,但人们并不会受到惊吓。通常,灵魂不会对人构成什么影响,无论这种影响是好还是坏。[①] 很多巫术咒语都祈求祖先灵魂的庇佑,他们还在若干仪式中接受祭品。但是,人与神灵之间并无相互影响,也无亲密合作,而这种相互影响和亲密合作是宗教崇拜的本质。

在另一方面,巫术,即人通过一类专门的知识来直接控制自然力量的企

---

① 见作者的文章《巴洛马,特罗布里恩群岛的亡灵》,前文引。

图,在特罗布里恩群岛无处不在,且极为重要。① 我们在前面提到过妖术和园圃巫术。在此,只需补充以下一点:对土著人具有重要影响的一切事物都有巫术相伴。所有的经济活动都有巫术;爱情、婴儿的健康、才能和手艺、美貌和机敏,这一切都可由巫术造就,亦可因巫术受挫。叙述库拉——对土著人无比重要、几乎动用其所有社会热情和野心的一种追求——时,我们将会看到另外一个巫术体系,届时我们必会对此话题进行更详细的讨论。

疾病、健康和死亡也是巫术或反击巫术(counter-magic)产生的结果。对于这些事,特罗布里恩人有一套非常复杂和明确的理论观点。健康当然首先是指自然的、正常的状态。受寒、过度饮食、过度紧张、变质的食物或其他普通原因可能会让人患上小病。这样的小病从不会拖延,绝不会产生任何真正的不良影响,也不会立刻就产生危险。然而,如果一个人病了一段时日,其体力似乎真地在减退,就是有邪恶力量在作怪。目前,最盛行的黑巫术形式是布瓦加乌(bwaga'u)的黑巫术。布瓦加乌即邪恶的妖术师,每个地区都有。通常,甚至在每个村落里都有一两个或多或少让人畏惧的布瓦加乌。要成为一个布瓦加乌,不需要任何特别的入会仪式,掌握咒语即可。要学习那些咒语,也就是用一种能够成为公认的布瓦加乌的方式学习咒语,除特殊情况外,必须支付高额报酬。例如,父亲常常会把他的妖术"给"他的儿子,总是无偿地给;抑或,由平民传授给上等男人,或由男人传授给他姐妹的儿子,如果是后两种情况,则必须支付非常高的报酬。特罗布里恩人亲属关系的一个重要特点是:一个男人可以从父亲那里无偿获得妖术,虽然在传统的亲属关系制度中,父亲并非其血亲,但是如果他要从舅父那里学习妖术,则需支付酬劳,虽然他是舅父的合法继承人。

当一名男子习得这一邪恶的技能后,第一个受害者必须是其家庭中的某个成员,无一例外。土著人坚定且明确地相信,一个人的妖术若要有威力,第一次的施行对象必须是他的母亲或姐妹,或任何一个母系亲戚。这样的弑母

---

① 我对宗教和巫术两个词语的使用,依据的是詹姆斯·弗雷泽先生的区分(见《金枝》第一卷)。弗雷泽的定义比任何其他定义都更适合基里维纳的事实。实际上,刚开始进行田野调查时,我认为《金枝》里阐述的宗教和巫术理论并不充分,但后来,我在新几内亚的所有观察都迫使我站到弗雷泽的立场上来。

行为能让他成为一个真正的布瓦加乌。然后,他就可以在其他人身上施展自己的技能,使之成为稳定的收入来源。

关于妖术的信仰十分复杂;真正的妖术师的信仰不同于门外汉的;此外,信仰还表现出明显的层次,这可能是地方差异所致,也可能是因为版本不同所致。这里,只需稍作总结。

当妖术师想要攻击某人时,第一步是对这个人经常去的地方施加一个小咒语,这个咒语会让他身染小疾,不得不卧病在家,于是他就会在身下放一小堆火来暖身,试图治愈自己。受害者得的第一个小病,土语里叫凯纳戈拉(kaynagola),会让身体疼痛,诸如(从我们的观点来看)风湿病、普通感冒、流感或任何初发疾病引起的那种疼痛。当受害者卧病在床,身下点着火时,通常房屋中间也会点一个火堆,这时布瓦加乌就悄悄走近他的房屋。几只夜鸟、猫头鹰和欧夜鹰跟着他,守护他,身边还围绕着一圈传说中的怪物,这些怪物让所有土著人一想到在夜里碰到妖术师,就会不寒而栗。然后,他把一束施了某个致命咒语的香草系在一根长棍子上,努力插进受害人房屋的茅草墙里,并尽力把香草插入受害者身下的火堆里。如果成功,香草燃烧产生的烟就会被受害者吸入,由于咒语里有受害者的名字,他就会得上某种致命的疾病。土著人能说出一长串这样的疾病,他们还有明确的症状学和巫术病因学。因此,预备性妖术的必要性在于它可以把受害者困在家中,而只有在家里才能施行致命巫术。

当然,生了病的受害者也会进行防守。首先,他的朋友和亲戚——这是其舅兄的主要责任之一——会密切看护着他,他们手拿长矛围坐在房屋周围及所有可以靠近房屋的地方。当我深夜走在村里时,经常碰到这样的守夜。然后,他们会求助于某个布瓦加乌来反击(因为杀人的技能和治愈的技能总是掌握在同一种人手中),他会念诵反击咒语,这样一来,即便先前的妖术师已经按照恐怖的托吉尼瓦尤(toginivayu)仪式,成功地将香草点燃,其努力有时还是会付之东流。

如果这样,妖术师就会求助于最后的戳骨仪式,这也是最致命的仪式。布瓦加乌和他的一两个帮凶在离村子很远的地方找一块茂密的丛林,在一口小锅里煮上些椰子油,诵念威力强大的咒语。然后,他们把香草叶浸在油中,再把它们裹在锋利的魟的毒刺上，或某个类似的带尖儿的东西上，对着它念诵最后的也是最致命的咒语。之后，布瓦加乌悄悄地回到村子里，在能看到受害者的地方，藏身于灌木或房屋之后，把巫术匕首指向他。事实上，他会粗暴凶残地在空中转动匕首，仿佛是刺向受害者并在其伤口上用力拧转刀尖一样。如果施行得恰当，并且未受到一个更强大的妖术师的反击，这一招将绝对置人于死地。

上面，我对黑巫术的连续施行过程的要点进行了概括，妖术师和普通人都认为黑巫术就是那样被施行，从而引起疾病和死亡的。毋庸置疑，妖术行动实际上是由那些相信自己拥有邪恶力量的人所为。同样确定的是，当一个人知道自己的生命将受到布瓦加乌的威胁时，会在精神上感到非常紧张。特别是当一个人知道妖术师背后是强大的酋长时，可能会更紧张，这种忧虑肯定会强有力地促成黑巫术成功。而在另外一方面，如果酋长受到攻击，他有最好的卫队保护他，有法力最强的妖术师帮助他，还可以用权威直接对付任何暗算他的嫌疑人。因此，妖术是继续固有秩序的一种手段，反过来，这一固有秩序也使妖术得到强化。

像所有奇迹和超自然力信仰一样，黑巫术信仰也有空子可钻，即有反击巫术，或妖术可能因为犯了禁忌、念错了咒语或别的原因施行得不正确或没有效果；此外，心理暗示对受害者大有影响，削弱了他天生就有的抵抗力；再者，所有疾病都无一例外地被归咎于某个妖术师，而无论是否由他所为，他都经常公开承认是自己所为，以提高声望。如果我们知道这些，就不难理解为什么黑巫术信仰会如此盛行，为什么经验证据无法将之驱散，为什么妖术师本人和受害者都对他的法力深信不疑。至少，解释这些与解释当代社会发生的许多奇迹和信仰治愈的案例（如基督教科学，或由祈祷和虔诚带来的治愈），其难度是一样的。

在目前我们提到的所有致病和致死生灵中，布瓦加乌最重要，但却不是唯一的。经常提到的飞行女巫甚至更致命，她们总是从博约瓦南部，或是东边的基塔瓦岛、伊瓦岛（Iwa）、加瓦岛（Gawa）和穆鲁阿岛而来。所有急症暴病，特别是那些没有直接可见症状的疾病，都归咎于*穆卢夸西*（*mulukwausi*），土著人就是这么称呼她们的。她们无影无踪，在空中飞来飞去，有时则停在树上、房顶上或其他高处。她们从这些高处突然扑向一个人,掏走他的"内部",即肺、心、内脏,或是大脑和舌头,然后把它们藏起来,受害者便会在一两日内毙命,除非专门高价请来另外一个女巫找到并放回丢失的"内部"。当然,有时还是来不及,因为找的同时,女巫已经把"内部"吃掉了,那么,受害者必死无疑。

另外一个强大的致死力量(agency)是陶瓦乌(tauva'u),他是非人但具有人形,所有的流行病都由他引起。雨季末,新甘薯开始生长,痢疾肆虐于村中,害死很多人;或者,在炎热潮湿的年份里,传染病横行于整个地区,夺去了很多人的生命;如果是这样,就意味着自南部来了陶瓦乌。他们隐身行于村子中,身上的石灰葫芦当啷当啷地响,如果有人被他们的剑棒或棍子击中,会立即染病而亡。陶瓦乌可随意化为人形或爬行动物,如蛇、螃蟹和蜥蜴,你一眼就能认出是他,因为他不会因为看到你而逃走,而且他的皮肤上通常有块花哨的颜色。杀死这样的爬行动物将招致杀身之祸,相反,必须小心翼翼地把它拿起来,像对待酋长一样对待它,也就是说,要把它放在高高的平台上,并在它面前摆上贵重的财富象征物作为供品,如打磨光滑的绿石斧刃、一副臂镯或一串海菊蛤贝壳珠做的项链。

非常有趣的是,特罗布里恩人认为陶瓦乌源于诺曼比岛北海岸的杜阿乌(Du'a'u)地区,更确切地说,是一个叫塞瓦图帕(Sewatupa)的地方。在多布人的信仰和神话中,这正是其妖术的发源地。因此,原本是发源地当地部落男人实施的普通妖术,在远方异族人的眼中,变成了一种非人的力量,具有诸如变形、隐身、直接无误置人于死的超能力。

有时,陶瓦乌会与妇女发生性关系,当下就有几桩众所周知的这样的案例。与陶瓦乌相好的这些妇女会变成危险的女巫,但至于她们如何施展法术,土著人并不十分清楚。

还有一种危险小得多的生灵叫托奎(tokway),即树精,生活在树里和石头里,从园圃和甘薯仓房偷粮食,能让人患上小病。过去,有人跟托奎学来了这些法术,传于后代。

因此,我们看到,除很快很容易就痊愈的小恙之外,所有病疾都被归咎于妖术。土著人甚至认为意外的发生都有其缘由,溺死也是如此。对此,我们将在日后跟随特罗布里恩人一起进行危险的出海远航时,了解更多细节。土著人承认年老可能导致自然死亡。在几次具体事件中,年老明显是导致死亡的原因,但当我问他们某某人为什么会死时,他们总是告诉我是因为布瓦加乌。在他们的思想中,只有自杀和战死不是妖术所致。以下这个信仰也证实了他们的这个想法,该信仰就是:战死、自杀而死及妖术致死的三类人进入冥界的道路各不相同。

以上就是特罗布里恩的部落生活、信仰和习俗的概况,介绍这么多应该足够了,我们仍有机会进一步详述这些问题,它们对本书的研究而言非常重要。

八

还有两个地区必须提及,它们是库拉贸易沿着其环形路线返回我们之前出发点的必经之地。其中一个地区是北马辛东部,包括马绍尔本尼特群岛[基塔瓦、伊瓦、加瓦、夸亚瓦塔(Kwayawata)]和伍德拉克岛(穆鲁阿)及它附近的纳达小群岛。另外一个地区是被土著人称为马西马或米西马的圣艾尼昂岛(St. Aignan Island)及较小的帕纳亚蒂岛。

博约瓦岛的海岸多石,其最窄处附近的海水总是碧蓝清澈,海水拍打在沿岸的礁石上,卷起道道白浪,站在岸边遥望,几乎就在正东方,有一个平顶低矮的石头轮廓,那便是基塔瓦岛。对特罗布里恩东部各地区的人而言,该岛及它后面的诸岛是库拉的希望之土,就像多布是博约瓦南部土著人的希望之土一样。但与南部不同的是,在这里,他们需要面对的部落成员和他们说着一样的语言,只是有些方言上的差别,制度和习俗也与他们的非常相近。事实上,最近的基塔瓦岛,与特罗布里恩群岛的差别微乎其微。更远一点的岛屿,特别是穆鲁阿岛,图腾崇拜略有不同,几乎没有依附于亚氏族的等级观念,因而也没有特罗布里恩意义上的酋长制,但他们的社会组织却与西边的特罗布里恩地区非常相似。[1] 我对这些土著人的了解仅限于曾看到

---

[1] 参照 C. G. 塞利格曼教授对特罗布里恩群岛、马绍尔本尼特群岛、伍德拉克岛和劳兰群岛的社会制度的平行描述,前引,第四十九章到第五十五章。

这些土著人经常大批地来到特罗布里恩群岛进行库拉远航。然而，我曾在穆鲁阿岛上的迪柯亚斯村做过短暂的田野调查。在外貌、衣着、装饰和举止方面，他们和特罗布里恩人难以区分；在性、婚姻和亲属关系方面，他们的观念和习俗与博约瓦人一致，仅在细节之处有所不同；在信仰和神话方面，他们和特罗布里恩人属于同一文化。

在特罗布里恩人的观念中，东方诸岛也是可怕的穆卢夸西（飞行女巫）的家乡和根据地，是发源于伊瓦岛的爱情巫术的故乡，是神话英雄图达瓦驾船去往的遥远海岸，传说他在那里取得了很多功绩，最后消失不见了，没人知道他是在哪消失不见的，最近的说法是他很有可能去了白人的国度，在那里完成了丰功伟业。在土著人的信仰中，那些被巫术杀死的人，其灵魂会短暂造访东方诸岛，但他们并不停留，而是像云一般从空中飘过，之后折向西北方，去往图马。

许多重要物品都由这些岛屿输往博约瓦（特罗布里恩群岛），其中有一种坚硬的纯质绿石，其重要性胜于大多数物品，过去，博约瓦人所有的工具都用这种绿石制成，直到今天，他们在仪式上用的斧刀仍是用这种石头做的。一些地方以甘薯园圃出名，特别是基塔瓦岛，公认最好的黑乌木雕刻也产自那里。该地区的土著人和特罗布里恩人最重要的不同，体现在葬礼上的食物分配方法。关于这个话题，我们将在后文中再次阐述，因为它和库拉息息相关。

从穆鲁阿岛（伍德拉克岛），库拉路线向南弯曲，分成两路：一路直指图贝图贝，一路去往米西马，再由米西马去往图贝图贝和瓦里。我对米西马地区几乎一无所知——只是跟米西马土著人说过一两次话，据我所知，至今还未出版任何关于该地区的可靠资料，因此我们只能一笔带过。但是这并无大碍，因为甚至根据我仅有的了解就可以肯定，他们和其他马辛人没有本质区别。他们有图腾崇拜，是母系社会，没有酋长制，权威形式和南马辛一样。他们的妖术师和女巫与南马辛和多布的相似。在手工制造方面，他们擅长制造独木舟，帕纳亚蒂小岛上出产的独木舟类型与加瓦人和伍德拉克人的一样，与特罗布里恩人的独木舟相比，稍有不同。米西马岛还出产大量槟榔，因为当地有人死之后种许多槟榔的习俗。

构成库拉圈最后一环的图贝图贝小群岛和瓦里小岛，已经是在南马辛地区了。事实上，图贝图贝岛是塞利格曼教授详细研究过的地方之一，关于该地区的民族志描述是其三个平行的民族志报告之一，这三个报告共同构成了本书经常引用的专著中关于南马辛的部分。

最后，我想再次指出，我在本章及第一章中对各库拉区进行了描述，虽然其中每个细节都是准确的，但这一描述并不是对这些部落详尽的民族志概述。对他们稍加描述，只是为了让读者对各类型的土著人、他们生活的地区和他们的文化获得生动的个人印象。如果我已成功地让读者看到了每个不同部落的面貌，包括特罗布里恩人、安菲莱特人、多布人和南马辛人，并激发了读者对他们的兴趣，我就已经实现了主要目的，并提供了理解库拉必要的民族志背景。

整版插图 16

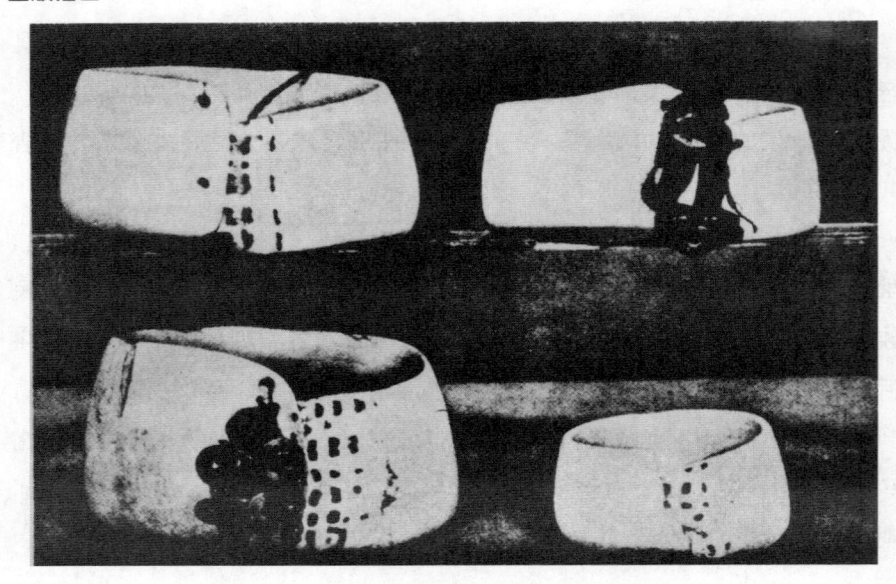

臂镯

该图显示了大小、精美程度各不相同的几种臂镯。(见边码第 81 页)

整版插图 17

两名佩戴臂镯的男子

该图显示了常常装饰着珠子、坠子和干漏兜树带子的臂镯的样子。男人佩戴臂镯的样子,我只见过两三次,当时他们全身都穿戴着跳舞的装扮。(见边码第 81 页)

第二章 特罗布里恩群岛的土著人 91

整版插图 18

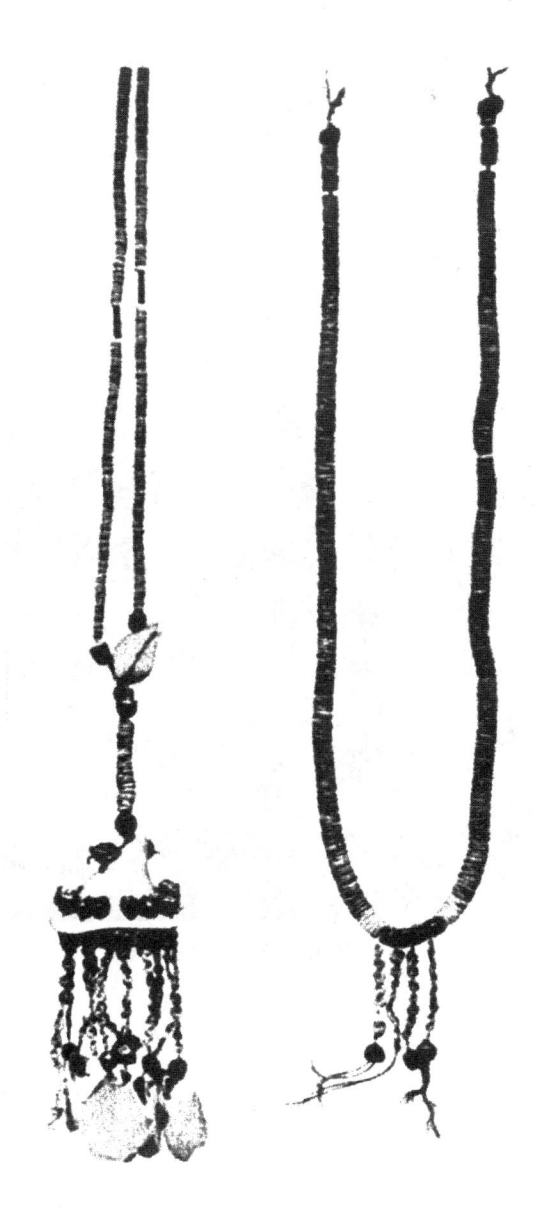

两串项链,用红色海菊蛤贝壳圆片制作

左边是索拉瓦或巴吉,是真正的库拉物品。右边是卡图达巴比尔(在南马辛人中叫萨马库帕),用更大的圆片做成,产于锡纳凯塔和瓦库塔(特罗布里恩群岛)的各村落。后者在库拉中没有任何重要作用。(见边码第81页、第十四章第二节、第十五章第二节和第三节。)

整版插图 19

两名佩戴项链的女子
该图显示了把索拉瓦用作饰品时的佩戴方式。（见边码第 82 页）

第三章 库拉的要点

一

描述完场景和演员，现在让我们开始看表演吧。库拉是一种广泛的、部落间的交换形式；进行库拉的社区分布在广阔区域内的诸岛屿上，这些岛屿则形成了一个封闭的圈。在地图5中，我们看到，一条条虚线将新几内亚东端以北以东的一些岛屿连接起来，形成了这个圈。在这条环形路线上，两种物品，且只有这两种物品，不断地相向而行。沿顺时针方向移动的是一种叫索拉瓦（soulava）的红贝壳长项链（整版插图18和整版插图19）；沿相反方向移动的是一种叫姆瓦利（mwali）的白贝壳臂镯（见整版插图16和整版插图17）。当这两种物品沿各自的方向在这个封闭的圈上移动时，彼此相遇、不断互换。库拉物品的每次移动、交易的每个细节，都由一套传统的规则和惯例来决定和约束，有些库拉行动伴随着复杂的巫术仪式和公共典礼。

在每个岛上和每个村落里，参与库拉的男人的数目差不多都是有限的——所谓参与，是指收到物品，保留一小段时间，然后再传下去。因此，库拉里每个男人都不定期地收到一只或若干只姆瓦利（臂镯）或一串索拉瓦（红贝壳项链），然后须把它传给一个伙伴，再从该伙伴那里换回另外一种物品。因此，任何人都不会长期占有任何一件物品。一次交易的结束并不意味着库拉关系的结束，规则是"一次在库拉，终身在库拉"，两个人之间的伙伴关系是永恒的、终身的。此外，任何一件姆瓦利或索拉瓦可能总是在移动、被易手，从不停歇，因此，"一次在库拉，终身在库拉"的规则也适用于这些宝物本身。

这两种物品的礼仪性交换是库拉主要的、基本的方面。但我们发现，在这个主要方面的掩盖之下，还有大量与之相关联的次要活动和次要特征。例如，在礼仪性地交换臂镯和项链的同时，土著人还进行普通贸易，通过以

94　西太平洋上的航海者

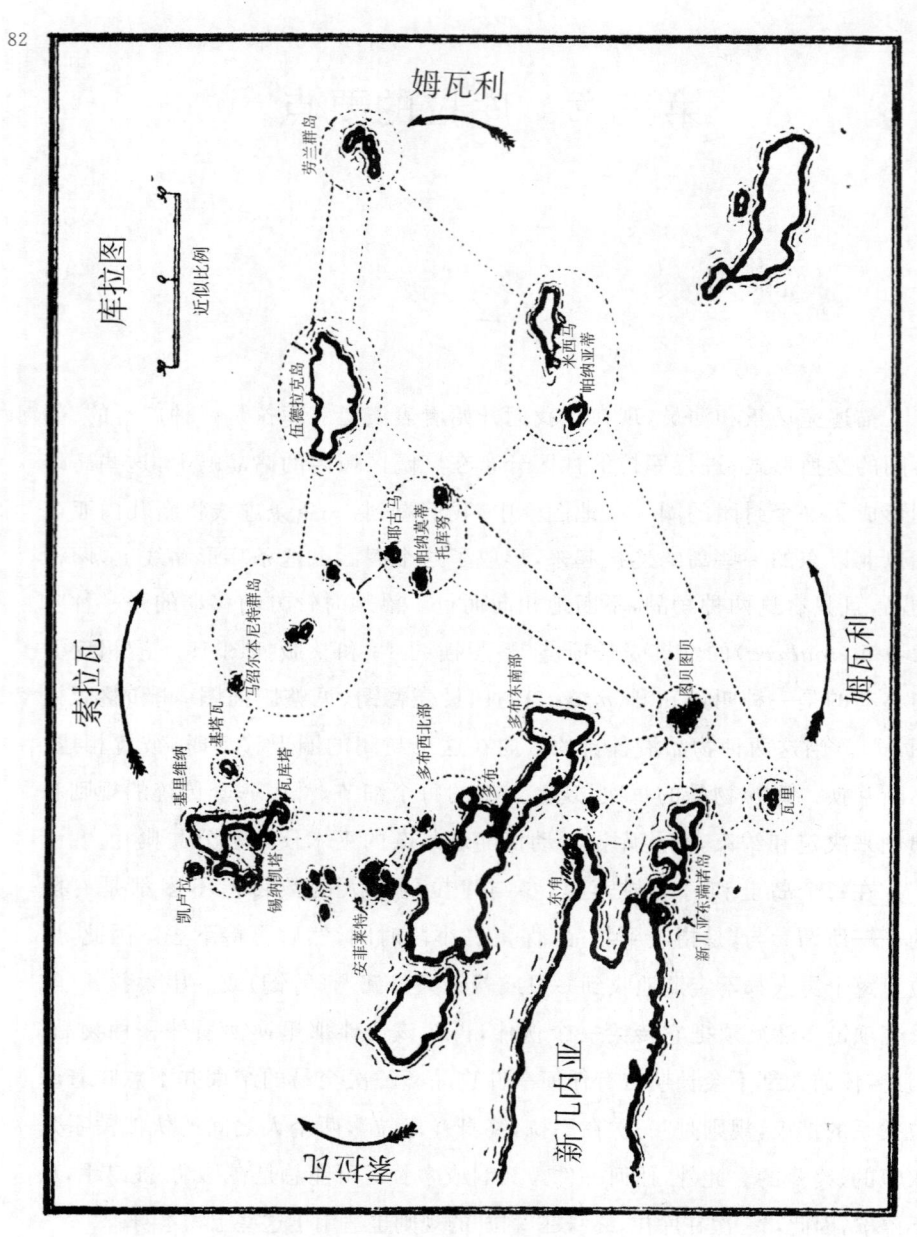

地图5　库拉圈

物易物的方式将大量实用物品从一个岛屿输入到另一个岛屿，通常，这些物品都是输入地区没有的生活必需品。此外，还有其他活动，或是库拉的准备活动，或是与库拉相关联的活动，如制造远航用的航海独木舟、举行某些形式的葬礼、遵守起航禁忌等。

因此，无论在地理跨度上，还是在构成活动的多面性上，库拉都是一个极为大型、复杂的制度。它把相当多的部落联系在一起，囊括了众多活动，这些活动互相关联、互相影响，共同形成一个有机体。

然而，我们必须记住，我们眼前这个广泛复杂但却秩序良好的制度，是众多活动和追求的结果，其维持者是没有任何明文规定的法律、目的和章程可循的野蛮人。他们不了解其社会结构任一方面的总体框架。他们知道自己的动机、知道个人行动的目的及适用于自己的规则，然而，至于整个制度如何通过这些集合而成，则超出了他们的思想范围。即便最聪明的土著人也对库拉是一个大型、有组织的社会制度这一点没什么清楚的概念，更不要说它的社会学作用和意义了。如果问他库拉是什么，他会告诉你一些细节，最有可能的就是讲讲他的个人经历及对库拉的主观看法，但这些都与我们刚才给出的定义相差甚远。他甚至无法进行稍有条理的描述，因为在他的脑海中并没有一幅完整的图景，他身在其中，无法从外面看到整幅图景。

将观察到的所有细节整合在一起、将各种各样的相关现象进行社会学的合成，是民族志学者的任务。首先，他须查明，某些乍看上去不合逻辑、互不关联的活动其实有其意义。然后，他须弄清，在这些活动中，什么是经常的、相关的，什么是偶然的、不必要的，即找出所有交易的规律和规则。此外，民族志学者还须构建这一大型制度的图景，如同物理学家用实验数据构建理论一样，这些数据每个人都可得到，但须对其进行一致性的解释。我在导论（第五节和第六节）中谈论研究方法时提到过这一点，在此重提，是因为只有清楚地领会这一点，才不至于用有失偏颇的视角看待土著人的真实状况。

二

当我给出库拉抽象简明的定义时，实际上是颠倒了研究顺序，因为在民族志田野调查中，最具概括性的推论是长期调查和努力归纳的结果。该概括性的库拉定义将作为某种示意图或简图,帮助我们进一步进行具体详细的描述。由于库拉关乎财富和实用物品的交换,是一种经济制度,就更有必要下这个定义了,因为关于原始生活,我们对其经济状况的了解最贫乏、理解最肤浅,而导致误解丛生。因此,在开始探讨任何经济话题前,我们必须先把场地清理干净。

在导论中,我们称库拉是一种"贸易形式",并将它与其他以物易物制度放在一起。这很正确,但条件是我们赋予"贸易"一词足够广泛的含义,用它来指所有的物品交换。然而,在当前的民族志和经济学文献中,"贸易"一词被赋予了很多不同的含意,要正确理解事实,就必须扫清所有误解和先入之见。关于原始贸易,一种基于演绎的流行观点认为,原始贸易是人们因匮乏或需求而进行的无太多仪式或约束的偶尔、无规律的必需品或有用物品的交换——或者直接以以物易物的方式进行,每个人都小心翼翼地避免吃亏,或者,如果野蛮人太羞怯、太不信任对方而无法互相面对,则通过某种习俗性的安排来进行,并通过重罚来确保双方履行由此产生或强加的义务。① 先不管这个概念能在多大程度上成立,抑或有多大的普遍性——在我看来,这个概念很有误导性——我们必须清楚地认识到,库拉和上述"原始贸易"的定义几乎在每一处都是矛盾的。库拉从一个完全不同的角度向我们展示了原始的交换。

库拉不是一种偷偷摸摸的、不稳定的交换形式。恰恰相反,它根植于神话,由传统规则支持,还与巫术仪式紧密关联。其所有主要交易都是公共的、礼仪性的,并根据明确的规则进行。它并非一时冲动之举,而是定期发

---

① 我在这里说的"流行观点",指的是课本中和不经意的言论中及分散在经济学和民族学文献中的那些观点。事实上,无论是在民族学理论著作中,还是在田野调查叙述中,经济学都是一个很少被触及的主题。我在一篇有关"原始经济学"的文章中详述过这一不足之处,载于《经济学杂志》(1921 年 3 月)。

关于原始经济这一问题,最好的分析见于卡尔·比歇尔(Karl Bücher)的《工业革命》("Industrial Evolution")(英文翻译版,1901),当然,这一分析也有很多不足之处。然而,就原始贸易而言,他的观点并不充分。他的总观点是,野蛮人没有国家经济,根据这一观点,他坚称,野蛮人中的任何物品传播都是通过非经济的方式实现的,如抢劫、进贡和馈赠。本书传递的信息与比歇尔的观点不相容,如果他熟悉巴顿船长对西里所做的描述(见于塞利格曼的《英属新几内亚的美拉尼西亚人》),就无法坚持自己的观点了。

帕特尔·W. 克佩尔(Pater W. Kopper)在《民族学的经济学研究》("Die Ethnologische Wirtschaftsforschung")一文中总结了有关"原始经济学"的研究,这个总结表明了真实的、可靠的研究是多么匮乏,载于《人类学》(Anthropos)(X—XI,1915—1916),第 611—651 页,及第 971—1079 页。这篇文章非常有用,作者总结了他人的观点。

生,日子是提前确定的,贸易路线是明确的,而明确的贸易路线必然引向固定的碰面地点。从社会学角度看,交换虽然是在语言、文化、甚至可能种族都互不相同的部落之间进行,其基础却是一种固定和永恒不变的关系,即将成千上万的土著人捆绑成一对一对的伙伴关系。这种伙伴关系是一种终生关系,它意味着各种相互的责任和特权,并构成了一种规模巨大的部落间关系。而交易的经济机制则以一种特殊形式的信用为基础,这种信用形式意味着高度的互相信任和商业信誉——伴随真正的库拉(Kula proper)的附属小型贸易也是如此。最后,库拉的进行并非迫于任何需求,因为它的主要目标是交换并无实际用途的物品。

从本章开头给出的库拉的简明定义可知,卸去所有的装饰和附属物后,就其最终本质而言,库拉是一个非常简单的事物,初看时甚至显得平淡乏味,毕竟它只是土著人意欲用作饰物的两种物品间没完没了的重复交换,而这两种物品又并未在任何程度上用作饰物。然而,就是这个简单的行为——两种毫无意义、无甚用处的物品的不停转手——却在某种程度上成为一个大型部落间制度的基础,并连接着那么多其他活动。神话、巫术和传统共同为它建立了明确的仪式和典礼形式,为它在土著人的脑海中打造了浪漫和价值的光环,让土著人的心中的的确确地对这一简单交换充满了热情。

现在,我们须扩充库拉的定义,并逐一描述其基本特点和主要规则,这样才能清楚地理解,是什么机制使两种物品的简单交换形成一个那么广阔、复杂和根深蒂固的制度。

三

先要说说交换中的两种主要物品——臂镯(姆瓦利)和项链(索拉瓦)。臂镯的制作方法是将圆锥形大贝壳(*Conus millepunctatus*)的顶端和狭窄的底端切掉,再把剩下的环状部分打磨光滑。这些臂镯是新几内亚所有巴布亚-美拉尼西亚人梦寐以求的东西,它们甚至传到了巴布亚湾的巴布亚地区。[①]

[①] C. G. 塞利格曼教授陈述道,被莫图人称为托伊(*toea*)的臂镯从莫尔兹比港向西,被交易到巴布亚湾,前引,第93页。在莫尔兹比港附近的莫图人和科伊塔人中,它们的价值很高,现在的价格已高达30英镑,同一个臂镯,比在马辛地区的价格高很多。

整版插图 17 显示了佩戴这些臂镯的方式,图中的男子是为了拍照而特意戴上臂镯的。

用来制作索拉瓦的红色海菊蛤贝壳小圆片的使用也传播得很广。莫尔兹比港的一个村落就是这种小圆片的制造中心,此外,新几内亚东部的几个地方,尤其是在罗塞尔岛和特罗布里恩群岛,也有制造中心。这里,我故意用了"使用"这个词,因为土著人将这些中间有孔的扁平小圆珠子染成从土褐色到胭脂红等不同颜色,用于各种装饰,最常用作耳环的一部分。土著人在龟壳制成的耳环上吊一串这样的圆贝壳片,戴在耳垂上。戴这种耳环的土著人很多,特别是马辛人,每两个男人或女人中就有一个戴的是这种耳环,其他人戴的则是未装饰这种圆贝壳片的龟壳耳环。经常看到土著人,尤其是年轻姑娘和小伙子佩戴的另外一种日常饰物是环绕脖颈的短项链,由红色海菊蛤贝壳圆片串成,有一个或多个宝贝①壳的坠子。这些圆贝壳片还能用在只有节日场合里才佩戴的更为精美的饰物上,事实上,土著人也经常这么用。然而,在本书中,我们对一种很长的项链更感兴趣,这种项链长二到五米,由海菊蛤贝壳片穿成,主要有两类,一类较为精致,有一个大贝壳坠子,另外一类由更大的圆贝壳片做成,中间吊着几个宝贝壳或黑色的香蕉籽儿(见整版插图 18)。

臂镯和海菊蛤贝壳长项链这两种主要的库拉物品首先是饰物。作为饰物,它们只和最华丽的舞裙搭配,只用于重大的节庆时刻,如若干村落都参与的大型礼仪舞会、盛大的宴席和大型集会,如整版插图 6 所示。它们从不能被用作日常饰物,也不能被用在不太重要的场合,如村里的小型舞会、收割集会和性爱之旅,在这些场合中,人们会画脸绘、戴花、戴一些较小但平日里不常戴的饰物(见整版插图 12 和整版插图 13)。然而,即便这两种物品可以用作饰品,有时也确实用作饰品,这却不是它们的主要功能。例如,一个酋长可能有几串贝壳项链和几只臂镯,假设他的村子或邻村正在举行一场大型舞会,如果是去协助舞会的举行,他不会佩戴自己的这些饰物,除非他想跳舞,他才打扮自己,但是他的任何亲戚、孩子、朋友、甚至臣属都可向

---

① 宝贝是一种腹足软体动物,壳光滑而明亮,生长于暖海中。——译者

他请求借用。所以,当你在宴席或舞会上看到一些男人佩戴这些饰物时,随机一问是谁的,一大半人会回答不是他们自己的,而是借来的。占有这些物品不是为了使用;占有的真正目的不是获得用它们来装扮自己的特权。

事实上——这个事实的意义更深远——目前,大部分臂镯,至少是百分之九十的,尺寸都太小,甚至连小孩儿都戴不上,有些则太大太贵重,人们根本不戴,除非是一个非常重要的人遇上一个非常重大的节日,但这也是十年一遇的罕事。虽然所有的贝壳项链都可被佩戴,但其中一些太珍贵,也太笨重,因而不能经常佩戴,人们只在一些非常特殊的时刻才佩戴。

这一消极的描述向我们提出如下问题:既然如此,这些物品为何被看重?又服务于何种目的?看完后面各章、知道完整的故事后,这两个问题的完整答案就会浮出水面,但现在我们必须先给出一个与答案接近的想法。鉴于了解未知事物的最好方法是从已知事物入手,现在就想想我们自己身边是否也存在具有类似作用、以同样方式被使用和占有的物品。在南海和澳大利亚待了六年之后,我重返欧洲,第一次参观了爱丁堡,并看到了皇室珠宝。保管员给我讲了很多关于这些珠宝的故事:哪个国王或王后在某某场合戴过它们,其中一些如何被带到了伦敦,整个苏格兰理所当然地十分愤怒,随后它们又如何重返苏格兰,以及现在大家都如何高兴,因为珠宝被安全地锁了起来,没人能触碰,如此种种。当我看那些珠宝时,心想它们是多么丑陋、无用、笨拙、甚至显得庸俗,突然间,我觉得近来我听过一些类似的故事,见过很多其他这种东西,它们也让我产生了类似的感觉。

于是,在我眼前浮现出一片珊瑚土地,上面有个土著村落,在一个由露兜树树叶条搭成的茅草屋顶下,有个临时搭建的摇摇晃晃的平台,周围是一群裸露着褐色身体的男人,其中一个向我展示一些细长的红色项链和又大又旧的白色物件,这些东西,看上去不好用,摸起来油腻腻的。他还会尊敬地叫出它们的名字,讲述它们的历史、被何人戴过、在什么时候、如何被易手,以及临时占有它们如何体现了极大的重要性及如何是整个村落的荣誉。我们必须更准确地阐述欧洲宝物和特罗布里恩瓦古阿(*vaygu'a*,宝物)之间的相似之处。皇家珠宝,事实上,任何太贵重太笨重以致不便佩戴的祖传宝物,和瓦古阿都属于同一类东西,占有它们的目的只是为了占有本身,对它们享有的所有权及因此带来的名望是其价值的主要来源。此外,祖传宝物和瓦古阿之所以受到珍视,是因为人们对他们怀有历史情感。无论它们可能有多么丑陋、多么无用,以及用现在的标准来看多么不值钱,只要它们曾出现在历史场合中,曾经过历史人物之手,并因此变成了重要情感联想的永久性载体,对我们而言必然就是宝贵的。这种让我们对研究往事充满普遍兴趣的历史感伤主义同样存在于南海。每件上好的库拉物品都有自己的名字,并被土著人的传统赋予了某种历史和浪漫色彩。皇家珠宝或祖传宝物是等级的标志和财富的象征,而在新几内亚,直到几年前,等级和财富还是并肩而行的。主要区别是,对库拉物品的占有只是一时的,而欧洲宝物则须被永久地占有,才有完整的价值。

用更广阔的民族学观点来看这个问题,我们可以将库拉宝物归类为象征财富的"礼仪性"物品,那些装饰得太华丽、太笨重以致无法使用的物品,如大型雕饰武器、石器、家用品和手工制造业用的物品。这样的东西常被冠以"礼仪性",然而,这个词似乎涵盖了太多的意思,以致失去了意义。事实上,通常当人们不知道一个物品的用途和一般性质时,就会简单地称之为"礼仪性"物品,尤其是在博物馆里的标签上。就拿博物馆中来自新几内亚的陈列品说吧,我敢说许多所谓的礼仪性物品不过是过于笨重的实用物品而已,因为用料珍贵,又费了人工,因而汇集了浓缩的经济价值。还有些物品,用于节庆场合,但不在仪式和典礼中发挥任何作用,只作装饰之用,这些物品可被称为展示品(参照第六章第一节)。最后,还有一些实际上是巫术或宗教仪式中的器具,是典礼的固有组成部分,只有这些物品才真正称得上是礼仪性的。在南马辛人举行的索伊宴席中,女人们手握斧柄雕刻精美的磨光斧刃,与被捆绑在芒果幼树上的猪,跟着鼓声有节奏地走进村庄(见整版插图 5 和整版插图 6)。由于这是典礼的一部分,斧头是其中不可缺少的配件,因此该案例中使用的斧头可正当合理地被冠以"礼仪性"。此外,在特罗布里恩群岛的某些巫术典礼中,托沃西(*towosi*,园圃巫师)必须肩扛安装在斧柄上的斧刃,礼仪性地砍坎科科拉(见整版插图 59;参照第二章第四节)。

瓦古阿——库拉宝物——就某一方面而言,是过于笨重的实用物品。然而,他们也是狭义和正确意义上的礼仪性物品。关于这一点,读者读完后面几页就清楚了,我们也将在本书的最后一章里再次说到这个问题。

我们必须记住,在此我们只是试图清晰生动地认识库拉宝物对土著人而言是什么,并非要具体详细地描述它们,也不是要精确地定义它们。与欧洲的祖传宝物或皇家珠宝进行比较,只是为了表明这种类型的所有权不完全是荒诞离奇的南海习俗,也并非不能转译成我们的观念,因为——这也是我想强调的——这一比较的基础不只是二者外部的、表面的相似性,二者背后的心理和社会力量也是相同的,让我们珍惜我们的祖传宝物的和让新几内亚土著人珍惜他们的瓦古阿的,事实上是同一种心态。

四

臂镯和项链这两种瓦古阿的交换构成了库拉的主要行为。这种交换不是只要有机会和一时兴起就能随时随地自由进行的行为。事实上,它受制于严格的限制和规则。其中一条涉及到交换的社会学,并规定库拉交易只能在伙伴之间进行。库拉内的一位参与者——并不是库拉圈内的所有人都有资格进行库拉交易——只能跟有限数量的人交易。这种伙伴关系以一种确定的方式、遵照某些礼节而建立,是一种终身关系。一个人的伙伴数量因他的等级和重要性而异。在特罗布里恩群岛,一个平民只有几个伙伴,而酋长则会有成百上千个。没有一个特殊的社会机制来限制某些人的伙伴数量而扩展其他人的伙伴数量,一个人很自然地知道根据自己的等级和地位,他有资格有多少个伙伴,而且他总是可以参照与他关系最近的长辈的情况。在其他没有那么明显的等级区分的部落里,有地位的长老或是村落头人也会有成百上千个库拉伙伴,而不太重要的人则只有几个。

两个库拉伙伴需相互库拉,并顺带交换其他礼物;他们如朋友一般,并对彼此负有一些责任和义务,这些责任和义务因村落之间的距离和彼此之间的相互地位而异。普通人只在附近有几个伙伴,通常是他的姻亲或朋友,他与这些伙伴一般都很要好。在土著社会中,许多特殊的纽带将两个男人联系在一起,在他们之间形成一种长期的互换礼物和互换服务的关系,这种礼物和服务的互换是土著人的典型特点，而库拉中的伙伴关系就是这样的纽带之一。此外，普通人还会与自己所在地区或邻区的一两个酋长库拉。在这种情况下，他必须向酋长提供各种帮助和服务，并将最近获得的瓦古阿中的上等品送给他们；另一方面，他则期待酋长能对他特别慷慨。

海外伙伴则是他们在危险和不安全之地的东道主、赞助人和同盟。现在，这种危险的感觉依然存在，并且土著人从不会在陌生地区感到安全和舒服，但他感觉到的危险是一种巫术危险，更多地是害怕围绕在他们身边的陌生巫术；然而在过去，更多的则是实实在在的危险，让他忧心忡忡，那时，库拉伙伴便是主要的安全保障。伙伴还给他们提供食物、赠送礼物，还把自己的房子用作与他们在村里会面的场所，但后者从不在里面睡觉。因此，库拉伙伴关系让每个进行库拉的人都结交了近友，还使他们在遥远危险的异土上有一些关系友好的同盟。这些是唯一能与他库拉的人，当然，在这些伙伴之中，他能自由地选择向谁赠送何物。

现在，让我们试着用更广阔的视野，来看看伙伴关系规则的积累效果。我们看到，整个库拉圈内，是一个关系的网络，这个关系网的结构自然是纵横交错的。相距成百上千英里航程的男人们，通过直接或间接的关系，被捆绑在一起，互相交换、互相认识，并在某些时候相见于大型的部落间聚会（整版插图20）。一个人送出的物品及时地到了远方间接伙伴或其他人手里，而且不仅有库拉物品，还有各种各样的家用物品和小礼物。显而易见，从长远上看，除体现物质文化的物品外，习俗、歌谣、艺术动机和一般性的文化影响，也沿着库拉航线传播。库拉是一张广阔的部落间关系网，是一个大型制度，由成千上万个人构成，将这些人捆绑在一起的，首先是他们对库拉交换的共同热情，其次是很多次要的关系和利益。

回到库拉的个人方面，让我们举个具体例子，假设有个普通人住在特罗布里恩南部重要的库拉中心锡纳凯塔，他有几个伙伴，有的在附近，有的在远方，这几个伙伴又分为两类给他臂镯的和给他项链的。这是因为库拉天然就有一条永恒不变的规则，即臂镯和项链从不来自同一个人，因为二者必须相向而行，若一个伙伴给我臂镯，我回之以项链，则以后的所有交易都如此。此外，我这个锡纳凯塔人和这个伙伴之间交易的性质，要由我们在罗盘针上的相对地理位置来决定。如此一来,住在锡纳凯塔的我从东方和北方收到的将只是臂镯,项链则来自西方和南方。如果我的一个伙伴就住在我旁边,其住所在我的北边或东边,则总是他给我臂镯,我回之以项链,即便以后他要在村里搬家,这一老关系仍将延续,但如果他变成了另外一个村落社区的村民,而这个村落在我的另一侧,这种关系则会发生逆转。锡纳凯塔北边村里的伙伴,即卢巴、库卢马塔或基里维纳地区的伙伴,都会给我臂镯,我则把这些臂镯转手给我南面的伙伴,再从他们那里收取项链。在这里,南面指的是博约瓦南部各地区、安菲莱特群岛和多布。

因此,每个人交易时,都必须遵守明确的地理方向上的规定。在库拉圈上的任意一点,如果一个人面向圆心而站,则他左手接到的是臂镯,右手接到的是项链,然后再将二者传递下去。换言之,他总是从左向右传臂镯,从右向左传项链。

把这项个人行为的规则应用到整个库拉圈,我们立刻就能看到整体效果。所有交易产生的结果并非两种物品漫无目标的转移和偶然的来来往往。两股细流不断地在流动,项链流沿顺时针方向,臂镯流沿相反方向。因此,库拉的循环交换、移动物品环或移动物品圈这些说法,是非常正确的(参照地图 5)。在这个圈上,所有村落的相对位置都确定不变,一个村子相对于另一个村子而言,不是在其臂镯侧,就是在其项链侧。

现在,让我们说说另外一条库拉规则,该规则最为重要。刚才说过,"臂镯和项链总是沿着各自的方向在库拉圈上移动,在任何情况下,都不会被交换到相反方向。此外,它们从不停留,任何人不会长期占有任何一件库拉宝物。乍一看,这似乎让人难以置信,但却是事实。实际上,在整个特罗布里恩群岛,可能只有一两个特别精致的臂镯和项链作为祖传宝物而被永久占有,但这些被当作特殊的一类分离出来,并且永远退出了库拉。因此,库拉中的'所有权'是一种非常特殊的经济关系。库拉中的一个人占有任何库拉物品的时间从不会超过一年或两年,即便如此,他仍会被人们指责为吝啬,某些地区还背负着'缓慢'和'难对付'的臭名。另一方面,每个人在一生中过手无数库拉物品,暂时地占有它们,并保管一段时日,但他几乎不佩戴这些饰品,并且有义务很快地把它们传递给他的伙伴。然而,这种暂时的所有权能让他名声大噪、对物品进行展示、炫耀他如何获得及计划给谁。这些是部落里的人们在谈话和闲聊时最喜欢说的话题之一,他们一遍又一遍地讲述着酋长们和平民们创造的库拉功绩和辉煌。"① 因此,每件物品只朝一个方向移动,从不逆向而行,从不永久性地停留,走完一圈一般需要二到五年的时间。

　　该特征或许是库拉最引人注意的特征,因为它创造了一种新型的所有权,并使这两种库拉物品自成一类。现在,我们可以再次回到此前对瓦古阿(基里维纳语,"宝物"的意思)和欧洲祖传宝物进行的比较。其相似性在下面这点上被打破:对欧洲的祖传宝物而言,永久性的所有权、与世袭地位或等级的持久关联、或与家庭的持久关联是其主要特征之一。在这一点上,库拉物品不同于祖传宝物,但却接近于另外一类被看重的东西,即奖品、锦旗、运动奖杯和其他只有获胜方才可拥有一段时间的物品,无论获胜方是集体还是个人。虽然只是被保管,虽然只是一段时间,且从不用作任何实际用途,但是,只是因为拥有它们的这个事实,只是因为有拥有的资格,拥有者就会感到一种特别的愉悦。此外,这两类东西不仅具有表面、外在的相似性,而且具有非常相似的心态,而支撑这一相似心态的社会安排也是相似的。这种相似性是那么大,以致如同个人或集体因得奖而获得喜悦的自豪感一样,库拉中的土著人也会因功绩而产生自豪感。库拉中的成功被归因于主要由巫术赋予的特殊的个人能力,男人们会因为成功而倍感光荣。此外,当某个成员取得一件极其精美的库拉胜利品时,整个社区都会引以为荣。

　　目前列出的所有规则,从个体角度看,限制了交易的社会范围和方向,及库拉物品所有权的期限,从它们形成的整体效果来看,则塑造了库拉的总体框架,形成了两个闭合的循环圈。现在,我们须谈谈个体交易,就其商业上的技术细节而言,属何种性质。在这方面,也有非常明确的规则。

五

　　在实际交换的规则背后,有一个主要原则,即库拉是礼仪性礼物的赠

---

① 这里和下面的引文引自作者早期一篇关于库拉的文章,载于《人类》,1920 年 6 月,文章号 51,第 100 页。

予,受赠者必须在一段时间后赠送等价的回礼,可以是几小时之后,甚至是几分钟后,有时赠送和回赠之间可能相隔一年或更长的时间。① 但从来都不能即时交换,不能对两件物品的等价性进行讨论、讨价还价和计算。人们严格保持并高度重视库拉交易的礼节。土著人明确地将库拉和以物易物区分开来。以物易物广泛存在,土著人对它的界定十分清楚,并在基里维纳语中有固定的说法:金瓦利(gimwali)。当批评某次库拉的交易步骤不正确、太匆忙或不得体时,他们常说:"他进行库拉时,仿佛库拉是金瓦利一样。"

第二个非常重要的原则是,回礼等价与否由回赠者决定,不能受到任何形式的强迫。收到库拉礼物的一方应回赠公平、充分的等价物,换言之,回赠的臂镯应该和收到项链一样好,反之亦然。此外,如果收到的物品非常精致,则须回赠一件等同价值的,而不能用几个较差的物品替代,不过,在真正的回赠发生之前,可能会回赠过渡礼,用以标记时间。

如果回礼不等价,接受回礼的一方会失望生气,但他却没有直接的办法来获得补偿,也没办法强迫他的伙伴或终止整个交易。那么,是什么力量保证库拉伙伴坚守交易条款呢?这里,我们要面对土著人财富观和价值观的一个重要特点。认为野蛮人具有纯粹经济属性的严重错误观念,可能导致我们做出如下的错误推理:"渴望获得、厌恶失去或赠予是人类财富观最基本、最原始的元素。在原始人身上,这一原始特点会以一种最简单、最单纯的形式表现出来。抓住后永不放手将是原始人生活的指导性原则。"② 这一推理的根本错误在于,它假设以今天的野蛮人为代表的"原始人"至少生活在不受惯例和社会限制约束的经济状态中。但事实恰恰相反。虽然,像每个人一样,库拉圈内的土著人喜欢占有,因而渴望获得、害怕失去,但是有关赠予和收取的社会准则远远凌驾于贪婪的自然倾向之上。

---

① 为了避免背负对"礼仪性"一词使用不一致、不严谨的罪名,在此我要对其进行简单地定义。如果我称一个行为是"礼仪性"的,则它具有以下特点:(1)公众的;(2)按照明确的礼节进行;(3)有社会学、宗教或巫术意义,并有连带义务。

② 这并不是对一种错误观点可能是什么样的想象性构建,因为我可以举出实例来证明这样的观点已被提出,但是我在这里并不想批评当前关于"原始经济学"的理论,因为我不想让书中到处都是引文。

106　西太平洋上的航海者

整版插图 20　锡纳凯塔海滩上的库拉集会

在长约半英里的海岸上，有 80 多艘独木舟，或被拖至岸上，或停泊于水中；在村里，沙滩上及周围地区，聚集了大约 2000 个土著人。他们来自几个不同的地区，跨度从基塔瓦到多布。该图显示了库拉把众多属于不同文化的人聚集到一起的方式；该图中的土著人来自基塔瓦、博约瓦、安菲莱特和多布。（见边码第 92 页和第十六章第二节。）

然而，诸如我们在库拉土著中看到的这种社会准则并不会削弱天然的占有欲；相反，它规定，占有是了不起的，财富是社会等级不可或缺的属性和个人美德的象征。但重要的是，对于土著人，占有是为了赠予——在这一点上，土著人与我们明显不同。一个人拥有一件东西，就自然地应与他人分享、应分发它、应成为这件东西的保管者和分配者。等级越高，义务就越大。酋长自然地应把他的食物赠予任何一个陌生人、访客、甚至是村落另一头的懒汉，他应该与人分享他身上带着的任何槟榔或烟草。因此，上等人若想留下多余的东西以备日后使用，就必须把它们藏起来。在新几内亚东端，特罗布里恩群岛出产的一种三层大篮子在重要人物中间非常盛行，因为他们可以把小财宝藏在篮子底部的隔层里。因此，强大的主要表征是富裕，而富裕的主要表征是慷慨。吝啬的确是最受鄙视的缺德行为，也是土著人对之有很强道德观点的唯一事物，而慷慨则是美德的本质。

这种道德命令和由此产生的慷慨习惯，若只是观察其表面，进而误解，则会造成另外一种广为流传的错误观念，即野蛮人的原始共产主义。这个观念和与之完全相反的贪得无厌且紧抓不放的虚构的土著人形象一样，肯定是错误的。在后面的章节中，读者将充分看清这一点。

因此，土著人在这个问题上的道德准则的基本原则，让他们在库拉交易中做到了公正，且地位越高的人越渴望因慷慨而出众。位高则任重实际上是土著人管理其行为的社会标准。但这并不意味着人们总是感到满意，交易中没有争吵、憎恨、甚至宿怨。显然，一个人无论多么想做到等价回赠，都有可能无法做到。于是，由于人们总是争着成为最慷慨的赠送者，当一个人收到的物品不如自己送出的物品时，他不会独自委屈，相反，他会吹嘘自己的慷慨，并将自己的慷慨和伙伴的吝啬进行比较，另外一方则心生憎恨，争吵一触即发。然而，必须认识到，其间并没有实际的讨价还价和占对方便宜的倾向。回赠者和赠送者同样强烈地希望赠送慷慨的礼物，原因却各不相同。当然，其中一个重要的考虑因素是，库拉中的公正慷慨者会比吝啬者吸引到更多的物品。

第一，库拉是有时间间隔的馈赠和回礼，而非以物易物；第二，是否等价取决于送礼者，不能强迫，不能有任何争论，亦不能重新交换。这两个主要原则是所有交易的基础。下面,我将具体概括如何执行这两个原则,从而使读者获得足够的初步认识。

"假设我,一名锡纳凯塔男子,占有一副大臂镯,从当特尔卡斯托群岛的多布来了一支远航队,抵达我所在的村落,我吹响海螺号,拿着那副臂镯,送给我的海外伙伴,并对他说类似这样的话:'这是瓦加($vaga$,启动礼),适当之时,汝回送我一个大索拉瓦(项链)!'第二年,我去访问该伙伴的村落,也许他有一串具有同等价值的项链,他会送与我作为约泰尔($yotile$,回礼);也许,他没有一串足够好的项链来回赠我上次送给他的礼物,这时,他会给我一串小项链——公开承认不及我的礼物——他会把小项链给我作为巴西($basi$,过渡礼)。这意味他须在以后某个时刻回赠主要的礼物,给我巴西是为了表明诚意,但是我必须同时回赠他一副小臂镯。最后送给我那个表明整个交易成交的礼物届时会被称作库杜($kudu$,成交礼),与巴西相区分"(前引,第 99 页)。

在库拉中,虽然争论和讨价还价被完全排除在外,但却有合乎习俗和规则的方式让人们从伙伴那里竞得某一件瓦古阿,即送我们所说的索求礼,这种礼物有几类。"假设我,锡纳凯塔的一个居民,恰好占有一副上好臂镯,远近闻名。要记住每个上等臂镯和项链都有自己的名字和自己的历史,当它们在大大的库拉圈上循环时,广为人知,其名气让它们一出现便引起一阵轰动。现在,我所有的伙伴,无论是海外伙伴,还是本地区内的伙伴,竞相希望得到这件上好的物品,那些特别想得到的人会试图通过给我波卡拉($pokala$,礼物)和卡里布图($kaributu$,索求礼)来获得此物。前者(波卡拉)通常由猪、上好的香蕉、甘薯或芋头构成;后者(卡里布图)的价值更高,有贵重的大斧刃[叫贝库($beku$)]或鲸鱼骨石灰勺"(同前引,见第 100 页)。有关回赠这些索求礼的复杂情况,及其相关技术细节和术语,我们将在第四章进行阐述。

六

上文的叙述对于初步说明库拉的主要规则已经足够,现在须谈谈库拉的关联活动和次要方面。有时,交换要在被危险大海隔开的地区之间进行,众多的土著人需乘船跨越大海,并要遵照约定的日子——如果我们意识到这一点,便会立刻明白,要进行这样的远航,需要做相当多的准备。许多预备活动都与库拉紧密相连,尤其是制造独木舟、准备全套装备、为远航备粮、确定日期及远航人员组成。所有这些都附属于库拉。它们都因库拉而进行,并形成一个相互关联的系列,因此,对库拉的描述必须包含对这些预备活动的描述。独木舟的建造、独木舟建造的礼仪、伴随的巫术仪式、下水和试航、与准备全套装备相关联的习俗——接下来的几章将详细描述这一切。

另外一个与库拉密不可分的重要活动是附属贸易。库拉水手每航行至遥远的异域时,返航时必会满载本地没有的自然资源,这些是他们远航的战利品。此外,为了能给伙伴送礼,每艘外出的独木舟都会装载海外地区最渴望的货物,其中一些被当作礼物送给了伙伴,但很多则是为了换取家乡想要的物品。某些时候,拜访的土著人自己会在旅程中开采一些海外资源,例如,锡纳凯塔人在萨纳罗阿泻湖里采集海菊蛤,多布人则在特罗布里恩岛南端的一个海滩上捕鱼。一些大库拉中心,如锡纳凯塔,并无能力生产任何多布人特别看重的制造品,附属贸易因这一事实变得更复杂。于是,锡纳凯塔人必须从库博马的内陆村购置所需的货物储备,为此,他们要在库拉开始之前进行小型的贸易之旅。除独木舟建造外,后文还将详细描述附属贸易,因此这里只须稍加提及。

然而,我们必须恰当看待这些次要活动和关联活动之间的关系,及它们与主要交易之间的关系。我们说,独木舟建造和普通贸易,于真正的库拉而言,是次要或附属性的,这需要解释一下。我在重要性上将这两件事置于从属于库拉的位置,并非想从某个社会目的论的角度,就这三种活动的相对价值,表达哲学反思或个人观点。显然,如果我们像比较社会学家那样,从局外人的角度看待那些行动并估量其真正的功用,普通贸易和独木舟建造看起来才是真正重要的活动,而库拉则只是一种间接的刺激因素,推动土著人去航海和进行贸易。但是,我要进行的不是社会学描述,而是纯粹的民族志描述。我做任何社会学分析,只是因为它对扫清误解、定义术语是绝对必要的。①

当我把库拉列为首要和主要活动,把其他列为次要活动,我的意思是这种优先关系是制度本身含有的。通过研究土著人的行为及目前正在讨论的所有习俗,我们看到库拉是所有活动的主要目的:确定日期、做准备、安排远航、决定人员构成,不是为了普通贸易,而是为了库拉。在远航之初举行的大型礼仪性宴席与库拉有关,最后的战利品盘点仪式展示的也是库拉物品,而非普通的贸易物品。最后,所有步骤都含有的主要因素之一,即巫术,也只和库拉相关,甚至有一部分针对独木舟施行的巫术也和库拉相关。在一整套巫术中,一些仪式是为了独木舟本身而举行,其他则是为了库拉而举行。独木舟的建造总是与库拉远航直接相关。当然,关于这一切,只有加以具体描述,才能真正让人一目了然、心悦诚服。但是在此,我们有必要先对真正的库拉和普通贸易之间的关系,树立一个正确的看法。

当然,许多对库拉一无所知的周边部落的确也建造独木舟,勇敢地航行至远方进行贸易;甚至在库拉圈内,比如说在特罗布里恩群岛,有几个村落不参与库拉,但却有独木舟,也投入很多精力进行海外贸易。但只要是在进行库拉的地方,库拉就管理着所有与之关联的活动,独木舟的建造和贸易就都成为库拉的附属。这可以从制度的性质和所有活动安排的进行,及土著人的行为和明确陈述这两个方面看到。

我希望这一点越来越清楚,即库拉是一个大型的、复杂的制度,虽然其核心内容可能看似不重要。对土著人而言,库拉是其生活中最重要的兴趣之一。作为他们的重要兴趣,库拉是礼仪性的,到处都涉及巫术。我们完全可以想象贵重物品可能在没有典礼或仪式的情况下易手,但在库拉中,从不这样。有时,库拉团很小,只乘一两艘独木舟,远航海外并带回瓦古阿,但他们仍会遵守某些禁忌,仍按照习俗规定的路线起程、航行和抵达;甚至只有一艘独木舟的最小的远航也是具有一定重要性的部落事件,整个地区都会知道并谈论。然而,典型的库拉远航有很多艘独木舟参加,它们按某种方式

---

① 本书严格地排除了所有关于起源、关于发展或制度的历史的问题,这一点,或许几乎不需说明。在我看来,把推测性或假设性的观点与对事实的叙述混在一起,是与民族志研究方法相悖的不可原谅的严重过失。

组织在一起,形成一个集体;此外,还要举办宴席、进行食物分配、举行其他公共典礼;船队有一个领导者,同时,他也是船队的主人,除了要遵守普通的库拉禁忌和规矩外,还要恪守各种规则。

库拉的仪式性与库拉诸多方面中的一个方面——巫术——紧密相连。"对巫术功效的信仰支配着库拉,就像它支配着那么多其他土著部落活动一样。建造航海独木舟时,必须在它身上施行巫术,从而确保它的快速、稳定和安全;之后,还要再对它施行巫术,保证它在库拉中的好运。另外一个体系的巫术仪式则是为了避开航行中的危险。第三个与海外远航相关的巫术体系是姆瓦西拉(*mwasila*),意思是真正的库拉巫术。该体系有很多仪式和咒语,所有这些都直接作用于伙伴的头脑[纳诺拉(*nanola*)],使他心软、不坚定、渴望赠送库拉礼物"(前引,第100页)。

显而易见,像库拉这种与巫术因素和礼仪因素如此密切关联在一起的制度,不仅有坚实的传统基础,还有大量的传说故事。"关于库拉,有丰富的神话,讲述了在遥远的过去,神话祖先们冒险远航的故事。由于懂得巫术,他们能躲过危险、战胜敌人、克服障碍,他们的壮举开创了许多先例,成为现今部落严格遵从的风俗。但是,他们对后代的重要性,主要在于他们传下了巫术,这让库拉对后来的人成为可能"(前引,第100页)。

在某些特罗布里恩群岛以外的某些地区,库拉还与叫作索伊的丧葬宴席相关联。这一联系既有趣又重要,我将在第二十章中进行描述。

大型的库拉远航由一整个地区的众多土著人一起进行,而在招募远航队成员时,招募的地理范围界定得非常清楚。在地图5上,"我们看到很多圈,每个圈都代表一个确定的社会学单位,我们称之为一个库拉共同体。库拉共同体由一个或多个村落构成,他们一起出海进行大型海外远航,在库拉交易中是一个集体,共同施行巫术,有共同的领导人,并在同一个外部社会圈和同一个内部社会圈内交换宝物。因此,库拉首先包括发生在一个库拉共同体内部或相邻共同体之间的小型内部交易,其次包括在两个隔海相望的共同体之间进行物品交换的大型海外远航。在前者中,少量物品长期不断地从一个村落流向另一个村落,甚至是在村落内部流动。在后者中,上千件的大量宝物在一次巨大的交易中交换,或者更准确地说,是在同时发生的那么多场交易中交换"(前引,见第101页)。"库拉贸易包含一系列这样定期发生的海外远航,这些远航把各岛屿群连接在一起,每年都将大量的瓦古阿和附属贸易品从一地带到另一地。附属贸易品被人们使用、用完,但瓦古阿——臂镯和项链——却在这个圈上周而复始地循环"(前引,第105页)。

在本章里,我给库拉下了一个简短的、总结性的定义,一一列举了库拉最显著的特点及土著人的习俗、信仰和行为中体现出的最值得注意的规则。这是必要的,因为只有先大致了解了这一制度,才能具体描述它的运转。然而,任何简略的定义都无法让读者全面理解一种人类社会制度。因此,还需详细解释其运转,让读者接触制度中的人,向读者展示他们如何在每个连续阶段上前行,描述这些抽象的一般性规则在现实中的所有表现形式。

如前所述,库拉交换有两类活动。一类是大型的海外远航,一次就涉及大量的宝物,另外一类是内陆交易,物品由一个人转给另一个人,常常是没过几英里就已易手数次。

目前,大型海外远航是库拉中更为壮观的部分,包含更多的公众礼仪、巫术仪式和习俗惯例,当然也需要进行更多的准备和先期活动。因此,在介绍海外库拉远航和内陆交易时,我将花更多的篇幅介绍前者。

由于我主要是在博约瓦,即特罗布里恩群岛,研究库拉习俗和信仰,并且是从博约瓦人的角度研究,我将首先描述一次从特罗布里恩群岛出发的海外远航的典型过程,包括土著人如何准备、组织及完成。先叙述独木舟的建造,然后是独木舟的下水礼及正式的展示和拜访。之后,我将选择锡纳凯塔共同体,在土著人的一次海外之旅中跟随他们,描述所有细节,这将向我们展示一类去往遥远之地的海外库拉远航。在那之后,我将说明这样的远航和库拉圈其余部分的远航在哪些细节上可能有所不同,为此,我将描述一次从多布出发的远航,及基里维纳和基塔瓦之间的一次远航。本书最后描述的是特罗布里恩群岛的内陆库拉、一些相关联的贸易形式及库拉圈的余部。

在下一章中,我将描述特罗布里恩库拉的预备阶段,从描述独木舟开始。

第四章　独木舟及航行

一

　　独木舟是一项物质文化，因此可以对它进行描述、拍照，甚至可将其整体搬至博物馆。但常被忽视的一个事实是，对于一个待在家里的民族志学者而言，即便把一个完美的独木舟标本就放在他面前，他也不会因此而更接近独木舟的民族志真相。

　　土著人建造独木舟，是为了某种用途，有明确的目的；它是实现目的的手段。我们这些研究土著生活的人不能颠倒这一关系，不能将物体本身奉若神明。对建造独木舟的经济目的和独木舟的各种用途进行研究，是我们进行更深刻民族志探讨的第一步。关于独木舟的所有权、谁在独木舟上航行及如何航行的社会学信息，关于独木舟的建造典礼和习俗的信息，即一艘土著独木舟的某种典型的生命史——所有这些都能使我们更进一步地理解独木舟对土著人真正意味着什么。

　　然而，甚至这些也未触碰到土著独木舟最至关重要的真相。因为无论一条船由树皮或木头建造，还是由铁或钢建造，都活在水手的生活中，对他们而言，船不只是那点有形的物质。对土著人而言，船只充满了浪漫气息，满载着传统和个人经历建造而成，他们的这种感觉不亚于白人水手的这种感觉。船只是膜拜和赞赏的对象，是有生命力、有自己个性的东西。

　　我们欧洲人——无论我们是通过自己的经历还是通过别人的描述了解土著船只的——习惯了自己高度发达的水上交通方式，因而易于看不起土著人的独木舟，用一种错误的眼光看待它，觉得它几乎就是儿童的玩具，是对我们已经成功解决的航海问题之失败而不完美的尝试。[①] 但在土著人眼中，他

[①] 当我们拿土著人易坏笨拙的独木舟与欧洲人精美的帆船进行比较时，会认为前者简直就是

那迟缓懒散的独木舟是非凡的、近乎奇迹的成就,是一件很美的事物(见整版插图21、整版插图23、整版插图40、整版插图47、整版插图55)。他们为它编织传统,在它身上做最好的雕刻,涂上色彩,加上装饰。对他而言,独木舟是他控制自然的强大工具,使得他能穿越凶险的大海,去往远方。独木舟连着海上之旅,而海上之旅则充满了骇人的危险,充满了他在歌声和故事中表达的生机勃勃的希望和渴求。简言之,在土著人的传统中,在他们的习俗、行为和直接的言论中,都可以发现他们对独木舟深深的爱、赞赏和特殊的眷恋,仿佛它是有生命的个体一样,这是典型的水手对船的情感。

正是在土著人对独木舟的情感态度中,我看到了最深刻的民族志真相,这些真相必将指导我们对其他方面的研究——独木舟建造及使用的习俗和技术细节、经济环境及相关的信仰和传统。民族志或人类学是关于人的科学,不应回避人的内心深处,不应回避人的本能和情感生活。

我们看看照片(如整版插图21、整版插图24、整版插图39或整版插图47),就能对土著独木舟的大致结构有些印象:船身是一个又长又深的船舱,接着一个舷外浮架,和船身平行并几乎等长(见整版插图21和整版插图23),还有一个平台,从船的一边到另一边。建造船只的材料很轻,使得独木舟比任何欧洲航海船都能吃水,且浮力更大。它在水面上滑行,随波浪起伏,一会儿被浪尖挡住,一会儿又浮于浪尖之上。当船向前猛冲时,舷外浮架抬起,平台陡峭地立起,海水时而涌到船上,这时,人坐在修长的船身中,有一种危险但却喜悦的兴奋感;抑或,人蹲坐在平台或浮架上(只有在较大的独木舟上才可行),被船带着在海面上穿行,就像坐在某种悬于空中的木筏一样,越过道道海浪,更是妙不可言。偶尔,一道海浪涌起,打在平台上,乍看上去显得笨重土气的独木舟,时而纵向而行,时而横向而行,优雅敏捷地爬过一道道海浪。船帆升起时,折在一起沉重而僵硬的金黄色编织船帆展开,发出特有的嗖嗖声和噼里啪啦的声音,独木舟开始全速前行,海水在船身下哗哗流过,金黄色的船帆在湛蓝的海面上和天空下闪闪发光——这时,的确,航行的浪漫气息在一个新的视野中蔓延开来。

个笑话。这是许多关于航海的业余民族志描述中的流行说法,在这些描述中,他们取笑简陋的独木舟是"无畏舰"或"皇家游艇",如同把简单、野蛮的酋长取笑为"国王"一样。这种幽默无疑是坦率新奇的,但是当我们用科学的方法看待这些问题时,一方面,我们不应扭曲事实,另一方面,我们须领会土著人他们对自己的创造物的各种细微看法和感受。

第四章 独木舟及航行 **115**

整版插图 **21**

一艘马萨瓦独木舟

奥马卡纳的航海独木舟尼加达布阿，显示了大体的船形、装饰性船头围板、叶形船桨和舷外浮架的浮木的形状。（见边码第 106 页及下一章。）

116 西太平洋上的航海者

整版插图 22

把独木舟放入船篷

在博约瓦东海岸，人们很少使用独木舟，闲置时，就将其置于船篷中。船篷与居住用的棚屋非常相似，只是更大。（见边码第 106 页。）

整版插图 23

航行中的独木舟

该图显示了索具、独木舟的倾斜——抬起的舷外浮架——及独木舟的承载能力。该独木舟正在航行中，载有 18 名船员。（见边码第 106 页和第九章。）

整版插图 24

捕鱼独木舟（卡利保洛）

上图是独木舟的外形图，显示了挖空原木的轮廓、舷板和船身的相对宽度、独木舟的大体形状。下图显示了舷外浮架与船身的连接、船头、船头围板、平台。（见边码第 106 页。）

对该描述的自然反应是,它呈现的是民族志学者的感情,而非土著人的。的确,将我们自己的感情和对土著人最深处的思想的正确解读区分开来,是件非常困难的事。然而,若调查者会说土著人的语言、能在他们中间住以时日,并能尽力分享和理解土著人的感情,就会发现他能进行正确的判断。不用多久,他就能分辨出,什么时候他自己的行为和土著人的行为一致,什么时候二者有分歧(这种情况有时会发生)。

很明显,土著人非常欣赏好独木舟,他们能迅速辨别船只在速度、浮力和稳定性方面的不同,并对这种不同有情感上的反应。一个风平浪静的日子里,突然刮起一阵清爽的微风,独木舟的船帆扬起,张满了风,拉米纳(*lamina*,舷外浮架)抬出了水面,它全速滑向前方,两侧溅起阵阵水花——土著人那种强烈的愉快感毋庸置疑。所有人都冲向各自的位置,全神贯注地观察着船的运动,有些人放声歌唱,年轻男子则俯身嬉水。当他们讨论起独木舟的优点、分析各种不同的船时,从不感到厌烦。在泻湖周围的沿海村落里,男孩儿和年轻男子常常划着小独木舟,进行纯粹的玩乐巡游。他们互相比赛,在泻湖上探索不太熟悉的小角落,总的说来,他们无疑很享受这种出游,就像我们会享受远足一样。

当你知道独木舟的构造,并通过亲身经历完全理解它适于实现其目的后,你会发现,独木舟的外表富有特色,吸引力不亚于它的内在。当贸易远航队或访问团的土著独木舟出现在远处海面上时,分散在水面上的一张张三角形船帆,仿佛蝴蝶的翅膀一般(见整版插图48),一起吹响的和谐的海螺号声徐徐传来,那种印象令人难以忘怀。① 然后,那些独木舟逐渐靠近,可以看见在蓝色的海水中左摇右晃的它们非常华丽,船身新涂了白、红、黑三种染料,船头围板雕刻精美,吊在船上的白色大宝贝壳则叮当作响(见整版插图49、整版插图55)——你完全明白了土著人对独木舟的那种赞赏之

---

① 我在迈卢经常看到的蟹爪帆,更美丽如画。它们被用在从迈卢向西的南海岸上,莫尔兹比港的双船桅船拉卡托伊(*lakatoi*)用的也是这种帆。事实上,我很难想象,还有什么比一支蟹爪帆独木舟船队更让人觉得新奇难忘了。殖民地前任总督弗朗西斯·巴顿船长发行的英属新几内亚邮票上就印着它们。另见塞利格曼所著《英属新几内亚的美拉尼西亚人》中的整版插图12。

爱,而这种爱则化为上述所有对独木舟的悉心装饰。

即便独木舟未被实际地使用,被拖至村子的滨海处闲着,它仍是景色中的典型元素,并且仍参与着村落生活。在某些地方,非常大的独木舟被停放在大船篷中(见整版插图 22),这些船棚是特罗布里恩人迄今建造的最大建筑。在其他经常航海的村落里,则用棕榈树叶简单地遮盖着独木舟(见整版插图 1、整版插图 53),以免受到光照。土著人常常坐在船的平台上,聊天,嚼槟榔,凝望大海。较小的独木舟并排躺在滨海区附近的岸上,随时都能下水。它们弯曲的轮廓、由长竿和短棍搭建的复杂框架,形成了沿海土著村落最典型的背景之一。

二

现在,我们须谈谈独木舟的技术要点。同样,简单列举并描述独木舟的各组成部分,把一个无生命的物体拆分成各个零件,并不能满足我们。相反,我将试图说明,一方面是船只的目的,另一方面是技术手段和材料上的局限,面对二者,土著造船师是如何应对困难的。

航海船必须是一个防水、能浸在水中又有相当容积的容器,土著人用的是一根中间挖空的原木。这样的一根原木可能承载相当重的负荷,因为原木很轻,再加上中间被挖空,增加了浮力。但显而易见的是,它不能保持横向平衡。插图 1 中的独木舟断面示意图显示,当重量的重心在中间,即重量对称分布时,不会破坏船的平衡,但任何会在两侧(如 A 或 B 处的箭头所示)产生旋转冲力(即旋转力)的负载都会导致独木舟翻转和倾覆。

然而,如插图 1(2)所示,如果把一根实心原木加在独木舟上,则能实现更大的平衡,但不是对称的平衡。如果我们压独木舟的一侧(A),会让独木舟围绕一条纵轴旋转,另一侧(B)则会被抬起,如图 1(3)所示。这时,实心原木(C)会被抬出水面,其重量会产生与排水量相当的冲力(旋转力),独木舟的其余部分就平衡了。这一冲力由示意图中的箭头 R 代表。这样,任何施加在A侧的压力,都有相应很好的稳定力。如果压力在B侧,则会引起实

120　西太平洋上的航海者

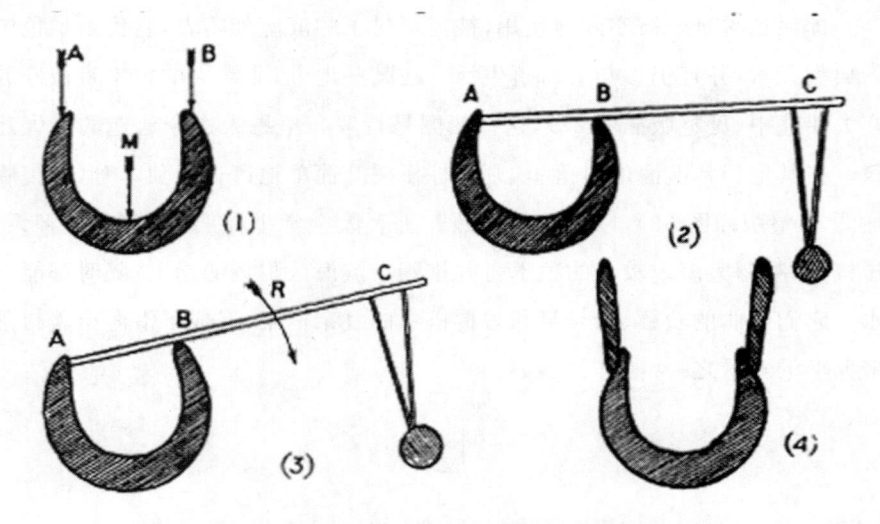

插图1　说明独木舟的一些稳定性和建造原则的横截面示意图

心原木被水浸没,其浮力产生微弱的阻力,但很显然,这一边的稳定力比另外一边小得多。这种不对称[①]稳定在航海技术中有重要作用。因此,我们会看到,独木舟航行时,舷外浮架总是在迎风一侧。船帆产生的压力将独木舟抬起,A被压到水里,B和C被抬起来,在这一位置上,三者都极为稳定,可经受强风。但是,如果风从另一侧吹过来,把B—C压入水中,一丝微风都会引起船的倾覆。

再看看插图1(2)和插图1(3),我们就会认识到独木舟的稳定取决于:(1)挖空原木的容积,特别是深度;(2)挖空原木和实心原木之间的B—C距离;(3)实心原木C的大小。这三者的量级越高,独木舟就越稳定。干舷低的浅独木舟容易被翻到水中,此外,在恶劣的天气里航行时,海浪会打上来,冲入船舱。

(1)挖空原木的容积自然取决于原木的长度和厚度。简单的挖空原木

---

① 迈卢的独木舟建造方法显示了一个用来实现对称性稳定的建造上的权宜之计,即用一个平台连接两根平行的挖空木头。参照作者的文章,载于《南澳大利亚皇家学会汇报》第三十九卷(1915)第494—706页,第四章,第612—599页,整版插图35—37。

就能建造相当稳定的独木舟,然而,这样的独木舟承载力有限,且很容易就达到承载上限。但通过扩建船侧,如插图1(4)所示,在船侧增加一块或几块舷板,船的容积和船深就会极大地增加,但重量却不会增加太多。如此一来,独木舟就有很高的干舷来防止海水流入船中。在基里维纳的独木舟上,这些纵向的舷板在船头船尾两端由雕刻精美的横向船头围板闭合起来(见整版插图24、整版插图47)。

(2) 挖空原木和舷外浮架之间的B—C距离越大,独木舟就越稳定。由于旋转冲力是B—C距离和原木C的重量共同产生的结果,显然,B—C距离越大,冲力就越大。但距离太大时,独木舟的易控性会受到影响,任何作用于原木C上的力量都能轻易地将独木舟打翻,再者,土著人为了操控船只,必须在舷外浮架上行走,因此B—C距离不能太大。在特罗布里恩群岛,B—C距离大约是船身总长的四分之一或更短。大型航海独木舟的这一部分总会搭个平台。在其他地区,B—C距离要大得多,独木舟会用另外一种索具。

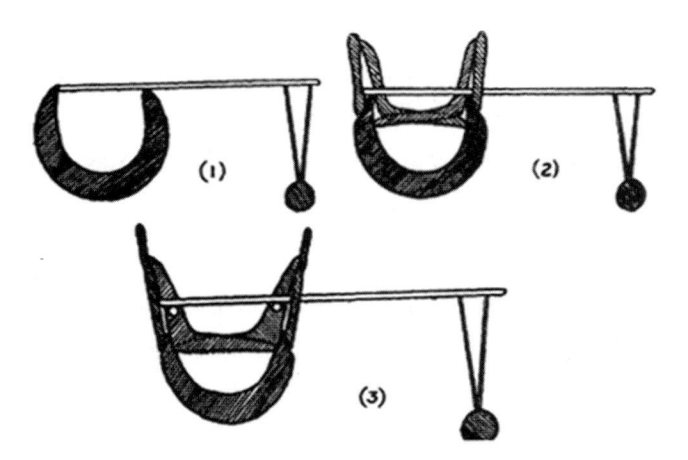

插图2　三类特罗布里恩独木舟的横截面示意图
(1) 克沃乌　　(2) 卡里保洛　　(3) 马萨瓦

（3）构成浮木的原木 C 的大小。航海独木舟的浮木，体积通常都很大，但由于实心木头浸水后会变重，原木太大并不好。

以上我们从功能方面介绍了独木舟建造的所有要点，这有助于我们理解对独木舟的航行、建造和使用的进一步描述。我的确说过，技术细节是次要的，但如果不理解它们，当我们说到独木舟的操控和索具时，会感到很费解。

特罗布里恩人用船有三个主要目的，这三个主要目的对应着三类船。沿海运输，特别是在泻湖上，使用小而轻便的克沃乌（kewo'u）[见插图 2 (1)、整版插图 24 上图前景、整版插图 36 中的右侧]；捕鱼时用更大、更经得起风浪的卡利保洛（kalipoulo）[见插图 2(2)、整版插图 24、整版插图 36 中的左侧、整版插图 37]；最后，深海远航则需要最大的一类，其运载能力相当大、排水量更大，结构也更结实，这类独木舟叫马萨瓦（masawa）[见插图 2(3)、整版插图 21、整版插图 23 等]。瓦加（waga）一词是对所有类型船只的统称。

对于前两类，我们稍加说明即可，目的是通过比较，可更清楚地了解第三类。插图 2 中的示意图（1）充分说明了最小的独木舟的构造。从示意图，我们清楚地看到，这类独木舟就是一个简单的挖空原木，连着浮架，船侧没加任何舷板，没有雕刻的船头船尾板，通常也没有平台。就其经济方面而言，它总是为个人所有，服务于船主的个人需求。这类独木舟不附着任何神话和巫术。

如插图 2(2)所示，第二类独木舟与第一类在结构上的相异之处在于，其船舱由加高的舷板和刻有图案的船头围板紧紧围合而成。一个由六根肋材构成的支架把舷板和挖空原木结实地固定在一起。这类船用于渔村中。这些村落分为几个捕鱼分队，每个分队有一个头人，他是独木舟的所有人，负责施行捕鱼巫术，其特权之一是得到主要的捕鱼产出，但是他的所有船员在事实上也有权使用独木舟并分享产出。在这里，我们发现一个事实，即土著所有权并不是一个简单的制度，因为它包含了很多男人的明确权利，其中一个拥有最高的权利和头衔。很多捕鱼巫术、禁忌和习俗都与这些独木舟的建造及使用联系在一起，它们还是许多小神话故事的叙述对象。

技术最复杂、最经得起风浪和建造最精心的是第三类航海船[见插图 2 (3)]。无疑，该类船是这些土著人最伟大的工艺成就。在技术上，这类独木舟和之前描述的两类独木舟仅在建造船只所用的时间和对细节的关注上有区别,在要点上并无不同。船舱由加在挖空原木两侧的舷板形成,两头由雕刻着图案的横向船头围板闭合起来,船头围板则由纵向椭圆形的木板固定位置。和第二类独木舟,即捕鱼独木舟卡利保洛一样,整个舷板通过肋材固定,但所有部件都更为完美地契合在一起,用作捆绑的葡萄植物更结实,填缝也做得更仔细。捕鱼独木舟上的雕刻通常都很普通,而这类独木舟上的却堪称完美。其所有权甚至更复杂,其建造过程充满了各种部落习俗、礼仪和以神话为基础的巫术。巫术的实施总是和库拉远航直接关联。

三

说完独木舟给人的整体印象及其心理含意,并讲完它的技术要点后,现在我们须谈谈马萨瓦(航海独木舟)的社会意义。

独木舟由一组人建造,并按照明确的规则由他们共同所有、使用和享受。因此,独木舟的建造、所有和航行背后都有一个社会组织。下面,我们就将从这三个方面概括独木舟的社会学,并在以后对这些概括进行充实。

A 独木舟建造劳动的社会组织

在研究独木舟的建造时,我们看到土著人进行的是一项规模很大的经济活动。要解决他们面临的困难,需要知识,且只能通过持续系统的努力,在某些阶段,还须进行集体劳动。显而易见,所有这些都意味着某种社会组织。在所有劳作阶段中,人们必须互相合作,各阶段须得到协调,这就需要某个掌握权威的人带头和做决定,还必须有懂技术的人指导建造。最后,在基里维纳,集体劳动和专家服务必须是有偿的,因此,必须有人有办法并愿意支付酬劳。① 这种经济上的组织基于两个基本事实:(1)社会学上的职能区分;(2)巫术对劳动的管理。

(1)社会学上的职能区分。首先是独木舟的所有者,即村落或更小区划的酋长或头人。他负责整个工程,要为劳动支付酬劳、雇佣专家、下达命令

---

① 整个部落生活都建立在不断的物质性赠予和收取的基础上;参照前面提到的文章,载于《经济学杂志》(1921年3月),及本书第六章第四节到第七节对这一话题的阐述。

并指挥集体劳动。

除所有者之外，第二个具有重要社会学意义的职位是专家。专家是知道如何建造独木舟、如何雕刻及如何施行巫术的人。所有这些职能可能集于一人，但并非必须如此。所有者总是只有一个，但专家可能有两个甚至三个。

最后，独木舟建造的第三个社会学要素是劳动者。劳动者又有进一步的划分。第一类劳动者是所有者的亲属、近友或专家，人数较少，参与整个建造过程；第二类是村民主体，参与需要集体劳动的阶段。

(2)巫术对劳动的管理。博约瓦土著人对巫术功效的信仰至高无上，把巫术和所有重要关切联系在一起。事实上，以后我们描述各种手工业制造和集体活动时，就会发现所有这些活动都与巫术交织在一起。此外，每件明显涉及危险或运气的事情，都与巫术相关。因此，除造船巫术外，我们还需描述其他巫术，涉及顺利航行、海难和救援、库拉和贸易、捕鱼、获取海菊蛤和椎骨贝壳以及在异乡不受攻击。我们有必要彻底理解巫术对于土著人的意义及巫术在他们所有重要追求中的作用。为此，本书里有一章将专门讲述基里维纳的巫术观点和巫术实践。然而，我们有必要先在此概括一下要点，至少是关于独木舟巫术的。

首先，我们必须认识到，土著人坚定地相信巫术的价值，即便现在那么多土著信仰和习俗都已遭到蚕食，但当他们把该信仰付诸行动时，仍相当坚定。我们或许可以说这是传统的社会学力量，即一个社区的行为受部落法规和习俗发号的传统命令的影响程度。在特罗布里恩群岛，建造独木舟一定要在巫术的指导下进行，对这一普遍命令的遵守没有丝毫偏离，因为在这里传统的力量非常大。直到今天，没有一艘马萨瓦独木舟不是在巫术的指导下建造的，事实上，没有一艘马萨瓦独木舟的建造没有完整地举行所有的仪式和礼仪。使土著人遵照传统行为方式的力量，首先是特定的社会惰性，这种惰性存在于所有人类社会中，是所有保守倾向的基础，其次便是一种强大的信念，认为如果不用传统方式，就会招来恶果。在独木舟这个例子中，特罗布里恩人那么坚定地相信，建造时未施行巫术的独木舟经不起风浪、航行速度慢、在库拉交易中会有霉运，以致没人会想要省掉巫术仪式。

在本书其他部分(第十二章)讲述的神话故事中，我们会清楚地看到巫术具有赋予独木舟速度和其他品质的力量。根据土著人全盘接受并深信不疑的土著神话,如果不是相关巫术被忘却了,独木舟甚至可以飞起来。

此外,还要正确理解土著人如何看待巫术功效和工艺效果之间的关系。在土著人看来,两者都必不可少,但又各自发挥作用。也就是说,土著人会明白,无论巫术多么有功效,也不能弥补低劣的工艺。二者各有辖区:建造者通过技术和知识使独木舟平稳敏捷,而巫术则为独木舟的稳定和敏捷锦上添花。如果独木舟明显造得不好,土著人会明白它为什么航行得缓慢而笨拙。但是,如果两只独木舟的建造明显同样好,而其中一艘却在某个方面胜过另一艘,他们就会归因于巫术。

最后,从社会学角度看,巫术在独木舟的建造过程中具有什么经济功能?巫术只是一种无关紧要的行为吗?它与真正的劳动或对劳动的组织无关吗?从经济上看,巫术只是浪费时间吗?绝不是。读到后文时,读者将清楚地看到,巫术为各种活动规定了秩序和顺序,巫术和与之关联的礼仪是确保社区合作和集体劳动之组织的手段。如前所述,它鼓励了建造者,让他们对自己的工作效率充满信心,这是进行任何复杂困难的活动时必不可少的精神状态。巫师是具有特殊力量的人,可以控制独木舟,这一信仰使得巫师成为一个天然的领导者,他的命令被人们遵守,他可以确定日期、分派工作、让人们的劳动符合要求。

巫术绝不是无用的附属物甚或劳动的负担,相反,它提供了一种心理影响力,让人们充满信心,认为劳动一定会取得成功,它还为人们带来一个天然的领导者。[①] 因此,在独木舟的建造中,劳动的组织一方面基于所有者、专家和帮手的职能划分,另一方面则基于劳动和巫术之间的配合。

四

B　独木舟所有权的社会学

所有权,就其最广的含义而言,指一件物品与这个物品所在社会社区之间的关系,这一关系通常十分复杂。在民族学中,切忌把这个词用于比上述

[①] 对这一观点更全面的阐述见《特罗布里恩岛民的原始经济学》,载于《经济学杂志》(1912年3月);同时参考第十七章第七节中关于体系性巫术的阐述。

定义狭窄的任何意思中，因为在世界各地发现的所有权类型大不相同。如果把该词在我们自己社会中具有的非常明确的内涵赋予该词，错误则尤为严重，因为这一内涵存在的前提条件显然是高度发展的经济环境和法律环境，就像我们身处的环境那样。因此，我们用的"所有"一词，当用于土著社会时，毫无意义。的确更糟糕的是，这种用法把一些先入之见偷偷带进了我们的描述，这让我们还没开始对土著人的环境进行描述时，就已经扭曲了读者的观点。

在每一类土著社会中，所有权都有其具体的含义，因为在每一类土著社会中，风俗和传统都赋予这个词一套不同的功能、仪式和特权。此外，享受这些特权的人的社会范围也各不相同。在单纯的个人所有权和集体主义之间，还有很多中间地带的不同程度的混合和联合。

在特罗布里恩群岛，有一个词的意思可能与"所有权"近似，即前缀托利(*toli-*)，用在被所有物体的名称前。于是，合成词（发音时，中间不作停顿）托利瓦加(*toli-waga*)的意思是独木舟（瓦加）的"所有者"或"主人"，托利巴古拉(*toli-bagula*)的意思是"园圃主人"（巴古拉——园圃），托利布努夸(*toli-bunukwa*)的意思是"猪的所有人"，托利梅格瓦(*toli-megwa*)指巫术的主人或巫术专家，等等。该词缀可以用来作为理解土著观点的线索，但用这个线索时，我们必须要谨慎。原因如下：首先，和所有抽象的土著词语一样，该词的使用范围很广，语境不同，意思也不同，更有甚者，一个物体，可能有很多人声称对其拥有所有权，是它的托利；其次，对一件物品有完整的实际使用权的人，可能不会被允许称自己是这件物品的托利。下面，我将以独木舟的所有权为例，对这一点进行具体的阐述。

一艘独木舟只有一个托利，且为男性，他叫自己托利瓦加。有时，他的母系近亲，如兄弟和男性外甥，可能集体称自己为托利瓦加，但这是对这个词的滥用。现在，在土著人的心目中，仅仅能使用这一头衔就是非常高的特权了。关于特罗布里恩的这一社会心理特点，即他们典型的野心、虚荣心及对名望和赞誉的所有欲望，读者读了后面几页，就会非常熟悉了。对土著人而言，库拉和远航是那么重要，以致他们把独木舟的名字和其托利的名字联系在一起；他们会把托利的巫术法力和独木舟在航行和库拉中的好运联系起来；还会经常谈论某某人在这里那里航行，他的航行速度非常快，等等，在这里，他们用那个男人的名字来叫那艘独木舟。

现在，我们来看看这种关系是如何具体确定的。最重要的一点是，这种关系总是为酋长或头人个人所有。之前，我们对特罗布里恩人进行过简短的社会学描述，我们看到，村落社区总是服从于一名酋长或头人的权威。这些酋长或头人中的每个人，无论其权威覆盖范围仅是一个小的分支村落，还是整个地区，都有办法积累一定量的园圃产出，如果是酋长，数量会很可观，如果是头人，数量相对较少，但总是足以支付所有集体活动产生的额外花销。此外，他还占有浓缩形式的土著财富，即叫做瓦古阿的贵重物品。同样，头人占有的瓦古阿较少，大酋长则占有很多。但只要不是个小人物，必然至少有几把石刃、几条卡洛马（kaloma）腰带和一些库瓦（kuwa，小项链）。因此，在所有类型的部落活动中，酋长或头人能负担得起花销，并从整个活动中获取最大的利益。在独木舟一例中，我们看到，酋长是建造的主要组织者，也享有托利瓦加的头衔。

这一强大的经济地位与高等级或传统权威带来的直接权力相辅相成。对于一个小头人而言，他有这种直接的权力，则是因为他是一个大亲属群体（图腾氏族的亚氏族）的头人。经济地位和权力的结合使他能下令别人劳动并支付酬劳。

托利瓦加的头衔，除带来一般的社会荣誉外，还进一步意味着与拥有者个人相关的一系列明确的社会职能。

（1）首先是形式上的和礼仪性的特权。例如，托利瓦加有权在所有有关航行或造船的事宜中，做他自己社区的发言人。他依情况召集正式或非正式的议事会，提出何时航行的问题。但这种倡导权纯粹是名义上的，因为无论是造船还是航海，其日期都取决于外部原因，如与海外部落的互换情况、季节、习俗，等等。然而，该形式上的特权仅由托利瓦加一人享有，且受到土著人的高度重视。他是典礼的主人和领导者，是总发言人，在整个连续的造船过程中及对船的使用中，这一地位始终存在，我们将在库拉的所有礼仪阶段中看到这一点。

（2）对独木舟的经济性使用和由独木舟产生的经济利益并不只限于托

利瓦加一人。但他得到的份额最多。当然,在所有时候,他都享有参加库拉团的绝对优先权,每次收到的库拉宝物和其他物品都比其他人多很多,然而这是因为他的酋长或头人地位,也许不应该算作托利瓦加头衔带来的利益。但是,一个非常明确的不折不扣的个人好处是他能出租独木舟,并收取租金。当一个头人在某个季节无意航行时,可以把独木舟出租给另外一个着手远航的头人,通常后者属于另一个地区。这种情况经常发生,原因是租船的酋长或头人可能当时没能修好自己的船,或正在建造一只新船。租金叫托古纳(toguna),由一件瓦古阿构成。除此之外,租船者还要将在远航中获得的最好的瓦古阿库拉给出租者。①

(3)在独木舟的管理上,托利瓦加有确定的社会特权,具有明确的职能。例如,他选择自己的同伴,即谁在他的独木舟上航行,此外,对谁可能和他一起去远航,他还有名义上的选择权和拒绝权。但是,这一特权也因酋长自身受到的许多限制而大打折扣。例如,根据所有关于权利和法律的土著观念,酋长的维约拉(veyola,母系男亲属)对独木舟享有很强的权利。又如,如果一个上等人想参加,且托利瓦加对他没什么特别的不满,这时想把他排除在远航队之外,并非易事。但话说回来,如果一个人冒犯过酋长,与酋长交恶,他自己甚至都不会尝试想上船。关于这种情况,有众所周知的实际案例。另外一类有实际航行权的人是航海专家。诸如锡纳凯塔的沿海村落有很多航海专家,在内陆村落,如奥马拉卡纳,则很少。所以,在这些内陆村中,有些男人总随船出海,只要用到独木舟,他们就在上面;他们甚至在所有事关航行的事情中,都有很大的话语权,但他们从不敢称自己为托利瓦加,当有人这么叫的时候,他们定会否认。总而言之,酋长的选择权受到两个条件的制约:备选者的等级和他们的航海技术。随后,我们会看到他在航行中也有明确的职能。

(4)托利瓦加头衔包含的一个特殊特征是履行巫术职责。我们以后会明白,独木舟建造过程中的巫术由专家施行,但与航海和库拉关联的巫术则

---

① 租用马萨瓦(航海)独木舟的方法不同于惯常的捕鱼独木舟的租用交易。租用捕鱼独木舟时,把捕鱼收获的一部分作为租金,这叫尤瓦加(uwaga)。该词用于指所有租用物品的租金。例如,如果租用了渔网、打猎工具或用于沿海贸易的小独木舟,部分收益会被作为尤瓦加送出。

由托利瓦加施行。原则上，后者必须知晓独木舟巫术。巫术在其中的作用及与巫术关联的禁忌、礼仪活动和特殊习俗，将在对库拉远航进行的连续叙述中，一一清楚地呈现出来。

五

C 操控和驾驶独木舟时的社会职能划分

就这个问题，我们要说的不多，因为要理解这方面，必须对航行的技术细节有更多的了解，而我们将在后文（第九章第二节）才讨论这个话题，届时我们将说明独木舟上的社会组织情况。在这里，或许可以说，一些男人各自有明确的分工，并忠于职守。通常，每个人都各司其职，比如说，如果某人专门做舵手，船舵就总是由他来掌控。在托利瓦加之外，并没有一个职责、权力和责任明确的船长一职与之并存，永远是独木舟的所有人领导大家并发号施令，但条件是他自己是个好水手，否则就由船员中最出色的水手在困难或危险之际做决定。但是，通常每个人都知道自己的任务，一般情况下，都会执行自己的任务。

在此，我们须简要概括一下特罗布里恩群岛独木舟的具体分布情况。看看博约瓦地图，便知不同地区的航行机会并不相同，并非所有地区都能直接通向大海。此外，潟湖沿岸的渔村经常捕鱼和航行，自然就有更多机会来培养他们在航海和造船方面的技艺。实际上，我们发现蒂拉陶拉和库博马这两个内陆大区里的各村落对造船和航海一无所知，也没有独木舟。在基里维纳和卢巴，位于东海岸的各村落没有直接的通海航道，每村仅有一条独木舟，寥寥几个造船专家。而潟湖边上的一些村民都是很好的水手和出色的造船师。最好的独木舟建造中心都在瓦库塔和凯卢拉岛上，锡纳凯塔造船业也很繁荣，但程度逊于前者。基塔瓦岛是传统的造船中心。目前，最好的船只和最精美的独木舟雕刻都产自这里。基塔瓦岛实际上属于北马辛的东部分支，而非西部，但我们必须在这里提到它，因为博约瓦所有有关独木舟的神话和整个独木舟制造业都与基塔瓦有关。

目前，特罗布里恩群岛和基塔瓦大约有 64* 艘马萨瓦独木舟。其中，大约有四艘属于不参与库拉的北部地区，其余都是为库拉而造、用于库拉。在前几章中，我曾说过"库拉共同体"指的是作为一个集体一起参与库拉、一起进行海外远航并在彼此之间进行内陆库拉的村落群。现在，我们将根据其所属的库拉共同体对这些独木舟做如下归类。

基里维纳	8 只独木舟
卢巴	3 只独木舟
锡纳凯塔	8 只独木舟
瓦库塔	22 只独木舟
凯卢拉	大约 20 只独木舟
基塔瓦	大约 12 只独木舟
所有库拉共同体	60 只独木舟

我们必须把北部地区的独木舟也加上，才能达到 64，但那几艘独木舟从不用于库拉。然而在过去，仅是粗略地估算，独木舟的数量就超过现在数量的两倍。数量下降，首先是因为有些村落曾经有独木舟，但现在没有了，其次是因为相当数量的村落在几代之前消失了。大约在半个世纪之前，仅瓦库塔一地就有大约 60 只独木舟，锡纳凯塔至少有 20 只，基塔瓦有 30 只，基里维纳有 20 只，卢巴有 10 只。那时，当锡纳凯塔和瓦库塔的所有独木舟，再加上从安菲莱特群岛和特瓦拉加入的二三十只，一起向南驶向多布时，颇为壮观。

现在，我们要说说基里维纳独木舟的所有权情况，最重要的独木舟当然为奥马拉卡纳酋长所有。这只独木舟总是带领着船队，换句话说，在被叫作尤瓦拉库的大型礼仪性库拉航行中，它享有优先位置。平时，它就待在考卢库巴海滩上的一个大船棚中（见整版插图 22 和整版插图 30），海滩距村落约

---

* 原文本就如此：此处的总数（64）与各数字相加实际的总计（73）不一致。——译者

一英里远,每一只新独木舟都是在这里建造的。目前的这只独木舟(见整版插图 21 和整版插图 41)叫"尼加达布阿",意思是"祈求一颗槟榔"。每只独木舟都有自己的名字,有的名字就是表达某种恰当的含义,如上面的例子,有的则取自某次特殊事件。一只新独木舟造好后,常常会延用它前任的名字,有时也另取新名。奥马拉卡纳目前的独木舟由一位来自基塔瓦的造船大师所造,船头围板上的装饰图案也是由他雕刻的。现在奥马拉卡纳已经没人会造船和雕刻了。在独木舟建造的后几个阶段中,咒语本该由现任酋长托乌卢瓦念诵,但由于他记忆咒语的能力很差,就由他的一个亲戚代劳了。

基里维纳的所有其他独木舟都在船篷中,所有这些船篷都在东海岸干净的白沙滩上。每个村落的酋长或头人都是托利瓦加。奥马拉卡纳的子村落卡萨纳伊村的独木舟有个过分谦虚的名字:托克瓦布(类似"蹩脚的水手")。这只独木舟由酋长艾贝纳所造,同时他也是托利瓦加。他和托乌卢瓦的等级一样高,但权力较小。其他一些有特色的名字包括:"库亚马塔姆",意思是"照顾好你自己",含有"我会超过你"之意;利卢塔的独木舟名叫"西亚伊",是曾经关过利卢塔村民的政府机关的名字;"托普萨"的意思是"一条飞鱼";"亚格瓦乌"的意思是"衣衫褴褛之人";"阿卡姆塔乌"的意思是"我会吃人",因为这只独木船是多布食人族送的礼物。

目前,卢巴地区仅有三只独木舟,其中一只为等级最高的酋长所有,在奥利维勒威村,它是整个特罗布里恩群岛上最大的独木舟,其余两只在瓦韦拉村,分属两个头人,每人统治瓦韦拉村的一部分。整版插图 27 展现了人们正在重新捆绑其中的一只独木舟。

包含多个分支村落的大聚居地锡纳凯塔也有独木舟,大约有四个造船师兼雕刻师,那里几乎每个人都知道很多造船知识。瓦库塔的造船师更多,凯卢拉和基塔瓦也有很多。

第五章 瓦加的礼仪性建造

一

　　航海独木舟(马萨瓦)的建造与库拉的整个进程密不可分。我们曾说过,在所有参加库拉的村落里,马萨瓦独木舟的建造和修整,只和库拉直接相关。也就是说,一旦决定了要进行库拉远航,并定了日子,就必须对村中所有的独木舟进行全面检修,那些旧得不能再修的,必须被新的独木舟替代。全面检修和建造新船,仅在整个过程后期的各礼仪性阶段上稍有区别,因此本章的描述,对二者都适用。

　　对土著人而言,建造独木舟是库拉表演链上的第一个环节。从伐树的那一刻起到海外远航队归来,一连串的事件连续不断地、有规律地发生。不仅如此,我们还将看到,建造过程被各种巫术仪式中止和打断。有些仪式涉及独木舟,有些仪式则属于库拉巫术。于是,独木舟建造和库拉的第一阶段交错在一起。此外,独木舟的下水,特别是卡比吉多亚(以展示新船为目的的正式访问),一方面是独木舟建造的最后行为,另一方面是库拉行为。因此,当我们对独木舟的建造进行叙述时,也就踏上了由一连串事件构成的库拉远航的征程。任何省略了独木舟建造的库拉叙述都是不完整的。

　　本章将按照这些事件在部落生活中惯常发生的那样,逐一讲述。这些事件遵循习俗的命令和信仰的指示,后者的作用甚至较前者更为严格强大。阅读下面即将进行的连续描述时,我们需牢记各种活动背后明确的社会机制,及管理劳动和巫术的观念体系。在上一章中,我们描述了独木舟建造劳动的社会组织,我们应记得,独木舟的所有者、专家或专家们、一小伙帮手和整个社区都是社会要素,在劳动的组织和执行中具有不同职能。至于管理各种仪式的巫术观念,我们将在本章、后面几章及第十七章中进行分析。在这里,我们只需指出,这些巫术观念属于几个不同的体系。以飞行独木舟神话为基础的巫术体系与独木舟直接相关,其目的是从整体上赋予独木舟优良性能,特别是速度。另外一个巫术体系事实上是避邪术,针对的是土著人十分害怕的邪恶巫术(布卢布瓦拉塔,*bulubwalata*)。第三个巫术体系(在独木舟建造的过程中施行)是库拉巫术,以它自己的系列神话为基础,这类巫术的施行对象虽然是独木舟,但目的却是让托利瓦加在库拉交易中大获成功。最后,在建造伊始,还有一种针对邪恶树精托奎的巫术。

独木舟的建造分为两个主要阶段。两个阶段的工作性质、伴随的巫术和整体的社会学环境各不相同。第一阶段的工作是准备独木舟的各组成部件。把一棵树砍倒,将它修剪成一根原木,然后挖空,就做成了独木舟的躯干;之后,再准备舷板、船头围板、木竿和木棍。这些工作由造船师在几个帮手的协助下,缓慢悠闲地完成,帮手通常是造船师或托利瓦加的亲戚或朋友。这一阶段一般要持续很长时间,从两个月到六个月不等,做做停停,取决于是否要忙其他事情及心情。伴随第一阶段的咒语和仪式属于托奎巫术和以飞行独木舟神话为基础的巫术体系。雕刻装饰性船头围板,也属于这一阶段工作,有时由造船师完成,如果造船师不会雕刻,就由另外一个专家完成。

第二阶段的工作由紧张激烈的集体劳动完成。通常,这一阶段持续时间不长,加上工间休息,可能只有一两周,而整个社区干劲十足地进行实际的劳动,其实只有三到五天。首先要把舷板和船头围板接合在一起,不十分吻合的话,则需先修整,然后再将其接合和捆绑起来;接下来是接合和捆绑舷外浮架、填缝、涂色。船帆的制作也在这时完成,属于这个阶段。通常,独木舟的船体一次就可建成,大约花一天时间,包括:安装船头围板,调整肋材和舷板,然后将二者接合和捆绑。再用一天的时间安装浮木,并把舷外浮架和平台捆绑起来。填缝和涂色一次就可完成,也可能分三次完成,制作船帆需要再用一天的时间。这些都是大概的时间,因为独木舟的大小和参与集体劳动的人数会有很大的差异。独木舟建造第二阶段中施行的巫术是库拉巫术和一系列施行在独木舟身上的避邪术,由独木舟的所有人施行,而非造船师或专家,然而后者指导整个进程中的技术细节,其他村落来的造船师会帮忙、给他意见,航海专家、托利瓦加和其他重要人物也会帮忙、给意见。捆绑独木舟时,用的是一种叫瓦尤戈*的特别结实的蔓生植物,伴随的巫术或

---

* 土著人用这种植物捆绑独木舟时,它的作用相当于绳子,所以在其他地方译为藤绳。——译者

许是最重要的飞行独木舟巫术仪式和咒语。

二

决定要建造瓦加后,必须选择一棵适合做独木舟的树。这在特罗布里恩群岛并非易事,因为岛上的整个平原都已被开垦为园圃,只有环绕的珊瑚脊上还有小块小块的沃土,仍然覆盖着丛林。必须在那里找到树,砍伐,再运回村里。

一旦选好了树,托利瓦加、造船师和几个帮手便会赶到那里。他们伐树前,必须举行一个预备性仪式——在树干上切一个小口,然后,在切口里放一点食物或槟榔,这是给托奎(树精)的供品,然后巫师念诵下面这个咒语:

瓦布西托奎咒语

"下来,噢,树精,噢,托奎,树枝中的居住者,下来! 下来,枝杈中的居住者,嫩枝中的! 下来,来,吃! 到那边你的珊瑚露头上去,挤在那里,聚在那里,在那里吵闹,在那里尖叫!"

"从我们的树上走下来,老头们! 这是一艘被人说坏话的独木舟,这是一艘让你感到羞愧而离开它的独木舟,这是一艘你被驱赶出来的独木舟! 日出之时和早晨,你帮我们砍伐独木舟;这是我们的树,老头们,放手,让它倒下吧!"

这段咒语虽是意译,但却尽量逐字贴近原文,意思比一般的特罗布里恩巫术咒语清楚得多。在第一部分中,用各种名字召唤托奎,邀请他离开其住所,搬到其他地方去,自在舒服地待在那儿。在第二部分中,用了几个词修饰独木舟,表示的都是失礼的举动或凶兆,这样做,显然是为了将托奎从树上赶走。在博约瓦,约巴(*yoba*),即"赶走",在很多情况下,都是奇耻大辱,有时还要立刻服从。如果驱赶者属于当地某个村落的亚氏族,而被驱赶者不是,则总是如此。约巴永远都是相当严厉的举动,人们从不会轻率地使用,上述咒语含有这些社会学联想。该咒语也使用了土著人典型的预见性的讲话方式,把树称为"独木舟"(瓦加)。

这段咒语的对象，每个字都说得非常清楚，土著人也说把托奎赶走是绝对必要的，这也证实了该施咒对象就是托奎。但是，如果托奎没被赶走会发生什么，传统并未明确说明，我们也无法从咒语或仪式中解读到。一些资料提供者说独木舟会变得很重，还有一些人说木头上会到处是节，独木舟会有孔，或者很快就会腐烂。

虽然土著人不能很好地解释驱赶的根据，但他们相信托奎具有邪恶的影响力，相信他的出现会带来危险，这与我们在土著信仰的描绘中看到的托奎的总体性质是一致的。总的来说，托奎是有害的生灵，不过，他做的坏事不过是些让人不悦的小把戏——突然吓你一跳、把人射疼或是偷窃，很少有更严重的。托奎住在树里，或是珊瑚石里和巨石里，通常是在沿海山脊上的雷布瓦格（raybwag），即原始丛林里，因为那里到处都是珊瑚露头和岩石。虽然托奎可以随意隐身，但还是被有些人看见过。他的肤色是棕褐色的，如博约瓦人一样，但是，他的头发很长很光滑，还长着长长的胡须，时常在夜里出来吓唬人。虽然人们很少见到他，但时常听到从大树的树枝里传来他的哭号声。有些树上住的托奎显然多于其他树上的，因为你很容易就能听到他们。有时，土著人会对那些经常传来托奎的哭号声并让人们受到惊吓的树施行上面讲过的咒语和仪式。

在与人接触时，托奎令人生厌，他们常在夜里出来并偷东西。发生过很多这样的情况：人们似乎看到一个男人正从仓房里偷甘薯，但走近时，瞧，那人消失不见了——他是托奎。此外，托奎还会引起一些小病，如，身体内的射痛感、戳痛感和刺痛感通常都是托奎引起的，因为他懂得法术，能把锋利带尖儿的小物体插入人体。幸运地是，有些男人懂得把这些东西取出来的法术。当然，根据妖术的一般规则，这些男人也懂得如何让人得上同样病痛的法术。过去，托奎向一些男人同时传授了害人的和行善的法术，从那之后，这种妖术和相对应的治愈方法就一代代地传了下来。

现在让我们回到独木舟旁边吧。举行完仪式后，就开始伐树。过去，当土著人还在使用石器时，伐树必定是个费力的过程，一些人挥舞石斧砍树，其他人则忙着重新打磨已经变钝或磕了豁口的刀刃。那时的做法更像是把木头一小片一小片地啃掉，一定要用很长时间才能砍出一个足够深的口子让树倒下来。树被砍倒后,要在原地进行初步修剪。先砍掉枝叶,再砍取一段长度合适的原木,然后把这段原木砍成大致的独木舟的形状,目的是让它尽可能轻,因为做完这些后,就要把它拉到村里或海滩上去。

运输原木并非易事,因为雷布瓦格所在的地方地势高低不平,到处都是岩石,路况非常差。于是,每隔几米,就要在路上放几根木头作为滚木,比直接在岩石和崎岖不平的地上拉更容易。尽管如此,尽管召集了很多男人来帮忙,拉原木的工作仍非常繁重。男人们得到的劳动酬劳是食物:把猪肉做熟,和烤甘薯一起,分给人们;工间休息时,他们还会通过喝青椰子汁和嚼甘蔗来提神。这种食物礼物是在劳动的过程中给集体劳动的酬劳,叫皮尤瓦亚(puwaya)。说起工作有时非常繁重时,土著人会用他们那种典型的形象化方式说道:

"猪肉、椰子汁、甘薯,都吃光了,但我们还在拉——非常重啊!"

这时,土著人会向巫术仪式求助,让独木舟变轻。他们把一片干香蕉叶放在原木上,独木舟的所有者或造船师用一束干白茅草敲打木头,念诵如下咒语:

凯芒瓦乌咒语

"下来,下来,因接触粪便产生的污秽!下来,因接触垃圾产生的污秽!下来,重量!下来,腐烂!下来,菌类!……"等等,召唤变质的、污秽的东西和被打破的禁忌离开木头。换言之,就是把因巫术原因产生的重量和迟缓从木头中赶出去。

之后,这束叫做芒瓦乌(momwa'u)或"沉重之束"的草被仪式性地扔掉。然后,再用另外一束被烤干的长白茅草敲打木头,这束草叫加加比尔(gagabile),意思是"轻灵之束"。这个仪式的意思非常清楚:第一束草吸走木头的重量,第二束草则赋予木头轻灵。两个咒语都用简单的语言传达了这个意思。用加加比尔敲打木头时念诵的咒语内容如下：

凯加加比尔（KAYGAGABILE）咒语

"他没能超过我"（重复多次）。"独木舟快得颤动起来"（重复多次）。之后说的几个词语无法翻译，然后是一长串祖先的名字。"我鞭打你啊，树；树飞起来；树变得像一阵风；树变得像蝴蝶；树变得像棉絮。一个太阳"（指时间）"给我的同伴，正午的太阳，落山的太阳；另一个太阳给我——"（这里说出念咒人的名字）——"升起的太阳，（升起的）太阳的光芒，打开船棚（之时），启明星升起（之时）!"最后一部分的意思是：我的同伴在日落之时才到达，而我则在太阳升起的时候到达——说明我独木舟的速度远远超过他们的。①

这个咒语既是为了让原木变轻，以便现在把它拉到村子里，也是为了让日后做成的瓦加速度更快。

原木最终被运回村里，并放在村中的主要活动场所，即中心空地巴库上之后，用来拉原木的蔓生植物不会被马上砍掉。当蔓生植物用于该用途时，土著人把它叫做杜库（duku）。他们在随后一天的早上才进行砍绳仪式，有时甚至要过两三天后才进行。那时，全村的男人都聚集起来，负责挖空木头的造船师[托塔伊拉瓦加（tota'ila waga），"独木舟的砍割者"]会施行一个巫术仪式。他手拿锛子（利戈古，ligogu），用一片干香蕉叶在刀刃上包裹些又轻又细的香草，干香蕉叶本身就代表着轻灵。他只用干香蕉叶包一半，这样就会留一个大口子，气息和声音就能自由地碰到香草和锛子的刀刃。对着这个开口，巫师开始吟诵下面这个长咒语：

卡皮图内纳杜库咒语

"我将挥手让他们回去（意思是不让所有其他独木舟超过我）!"重

---

① 该咒语及后面一些咒语里括号中的词语是我自己添加的。为了让英文译文表意清晰，这些添加是必要的。添加的词语虽未直接出现在土著原文中，却是上下文暗含的意思。

复多次。"在锡亚山之巅；托库纳的妇女；我的母亲是女妖术师，我自己是男妖术师。它冲向前去，它飞向前方。独木舟身体轻盈；漏兜树飘带随风飘扬；船头在海浪上滑翔；装饰性的围板跳跃，如海豚一般；塔布约(*tabuyo*)（小船头围板）破浪前行；拉金(*lagim*)（横向船头围板）破浪前行。汝沉睡于大山中，汝沉睡于库亚瓦岛（Kuyawa Island）。我们将点燃一小堆白茅草篝火，我们将燃烧香草（也就是，在我们在山上的目的地上）！无论是新还是旧，汝直冲向前。"

这是该咒语的绪言。绪言之后，是一段很长的正文，其行文极具特罗布里恩巫术的特点，类似连祷文，一个关键词与一系列词语搭配，重复出现；然后，再换上第二个关键词，再与那一系列的词语搭配一遍；然后，再换上一个新的关键词，依此类推。于是，我们看到，咒语由两个词语系列构成：第一个系列中的每个词分别与第二个系列中的所有词语搭配，重复数遍，如此一来，虽然构成咒语的词语数量有限，但咒语本身大大延长，因为咒语的长度是两个系列长度的总和。在短咒语中，可能仅有一个关键词，事实上，这是更常见的类型。在上面这个咒语中，第一系列词语由表示独木舟不同部分的名词构成，第二系列是动词，如：砍、飞、快速行驶、穿过其他独木舟船队、消失、在海浪上滑翔。于是就形成了下面这样的连祷文："我的独木舟的船尖动起来，我的独木舟的船尖飞起来，我的独木舟的船尖快速行驶起来……"吟诵完连祷文式的正文后，巫师再次吟诵绪言，然后用经常使用的拟声词塞迪迪迪(*saydididi*)作为结束语——该拟声词模仿的是女巫飞行时的声音。

巫师对着香草和锛子的刀刃念完这个长咒语后，用干香蕉叶把刀刃包起来，这样，巫术效力就被封在刀刃的周围了，然后，巫师用这把锛子敲击并砍断杜库（用来拉独木舟的蔓生植物）。

到此，巫术还未结束，因为在同一天晚上，当他们把初具形状的独木舟放在横向滚木（尼加库卢，*nigakulu*）上时，还须举行另外一个仪式：在滚木和初具独木舟形状的大原木之间放些香草，并对着香草念诵另外一个咒语。

为了避免在叙述中列举太多的巫术文本，在此，我不再详细引述该咒语。该咒语的措辞清楚地表明它是速度巫术，咒语简短而直接，没有替换重复。

此后的日子里，都是打造独木舟船体的外部。须把船体的两端削尖，把底部削平滑。做完这些后，把独木舟翻过来，让它处于正常的位置，即船底朝下，要开口的部分朝上。在开始挖空之前，必须对卡维拉利（kavilali）念诵另一个咒语。这是一种用来挖空原木的特殊的利戈古（锛子），其手柄上有一个部分可活动，砍削时可以与敲击平面形成不同的角度。

这个仪式与飞行独木舟神话密切相关，该神话起源于基塔瓦岛上的库达尤里（Kudayuri），咒语多次暗指该神话。① 咒语的绪言很短，包含几个不可翻译的巫术词语，还有一些地名。绪言之后，正文如下：

利戈古咒语

"我会紧握锛子，我会砍下去！我会进入我的独木舟，我会让你飞翔，噢，独木舟，我会让你跳跃！我们会飞起来，如蝴蝶一般，如风一般；我们会消失在迷雾中，我们会消失得无影无踪。你会穿过卡丁瓦图海峡（the straits of Kadimwatu）（位于特瓦拉岛和乌瓦马岛之间），你会劈开萨兰瓦岬角（the promontory of Saramwa，多布附近），穿过洛马海道（位于道森海峡），在远方消失，随风消失，随雾消失，不见踪影。冲出你的海草（即朝着海岸前行），戴上你的花环（很有可能暗指海草），以沙为床。我转过身来，看到瓦库塔人、基塔瓦人在我身后；我的大海，皮洛卢（Pilolu）海湾（即特罗布里恩群岛和安菲莱特群岛之间的海域）；今天，库达尤里人将点燃他们的篝火（在多布的海岸上）。束起你的草裙，噢，独木舟"（这里说出独木舟的名字），"飞吧！"最后这一句含蓄地暗示，独木舟具有飞行女巫的某些特性，根据库达尤里的神话，就应该如此。

在这之后，造船师开始挖空原木。这是一项费时费力的活计，需要很多

---

① 参照第十二章第四节。

技巧，特别是到最后时，必须使挖空原木的壁足够薄，木头被挖走后，整个表面必须均匀平坦。因此，虽然最初时，造船师常常会用几个帮手——他的儿子们、兄弟们或男外甥们，他们在帮忙的同时也学习这门手艺——但到最后，他必须自己一个人干活儿，因此这个阶段总是持续很长一段时间。经常一连几星期，独木舟都原封不动地躺在那儿，上面盖着棕榈树叶遮阳，里面装些水防止船身干裂（见整版插图25）。然后，造船师再干上几天，之后再歇歇。几乎所有村落在建造独木舟时，不是在村里的中心空地上，就是在造船师的房前进行。东部的一些村落则在海滩上挖空木头，这样就不用把沉重的木头从村里拉进拉出了。

在挖空这一过程发生的同时，独木舟其他部件的制作也在进行中，以便接合。四条又宽又长的舷板形成船舷；将L形木头削成肋材；准备好长木杆，用于纵向支撑肋材，并构成平台的椽；做好短木杆，用作平台的横木和舷外托架的主体支撑；再准备小木棍，用于把浮木连接到平台的横木上；最后，用一根又长又粗的原木做浮木。这些是独木舟的主要构成部件，都由造船师做。如果造船师会雕刻，四块船头围板也由他来做，如果他不会，则须由另一个专家做（见整版插图26）。

备好所有部件后，还须举行一个仪式，叫"卡皮图内勒纳诺拉勒瓦加（*kapitunela nanola waga*）"，意思是"切断独木舟的想法"，这一表述的意思是改变想法、一个最后的决定。这里指独木舟下定决心要快跑。咒语很短，开头有几个晦涩难懂的词，然后是几个地名，都是当特尔卡斯托群岛上的一些地方。咒语是对着几滴椰子油念诵的，念完后，椰子油被包裹起来。之后，要对着利戈古的刀刃念诵同一个咒语，并在刀刃上包一片干香蕉叶，和之前描述过的包裹方式一样。然后，船底朝上，把包了椰子油的包裹放在船底上，用锛子敲击。这个仪式完成后，就可以接合各部件了，独木舟建造的第一阶段结束了。

三

如前所述，两个阶段的劳动性质、社会学环境和礼仪环境各不相同。目前，我们看到仅有为数不多的男人参与伐树、挖空和制作独木舟各部件。他们或坐在房前人来人往的褐色土地上，或坐在村里的中心空地上，辛勤干活儿，却并不着急，慢条斯理地，干干停停。第一阶段的第一个任务，即伐树，把我们带到了高高的丛林和错综复杂的灌木丛里，它们绕着奇形怪状的珊瑚岩攀爬生长，像是岩石的装饰物一般。

现在，第二阶段开始了，场景转换到白雪般洁白无瑕的珊瑚岛沙滩上，在那里，众多土著人身著节日盛装，聚集在新近削磨好的独木舟船体旁。雕刻好的船头围板被涂上了黑色、白色和红色，棕榈树和丛林仿佛是镶嵌在沙滩上的一道绿边儿——所有这些使得本就鲜明生动的场景愈发鲜艳夺目。这就是我在特罗布里恩岛东海岸上看到的独木舟建造场景，至今令我难忘。在锡纳凯塔，看不到蔚蓝宽阔的海域，看不到海水在岸边礁石上形成的白色泡沫带，也看不到清澈的浪花拍打沙滩，那里的泻湖是一种沉闷模糊的褐色和绿色，近岸处的湖水则呈翠绿色。

现在，让我们想象一下，当一切准备就绪，当酋长或头人的召集令传遍邻村，土著人把挖空的原木从村里运送到上述两个场景中的其中一个去。如果发出召集令的是个大酋长，就会有几百个人聚集起来，或是来帮忙，或是来观看这场盛会；如果造船的是个小社区，其头人是个二等头人，则仅有几十人会来，包括头人、其他重要人物及他们的姻亲和近友。

做好了独木舟的船体和所有部件后，接下来的进程由一个叫"卡图利利瓦塔布约（*Katuliliva tabuyo*）"的巫术仪式开启。对库拉巫术，土著人有专门的叫法，即姆瓦西拉。该仪式即属于库拉巫术，与之相关联的行为是把具有装饰效果的船头围板插入独木舟两头的槽中。接合时，最先安装的就是这些具有装饰效果的围板，且这一动作有仪式相伴。首先，把围板放入槽里时，在围板下插入几个薄荷嫩枝；然后，托利瓦加（独木舟的所有者）用一块从多布输入的特殊的石头捶打围板，并仪式性地重复念诵一个属于姆瓦西拉的咒语。薄荷（苏伦沃亚，*sulumwoya*）在姆瓦西拉（库拉巫术）、爱情巫术及美容巫术中都有重要作用。为了诱惑、勾引或说服某人而要对某个东西施加咒语时，通常会用苏伦沃亚。几个神话故事也提到了薄荷，作用相似，即神话中的英雄总是通过使用苏伦沃亚来征服敌人或赢得女子的芳心。

在这部分的叙述中，我只会再列举一个最重要的巫术咒语，不再列举其他,因为即便只是对每个咒语稍作总结,也会妨碍叙述,会使各种活动的连续性叙述的脉络变得模糊不清。本书第十七章将详细阐述巫术礼仪和咒语的各种复杂之处,但是在此我想指出,独木舟建造过程中施行的巫术,不仅类别不同,如有姆瓦西拉(库拉巫术)、速度巫术、针对邪恶巫术的避邪术和针对托奎的避邪术,而且在每一类别内,还有不同的巫术体系,每个体系都有自己的神话基础,其发源的地区也各不相同,不同体系的咒语当然不同,仪式也稍有不同。①

装上船头围板后,下一个小技术活儿开始前,须进行另外一个巫术仪式。现在,因装上了三色船头围板而鲜艳夺目的独木舟船体会被推入水中。独木舟的所有者或造船师对着从一种叫做博比乌(*bobi'u*)的灌木丛摘下来的一把叶子施法,再用这些灌木丛叶蘸着海水清洗独木舟的船体,所有男人都参与其中。这个仪式旨在祛除对瓦加施行完之前的所有巫术后,仍可能存留的任何邪恶力量。擦洗完后,瓦加被重新拉回到岸上,放在滚木上。

现在,土著人到了其工程的主要建造阶段,这也是最重要的建造阶段,包括在挖空原木的两侧竖起舷板,以形成又深又宽的船舱。舷板由放在船内的肋材架固定,肋材的数量从12对到20对不等。所有这些都由一种叫瓦尤戈的蔓生植物做藤绳来捆绑固定,孔洞和缝隙则由一种树脂物质填住。

在此,我无法详述如何将各部分组装在一起的细节,但从技术上看,这是最有意思的阶段,可以向我们展示土著人如何处理造船过程中出现的实际问题。面对一整套组成部件,他必须相当精确地将它们组合起来,但他却没有任何精确的测量工具。他借助自己的长期经验和精湛技术,粗略估计舷板的相对形状和尺寸、肋材的角度和大小、各种木杆的长度。每做完一样东西,就对它们进行初步的检测和接合,通常都没什么问题,但是当要把这些组成部件最终都接合起来时,几乎总有不合适的地方,于是就要进行细节上的调整,从船体上拿掉一点儿,把某个舷板或某个木杆削短点,有时甚至

---

① 第十七章第四节对所有这些进行了详细的阐述。

需要多加一块。土著人非常善于捆绑，无论是舷板太短，还是不小心折断了，总能通过捆绑的方式给它接上一块。所有这些严丝合缝地装好后，就把肋材架放进独木舟里（见整版插图27），将它和独木舟的船体及两根纵向的木杆捆绑固定在一起，再把肋材插到这两根木杆上。

现在我们必须说说瓦尤戈，即用作捆绑藤绳的蔓生植物。仅有一种蔓生植物被用于捆绑船只。最重要的是，作捆绑之用的蔓生植物必须结实牢固，因为要保持各部分的结合力，完全靠它，并且在恶劣的天气条件下，船只是否结实，在很大程度上取决于捆绑之处是否能经受得住风浪。独木舟的其他部分——舷外托架的木杆——则更容易测试，并且由于做这些木杆的木头结实而有弹性，所以通常能很好地经受住任何天气情况的考验。这样一来，独木舟的危险和不确定因素主要是藤绳。难怪土著人因此把藤绳巫术视为独木舟建造过程中最重要的仪式之一。

事实上，瓦尤戈，即那种蔓生植物的名字，也被用作独木舟巫术的统称。当人们都知道一个男人建造了或拥有一只又好又快的独木舟，对此进行解释时，常用的方式就是说他有抑或知道"一个好瓦尤戈"。之所以这样说，是因为像其他所有巫术一样，瓦尤戈咒语有不同的体系，但它们的仪式总是差不多一样：在前一天，独木舟的所有者自己把五盘藤绳放在一个大木盘子上，在自己的棚屋里对着它们念咒，只有在非常特殊的情况下，该巫术才能由造船师施行；第二天，这些藤绳被仪式性地用木盘托着，送往海滩。在其中一个瓦尤戈体系中，还要再加一个仪式，即托利瓦加（独木舟的所有者）拿一段藤绳，将其插入船舷边上为捆绑而穿的一个孔里，来回拉动，再念一遍同样的咒语。

考虑到这个巫术很重要性，我将引述该咒语的全文，包括一段绪言（尤乌拉，*u'ula*）、两段正文（塔普瓦纳，*tapwana*）和一段结束语（多吉纳，*dogina*）。①

瓦尤戈咒语

在尤乌拉中，念咒者首先重复"神圣的（仪式性的）吃鱼，神圣的内

---

① 要彻底理解该咒语的意思，须熟悉有关独木舟建造及有关库拉的神话（第十二章）。

部",以此方式暗指托利瓦加在这个巫术中须仪式性地吃烤鱼这一信仰。之后的词语是——"飘扬,蒌叶藤,留在后面",都与独木舟巫术的主要观念——漏兜树飘带的飘扬——相关联;槟榔,在其他仪式中邀请祖先的灵魂来分享;速度把所有同伴都留在后面!

之后是一串祖先的名字,其中有两个很有可能是神话人物,其名字是具有象征意义的"波涛汹涌的大海"和"白浪滔滔"。然后,这些祖先的巴洛马(baloma,灵魂)被邀请坐到独木舟的滚木上并嚼蒌叶,并祈求他们把库达尤里——在基塔瓦,是飞行独木舟巫术的发源地——的漏兜树飘带,拿到弗格森东海岸附近的特乌拉或特瓦拉小岛的山顶上种植。

然后,巫师吟唱道:"我将转身,我将转身面向你,噢,基塔瓦男人们,你仍在后面,在托乌鲁(To'uru)的海滩上(在瓦库塔泻湖中)。你的面前是皮洛卢海湾。今天,他们点燃库达尤里的节日篝火,汝,哦,我的船"(这里说出船的名字)。"束起汝之短裙,飞吧!"这段咒语与之前引述的利戈古咒语中的一段几乎一样——直接暗指了库达尤里神话和节日篝火的风俗。独木舟再次被称呼为女性,需要在飞行时束起草裙,暗指飞行女巫飞向空中时束起裙子的信仰,及该神话起源于会飞的库达尤里三姐妹之一娜乌库瓦库拉的传统。接下来的正文继续暗指这一神话故事:娜乌库瓦库拉从基塔瓦飞,穿过锡纳凯塔和凯卢拉,抵达锡姆锡姆岛(Simsim)后安顿下来,将巫术传与她的后代。在这个咒语中,三个地名,即库亚瓦(锡纳凯塔附近的海湾丘)、迪库图瓦(凯卢拉附近的一块岩石)、拉乌(一块裂开的岩石,位于劳森塞群岛之锡姆锡姆岛附近的海域里),是塔普瓦纳的关键词。

绪言的最后一句是从绪言到塔普瓦纳的过渡句,行文如下:"我会紧握锛子的手柄,我会紧握独木舟的所有组成部件"——或许是暗指有关库达尤里独木舟建造的神话故事(参照第十二章第四节)——"我会在库亚瓦的上空飞翔,我会消失;消散在雾里,在烟里;像旋风一样,独自一人——在库亚瓦的上空。"之后,把库亚瓦依次换成上面提到的另外两个地方,和同样的词语各重复一遍,以此方式重行了娜乌库瓦库拉的飞行路线。

然后,巫师从头重复咒语,直到这一句:"束起汝之短裙,飞吧",之后接第二段塔普瓦纳:"我会用我的船底把所有的同伴留在后面;我会用我的船头围板把所有的同伴留在后面,等等,等等",用独木舟的所有部件重复这种预言性的自吹自擂,巫术咒语的正文部分经常如此。

在多吉纳,即最后一部分中,巫师用神话中的措辞称呼瓦加,暗指库达尤里神话,并加上:"独木舟,汝乃鬼魂,汝像旋风;消失,我的独木舟,飞啊;穿过卡丁瓦图海峡,劈开萨兰瓦岬角,穿过洛马;远去,消失,和旋风一起无影无踪,和雾一起无影无踪;在沙子上留下你的印迹,穿过海草,去,戴上你那芳香的香草花环。"①

举行完瓦尤戈仪式,开始捆绑独木舟。首先,将所有的肋材捆绑到位置上,而后是舷板,这样,独木舟的船身就做好了。这部分工作所费时间各异,取决于参与劳动的人数及最后接合时进行吻合调整的工作量。这一步有时要花一整天时间,这样一来,下一步工作即制作舷外浮架,就不得不推延到第二天。在干第二步里各项技术活的过程中,不穿插任何巫术。把用作浮木(拉米纳)的大实心原木放在独木舟旁边,在上面插上一些尖头的短木棍,呈交叉状排列,再把这些木棍的顶端连到一些横向的木杆上,然后,把这些木杆穿过独木舟的一侧,连到另外一侧。所有这些自然还要进行调整和接合。把这些木棍和木杆绑在一起后,就形成了一个结实而灵活的构架:独木舟和浮木是平行的,若干横向的木杆将它们连接在一起。接下来,在这些横向木杆之间搭上许多纵向木棍,捆绑起来,这样就在独木舟的边缘和插在浮木上的木棍顶端之间形成一个平台。

完成这一步后,独木舟的整体构架就已成形,只剩填塞洞孔和缝隙了。填缝前那一晚,托利瓦加在自己棚屋中准备填缝材料,并对其施咒。第二天,整个社区的人再次全体出动,用一天的时间完成这项工作。

现在,独木舟已经可以下水了,只差涂色,而涂色只是为了装饰。但是,

① 参照第十八章中对这一咒语的语言分析。

在涂色和下水之前,还须举行三个巫术仪式。这三个仪式都直接与独木舟有关,旨在赋予独木舟速度。同时,三个巫术仪式都是对付邪恶力量的避邪术,这些由各种污秽和被破坏的禁忌带来的邪恶力量,可能已经对瓦加造成了不良影响。第一个仪式叫瓦库苏卢(*vakasulu*),意思有点像独木舟的"仪式性烹饪"。托利瓦加要准备一个真正的女巫魔法锅,在里面放上各种东西,然后放在独木舟船底之下,他们认为燃烧产生的烟能赋予速度、清除邪恶力量。放入锅中的东西有蝙蝠翅膀、一种叫波西西库(*posisiku*)的小型鸟的巢穴、一些干欧洲蕨叶、一点棉絮和一些白茅草。所有这些东西都意味着飞行和轻灵。用于点火的木头,是木质很轻的含羞树(利加,*liga*)的细枝。用来打落细枝的必须是一块木头(从不用石头),当折断的细枝落下来时,必须用手接住,不能碰到地面。

第二个仪式叫瓦古里(*vaguri*),只是一个避邪术,包括先对一根棍子施法,再用这根棍子把独木舟浑身敲打一遍。这个仪式可以驱赶邪恶巫术(布卢布瓦拉塔)。至于邪恶巫术的施行者,唯一明智的猜测是某些心存羡慕的对手,或某些嫉妒托利瓦加的人。

第三个仪式叫卡塔佩纳瓦加(*Kaytapena waga*),先对着点燃的椰子叶火把施咒,再用火把的烟熏独木舟的内部,目的是赋予速度,并再次对独木舟进行清洁。

再过几天,整个独木舟的外部都涂上三种颜色。涂色时,对每种颜色,都要施以专门的咒语,其中最重要的是对黑色施咒,这一步从不会省略,而是否对红色和白色施咒,则是可以选择的。在对黑色施咒的仪式中,需再次把干欧洲蕨叶、草和波西西库鸟的巢穴混合在一起,然后和椰子壳一起被烧焦烧黑。涂黑色时,头几笔用的染料就是上述混合物,之后就用掺了水的椰子灰。红色染料用的是从当特尔卡斯托输入的一种赭石;白色染料则由白垩土制成,可在海岸上的某些地方找到这种土。

制作船帆是一项集体劳动,要单独花一天时间,通常是在村子里完成。由于有很多人帮忙,这项乏味而复杂的工作所耗时间相对较短。首先,用桩子在地上标出船帆的三角形轮廓,通常都用旧船帆做底样。之后,把一条条干漏兜树树叶条(见整版插图28、整版插图29)平铺在地上,沿着船帆的三条边固定好,再从三角形的顶点向底边平铺漏兜树树叶条,呈散射状。然后,用狐蝠的骨头做锥子,用极为坚韧的漏兜树树叶做线,把它们缝合起来。缝制船帆时,要铺两层叶子,从而使船帆更结实。

四

现在,独木舟已经完全做好了下水的准备。但是,在描述下水礼及其相关活动之前,我们还须大致回顾一下刚才描述的过程。

独木舟建造的整个第一阶段,即伐树、挖空原木、准备独木舟的组成部件及与这一切相关联的巫术,只有在建造新船时才会进行。

第二阶段却是所有独木舟在进行盛大的海外库拉远航前必经的过程。要进行库拉远航时,所有的独木舟都须重新捆绑、重新填缝、重新涂色。这显然需要先把独木舟拆卸开来,然后再对其捆绑、填缝和涂色,完全和建造新船一样。然后,按正确的顺序,将伴随这三个步骤的所有巫术,施行在翻新的独木舟上。因此,我们可以这样说,不仅独木舟建造的第二阶段总和库拉关联在一起,而且大型远航发生时从不会没有第二阶段。

我们已经描述过各巫术仪式,并明确说明了暗含在每个巫术仪式中的观念,但关于巫术仪式,还有一两个普遍特点,不能不提。第一就是巫术仪式的"礼仪维度(ceremonial dimension)",也就是说,如果社区成员参与了仪式的举行,他们参与的程度如何?是积极参与,还是仅仅作为感兴趣的观众给予热切关注,抑或,他们虽然出现了,但并没太关注、只是表现出了稍许的兴趣而已?

在独木舟建造的第一阶段中,巫术仪式都由巫师自己完成,仅有几个人帮忙,村民们并没多大的兴趣想去帮忙,习俗也没规定他们必须去帮忙。总体上看,这些仪式更像技术活儿,而非仪式。以利戈古巫术为例,准备香草和对香草施咒都是按部就班地进行,如例行公事一般,从巫师和碰巧围在他身边的人的行为中,看不出这个例行仪式有什么特别有趣之处。

第二阶段的仪式实际上(*ipso facto*)由所有参与接合和捆绑的人参加,但总的说来,他们在仪式中并没有专门的任务。至于他们在巫术施行过程中表现出的关注度和行为，当然在很大程度上取决于执行巫师是非常重要的酋长还是只是某个普通人。但无论巫师是谁，参与的人都需举止有礼，甚至要保持沉默。然而，如果他们想走，大可转身离去。巫师并不像主持一个庄严仪式的大牧师，倒像忙于某个重要活计的专业技工。要记住，所有仪式都很简单，即便是在公众场合，巫师吟唱咒语时，声音也很小，说得很快，完全听不出来在说什么。此外，填缝和瓦尤戈仪式，至少在某些巫术体系中，都在巫师自己的棚屋里进行，没有任何人参与，黑色染料的施咒仪式亦是如此。

另外一个重要的普遍特点可被称为巫术仪式的严格性。例如，在独木舟巫术中，托奎驱赶仪式、切断拉绳的仪式、锛子（利戈古）仪式、藤绳（瓦尤戈）仪式、填缝仪式和黑色染料的施咒仪式，从不能被省略，其他仪式则可有可无，不过，其中的一些通常都会施行。但是，即便是那些被视为是必不可少的巫术仪式，在土著神话和土著观念中，也并非同样重要，这一点从土著人的行为和他们谈论这些仪式的方式中展露无遗。例如，对独木舟巫术的统称，或是瓦尤戈，或是利戈古，由此可见土著人认为这两个咒语最重要。一个男人会说他的瓦尤戈比另外一个男人的好，或他的利戈古是他父亲的真传。此外，我们在后文会看到，独木舟神话也明确地提到了这两个巫术仪式。虽然，托奎驱赶仪式总会进行，但土著人明确地认为它没那么重要，填缝巫术和黑色染料巫术亦如此。

还有一个特点，虽没那么普遍，但却很有意思，涉及的是邪恶巫术（布卢布瓦拉塔）和被打破的禁忌。我曾不得不提及针对邪恶巫术和被打破的禁忌的避邪术，现在必须再说说它们。布卢布瓦拉塔一词，指所有类型的邪恶巫术或魔法（witchery）。有作用于猪的邪恶巫术，让它们逃离主人，跑到灌木丛里；有用于离间妻子或心上人的爱慕之情的布卢布瓦拉塔；有破坏园圃的邪恶巫术；还有阻止降雨、导致干旱和饥荒的邪恶巫术——这恐怕是最让人害怕的邪恶巫术。破坏独木舟的邪恶巫术，使独木舟变得又慢又沉，经不起风浪，也很让人害怕。很多男人声称知道这一邪恶巫术，但民族志学者却很难获取咒语，我只成功地记下一个。该邪恶巫术总是由独木舟的所有者施行，他们认为被施加该巫术的船只是自己船只的危险对手。

许多禁忌都与已经造好的独木舟有关,我们讲到独木舟的航行和操控时,会讲这些禁忌。但是,在船造好之前,用于建造独木舟的原木上的任何不洁之物带来的任何污秽都会使独木舟变慢变差;任何人在原木上行走或站立,也会带来同样的恶果。

在此,还须再提一点。我们看到,第二建造阶段的第一个巫术仪式以船头围板为对象。于是就有这样一个问题:这些围板上的图案是否具有任何巫术意义?我们须明白,当前这样的民族志田野调查,必须杜绝任何关于起源的猜测或推测。为了得到社会学的经验式答案,民族志学者必须注意两类事实。首先,他可以直接问土著人围板本身或围板上的任何装饰是否出于巫术目的而做。在基里维纳,无论是问普通人,还是问独木舟巫术和雕刻专家,这个问题的答案都是否定的。然后,他可以接着问咒语的巫术仪规里是否未提到船头围板和它上面的任何装饰动机,总的说来答案又是否定的。或许,在一个属于库拉巫术而非独木舟巫术的咒语中(参照下文,第十三章第二节中的"卡伊库纳塔布约咒语"),可以找到对船头围板的间接提及,但也只是一般性的描述措词,并未提到任何特殊的装饰动机。因此,独木舟装饰和独木舟巫术之间的唯一关联,就是有两个巫术仪式的施行对象是船头围板,我们已经说过一个,至于另外一个,将在下一章开篇时介绍。

事实上,本章在描述独木舟建造时讲到的所有信息,只涉及可以在库拉区里发现的两类航海独木舟中的一类。库拉圈东半部分的土著人用的船更大,并在某些方面优于马萨瓦。东部类型和西部类型的主要区别是,东部的船更大,船舷或船的侧面更高,因而有更大的承载能力,吃水更深。更大的船板能更好地防止偏航,使得独木舟能近风航行。如此一来,东部的独木舟可以在海浪中开辟道路,因此那里的土著人在航行时受风向的影响较小。这也会影响船桅的位置。在这类独木舟中,船桅位于船中间,并且永久固定在那儿,每次航行回来后并不拆卸。因此,每次独木舟调换船身以戗风而行时,显然不必改变船桅的位置。

这类独木舟叫纳盖加(*nagega*)。我没见过如何建造这类独木舟,但我想在技术上一定比建造马萨瓦难得多。土著人告诉我,建造这两类独木舟的巫术和礼仪十分相似。

纳盖加，即更大、更经风浪的类型，用在库拉圈上从加瓦到图贝图贝这一段。马辛地区内不属于库拉圈的某些地方，如东南岛及其周围更小的岛屿，也用这种独木舟。此外，新几内亚大陆上的南马辛人也用。虽然这类独木舟的使用地域非常广泛，但其建造仅限于几个地方。最重要的纳盖加建造中心有加瓦、伍德拉克岛上的几个村落、帕纳亚提岛，可能还有米西马岛上的一两个地方。纳盖加独木舟就是从这些地方输往整个马辛地区的，事实上，这是这部分世界里最重要的贸易形式之一。使用和建造马萨瓦独木舟的地区包括多布、安菲莱特群岛、特罗布里恩群岛、基塔瓦和伊瓦。

关于这两类独木舟的关系，有一点很重要：其中一类独木舟在过去两代人中一直在扩张，其代价则是另一类独木舟的萎缩。根据我在特罗布里恩群岛和安菲莱特群岛的几个地方收集到的可靠信息，纳盖加这类更重、更经风浪、航行性能更好的独木舟，在以前某个时候被挤出了安菲莱特群岛和特罗布里恩群岛。马萨瓦虽然在很多方面不如纳盖加，但却更容易建造，行驶起来更敏捷，因而取代了后者。在过去，也就是大约两三代人之前，伊瓦、基塔瓦、基里维纳、瓦库塔和锡纳凯塔都只用纳盖加，而安菲莱特人和凯卢拉人虽然偶尔也会用马萨瓦航行，但通常用的也是纳盖加。多布岛曾是马萨瓦真正的故乡和总部。这种转移始于何时、终于何时，我无法确定，但现在的事实是，甚至连基塔瓦和伊瓦的村落，都在建造更小的马萨瓦独木舟。所以说，一个最重要的文化项目正在由南向北传播。然而关于下面这个问题，我无法得到确切的信息：过去，特罗布里恩群岛的纳盖加是从基塔瓦输入的，还是由引进的工匠在当地建造的（就像今天在基里维纳有时发生的那样）？抑或是特罗布里恩人他们自己知道如何建造？但毫无疑问的是，过去的基塔瓦土著人和伊瓦土著人自己建造纳盖加独木舟。库达尤里神话（见第十二章）及与之相关联的巫术，说的就是这类独木舟。因此，至少在该地区，很有可能还有特罗布里恩群岛和安菲莱特群岛，更大型的独木舟的使用和建造被较小的马萨瓦取代了。现在，我们在这些地区看到的都是马萨瓦。

第五章 瓦加的礼仪性建造 151

整版插图 25

村中的挖空原木

处于挖空过程中的独木舟的船身,在锡纳凯塔一个村里的巴库上。不处理的部分,用椰子叶盖着。(见边码第 112 页)

整版插图 26

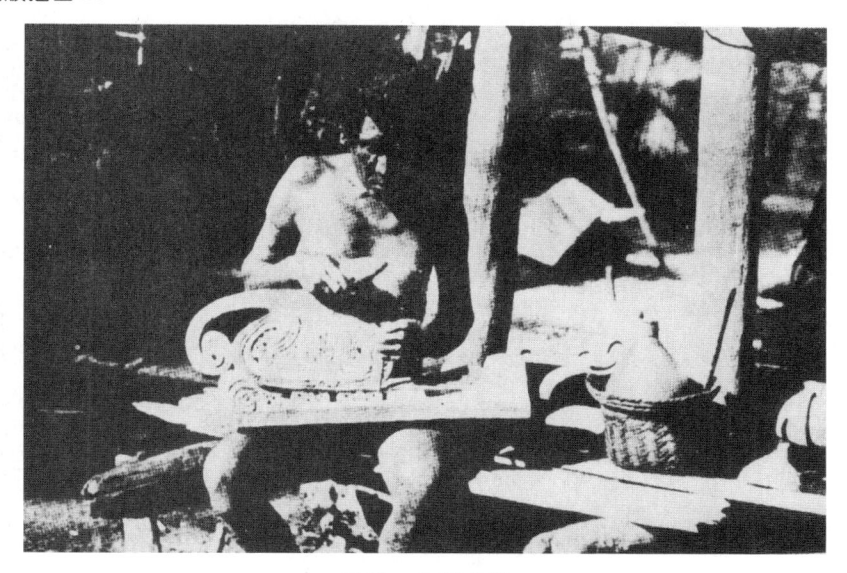

雕刻一个塔布约

莫利拉夸,一位托卡比坦(雕刻大师),正在对一块椭圆形的船头围板(塔布约)做最后的加工。该船头围板是为奥利维勒威村的一只新独木舟而做的。雕刻的方法是用一只木锤敲打一根长铁钉(过去用沙袋鼠骨头。)(见边码第 112 页)

152 西太平洋上的航海者

整版插图 27

一艘瓦加的建造

该独木舟已被部分拆卸,处于重新捆绑的过程中。图上显示了肋材的结构和固定浮木上的木棍。男人们正在安装一个新船舷板(见背景处)。它必须能嵌入雕刻好的船头舷板和船身最上面的槽里。(见边码第123页)图中左侧的人是该独木舟的所有者,兼巫师。

整版插图 28

制作船帆

在几小时内,一群男人把小条条的漏兜树树叶(见边码第 140 页及第六章第二节)缝制成一张船帆,这是一项繁重的任务。人群中的一个人患有白化病。

整版插图 29

一卷卷干漏兜树树叶

这是制作船帆的材料。比西拉(漏兜树飘带)由品种较软的漏兜树树叶在火上漂白后制成。(见边码第 146 页)

第六章 独木舟的下水和访问礼
——特罗布里恩群岛的部落经济

一

现在,涂上颜色、装饰一新的独木舟已做好下水的准备,它让所有者和建造者引以为荣,是旁观者赞赏的对象。一艘新航海船不只是一件实用物品,它还承载着更多的意义:它是一个新生实体,水手们未来的命运从此便和它系在一起,他们将依赖于它。无疑,土著人也感受到了这种情感,并通过他们的习俗和行为传达着这种情感。独木舟会获得专属于自己的名字,成为整个地区极为关注的对象。夜间,人们围坐在篝火旁,谈论它的品质、漂亮之处、可能会有的完美之处或瑕疵。独木舟的所有者、他的男性亲戚及同村村民会用惯用的吹嘘和夸张的方式谈论它,其他人则非常渴望能一睹它的风采及其在水中的表现。因此,下水礼不只是习俗的例行规定,还是对整个社区心理需求的满足;它激发了人们极大的兴趣,即使独木舟只属于一个小社区,也有很高的参与度。当下水的独木舟属于一个大酋长时,无论是卡萨纳伊大酋长,还是奥马拉卡纳大酋长,奥利维勒威大酋长,还是锡纳凯塔大酋长,都会有上千人聚集在海滩上。

对一艘全身着色并装饰一新的独木舟成品进行庆祝和公开展示,不仅反映了土著人对一只新航海船的情感,也符合他们对待经济活动成果的惯常做法。无论是园圃种植、捕鱼、建造房屋,还是手工业制造,土著人都喜欢把成果摆出来展示,甚至还要对它们进行装饰,即便不是全部,至少也要装饰一部分,以营造一种盛大美观的效果。在捕鱼中,这种倾向并不明显,但在园圃种植中,则十分明显。对园圃产出的处理、布置和展示是土著人部落生活最典型的特征之一,要花费他们大量的时间和精力。①

　　给独木舟着色、装饰完毕后,很快就定日子进行下水礼和试航,土著人称之为塔萨索里阿典礼。然后,人们把消息传给邻村的酋长和头人。那些拥有独木舟且也属于同一库拉共同体的酋长和头人总须带着独木舟前来,并参加届时举行的赛舟会。由于新独木舟的建造总和库拉远航关联,此外,同属一个库拉共同体的其他独木舟要么会被翻修,要么会换以新舟,所以按照常例,在举行塔萨索里阿这一天,崭新的新船和翻修过的旧船组成的独木舟船队会聚集在海滩上,所有船只的颜色都光彩夺目,船身上还装饰着宝贝壳和漂白的漏兜树飘带。

　　下水由一个叫"凯塔卢拉瓦多拉瓦加(Kaytalula wadola waga)"("染红独木舟的嘴")的姆瓦西拉(库拉巫术)仪式开启。先把盖在独木舟上用来遮挡阳光的椰子叶编织物拿开,然后托利瓦加对一些红赭石吟诵一段咒语,用这些赭石把独木舟的船头和船尾染红。此外,还要把系在船头围板(塔布约)上的一个特别的宝贝壳的两端也染上红色。之后,独木舟该下水了,在阵阵叫喊和长啸声中,村民们把放在滚木上的独木舟推入水中(见整版插图30)。当土著人用一种节日般的、礼仪式的方式做一件事时,如当一个男人把收获的农作物礼仪性地赠予其姐妹的丈夫时,当一个内陆的园圃种植者把甘薯或芋头放到一个渔民的门前时,以及渔民回赠鱼时,都会发出这样的叫喊声。

　　于是,当一系列交织在一起的劳动和礼仪、技术活计和巫术仪式都完成之后,独木舟终于下水了。

　　下水之后,会举行宴席,或者更准确地说,是遵照所有礼节和仪规进行食物分配(萨加利,sagali)。当独木舟并非由托利瓦加自己建造,因而必须支付造船师和帮手酬劳时,总会举行这样的食物分配。此外,每当一位大酋长的独木舟下水时,也会举行食物分配,以此来庆祝下水、炫耀他的财富和慷慨,并把食物送给许多被招来协助造船的人。

　　萨加利(礼仪性的食物分配)结束后,就该给新船安装索具和船帆了,这

---

① 参照第二章的第三节和第四节,及本章后面小节里的一些内容。

通常在午后进行，人们竖起船桅，挂上船帆，这只新船将和所有其他赶来的船一起试航。这并不是一次严格意义上的比赛。通常，都是酋长的独木舟最好最快，无论如何，总会赢得比赛。如果它不是行驶最快的，其他船只很有可能会故意落后。试航其实就是展示新船，其他船只是随行。

要具体说明与独木舟的建造和下水相关联的礼仪，最好讲述一个真实的案例。因此，我将描述我于1916年2月在考卢库巴沙滩上看到的塔萨索里阿，当时下水的是卡萨纳伊的一只新独木舟。共有八只独木舟参加了试航，那是基里维纳所有的独木舟，而基里维纳就构成了我所说的"库拉共同体"，即作为一个集体一起进行库拉远航、并在同一界线范围内进行宝物交换的社会团体。

当时，建造新船、翻新旧船，皆为同一重大事件，即托乌卢瓦及其所领导的库拉共同体计划进行一次库拉远航。他们要去东方的基塔瓦、伊瓦或加瓦，甚至还可能去穆鲁瓦（伍德拉克岛），虽然他们并不和该岛直接进行库拉。像通常发生的那样，离大概的航行日期还有几个月时，人们就开始对这次远航做种种计划和预测、讲述以前的旅程，老人们开始回忆，讲他们年轻时先辈们讲给他们的故事，那时还没有铁，为了得到从伍德拉克岛上的苏洛加（Suloga）开采出来的一种绿石，必须航行到东方。于是，像土著人每次围坐在篝火旁讨论未来的事情一样，他们的想象力超乎寻常，他们的希望和期望越来越大。到最后，所有人都相信他们的远航队将至少能到达最东端的马绍尔本尼特群岛（加瓦），而后来的事实证明，他们最远只是到了基塔瓦而已。

为了这次远航，卡萨纳伊村必须建造一只新独木舟，是由该村的酋长艾贝纳自己建造的。他的等级与最高等级的酋长（事实上，他是后者的亲戚）一样，但权力次之。艾贝纳既是技术娴熟的造船师，也是相当不错的雕刻师，自诩精通所有类型的巫术。那只独木舟在他的指导下建造而成，他自己雕刻了船头围板，实施了巫术，自然就是托利瓦加。

奥马拉卡纳的独木舟则须略加修整构架、重新捆绑和重新涂色。为此，酋长托乌卢瓦从基塔瓦岛招来一个造船兼雕刻大师，其实这艘独木舟就是几年前由后者建造的。此外，还要做一个新帆，因为旧帆太小。按理说，塔萨索里阿（下水和试航）典礼应在卡萨纳伊的海滩上举行，但由于其姊妹村奥马拉卡纳比它重要许多,典礼于奥马拉卡纳的考卢库巴海滩举行。

日子临近时,整个基里维纳地区呈现出一片繁忙的准备景象。沿海各村落须把独木舟摆放整齐,而内陆村里,人们则须准备节日新衣和食物。准备食物不是为了自己吃,而是要送给酋长进行萨加利(礼仪性分配)。只有奥马拉卡纳的妇女须负责做一顿盛大的欢庆宴,供人们从塔萨索里阿归来后享用。在特罗布里恩群岛,当你在某个晚上看到所有妇女都去灌木丛里捡很多柴火时,就说明要有节庆事件发生了。第二天早上,这些柴火将用来孔库穆利(kumkumuli),即在地里烤食物,这是在节日里使用的一种烹饪方法。在举行塔萨索里阿典礼的前一天晚上,奥马拉卡纳人和卡萨纳伊人还忙着做其他各种准备,他们穿梭于海岸和村子之间,把用作萨加利的甘薯装在篮子里,还为次日准备节日盛装和装饰物。女人的节日盛装是鲜艳的红、白、紫三色草裙,男人的则是新做的雪白的遮羞叶,用漂白的槟榔树树叶梗做成。

正日子那天一大早,人们把食物放在叶子编织成的篮子里,再在食物上放上个人的衣服,照例用折起来的席子盖着,送到沙滩上。女人们头顶形如倒置的钟的大篮子,男人们肩挑一根棍子,两头各挂一个形如袋子的篮子。其他男人则拿着橹、桨、索具和船帆,因为这些装备总是放在村子里。几个男人抬着一个由木棍做成的菱形大食物容器,正要越过一道雷布瓦格(珊瑚脊),他们来自另一个村庄,要把食物献给奥马拉卡纳酋长,为萨加利凑份子。整个奥马拉卡纳村都骚动起来了,透过村周边的小树林,可见一队队的人正从内陆快速地移向岸边。大约八点钟时,我跟着一队重要人物从村里出发了。穿过奥马拉卡纳村周围尤为茂密的果树和棕榈林后,我们踏上了一条小路,路的两旁都是矮灌木,非常单调,仿佛行走于两道绿色的墙之间,特罗布里恩岛上的路径大多如此。很快我们就看到,越过缓坡的一边有一片园圃空地,其间升起一道雷布瓦格坡,植被茂密,一块块灰色的珊瑚巨石点缀其间,如石碑一般。道路继续沿着错综复杂的地形蜿蜒,一会儿行至小悬崖,一会儿行至高耸的露头,偶尔还会遇见古老的大榕树,枝干蔓延,树根悬于空中。当我们爬上那道山脊后,突然之间,蓝色的大海透过树叶映入眼帘,海浪拍打在礁石上的咆哮声震耳欲聋。很快,我们就发现自己已身处海滩之上,周围都是人,旁边就是奥马拉卡纳的大船棚。

大约九点时，所有人都在海滩上准备就绪。旭日的阳光洒满整个海滩，但并不像正午那般：太阳行至当空，阳光从正上方直射下来，投射出的影子非但没能勾勒出物体的细节，反而使垂直的表面变得朦胧，让一切都变得单调，失去了形状，这就是死寂般的热带正午。现在，海滩发出耀眼的光芒，土著人棕色的身体，在绿叶和白沙的映衬下，生动而醒目。他们在身上涂了椰子油，用花做装饰，还画了脸绘。头发上插着红色的木槿花，又黑又密的乱蓬蓬的头发上戴着芬芳的白布蒂阿（butia）花做成的花环。乌木雕刻、棍子和石灰勺随处可见，还有雕刻了图案的石灰罐及个人饰物，如红贝壳圆片或小宝贝壳做的腰带、鼻针（现在用得很少）和其他物品。所有去博物馆看过民族志展品的人都会认识它们，在那里，它们常被称为"礼仪性物品"，但如前所述（第三章第三节），"展示品"其实才是更合适的说法。

每逢这样的大型庆典时刻，这些展示品就会出现在土著人的生活中，有些物品其艺术上的完美甚至会让我们感到惊讶。在我还没机会看到野蛮艺术在其真正的、"活生生"的环境中展出时，我总觉得野蛮生活总体上的粗俗，特别是在审美方面，与这些物品的完美艺术存在着某种不相称。脏得油腻腻的裸露的身体、满是寄生虫的乱蓬蓬的头发和其他一些真实的特征，构成了我们想象中的"野蛮人"。在某些方面，现实还印证了我们的想象。然而事实却是，一旦我们在土著艺术自己的环境中看到实际展出的土著艺术时，就发现这种不相称并不存在。他们的身体经擦洗和涂抹椰子油后呈现出金棕色，在艳丽的白、红、黑三色脸绘及羽毛和饰物的衬托下，越发漂亮，再加上他们佩戴的雕刻精美、打磨光滑的乌木制品和制作精美的石灰罐，这样一群节日中的土著人，散发出一种独特的优雅，在任何审美细节上都不会给人古怪或不相称的感觉。相反，他们的节日氛围、各种颜色和样子的展示及佩戴和携带饰品的方式三者之间显然非常和谐。

远道而来的人，经过长途跋涉后，妆容会被破坏，他们会在即将到达庆典场所之前，用水清洗，并在身上抹椰子油。通常，只有当庆典的高潮快要到来时，土著人才会涂上最好的染料。在本案例中，当准备就绪（食物分配和其他独木舟的抵达）、赛舟会就要开始时，奥马拉卡纳的贵族——托乌卢瓦的妻子、孩子、亲戚和他自己——退至船棚附近的休息处，开始在整张脸上画红、白、黑三色脸绘。他们把嫩槟榔压碎，和石灰混合起来，用捣槟榔的杵涂在脸上，然后再涂些有香味的黑色树脂（萨亚库，sayaku）和白石灰。特罗布里恩人还没怎么形成用镜子的习惯，所以画脸绘时，由一个人面对面地给另外一个人画，双方都非常认真耐心。

一大群人一天都没吃什么东西——这一显著特点将基里维纳的庆典与我们理想中的娱乐或野餐区分开来。人们并不做饭，只是偶尔吃个香蕉，喝点嫩椰子水，吃点嫩椰子肉。但即便如此，人们吃的时候仍非常节俭。

在这样的场合，人们总是分群而坐，每个村落来的访客坐成一群，与其他人分开，本地人则不会离开他们自己的船棚。奥马拉卡纳人和库罗凯瓦（Kurokaiwa）人自然待在考卢库巴海滩的中心。其他访客也同样根据各自的地理分布，聚集在自己的位置上。于是，从北方村落来的男人们会待在海滩的北部，从南方村落来的人则会待在海滩的南部，这样一来，在现实中互为邻居的村落在海滩上仍互为邻居。各组人群不会混杂在一起，人们也不会从一个人群走到另一个，无论贵族，还是平民，都会待在原地不动，前者是因为个人的尊贵地位，后者则是因为习俗要求他们谦恭。几乎在整个过程中，托乌卢瓦都坐在专门为此修建的平台上，只是为赛舟会下去调整了一下他的船。

奥马拉卡纳的船棚是所有活动的中心，其周围坐着奥马拉卡纳酋长、他的家人和其他奥马拉卡纳村民。一棵棕榈树下，有一个很高的平台，是为托乌卢瓦专门搭建的。在船篷前面放着一排菱形的食物容器（普瓦塔伊，pwata'i），是奥马拉卡纳和卡萨纳伊的村民在前一天摆好的，里面装了些甘薯，但并未装满，其余的空间须由其他村落的访客在赛舟会当天装满。那天，各个村落的土著人带着他们要进献的东西，依次来到沙滩上，他们先去拜访奥马拉卡纳酋长，向他进献贡礼，然后才在海滩的特定位置上坐下来。这些贡礼会被放入一个普瓦塔伊里。并非所有的村子都进献贡礼，但绝大部分村子都有所贡献，不过，有些村落只带来几篮食物，有一个村子则带来满满一普瓦塔伊甘薯，全都进献给了奥马拉卡纳酋长。

与此同时，八只独木舟都已抵达，包括卡萨纳伊的。在这之前，早上，卡萨纳伊的独木舟已经在距离考卢库巴半英里处的卡萨纳伊海滩上举行了下水礼及与之伴随的巫术仪式。奥马拉卡纳的独木舟也在那天早上举行了下水礼,施行了同样的巫术仪式(见整版插图 30)。该巫术仪式本应由托乌卢瓦来施行,然而他非常不善于背诵巫术咒语——事实上,他从未施行过其等级和头衔要求他必须施行的任何巫术仪式——因此,仪式是由他的一个亲戚代劳的。这个典型例子说明,有些规则虽然说起来很严格,但实际执行起来却很宽松。当你直接询问资料提供者时,每个人都会告诉你,像其他姆瓦西拉(库拉巫术)一样,这个仪式必须由托利瓦加施行。然而每次,托乌卢瓦都会找个借口,委派他人施行。

所有独木舟和所有重要村落都到齐后,早上 11 点左右,萨加利(礼仪性的食物分配)开始了。食物分给了来自各个村落的人们,特别是那些要参加赛舟会的人和那些曾帮忙造船的人。于是我们看到,由各村在萨加利之前贡献的食物,仅仅是又被分还给各村,当然,除各村的贡献之外,酋长已经先贡献了大量的食物。这就是萨加利通常的程序。在本案例中,最大的一份由帮忙建造船只的基塔瓦人分得。

萨加利结束后,所有独木舟都被集中到一个地方,土著人开始为赛舟会做准备。他们竖起船桅,调整各个连接之处,装上船帆(见整版插图 31)。之后,所有独木舟都被拉到距离海岸半英里处的礁石之外,某只船上的一个人做个手势后,所有船只就都开动了。如前所述,这样的赛舟会并不是一次严格意义上的比赛。在真正的比赛中,所有船只都会极为准确地在同一时刻出发,航行同样的距离,比赛会清楚地表明哪只船行驶最快。而这种赛舟会通常只是一次检阅,各艘船差不多同时出发,朝同一方向前进,航行距离差不多一样。

至于这些活动的时间表,情况如下:萨加利于中午之前结束,稍作休息后,下午一点开始装索具和船帆,然后所有船员休息,不到三点,赛舟会开始;大约四点时,赛舟会结束,半小时后,从其他村落赶来的船只开始返航,海滩上的人们逐渐散去。太阳落山时,也就是大约六点时,海滩上几乎已空无一人。

这就是我在 1916 年 2 月看到的塔萨索里阿典礼,其场面壮观美丽。一个旁观者从表面上几乎看不出其中有任何白人的影响或干涉。我是在场的唯一白人，除我之外，就只有两三个身着白色棉质衣服的土著传教士，还有几个将彩色布条缠作围巾或头巾的人。除此之外，就是一群棕色的土著人，他们身着崭新的节日盛装，裸露的身体因涂抹了椰子油而发亮，间或有妇女的三色草裙点缀其中（见整版插图30和整版插图31）。

然而，呜呼哉！能透过表面看到各种衰落迹象的人会注意到，类似这样的土著人集会，与其原始状态相比，已经发生了深层次的变化。事实上，大约在三代前，场面甚至都大不相同。那时，土著人会手握盾牌和长矛，一些人会带着装饰性的武器，如硬木剑棒、乌木短粗棍或小飞棍，再进一步观察，还会看到更多的饰物和器物，如鼻针、雕刻精美的石灰刮刀、烙着图案的葫芦。现在，这些物品有的已不再使用，那些仍在使用的，不是工艺不如从前，就是没有装饰。

发生在社会领域中的变化则更为深刻。三代之前，无论是水里的独木舟，还是岸上的人，数量都会更多。如前所述，过去，基里维纳大约有二十只独木舟，而现在仅有八只。除此之外，那时酋长的影响力更大，这个活动也相对更为重要，因而会吸引更大一部分人前来参加，而那时的总人口也比现在更多。如今，其他兴趣，如采集珍珠、在白人的种植园里工作，转移了土著人的注意力，与此同时，许多与传教、殖民地政府和贸易相关的活动使古老的习俗失去了往日的光辉。

此外，在过去，海滩上的人们必须更严格地遵守他们实际的地理分布，同一个村落社区的人会更为紧密地靠在一起，用不信任、甚至可能敌视的眼光看着其他人，尤其是那些与他们有世仇的人。到处弥漫的紧张气氛最终会爆发为争吵，甚至是小型战争，特别是在人群散去的时候和在回家的路上。

这一活动的重要特征之一，恐怕也是土著人想得最多的方面，即食物的展示，也与从前大不相同。在那次典礼中，我看到坐在平台上的酋长，身边仅有几个妻子和很少的随从，若是在过去，他拥有的妻子将是现在的三倍，姻亲的数量自然也更多，而这些姻亲正是他收入的来源，他也就能提供比现在更大规模的萨加利。

若在三代之前，整个活动对土著人而言，会更为严肃和激动人心。现在，从这里到邻近的基塔瓦岛之间的距离因白人的汽船而大大缩短。而在过去，则没那么快。那时，停泊在海滩上的独木舟是到那儿的唯一工具，因此，在那时土著人的眼中，独木舟的价值必定更高，尽管现在他们也那么看重独木舟。过去，远处岛屿的轮廓和海滩上停泊的独木舟小船队，为土著人勾勒出大型海外远航的第一幕，远航对土著人而言的意义比现在深厚得多。大量的臂镯、许多渴望已久的实用物品、从远方传回的消息，这一切在过去都比现在更有意义。战争、舞蹈和库拉为部落生活添加了浪漫和英雄主义的色彩。然而现在，战争已被政府禁止，舞蹈受到了传教的破坏，仅剩下库拉，但即便是这仅存的库拉，其魅力也不比往昔。

二

在进入下一个阶段前，我们须暂停对库拉远航的跟随，考虑一两个更具普遍性的要点。我曾提到过关于劳动的某些社会学问题，但不曾详述。在上一章开篇时，我提到，建造独木舟要求对劳动进行明确的组织。事实上，我们看到，整个建造过程用了各种劳动，特别是到后面，用了很多集体劳动。我们还看到，在下水礼中，独木舟的主人向专家和帮手支付酬劳。因此，我们必须在此详述两点：一是劳动的组织，特别是集体劳动的组织，二是专家劳动的酬劳体系。

劳动的组织。首先，要明白，基里维纳人能够高质、高效、连续地工作，但是必须有有效的诱因刺激他工作：他必须受到部落标准强加于他的某种义务的激励，或是受到由习俗和传统引发的野心和价值观的诱惑。利益在更为文明的社区中，常常成为工作的刺激因素，但在原始的土著环境中，它从来都不能成为人们工作的推动力。因此，当一个白人试图用这种刺激因素让一个土著人为其工作时，会非常失败。

这也是为什么土著人懒惰闲散这个传统说法，不只是普通白人殖民者常常使用，还出现在优秀的游记中，甚至还出现在严肃的民族志记录中。对我们而言，劳动力一直都是，或者不久之前才成为，开放市场上销售的商品，和其他任何商品一样。惯于用流行的经济理论思考的人自然会把供应和需求的概念应用于劳动力，并进一步应用于土著人的劳动力。没学习过理论的人也会如此，只是用的术语简单些。他们看到，即便面对可观的报酬和良好的待遇，土著人仍不能很好地为白人工作，于是他们得出结论：土著人的劳动能力很差。导致这一错误观点的原因，同样也是我们对其他文化中的人产生误解的原因。当你把一个人和他的社会环境剥离时，也就（eo ipso）剥夺了能让他坚守道德、发挥经济能力的几乎所有刺激因素，甚至是剥夺了他对生活的兴趣。之后，如果你再用对他而言根本陌生的道德、法律和经济标准来衡量他，那么，你得到的只能是自己描绘出的一张人物漫画图。

事实上，土著人不仅能精力充沛地、持续地、娴熟地工作，他们的社会环境还允许他们进行有组织的劳动。在第四章开头，我概括了独木舟建造的社会学，现在，我们已经详细描述过建造的各阶段，也就可以去证实那些概括，并对劳动的组织得出一些结论。首先，由于我们一直频繁地使用该表达方式，我必须再次强调，土著人有进行有组织劳动的能力，并且这个论点不是一个自明之理，下文所述可表明这一点。上文提到的认为土著人是懒惰的、我行我素的、自私的野蛮人的观点认为土著人是靠着大自然的慷慨馈赠而生活的，只等着大自然的果实成熟了，便去摘取，这个观点完全排除了土著人的有效劳动被社会力量组织化的可能性。除此之外，专家们广为接受的另一观点为，最低级的野蛮人处于个体觅食的前经济阶段（pre-economic stage），而较为发达的野蛮人，如特罗布里恩人，则处于孤立的家庭经济阶段。这一观点虽未明确否定，但也忽略了社会范围内组织劳动的可能性。

一般观点认为，在土著社区中，每个个体都为自己劳作，或是一个家庭的成员为这个家庭的生活所需而劳作。当然，一只独木舟，甚至一艘马萨瓦，都可由一个家庭来建造，只是效率更低、所需时间更长而已。因此，并不存在任何先验（a priori）的东西预示：这项工作应该用有组织的劳动，还是用个体或一小群人的独立劳动。事实上，在独木舟建造中，我们看到很多男人参与其中，每个人都有各自明确而艰辛的任务，但所有人都为同一个目标而联合在一起。这些任务的社会学环境互不相同：有些劳动者会实际拥有独木舟，其他人则属于另外一个社区，他们劳作，只是为了服务于酋长；有些人劳作，是为了能使用独木舟从而获利，其他人则是为了得到酬劳。我们还看到，伐树、挖空和装饰这几项任务，有时由不同的人来做，但也可能由同一个人负责。当然，像捆绑、填缝、涂色和制帆这样的细活儿，都由集体劳动完成，而非个人劳动。所有这些不同的任务都是为了实现同一个目标：让酋长或头人获得"独木舟所有者"的头衔，让他领导的整个社区获得这只独木舟的使用权。

很明显，这种齐心协力为完成一个共同目标而进行的任务分工，要有一个发展完善的社会机制做后盾，并且该社会机制还必须关联并渗透着经济因素。必须有一位能够作为一个群体代表的酋长，他必须具有某些正式的权利和特权及某种程度的权威，还必须对社区的部分财富具有处置权；此外，还必须有一个人或一些人有足够的知识来指挥和协调技术性的操作。这些都不言而明。但是，我们必须讲明一点：把所有人捆绑在一起、并把他们和各自的任务紧紧拴在一起的真正力量，是他们对习俗和传统的服从。

每个人都知道按他的地位他应该做什么，而且会去做，无论它意味着得到一项特权，还是完成一项任务，抑或是服从于现状。他知道一直以来都是如此，周围的人亦如此，因而就应该总是如此。酋长的权威、他的特权、存在于酋长和社区之间的习俗性赠予和收取，可以说这些仅仅是传统施展其力量的机制。土著社会里并不存在让拥有权威的人在类似情况下实施其意志的有形组织，使秩序得以维持的力量来自每个人对习俗、规则和法则的支持，来自于阻止一个人做非"正当之事"的心理震慑力，这样的心理震慑力同样存在于我们的社会中。"强权即公理"这一说法必然不适合特罗布里恩社会。"传统即公理，公理即强权"——这才是博约瓦社会的金科玉律。我敢说，几乎所有处于这一文化阶段的土著社区，都是如此。

习俗的所有细节、所有的巫术咒语、伴随独木舟建造的所有礼仪和仪式，这一切都强化了职责的社会安排。我们在本书开篇就指出，巫术观念和巫术仪式是种极为重要的整合力量。不难看出，典礼的所有组成部分，包括巫术、装饰和公众的参与，和劳动融合为一个整体，并为劳动提供秩序和组织。

在此还须稍加详述另外一点。我曾提及有组织的劳动和集体劳动。这两个概念并不相同，应加以区分。如之前的定义所言，有组织的劳动，指的是几个不同的社会和经济因素之间的合作。但是，如果是很多人一起干同一件活儿，没有任何技术分工，也没有任何社会职能的分工，则完全是另外一回事。因此，在基里维纳，建造独木舟的整个劳动，是有组织的劳动。但是，二三十个男人一起捆绑或填缝，则是集体劳动。后一种劳动形式具有极大的心理优势。它更能激励人心、更有意思，还允许互相比赛，因而劳动的质量更高。一项工作，如果由一两个男人来做，大约要花一个月，如果由二三十个男人来做，一天就能完成。某些时候，比如要把沉重的原木从丛林拉到村里，集体的力量几乎必不可少。当然，他们可以在雷布瓦格就把原木挖空，几个男人可能就能把它拉走，用些技巧就行，但这样做会碰到很大困难。因此某些时候，集体劳动异常重要，而任何时候，集体劳动都能显著推进劳动的进程。在社会学上，集体劳动也非常重要，因为它意味着互相帮助、交换服务和在广泛的范围内团结一致地工作。

集体劳动是特罗布里恩土著人部落经济中的一个重要元素。建造民居和仓房，进行某些形式的手工业劳作，运送东西，特别是在收获季，须把大量的农作物从一个村运到另一村时，通常都要长途跋涉，在这些情况下，他们都诉诸于集体劳动。捕鱼时，如果几只独木舟一起出海，但却各自行动，我们就不能称之为集体劳动；如果是作为一个团队，每只独木舟都有指派给它的任务，就像有时发生的那样，这就和有组织的劳动有关。集体劳动的基础是尤里古布（urigubu）或姻亲责任，也就是说，无论何时，只要一个男人需要，他的姻亲就得帮助他。如果他是位酋长，帮助的规模会很大，全村人都会来帮忙；如果他只是平民，则仅有为数不多的人会来帮忙。干完活儿之后，总会进行食物分配，但很难说这是酬劳，因为每个人分得的食物和他干的活儿并不成比例。

目前，集体劳动的重要性在园圃种植中最为显著。在园圃种植中，有五种不同形式的集体劳动，每种形式的名称不同，社会学性质也不同。当酋长或头人召集村落社区的成员并且后者同意集体进行园圃种植时，叫坦戈古拉（tamgogula）。做出这个决定后，到了要为新园圃砍伐灌木丛的时候，人们会在村里的中心空地上举行一次节日宴席，然后，所有男人都会去酋长的地里塔凯瓦（takayva）（砍）灌木，砍完酋长家的，再去其他各家，一家一家轮流，为谁家砍，当天的食物就由谁家提供。该程序在园圃种植的每个相连

整版插图 30

一艘独木舟的下水

翻新后的尼加达布阿正被推入水中。（见边码第 147 页）

整版插图 31

在考卢库巴海滩上的塔萨索里阿

为试航竖起船桅、准备好帆船。前景显示，基里维纳的酋长乇乌卢瓦站在桅杆旁，监督尼加达布阿的索具安装。

整版插图 32

卡萨纳伊一位酋长的甘薯仓房

该图展示了从原木围墙的缝隙间露出的甘薯的摆放。仓房的山墙周边、柱子上和墙上都装饰着椰子。该仓房最近才建成,还未装上山墙的彩绘装饰板。(见边码第168页)

整版插图 33

往亚卢马格瓦的一间仓房里装甘薯

仓房主人妻子的兄弟把锥形甘薯堆里的甘薯放入布韦马(仓房)。注意山墙上的装饰物,表明这位主人是一位贡古亚乌(等级较低的酋长)。

整版插图 34

一次食物分配(萨加利)中猪和甘薯的展示

在典礼前、典礼中、典礼后几次展示要送出去的所有食物。将食物放入大菱形容器(普瓦塔伊)里进行展示,是特罗布里恩的典型习俗之一。(见边码第 170 页)

整版插图 35

集体烹煮莫纳(芋头布丁)

从安菲莱特输入的大陶锅用于该目的;将椰子油放入这些陶锅,煮沸,再放入捣碎的芋头块,与此同时,一名男子用一把带有装饰的木质长勺柄搅拌锅中的东西。(见边码第 171 页)

第六章 独木舟的下水和访问礼 **169**

整版插图 36

瓦西(用粮食换鱼的礼仪性交换)中的场景

内陆访问团用船把甘薯运到几乎无法从陆路进入的奥布拉库村。他们正把甘薯放入方形木条箱,以便礼仪性地将每一箱运送至伙伴房前。(见边码第 187 页)

整版插图 37

瓦瓦,用粮食换鱼的直接的以物易物

图中,内陆土著人直接用一捆捆芋头换鱼,不举行瓦西须举行的仪式和典礼。(见边码第 190 页)

的阶段，包括围篱笆、下种、搭支架及由女人完成的除草，都被重复一遍。在某些阶段，人们通常只在自家的园圃上劳作，如对燃烧后的园圃进行清理、甘薯开始长块茎时对根部进行清洁及收获之时。

在园圃种植的整个过程中，通常会举办几次集体宴席，其中的一次是在坦戈古拉结束后。每逢举行大型礼仪舞会或某个其他部落庆典的年份，土著人就用这样的方式种植园圃，因为舞会式庆典常常会耽误农活儿，就需要加紧、努力地干活儿，这时集体劳动显然非常适合。

当几个村落同意以集体劳动的方式种植园圃时，叫卢巴拉比萨（lubalabisa）。这种形式和前一种形式除名字不同外没有太大的区别。另外一个区别就是，在这种形式的集体劳动中，指挥劳动的酋长或头人不止一个。只有当几个小村落聚集在一起形成村落群时，如锡纳凯塔、卡瓦塔里亚、卡布瓦库和亚拉卡，才会用卢巴拉比萨。

当酋长、头人或有钱有势的人召集其从属者或姻亲为其劳作时，这种集体劳动叫作卡布图（kabutu）。园圃主人须给所有帮忙的人提供食物。进行卡布图可能只是为了园圃种植中的某一项活计，例如，头人可能会邀请他的村民帮他砍灌木丛，或下种，或围篱笆。显然，无论何时，一个人建造房屋或甘薯仓房时需要的集体劳动都属于卡布图类型，而土著人也是如此称呼的。

第四种形式的集体劳动叫塔乌拉（ta'ula），指的是村民同意、以互惠为基础、在园圃种植某一阶段中进行的集体劳动。在这种集体劳动中，没有大量或专门的酬劳。如果园圃种植的所有阶段都采用了这种集体劳动，则叫卡里乌拉（kari'ula），这可以算做园圃种植中的第五种集体劳动。当土著人想表达"园圃由个体劳动耕种"及"在各自的地里劳动"时，会用一个专门的词，叫塔维莱伊（tavile'i）。通常，酋长的园圃，特别是那些有影响力的高等级酋长的园圃，总由集体劳动耕种。此外，某些特权园圃也会由集体劳动耕种，这些园圃最先施行园圃巫术，展示的收成也最多。

因此，集体劳动有许多不同的形式，还有很多有趣的特点，但由于篇幅有限，这里不能逐一叙述。建造独木舟的集体劳动显然属于卡布图一类。建造独木舟时，酋长能从整个大区招来大量居民，重要村落的头人能得到他领导的整个共同体的帮助，而不太重要的人，如锡纳凯塔或瓦库塔的某个小头人,则只能依靠他的村民和姻亲。无论是哪种情况,召唤人们去劳作的都是习俗规定的责任。酬劳虽并不那么重要,但某些时候还是很可观。我们在本章第一节中看到独木舟下水后举行的食物分配,就是一次这样的酬劳。过去,一顿猪肉、丰盛的槟榔、椰子和甘蔗棒,对土著人而言就是名副其实的盛宴了。

经济方面的另外一个要点是酋长支付给造船师的酬劳。我们看到,奥马拉卡纳的独木舟由一位来自基塔瓦的专家为托乌卢瓦所造,这位专家获得了大量的食物、猪和瓦古阿(土著宝物)作为酬劳。如今,酋长的权力已被破坏,其用于支撑地位的财力大不如从前,也不像从前那么有影响力,习俗的普遍瓦解已侵蚀了部属对他的尊敬和忠诚,在这种情况下,专家为酋长制造的独木舟和其他形式的财富仅为原来的九牛之一毛,而在过去,那是特罗布里恩部落生活中最重要的经济特征之一。就独木舟建造而言,从前,酋长从不自己建造独木舟,但现在我们却看到酋长自己建造独木舟。

可以说,每当酋长或头人要造船师为其建造独木舟时,他必须向造船师支付食物,这是初礼,在之后的劳作过程中,还要送几次食物,这些是临时礼。如果造船师因劳作而离家,比如那位在奥马拉卡纳沙滩上的基塔瓦造船师,托利瓦加则须供养他,还要给他精美的小吃,如椰子、槟榔、猪肉、鱼和水果。如果造船师是在家里劳作,托利瓦加则会经常带着精心挑选的食物登门拜访,也顺便视察工作进度。供养工人或带给他的额外美食叫瓦卡普拉(vakapula)。在造好独木舟后举行的礼仪性食物分配中,造船师还会得到一份丰厚的礼物。其恰当的份量大约是几百篮甘薯、一两头猪、大量的椰子和槟榔,再加上一把大石刃(或是一头猪,抑或是一条红贝壳圆片腰带)和一些并非库拉宝物的小瓦古阿。

在瓦库塔,酋长制并不十分严明,财富差距也没那么悬殊,但托利瓦加仍需供养参与挖空、准备和建造独木舟的工人们。填缝工作完成后,他会送给造船师大约五十篮食物。独木舟下水和试航后,造船师把一根象征着独木舟的绳子交给妻子,她吹着海螺号,再把绳子献给托利瓦加,后者会当场给她一捆蒌叶或一些香蕉。第二天,酋长会再送一份丰厚的食物礼,叫约米卢(yo-melu)。到下一个收获季时,他会再赠送五六十篮甘薯,这是卡里布达博达

（*karibudaboda*），即结束礼。

以上提供的信息来自两个具体的案例，一个发生在酋长权力很大的基里维纳，另一个发生在酋长和平民之间并无太大等级和财富差距的瓦库塔。两个案例中都有劳动报酬，但基里维纳的报酬更多。在库瓦塔，劳动的报酬显然就是服务的互相交换，而在基里维纳，酋长要供养并酬谢造船师。两个案例中，我们都看到了技能服务和食物供给的相互交换。

三

现在，我们将看看按序发生的库拉活动中的下一个礼仪性和风俗性表演，即托利瓦加向他的朋友和亲戚展示新船，这个习俗叫卡比吉多亚。显然，塔萨索里阿（下水和试航）是造船过程的最后一步，但与之伴随的巫术仪式和对航行的浅尝，同时也使它成为库拉的初始步骤之一。卡比吉多亚，就展示新船而言，属于建造礼仪系列，但作为一次准备性航行，则属于库拉。

独木舟按常规配备船员，待装上索具和船帆并配好船桨、舀水勺和海螺号等所有用具后，就启程前往邻村的海滩。若独木舟为像锡纳凯塔这样的村落群所有，则会在属于该村落群的每个姊妹村海滩上停靠。当海螺号吹响时，村里的人们就知道"卡比吉多亚男人们来了。"停靠后，船员都留在独木舟上，托利瓦加则手持一只船桨下岸。他走到该村头人的屋前，把船桨插进房子的框架里，说道："我予汝比西拉（*bisila*，漏兜树飘带）；拿一个瓦古阿（宝物）、抓一头猪、打破我新船的头。"说罢，对方给他一件礼物，并答道："此乃汝之新船的卡图维萨拉达巴拉（*katuvisala dabala*，破头）！"在交换礼物和进行其他礼仪性交易时，土著人都会说些类似的惯用怪话。在巫术咒语、惯用语和习语中，比西拉（漏兜树飘带）是独木舟的象征。土著人把漂白的漏兜树枝条做成飘带，系在船桅、索具和船帆上，还常常在船头系一条专门施加过咒语的，以赋予独木舟速度，此外，还有用来引诱库拉伙伴进行库拉的其他比西拉巫术。

送的礼物并不总是如上文惯用语里提到的那般好。卡比吉多亚，特别是去附近村落时，通常带回来的不过是几张蓆子、几十个椰子、一些槟榔、一对船桨和其他不太值钱的东西。即便如此，人们还是无法从这种短途的卡比吉多亚获利。我们知道，进行库拉时，一个地区内，如锡纳凯塔或基里维纳的所有独木舟都或要重建，或要翻新。因此，一艘独木舟在卡比吉多亚中从其他所有村落收到的东西，在其他村落的独木舟轮流进行卡比吉多亚时，差不多得如数返还。然而在这之后，所有独木舟会在某个定好的日子里一起去访问其他地区，通常这种卡比吉多亚会收获更丰厚的礼物，而且很久之后才须返还，一般是一两年后这些受访地区去来进行卡比吉多亚时返还。例如，当基里维纳为一次大型库拉远航造了新船、修了旧船之后，这些独木舟将沿海岸线向南航行，经停的第一站是奥里维勒威，从当地酋长那儿收到礼物后，他们会徒步访问卢巴的各个内陆村，然后会前往下一个沿海村落瓦韦拉，把独木舟停在那儿，再横穿到锡纳凯塔，从那里，他们将进一步南行至瓦库塔；泻湖边上的各村落，如锡纳凯塔和瓦库塔，将进行回访，他们将沿泻湖一侧的西海岸向北航行，停经图克沃克瓦或卡瓦塔里亚，再从那里步行至基里维纳，接受礼物（见第50页上的地图4）。

瓦库塔人和锡纳凯塔人的卡比吉多亚之旅，比北部或东部地区的更为重要，因为前者的卡比吉多亚和一种预备性贸易结合在一起，他们通过这种贸易补充货物储备，用于不久之后南下多布的旅程。读者们应该还记得，库博马是特罗布里恩群岛的手工业制造区，使特罗布里恩群岛闻名于整个东新几内亚的大部分实用物品，都产自那里。库博马位于特罗布里恩主岛的北半部，从基里维纳出发，走几英里即可到达，但要从锡纳凯塔或瓦库塔出发，则需乘船北上。因此，南部各村落购买所需时，要先到卡瓦塔里亚，再从那里步行至内陆的布沃塔卢、卢亚、亚拉卡、卡杜奎凯拉（Kadukwaykela）等村落。而当这些地方的居民们听说锡纳凯塔人在卡瓦塔里亚停船了，就会把自己的制造品带到独木舟那儿。

锡纳凯塔人待在卡瓦塔里亚的那一两天，贸易很活跃。库博马人总是渴望买到甘薯，因为他们生活的地区土地贫瘠，不适于园圃种植，因而更注重手工业制造。他们还很渴望得到椰子和槟榔果，因为这两样东西也很匮乏。此外，他们还希望用自己的产品交换到产于锡纳凯塔和瓦库塔的红贝壳圆片。遇到价值高的物品，锡纳凯塔人会用他们直接从安菲莱特群岛得到的大陶锅来换。交换的村庄不同，得到的物品也不同：从布沃塔卢，他们得到的是木盘子，有的由硬木制成，有的由软木制成，形状漂亮，装饰精美，大小、深度和精美度各不相同；从布瓦特卢（Bwaytelu）、瓦布图马（Wabutuma）和布杜韦拉卡，他们得到的是用蕨纤维编织的臂环和木梳；从布杜韦拉卡、亚拉卡和卡杜奎凯拉，他们得到质量不同、尺寸各异的石灰罐。过去，他们还从库博马东北边蒂拉陶拉大区里的各村落换回打磨光滑的斧刃。

在此，我不会讲述这种交换的技术细节，也不会给出大概的价格清单。我们将跟随这些贸易品到多布，在那里，我们将看到它们在何种条件下再次被易手，从而比较价格并判断整个交易的性质。因此，我们最好把细节留到那时再说。

四

但是在此，我们似乎有必要从库拉的描述再次岔开，概括一下存在于特罗布里恩群岛的各种形式的贸易和交换。的确，这本书的主题是库拉这种交换形式，但如果我在描述一种交换形式时，将它和与它最密切的环境割裂开来，换句话说，如果我在描述库拉时，不概括说明存在于基里维纳的不同种类的酬劳、馈赠和以物易物，我即违背了我主要的方法原则。

在第二章中，当谈及特罗布里恩部落生活的一些特征时，我进而批评了关于原始经济人的主流观点。在那些观点的描绘中，土著人一方面是懒惰、懒散、听天由命的，另一方面，他完全由绝对理性的和功利的动机所控制，其行为具有逻辑性和连贯性。在本章第二节，我还指出了这种观点暗含的另一个谬见，该谬见声称野蛮人只能从事非常简单、无组织、无系统的劳动。还有一个错误观点是所有关于原始经济学的著作几乎都明确表达过的，即土著人只有不成熟的贸易和交换形式，而这些形式在部落生活中也并非必不可少，只是根据需求间或进行，且非常少见。

普遍流行的"原始黄金时代"（primitive Golden Age）的谬见认为，这一时代的主要特点就是不对我的和你的进行任何区分；更复杂的观点认为存在个体觅食阶段和各家庭单独觅食的阶段；还有很多理论认为，原始经济中只存在出于生存需求的简单追求，别无其他。所有这些观点甚至都未反映出我们在特罗布里恩群岛所见真实状况的哪怕一丝迹象，即整个部落生活里到处都是不断的赠予和收取，每个典礼、每次合乎规定和习俗的举动都伴随着物质礼物和回礼，财富的赠予和收取是社会组织、酋长权力、血亲纽带和姻亲关系的主要工具之一。①

有关原始贸易的这些观点虽是错误的，但却很流行，若以某些假定为前提，无疑还很一致。这些假定看似合理，实则谬误，对它们进行仔细研究有助于我们彻底抛弃它们。它们都基于某种推理，例如：如果热带环境中已存在大量有用之物，为什么还要费力地去交换？如果不用交换，何须赋予其价值？如果每个人都不用太费力就能要多少有多少，为什么要去努力获得财富？如果价值由稀缺和有用性造成，在一个任何有用之物都富足的社区中，真的还有价值存在的空间吗？另一方面，在那些生活必需品稀缺的野蛮社区中，显然没有积累生活必需品的可能性，从而也不存在创造财富的可能性。

再者，在原始社会中，自然馈赠丰盈也好，匮乏也罢，每个人都同样自由地享有自然的所有馈赠，那么，还需要互相交换吗？如果所有人实际上能用同样的方式得到一篮等量水果或蔬菜，为什么还要互相赠送呢？如果对方

---

① 我列出这些观点，并非为了争论，而是为了表明和澄清我为什么要强调特罗布里恩经济社会学的某些一般特征，若不如此，我的论点也许就像是没有正当理由的自明之理。认为原始人和野蛮人没有个人财产是许多现代作者的长期偏见，特别是在他们支持共产主义理论和所谓的唯物史观时。"野蛮人的共产主义"这个说法，读者经常碰到，因此无须用引用说明。卡尔·比歇尔提出的个人觅食和家庭经济的观点，直接影响了当代最好的原始经济学著作。最后，认为描述了土著人获取食物的方式即是描述了原始经济学的观点，显然是将经济发展分为几个连续阶段的所有幼稚的进化理论的基本前提。这一观点可用下面这句话概括："……在许多简单的社区中，实际的食物需求及由此立即产生的活动占据了人们大部分的时间和精力，使得他们几乎无暇顾及任何次要需求。"这句话引自《人类学笔记和问询》(Notes and Queries on Anthropology)中第 160 页上的"社会团体的经济学"("Economics of the Social Group")条目，可谓是当代民族学就这一话题的官方观点，细读该条目的剩余部分，可清楚地看到，我们在本书中讨论的各种经济问题都或多或少地被忽略了。

只能以同样的形式回赠,为什么还要赠送?①

这种错误推论有两处根本谬误。第一处就是认为野蛮人和物质货物之间的关系是纯理性的,因此在野蛮人的环境中不存在财富或价值。第二处错误的假设就是如果每个人和任何人,通过手工业制造和技能,都可以生产出通过数量或质量表现价值的一切东西,则无需进行交换。

无论是对可能被叫做初级财富的食物而言,还是对特罗布里恩社会绝非没有的奢侈品而言,第一个推论都不正确。首先,在土著人眼中,粮食不只是营养物,其价值不只是有用性。他们积累粮食,并非在很大程度上因为他们知道甘薯可储藏,为日后所用,也因为他们喜欢展示自己的粮食类财产。于是,甘薯仓房建造得可以让人们通过木梁之间的缝隙估计数量、确定质量;甘薯摆放得要让最好的冲着外面,并清楚可见;而那些长达两米、每个重达数公斤的特殊品种则会放入木头架,涂上颜料,挂在仓房外面。土著人十分看重食物的展示权,从以下事实可见一斑:在那些有高等级酋长居住的村子里,平民必须把自己的仓房用椰子叶遮起来,以免造成与酋长竞争之嫌。

所有这些都表明,积累粮食不只是出于经济上的深谋远虑,还因为土著人希望通过拥有财富来展示和提升社会名望。

当我谈论特罗布里恩人积累粮食这一行为背后的观念时,我指的是这些土著人现在的真实心理。必须强调的是,在这里,我并非要对土著人的习俗和心理之"根源"或"历史"做任何推测,这还是留给理论研究和对比研究吧。

还有一个叫维拉马利阿(*vilamalya*)的巫术习俗,也可说明土著人对食物储藏的看法。该巫术于收获后或其他时候施于农作物上,意在延长食物的保存时间。把甘薯放入仓房之前,巫师在仓房地上摆一块特殊的沉重的石头,然后念诵一段冗长的巫术咒语。同一天晚上,巫师对着填满甘薯的仓房吐出施过咒语的姜根,并对通向村子的所有道路和村里的中心空地作法。

---

① 虽然本书第二章第四节已经提及这些观点,但我仍需在此将其详细列出,因为它们在人性最本质的一个方面存在错误。虽然在此我们只能用一个例证,即特罗布里恩社会,来表明这些观点的谬误,但是这已经足够击碎它们的普遍有效性,并表明该问题必须重新加以表述。这些受到批评的观点含有的命题都非常笼统,只能通过经验证明,而田野民族志工作者的责任就是证明和修正这些命题。一个陈述可以非常笼统,但仍可以是对经验事实的陈述。我们不应将笼统的观点与假设性的观点混在一起。对前者,我们须将其从田野工作中清除出去;对后者,我们不能给予太多关注。

所有这些都是为了祈求村中食物丰盈，能长时间储藏。然而，我们须注意很重要的一点：这个巫术作用的对象并非食物，而是村里的居民。巫术减少他们的食欲，用土著人的话来说，让他们更喜欢吃灌木丛里的野果、村周围小树林里的芒果和面包果，而拒绝吃甘薯，至少是吃一点就能满足。他们会吹嘘地说，如果巫术灵验，一半的甘薯会烂在仓房里，然后被扔到瓦瓦（wa-wa），即房子后面的垃圾堆上，从而为新收成腾出地方。在这个习俗中，我们再次看到那个典型的观念，即囤积食物的主要目的是在仓房中展示食物，直至食物腐烂，替换为新粮。

把食物放入仓房之前，有两次展示，还涉及许多礼仪。从地里挖出甘薯后，首先要在园圃里展示。人们用竿子搭起棚架，在上面盖上厚厚的泰图（taitu）藤蔓，形成凉棚，然后用界桩在凉棚下面的地上标出一个圆圈，小心翼翼地在这个圆圈里把泰图（构成特罗布里恩群岛主要收成的普通小甘薯）垛成圆锥形的堆。干这个活儿时，人们非常细心，挑选最大的，认真地弄干净，放在最外层。在之后的两周或两周多的时间里，甘薯就这么放在园圃里，接受来访者的赞叹。之后，园圃的主人召集一伙儿朋友和姻亲，将甘薯运回村里。我们在第二章里说过，这些甘薯会被送给园圃主人姐妹的丈夫。于是，它们会被运送到他所在的村子，在他的甘薯仓房前再次堆成圆锥状。这样待上几天后——有时长达两周——才会放入仓房（见整版插图33）。

事实上，只要看看土著人如何处理甘薯、如何对个头肥硕的面露欣赏之情、如何挑出长得奇形怪状的进行展示，就足以让任何人认识到，土著人对这一主要园圃作物有一种深深的、社会性的标准化情感。在部落生活的很多礼仪中，大型的食物展示都是核心特征。例如，叫做萨加利的大型丧葬分配，就某一方面而言，是涉及食物再分配的大型食物展示（见整版插图34）；又如，收获早甘薯（库维，kuvi）时，要把第一茬水果供奉给最近逝去的人，以示纪念，在随后的主收获季中，即收获泰图（小甘薯）时，要把挖出的第一批小甘薯仪式性地送回村里，接受整个村子的赞赏；收获时节，两个村子之间还会举行粮食比赛，这种过去常常引发真实战争的粮食比赛，也是典型的经济特征之一，阐述了土著人对粮食类财富的态度。事实上，食物在土著人大部分的公共典礼中都是核心物品，就这一点而言，我们几乎可以说他们有"食物崇拜"之风。

制作食物时，有许多与烹饪相关、特别是与锅相关的禁忌。土著人把吃饭用的木盘子叫卡博马（kaboma），意思是"禁忌之木"。通常，进食都是严格的个人行为。人们和自己的家人围成一圈吃东西。即便是在用大陶锅煮芋头布丁（莫纳，mona）的公共烹饪礼中，为了遵守该禁忌（见整版插图35），人们也不在一起进食，而是分成小组，陶锅每被搬至村中一处，那一处的男人们就蹲在陶锅周围先吃，然后是女人们吃，有时人们会把布丁盛出，放在盘子上，和家人一起吃。

在此，我无法详述所谓进食的社会心理学，但我们须注意，宴席的核心意义并不在于吃，而在于对食物的展示和礼仪性制作（见整版插图35）。杀猪是重大的烹饪和节日事件。杀之前，人们会先抬着猪在一两个村子里四处展示，然后猪被活活烤死，全村和邻村的人都会很享受这一场景及猪的尖叫声。之后，人们按照明确的仪规礼仪性地将猪切割成块，进行分配。吃猪肉则是件平常事，要么是在家里吃，要么是人们做熟一块肉在路上吃，要么是在村子里边走边吃。然而，宴席过后留下的残余，如猪颌骨和鱼尾，却常常被人们收起来，放在房子或甘薯仓房前展示。①

无论是憧憬即将举办的宴席，还是回忆从前的宴席，所吃食物的分量最重要。"我们要吃啊吃，一直吃到呕吐，"是宴席上常说的话，意在表达此刻的愉快，这种愉悦感与看着甘薯在仓房里腐烂时的那种愉悦感非常相似。这一切表明，在特罗布里恩人的头脑或习俗中，没有社会性进食行为和与之关联的饮宴作乐，社会性的愉悦就是一起赞美高质丰富的食物并知道食物充足。像所有动物一样，不论是人还是其他动物，是文明人还是野蛮人，特罗布里恩人自然也享受吃，把吃作为生活中的主要乐趣之一，但在特罗布里恩，吃只是个人行为，它的表现和与之关联的情感还未社会化。

恰是这种在现实中植根于吃之乐趣的间接情感，创造了土著人眼中食物的价值。这种价值使积累起来的食物成为一种象征、一种权力载体，继

---

① 事实上，这一习俗在特罗布里恩不及在其他马辛地区和整个巴布亚-美拉尼西亚地区表现得显著，例如，参见塞利格曼，前引，第56页及整版插图4和整版插图6。

而形成了储存和展示食物的需求。价值并非因有用性和稀缺性相结合而产生，而是源于对事物具有的一种情感，这些事物满足人的需求，因而能激发情感。

对土著人制造的实用物品的价值进行解释时，也须从人的感性出发，而非从功利观点的逻辑建构出发。我认为解释价值时应更多的考虑生产这些物品的工匠，而非使用者。这些土著人是勤劳敏锐的劳动者，他们劳作并非受需求刺激，也非为谋生，而是因为其才能和喜爱产生的冲动。他们对自己的艺术有很高的感悟力并非常享受，常常认为艺术是巫术灵感的产物，那些生产高价值物品的人尤其如此，他们都是出色的工匠，喜爱自己的手艺。这些土著艺术家们对好材料和完美工艺有敏锐的鉴赏力。一块好材料能吸引他们倾注大量劳动，制造出的东西好到人们不舍得去用，但却非常渴望拥有。

细心劳作、工艺完美、对材料有所选择、对最后的润色精益求精，这些是看过土著人劳作的人常常看到的。一些理论经济学家也观察到了这些，但是我们有必要看看这些事实对价值理论的影响。也就是说，对材料和劳作的热爱必然会对稀有材料和工艺精湛的物品产生一种眷恋感，这必然导致这些物品受到重视。于是，价值被赋予到工匠通常使用的稀缺类型材料：尤其适于做成某种形状和适于抛光的各类稀有贝壳；各类稀有木头，如乌木；特别是用于工具制造的特殊石材。①

现在，我们可以对研究结果和本节开头概括的有关原始经济人的各种谬见进行比较了。我们发现，尽管物产丰盈，但是价值和财富依然存在，事实上，丰盈的价值就在于丰盈本身。土著人生产出大量东西，多得失去了任何可能存在的有用性，只是因为他们喜欢积累；食物任其腐烂，虽然他们已拥有他们想要的所有生活所需，但是他们总是想要更多，因为食物具有财富的特点。制造品也是如此，特别是那些瓦古阿类（参照第三章第三节）物品，创造价值的并非有用性内的稀缺性，而是把人的技能和可用的物质材料相

---

① 同样，解释价值时，我并不追溯其可能的源头，我只是试图说明，分析土著人对有价值的东西的态度时，有哪些实际存在的、可观察到的因素。

结合而产生的稀缺性。换言之,那些有用、甚至不可或缺的东西之所以有价值,并非因为它们难得,因为对于特罗布里恩岛民而言,所有生活必需品都唾手可得。一件物品有价值,是因为工匠找到一块上好的材料后,受其吸引,倾注了大量劳动。结果,他制造了一种经济庞然大物,因太美、太大、太易受损、有太多装饰而无法使用,然而也正因为如此,才有巨大价值。

五

如此一来,第一种假设,即"土著人的社会中不存在财富或价值",就被推翻了。那么,第二种假设呢?——"如果任何人通过手工业制造和技能都可以生产出通过数量或质量表现价值的所有东西,则无需进行交换。"这一假设同样有误,因为我们注意到这样一个有关土著习俗和心理的基本事实:喜欢赠予和收取只是因为赠予和收取本身;通过将财富送出而积极地享受占有财富的快乐。

在研究特罗布里恩群岛的任何社会学问题,描述部落生活中的礼仪、宗教和巫术时,我们经常看到这种赠予和收取,以及礼物和酬劳的交换。我曾几次提到这一普遍特点,在第二章中,当我对特罗布里恩的社会学进行概括时,还就此举过一些例子。甚至在岛上走一圈,如我们在第二章中想象的那样,就足以让警觉的民族志学者注意到这一经济事实。他会看到一队队的拜访者——女人们头顶放食物的大篮子,男人们则挑着担子——向他们打听后,你就会知道这些是众多有固定名称之礼物中的一种,他们要将其送出,以履行某项社会义务。当芒果、面包果或甘蔗成熟后,要把第一茬果实送给酋长或姻亲,届时二三十个男人扛着要送给酋长的大量甘蔗在路上跑,仿佛是热带的伯纳姆树林(Birnam Wood)在丛林中移动一般。收获时节,一群群男人们在各条道路上来来往往,络绎不绝,有的扛着食物,有的则拿着空篮子返回。从基里维纳最北端出发的拜访团需行走十二英里到达图夸乌夸(Tukwa'ukwa)小海湾,跳进独木舟,沿着浅浅的潟湖撑篙划行几英里,然后从锡纳凯塔又走好一阵子,到达内陆;做这一切都是为了填满一个人的甘薯仓房,而这个人本可以自己将其填满,如果他没有义务把所有收成都送给他姐妹的丈夫的话！与婚姻、萨加利（食物分配）和巫术酬劳相关联的礼物展示，是特罗布里恩园圃上、道路上和村子里最具特点、最别致的景象之一，甚至让一个只留于表象的观察者都难以忘怀。

因此，第二个谬论——土著人会留下所有他需要的，并且从不主动赠送——也必须被完全抛弃。土著人并非没有强烈的占有倾向，如果认为他们在这一方面有别于其他人，则将从一个谬论走向另一个已经提过的完全相反的谬论，即原始人奉行某种原始共产主义。相反，正是因为他们非常看重赠予，"我的"和"你的"之间的区分非但没有消除，反而得到了加强，因为礼物的赠予绝不是随意而为，而是为了履行某个明确的义务，送礼时还有许多形式上的细节。赠予的最基本动机是对财富和权力进行展示的虚荣心，这就排除了任何关于共产主义倾向或制度的假设。虽然不是在所有情况下，但在很多情况下，财富的送交表达了送礼人相对于收礼人的优越性；在其他情况下，则代表了对酋长或某个亲属或姻亲的服从。我们须认识到，在特罗布里恩群岛几乎所有形式的交换中，都没有任何利益的痕迹，我们也没有任何理由用单纯功利的和经济的观点去看待交换，因为两方物品的有用性并没有通过交换得到提高。

因此，在特罗布里恩群岛，常常会发生这样的交易：甲用二十篮甘薯和乙换回一把打磨光滑的小石刃，几星期后，再用该石刃把甘薯换回。此外，在葬礼某个阶段上送出的宝物，随后会在同一天里被还给送礼人。在我们描述过的卡比吉多亚习俗（本章第三节）中，所有新独木舟的主人会互相拜访，把收到的礼物又都送出去，这样的事例很多。在瓦西（wasi）——即我们即将描述的鱼和甘薯的交换——中，我们看到通过一个几乎没有实际用途的礼物，人们被强行赋予了一项繁重的义务，可以说，交换增加的是责任，而非有用性。

认为土著人只为自己觅食或只照顾自己的家庭而不进行任何物品交换的观点，暗示了一种精于算计的、冷酷的自我主义和人只知享受实用物品本身的可能性。这一观点以及前面批判过的所有假设，都忽略了人具有展示、分享和赠予的基本冲动。除了考虑礼物是否需要、甚至是否有用外，为赠予而赠予是特罗布里恩社会学的最重要特征之一。就这一特征的一般性和基本性而言，我认为这是所有原始社会具有的普遍特征。

我详述的这些经济事实,从表面上看,与库拉并无直接联系,但如果我们能认识到,这些事实可能帮助我们读懂土著人对财富和价值的态度,它们对库拉这一主题的重要性则将不言而喻。库拉是对土著人之价值观最高和最生动的表达,若要真实地理解库拉的所有习俗和活动,必须首先理解构成其基础的心理状态。

六

我有意使用了交换形式、礼物和回礼这样的词,而没有用以物易物或贸易,这是因为,土著人虽然有纯粹简单的以物易物,但在以物易物和纯粹馈赠之间还有许多过渡和渐变的形式,所以要在贸易和礼物馈赠之间划一条明确的区分线是不可能的。事实上,为适应我们自己的术语和区分而划分界线本就与合理的研究方法背道而驰。为了正确处理这些事实,有必要对所有形式的酬劳和礼物进行完整地概述。在这个概述中,一端是极端的纯粹馈赠,即没有任何回报的给予;然后是各种习俗性馈赠或酬劳,需要部分或有条件地回报,它们互有重叠;之后逐渐过渡到须遵守较为严格的等值原则的各种形式的交换;最后,就是真正的以物易物。在下面的概述中,我将根据各交易的等值原则对其进行粗略的分类。

这种列表式说明无法像具体描述那样让人们清楚地看到事实,甚至还会给人一种人为的感觉,但我要强调的是,我不会在此介绍对土著人而言完全陌生的人为分类。在民族志描述中,最具误导性的莫过于用我们自己的术语去描述土著文明。然而在此,我不会这样做。分类的原则虽然超出了土著人的理解能力,但是却包含在他们的社会组织、习俗、甚至是术语中。术语总是能为我们了解土著人的区分和分类提供最简单、最确定的方法,但是我们必须记住,对术语的了解虽是了解土著观念(native ideas)的重要线索,却不是通向土著人之思维方式(native's mind)的神奇捷径。事实上,特罗布里恩的社会学和社会心理有许多显著且极为重要的特征,但并没有任何专门的术语对它们进行描述,而土著语言表达中的区分和细微差别又与实际情形很不相关。因此,术语调查必须辅之以对民族志事实的直接分析和对土著人想法的询问,也就是说,要通过直接提问收集大量观点、典型的说法和惯用语。然而,要得到最确凿、最深刻的见解,则须研究土著人的行为、分析民族志习俗和传统规则的具体事例。

馈赠、酬劳及商业交易列举

1. 纯粹馈赠。如前所述,该词指的是一个人在赠送物品或提供服务后不期待或没得到任何回报的行为。这种交易类型在特罗布里恩部落生活中不多见。我们必须记住,在特罗布里恩,诸如慈善救济的偶然馈赠或主动馈赠并不存在,因为每个需要帮助的人都由自己的家庭养活。此外,还存在许多与亲属关系和姻亲关系相关联且界定明确的经济责任,这使得任何人需要某件东西或服务时,都知道去何处获取。当然,这种馈赠不会是自由馈赠,而是某些社会义务强加的馈赠。此外,在特罗布里恩群岛,馈赠被认为是具有社会意义的特定行为,而非物品的传递,其结果就是,在没有社会责任直接强制时,馈赠很少发生。

最重要的一类自由馈赠是夫妻之间、父母和子女之间特有的馈赠。在特罗布里恩,丈夫和妻子占有的东西是分开的,有男方财产和女方财产之分,夫妻双方各自控制一部分家庭物品,如果一方去世,其财产由去世一方的亲戚继承。但是虽然夫妻双方不共同占有财产,却经常互赠礼物,男方送女方的情况尤其多。

在父母对子女的馈赠方面,显然,在母系社会中,母亲是其子女最近的亲属(这种"最近"的含义与在我们社会中的含义十分不同),子女会享用并继承她所有的财产。更引人注意的是,根据土著人的信仰和法则,父亲只是母亲的丈夫,不是子女的亲属,但他却是子女获得自由馈赠的唯一亲属。[①]父亲会把他的贵重物品无偿送给儿子,还会依照相关的明确规则(见第十一章第二节)把他在库拉里的关系也传给儿子。此外,父亲还会把最宝贵、最受重视的财产之一,即巫术知识,自愿地传给儿子,不收取任何回礼。他在

---

① 这些土著人没有"生理父亲"的观念。见第二章第六节。

世时,会把自己名下树木及园圃土地的所有权都转让给自己的儿子;他死后,该所有权则必须还给他的合法继承人,即其姐妹的子女。所有可被称为古古阿(*gugua*)的实用物品,他的子女都将理所当然地和他一起使用。任何尤为奢侈的食物,或诸如槟榔或烟草的普通东西,除与妻子分享外,他也会和自己的子女分享。此外,酋长(或头人)和下属之间也会自由地互相赠送这些消遣用的小玩意儿,但不会像家庭成员之间那么慷慨。事实上,无论是谁,如果他拥有的槟榔或烟草的数量超过他当场能实际消耗掉的数量,就会被期待将多余的送给他人。这个特别的规则恰巧也适用于那些经常被白人用来做贸易的物品,因而极大地强化了白人关于"共产土著人"的这一想法。但事实上,很多土著人会小心翼翼地把任何多余的东西藏起来,这样既可逃避与人分享的责任,又不会招致吝啬的骂名。

对于这一类自由馈赠,土著人的术语中没有专门的统称,他们就是用"给"(塞基,*sayki*)这个动词。如若询问他们这样的馈赠是否需要回报时,他们会直接回答这是不需要回报的馈赠。马普拉(*mapula*)是对回礼和报偿的统称,既指经济方面的,也指其他方面的。无疑,土著人不会将自由馈赠视为具有共同性质的一类行为。酋长的慷慨行为及任何人与人分享多余烟草和槟榔的行为都被视为理所当然。丈夫对妻子的馈赠也被认为是源于婚姻关系的本质。事实上,土著人有一种非常粗浅直接的方法来说明这种馈赠是基于婚姻关系的马普拉(酬劳),这种说法与另外一种馈赠,即我马上要讲的为回报性行为而送出的礼物,暗含的观念相同。但在经济上,这两种馈赠完全不同:丈夫对妻子的馈赠是固定关系中发生的偶然而随便的行为,而另外一种则是在特定场合为性行为支付的明确的报酬。

然而,最值得注意的是,同样的解释也被用来说明父亲对孩子的自由馈赠,换言之,父亲送给儿子的礼物,被看作是这个男人对他和他儿子母亲之间关系的回报。在母系社会的亲属观念中,母亲和儿子是一体的,父亲对儿子而言则是外人(托马卡瓦,*tomakava*),这是人们讨论这些话题时常用的说法。但实际情况无疑更复杂。事实上,父亲和孩子之间有一种直接的、非常强大的感情,就像我曾经说过的(参看第二章第六节),父亲总是想把东西给自己的孩子,土著人自己也非常清楚地认识到了这一点。

事实上，这些情况的背后有如下心理：通常，一个男子对他的妻子怀有感情，也会非常喜爱他的子女，他会通过礼物来表达这些感情，特别是，要尽可能多地把自己的财富和地位给予他的孩子。然而，这却违背了母系原则，也违背了所有馈赠都要求回报的普遍规则，于是土著人就用一种符合这些规则的方式来解释这些馈赠。上文提到的土著人参照性酬劳所作的粗陋解释非常清楚地表明母系理论和土著人的实际情感之间存在冲突，也说明我们是多么有必要去直接观察土著人真实的生活，从而去检验他们的言论和包含在土著术语和措辞里的观点。在真实的生活中，我们看到，人不仅制定规则和理论，还在本能和感情的冲动下行事。

2. 回赠不规律且不严格等值的习俗性馈赠。这类馈赠中最重要的一种是每年收获时节丈夫从妻子的兄弟那里收到的馈赠（参看第二章第四节、第五节）。这些规律的、可靠的馈赠，数量相当可观，以致成为一个男子的主要食物收入。在社会学意义上，这类馈赠或许是特罗布里恩部落结构中最坚韧的部分。它们意味着每个男子终生都需承担为其女性亲属及她们家庭进行劳动的义务。当一个男孩儿开始种植时，他为母亲干活儿；当他的姐妹长大结婚后，他为姐妹们干活儿；如果他既没母亲，也没姐妹，他最近的女性血亲则会享有他的劳动所得。①

虽然这类馈赠的相互交换从来不会完全等值，但收礼方还是应该时不时地回赠给妻子的兄弟一件贵重物品（瓦古阿）或一头猪。如果他召集妻子的男性亲属为他做集体劳动，根据卡布图制度，他要向他们支付食物。在这种情况中，酬劳的价值同样不及提供服务的价值。于是，我们看到，在丈夫和妻子男亲属之间的关系里，到处都是礼物和服务的相互交换，但丈夫的回赠并不等值，也不规律，是偶尔为之，且价值也比自己得到的小；即便他出于某种原因未回赠，其妻子男亲属的义务也不会因此而解除。如果是酋长，他众多的姻亲则须更严格地履行他们的义务，即他们必须送给他更大的收获礼，还须为他养猪、种蒌叶和椰子树，酋长会相应地回赠给他们大量的贵重物品，但并不完全等价。

---

① 参照整版插图 33，头人妻子的兄弟正在把甘薯放入头人的仓房里。

由臣属村送与酋长、酋长通常回之以小礼的贡礼也属于这一类。此外，一个人须举行丧葬食物分配（萨加利）时，他的亲戚也会有所贡献。对于这种馈赠，有时会用价值较小的物品回报，但并不规律，也是偶然为之。

土著人并未将回赠不规律且不严格等值的习俗性馈赠归入一个术语，但他们用尤里古布一词指妻子兄弟送的收获礼，这个词是土著社会学和经济学中最重要的概念之一。对于我们刚才描述的尤里古布义务，土著人非常清楚其诸多特点及深远影响。由丈夫送给妻子男亲属的偶然性回礼叫做姚洛（youlo），也被我们归入这一类的给酋长送的贡礼叫波卡拉。将尤里古布和波卡拉这两种馈赠归为同一类的合理性在于，一是二者机制相似，二是送给酋长的尤里古布礼和酋长收到的波卡拉非常相似。甚至在实际的礼仪上，二者都有诸多相似之处，但若要描述，需涉及太多细节，因此在此只能提及一下。波卡拉一词是对送给酋长的贡礼的统称，还有若干其他表达方式，分别指赠送的头茬水果、主要收获季里的馈赠及其他进一步的分类。此外，酋长给送贡礼之人的各种回礼，依据回礼中是否有猪肉、是否有甘薯、是否有水果，也有不同的词语分别与之对应。在此，我并未提及所有这些土著词，是因为不想在这里加入过多不相关的细节。

3. **服务酬劳**。该类和上一类的不同之处在于该类酬劳的数量范围由习俗规定。这种酬劳须在每次完成服务后就支付，但是我们却不能说这种酬劳是直接的经济等价物，因为等式的一边是服务，而服务的价值是无法确定的，除非使用常规的估价法。由专家为个人或社区提供的所有服务的酬劳都属于这一类。其中，最为重要的无疑是巫师提供的服务。例如，园圃巫师会从社区和某些个人得到确定的礼物，妖术师会从委托他施法杀人或治病的人那儿获得酬劳，祈求风调雨顺的巫术所获赠的礼物相当可观。我已经描述过支付给造船师的酬劳，随后还须讲讲支付给各种瓦古阿制作专家的酬劳。

男女相悦时赠送的礼物也属于这一类。性事极为放纵的土著人不知纯洁的爱情为何物。每当女孩儿将自己献给她的情人时，男孩儿须立刻送给女孩儿某个小礼物。在未婚青年男女每晚的例行幽会中，在礼仪性的放纵场合上，如卡图姚西习俗或第二章第二节里提到的丧葬慰藉，都是如此。几颗槟榔、几片蒌叶、少许烟草、几个龟贝壳环或海菊蛤圆片，年轻人从来不会忘记用这些小纪念品来表达谢意和感激。迷人的女孩儿从来不缺这些小奢侈品。

我们已多次提到萨加利，即大型的丧葬食物分配。在经济层面上，这些食物分配就是支付给葬礼服务的酬劳。死者最近的母系男亲属须向所有村民赠送食物，来酬谢他们前来吊唁，即抹黑了脸、剪了头发。此外，他还支付酬劳给专门哭丧和挖坟的人、把死者尺骨做成石灰勺的人（人数较少）以及即将进入漫长而严格的服丧期的寡妇和鳏夫。

所有这些细节都表明，每个社会义务或责任虽绝不可逃避但却必须用礼仪性礼物回报的观念是多么普遍和严格。从表面上看，这些礼仪性回报的作用在于强化义务赖以产生的社会联系。

土著人用的马普拉（回报、等价物）一词表明，我们归入到这一大类的所有馈赠和酬劳具有相似性。例如，当问及为什么把某个礼物送给巫师、为什么在萨加利（食物分配）上分给某人一份食物、为什么把某个贵重物品送给某位专家时，他们会说："这是他完成工作所应得的马普拉。"另外一个有趣的语言用法还具有身份识别作用，土著人把给巫师和专家的酬劳叫做一个"滋补剂"，或者照字面译为一个"膏药"。他们将支付给巫师的某些额外费用叫"塔图瓦里纳凯凯拉（*tatuwarina kaykela*）"，意思是"给他腿的膏药"，因为巫师，特别是园圃巫师，施法时必须走很长的路；造船师则会用"给我后背的膏药"，因为他一直弯腰劳作，而雕刻师或石头抛光师则会用"给我手的膏药"。然而，他们并没有具体的词来表达这些馈赠究竟是什么。事实上，对于各种巫术酬劳、送给专家的礼物、爱情酬劳和萨加利上不同种类的礼物，土著人有一串不同的描述词。例如，其中一小部分将供奉给祖先灵魂的巫术酬劳叫尤拉尤拉（*ula'ula*），数目可观的巫术酬劳叫索苏拉（*sousula*），给妖术师的礼物用动词艾布迪佩塔（*ibudipeta*）来描述。除此之外，还有许多专门的说法：给专家的礼物叫维沃洛（*vewoulo*）——初礼；约米卢指将物品礼仪性地交给主人后得到的食物礼；卡里布达博达则指在下一个收获季赠送的丰厚的甘薯；劳作过程中送的食物是瓦卡普拉，该词的使用范围很广,可以指主人送给劳作者的所有熟食或生食；与性有关的礼物叫布瓦纳（*buwana*）或塞布瓦纳（*sebuwana*）。我不再列举用来区分各种萨加利礼物的专门说法了,因为要列出那些专门的说法,须详述丧葬职责和分配,而这是个很大的话题。

　　土著人不会理解我们为什么将爱情礼物及萨加利礼物和送给巫师和专家的礼物归为一类。在他们眼里,萨加利礼物和爱情礼物都自成一类。从经济学的角度看,我们把这些礼物归为一类是正确的,因为它们都代表了某种类型的等价；此外,它们都符合每个服务都应有偿的土著观念,这一观念可由他们使用的马普拉一词证明。但是,土著人又将该类别进一步区分为爱情礼物、萨加利礼物及针对巫术服务和专业服务送的礼物,并用不同的术语与之对应。

　　4. 经济上等价的馈赠。我们列举各种交换类型时,贸易的特点也逐渐显现。属于这一类别的礼物须几乎严格等价回报,但必须强调一点:在这一类馈赠中,即便两件礼物的价值完全相等,二者之间的交换也不是贸易。馈赠和回礼要做到绝对等价,莫过于甲把一件物品送给乙后,乙在同一天把这件物品再还给甲。在葬礼的某个阶段上,死者的男亲属和死者妻子的兄弟之间,会发生这样的馈赠和回礼。但在贸易中,交易一旦发生,显然不能再取消。前文描述过的新船展示（卡比吉多亚）上的馈赠也属于此类；一个社区拜访另一个社区时的馈赠也属于此类,因为送出的礼物很快就会转回来；为租赁园圃而支付的租金也会得到等价的回礼,至少在特罗布里恩群岛的某些地区是如此。

　　从社会学角度看,这类馈赠是朋友（卢巴伊,*luba'i*）关系的特点之一。例如,卡比吉多亚发生在朋友之间,库拉发生在海外伙伴和内陆朋友之间,当然姻亲关系也完全（*par excellence*）属于这个范畴。

　　在此不得不提的还有另外一种等价礼物,即在米拉马拉期间由一个家庭送给另一个家庭的礼物。米拉马拉是祖先灵魂回归故里的节日。在这个节日里,土著人在家里放置熟食,供亡灵享用,待亡灵食用完食物的灵魂部分后,就把物质的部分送与隔壁邻居。这种馈赠总是相互的。

　　此外,男子结婚后,会立刻和妻子的父亲（这次不是他的母系男亲属）互换一系列礼物，这些礼物也属于该类别。

对于上述馈赠在经济上的相似性，土著人没有专门的术语来表达，甚至未在语言中提及。然而，我在上面列举的所有馈赠在土著语中都各自有名，我不再一一列出，以免增加不相关的内容。事实上，土著人并不知道我说的这个类别的存在，我的归纳基于一个让人饶有兴趣的事实，即我们发现，部落生活到处都是直接交换等价礼物的事例，没有什么能比这一点更能表明，土著人之所以重视礼物的赠予和收取，只是因为赠予和收取本身。

5. 物品与特权、头衔及非物质财产的交换。归入这一类别下的交易已经接近贸易了，因为交易双方都占有他们极为看重的东西，并用它来换取他们更看重的东西。该类别中的等价不像前一类别那么严格，无论如何，可度量程度不高，因为交易物之一常常是一件非物质财产，如巫术知识、舞蹈表演权、园圃土地所有权，这个所有权经常只是个头衔而已。但是虽然这种交换的等价程度略低，其贸易性却更明显，因为双方都有交易愿望且互利，而二者恰是贸易的要素。

有两种重要的交易属于这个类别，其中一种是获得自己应得的物品或特权。在这种交易中，一名男子本可以从他的舅父或兄长那里继承那些物品或特权，但他希望在后者去世之前就得到，若要舅父在活着的时候放弃一块园圃，或向他教授一个巫术体系并将之转交于他，他必须为此支付酬劳。通常要分几次支付，每次支付的酬劳都非常可观，舅父逐渐放权，一点一点地把园圃送给他，分几次把巫术传授给他，当最后一次支付完成后，所有权就明确地转交给这个更年轻的男子了。

在概述特罗布里恩的社会学时（第二章第六节），我已提醒大家注意母系继承和父子继承之间的显著差别。值得我们注意的是，被土著人认可的合法继承必须是有偿的，一个男人知道无论如何他迟早会继承某个特权，但如果他想现在就得到，就必须支付报酬，而且报酬很丰厚。然而，只有当双方都愿意时，这种交易才会发生，习俗并未规定任何一方有进行这种交易的义务，只有双方都认为对自己有好处，交易才会发生。对巫术的获取当然有所不同，因为长者必须在有生之年就把巫术传给后辈。

属于该类别的另外一种交易是对舞蹈支付的酬劳。舞蹈是"为人所有"

的,即原创者有权在他所在的村落社区里"上演"舞蹈和歌谣,如果另一个村落喜欢这支歌谣和舞蹈,就必须购买表演权,即礼仪性地向原创村落支付大量的食物和宝物,之后,舞蹈就会被教给新的拥有者。

在一些罕见的案例中,园圃土地的所有权会由一个社区转给另一个社区。同样,买方社区的成员和头人须向权利转出方支付大量酬劳。

还有另外一个交易在此不得不提,即独木舟的租用。在这一交易中,独木舟的所有权暂时转移,并因此获得酬劳。

经总结概括得出的该类别虽然与土著人的术语和观念不相冲突,但却超出了他们的理解能力。该类别包含了他们的若干分类,每类都有不同的土著名称。一项任务的仪式性购买或园圃土地的转移叫拉加(*laga*)。该词指的是大型而重要的交易。例如,用食物或小的贵重物品购买一头小猪时,土著人称之为以物易物(金瓦利),但如果是用一头更有价值的猪换取瓦古阿,他们则称之为拉加。

提前逐渐获取母系遗产这一重要的概念用词语波卡拉表示,之前我们已经碰到过这个词,指献给酋长的贡礼。这是一个同形同音异义词,因为它的两个意思截然不同,并且也被土著人清晰地区分开来。毫无疑问,这两个意思是由同一个意思逐渐区分而形成的,但我甚至连可显示该语言发展过程的资料都没有,因此现在我们不应生硬地将二者联系起来。这个例子的确表明,进行分类时,我们需倍加小心,不能太依赖土著术语。

表示租用独木舟的词语是托古纳瓦加(*toguna waga*)。

6. **延迟支付的礼仪性以物易物**。这一类别中的馈赠须是礼仪性给予、必须接受并必须在日后回报的馈赠。这种交换以恒定的伙伴关系为基础,交换的物品必须大致等值。回顾第三章中的库拉定义,不难发现,库拉这一大型、礼仪性循环交换就属于该类。库拉是礼仪性的以物易物,以恒定的伙伴关系为基础,一方送出的礼物总是会被另一方接受,而后者必须在日后送给前者等价值的回礼。

此外,还有用粮食换鱼的礼仪性交换,这种交换也以恒定的伙伴关系及接受并回赠初礼的义务为基础,名叫瓦西。富产甘薯、芋头的内陆村村民在以捕鱼为主、园圃作物缺乏的泻湖村有自己的伙伴。当收获新粮时,以及在主要的收获季里,内陆村民们便带着大量的粮食来到泻湖附近的村子(见整版插图36),每个人都把自己那一份放在其伙伴的屋前,这是一种要求对方回赠定量等值的鱼的邀请,这一邀请从不能被拒绝。

若天气允许,渔民就会按照先前的约定出海,并通知内陆村。于是,内陆村民们便来到海滩,等待着渔民一起捕鱼归来,然后把鱼直接从独木舟里拿出来,运回自己的村庄。只有进行大型食物分配(萨加利)时才需要这么大量的鱼。值得注意的是,内陆村的食物分配必须用鱼,而泻湖附近的村落在礼仪中从不用鱼,粮食是唯一被认为恰当的食物。因此,交换的动机不是为了得到食物以满足进食这一基本需求,而是为了满足一个社会需求,即对大量被习俗认可的食物进行展示。在这样的大型捕鱼活动中,大量的鱼通常在还未到达最终需要的那个人之前,就已腐烂坏掉,但腐烂的鱼在萨加利中的价值不会有任何减损。

用等价的鱼回赠粮食,这种等价的量度是粗糙的。标准尺寸的一捆芋头或一普通篮子的泰图(小甘薯)需用重约三到五公斤的鱼回赠。两种交换物的等价及至少一方获得好处,使这一交换近似于以物易物。① 但信任仍是交换中的主要因素,因为是否能等价取决于受礼方,但另一方面,受礼方不能拒绝按常理总是由内陆村民赠送的初礼,这些特点使得这种交换有别于以物易物。

同这种礼仪性交换相似的还有如下交换:个人把食物带到库博马的手工业制造村,这些村子的人用完工后的制造品回赠。在关于瓦古阿(宝物)制造的某些案例中,我们很难判断其中涉及的酬劳支付是一种服务酬劳(第三类),还是属于本类别的礼仪性以物易物。然而无需赘言的是,在土著人的思想中,库拉和瓦西(鱼和粮食的交换)这两类交换一定属于本类别。事实上,库拉,即宝物的礼仪性交换,作为一种独特的贸易形式非常引人注目,以致在所有方面都应让它自成一类,土著人应如此,我们亦应如此。无疑,

---

① 过去,这种好处是相互的。现在,渔民捕捞珍珠所得是他们参与瓦西所得的十到二十倍,这样一来,瓦西交易,对他们而言,常常是一种巨大的负担。和其他最明显的事例一样,这说明了土著习俗的坚韧,渔民虽然面临珍珠捕捞的所有诱惑及白人贸易者施加给他们的巨大压力,但他们从不试图逃避瓦西,当他们收到初礼后,总会把第一个风平浪静的日子用于捕鱼,而非捕捞珍珠。

瓦西的交易技术一定受到了更为重要、更为广泛的库拉观念和习惯的影响。土著人解释这两类贸易时，经常互相作比。社会伙伴关系的存在、馈赠的礼仪顺序、自由却不可逃避的等价——这些特征都出现在这两种贸易中。这表明，对于什么是体面的礼仪性以物易物，土著人有明确的看法。严格排除讨价还价、送礼时遵守各种繁文缛节，以及有义务接受初礼并在日后回赠，都表明了这种看法。

7. **简单纯粹的贸易**。这种交换形式的主要特点是互利：每一方都得到需要的，送出用处较小的。此外，在交易中，物品之间的等价情况经过讨价还价或商谈不断地得到调整。

这种简单纯粹的以物易物主要发生在大规模生产木盘、梳子、石灰罐、臂环、篮子的内陆各手工业制造社区和基里维纳的各农业区之间、西部各渔村和南部各航海商贸区之间。土著人把从事手工业制造的人视为贱民，并无礼待之，然而却允许他们在其他地区沿街叫卖其制造品。当这些人手中的制造品充足时，就去其他地方换取甘薯、椰子、鱼、槟榔和一些饰品，如龟壳、耳饰和用海菊蛤做的珠子。他们成群而坐，一边展示物品，一边说道："你有很多椰子，我们没有。我们有精美的木盘。这一个值四十个椰子，外加些槟榔和蒌叶。"然后，其他人可能答道："噢，不，我不想要。你要得太多了。""那你会给我们什么？"对方可能会给个价，叫卖者拒绝，如此一番，直到双方敲定一个价格。

有时，当其他村落的人们需要某些产自库博马的制造品时，就会去库博马购买。通常，有地位的人会向之前描述的那样，赠送初礼，然后期待回礼，而其他人则用以物易物的方式。如我们在描述卡比吉多亚时所见，每次库拉远航之前，锡纳凯塔人和瓦库塔人都会去库博马购买货品，用于附属贸易。

因此，纯粹的以物易物（金瓦利）的概念十分清晰，土著人将它和其他交换形式明确区分开来。这种区分不只体现在词语上，还因使用词语的方式而变得更鲜明。当一个土著人鄙视地批评库拉中的不良行为或不当的送礼方式时，就会说："仿佛是金瓦利一样。"当问及某个交易属于哪一类时，他们会用轻蔑地口吻答道："那只是一次金瓦利而已（*gimwali wala*）！"在进行民族志调查时，土著人能对金瓦利进行清楚的描述，几乎称得上是金瓦利的定义——没有仪式、允许讨价还价、可在任意两个陌生人之间自由进行。他们能准确、清楚地陈述它的一般条件，并能立刻告诉我们哪些物品可通过金瓦利换到。

当然，该类别的某些特点，虽然在我们看来明显是以物易物的固有特点，但却完全超出了土著人的理论理解能力。例如，互利是金瓦利的显著特点；再如，金瓦利仅涉及新做好的物品，因为用过的东西从不参与金瓦利，如此等等。因此，民族志学者必须为自己归纳这些。习俗中表现出的金瓦利的其他特点有：没有仪式、没有巫术、没有特殊的伙伴关系——这些都已提过。在所有礼仪性赠予和收取中，如果收礼者对礼物表现出任何兴趣，抑或在接受时表现出任何急切的心情，会被视为不光彩、有失礼节。在礼仪性的食物分配和库拉中，礼物有时由送礼人扔在地上，有时实际上则是突然扔出去，而将礼物拾起来的人通常甚至不是收礼者本人，而是他随从里某个无足轻重的人。相反，在金瓦利中，人们都对交换表现出明显的兴趣。

有一种金瓦利值得我们特别关注，即鱼和粮食之间的以物易物，它和瓦西，即鱼和甘薯之间的礼仪性交换，形成鲜明对比。这种以物易物叫瓦瓦（*vava*）。进行瓦瓦的村落之间不存在恒定的瓦西伙伴关系，只是在需要的时候简单地金瓦利各自的产品（见整版插图37）。

这就是我对不同类型的交换所做的概括，虽然很简短，但就提供库拉的背景而言，非常必要。它有助于我们了解与特罗布里恩部落生活相关的物质性赠予和收取的广阔范围和丰富种类。除此之外，还让我们看到，土著人对等价规则及伴随每个交易的繁文缛节都有十分清晰的规定。

七

显而易见，这些我根据经济原则划分的所有馈赠类型，几乎还都以一些社会学关系为基础。例如，第一种馈赠类型，即自由馈赠，发生在丈夫和妻子、父母和孩子之间；第二种馈赠类型，即回赠不规律的义务性馈赠，则主要和姻亲关系相关联，当然，给酋长的贡礼也属于这一类。

如果我们画一张社会关系图，就会看到，每一类社会关系都由一定的经济责任界定。对报酬和礼物进行的社会学分类与上文中的分类存在着某种相似性，但这种相似只是大致相似。因此，如果能根据社会关系对交换的类型进行分类，将很有意义，这不仅有助于我们更好地理解特罗布里恩社会的经济状况，还能让我们用另外一个角度看土著人的酬劳和礼物。

回顾第二章第五节和第六节勾勒的社会学概况，我们可以看到，家庭、氏族及亚氏族、村落社区、大区和部落是特罗布里恩部落的主要社会划分。每个社会划分都对应着明确的社会关系纽带。例如，在土著人的观念中，与家庭相对应的明确的社会关系至少有三种：首先是母系亲属关系（维约拉），包括在母系上有相同血统的人，对土著人而言，这是血缘关系，是肉体的身份，是真正的亲属关系；其次是婚姻关系，包括夫妻关系和父子关系；最后，丈夫与妻子之母系亲属之间的关系构成了与家庭相对应的第三类人际关系。这三类人际关系在术语、当前语用、习俗和明确阐述的观念中，都明确区分。

氏族和亚氏族的划分产生有两种关系：一方面是族人（clansmen）关系，特别是同一个亚氏族成员之间的关系，另一方面是一个人与其他氏族之成员之间的关系。亚氏族成员关系是一种扩展亲属关系。与其他氏族的关系也非常重要，因为它构成了一种叫卢马伊的特殊友谊。村落社区的划分形成了同属一个村落社区的同乡关系，也非常重要。与氏族相关联的等级区分，以及村落社区和大区的划分，形成了平民对酋长的服从，我们在第二章中描述过。最后，部落内的成员关系形成一种纽带，让所有部落成员团结起来，允许他们自由、但并非不无限制地交往，并由此形成了商业关系。因此，我们要区分八类人际关系。下面，我们将逐一列出，并简要概述其经济特点。

1. 母系亲属关系。这种关系包含的血缘性和物质性并未在经济方面有力地表现出来。在现实中，继承权、对某些所有权的共享、对他人日常器物的有限使用权经常受制于私人的妒忌和仇恨。特别是在经济性的馈赠上，我们发现了一个不寻常的习俗，即通过分期偿付购买园圃和树木的所有权及巫术知识，而这些本应由长者在去世时传给其年轻的母系男亲属。母系男亲属的经济身份在部落分配——萨加利——中凸显出来，即所有母系男亲属都必须分担提供食物的责任。

2. 婚姻关系。(夫妻关系,及由此产生的父子关系。)在此,只需将此类关系列出,并提醒读者其特点是自由馈赠即可,因为我们已在前面馈赠一览表中的第一类里详细描述过这种关系。

3. 姻亲关系。这种关系在经济上既不互惠也不对称。也就是说,关系中的一方,即丈夫一方,是经济上的受惠方,而妻子兄弟从他那里得到的馈赠其总和价值较低。我们知道,这一关系在经济上由经常性的、丰厚的收获馈赠界定。每年,丈夫的仓房都由妻子的兄弟填满。后者还必须为前者提供某些服务。做了这么多,他们只是偶尔得到一件瓦古阿(宝物)和一些作为服务酬劳的食物。

4. 氏族成员关系。氏族成员的主要经济关联体现在萨加利中。虽然提供食物仅是那些在事实上与死者有血缘关系之人的责任,但亚氏族的所有成员及一个村落社区内的同氏族成员,也须向萨加利的组织者贡献小礼物。

5. 个人友谊关系。通常因这种关系而联系在一起的两个人会进行库拉,如果他们分属内陆村和泻湖村,他们还是交换鱼和粮食(瓦西)的伙伴。

6. 同一村落社区内的同乡关系。一个村落社区送给另一个村落社区的礼物有很多类。在经济上,同乡关系意味着有义务为这样的礼物贡献自己的力量。此外,在丧葬食物分配萨加利中,与死者属于不同氏族但却同属一个村落社区的人,会因履行丧葬责任而收到一系列礼物。

7. 酋长和平民的关系。这一关系的特点是:一方面,酋长的臣属要向酋长献贡礼并为他服务;另一方面,酋长要经常给臣属小礼物;此外,在所有部落活动中,酋长要有重大贡献。

8. 任意两个部落成员之间的关系。这种关系的特点是相互支付酬劳和赠送礼物、偶尔进行贸易、偶尔自由赠送烟草或槟榔。没有人会拒绝别人给的烟草或槟榔,除非他们之间有敌意。

至此,对馈赠和礼物的概述就结束了。赠予和收取在博约瓦社会结构中的普遍重要性及各种礼物的众多区别和分类确凿无疑地表明,经济行为和经济动机在这些土著人的生活中发挥至关重要的作用。

第七章　海外远航的启程

在前面的库拉叙述中,我们看到所有的准备都已完成,土著人建好了独木舟、完成了下水礼和展示礼、收集了用于附属贸易的货品,现在只等着装载船只、扬帆起航了。到目前为止,我们对独木舟的建造、塔萨索里阿和卡比吉多亚进行描述时,都是就所有特罗布里恩居民而言。现在,我们须把视线限制在一个地区内——特罗布里恩岛的南部。我们将跟随一支库拉远航队,从锡纳凯塔出发,去往多布。这是因为每个地区各不相同,须分开探讨。然而,锡纳凯塔的情况也适用于南部的另外一个共同体,即瓦库塔。因此,下面两章描述的所有情景都以同一个地方为背景——特罗布里恩泻湖平坦而泥泞海岸上的一个村落群。锡纳凯塔大约由八个子村落构成,各村之间大约就是扔一块石头的距离。那里的沙滩很短,掩映在一排棕榈树下,半圆形的海岸边上生长着绿油油的红树林,其后是高高的丛林,矗立在雷布瓦格里耸起的珊瑚脊上,站在沙滩上,整个泻湖尽收眼底,水天交接之处,躺着几个平坦的小岛,将地平线微微地加深了一笔。在晴朗的日子从这里遥望,可见当特尔卡斯托山脉,宛若天边的青纱。

我们走上沙滩,旋即进入一个村落,只见一排房屋和一排甘薯仓房相对而立,穿过由这两排棚屋构成的圆形村落和一片长着槟榔树和椰子树的空地后,我们来到了锡纳凯塔主要的子村落,即卡西耶塔纳村（Kasiyetana）。在众多简洁的土著棚屋中,一个巨大的瓦楞铁屋棚立刻引起了我们的注意。它建于桩子之上,棚屋和地面之间的空间里仔细地垛满了白色的珊瑚石。这个建筑物既印证了土著人的虚荣心,也印证了土著迷信的力量——模仿白人的习惯而将房屋抬高的虚荣心和惧怕布瓦加乌(妖术师)的信仰。他们认为,法力最强的妖术是通过燃烧巫术香草来施行的,如果妖术师偷偷钻到房屋下,则将无法避开这种强大的妖术。可以补充一点:在特罗布里恩群岛,即便是土著传教士也总会在他们的房子下满满当当地塞上石头。卡西耶塔纳村的酋长名叫托乌达瓦达,是博约瓦岛上唯一拥有瓦楞铁房屋的人。事实上,在整个岛屿,不完全按传统形式而建的房屋最多不过十几座。托乌达瓦达也是我所见到的唯一一个戴遮阳帽的土著人;除此之外,他举止得体(长相颇好),个子高高的,脸盘宽阔,看上去很聪慧。在他的铁制屋棚对面是几间漂亮的土著棚屋,住着他的四个妻子。

继续向北走,黑色的土地上不时有珊瑚破土而出,穿过高高的树林和一片片小丛林、田野及园圃后,我们来到了锡纳凯塔第二重要酋长考塔乌亚所辖的卡努巴内(kanubayne)村。他很有可能就坐在自己棚屋或甘薯仓房前的平台上,这是一位干瘪的、没有牙的老人,戴着一顶大大的土著假发。他和托乌达瓦达都是最高等级的酋长,他们都认为自己和基里维纳的酋长们地位相同。然而,他们二人的权力只局限在自己所辖的小小的子村落中,无论在礼仪上,还是在财富上,都不及其北方亲戚,至少过去是如此。锡纳凯塔还有一位具有同样等级的酋长,即管辖奥雷沃塔(Oraywota)小村的西纳卡迪。他面容憔悴、秃顶无牙、总是气喘吁吁的,一副病恹恹的样子,是个真正可鄙、不老实的人物,土著人和白人都瞧不起他。他有一个尽人皆知的恶名:白人的船一来,他便带上一两个年轻的妻子登上船,但很快,他就会独自一人回来,还带着很多烟草和好货物。虽然,在这种事情上,特罗布里恩人的节操和道德感很淡,但就连他们自己都觉得这很过分,因此,西纳卡迪并不受村中人的尊敬。

管辖其他村子的头人等级较低,但他们的重要性和权力却不比那几个大酋长逊色多少。其中一个是个古怪的老头儿,身形消瘦、跛脚,行为举止却极为高雅从容,他的名字叫莱塞塔,因对各种巫术博学广闻及曾在安菲莱特群岛和多布这样的海外之地久居而出名。我们将在后面的行程中碰到这些头人中的某些人。描述完了锡纳凯塔的村落和头人们,让我们继续对库拉进行叙述。

离定好的库拉远航启程日还有几天时,各村落就开始骚动了。附近地区的人们带着礼物来拜访,大多是食物,这些食物将用作远航的口粮。他们坐在棚屋前聊天评论,而本村的人则忙着干自己的事。夜幕降临后,人们围在篝火旁探讨问题,很晚才会散去。准备食物主要是女人们的事,男人们则负责对独木舟做最后的修饰及实施巫术。

在社会学上,远航队自然不同于在村中留守的人,但在远航队内部甚至还有进一步的区分,其成员在库拉中发挥不同的作用。首先是独木舟的主人,即托利瓦加,他们将在未来的几周内扮演十分明确的角色。他们每个人都要比其他人更严格地遵守禁忌,无论是在锡纳凯塔,还是在多布;每个人都须实施巫术和主持典礼;每个人也将享有库拉带来的主要荣誉和特权。每只独木舟都有四到六名船员,即尤萨格卢(*usagelu*),他们构成另外一组,负责驾驶船只、实施某些巫术,通常情况下他们各人独自进行库拉。每只独木舟上还有几名更年轻的男子,他们尚不进行库拉,而是在航行中帮忙,构成另外一组,土著人称他们为西拉西拉(*silasila*)。远航队中还会有个跟随父亲参加库拉远航的小男孩,叫做多多乌(*dodo'u*),他的任务就是吹海螺号。因此,整个船队由四类人组成:托利瓦加、尤萨格卢、帮手和孩童。锡纳凯塔的女性,无论已婚还是未婚,从不参与库拉远航,不过,特罗布里恩东部却盛行一种不同的风俗。每个托利瓦加都须为他的尤萨格卢提供食物性酬劳,在一种叫作姆瓦洛洛(*mwalolo*)的小型食物分配典礼上送出,该典礼于远航归来后在村里的中央空地上举行。

航行开始前的几天里,托利瓦加会举行一系列的巫术仪式并开始遵守禁忌,女人们忙于最后的备食工作,男人们则为即将到来的漫长航行调整瓦加(独木舟)。

托利瓦加要遵守的禁忌涉及到性生活。在出发前的最后两个晚上,他要施行巫术,要接待从其他村落来的朋友和亲戚,他们为远航带来了口粮和用作贸易物品的礼物,他和这些人一起谈论即将开始的远航,一直到深夜。但即便没有这些事务缠身,他也必须按照习俗的规定守到深夜。此外,他还须独自睡觉,即便他的妻子可能就睡在同一个屋里。

装备独木舟的第一步是把一块叫做亚瓦拉普(*yawarapu*)的席子铺在独木舟的平台上,以便于人们在上面行走、安坐和摆放小物件。这是对独木舟的第一次调整,该行为伴随着一个巫术仪式,即当编织席铺到船上时,托利瓦加要在海滩上对着席子吟诵咒语。或者,在另一个不同的库拉巫术体系中,托利瓦加要对姜根施咒,再将姜根唾到席子上。下面是仪式里念诵的一个巫术咒语：

亚瓦拉普咒语

"槟榔,槟榔,雌槟榔;槟榔,槟榔,雄槟榔;仪式里嚼吐的槟榔!"

"酋长们的同伴;酋长们和他们的随从;他们的太阳,下午的太阳;他们的猪,一头小猪。我的日子只有一天"——念咒者在这里说出自己的名字——"他们的黎明,他们的早晨。"

这是咒语的绪言,之后是正文。在正文中,博雷图帕(*boraytupa*)和巴代代鲁马(*badederuma*)两个词形成一对关键词,和一连串其他词语依次搭配。第一个词翻译过来的意思是"快速航行",第二个词的意思是"充足的量"。依次和这对词搭配的一连串词语描述了各种各样的库拉项链。项链的长度不同,磨光度不同,其等级名称就不同,这样的等级名称大约有十几个。之后,念诵一连串描述人头的词：

"我的脑袋,我的鼻子,我的枕骨,我的舌头,我的嗓子,我的喉咙,等等,等等。"最后,开始挨个念诵库拉远航中带着的各种物品:要送给人的货物(帕里,*pari*)、仪式性包起来的包裹(利拉瓦,*lilava*)、个人的篮子、睡席、大篮子、石灰棍、石灰罐和梳子。

最后,巫师念诵咒语的结束语:"我要脚踢大山,大山移动了,大山倒塌了,大山开始它的礼仪活动了,大山欢呼了,大山倒下了,大山臣服在地上了！我的咒语将飞往多布山的山峰,我的咒语将渗透进我的独木舟。我独木舟的船身会下沉;我独木舟的浮木会沉到水下。我的名声像响雷,我的步伐如飞行女巫的隆隆声。"

该咒语的第一部分提及槟榔。槟榔是土著人希望在库拉中得到的物品之一,也是土著人施咒后送与库拉伙伴从而引诱他和他们库拉的物质之一。而该咒语究竟暗指这两个行为中的哪一个,我无从得知,土著人也说不出来。赞美自己速度和成就的那一部分在巫术咒语中非常典型,在其他许多咒语中都可找到。

该咒语的正文部分照例更容易理解。宽泛地说,它暗含如下宣言:"我要快速前进,在各种形式的瓦古阿上,斩获成功;我要快速前进,用我的头脑、言语和相貌斩获成功;在我所有的贸易物品和个人财物上。"咒语的结束语描述了施咒人的巫术将造成的"大山"的文化。这里,大山代表的是多布地区及其居民。事实上,他们将要驶向的当特尔卡斯托的各地区一般被称为科亚(koya,山)。该咒语运用的夸张、暗喻及暗含的对咒语法力的强调,是所有巫术咒语非常典型的特征。

第二天,或第三天,因为启程日期常常延迟,远航队的领头人把一头或两头猪送给所有参加远航的人。在那一天晚上,每只独木舟的主人都会去园圃找一株芳香的薄荷树,他会握住一个小树枝,来回地晃动它,同时念一段咒语,然后摘下来。其所念咒语如下:

苏伦沃亚咒语[1]

"谁砍下了拉巴伊的苏伦沃亚?我,夸伊雷古,和我的父亲,我们砍下了拉巴伊的苏伦沃亚!咆哮的苏伦沃亚啊,它咆哮;颤动的苏伦沃亚啊,它颤动;飒飒作响的苏伦沃亚啊,它飒飒作响;沸腾的苏伦沃亚啊,它沸腾。"

"我的苏伦沃亚啊,它沸腾着,我的石灰勺啊,它沸腾,我的石灰罐啊,它沸腾,我的梳子……我的篮子……我的小篮子……我的席子……我的利拉瓦包裹……我要送人的货物(帕里)……"每个词后面都接上"它沸腾"或"它翻起泡沫"。之后,"它沸腾"又和开头的各部分分别搭配一遍,就像前一个咒语那样。

最后一部分的咒文如下:"我刚过世的舅父姆沃亚洛瓦的灵魂啊,向莫尼基尼基的头低语汝之咒语。向我的轻灵的独木舟的头低语咒语。我要脚踢大山;大山倾斜了;大山下陷了;大山打开了;大山欢呼了;大山翻倒了。我要库拉,直至独木舟下沉。我要库拉,直至舷外浮架下沉。我的名声像响雷,我的步伐如飞行女巫的隆隆声。"

---

[1] 参看对该咒语原始文本的语言分析,见第十八章。

这个咒语的绪言包含某些神话典故,然而,我的信息提供者只能提供给我含混不清的解释,但有一点很清楚,即绪言直接提及神奇的薄荷,并描述了它的巫术功效。咒语第二部分又提到了库拉中使用的物件及巫师个人的外貌和说服力。和这些词重复搭配的动词意指我即将提到的薄荷和椰子油的沸腾,它表示把薄荷的神奇性能赋予了托利瓦加和他的货品。在最后一部分,巫师召唤将咒语传授给他的真正母系亲属的灵魂,请求他把巫术效力赋予独木舟。莫尼基尼基是个神话人物的名字,但除了传说他是所有这些咒语的最初拥有者外,并无与之相关的神话故事,它在这里是独木舟的同义词。多吉纳的最后部分与亚瓦拉普咒语结尾的最后部分完全一样,再次让我们见识了巫术中经常使用的夸张的语言风格。

举行完这样的摘薄荷枝仪式后,巫师把薄荷枝带回家中,找来一个尤萨格卢(船员)帮他在小土著陶锅里煮些椰子油(布拉米,*bulami*),然后把薄荷枝放进沸腾的椰子油里,对着沸腾的油念诵如下巫术咒语:

凯姆瓦洛约咒语

"没有槟榔,没有多加(*doga*)(用野猪的环形长牙做的装饰品),没有槟榔英! 我改变他主意的能力;我的姆瓦西拉巫术,我的姆瓦塞(*mwase*),姆瓦萨雷(*mwasare*),姆瓦塞雷怀(*mwaserewai*)。"最后一句话是基里维纳巫术咒语里很典型的文字游戏。第一句理解起来稍有困难,意思很有可能是:"没有哪个槟榔或槟榔英、没有哪个多加礼物能像我的姆瓦西拉那样力量强大,改变我伙伴的主意,使之对我有利!"

之后是咒语的主文:"有一枝我的苏伦沃亚(薄荷),我将放在古马奇拉(Gumasila)岛上拉巴伊的苏伦沃亚。"

"于是,我要在古马奇拉岛上进行一次快速的库拉;于是,我要将我的库拉藏于古马奇拉岛上;于是,我要在古马奇拉岛上抢夺我的库拉;于是,我要在古马奇拉岛上搜寻我的库拉;于是,我要在古马奇拉岛上偷走我的库拉。"

这一段多次重复,重复时,把其中的古马奇拉岛依次换成以下岛屿:库亚委沃(Kuyawaywo)、多姆多姆(Domdom)、特瓦拉、锡亚瓦瓦

(Siyawawa)、萨纳罗阿、图乌陶纳、卡姆萨雷塔(Kamsareta)、戈勒布布(Gorebubu)。所有这些都是依次进行库拉的地方。在这段长长的咒文中,巫师按照库拉远航的行程,依次列举最醒目的地标。咒语的最后一段与亚瓦拉普咒一样:"我要脚踢大山……"

对着油和薄荷念完这个咒语后,巫师把这些东西放入一个烤硬的香蕉叶做成的容器里,现在有时会用玻璃瓶替代,然后把容器绑在一根棍子上,插进独木舟的船头围板,斜吊在船鼻上。随后我们会看到,土著人在抵达多布时会用那散发着香味的油涂抹某些物品。

至此,这个系列的巫术仪式仍未结束。第二天清早,土著人要做一个含有代表性贸易物品的礼仪包裹利拉瓦,并对其施咒。他们把几件贸易物品、一只编织臂环、一把梳子、一个石灰罐和一束槟榔放在一张干净的新席子上,将席子折起,对着它念诵咒语。然后,将席子卷起,外面再裹一个席子,有时可能会再裹上一两个席子,这样,巫术效力就被严严实实地封在包裹里。之后,这个包裹被放在独木舟中央的一个特殊位置上,直到抵达多布后,方可打开。土著人相信这个包裹和一种巫术预兆(卡里亚拉,*kariyala*)相连:一打开它,就会下起小雨,电闪雷鸣。抱有怀疑态度的欧洲人可能会说,季风时节,当特尔卡斯托群岛上那些高山的山脚下或斜坡上,总会在午后淅淅沥沥地下雨,还伴有阵阵雷声。但是当卡里亚拉未出现时,土著人就会认为一定是在施行利拉瓦巫术仪式时出了什么差错!下面便是对禁忌包裹利拉瓦念诵的咒语:

利拉瓦咒语

"我沿着考拉科马(Kaurakoma)海滩的岸边行走;凯利(Kayli)的海滩,穆尤瓦(Muyuwa)的凯利。"在此,我无法加入任何解释,以使这句话的意思变得更清楚。显然,该句涉及一些我不了解的神话典故。接下来的咒文是:

我要对我的大山施法……我会躺在哪里?我会躺在勒古马塔布(Legumatabu);我会做梦,我会梦到各种景象;下雨是我的巫术预兆……

他头脑警觉;他没躺着,他没坐着,他颤抖地站着,他焦虑地站着;克瓦拉的名声很小,我的名声闪耀。"

这一段重复数次,每次重复时,都用另外一个地名替换勒古马塔布。勒古马塔布是一个长约二百码、宽约一百码的珊瑚小岛,岛上长着几株漏兜树,还有野禽和乌龟在沙滩上产蛋。该岛位于锡纳凯塔和安菲莱特群岛中间,当天气骤变或风向突然逆转时,锡纳凯塔的水手们常在那里避上一两晚。

这部分咒语的前半段直接暗示了利拉瓦的巫术预兆。后半段描述了多布伙伴受巫术影响而表现出的焦虑,这种焦虑状态会促使他在库拉中变得慷慨大方。我不知道克瓦拉一词是地名还是其他,但它包含了巫师对自己名声的吹捧,这在巫术咒语中非常典型。

在随后的重复性段落中,替换勒古马塔布的地名依次是:另一个珊瑚小岛亚孔(Yakum)、乌拉锡(Urasi,多布人对古马奇拉的叫法)、特瓦拉、萨纳罗阿和图乌陶纳,之前对多布进行描述时,我们对这些地方已有所了解。

这是一个非常长的咒语。念诵完冗长的重复性段落后,咒文中又出现一个替换。第一句"我会躺在哪里?我会躺在勒古马塔布"被替换为"彩虹站在哪里?它站在科亚塔布山上",然后再重复后面的部分:"我会做梦,我会梦到各种景象……"。然后,再把科亚塔布换成卡姆萨雷塔、科亚瓦乌(Koyava'u)、戈勒布布。[①] 咒语再次把我们带到库拉旅程途经的各地,但这次不是那些歇息睡觉的地方,而是高山之峰,是远航中的一座座灯塔。咒语的结尾又和亚瓦拉普咒语的结尾一样。

这个巫术仪式在最后一天的早上举行。念完咒语、卷好利拉瓦后,立即就会拿到独木舟上,放到属于它的尊贵位置上。那时,尤萨格卢(船员)已经做好了航行的准备。

[①] 科亚塔布——弗格森岛北岸的山;卡姆萨雷塔——安菲莱特群岛中多姆多姆岛上的最高峰;科亚瓦乌——多布岛对面的山,位于道森海峡的北岸;戈勒布布——多布岛上的火山。

每艘马萨瓦独木舟都由结实的横竿分成十、十一或十二个小舱室。土语称那些横竿为里尤(*riu*)，它们把独木舟的船身和舷外浮架连接在一起。舱室叫利库(*liku*)，每个利库都有自己的名字和功能。从船尾开始，第一个利库叫奥古格沃(*ogugwau*)，意思是"在迷雾中"，明显可见那里又浅又窄，是放置海螺号的合适之地。随船的小男孩儿会坐在那儿，在礼仪时刻吹响海螺号。

第二个舱室叫利库马卡瓦(*likumakawa*)，是储藏食物的地方。第三个舱室叫凯利库(*kayliku*)，传统上是放置椰子壳水壶的地方。第四个利库叫利库古亚乌(*likuguya'u*)，顾名思义，这是古亚乌(*guya'u*)或酋长待的地方。顺便提一句，古亚乌是对任意一个头人或重要人物的非正式尊称。负责往外舀水的人亚卢米拉(*yalumila*)也总是在这个舱室里。之后便是位于船中央的舱室，土语称之为格博博(*gebobo*)，依据船的大小，有一到三个不等，此处平台上放着利拉瓦，此外还放着最好的、抵达多布后才能吃的食物及所有贵重的贸易物品。中央舱室另一边的舱室和前面的一样，只是次序相反（见整版插图39）。

当独木舟要装载很多货物时（去往多布的远航总是如此），就会在独木舟的格博博部分围起一个正方形的空间，于是船中央就搭起一个类似鸡笼的四方笼子，里面放满了用席子包起来的包裹。独木舟不航行的时候，通常用船帆盖着。在独木舟的船底，铺有一个木架子做地面，人们可以在上面行走和放东西，木架下是流入船中的积水，要不时地舀出来。土著人会在格博博舱室四个角落处的木架上各放一个椰子，并要对其念咒，在这之后才能把利拉瓦、精美食物和其他贸易物品放到船上。下面的咒语属于对四个椰子念诵的这类咒语。

格博博咒语

"我的父亲，我的母亲……库拉，姆瓦西拉。"这段绪言行文风格简练，作为巫术咒语的开头，非常恰当，除了库拉和姆瓦西拉的意思清楚外，其余部分很神秘。第二部分的意思更清楚些：

"我要用巴吉多乌(*bagido'u*)填满独木舟，我要用巴吉里库(*bagiriku*)填满独木舟，我要用巴吉杜杜(*bagidudu*)填满独木舟，等等。"项链的所有具体名字都被逐一列出。最后一部分的咒文如下:"我将在开阔的大海上停泊,我的名声就传到潟湖,我将在潟湖上停泊,我的名声就传到开阔的大海。我的伙伴们将在开阔的大海上,将在潟湖上。我的名声像响雷,我的步伐如地震。"

最后这部分和其他几个咒语相似。从咒文内容来看,这个仪式明显是个库拉仪式,但土著人却坚持说它的特殊效力是使装载到独木舟上的粮食能保存更长时间。该仪式完毕后,人们开始迅速装船,把利拉瓦放在专属于它的尊贵位置上,放在一起的还有抵达多布后才能吃的最好的食物。其他用作波卡拉(索求礼)的精美食物也放在格博博里,将于日后送给海外伙伴;波卡拉上面堆放着叫做帕里的其他贸易物品,再上面则是尤萨格卢和托利瓦加的个人物品,都放在各自的篮子中,形状像旅行包一样。

土著语中把从内陆村来的人们称为库利拉奥迪拉(*kulila'odila*)。他们聚集在海滩上,和女人、孩子、老头儿和为数不多的留守村子的人站在一起。船队的领头人起身向岸上的人群讲话,内容大致如下:

"女人们,我们这些人去航行;你们留在村里照料园圃和房屋;你们必须忠贞。到灌木丛里捡柴时,你们每一个都不要落后。到园圃劳作时,要和你们的姐妹一起返回。"

他还告诫其他村子的人远离锡纳凯塔,勿在深夜或晚上造访锡纳凯塔,勿独自一人来访。听到这些后,一个内陆村的头人会站起来,这样说道:

"不会这样,噢,我们的酋长;您离开时,您的村落会保持原样。看,您在时,我们来看您。您航行远去时,我们会待在自己村里。您返回时,我们再来。也许,您会给我们一些槟榔、一些西米、一些椰子。也许,您会库拉给我们某条贝壳珠项链。"

说完这些长篇大论后,独木舟便一齐起航了。海滩上,一些妇女可能会在船真正启程的那一刻哭泣，但在启程之后哭泣则是犯忌讳之事。此外，妇女还须遵守另外一个禁忌，即不能独自出村、不能接待男性访客。事实上，丈夫不在时，她们要忠于丈夫，如果一个妇女行为不端，她丈夫的独木舟就会行驶缓慢。于是，船队返回后，夫妻之间常常互相指责，并因此产生感情上的嫌隙；但到底应归咎于独木舟还是妻子，其实很难说清。

　　船队启程后，女人们开始留意雨和雷，因为这是男人们打开利拉瓦（特殊的巫术包裹）的征兆。这样，她们就知道船队已抵达萨鲁布沃纳海滩，正在进行最后的巫术，为进入图乌陶纳村和布瓦约瓦村做准备。女人们非常担心男人们是否能成功抵达多布，是否碰到了坏天气而不得不从安菲莱特群岛返回，因为她们一直在准备专门的草裙，就等着在海滩上迎接返回的船队时穿上，她们还想得到被视为美味的西米以及男人们从多布给她们带回的一些装饰品。如果船队因某个原因提前返航，整个村子都会失望，因为这意味着远航失败，那些留守在家的人将一无所获，也没机会穿上他们的节日盛装了。

第七章 海外远航的启程 207

整版插图 38 考塔乌亚，锡纳凯塔的一位酋长

他正站在他的一个甘薯仓房前，仓房上有装饰，后面是他的利西加（他个人的住所）。（见边码第 200 页）

整版插图 39 在努阿加西（位于安菲莱特）海滩上的一艘马萨瓦独木舟，显示了放在格瓦博博（中央舱室）的主要货物。（见边码第 204 页）

一艘装载了货物的独木舟

第八章　船队在穆瓦的第一次停靠

一

做了那么多准备和初步工作后,我们可能会认为,土著人一旦启程,就会直接奔向那些在遥远的南方引诱召唤他们的高山。恰恰相反,第一天,一小段航行就让他们心满意足了。航行几英里后,他们在一个叫穆瓦(Muwa)的大沙洲停靠。该沙洲位于锡纳凯塔村落群的西南方,岸边长着的古树枝干盘虬。就在这里,土著人以木棍为锚,将独木舟停在岸边,船员们为礼仪性食物分配做准备,并安排在海滩上过夜用的营地。

这个拖延让人有点困惑,但如果我们仔细想想,这是这些土著人为一次遥远的旅程做好准备后第一次和其他村民分开,只有他们自己,那么这个拖延就不难理解了。通常,船队在集合和检阅各方力量时都会举行一次预备宴,这是特罗布里恩群岛所有远航或探访的特点。

我提到过大型远航和小型远航,但可能并未非常清楚地指出,土著人自己对二者有明确的区分——称大型竞争性的库拉远航为尤瓦拉库,称小规模的航行为"库拉而已(Kula wala)"。各地区每两到三年就举行一次尤瓦拉库,但是今天,像在其他所有事情上那样,土著人越来越懈怠了。然而,每当瓦古阿大量聚集时,他们就会举行一次,关于聚集的原因,我以后会讲。有时,尤瓦拉库可能因一次特殊的事件而举行,比如某个头人有一头极好的猪,抑或是有一件价值很高的物品。例如,1918年从多布出发的一次大型竞争性远航(尤瓦拉库),其表面原因就是图乌陶纳的一个头人考亚波鲁有一只非常大的野猪,其长牙长得几乎弯成了一个圈。此外,富足的食物,抑或是往昔岁月里远征的凯旋,都会成为尤瓦拉库存在的理由(raison d'être)。当然,可以说,土著人明明白白说出的这些理由都是次要的,事实上，只要不是食物严重匮乏或是有某个重要的人物辞世，只要时候到了，他们就会举行尤瓦拉库。

尤瓦拉库是规模极大的库拉远航，有明确的社会组织，要严格遵守所有礼仪和巫术仪式，在规模、竞争性和其他一两个特点上均有别于更小的远航。在尤瓦拉库中，一个地区内的所有独木舟都会出航，且人员配备完整。每个人都渴望参与其中。除了自然的渴望之情外，土著人有一种观念，即所有船员都有义务远航，这是他们对酋长或尤瓦拉库主人应尽的义务。他们称这个主人为托利尤瓦拉库（toli'uvalaku），总由一个地区的酋长或头人出任。在离开锡纳凯塔的海滩时、分配食物时、抵达海外各村落时以及返乡仪式中，他都是仪式的主持者。其独木舟的船头上有一根棍子，上面系着一条由晒干漂白的漏兜树树叶做成的飘带，这是其尊贵地位的外在象征。这样的飘带在基里维纳语里叫塔拉鲍巴乌（tarabauba'u），在多布语里叫多亚（doya）。远航中，作为托利尤瓦拉库的头人得到的库拉礼物通常多于其他人，这次特别远航带来的荣誉也将赋予他。因此，在这里，托利是表示荣誉和名义所有权的头衔，主要是为拥有者带来名望（布图拉，butura），因此土著人极为看重。

然而从经济和法律角度看，将所有远航成员和头人捆绑在一起的义务是最重要的社会学特征。头人给人们分配食物，人们参与分配，这就将远航的义务强加在人们身上，无论航行会多么艰险，无论他们有多少次因天气不好、风向相反或敌对者的干扰（这种情况见于过去）而不得不停止航行、甚至返航。土著人这样说道：

"我们不能在尤瓦拉库中返回，因为我们已经吃了托利尤瓦拉库给的猪，嚼了他给的槟榔。"

只有当这些锡纳凯塔人抵达他们与之库拉的最遥远的共同体后、停留了足够长的时间从而让他们收集到所有能得到的瓦古阿后，他们才会返航。在土著人讲给我听的几个具体案例中，船队几次从锡纳凯塔出发，总是在几天后返航，因为风向相反使他们无法南行，他们滞留在穆瓦，最后吃完了所有口粮。另外一次值得纪念的远航发生在几十年前。在那次远航中,船队一两次尝试起航,每次都因无风而滞留在瓦库塔,于是人们不得不花重金从奥基奈(Okinai)村请来一位风巫师,为他们唤来吉祥的北风,最终得以南行,但却在途中碰上了一块维内利达(*vineylida*),这是一种能从海底跳到独木舟上的活石,是海上的恐怖事物之一,尽管如此,他们没有放弃,最终安全抵达多布并成功返航。

因此,从社会学的角度来看,尤瓦拉库是一项事业,由托利尤瓦拉库部分资助,他因此提高了自己的名声、获得了荣誉,而分给其他人的食物则强加给他们一种责任,即进行远航,直至成功。

令人颇为困惑的是,虽然每个人都渴望远航,虽然每个人都同样地享受远航,并通过远航满足了野心、增加了财富,但远航仍具有强制和义务的色彩;之所以有这样的困惑,是因为我们不习惯将愉悦强加于人的观念。然而,并非只有尤瓦拉库如此,几乎在所有的大型部落娱乐活动和节日庆典中,都存在这个原则。庆典的主人通过最初的食物分配将义务,即顺利完成当季的舞蹈、消遣或游戏加诸于他人。实际上,土著人的热情很容易减退,他们还易心生羡慕、妒忌并与人争吵,从而破坏社会性娱乐活动中的一致性。考虑到这些之后,从外部强制人们去愉悦的必要性,就没初看时那么荒谬了。

我说过,尤瓦拉库不同于普通的库拉远航,这还表现在前者必须遵守库拉的全部礼仪。例如,所有独木舟都须新建或重新捆扎,所有船只都须重新涂色、重新装饰,无一例外;只有在尤瓦拉库形式的库拉中,才会一个细节不落地举行完整的塔萨索里阿(下水礼)和卡比戈多亚(展示礼);启程前在村中杀猪(一只或多只),也是竞争性库拉的特征之一;在我们刚才抵达的库拉行程中的第一站穆瓦举行的礼仪性分配凯古亚乌(*kayguya'u*),也是其特点之一;塔纳雷勒(*tanarere*),即在远航结束之际举行的大型瓦古阿展示和个人收获的比较,是尤瓦拉库的另外一个礼仪特征,该礼仪特征还赋予尤瓦拉库一定的竞争性;除此之外,这种远航在航行之初,在独木舟的速度、质量和漂亮之处上,也存在着竞争;一些社区向尤瓦拉库远航队赠送瓦古阿时,则会互相比谁给得多。事实上,整个进程都有比赛或竞争的因素。在下面几章中,我还有更多机会来说明尤瓦拉库与普通库拉航行之间的区别。

我要立即补充一点:虽然所有这些仪式只有在尤瓦拉库航行中才是强制性的,并且只有在尤瓦拉库中才须无一例外地全部举行,但是普通的库拉远航也可能会举行某些仪式,甚至是全部,特别是当它碰巧是一次规模较大的航行时。各种巫术仪式——这里指的是最重要的巫术仪式——也是如此。虽然每个库拉远航都举行这些巫术仪式,但在尤瓦拉库中,则更为细致。

最后一个非常重要的特征是一个规则,即外出的尤瓦拉库航行不能携带瓦古阿。我们不能忘记,海外库拉远航的主要目的是接受礼物,而非赠送礼物。这一规则在尤瓦拉库中被遵守到了极致,因此拜访团不会赠送任何库拉宝物。当土著人从锡纳凯塔出发到多布进行普通库拉时,可能会带上几个臂镯,但在礼仪性的、竞争性的尤瓦拉库航行中,他们从不携带臂镯。

要记住我在第三章里说过的,即库拉交换从不同时进行,总是先送礼,一段时间过后再回礼。在一次尤瓦拉库中,锡纳凯塔人在多布收到了一定数量的礼物,一两年后,当多布人访问锡纳凯塔时,这些礼物会被回赠给多布人,但是多布人总是会欠锡纳凯塔人相当数量的宝物,这样一来,现在当锡纳凯塔人再去多布时,他们就能声称这些礼物是此前欠他们的。有关库拉交换的所有这些技术细节,将在后面的一章(第十四章)阐明。

总而言之,尤瓦拉库是一种礼仪性和竞争性远航。其礼仪性体现在,启程时尤瓦拉库的主人要举行专门的礼仪性食物分配;除此之外还体现在要严格遵守库拉的所有礼仪,无一例外,因为在某种意义上,每次库拉远航都是礼仪性的。其竞争性主要在于,在远航结束之际要细数和比较所有收获的物品,这也是禁止携带瓦古阿的原因,其目的就是保证大家起点公平。

二

现在,让我们再回到聚集在穆瓦的锡纳凯塔船队。他们一到那儿,也就是大约正午时分,就开始忙着举行礼仪性食物分配了。虽然托利尤瓦拉库照例是典礼的主持者,但在该仪式的准备期间,他通常只是坐在远处看,一群等级低于他的亲戚和朋友则忙碌着。或许在此,我们最好对这一场景进行更具体的描述,因为要准确地想象出其中的各种事项是如何进行的,总是很难。

1918年3月,我亲眼目睹了这一场景。那时,安菲莱特群岛正在为库拉做准备,我在其中协助。几天来,土著人们一直为远航的启程做准备。在最后一天,我整个上午都忙着观察和拍照,看他们如何装载和调整独木舟、如何告别以及船队如何启程。忙了一天后,夜幕降临,那天晚上的月亮很圆,于是我泛舟海上。虽然在特罗布里恩群岛时,我已经听土著人描述过第一次停靠的风俗,然而当我转过一块岩石时,仍不禁大吃一惊,只见一群早上就出发的古马奇拉土著人头顶一轮满月,坐在海滩上,而那里距离他们十小时前才喧喧嚷嚷离开的村落不过几英里之遥。那天风比较大,我原想他们在去往特罗布里恩的路上至少已经走了一半,会在北方距离安菲莱特约二十英里处的某个小沙洲上停靠。我到沙滩上和他们坐了一会儿。与特罗布里恩人不同,这些安菲莱特岛民易怒而冷漠,对于我这个爱打听、爱捣乱的民族志学者的出现,显然颇为讨厌。

让我们再回到锡纳凯塔船队,想象沙滩的远处,歪歪扭扭的枝干和宽阔的叶子形成的树荫下,酋长和头人们或许正坐在一起,每个人身边都跟着几个随从,或许各自坐在自己的独木舟旁。托乌达瓦达静静地咀嚼着槟榔,举止庄严得近乎沉闷迟钝,考陶亚则正在兴奋地和他的几个成年儿子高谈阔论,其中的两三个人是锡纳凯塔最正派的男人。再往远处,一小群随从中间坐着声名狼藉的西纳卡迪,正在和他的继任者外甥戈马亚说话,后者也是个臭名昭著的恶棍。在这种时候,依据正确的礼节,酋长们不应混在忙碌的人群中,也不应观望审视各事项,而应保持一种冷漠超然的态度。他们和其他贵族在一起,用土著语那种令人费解的短促而断断续续的句子谈论着库拉的各项安排和前景,预测天气,讨论各独木舟的优点,还不时地提到某个神话典故。

与此同时,托利尤瓦拉库忠实的随从,包括他的儿子们、弟弟们和姻亲们,正在为礼仪性食物分配做准备。通常,出任托利尤瓦拉库者不是托乌达瓦达,就是考陶亚。谁在当时有更多财富在手、从而有希望收到更多瓦古阿,谁就会担起这份荣誉和重任。西纳卡迪没那么富裕,因此他及他的前任和继任者都不太可能担此重任,锡纳凯塔其他子村落的小头人则从不会担任这个角色。

无论谁是目前这次远航的领头人,都需带上两三头猪。现在,它们被放在海滩上,接受远航队成员的夸赞。很快,土著人点起了篝火,他们把猪的蹄子系在一起,用一根棍子挑起,倒挂在火上,一阵可怕的尖叫声回荡在空中,取悦着所有听众。当猪被烤死,或是失去知觉后,由专门的人将其切分成适当的份,以备分配。甘薯、芋头、椰子和甘蔗,早就按照独木舟的数量,被分成了几大堆——现在是八堆。每堆上面都放着几把熟香蕉和几捆槟榔。每堆东西旁边的地上放着椰子叶编的盘子,猪肉就放在这些盘子上。所有这些食物都由托利尤瓦拉库提供,此前,他已从自己和妻子的男性亲属那里收到了很多他们专为食物分配而赠送的礼物。事实上,当我们试图将与此类食物分配相关之礼物和贡献的千丝万缕都描绘出来时,会发现它们已结成一张相当复杂的网,即便是前一章的长篇描述也未能对其进行充分的说明。

领头酋长的帮手们将食物分成堆后,会再检查分得是否正确,把食物调整一番,并记住每堆应分给谁。通常,只在最后一轮检查中,托利尤瓦拉库才亲自出马,检查一番后,回到自己先前坐的位置上。然后,礼仪性分配的高潮部分到来了。领头酋长的亲信之一(这个人的等级总是比酋长低)在酋长帮手的陪同下,顺着这一排食物堆走过去,每走到一堆,就扯高了嗓门尖声喊道:

"噢,西亚加纳,汝之堆,在那儿,噢,西亚加纳,噢!"到下一堆时,再叫另外一只独木舟的名字:"噢,古马沃拉,汝之堆,在那儿!噢,古马沃拉,噢!"

就这样,他每走到一堆食物跟前,就把那一堆分给一只独木舟。分配完毕之后,每只独木舟便各自派几个男孩取走各自的食物。他们把食物拿到各自的火堆旁,用火烤肉,把甘薯、甘蔗和槟榔分给船员,大家以独木舟为单位,分组而坐,吃了起来。我们看到,虽然托利尤瓦拉库负责食物分配,并独自享有土著人因此给予的所有赞誉,但在整个进程中,他的主动作用很小,且名义多于实质。因此,在这样的场合中称他为"典礼的主持者",恐怕并不正确,虽然我们今后会看到他还会在其他场合也扮演这一角色。然而,对土著人而言,他是该事件的中心,他的随从要做所有应做之事,在某些情况下,还会就一些礼节问题,请他定夺。

吃完饭,土著人开始休息、嚼槟榔和抽烟,这时很有可能已至黄昏时分。他们看着远处海面上的落日,停泊在浅水处的独木舟摇晃着,击打出片片水花,远处山脉的剪影就飘浮在独木舟上,若隐若现。那里就是远方的科亚,即当特尔卡斯托群岛和安菲莱特群岛的高山,老人们曾经常航行前往,年轻人们则在神话、传说和巫术咒语中多次耳闻。这时,库拉往往成为谈话的主题,远方库拉伙伴的名字,或极其珍贵的瓦古阿的专属名字,不时将谈话打断,让那些还不了解库拉技术细节和历史传统的人听得十分费解。他们讲述着几年前一个大海菊蛤项链如何由某某人从锡纳凯塔送了出去,送给基里维纳的某某人之后,这个人又把它送给他在基塔瓦的伙伴(自然提到了所有的人名),然后该项链又辗转到伍德拉克岛,之后的踪迹便不得而知了——这些回忆引得人们开始推测那条项链现在可能在哪儿、他们是否有机会在多布碰上。他们还会回忆某些著名的交易和因不满而发生的争吵,以及如何因为在库拉交易中大获成功而遭巫术暗杀的案例,他们娓娓道来,其他人则总是兴致勃勃地听着。年轻男子则会讨论一些不太严肃的事情来消遣,比如说,在海上会遇到什么危险、科亚的女巫和骇人之物有多么凶猛,等等,这时,这些特罗布里恩年轻人就会得到告诫:多布的女子冷漠、男子凶猛。

夜幕降临,土著人在沙滩上点起几堆小火,把硬硬的漏兜树席子从中间一折放在每个人的身上,仿佛一个个小屋顶。今晚,所有人就在这里过夜了。

三

第二天早上,若风力风向尚可,或有望尚可,人们就会早早起来,个个异常兴奋活跃。有些人忙着调整船桅和索具,比前一天早上出发时还要彻底和仔细,因为接下来他们可能会航行一整天,或许还会遭遇强风和其他危险。一切准备就绪,沙滩几码之外,风帆即将扬起,各式绳索都调整完毕,每只独木舟的所有船员也都各就各位,等待着各自的托利瓦加(独木舟的主人),它们还在沙滩上,因为临行前还要举行几个巫术仪式。在这个航行阶段,巫术仪式已不再是纯粹的事务性事件,所有仪式都针对独木舟,意在使它变快、经得起风浪和更安全。在第一个仪式中,托利瓦加蹲在沙滩上,对一些叶子施法,并念诵咒语。咒语的措辞表明这是一个速度巫术,土著人也是明确这么说的。

卡杜米亚拉(KADUMIYALA)咒语

这个咒语的开头是对飞鱼和颚针鱼的召唤。之后,托利瓦加敦促其独木舟的船头和船尾都飞起来。然后,在一段长长的塔普瓦纳中,他不断重复一个词,词的意思是"用巫术赋予速度",并提到独木舟的各部分。最后一部分的咒文如下:"独木舟飞翔,在早上飞翔,在日出时飞翔,独木舟像飞行女巫一般飞翔,"最后以象声词"塞迪迪(*Saydidi*)、塔塔塔(*tatata*)、南萨(*numsa*)"结束,表示漏兜树飘带在风中飘动的声音,也有人说,那代表飞行女巫在风雨交加的夜晚从空中飞过时的声音。

念完咒语后,托利瓦加把树叶交给一名尤萨格卢(船员),由他蹚水绕着瓦加走,用树叶先擦拭多布瓦纳(*dobwana*,独木舟的"船头"),然后是船身,最后是尤乌拉(船尾)。然后,他再绕到浮架那一侧,再擦擦"船头"。我们可能还记得,就航行意义而言,土著独木舟的船头和船尾可以互换。由于独木舟航行时舷外浮架必须总在迎风一侧,因此,船尾常变成船头。当土著人站在独木舟上时,如果舷外浮架在左手边、船身在右手边,他便把在他前面的那一端叫做船头(多布瓦纳),把他身后的那一端叫做船尾(尤乌拉)。

之后,托利瓦加上船,船帆扬起,独木舟急速驶向前方。之前在村子里时,托利瓦加曾对两三条漏兜树飘带施法,现在,他将这些飘带系到索具和船桅上。下面就是对漏兜树飘带念诵的咒语:

比西拉咒语

"博拉伊,博拉伊(神话中的名字)。博拉伊飞起来,它会飞起来;博拉伊,博拉伊,博拉伊站起来,它会站起来。和博拉伊在一起——西迪迪迪(sidididi)。冲出卡丁瓦图海峡,穿过萨兰瓦(Salamwa)岬角。去把你的漏兜树飘带插到萨兰瓦,去攀登洛马的山坡。"

"抬起我的独木舟;它的身体像漂浮的蛛丝,它的身体像干香蕉叶,它的身体像绒毛。"

在土著人的思想中,漏兜树飘带与独木舟的速度之间存在确定的关联,他们常用它装饰船桅、索具和船帆。当独木舟快速前进时,漏兜树飘带迎风飘扬,闪耀着淡淡的黄光,宛如由金色硬布做成的旌旗,将船帆和索具笼罩在光芒、色彩和动感之中,把独木舟装饰得甚为美丽。

漏兜树飘带,尤其是它们的抖动,是特罗布里恩文化的一个显著特点(见整版插图 29)。在他们的某些舞蹈中,男人们两手拿着漂白了的漏兜树长飘带,一边跳,一边抖动飘带。把这个动作做好,是一个杰出艺术家的主要成就之一。在许多节日里,人们都会把比西拉(漏兜树飘带)系在房屋的木杆上作装饰。人们还把它们插在臂镯和腰带上用作个人饰品。用于库拉的瓦古阿(宝物)上也装饰着比西拉飘带。在库拉中,酋长会向他的海外伙伴赠送一条施过特殊咒语的比西拉飘带,这会让后者在赠送宝物时变得非常积极。我们曾说过,托利尤瓦拉库的独木舟上也会系一条宽比西拉飘带作为荣誉的象征。飞行女巫(穆卢夸西)在夜间飞行时,为了飞得又快又高,也被认为会用漏兜树飘带。

将施过法的漏兜树飘带,连同没有施法、纯装饰性的飘带系在索具上后,托利瓦加坐在维瓦(veva)绳上,即迎风扬起船帆时用的帆脚锁,来回晃动它,并念诵如下咒语。

卡伊库纳维瓦咒语

意思为"巫术作用(magical influence)"的两个动词重复出现,每个动词都加上前缀"*bo*",意思是"仪式的",或"神圣的",或"禁忌的"。①之后,托利瓦加说道:"我要对我独木舟的中间进行巫术处理,我要对它的船身进行巫术处理。我要拿上我的布蒂厄(*butia*,花环),它由芳香四溢的花朵制成。我要把它放在独木舟的头上。"

之后是冗长的正文部分,提到了独木舟各部分,并和两个动词依次搭配。这两个动词分别是"仪式性地环绕独木舟"和"仪式性地把它涂红"。这里,加在两个动词上的前缀"*bo-*"被译为"仪式性地"。②

咒语的结尾与许多其他独木舟咒语的结尾相似:"我的独木舟,汝似一阵旋风,似消失的影子! 消失在远方,像雾一般,前进!"

这些就是旅程开始时为祈求速度而举行的三个例行仪式。如果独木舟仍行驶缓慢,就会举行一个备用仪式:将一片干香蕉叶放在船缘和独木舟内部框架的一根木棍之间,并对其念咒,之后再用这个香蕉叶敲打船的两头。如果独木舟仍很慢,落后于其他独木舟,托利瓦加就在席子上放一块库莱亚(*kuleya*,腐坏的熟甘薯),对其念诵将重量转移到甘薯上的咒语。这个咒语和我们之前见到的把沉重的原木拉回村里时用的咒语一样。那时是对一束草施咒,之后用草敲打木头,最后把草扔掉。③ 在这里,甘薯承担了独木舟的重量,被扔出船外。然而有时,即便如此,也全无效果。那时,托利瓦加就会坐在舵手旁边的平台上,对一个椰子壳念咒语,将其扔进水里。这个仪式叫比西博达帕泰尔(*bisiboda patile*),是一个邪恶巫术(布卢布瓦拉塔),目的是拖后其他船只。如果这样也无济于事,土著人就断定一些和独木舟相关的禁忌可能被破坏了,托利瓦加或许会担心这和其妻子或妻子们的行为有关。

---

① 前缀"*bo-*"有三个不同的词源,意义各不相同。第一,它可能来源于"*bomala*",这时,它的意思是"仪式的"或"神圣的"。第二,它可能来源于"*bu'a*"(槟榔果),巫术经常用到并提及这种东西,既因为它是一种催眠剂,也因为它是一种漂亮的朱红色染料。第三,该词缀可能来源于"*butia*",即一种用作花环的香花,这时,该词缀通常的词形是"*bway*",有时是"*bo-*",意思是"节日的"、"装饰的"。土著人并不把咒语视为民族学文献,而是将之视为施展巫术法力的工具,该前缀很有可能同时涵盖这三个意义,"仪式的"一词最好地涵盖了这三种意思。

② 同上。

③ 见第五章第二节。

第九章　在皮洛卢海湾上航行

一

现在，库拉远航队终于真正起航了。独木舟开始了一段漫长的旅程，皮洛卢海湾就躺在他们面前，从特罗布里恩群岛一直延伸至当特尔卡斯托。该海湾北接特罗布里恩群岛，即瓦库塔岛、博约瓦岛和凯卢拉岛；西邻散落的劳森塞群岛；东边，一条长长的海下珊瑚礁从瓦库塔的南端延伸至安菲莱特群岛，构成了一道阻碍航行的屏障，却挡不住东边的海风和海水；南边，这道海下屏障和安菲莱特群岛相连，与弗格森岛和古迪纳夫岛（Goodenough）的北海岸共同形成了皮洛卢的南岸。海湾的西边则通向新几内亚大陆和俾斯麦群岛（Bismarck Archipelago）之间的海域。事实上，这个被土著人称为"皮洛卢"的地方不过是劳森塞泻湖的广阔盆地，那里有世界上最大的珊瑚环礁。然而，对土著人而言，皮洛卢这个名字会让他们浮想联翩，它连着巫术和神话，连着村里老人们在篝火旁讲述的过去几代人的经历，也连着个人的冒险经历。

船帆鼓着风，库拉冒险家们急速前行，浅浅的特罗布里恩泻湖很快就被甩在了后面，暗绿色的海水时而因海底又高又密的海草荡漾出一块棕色，时而又变成了明亮的翠绿色，海底里的沙子清晰可见，但很快，这些都变成了深海折射出的深绿色。环绕在特罗布里恩泻湖周围狭长的低地越来越窄，逐渐溶解在雾霭中，而南部的山脉却在他们面前变得越来越高大，天气晴朗时，从特罗布里恩群岛甚至可直接眺望到这些山脉。现在，安菲莱特群岛那整齐的轮廓依然很小，但却更加稳固和真实，而远处的那些高山，依然是一片蓝色的剪影。那些山的山峰上总是环绕着积云，最近的一座山峰是科亚塔布山——禁忌之山①，位于弗格森岛的北端，形如稍稍倾斜的纤细的金字塔，它构成了一座迷人的灯塔，指引着南下的水手们。向西南方望去，在科亚塔布的右面可见宽阔笨重的科亚布瓦加乌山（Koyabwaga'u）——妖术师之山，是弗格森岛西北角的标志。至于古迪纳夫岛上的高山，只有在天气晴朗时才可看到，但即便那时，也十分模糊。

再过一两天，这些无形的、迷雾般的轮廓就会在特罗布里恩人的面前变得雄伟而壮丽。那陡峭的石崖和绿色的丛林，宛若一道道坚实的墙，将把这些库拉贸易家们包围起来，幽深的山谷和疾驰的水道在山上刻出一道道的沟壑。特罗布里恩人将驶过这深邃幽暗的海湾，那里回荡着他们从未听过的瀑布之声，及从不到访特罗布里恩群岛的各种鸟儿的怪叫声，如笑翠鸟的笑声和南海乌鸦的哀啼声。海水将再次变换它的色彩，变成纯净的蓝色，清澈的海水下将呈现出一个迷人的五彩缤纷的珊瑚世界，鱼儿和海草环绕其中。然而，从地理上看有点讽刺的是，这样的一个世界却是这些珊瑚岛居民在自己家乡从未见过的，他们必须来到这个火山区，才能发现这种美。

在这里，他们会看到各种又重又坚硬的石头，形状各异、色彩斑斓，而在家里，所有的石头都是死气沉沉的白色死珊瑚；这里除了各类花岗岩、玄武岩和火山岩外，还有各种有着锋利边缘和金属条纹的黑曜石，以及很多富含红赭石和黄赭石的地方；这里除了火山灰形成的高山外，还有时而喷涌而出的温泉。所有这些奇观，年轻的特罗布里恩人曾在故事里听说过、也曾看到过带回来的样品，因此当他第一次真正置身其中时，无疑会兴奋不已，从今往后，他会急切地抓住每个能让他来到科亚的机会。因此，现在展现在他面前的这片地方是一方希望之土，几乎每次被提及时，都焕发着传奇的色彩。

这里地处两个不同世界的交界处，景色的确叹为观止。在最后一次调查中，我从特罗布里恩群岛出发，航行至距安菲莱特群岛还有一半路程时，受天气影响，不得不在一个长了几株漏兜树的小沙洲上停留了两天。向北望去，海面暗沉，大片大片的乌云悬在空中，我知道，在乌云之下有一个平坦的岛屿

---

① 在特罗布里恩语中，塔布（tabu）是表"禁忌"——禁止——的动词，但并不经常使用。名词性的"禁忌"、"神圣物"总是由博马拉（bomala）表达，后面加人称后缀。

叫博约瓦岛,也就是特罗布里恩岛。向南望去,天空则更为晴朗,水天交接处,可见山脉的轮廓,时断时续,那片景色似乎满溢着神话和传奇故事,满溢着一代代土著水手们的奇遇、希望和恐惧。就在这个沙洲上,那些土著水手们曾经常在无风或遭遇恶劣天气时停靠,伟大的神话英雄卡萨布瓦布瓦雷塔曾被同伴们困于此地,最后只能从天空中逃走,同样是在这里,一只神话里的独木舟曾因为需要重新填缝而停泊。我坐在那里,望着南方的山脉,它们是那么清晰,但却难以接近,我突然感受到了土著人必定能感受到的那种情愫,他们渴望到达科亚、见到那些陌生的人们,并与他们库拉,这种渴望之情或许因为掺杂其中的畏惧而变得更为强烈。就在那里,在安菲莱特群岛的西边,他们看到一个叫加布(Gabu)的大海湾,曾几何时,一支特罗布里恩船队在那里遭遇陌生村落的村民,他们想和后者库拉,却被全部宰食了。还有些故事讲述了掉队的独木舟漂泊到弗格森岛的北海岸后,遭遇食人族,全体船员都丧生了。在其他传说中,一些缺乏经验的土著人来到代代伊附近后,看到大石头水池,见池中之水晶莹剔透,便跳了进去,结果却被那几乎煮沸的水活活烫死。

这些发生在遥远海岸上的传奇中的危险让土著人想起来就胆战心惊,然而,实际航行中的危险甚至更为真实。他们航行的海面上到处都是沙洲和被海水淹没的珊瑚岩,海面下还有一道道暗礁,虽然风和日丽时这些对独木舟而言不像对欧洲船只那样危险,但也足够糟糕。但土著航行的主要危险却在于独木舟的无助。我们曾经说过,独木舟不能迎风航行,因而就无法顶风而行。当风逆向而吹时,独木舟不得不反向而行,这会让人感到不快,但也不一定会产生危险。然而,如果风势减弱时,独木舟恰巧遇上速度达三到五节的大潮,抑或出现问题而偏离了正确的航向,情况就会很危险。西边是广阔的大海,一旦漂远,返回的可能性微乎其微;东边有暗礁,如果在大风中撞到,必然是撞得粉碎。1918年5月,一只多布独木舟比船队里其他的独木舟晚了几天才返回,原来它遭遇了很强的东南风而不得不放弃正确的航向,向西北漂到了劳森塞群岛。正当人们认为它已失踪时,八月里刮起了罕见的西北风,又把它送回了家。幸好它被吹到了劳森塞的一个小岛上,假如风将它吹得再往西一点,它就永远见不到陆地了。

关于失踪船只,还有其他故事。如果我们考虑到独木舟的航行环境,不得不说,没发生更多的故事,真是个奇迹。可以说,土著人航行时必须沿直线穿越海洋，一旦偏离了路线，就会出现各种危险。不仅如此，他们还必须在固定的登陆点之间航行，因为如果他们不得不在一个并不友善的部落登陆，面临的危险几乎不亚于暗礁和鲨鱼；如果水手们错过了安菲莱特群岛和多布的友善之村，而是在其他任何地方登陆，等待他们的便都是死亡。当然，这些都是指过去的时候，但即便在今天，虽然被杀戮的危险会小些——或许并非完全不存在——但一想到要在一个陌生的地区登陆，土著人就会觉得不舒服，他们害怕自己会死于暴行，更害怕会被邪恶巫术迫害致死。因此，当土著人航行在皮洛卢海湾时，在他们视野中，仅有几小块地方是安全的航行目标。

东边，过了那道危险的珊瑚屏障，是一块友好的地界，即奥穆尤瓦（Omuyuwa）地区，对特罗布里恩人而言，那里的标志就是马绍尔本尼特群岛和伍德拉克岛。南边就是科亚，也叫基纳纳（kinana）之土，基纳纳是对当特尔卡斯托群岛和安菲莱特群岛两地土著人的统称。西南面和西面是深邃广阔的海洋，据说，在海另一边的陆地上住着的人，或长着尾巴，或长着翅膀，对于这些人，人们所知甚少。在北边，过了特罗布里恩群岛附近的几个小珊瑚礁，有两个地区，分别叫作科科帕瓦（Kokopawa）和凯塔卢吉（Kaytalugi）。科科帕瓦住着普通的男女，他们赤裸而行，擅长种植园圃。新不列颠岛（New Britain）南岸的人们就真得什么衣服都不穿，这个地区是否就是新不列颠南岸，很难断定。

另外一个地区凯塔卢吉则是一个男人无法存活的女人国。生活在那里的女人容貌漂亮，体格高大健壮，裸身而行，不刮体毛（与特罗布里恩的习俗相反）。她们那无拘无束的狂野激情对任何男人而言都是极大的危险。说起这些女人如何抓住某个因海难而不幸流落到那儿的男人后满足她们感官上的性欲，土著人总是说得绘声绘色，且不厌其烦。没有人能在那些女人含情脉脉但却野蛮的攻击中存活，哪怕只是一小段时间。土著人将其比作博约瓦的姚萨（yousa）习俗——当妇女在某些阶段进行集体劳动时，可以粗暴地和任何被她们抓获的男子放纵性欲（参见第二章第二节）。甚至连岛上出生的男孩儿也无法活至成年。须记得，土著人认为种族的延续不需要男性的配合，于是在凯塔卢吉岛上，种族繁衍是女人们的事，每个男子在未成年之前就早早过世了。

有这样一个传说，在博约瓦岛东部的考拉古（Kaulagu）村，一些男人在一次东向而行的库拉远航中被风刮到了北方很远的地方,最后在凯塔卢吉的海岸搁浅,活着度过了第一次招待后,他们被分给当地的各名女子结了婚,后来他们修好了自己的独木舟,表面上是为了给妻子打鱼,实际却在某一天晚上将食物和水放到船里,偷偷地划走了,当他们回到家乡时,却发现自己的女人早已嫁做他人妇。然而,这样的事情在特罗布里恩从不会以悲剧结束。一旦女人们的合法丈夫再次出现,她们便回到原来丈夫的怀抱。这些男人还带回一些东西,其中有一种叫尤西凯拉(*usikela*)的香蕉,是博约瓦此前没有的。

二

让我们再回到库拉团里来。此刻,他们正穿过皮洛卢海湾,在狭窄而熟悉的航道上移动,环绕四周的既有真实的危险,也有想象中的恐惧之地。在航行的过程中,土著人从不让陆地离开视线,即便有雾或下雨,他们也总能确定方位,从而驶向最近的沙洲或岛屿,从不超过六英里,在这一距离内,即便风停了,也能划桨到达。

另外一个事实也使他们的航行并非如想象中那般危险,即这一带的风很有规律。通常,在每年的两个主要季节中,各有一个主要的风向,即使有变,也不会超过 90 度。在 5 到 10 月的旱季中,东南信风或南信风几乎不停,有时会偏转成东北风,但从不会更偏。但正是因为风几乎不停,这个季节并不十分适合土著人航行,因为虽然这风向有助于从南航行至北,或从东到西,却不能回头,且通常一刮就是数月不停,因此土著人更喜欢在两季交替之时或在季风时节出航。在两季交替之时,即 11 月和 12 月,或 3 月和 5 月,虽然风向经常改变,没那么稳定,但却鲜有强风出现,所以是理想的航行季。在炎热的夏季,即从 12 月到 3 月,季风从西北或西南方向吹来,虽没信风那么有规律,但却常常形成西北暴风。这样一来,在海面上相遇的两股强风都来自确定的方向,这将危险降到了最低。此外,土著人常常能提前一两天预测暴风的来临。无论正确与否,他们将西北风的强度和月亮的相位联系在一起。

224　西太平洋上的航海者

整版插图 40

一艘瓦加在库拉远航中航行

一艘满载 12 名船员的独木舟正要卷起船帆,在安菲莱特靠岸。注意博格博里放的货物,上面放着用席子包起来的所有个人包裹。(见边码 228 页)

第九章　在皮洛卢海湾上航行　225

整版插图 41

独木舟的索具

独木舟每次启程前，必须用支架、新月形横杆和一根绳子竖起闭幕式固定船桅，如图所示。（见边码第 226 页注意左边的小克沃乌。

当然，土著人有很多呼风或止风的巫术。与许多其他种类的巫术一样，风巫术具有地域性。锡姆锡姆是劳森塞群岛上最大的村落，也是该地区地处最西北角的聚居地，土著人认为那里的人有控制西北风的能力，这大概和他们的地理位置有关。控制东南风的能力则被赋予了博约瓦东边的基塔瓦人。锡姆锡姆人控制所有通常在雨季刮起的风，即在罗盘西半部上从北向南刮的风，另一半的风则由基塔瓦人的咒语控制。

许多博约瓦男人学会了这两种咒语，并施行巫术。施法时，土著人迎风念诵咒语，没有任何其他仪式。狂风肆虐时穿行于村中，那种景象令人难忘。狂风总是在夜间造访，风起时人们纷纷离开棚屋，聚集在空地上，因为他们害怕风会把房子掀起来，抑或是将一棵树连根拔起后又甩下来砸在身上，事实上，一两年前在瓦韦拉就发生过这样的事故，酋长的妻子因此而丧生。于是，从棚屋黑暗的门里和挤在一起的人群里，传来又高又尖的吟唱声，那是土著人在念诵咒语，祈求风力减弱。在那种时刻，除了有点紧张之外，我深深地被这种坚持打动了，念咒之人的声音虚弱，却充满了深深的信念，与单调乏味而强大的风较量着，尽管这较量显得有些无力。

土著人通过景象确定方位，再加上风向稳定，因而甚至连最基础的航海知识都不需要。若无意外，他们从来无须通过星星指引航向。当然，他们知道某些重要的星座，那些已足以帮助他们确定方位，如果需要的话。他们对昂星团、猎户星座和南十字星座都有自己的命名，此外，他们还认得几个他们自己构建的星座。在第二章第五节中，我们曾提到，土著人的星宿知识来自瓦韦拉村，在那里，星宿知识通过酋长的母系亲属代代相传。

为了更好的理解土著人的航行习俗和问题，我们必须先说说驾驶独木舟的技术。如前所述，独木舟航行时，风必须总是吹在舷外浮架一侧，这样独木舟总是倾斜的，浮木抬出水面，平台向船身的方向倾斜。这就需要独木舟能随意变换船头和船尾。让我们想象，一只独木舟须乘东北风南行，则其拉米纳（浮架）一定是在左手边，而土著人口中的"头"则在前面。再想象东北风变成了西北风，并且是没有任何预警的暴风，独木舟便会立刻倾覆。然而，由于风总是逐渐变向，因此如果不发生意外，土著人总能顺利应付。他们把系在从临时性船头数起的第四根横杆（里乌，ri'u）上的船桅松开，独木舟就会旋转180度，原来的船头就成了船尾，而尤乌拉（船尾）则会冲南变成船头，平台就到了我们的右手边，冲着西方。这时，船桅又会被固定在从尤乌拉数起的第四根横杆（里乌）上，然后再升起船帆，独木舟又乘风前行了，浮架仍然是受风的一面，只是船头变成了船尾（见整版插图41）。

关于船桅换位、调整船帆、松帆脚索、转帆（让帆底朝上、帆顶冲下，或把帆放平），土著人有自己的一套航海术语来表达各种操作。此外，对于如何执行各种操作，他们也有明确的规则，既要考虑到风力，也要考虑到独木舟从哪个方向上受风。他们用四个术语分别表示顺风、吹向舷外浮架横杆的风、从卡塔拉（katala，外加船身）吹向独木舟的风和从接近航向的方向上吹在舷外浮架一侧的风。然而，我们无需在此列出这些土著术语，因为后文不会再提到，知道关于操控独木舟，土著人有明确的规则和表达方式，这就足矣。

我们经常说，特罗布里恩的独木舟不能迎风航行，因为它们非常轻、舱浅、吃水不深，迎风航行时，容易偏航，我想这也是他们需要两个人来掌舵的原因。舵桨的作用相当于下风板。其中一人手握一根又大又长的舵桨，土著语称之为库里加（kuriga），这个人当然是坐在船尾处的船身里。另外一个人手握一根稍小的叶形舵桨，其桨叶比一般的船桨都大，这个舵桨叫维约尤（viyoyu），他坐在船尾处的平台上，通过皮塔帕蒂尔（pitapatile，平台）的木棍来掌舵。

船员里另外一个协助航行的人叫托夸比拉维瓦（tokwabila veva），他就在维瓦附近，根据风向和风力将其放出或收紧。

通常，还有一个人要站在船头观望，必要时须爬上船桅调整索具，此外，他还得不时地把水舀出去，因为总有海水渗进或溅入独木舟里。因此，为一条独木舟配备船员时，四人足矣，但在现实中，负责舀水的人和负责观望及调整船桅的人通常都是分别设置的。

风停时，人们须用叶形小桨划船，通常其中一人需用一只桨拉船。但为了让很重的马萨瓦独木舟快速前行，则至少需要十个男人划桨和拉动船只。我们将看到，在某些礼仪场合，必须通过划桨推动独木舟，如举行完盛大的姆瓦西拉巫术仪式后独木舟驶向最终目的地时，又如抵达暂停地后需要把船拖上岸时。通常，满载库拉货物的独木舟停泊时，既用绳索固定，也用锚固定，视水底情况而定。如果水底是泥浆，如特罗布里恩泻湖湖底那般，就将一根长杆插入泥浆,把独木舟的一端系在该长杆上,另一端也系一根绳子,绳子上系一块重石,扔入水中做锚。如果水底是坚硬的岩石,则只用石锚。

我们不难理解,这样的独木舟和这样的航行限制使土著人面临许多真实的危险。风力强劲时,海面波涛汹涌,独木舟可能无法按既定航线前行而偏航,甚或直接被风吹着走,就可能被赶到一个无法登陆的方向,或是无法在那个季节返回的方向,后者算是万幸了,我们之前提到的那只多布船就是如此;抑或在无风时遇上潮水,可能就无法通过划桨而前行。如果遇上狂风暴雨,独木舟可能会被狠狠地冲向岩石和沙洲,甚至连海浪的冲击都无法抵挡。像土著独木舟这样的敞开式船只,海水很容易进入,如遇暴雨,就会下进雨水。风平浪静时,进水并不十分危险,因为独木舟乃木制,不会下沉,即便被水浸泡,也能把水舀出去,船仍浮在海面上。但是,若天气条件恶劣,被海水浸透的独木舟则会失去浮力、变得支离破碎。最后,如果风从舷外浮架的另外一侧吹来,浮架可能会被压入水中,继而整个独木舟都有倾覆于水中的危险。有这么多真实的危险,但事故却相对稀少,实在是个奇迹,让我们不得不佩服土著人的航海技术。

现在,我们了解了独木舟的船员配备及每个人须履行的职能。记得我们曾在第四章第五节里谈过航行中职能的社会学分工,现在让我们具体地想象一艘满载全体船员的独木舟正行驶在皮洛卢海湾上:通常,托利瓦加坐在船桅附近叫凯古亚乌(*kayguya'u*)的舱室,身边或许还坐着他的一个儿子或年轻的亲戚,还有一个男孩儿待在船头,身边放着海螺号,随时准备在重要时刻将其吹响,这就是托利瓦加和多多乌(小男孩儿)的任务;大约有四五个壮汉是尤萨格卢或船员,都各就各位,或许还有一个编外人员在出现紧急情况时进行协助;平台上躺着几个西拉西拉,这几个年轻人既无任务,也不参与库拉,他们参与航行只是为了玩乐及学习如何驾驶独木舟(见整版插图40)。

三

所有这些人不但有各自的位置和工作方式,而且要遵守某些规则。进行库拉远航的独木舟被各种禁忌包围,必须严格遵守许多规矩,否则不一定哪里就会出错，例如，人们不能"用手指东西"（约萨拉亚马达，*yosala yamada*），如果指了，就会生病。新船要遵守许多禁忌，土著语里叫博马拉瓦尤戈（*bomala wayugo*，藤绳禁忌），例如，日落之前不能在新船里吃喝，如果犯忌，船就会行驶缓慢。在一艘航行得很快的瓦加上，该禁忌可能会被忽略，特别是当某个小男孩儿感到饥饿或口渴时。那时，托利瓦加就会舀些海水，泼在一个绳结上，说道：

"我喷洒汝之眼，啊，库达尤里藤绳，以便让我们的船员进食。"

之后，他就给那个男孩儿一些吃的和喝的。在新船上，除了忌吃忌喝之外，还要忌其他生理需求。如遇内急，成年男子跳入水中，抓住舷外浮架的交叉木条解决，小男孩儿则由长辈们放入水中解决，破忌也会让船变慢。然而，上述两个禁忌只针对新瓦加，即或是第一次航行的船，或是出发前曾重新捆绑、重新涂色的船。返航时，则无需遵守所有禁忌。妇女在一艘新瓦加启程前不得上船；在某个瓦尤戈巫术体系中，独木舟上不得带某些类型的甘薯。瓦尤戈巫术有几个不同的体系（参照第十八章第七节），每个体系都有自己特定的禁忌，在整个航行过程中都需遵守这些禁忌。在下一章将要描述的一个巫术中，我们可称之为祈安巫术，独木舟不得接触土地、沙子和石头，因此，锡纳凯塔的土著人尽量不把独木舟拉到岸上。

在土著语里称之为博马拉利拉瓦（*bomala lilava*，巫术包裹禁忌）的具体的库拉禁忌中，有一条规则严格规定了如何上船：上船时，只能面向桅杆从维托瓦里阿（*vitovaria*），即平台的前端上船。土著人必须从这里登上平台，然后弓着身子到达船后部或船前部，再下到船身里或坐在自己的位置上。和利拉瓦（巫术包裹）相邻的舱室里堆满了其他贸易货物，该舱室的前面坐着酋长，后面则坐着控制帆脚索的人。土著人有专门的词语来表示各种不合规定的上船方式，某些独木舟辟邪术会用这些词语来消除犯忌带来的不利影响。其他禁忌与利拉瓦无关，土著人称之为姆瓦西拉禁忌。这些禁忌不允许用花环、红色饰品或红色的花装饰独木舟和船员的身体，土著人认为，这些装饰物的红色与远航的目的——获取红色的海菊蛤项链——在巫术上相冲。此外，在外出的路上不能烤甘薯；到达多布后，不能吃当地的食物，必须吃自己带的口粮，直到收到第一批库拉礼物为止。

　　除此之外，还有明确的规则来规范独木舟之间的行为，但这些规则在各村落之间却大不相同。在锡纳凯塔，这样的规则很少；独木舟航行时不必遵守特定的顺序，任何一艘独木舟都可以先启程，一艘独木舟可超越任何比它慢的独木舟，甚至是酋长的，但不得从舷外浮架一侧超过，否则，犯忌一方则须向被超越的独木舟赠送一个表和平的礼物（卢拉，*lula*），因为它破坏了一个博马拉利拉瓦，冒犯了巫术包裹。

　　关于在锡纳凯塔的优先权问题，有一点很有趣。为说明这一点，我们不得不重提独木舟的建造和下水。卢夸西西加氏族（Lukwasisiga）里有一个亚氏族叫托拉布瓦加（Tolabwaga）。该亚氏族在拼接、捆扎、填缝、涂色这一连续的建造阶段里，都享有优先权。所有这些建造步骤都必须由托拉布瓦加的独木舟最先开始；所有巫术都必须由托拉布瓦加的独木舟最先施行；其独木舟也将最先下水；之后，酋长和平民的独木舟才能开始。正确遵守该规矩会"让海水保持干净"（*imilakatile bwarita*）。如果酋长们不遵守该规矩，赶在托拉布瓦加之前建好独木舟、下水，库拉则不会取得成功。

　　　　"我们去了多布，没得到猪，没得到索拉瓦项链。我们就对酋长们说：'你们为什么先造了独木舟？祖先的灵魂反对我们，因为我们破坏了古老的习俗！'"

　　然而，一旦在海上，领头的则又是酋长们的船只了，至少理论上如此，因为在实际中，最快的船只可能航行在最前头。

　　瓦库塔是博约瓦南部另外一个和多布进行库拉的共同体。在那里的航行习俗中，卢夸西西加氏族的另外一个亚氏族托拉瓦加（Tolawaga），在所有的独木舟建造步骤上，都享有优先权。在海上，他们还享有一个所有其他船只都没有的特权：控制较小舵桨的人，即托卡比纳维约尤（*tokabina viyoyu*），永远被允许站在平台上。土著人这样说：

　　　　"这是瓦库塔的托拉瓦加（亚氏族）的标志：每当我们看到一个人站

在维约尤上时,我们就说'那里航行着托拉瓦加的独木舟!'"

然而,最大的航行特权则为卡瓦塔里亚村的一个亚氏族所享有。该村落社区位于特罗布里恩泻湖的北岸,擅长捕鱼和航行,那里的土著人冒着各种危险,远航至弗格森岛的西北角,获取西米、槟榔和猪。关于这些远航,我将在第二十一章中加以描述,然而现在,我必须先说说他们的航行习俗。

像托拉布瓦加亚氏族和托拉瓦加亚氏族在南部村落里享有特权一样,卢夸西西加的库卢图拉亚氏族(Kulutula)在独木舟建造中也享有同样的优先特权,但程度更高。独木舟建造的每个阶段必须首先由他们开始,第二天,其他独木舟才能开始;甚至下水时也是如此,库卢图拉的独木舟最先下水,酋长和平民的独木舟在随后一天下水;启程时,库卢图拉的独木舟第一个离开海滩;航行中,任何船只都不得超越它;抵达某个沙洲或安菲莱特群岛的某个中间地时,库卢图拉人须最先抛锚、最先上岸和安顿营地,随后才是其他船只。该优先权一直持续到他们到达目的地。当船队抵达最远的科亚后,库卢图瓦人最先上岸,并最先接受"外人"(托基纳纳,tokinana)赠送的见面礼。后者用一束槟榔接待他们,将槟榔砸向船头,砸得到处都是。返航时,库卢图瓦亚氏族则又回到其原本低下的地位。

我们可能已经注意到,三个村落里享有特权的三个亚氏族都属于卢夸西西加氏族,并且其中的托拉瓦加和托拉布瓦加与托利瓦加一词非常相似,不过,这些相似性须通过一些更严格的语源学比较法加以检验,而这已超出我目前的能力。这些亚氏族在特定的航行情况下重现其可能已丢失的优越地位,这一现象是一个有趣的历史遗习(historical survival)。库卢图拉这一名字明显和库卢塔卢非常接近,而后者是在马绍尔本尼特东部和伍德拉克岛生活的一个独立的图腾氏族。①

---

① 我希望能在日后就东新几内亚的迁徙和文化层建立某些历史假说。很多独立的表征似乎表明,某些简单的假说可以说明各种文化因素的分层。

四

现在,让我们再回到锡纳凯塔船队去吧。船队正沿着堤礁南行,经过一个又一个小岛。如果不是他们一早就从穆瓦出发——拖延是土著生活的一个特点——如果不是风向有利,他们很有可能不得不在勒古马塔布、加布瓦纳(Gabuwana)和亚孔这三个小沙洲岛中的某一个停靠。亚孔岛的西边是一个很小的潟湖,从岛的南北两端各延伸出一道珊瑚礁,形成两个天然的防波堤,将潟湖围住,挡住了经常吹起的信风。在蓬乱的漏兜树下,土著人在洁白的沙子上点起火,煮甘薯和在岛上找到的野海禽蛋。夜幕降临后,他们围在火堆旁,又聊起了库拉。

让我们来听听他们的对话吧,试图让自己沉浸在包围着这一小群土著人的那种气氛中。他们远离家乡,暂且置身于这狭窄的沙洲岛上,面对漫长的旅途,唯一能相信的只有那脆弱的独木舟。黑暗、海浪打在珊瑚礁上的咆哮声、漏兜树树叶在风中发出的单调的窸窸窣窣声,所有这些让人们产生了一种心境,在这种心境中,人们很容易就相信女巫的存在,相信一些生灵平时都藏了起来,但会在某个特殊时刻偷偷出来吓人一跳。这时,当你和这些土著人谈论这些的时候,他们声调大变,完全没有大白天在民族志学者帐篷里聊起这些时所表现出的冷静和理智。土著信仰和心理所表现出的这一面颇为有趣,我早在其他类似场合就注意到了。一次,在萨纳罗阿岛上一个偏僻的海滩上,坐在一群特罗布里恩和多布船员中间,还有几个当地人,我第一次听说了跳石的故事。就在前一天晚上,当我们试图在安菲莱特群岛中的古马奇拉岛抛锚停泊时,遭遇了暴风。暴风撕破了一张帆,推着我们的船在海上疾驰。当时天色已黑,又下着滂沱大雨,除我之外,所有船员都清楚地看到桅杆顶端处有一团火焰,他们说那是飞行女巫的化身。这是否是圣艾尔莫之火(St. Elmo's fire),[①]我无从判断,因为当时我正因为晕船待在船

[①] 该名称起源于意大利圣人圣艾尔摩(？—303),地中海水手尊其为守护神,早期当水手们在雷雨中看到船只桅杆上有发光现象时,都归论为守护神圣艾尔摩显灵保佑,因而得名。后美国科学家富兰克林提出圣艾尔摩之火的本质并非神迹或火焰,而是电。——译者

舱里，根本不会注意什么危险和女巫，甚至连民族志启示也无法顾及。在这件事的启发之下，我的船员们告诉我，桅杆顶端的火焰通常预示灾难，几年前，差不多就在我们被暴风雨袭击的这个地方，同样的火焰也曾出现在一只船上，结果那只船就沉没了；但我们全部幸免于难。由此，他们说起了各种危险，那种深信不疑的语气因前一晚的经历、环绕四周的黑暗和我们面临的困境——我们必须修好船帆，再次尝试在安菲莱特群岛登陆——而变得十分真切。

我总是发现，每当土著人身处类似的环境——周身漆黑一片、危险可能即将发生，就会自然而然地聊起各种事件和生灵，而这些不过是各代人的恐惧和忧虑，经过时间的沉淀，变成了具体的传统。

请想象我们正坐在亚孔或勒古马塔布岛上的火堆旁，聆听着海上那些危险骇人之物的故事——真实情况本就如此。既熟悉传统又爱讲故事的某个土著人可能会说起自己的某次经历，或是过去的一件大事，其他人则附和着、评论着，再讲讲自己的故事。他会对信仰进行概括性的陈述，而年轻人则听着，虽然他们对这些故事已非常熟悉，但每次听到，仍会兴致勃勃。

他们会听到大章鱼（奎塔，*kwita*）的故事，它潜伏在海里，等待着航行在广阔海洋上的独木舟。它并不仅仅是一只身形硕大的普通的奎塔，而是一只特殊的奎塔。其身体大到可以覆盖一个村落，其触须如椰子树那般粗壮，从大海的一边伸至另一边。土著人会用惯用的夸张语气说道："伊卡努布瓦迪皮洛卢（*ikanubwadi Pilolu*）"，意思是"他覆盖了整个皮洛卢"（特罗布里恩群岛和安菲莱特群岛之间的海湾）。适宜它栖息的地方是东部的大海和岛屿，土著人把那个地区叫作"奥穆尤瓦"，据说，那里有对付这一骇人动物的巫术。它很少到特罗布里恩群岛和安菲莱特群岛之间的水域中来，但有人在那儿见过它。一位锡纳凯塔老人回忆时称，年轻时，有一次他从多布返回，其乘坐的独木舟在船队最前面，他们身后的左右两边是其他船只，突然，他们看到一只巨大的奎塔出现在他们正前方，当船上的其他人都被吓蒙时，他自己爬上平台，示意其他独木舟有危险，于是，其他船只立刻掉头，船队分成两路，各自绕了一个大大的弯，才避开了章鱼。要是被大奎塔逮到可就惨了！它会紧紧地缠住独木舟，令其数日动弹不得，直到船员们饥渴难耐，就会决定牺牲一个小男孩，他们会在男孩儿的身上装饰宝物，然后把他扔下船去，满足之后的奎塔就会放走独木舟。有一次，我问一个土著人为什么牺牲的不是大人，他这样回答：

"大人不喜欢牺牲；小孩儿没有想法。我们强行把他扔给奎塔。"

在波涛汹涌的海面上，独木舟面临的另外一个危险是一种特殊的大雨，或"从天而降之水"，叫"西纳马塔诺吉诺吉（Sinamatanoginogi）"。当下起大雨或天气恶劣时，无论怎么往外舀水，独木舟里仍到处是水，这便是因为西纳马塔诺吉诺吉从天而降，它会把独木舟冲得支离破碎。造成意外的究竟是海上龙卷风还是大暴雨，或者是巨大的海浪打碎了独木舟，我们难以判断。总体而言，这个信仰比之前那个更易解释。

在这些信仰之中，最引人注意的是关于大活石的信仰。土著人认为，海中藏有活着的大石头，待独木舟航行经过时，便追在后面，然后跳到船上，把船砸得粉碎。每当土著人有理由相信附近有大活石时，所有船员都默不作声，因为大笑和大声讲话都会惊动它们。有时，土著人能远远地看到他们跳出海面或在水上移动。事实上，有一次，当我们在科亚塔布附近航行时，土著人曾指给我看，虽然我什么都没看到，但他们却明显真地相信他们看到了。我敢确定的是，那里方圆几里之内并无暗礁。土著人也清楚活石不同于任何礁石或浅滩：活石是移动的，看到独木舟后，会追上它，故意把它砸碎，还会猛击船上的人。这些捕鱼专家们也不会把跳起的鱼和活石混淆，虽然在说到那些石头时，他们可能将其比作跳跃的海豚或魟。

这样的石头有两个名字，一个名字是"努瓦凯凯帕基（nuwakekepaki）"，指出现在多布海域的活石，另外一个是"维内利达（vineylida）"，指在奥穆尤瓦出现的活石。于是，两个文化圈在广阔的海域上相遇了，其中的活石不仅名称不同，性质也不同。努瓦凯凯帕基很有可能只是有恶意的石头，而维内利达里则住着女巫，也有人说，住在里面的是邪恶的雄性精灵。[①] 有时，维内利达会跳到海面上，像大章鱼那样紧紧抓住独木舟。这时土著人也

[①] "维内利达"一词暗示了第一种信仰，因为"维内（vine）"指"女性"，"利达（lida）"指"珊瑚石"。

必须献礼。他们先扔一张卷好的席子，试图骗它放手，如果不灵，就献上一个小男孩儿，在他身上涂上椰子油、给他戴上臂镯和巴吉（$bagi$）项链后，将其扔给那邪恶的石头。

　　我们很难了解到是哪些自然现象或实际发生的事情导致了该信仰和大章鱼信仰的产生。之后我们会谈及另外一套信仰，与之前所述的信仰具有同样显著的特点。在我们稍后讲到的故事中，人类行为和超自然力混杂在一起，确立了一些关于会发生什么及人们会如何行为的规则。土著人讲这个故事时，仿佛那就是发生在他们部落生活中的普通事情一样。在下一章中，除了要讲这个故事，我还要说说这些信仰背后的心理。库拉远航可能遭遇的所有危险可怕的生灵中，最臭名昭著和最可怕的便是飞行女巫，土著人称之为约约瓦或穆卢夸西。前者指具有这种魔力的妇女，后者则指该妇女的第二身，即隐身飞行在空中时的她。例如，土著人会说瓦韦拉的某某女人是个约约瓦，然而夜间航行时，他们必须小心穆卢夸西，那个瓦韦拉女人的第二身可能就在其中。通常，人们会用委婉语"维维拉（$vivila$）"来指代，特别是当说话人感到害怕时。因此，当博约瓦水手们围在篝火旁说起飞行女巫时，很有可能会用这个委婉语，唯恐用真名会把她们招来。她们总是很危险，在海上时，甚至可怕到极点，因为土著人深信，当船只在海上失事或出现故障时，只有中介力量飞行女巫才能让船员遭遇真正的灾难。

　　由于她们与海难关联，自然会在我们的描述范围之内。因此，在下一章里，我们将把关注点从描述皮洛卢海湾中亚孔海滩上的库拉远征队，转向描述基里维纳的民族志，阐述土著人的飞行女巫信仰及他们关于海难的传说。

第十章　海难的故事

一

　　本章将描述关于海难的观念和信仰，及土著人为确保自身安全而采取的各种预防措施。我们将看到，明确真实的信息和荒诞离奇的迷信，以一种怪异的方式交织在一起。用批判地、民族志的观点来看，可直截了当地这么说：想象的因素和现实如此那般地缠绕在一起，以致很难区分哪些是诗情画意的神话虚构，哪些是产生于实际经历的习俗性行为规则。向读者呈现这一资料的最佳方式就是连续地描述一次海难的始终，就像基里维纳各村落中航行经历丰富的老人向年轻一代讲海难故事那样。在该描述中，我将列出几个巫术咒语、各行为规则、神鱼的作用及获救团队逃离穷追不舍的穆卢夸西时举行的复杂仪式。

　　这些飞行女巫将在本章的描述中占据重要位置，因此我必须首先详细描述关于她们的各种信仰，虽然在此之前我们曾有一两次提及该话题（第二章第七节和其他地方）。在博约瓦人的头脑中，大海和海上航行与这些女人密切相关。我们在介绍独木舟巫术时曾不得不提到过她们，在本章中，我们会明白，在有关独木舟建造的传说中，她们扮演着多么重要的角色。当一个博约瓦水手航行于海上时，无论他是要去基塔瓦或更东的地方，还是要南下到安菲莱特群岛和多布，她们都是他全神关注的主要对象之一。对他而言，飞行女巫不仅危险，而且在某种程度上是陌生的。除瓦韦拉、位于东岸和南部的一两个村庄外，博约瓦是一个没有飞行女巫的民族志地区，不过，她们会偶尔造访，而博约瓦周围的所有部落里则到处都是拥有这种魔力的女人。因此，当博约瓦人乘船南下时，便是径直走入了她们地盘的中心。

　　这些女人拥有隐身的能力和在夜空中飞行的能力。普遍认同的信仰认为约约瓦能分离出第二个身形,该身形可随意隐形,也可能化身为飞狐、夜间的鸟或萤火虫。还有一种信仰认为约约瓦体内生长着一种东西,形如一个蛋或一颗未成熟的小椰子。事实上,土著人称这种东西是卡普瓦纳(kapuwana),而该词用于指"小椰子"。① 在土著人的头脑里,这个想法是模糊、不明确、不作区分的。当你想探求一个更具体的定义时,你可能会问"卡普瓦纳是否是实际存在的物体"这样的问题,但是,任何这样的尝试都将把我们的范畴偷偷植入到土著人的信仰中,而他们的信仰中根本没有这些范畴。无论如何,土著人认为卡普瓦纳就是约约瓦夜间飞行时离开其身体、使穆卢夸西呈现出各种化身的那个东西。关于约约瓦信仰的另外一个说法是,那些对巫术尤为精通的人能让其身体腾空而飞。

然而,有一点怎么强调都不为过,那就是我们不能把这些信仰看作是一个前后连贯的知识体系。它们相互交织,甚至很有可能同一个土著人信奉的若干观点在理性上彼此矛盾。甚至,我们也不能认为土著人的术语(参照上一章中的最后一节)暗示了某个严格的区分或定义。因此,虽然约约瓦一词指我们在村里见到的那个女人,穆卢夸西一词用于我们看到的从空中飞过的可疑之物,但是我们却不能将这种用法体系化为一种信条,并且说:"一个女人被认为由叫作约约瓦的真实活着的肉体和叫作穆卢夸西的无形的精神本体组成,后者体现为潜能形式时是卡普瓦纳。"若如此,无异于中世纪的经院哲学对当时人们仍在信奉的早期信仰的处理。土著人体会并畏惧他们的信仰,但却不会向自己对其进行清楚的阐述。他们使用某些术语和表达,因此我们必须按照他们的用法,把这些术语和表达收集起来,用作有关信仰的文献,但是我们不能将其整理为一个前后连贯的理论,因为这既不是土著人的想法,也不符合任何实际情况。

记得我们在第二章中说过,飞行女巫是一种邪恶的中介力量,其重要性

---

① 新几内亚东北海岸有类似的信仰,塞利格曼教授曾描述过。在格拉里厄(Gelaria),即巴特尔湾(Bartle Bay)内陆,飞行女巫能生出第二身或"派遣人",当地人称之为拉布尼(labuni)。"拉布尼存在于女人体内,任何生过孩子的女人都可以命令它……据说,拉布尼在位于肋腹的一个叫伊波纳(ipona)的器官里,或是从那里来的,伊波纳的字面意思是'一个蛋'或'多个蛋'。"前引,第640页。在这里,两种信仰的相似性十分明显。

仅次于布瓦加乌（男妖术师），但却比后者具有更高效的致死能力。布瓦加乌就是一个懂得特殊巫术的人，相比之下，约约瓦则须慢慢培养，才能成就。只有其母亲是女巫的女孩儿才能成为女巫。一个女巫生下一个女孩儿后，会对一块黑曜石施法，用它切断脐带，然后念诵着咒语把脐带埋在房子里，而不是像在通常情况下那样埋在园圃里。不久，女巫就把女儿带到海滩上，在一个椰子壳里放些海水，对其念完咒语之后，让孩子喝掉，然后把孩子浸没在水中冲洗，一种女巫的洗礼！在那之后，她就把孩子抱回家里，对着席子说一个咒语，再用席子把孩子包起来。夜间，她抱着孩子飞到一个约约瓦聚点，举行孩子觐见其他约约瓦的仪式。通常的习俗是，刚生过孩子的母亲睡觉时，身下会点一小团火，而飞行女巫和孩子则睡在寒冷之地。婴孩长大后，女巫还会抱着她，和她一起在夜空中飞行。到了第一次穿草裙的妙龄之际时，这个未来的小女巫就开始自己飞行了。

与飞行训练并行的另外一套系统训练是让孩子习惯于吃食人肉。甚至在该小巫师开始自己飞行之前，母亲就会把她带到那令人毛骨悚然的饭食面前，和其他女巫一起坐在尸体上，吃食尸体的眼睛、舌头、肺和内脏。就这样，这个小女孩儿收到了她人生中的第一份人肉，并在口味上培养自己对人肉的喜爱。

为了让自己的女儿成为能干的约约瓦和穆卢夸西，操心的母亲还会对女儿进行其他形式的训练。夜间，她会站在棚屋的一侧，把手中的孩子从房顶扔过去，之后用只有约约瓦才可能具备的速度移动到棚屋另一侧，把孩子抓住。这个训练于孩子开始飞行前进行，目的是让孩子习惯于快速划过空中的感觉。此外，她还会抓着孩子的脚，让孩子头朝下，然后让她保持这个姿势，念诵一个咒语。就这样，通过这些训练，孩子逐渐获得了约约瓦具有的能力和嗜好。

人们很容易在一群孩子中辨认出这些女孩儿，她们的口味粗野，特别是有吃生猪肉或生鱼的习惯。在这里，我们看到神话迷信和现实交错在一起，那些并非全都是土著人的可靠信息提供者言之凿凿地告诉我，确实有女孩儿对生肉有强烈的欲望，当村里杀猪时，她们会喝猪血、撕咬生肉。对于这些陈述，我从未能通过直接观察加以证实，它们可能只是强大的信仰投射出的现实而已,如同我们自己的社会也有神奇疗法、灵异现象等等一样。如果真的有女孩儿吃生肉,也不过是她们就他人所说和所信投其所好而已,这也是一种社会心理现象,在特罗布里恩社会和我们自己社会发展过程中的许多阶段上都存在。

但这并不意味着约约瓦会公开自己的身份特征。虽然一个男人常常会承认自己就是布瓦加乌,并在和别人说话时公开讨论自己的特殊能力,但一个女人从不会直接承认自己是约约瓦,甚至是对自己的丈夫。然而,所有人必然都将她视为女巫,她自己也会常常配合这个角色,因为被人认为拥有超自然力总是件有益的事。此外,做女巫是很好的收入来源。她常常因为知道某某人必被伤害而收到别人赠送的礼物;当她治愈了某个遭其他女巫施法陷害的人,也会公开收礼,作为治愈的酬劳。因此,在某种程度上,约约瓦的身份特征是公开的,最重要、法力最强的女巫都有名字。当然,具有这样的身份特征并不会对结婚的机会有任何影响,反而能提高一个女人的社会地位。

人们那么深信巫术的功效,深信巫术是获得非凡能力的唯一方法,以致把约约瓦的所有能力都归因于巫术。我们看到,训练小约约瓦时,在每个阶段都念咒语以赋予她女巫的特点。完全成熟的约约瓦想隐身、飞行、提速或穿透距离和黑暗去查看某事是否正在发生时,都须念诵特定的咒语。但是,和与该种巫术相关的所有事项一样,这些咒语从不为人所知。虽然我能取得布瓦加乌巫术的一整套咒语,但就约约瓦而言,我甚至无法揭开其神秘面纱的一角。事实上,我毫不怀疑地相信,这种巫术的仪式和咒语从未存在过。

一旦穆卢夸西完全掌握了巫术,就会经常在夜晚出去吃食死尸或杀害遭遇海难的水手,这两样是她的主要猎食目标。通过巫术,她具备了一种特殊的感官能力,用土著人的话说就是能"听到"某某地方有人逝去,或某只独木舟遇上了危险。甚至连小约约瓦学徒也会有非常敏锐的听觉,会对她的母亲说:"妈妈,我听到,他们在哭!"意思就是某个地方有人死了或生命垂危。或者,她会说:"妈妈,一只瓦加正在下沉!"然后,两个人就一起飞到事发地点。

当约约瓦这样出去夜巡时,会把肉身留下来。她爬上一棵树,念诵某个咒语，把一条藤绳系到树上，然后就沿着这根绳子飞走了，藤绳在她的身后噼啪作响。这时，人们就会看到有火光在空中飞舞。每当土著人看到有星星划落时，便认为那是飞行中的穆卢夸西。另外一种说法是，当穆卢夸西念完某个咒语后，靠近其目的地的一棵树会朝其栖息的那棵树弯下来，她就从一棵树的树顶跳到另外一棵树的树顶上，这便是人们看到火光的那一刻。

据某些说法所言，穆卢夸西，即处于飞行状态的女巫，会裸身而行，裙子则留在在棚屋里睡觉的肉身身上。在其他说法的描述中，她飞行时，会把裙子紧紧裹着，用一根施了法的漏兜树飘带拍打屁股。后面这些说法在第五章引述的巫术咒语里都有所体现。

到了停尸地点后，穆卢夸西和其他飞到此地的同伴栖息于某个高处，树顶上，或是棚屋的山墙上。她们就一直在那儿等着，直到可以饱餐一顿。她们是那么贪婪、有胃口，甚至会威胁到活人，所以围在死尸周围吊丧守夜的人通常会让一个懂得咒语的人对他们念诵一个专门用来对付穆卢夸西的咒语。他们小心翼翼，不离开其他人；他们相信，无论是在葬礼进行中还是在葬礼结束后，这些危险的女巫都遍布空中，将阵阵腐臭味散播在他们周围。

穆卢夸西会吃死尸的眼睛、舌头和"内脏"（洛保拉，*lopoula*）。① 她们袭击活人时，可能就是打他一下或踢他一脚，然后他差不多就生病了。有时她们会逮住一个人，把他当作死尸一般，吃掉他的一些内脏，那个人就会死掉。这种情况可以诊断出来，因为这样一个人会很快病倒，失去说话能力，看不见东西，有时则会突然完全不能动弹。如果穆卢夸西未在当场吃掉"内脏"，而只是将它们掏走之后藏在一个只有她们自己知道的地方作为日后大餐的储备，则没那么危险，受害者还有获救的希望。这时，垂危者的亲属会立刻招来另外一个约约瓦，酬以重金，她就会变成穆卢夸西，出去搜寻丢失的内脏，如果她足够幸运，能将其找到并放回原处，受害者就能保住性命。

---

① 洛保拉（*lopoula*）一词见边码 242 页及 315 页上，洛保洛（*lopoulo*）一词见边码第 243 页及第 244 页上，前者是复数形式，后者是单数形式，意思是"内脏"或"腹部"。——译者

奥马拉卡纳的酋长托乌拉瓦有个爱女叫凯诺莉亚。一次,她到另外一个村子时,被穆卢夸西掏去了内脏。当她被送回家时,不能动,也不能说话,躺在那里如死人一般。她的母亲和其他亲戚已经开始哭丧,酋长自己也悲痛不已。然而,为了那一丝希望,他们派人去瓦韦拉请来一个有名的约约瓦,收了很多宝物和食物后,她以穆卢夸西之身飞走了。就在第二天晚上,她在考卢库巴海滩附近雷布瓦格里的某个地方找到了凯诺莉亚的内脏,救活了她。

另外一个真实故事中的主人公是一个希腊贸易商和一个来自奥布拉库(Oburaku)的基里维纳女人的女儿。这位女士自己用纯正的英语向我讲述了这个故事。她在新几内亚一个白人聚居地里的一个大传教士的家里长大,但这丝毫没让她对自己的经历产生任何怀疑,讲述的时候,其言语简洁而坚定。

当她还是个小女孩儿时,家里来了个叫塞瓦韦拉的女人,这个女人生于基塔瓦,但却嫁了一个瓦韦拉人。她想卖给他们一张席子,但她的父母没买,只给了她一点食物,这惹恼了她,因为她是个有名的约约瓦,已经习惯于受到恭敬的对待。夜幕降临后,当她在房屋前的海滩上玩耍时,她的父母看到一只大萤火虫盘旋在她的周围,然后那只萤火虫又在她父母的周围绕了起来,之后便飞进屋里。她的父母觉得这只萤火虫有点奇怪,就把她叫了回来,安顿她睡觉,但是,她立刻就病了,彻夜不眠,她的父母和许多土著佣人不得不看着她。第二天,她就"*boge ikarige;kukula wala ipipisi*",意思是"她已经死了,但是她的心脏仍在跳动"——一直在旁边听她女儿给我讲故事的那位基里维纳母亲补充说道。所有在场的女人都仪式性地哭丧起来,她的外祖父却去瓦韦拉找来了另外一个名叫邦林瓦丽的约约瓦。她拿些香草,将自己的全身涂抹一遍,然后化身为穆卢夸西,去寻找小女孩儿的洛保洛(*lopoulo*,内脏)了,四处搜寻之后,最终在塞瓦韦拉的家里找到了。原来,塞瓦韦拉把内脏放在了放大陶锅的架子上,而那些陶锅则是用来举行莫纳(芋头布丁)烹饪仪式的,内脏就放在那里,"鲜红鲜红的"。她将小女孩儿的内脏放到那儿后,和丈夫一起去了园圃,本打算回来后再享用。如果这一切已然发生,小女孩儿就无法获救。邦林瓦丽找到内脏后,当场就对内脏施行了某个巫术,然后她回到希腊贸易商的住处,对着姜根和水施法,让小女孩儿的洛保洛回到了原处。之后,小女孩儿很快痊愈,其父母为感谢那位约约瓦救了女儿,给了她相当丰厚的报酬。

奥布拉库是博约瓦岛南部的一个村子。我住在该村,即身处两个地区的交界处,一边是没有约约瓦的地区,另外一边,即它的东边,则有许多约约瓦。博约瓦岛的这部分地形非常狭窄,在岛屿另一侧与奥布拉库相对的位置上坐落着瓦韦拉村,村里几乎每个女人都是公认的女巫,其中有些臭名昭著。晚上,当我和奥布拉库人路过雷布瓦格时,他们会指出某些突然消失、不再发光的萤火虫,这些便是穆卢夸西。此外,在晚上,还有一群群的飞狐越过高耸的树木,前往在泻湖中与奥布拉库村相望的大湿地岛博马波乌岛(Island of Boymapo'u),那些飞狐也是穆卢夸西,从东边它们真正的家乡飞来。它们也常常在生长于水边的树木顶上栖息,因此,日落之后的水边格外危险。土著人经常告诫我不要在日落后坐在停靠于海滩上的独木舟平台上,但我喜欢在那里看着平静浑浊的水面和明亮的红树变幻出各种色彩。不久,我生病了,所有人都认为我是被穆卢夸西"踢"了,那位教给我一些凯加乌咒语(即在海上对付女巫的巫术)的朋友莫利拉夸对我施行了某个巫术,结果,他的巫术大获成功,我很快就康复了,土著人认为这都是咒语的功劳。

二

关于穆卢夸西,最让我们感兴趣的是她们与大海及海难之间的联系。她们会经常在海面上游荡,在某个礁石上的聚会点碰面。在那儿,她们会吃一种从礁石上掉下来的特殊的珊瑚虫,土著人称之为纳达(nada)。这会刺激她们对人肉的食欲,与喝盐水对布瓦加乌所起的作用完全一样。她们还对海里的东西有某种非直接的控制力。虽然土著人对此意见不一,但有一点确定无疑,即穆卢夸西和可能在海上遇到的所有其他危险物之间有必然的关联,如鲨鱼、"深深的裂缝"(ikapwagega wiwitu)、许多小海洋动物、蟹、一些贝类和其他一些即将提及的东西,所有这些都被认为会造成溺水之人死亡。因此，该信仰十分明确：船员在海难中落水后，不会遇到任何真正的危险，除非是被穆卢夸西、鲨鱼和其他动物吃掉。如果巫术得当，就能消除这些危险，溺水之人便可毫发无伤。相信人（在此是女人）之万能、相信巫术具有同样强大的化解力量，是土著人关于海难之所有观念的主导思想。对付海上危险的最佳办法和保障措施是迷雾巫术，即凯加乌，它和库拉巫术及独木舟巫术一起构成了水手必不可少的三大巫术装备。

土著人认为，通晓凯加乌的人，即便在最危险的海域上，也能安全行使。两代人之前，有一个名叫马尼尤瓦的知名酋长，是当时最精通凯加乌和其他巫术的巫术大师之一，他在一次远航中死于多布。他的儿子马拉迪阿纳习得了父亲的凯加乌。虽然在有尸体的情况下穆卢夸西极为危险，虽然土著人从不会去想把死尸放到独木舟上，因为这样会增加女巫攻击的可能性，但凭借自己的凯加乌，马拉迪阿纳仍带着父亲的尸体平安返回了博约瓦。这个故事证明了这名勇敢水手的本领，也证明了凯加乌巫术的功效，至今依然留存在土著人的记忆和传统中。一位资料提供者曾吹嘘他的凯加乌，向我讲述一次从多布返回时，周围环境如何在他施行该巫术后雾霭四起，结果其他独木舟都迷失了方向，到了凯卢拉岛。的确，如果能说这世上有活着的信仰，即，能强有力地控制人类想象力的信仰，对海上穆卢夸西之危险的信仰显然就是其中之一。心情紧张时、在海上遭遇最小的危险时、身边有人生命垂危或逝去时，土著人都会立刻按照该信仰做出情绪反应。只要你住在土著人中间、说其语言、遵从其部落生活，就会经常碰到穆卢夸西信仰和对凯加乌功效的信仰。

和其他所有巫术一样，凯加乌巫术也有不同的体系，不同体系下的咒语，表述稍有不同，但其中的基本措辞和某些"关键"字眼通常都是相似的。每个体系主要有两类咒语，即吉约塔纳瓦（*giyotanawa*）和吉约罗凯瓦（*giyorokaywa*），也分别叫作"下面的凯加乌"和"上面的凯加乌"。第一类通常由一个或几个简短的咒语构成，施咒对象是石头、石灰罐里的石灰、姜根。顾名思义，这类咒语对付的是在下面等待溺水之人的邪恶事物，可以关闭"深深的裂缝"、不让鲨鱼看到遭遇海难者，还可以保护遭遇海难者不受可致其死亡的其他邪恶事物的影响。在海滩上发现的小海虫、螃蟹、毒鱼索卡

(*soka*)、刺鱼拜巴伊(*baiba'i*)及会跳的活石(无论是维内利达还是努瓦凯凯帕基)都可以用吉约塔纳瓦将其避开、遮蔽其视野。或许，与此相关的最特别的信仰是，土著人认为，如果不对船头围板上的人物雕刻托夸卢(*tokwalu*)、船桅顶端的半人形雕塑古瓦亚(*guwaya*)和独木舟的肋材进行巫术"处理"，它们会"吃"了落入水中的人。

"上面的"凯加乌，即吉约罗凯瓦，都是长咒语，在起航前的几个场合、遭遇恶劣天气或发生海难时，对着一些姜根念诵。这类咒语是专门对付穆卢夸西的，因而比第一类咒语更重要。咒语不得在晚上念诵，因为那时穆卢夸西能看到和听到念咒之人，让他的咒语失去功效。此外，在海上念咒时，巫师不得被溅上海水，因为一旦他的嘴上沾上海水，海水的气味就会引来飞行女巫，而非将其驱散。通晓凯加乌的人在吃饭时必须十分谨慎：当他吃饭时，小孩儿不得说话、玩耍、弄出任何声响，任何人不得从其身后绕过，任何人也不得用手指指任何东西，如果他吃饭时被上述情况打扰，必须立即停止吃饭，直到下一顿才能再吃。

凯加乌巫术的主要思想是该巫术可制造某种迷雾。迷雾遵循咒语升起后，尾随独木舟的穆卢夸西、潜伏于某处的鲨鱼和活石、令人恐惧的裂缝、准备伤害独木舟主人的独木舟残骸就都看不见了。因此，两类巫术咒语都具有麻痹功效，每类巫术都有专攻，这是土著信仰中明确清楚的信条。

然而，对于这些信条的解释，我们同样不能追究得过细。某种迷雾会遮挡所有邪恶事物的眼睛，或使它们暂时看不到东西，使它们无法看到土著人，但是，如果你问凯加乌制造的迷雾是人也能看到的真的迷雾，还是只有穆卢夸西才能看到的超自然迷雾，抑或迷雾是否只是暂时弄瞎了它们的眼睛从而使它们看不到，你就问得太多了。一个土著人头一天还在吹嘘他曾经制造了一场真正的迷雾，雾那么大，以致他的同伴都迷了路，第二天，同样是这个人在一个葬礼上施行凯加乌巫术，并断言穆卢夸西已在迷雾之中，但在整个葬礼进行的过程中，却是晴空万里。土著人会讲他如何在一个有风的晴天里航行时，对着风眼念诵了一个凯加乌咒语后，听到了穆卢夸西的尖叫声，她们因看不到同伴、闻不到同伴的轨迹而在黑暗中撞到了一起。土著人的某些表达方式似乎表明巫术主要作用于女巫的眼睛。例如，土著人会说"*Idudubila matala mulukwausi*",意思是"它弄黑了穆卢夸西的眼睛",或者说"*Iguyugwayu*",意思是"它弄瞎了"。当问及：

"那么，穆卢夸西看到什么了？"土著人会回答："她们只会看到迷雾。她们看不到地方，她们看不到人，只是迷雾。"

因此，像所有信仰一样，该信仰也存在一定的自由度，在这个范围内，人们的想法和观点可能各异，而只有这些想法和观点的要点才会被明确地固定在传统中、在仪式中得到体现并通过巫术咒语措辞或神话陈述得到表达。

以上，我阐述了土著人应对海上危险的方式。我们发现，这一方式背后的根本观念是，土著人认为，海难中，人的命运完全掌控在飞行女巫手中，因此只有人自己的巫术防护才能救助自己。这种防护就是凯加乌仪式和咒语，我们已通过上文知道了凯加乌的主要信条，下面我们须对托利瓦加如何在远航中施行这一巫术进行连续不断的描述。此外，在跟随这次远航时，还须说明土著人如何想象海难，以及在他们看来遭遇海难的船队会如何行为。

三

我将连续不断地进行叙述，就像锡纳凯塔、奥布拉库和奥马拉卡纳最有经验、最富名气的特罗布里恩水手向我讲述时那样。我们可以想象，当我们的库拉团围坐在亚孔海滩的篝火旁时，一个经验丰富的托利瓦加就会向他的尤萨格卢讲述这样的故事。长老中的某一位以精通凯加乌著称，也常常以此自夸，他会事无巨细地讲述自己的故事，不管其他人可能已经听过多次，有的甚至还在他施行巫术时当过助手。然后，他开始描述某次海难，极为真实地对每个细节都进行描述，讲得那么绘声绘色，仿佛他自己曾亲身经历过一般。事实上，现在活着的土著人中，没有一个人亲身经历过那样的灾难，不过许多人曾多次在暴风雨中幸免于难。在此基础上，并借助他们自己听说过的有关海难的传说，土著人会用他们特有的方式把故事讲得十分生动。因此，下文中的叙述既是对土著人信仰的总结，其本身也是民族志文献,呈现了土著人在篝火旁如何讲述这种故事,同一个人向同一群听众,一遍又一遍地重复着同一个故事,正如孩提时代的我们或东欧的农民一遍又一遍地聆听他们熟悉的童话故事和乡土轶事一般,唯一的不同之处是,土著人讲故事时,会穿插一些巫术咒语。如果是大白天在村子里向近亲和密友讲,讲述者可能的确会重复他的咒语,然而,当他身处大洋之中的某个小岛上,并且是在晚上,念诵咒语则是凯加乌的一个禁忌,他也从不会在一大群人面前念诵,除非是在丧葬守夜中的某些场合上,那时他须在众多的听众面前大声吟诵咒语。

现在,让我们再回到亚孔海滩上矮小的漏兜树下,回到正坐在那里的库拉团水手中,去听听已故马拉迪阿纳勇士之同伴讲述的故事,他也是伟大的马尼尤瓦的后代。他会告诉我们,从锡纳凯塔启程出发的那天清早,有时是第二天清早从穆瓦出发时,他如何实施了第一个凯加乌巫术。他把一小块莱亚(*leyya*,野生姜根)包在一片干香蕉叶里,对其念诵长长的吉约罗凯瓦咒语,即"上面的凯加乌"。念咒时,要把香蕉叶折成杯状,把那一小块姜根放在杯底,这样咒语才能进入要被施咒的物质里。念完后,立即把香蕉叶裹住,从而包住巫术的效力,然后,巫师用一条木纤维或植物纤维将该姜包系在自己的左臂上。有时,他会对两块姜根施咒,做两个小包,把另一个系在用植物纤维做的项圈上,戴在胸前。给我们讲故事的人是船队中一只独木舟的主人,他很有可能并不是篝火旁唯一戴这种巫术姜包的人,因为虽然该巫术须由托利瓦加施行,并且他须通晓所有其他海难巫术,但是通常,船员的长者中,有几个人也会该巫术,并也准备了他们自己的巫术姜包。

下面是一个吉约罗凯瓦咒语,那个老人对着姜根念诵的便是该类咒语:

吉约罗凯瓦咒语一(莱亚凯加乌)

"我要用雾笼罩穆尤瓦!"(重复)"我要用雾笼罩米西马!"(重复)"迷雾迅速升起;迷雾让他们战栗。我用雾笼罩前面,我遮住后面;我用雾笼罩后面,我遮住前面。我用迷雾填充,迷雾迅速升起;我用迷雾填充,让他们战栗的迷雾。"

这是咒语的开头,清楚明了,易于翻译。巫术召唤来迷雾,"迷雾"

第十章 海难的故事 247

一词反复和几个动词组合搭配,节奏感强、押头韵。含义是"战栗"的土著词梅西西(*maysisi*)涉及一个独特的信仰:当男妖术师或女妖术师靠近受害者时,受害者可用反咒麻痹前者,使他迷失方向、在原地战栗不已。

咒文的主体部分以"*aga'u*(我用雾笼罩)"一词开始,像所有咒语的开篇词语一样,要将该词用拉得很长的调子吟唱出来,而后再和一系列词语分别搭配,快速地吟诵。之后,把"*aga'u*"一词依次换成"*aga'u sulu*(我用雾笼罩,引入迷途)"和"*aga'u boda*(我用雾笼罩,遮住)"。依次和这三个表达搭配一遍的词有很长一串,先是"女巫的眼睛",接着是"海蟹的眼睛"及海里对溺水之人构成威胁的动物、虫子、昆虫的眼睛,依次列出。说完之后,开始重复身体的各部分。最后是一长串村庄的名字,每句都以"*aga'u*"起头,形成如下句子:"我用雾笼罩瓦韦拉女人的眼睛,等等。"

现在我们将该主体的一部分连续地重现出来:

"我用雾笼罩……! 我用雾笼罩,我用雾笼罩女巫的眼睛! 我用雾笼罩小螃蟹的眼睛! 我用雾笼罩寄居蟹的眼睛! 我用雾笼罩海滩上昆虫的眼睛! ……等等。"

"我用雾笼罩手,我用雾笼罩脚,我用雾笼罩头,我用雾遮挡肩膀……等等。"

"我用雾笼罩瓦韦拉女人的眼睛;我用雾笼罩考拉锡(Kaulasi)女人的眼睛;我用雾笼罩库米拉布瓦加(Kumilabwaga)女人的眼睛;我用雾笼罩瓦库塔女人的眼睛……等等,等等。"

"我用雾笼罩,将女巫的眼睛引入迷途;我用雾笼罩,将小螃蟹的眼睛引入迷途……等等。"

"我用雾笼罩,遮住女巫的眼睛,我用雾笼罩,遮住小螃蟹的眼睛……等等,等等"

显而易见,这样的咒语篇幅冗长,特别是在正文部分,巫师会经常回到开头,换上其他搭配词,一遍又一遍地重复关键词。这段咒文的确是典型的长咒塔普瓦纳(正文),其中的关键词与其他各词语的融合可谓浑然一体。这段正文有一个显著特点:虽然咒语属于吉约罗凯瓦,即

"上面的凯加乌",召唤的却是下面的螃蟹、海洋昆虫和虫子。这种不一致经常发生,即咒语中体现的观点与资料提供者明确阐述的巫术理论相冲突。塔普瓦纳里列举的各身体部位指巫师自己和独木舟上各同伴的,通过这部分咒语,巫师将自己和他所有的同伴用雾包围住,让所有邪恶的东西无法看到他们。

吟诵完冗长的塔普瓦纳后,便是咒文的结束语。然而,在该咒语中,结束语并非吟诵而出,而是用低沉、劝诱、温和的声音说出:

"我打汝之肋腹;我折起汝之席子,汝之漂白的漏兜树席子,我要将它变成汝之披风。我拿起汝之睡觉用的多巴(*doba*)(草裙),我覆盖汝之腰;留在那儿,在汝之房内,鼾声阵阵!我独自一人,"(这里说出念咒之人的名字)"我要留在海里,我要游泳!"

这段结束语从侧面展示了土著人关于穆卢夸西信仰的一些有趣内容。我们看到,咒语表达出当女巫出去行恶时其肉身留在屋里的意思。这个咒语是奥布拉库的莫利拉夸巫师告诉我的,他对结束语做了如下解释:

"约约瓦脱掉了她的身体(*inini wowola*——真正意思是"剥落她的皮");她躺下睡着了,我们听到她在打鼾。她的表皮(*kapwalela*——外在的身体或皮)留在屋里,她自己飞走了(*titolela biyova*)。她的裙子留在屋里,她裸身飞走了。当她遇到人,她吃我们。早上,她穿上自己的身体,躺在自己的棚屋里。如果我们用多巴盖上她的腰,她就飞不了了。"

最后这一句指的是咒语结束语中提到的盖腰的巫术动作。

这里,我们发现了关于穆卢夸西性质的另外一个信仰版本,可补充之前提到的相关说法。在前文中,我们看到,土著人认为飞行女巫分为留在家中的部分和飞走的部分。但在这里,她的真身(real personality)是飞的那部分,而留在家中的只是"表皮(covering)"。但是,据此认为穆卢夸西,即飞的那部分,是"派遣人(sending)",则是错误的。一般说来,诸如"代理人

(agent)"和"派遣人",或"真我(real self)"和"散逸(emanation)"等概念只能大概近似地描述土著信仰,其确切的定义应用土著人自己的陈述。

咒语的最后一句表达了能独自留在海上游动漂流的愿望,证明了土著人的信仰,即如果没有穆卢夸西,一个人即便只是抱着一块残骸漂流在波涛汹涌、风雨交加的海面上,也不会有危险。

念完这个冗长的咒语后,如他自己向我们讲述的那般,托利瓦加还须施行另一个巫术仪式,这一次的施咒对象是他用来放石灰的石灰罐,那是一个有图案烙印的葫芦。他拔出用棕榈树树叶和纤维编卷而成的塞子,念诵另外一个吉约罗凯瓦咒语:

吉约罗凯瓦咒语二(普瓦卡凯加乌)

"在那穆尤瓦,我起身,我站起来!伊瓦,塞瓦图帕,在前面——我隆隆作响,我消散。卡萨布瓦布瓦雷塔、纳默迪利、托布里托卢、托布韦布韦索、陶瓦乌、博阿布瓦乌、拉萨拉萨。他们迷失,他们消失。"

这段绪言里到处都是古语、含蓄的意思、典故和人名,非常费解。开篇的穆尤瓦(或穆鲁阿-伍德拉克岛)、伊瓦和塞瓦图帕,很有可能指的是妖术的大本营。后面是一长串人名,有些是神话人物,如卡萨布瓦布瓦雷塔,还有一些,我无法解释,不过,托布韦布韦索、陶瓦乌、博阿布瓦乌这几个词表明,该名单中的一些名字是巫师的名字。通常,在这样的咒语中,会逐一列出所有曾经使用并传承该咒语的人。有时提及的人物显然都是神话人物;有时先吟诵几个神话人物的名字,再说一串真实的人名,这就形成了该咒语的某个系谱。如果说上述咒语里的名字是祖先的名字,那么他们都应是神话祖先,而不是真实的祖先。① 最后一句包含一个很典型的凯加乌用语。绪言之后,是咒语的正文:

"我起身,我逃离巴拉乌;我站起来,我逃离约约瓦;我站起来,我逃

---

① 在我得到的咒语中,并不是所有咒语都能得到很好的翻译和解释。这个咒语非常有价值,因为它是老酋长马尼尤瓦传下来的咒语之一,也是其子马拉迪阿纳将其尸体从多布运回时念诵的咒语,是我早期做民族志工作时,马拉迪阿的儿子戈马亚告诉我的。戈马亚不善于解释,后来,我也没能找到一个可以向我把该咒语完全解释清楚的资料提供者。

离穆卢夸西;我站起来,我逃离博沃乌(bowo'u),等等"。这里,关键词"我站起来,我逃离"被重复多次,和各周边地区用来表示飞行女巫的词语逐一搭配。例如,巴拉乌一词源于穆尤瓦(伍德拉克岛),意思是"女妖术师",而在马辛的其他地区,该词指的是男妖术师;约约瓦和穆卢夸西不需解释;博沃乌是安菲莱特语;再后面就是多布语、图贝图贝语,等等。之后,再重复念诵该段一次,但要在每句里加入"的眼睛",咒文如下:

"我起身,我逃离巴拉乌的眼睛;我起身,我逃离约约瓦的眼睛……"。之后,再把关键词"我起身,我逃离"依次换成"他们迷路了"和"大海清澈了"。咒语的正文部分清楚明了,不必解释。正文之后是结束语(多吉纳):

"我是一只马努代里(manuderi,小鸟),我是一只基迪基迪(kidikidi,小海鸟),我是一根漂浮的木头,我是一株海草;我要制造迷雾,直到它包围一切,我要用雾笼罩,我要用雾遮住。迷雾,我隐没在迷雾中,我溶解在迷雾中。清澈了,大海,(穆卢夸西)迷失在雾中。"这一段也不需要特别的解释。

该咒语又是一个长咒,属于吉约罗凯瓦类,即对付穆卢夸西的咒语。咒语内容与咒语目的一致,因为其正文部分召唤的只是穆卢夸西。

对着石灰罐吟诵完咒语后,他们便用塞子把它密封好,直到旅程结束时才打开。我们需注意,这两个吉约罗凯瓦咒语是由托利瓦加白天时或在村里或在穆瓦海滩上吟诵。如前所述,在夜间或在海上念诵都是犯忌之事。从念完咒语的那一刻起,姜根和石灰这两样被施过咒的东西就留在他身边。他还会随船带些从科亚带回来的石头,这些石头在土著语里叫比纳比纳(binabina),与死珊瑚石相区分,后者叫达库纳(dakuna)。遭遇危险时,要对着这些石头念诵一个"下面的咒语",即一个吉约塔纳瓦咒语。这类咒语总是很短,如下例所示:

吉约塔纳瓦咒语一(达库纳凯加乌)

"男人,单身汉,女人,年轻姑娘;女人,年轻姑娘,男人,单身汉!痕迹,蛛网将痕迹抹去;痕迹,弄乱(留有痕迹的地方),抹去;我压下,我关上!杜库达布亚(Dukutabuya)的鲨鱼,我压下,我关闭;卡杜瓦加(Kaduwaga)的鲨鱼,我压下,我关闭"等等,接着依次提及穆瓦、加莱亚(Galeya)、博纳里(Bonari)和考洛科基(Kaulokoki)的鲨鱼。所有这些都是特罗布里恩泻湖或附近海面上具有标志性的地名。咒语的结尾部分如下:"我压下汝之颈,我打开汝之基亚瓦(Kiyawa)海峡,我将汝踢下去,噢,鲨鱼。逃入水中,鲨鱼。消失吧,鲨鱼,渐渐消失。"

我的资料提供者,奥布拉库的莫利拉夸,对开篇句的解释是:

"这个咒语是人们很年轻时学的,因此提到了年轻人。"

关于抹去痕迹那部分,读者将在阅读下文的叙述后更清楚其意思。届时,我们会看到,抹去鲨鱼和穆卢夸西的痕迹、消除其嗅迹,是船队遭遇海难后要实现的主要目标。正文部分只提及鲨鱼,结尾也是。几类避邪术在提及驱逐邪恶力量时,都会提到图马附近的基亚瓦海峡。该海峡位于主岛特罗布里恩岛和图马岛之间,通向西北海域的未知区域。

在此,我们最好再引述一个吉约塔纳瓦咒语。这是一个非常激动人心的咒语,因为它是在海难中的关键时刻念诵的。当水手们决定弃船跳入海里的那一刻,托利瓦加站立在独木舟上,为了能让声音传到四面八方,他慢慢转动身体,大声吟诵道:

吉约塔纳瓦咒语二

"泡沫,泡沫,四溅的海浪,海浪!我要进入四溅的海浪,我要从它后面出来。我要从后面进入海浪,我要从它四溅的泡沫中出来!"

"迷雾,聚集的迷雾,笼罩的迷雾,包围,包围我吧!"

"迷雾,聚集的迷雾,笼罩的迷雾,包围,包围我,包围我的船桅!"

"迷雾,聚集的迷雾……包围,包围我独木舟的鼻子。"

"迷雾……包围我,我的船帆,"

"迷雾……包围我，我的舵桨，"

"迷雾……包围我，我的索具，"

"迷雾……包围我，我的平台，"

……

等等，逐一列举独木舟的所有部件和配件。然后是咒语的结束语："我用迷雾遮住天空；我用迷雾让大海颤栗；我合上你的嘴，鲨鱼，博努博努（*bonubonu*，小虫子），吉努夸代沃（*ginukwadewo*，其他虫子）。到下面去吧，我们会游在上面。"

该咒语无需解释太多。绪言部分意思清楚，生动地描绘了吟诵咒语时的境况。结束语部分直接表明该咒语的目的是避开下面，抑或说是避开海里的危险动物。唯一一处意思模棱两可的地方是咒语的正文部分。在这一部分里，咒文的关键词"用迷雾包围"和独木舟各部分依次搭配，我不确定这部分是指托利瓦加想用雾包围住他的整只船从而不让鲨鱼等看到，还是指一个完全相反的意思，即弃船而逃时，为了防止独木舟各部分突然攻击并"吃"他，他急于切断自己与船身各部分的联系，因此想用雾包围住它们，让它们无法看到。后一种解释与之前提到的一个信仰相吻合，即独木舟的某些部分，特别是船头围板船梶上的人形雕刻、肋材和某些其他部件会"吃"遭遇海难的人。但是，该咒语中列举的不是独木舟的某些部件，而是每一个部件，这显然又与那个信仰不符，因此，咒语的正文部分究竟何意，尚待探究。

四

为了介绍上文中的最后两个咒语且不必打断托利瓦加正在讲述的故事，我提前讲述了一些我们在对海难进行连续不断的叙述时会讲到的一些情况。现在，让我们再回到他的故事中去。此前，我们讲到他对姜根和石灰罐分别念诵了一个凯加乌咒语。然后，他把这两样东西放在身边，还把一些比纳比纳石头放在随手可及之处，上了船。从这以后，他的叙述变得愈加跌宕起伏。他这样描述逼近的风暴：

对海难和营救的叙述

"独木舟疾驰;风越刮越猛;大浪来了;风低沉地吼叫着,嘟-嘟-嘟……船帆乱摆;拉米纳(舷外浮架)立起来了!所有的尤萨格卢都蹲伏在拉米纳上。我念咒,想让风平静下来。锡姆锡穆(Sim-sim)大咒。他们对亚瓦塔(yavata,西北季风)了若指掌。他们就生活在亚瓦塔的眼睛中。风没减弱,没有丝毫的减弱。它低沉地吼叫着,它集聚了力量,它低沉地大吼,嘟-嘟-嘟-嘟。所有的尤萨格卢都害怕。穆卢夸西尖叫着,呜-呜,呜-呜,呜-呜,呜;她们的声音回荡在风中。在风中,她们尖叫着飞来了。维瓦(帆脚索)从托卡比纳维瓦(tokabinaveva)的手中扯断了。船帆在风中乱舞;它被风吹走了。它飞到远处的海面;它掉到海域上。海浪打在独木舟上。我站起来。我拿起比纳比纳石头;我对着它们念诵凯加乌,吉约塔纳瓦,上面的咒语。短咒语,法力很强的咒语。我把石头扔入深海中。它们压下了鲨鱼、维内利达;它们关上了深深的裂缝。鱼看不到我们。我站起来,我拿起我的石灰罐;我打碎它。石灰被我掷入风中。它把我们包裹在迷雾中。在这样的迷雾中,没人能看到我们。穆卢夸西看不到我们了。我们听到她们在附近喊叫。她们喊叫着呜-呜,呜-呜,呜-呜,呜。鲨鱼、博努博努、索卡都看不到我们;海水浑浊。独木舟被淹了,水进来了。它艰难地漂着,海浪打在我们身上。我们打断瓦托图瓦(连接浮木和平台的棍子)。拉米纳(浮架的浮木)被割断;我们从瓦加上跳下;我们抓住拉米纳。在拉米纳上,我们漂着。我念诵法力强大的凯塔里阿(kaytaria)咒语;大鱼伊拉维亚卡(iraviyaka)来了。它举起了我们。它把拉米纳举到背上,带着我们。我们漂啊,我们漂啊,我们漂啊。"

"我们到了岸边;是伊拉维亚卡把我们带到了那里,伊拉维亚卡把我们放到浅滩里。我用一根粗壮的竿子,我把它推入深水中;我念了一个咒语。伊拉维亚卡转身游入深海。"

"我们都在达亚加(dayaga,裙礁)上。我们站在海水中。海水冰冷,我们冻得瑟瑟发抖。我们没上岸。我们害怕穆卢夸西。她们会跟着我们上岸。她们在岸上等着我们。我拿起一块达库纳(珊瑚石块),我对着它说一个咒语。我把石头扔在海滩上;它砰地一声,太好了,穆卢夸西不在那儿。我们上了岸。另外一次,我扔了一块石头,我们什么都没听到:穆卢夸西在海滩上,她们逮到了石头,我们什么都没听到。我们仍留在达亚加上。我嚼嚼莱亚(姜根),把它唾在海滩上。我又扔了一块石头。穆卢夸西没看到。它落在地上;我们听到了。我们上了岸;我们在沙滩上坐成一排。我们坐成一排,彼此挨着,像在拉米纳上一样(与他们在拉米纳上漂浮时的位置顺序一样)。我对一把梳子施咒;所有的尤萨格卢都梳头发;他们梳理了很长时间。他们非常冷;我们没生火。首先,我在海滩上建立秩序;我嚼嚼那块姜根,唾在海滩上。有一次,姜用完了,我就嚼了些卡西塔(kasita)叶子(这种叶子在海滩上总是随处可见)。我把它们放在海岸上,在上面放一块石头,念一个咒语。然后,我们生火。所有的人都围坐下来,以火取暖。"

"白天,我们不能进村,穆卢夸西会跟着我们。天黑后,我们才去。我们按照在拉米纳上的顺序行进,一个跟着一个。我走在最后;我对着一株利布(libu)植物吟唱咒语。我抹去我们的痕迹。我把利布放在我们走过的小路上;我把野草放在一起。我把道路弄乱。我对蜘蛛施咒,他会织网。我对野鸡施咒,她会翻起土壤。"

"我们去往村子里。我们进村,我们穿过中央空地。没人看见我们;我们在迷雾中,我们隐身了。我们走进我维约拉(母系男亲属)的家中,他对莱亚施法,他(巫术地)唾在我们所有人身上。穆卢夸西能闻到我们,她们能闻到我们皮肤上的盐水味。她们来到屋里,整个屋子颤动起来。一阵大风让屋子摇晃起来,我们听到敲击房屋的砰砰声。房屋的主人对莱亚念咒,唾在我们身上,她们看不见我们。屋里点燃一个大火堆,屋里烟雾缭绕。莱亚和烟遮住了她们的眼睛。一连五天,我们坐在烟里,我们的皮肤一股烟味,我们的头发一股烟味,穆卢夸西嗅不到我们。然后,我对一些水和椰子施咒,尤萨格卢冲洗和涂抹自己。他们走出房间,他们坐在考奎达(kaukweda,房前的地方)上。房屋主人驱赶他们。'去,去找你们的老婆';我们都走了,我们回到自己的房屋。"

在这里,我按照我经常听到的土著人讲故事的方式,对土著人的一段叙述进行了重构。典型的土著叙述都生动无比:句子简短急促,夹杂着许多象声词,夸大某些特征而省略其他。对自己巫术的精妙和关键时刻的各种凶险,叙述者总是不厌其烦地说了一遍又一遍。有时,他讲着讲着就从主题岔开,开始说一些相关的话题,有时则会略过几个环节不谈,直接跳到后面,一会儿又回来,等等。因此,在白人听来,整个故事就显得条理不清、难以理解,但土著听众却听得明明白白。我们须记住,当一个土著人讲这样的故事时,听众早已知道故事的来龙去脉,因为土著人的部落传说就是那么多,他们从小在部落中长大,耳濡目染,早已熟悉。当我们的托利瓦加在亚孔沙洲上再次讲起这个故事时,他详述的地方必能让他吹嘘自己的凯加乌、描述风暴的凶险并证明巫术的传统效果。

面对这样的叙述,要想对故事的来龙去脉形成条理清楚的概念,民族志学者必须多次聆听,然后通过直接仔细的观察,才可成功地整理出事实的恰当顺序。通过向资料提供者询问仪式和巫术的细节,我们便有可能获得相关的解释和说明。就这样,各种自然新鲜的片段找到其恰当的位置,整个故事得以构建。我就是这样重建了上文对海难的叙述。①

现在,我们须对该叙述文本稍作解释。除了先前介绍过的巫术仪式及其咒语外,文本还提到很多其他巫术仪式,大约有十一个,我们须对这些巫术仪式的咒语进行更详细的介绍。首先是召唤大鱼来营救遇难船员的仪式,其相应的咒语叫凯塔里阿,是一个非常重要的咒语,每个托利瓦加都应知道。于是就产生这样一个问题:土著人是否真正举行过这个仪式?土著人在遭遇海难时采取的某些措施,如弃船时割断浮架的浮木,十分明智。在又大又笨的独木舟上漂浮危险万分,因为独木舟会经常被海浪打得转圈,如果船被打散架,散落的部件还可能伤了水手。因此,土著人认为独木舟的某

---

① 民族志学者和历史学家进行的这种重建是合理的,但是二者都有责任向读者展示资料来源并解释他是如何应用这些资料的。在本书第十八章第十四节到第十七节,我将举例说明这一研究方法,至于对资料和方法的完整介绍,则须日后另行出版说明。

些部件会"吃"沉船之人,可能也有一定的经验基础。另一方面,拉米纳圆而对称的原木将是一个很好的救生工具。或许,在那样的关键时刻,托利瓦加真地会念诵凯塔里阿咒语,如果大家获救,他们很有可能都会宣称并深信是大鱼听到了他们的召唤,用某种方式救了他们。

然而,略难理解的是,在这样的事件中究竟是什么催生了关于大鱼的神话——土著人上岸后,用一根施了咒语的杆子神奇地把大鱼从浅水处抬出去? 这确实像是纯粹虚构的事情。我主要的资料提供者奥布拉库的莫利拉夸告诉了我凯塔里阿咒语,却不知道对杆子念诵的咒语,要是他碰到类似情况,就只能让伊拉维亚卡在浅滩里听天由命了,我也没听说其他人声称知晓这一咒语。我所有的资料提供者同样也不知道向海滩扔石头时对石头念的咒语。如果巫师在实施某一巫术体系时遇到知识的空白点,他会不念咒语、只进行仪式,或是念诵这个体系中最恰当的咒语。因此,在这个巫术仪式中,由于扔石头是为了侦察是否有穆卢夸西在等着他们,就有可能对石头念诵一个对付穆卢夸西的吉约罗凯瓦咒语。据我的资料提供者所言,在海滩上对梳子和香草所念的咒语是一个吉约罗凯瓦咒语,但很有可能不同于此前对着姜根念的咒语。例如,莫利拉夸知道两个吉约罗凯瓦咒语,两者都可用于姜根巫术和海滩巫术。还有一个咒语,用于利布植物、蜘蛛和野鸡。莫利拉夸告诉我,对这三个东西念诵的咒语是同一个,但他和其他资料提供者都不知道这个咒语的内容。遭遇海难之人在烟雾缭绕的棚屋里举行巫术仪式时,用的都是莱亚(姜)咒语。

读者可能已注意到,在上面那个叙述中,有一个细节与穆卢夸西信仰的一般理论相违背:据讲述者所言,上岸后的船队必须等到天黑,才能进村,而所有关于穆卢夸西的传说和凯加乌禁忌传达的普遍信仰是,飞行女巫只有在夜间才真正危险,因为在夜里她们有更好的视觉和听觉。我曾说过,这样的矛盾经常出现在土著信仰中,顺便说一句,在这一点上,野蛮人和我们并无不同。向我提供了这个版本的资料提供者只是说这就是规定和习俗,他们必须等到晚上,然而在另外一个版本里,我听到的却是他们在海滩上举行完那几个仪式后必须立即进村,不管当时是晚上还是白天。

关于这个叙述,还要考虑另外一个前面已经提到过的主要问题:故事在多大程度上反映了海难中的正常行为,又在多大程度上是一种标准化的神话?显然,在这片多处被岛环绕的海域里,遭遇海难的船队最终获救并非不可能之事,这就会产生一些上文叙述的那种解释。自然,我试图记下土著人记忆中所有真实发生的海难事件。大约在两代人之前,奥马拉卡纳的酋长之一努马卡拉和他的全体船员在海上丧生;从另外一个特罗布里恩东部村落提拉凯瓦(Tilakaywa)起航的一只独木舟,被风吹到了很北的地方后,在科科帕瓦搁浅,当风向转为西北风时,最终由船员驾驶船只返航。虽然这只独木舟并未真正失事,但是它的获救却被归功于凯加乌巫术和伊拉维亚卡大鱼。面对我的刨根问底,一位非常聪明的资料提供者这样解释道:"假如这只船失事了,它也会获救的。"

在另外一个海难事件中,从穆尤瓦(伍德拉克岛)出发的一队人于博约瓦岛海岸获救。在博约瓦岛南部人们都知道的几场海难中,船只在当特尔卡斯托群岛或安菲莱特群岛遇难损毁并获救。其中有一次,遭遇海难的全体船员在弗格森岛一个极不友善的地区上岸后,遭遇食人族,只有一人幸免于难,他沿着海岸朝东南方向跑,一直跑到了多布。因此,一定数量的历史事件证明了巫术的营救力,想象成分和真实成分的相互交织使我们听到的这个故事成为所谓标准化或普遍化神话的一个典型例子——这种神话故事描述的不是一次历史事件,而是一类普遍发生的事件。

五

上一节引述的土著叙述里还有一些咒语,当时为了不影响叙述的流畅性,并未引述,现在我们将这些咒语的文本列在下面。首先是凯塔里阿咒语,在托利瓦加和他的船员借助拆下来的浮木漂在海上时,由托利瓦加高声缓慢地吟诵,目的是吸引伊拉维亚卡。

凯塔里阿咒语

"我躺下,我会在我的房子里躺下,一个大房子。我会竖起我的耳朵,我会听到大海的咆哮——它卷起白浪滔滔,它发出阵阵声响。在考苏比亚伊（Kausubiyai）的海底,来,抬起我,带着我,把我送到纳博纳布瓦纳（Nabonabwana）的海滩上。"

在这之后的一句话涉及到神话典故,我没能译出。然后,就是咒语的正文:

"苏尤萨尤（*suyusayu*）大鱼会抬起我；我的孩子,苏尤萨尤大鱼会抬起我；我孩子的东西,苏尤萨尤大鱼会抬起我；我的篮子,……；我的石灰罐,……；我的石灰勺,……；我的房屋,……",就这样,多次重复"苏尤萨尤大鱼会抬起我"一句,与描述托利瓦加的装备及孩子的词语依次搭配,这个孩子可能就是遇险船员中的一员。

该咒语没有结束语,资料提供者莫利拉夸告诉我的时候就如此,正文之后,只是把开头部分又重复一遍。或许莫利拉夸并不知道这个咒语的结束语,这并非不可能。像这样的咒语,土著人学会之后,从不使用,恐怕只是每年在葬礼上用一次,或是为了炫耀偶尔说说,因此极易遗忘。资料提供者在念诵这些咒语时,犹豫不定,完全不及园圃巫师念诵咒语时的准确和流畅,后者念诵那些年年都在公众场合吟诵的咒语时,咒语仿佛是从他们的舌尖流出一般。

对于咒语开头提到的两个神话地名考苏比亚伊和纳博纳布瓦纳,我不能给出正确的解释。该部分中那个能听到大海声音的躺卧之人指巫师吗？抑或这部分描述的是大鱼的感觉,表示它听到了营救的呼唤？对此,我无法判断。然而咒语正文的意思十分清楚,其中的苏尤萨尤是伊拉维亚卡的另外一个名字,事实上,这是它的巫术名字,只用在咒语中,不用于日常对话。

这里要介绍的第二个咒语是一个吉约罗凯瓦咒语,用于获救后在海滩上对姜根施咒,及对香草施咒,施咒后的香草被放在海滩上,用石头敲打。由于该咒语涉及到凯加乌的起源神话,所以,为了讲清咒语,必须先讲讲这个神话。

天地初开之际,在马绍尔本尼特群岛里的夸亚瓦塔岛上住着一家人。以我们的家庭生活观念来看,这是一户奇怪的人家,但在基里维纳的神话世界里,却十分正常。这户人家的成员有：一位名叫卡莱泰图的男子、他的妹妹伊塞娜多加和最小的弟弟托库卢布韦多加,他是条狗。同其他神话人物一样,他们的名字暗示了,最初这些名字必然传达了某种描述。多加指弯曲得近似一个圈的野猪长牙,可用作装饰品。这家那个犬类成员的名字其意思可能类似于"头上有环形野猪长牙的男人",他姐姐的名字则可能是"佩戴多加饰品的女人"的意思。兄长名字里的"泰图"是土著人的主要作物(小甘薯),"卡莱(kalay)"则是一个动词,意思是"戴上饰品"。然而,在我看来,这些词源学的推断对理解下面的神话并无太多用处。下面,我将用直译的方式引述这个神话的简短版,当初莫利拉夸主动讲给我听时,就是如下面这般讲述的。

托库卢布韦多加神话

"他们生活在夸亚瓦塔;一天,卡莱泰图去捕鱼,跳进一只小独木舟(克沃乌)。狗弟弟游泳跟在后面。他来到迪古梅努(Digumenu)。他们和哥哥一起捕鱼。他们抓到了鱼!哥哥划桨,弟弟又跟在后面;走啊走,返回了夸亚瓦塔。他们死后,来了莫多凯(Modokei),他学了凯加乌,托库卢布韦多加的内部。他们母亲的名字,托库卢布韦多加的母亲,是托布内古。"

这个小片段让我们很好地领略了一个神话故事的最初版本。虽然对故事的叙述已经经过极好的整理,但是我们仍需询问各种人物的行为动机及各个事件之间的关系,才能将其补充得易于理解。于是,进一步的提问表明:哥哥拒绝带狗弟弟出海捕鱼,但托库卢布韦多加仍决定去,于是,狗弟弟就跟在哥哥的船后,游到了迪古梅努;哥哥看到他后,大吃一惊,但仍和他一起捕起了鱼;结果,狗弟弟捕得鱼比哥哥多,哥哥因此心生嫉妒,拒绝带他一起回家;然后,托库卢布韦多加又跳入水中,安全地游回了夸亚瓦塔。这个故事的重点是那条狗因知晓凯加乌而会游泳,否则他早就被鲨鱼、穆卢夸西或其他邪恶的东西吃掉。他是从他的母亲托布内古女士那里学会的,而他的母亲能教他,是因为她自己就是一个穆卢夸西。这个由资料提供者主动告诉我的版本里还缺失了另外一个重要内容,即故事的社会学意义。该神话故事里有个非常有趣的细节在基里维纳的传统中是绝无仅有的,即三个兄弟姐妹的母亲属于卢夸西西加氏族。狗弟弟本属于卢库巴(Lukuba)氏族,却出生在一个卢夸西西加的家庭,这非常奇怪。然而,这就是事实,于是他说:

"好,我要做个卢库巴人,这才是我的氏族。"

故事里兄弟不和,是因为那位母亲把凯加乌巫术只传给了狗弟弟,没传给属于卢夸西西加氏族的哥哥和姐姐,因此该巫术便只传到了狗弟弟所属的卢库巴氏族。我们可以推测(我的资料提供者并不知道),从狗弟弟那里习得该巫术的莫多凯也一定是卢库巴人。

像所有神话里的女性祖先一样,托布内古没有丈夫。这一情况并不会让土著人感到吃惊或有所解释,因为正如我多次说过的,他们没有生理学上的父亲。

比较完原始叙述和后来通过询问而获得的补充信息后,我们可以看到土著人主动告诉我的版本遗漏了最重要的信息。事件之间的联系、凯加乌的起源和社会学方面的重要细节,都须引导资料提供者说出,更准确地说,他必须被要求,才能详述某些要点、漫谈神话涉及的所有话题。然后,民族志学者需从他的这些陈述里挑出并整理其他疑惑之处。然而,关于人物的名字及他们做了什么、如何忙碌这些并不重要的内容,土著人从不会忘记讲述。

下面,我们要引述凯加乌咒语。据说,该咒语来自那条狗,而最终的源头则是其母亲。

托库卢布韦多加的凯加乌

"托布内古(重复),马纳马内古(重复),我的母亲是蛇,我自己是蛇;我自己是蛇,我的母亲是蛇。托库卢布韦多加,伊塞娜多加,马塔加加伊,卡莱泰图;布尔马瓦乌塔布古(*bulumava'u tabugu*)莫多凯。我要用迷雾笼罩前面,我要遮住后面;我要用迷雾笼罩后面,我要遮住前面。"

这段绪言首先呼唤创造那个穆卢夸西的名字,她是该咒语的源头。据我的资料提供者所言,"马纳马内古(Manemanaygu)"源于古语词"nema",相当于今天的"yama",是"手"的意思。"托布内古之于马纳马内古,如同右手之于左手",我的信息提供者用不那么符合语法规范的句子这样解释道:"这是右手,这是左手"(两手拍在一起)"所以托布内古,马纳马内古。"

资料提供者的这个分析是否正确,尚待探究。须记住,在土著人眼中,巫术咒语并非可解释、可发展的民族志文献,而是一种力量工具。其中的词语用于引起行为,而非用来教授。问巫术咒语是何意思常常会把资料提供者问糊涂,因此,要解释一个咒语或得到对它的正确说明,并非易事。尽管如此,显然仍有些土著人试图弄清咒语里的各种词语究竟代表什么。

让我们继续来解释这个咒语吧。就"我的母亲是蛇……"这一句,莫利拉夸这样向我解释:"假如我们打一条蛇,它已经消失,它不会留在那儿;因此,我们人类,当穆卢夸西抓我们时,我们也消失。"也就是说,念了这个巫术咒语后,我们将消失,因为在咒语里,希望产生的结果总是表达为一种预期。根据我的经验,莫利拉夸对蛇的行为的描述并不符合博物学(Natural History),但是这个解释或许表达了这样一个暗含的观念:蛇具有难以捕捉这一特点,自然会成为咒语里的比喻形象之一。

呼唤完蛇后,紧跟着的一串词都是神话里的名字,其中的四个,我们已在上面的神话里见过,剩下的,则不知出处。最后一个名字"莫多凯"前的修饰词"布卢马瓦乌塔布古(bulumavau tabugu)"的意思是"我最近祖先的灵魂",这两个词常用在咒语中指念咒者真正的祖先。

咒语的正文部分如下:

"我要遮住基塔瓦女巫的眼睛;我要遮住孔瓦盖亚(Kumwageya)女巫的眼睛;我要遮住伊瓦女巫的眼睛;我要遮住加瓦女巫的眼睛……",列出所有有女巫的村庄和岛屿的名字。然后,把"我要遮住"先后换成"我要用迷雾笼罩"和"露水包住",再把这一串地名重复两遍。这一部分不用解释。

咒语的结束语如下：

"我要踢汝之身体，我要踢汝之灵裙，我要覆盖汝之臀部，我要拿走汝之席子，漏兜树席子，我要拿走汝之斗篷。我要用脚踢汝，去，飞过图马，飞走吧。我自己在海里（在这里说出念咒者的名字），我要漂流而去，平安无事。"该咒语的结束语与本章提到的第一个咒语的结束语非常相似，无需再次解释。

本章给出的神话和巫术资料都与土著人关于飞行女巫和海上危险的信仰有关。在这一土著信仰中，现实事物和被传统固化的想象之物奇妙地交织在一起，然而，在一般的人类信仰中，这种交织也并非罕见。现在让我们回到还在亚孔停靠的船队。在那里度过一晚后，他们将于第二天清晨竖起船桅，如果风向有利，他们会很快抵达古马奇拉和多姆多姆水域。

第十一章　在安菲莱特群岛
——库拉的社会学

一

我们一行人从北面驶来,最先到达的是古马奇拉主岛。这是一个高拔险峻的山岛,山峦拱起,悬崖陡峭,看上去像一个巨大的哥特式建筑。我们左手边有一个形如大金字塔的岛屿,那是多姆多姆岛屿,随着我们的靠近而隐入附近的山后。船队沿着古马奇拉岛的西海岸行驶,陡峭的山坡上覆盖着丛林,其间点缀着空地。山坡上,凸起道道岩石山脊,山脚下,蜿蜒着道道山谷,一直通向宽阔的海湾,一块块三角形空地时而从眼前拂过。该岛的另一侧有两个村落,这些空地就是那里的土著人从事耕种的迹象。在古马奇拉岛的西南角上,一个狭窄的岬角伸展成为一块平坦的低洼地,两侧都是沙滩。我们的船队在北侧的吉亚瓦纳沙滩(Giyawana)[特罗布里恩人称之为吉亚西拉(Giyasila)]上停靠,岛上的村落看不到这里。所有从北方来的船队在进入这里的村落之前都会停靠于此;安菲莱特人从村里象征性地出发后,也会在此休息一天,然后才真正地启程前往特罗布里恩群岛。简言之,这个海滩就是安菲莱特的穆瓦沙洲。1918年3月的那个月圆之夜,就是在这里,我碰上了加入尤瓦拉库远航队,准备出发前往锡纳凯塔的古马奇拉船队,并把他们吓了一跳。

在这个沙滩上,锡纳凯塔人要施行最后阶段的库拉巫术,然后才去见自己的古马奇拉伙伴。他们还会在抵达多布前再施行一次该巫术。事实上,如果该大型尤瓦拉库的目的地是多布,完整的礼仪性巫术施行可能常常会延迟至那时才进行。因此,我们还是等到船队抵达萨鲁布沃纳海滩时再描述该巫术吧。现在,只需说明的是,在吉亚瓦纳沙滩上施行该巫术时,需花一个或半个小时，之后，所有人进入独木舟，拿起桨和橹，划过岬角，驶入一个风景如画的小海湾，那里便是古马奇拉的小村努阿加锡（Nu'agasi）的所在地（见整版插图1）。过去，努阿加锡村坐落在距离海平面一百米高处的一条狭窄岩石架上，地势险要，难以接近，且能俯瞰所有的进村通道。自从白人来了之后，所有针对突袭的预防措施都失去了必要性，于是该村从岩石架上搬迁而下，移至前滩上一块狭长的地带上，一头面向大海，另一头则连着山脚下的一块小沼泽地。船队里的一些独木舟会在这个海滩上停靠，其他独木舟则会在一块高约150米、宽约300米的险峻黑岩下（见整版插图42）继续航行。再转过一个弯，便来到了古马奇拉的大村，该村建于人造石阶之上，小石头砌成的堤坝环绕四周，形成了一个个正方形的泻湖和小海港（参照第一章第五节中的描述）。这是古马奇拉的旧村，几乎无法从海上进入，是要塞之地，其防护不同于该地区典型的盘踞于高处之防护。由于完全暴露在东南风和海水的侵袭下，村子用石头建了防波堤和堤坝来保护自己。无论天气好坏，进村的唯一通道就是村子南面的一条小水道，那里有一块大岩石和一块礁，挡住了波涛汹涌的海水。

没有任何预备性的欢迎仪式或正式接待，现在，来自锡纳凯塔的客人直接下了船，混迹在当地的村民中，坐在好朋友房屋的附近，三五成群，嚼起了蒌叶，聊起了天，用的语言是安菲莱特人都懂的基里维纳语。几乎是一上岸，他们就会向伙伴赠送帕里（见面礼），都是些小物件，如梳子、石灰罐和石灰棒，然后就等着对方送一些库拉礼物。当地最重要的头人首先会向考塔乌亚或托乌达瓦达回赠一件礼物，具体是谁，取决于当时谁是托利尤瓦拉库，一阵轻柔而具有穿透力的海螺号声旋即传来，宣告第一个礼物已被送出。随后，海螺号声此起彼伏，库拉进行得如火如荼。然而，对锡纳凯塔的冒险家而言，发生在安菲莱特群岛的一切只不过是个小插曲，他们决心在多布实现更大的目标。因此，为了让我们和土著人的视角保持一致，我们也将等到船队抵达多布的图乌陶纳海滩时再视情况具体描述库拉的进程，如，像这样的拜访船队抵达后将受到何种接待及如何表现。届时，我将描述我在安菲莱特群岛中的纳布瓦盖塔岛（Nabwageta）上亲眼所见的一幕，当时，六十只多布独木舟前往（*en route*）博约瓦进行尤瓦拉库时，经停纳布瓦盖塔岛。

第十一章 在安菲莱特群岛

为了让读者清楚地了解访客和安菲莱特人是如何交谈的,我将引述一段对话,那是我在一些特罗布里恩人拜访努阿加锡(古马奇拉的小村)时记下的。一两天前,来自特罗布里恩群岛西部诸小岛的几艘独木舟抵达邻岛纳布瓦盖塔,进行库拉。其中一艘配备了六名船员的独木舟划桨驶向努阿加锡,他们想送伙伴一些帕里礼物,并看看能用库拉的方式做点什么。当这艘独木舟还在远处时,努阿加锡人就看到了它,并立刻猜出了它此行的目的,因为这支小远航队抵达纳布瓦盖塔岛的消息早就传到了努阿加锡。当时,我正在帐篷里向努阿加锡的头人托瓦萨纳获取一些民族志信息,进行得非常艰难,头人听到消息后,便匆忙赶回家去。

托瓦萨纳为人坦率,是安菲莱特群岛最重要的头人。在这里,我没用"酋长",因为我曾说过,安菲莱特人并不遵守蹲伏弯腰的觐见之礼,头人的权力和经济影响力也决不能与特罗布里恩群岛的酋长相比。然而,虽然我从特罗布里恩群岛而来,托瓦萨纳威严的语调和明显的权威感仍让我大吃一惊。其中一个原因无疑是这里没有白人的干涉。白人的干涉已严重破坏特罗布里恩群岛上的土著权威和伦理,而安菲莱特群岛到目前为止却在很大程度上未受传教和政府法制的影响。除此之外,托瓦萨纳仅对一个小村庄享有权威,极为狭小的权力行使范围反而加强了他的影响力。作为所有头人中最年长、血统最尊贵的一员,他是大家公认的"老前辈"。

为迎接访客,他走到其房屋前的海滩上,坐到那里的一根原木上,面无表情地望着大海。特罗布里恩人抵达之后,每个人都拿着一个礼物,走向自己伙伴的家。托瓦萨纳并未起身接见他们,他们也没集体问候他。托利瓦加朝着托瓦萨纳坐着的地方走过去,拿着一捆芋头和一件古古阿(指价值不大的物品,如梳子、石灰罐等)。他把这些东西放在托瓦萨纳旁边,但托瓦萨纳看都没看,然后,一个小男孩,我想是托瓦萨纳的孙子,拿起礼物,放到托瓦萨纳的家里,之后,托利瓦加挨着托瓦萨纳坐在平台上,至此,两人尚未说过一句话。一棵大树的枝叶蔓延,宛如华盖一般,遮住了被漂白的独木舟,树荫下,这两个人盘腿坐在平台上,形成了一幅别致有趣的画面——卡杜瓦加来的男人身材苗条、身形年轻,坐在旁边的年迈的托瓦萨纳则五官粗大,大大的鹰钩鼻从形似包头巾的大假发中突出来,看起来像个土地爷。起初,两人只是交换一言半语，很快，谈话变得活跃起来，然后其他村民和访客也加入其中，每个人都说了起来。由于他们说的是基里维纳语，我得以记下开头几句。

　　托瓦萨纳问道：
　　"你们在哪儿泊船？"
　　"在纳布瓦盖塔。"
　　"你们什么时候到的？"
　　"昨天。"
　　"抵达的前一天从哪儿出发的？"
　　"从加布瓦纳。"
　　"什么时候？"
　　"前天。"
　　"刮什么风？"
　　"从家出发时，是亚瓦塔；风变了。抵达沙洲（加布瓦纳）；我们睡了；某某人施行了风巫术，风又变了，好风。"

　　然后，托瓦萨纳向客人们问起凯卢拉岛（基里维纳岛的西边）的一个酋长，问他们那个酋长什么时候会给他一对大姆瓦利。客人说他们不知道，但据他们所知，那个酋长目前没有大姆瓦利。听到这儿，托瓦萨纳大怒，长篇大论地说起来，不时地蹦出几个古马奇拉词。他宣布再也不会和那个酋长库拉了，说那个酋长是个托皮基（*topiki*，小气的男人），应该送他一副姆瓦利作为约泰尔（回礼），但已经欠了很久，还说那个酋长做库拉时总是很慢。之后，怒气冲冲的托瓦萨纳又开始谴责有关陶锅的事情，说他送给那位酋长一些陶锅，后者承诺要回送几头猪，但却从未兑现。访客们听着，礼貌性地表示赞同，不时地发表一些不需负责的言论。然后，他们也抱怨起来，说他们本希望在纳布瓦盖塔收到些西米，但纳布瓦盖塔却出于某个原因粗鲁地拒绝向所有来自卡杜瓦加、凯西加（Kaysiga）和库亚瓦（Kuyawa）的人赠送西米。

　　然后，托瓦萨纳问他们："你们打算待多久？"
　　"直到多布人来了。"

"他们会来的，"托瓦萨纳说，"不是两天后，不是三天后，不是四天后；他们明天就来了，最迟是后天。"

"你跟他们去博约瓦吗？"

"我先去瓦库塔，然后和多布人去锡纳凯塔。他们去苏苏瓦（Susuwa）海滩捕鱼，我去你们的村子，去卡杜瓦加，去凯西加，去库亚瓦。你们村里有很多姆瓦利吗？"

"是的，有很多。某某人有……"

后面是一长串大臂镯的专属名字、无名小臂镯的大概数量和当时的臂镯所有者的名字。

听话人和说话人都饶有兴趣，托瓦萨纳还告诉了客人们他大致的行程安排。月圆之日即将到来，对月圆之日前一周和后一周的每一天，土著人都有其命名，再往前和再往后的日子也能由此推算出来；此外，一个月圆月缺周期内的每七天都以当时月亮的位相命名。因此，土著人能相当精确的确定日期。这个例子说明了过去各种远航的动向是如何在这片广大海域上传播的；现在，载着土著船员的白人船只经常往来于各岛之间，消息传播得更方便了。以前，像我们刚才描述的这种预备性小远航队会提前一年确定远航日期、做各项准备。

接着，卡杜瓦加的男人们询问现在古马奇拉是否住着特罗布里恩群岛来的外人，答案是现在村里有个巴乌人（Ba'u）和一个锡纳凯塔人。然后，他们又问起古马奇拉有多少库拉项链，于是，谈话又转到库拉的技术细节上去了。

特罗布里恩男人在安菲莱特群岛待很长一段时间是常有的事，即随一个远航队而来，再随另一个远航队而去。一连几周，甚或数月内，他们住在伙伴、朋友或亲戚家里，小心翼翼地遵守着这片地域的习俗。他们会和村里的男人们坐在一起聊天，还会帮忙干活儿和出海捕鱼，后者对特罗布里恩人尤其具有吸引力。原本就热衷于捕鱼的他们在这里见识到了完全不同的捕鱼方式。无论是航行至一个沙洲，在那儿小住几日，撒下大网捕捉儒艮和海龟，还是乘一叶轻舟，用鸢捕捉跳跃的颚针鱼，抑或，把一个鱼夹子扔入深海中——所有这些，对于特罗布里恩人而言，都很新奇，因为他们只习惯在到处都是鱼的泻湖浅水里捕鱼。

有一点很有可能让特罗布里恩人在安菲莱特群岛住得不舒服,那就是,他完全不能与女人有任何交际。习惯了在家乡能轻而易举偷情的他们,在这里必须完全禁欲,不能和已婚或未婚女人发生性关系,甚至不能像在特罗布里恩经常见到的那样,自由、快乐地和女人同行并社交。我的一个资料提供者名叫莱塞塔,是个锡纳凯塔人,曾在安菲莱特群岛住过几年。他不无羞愧和遗憾地向我坦白,他从没成功地和那里的女人偷过情。为了挽回面子,他声称曾有几个安菲莱特美人向他示爱并以身相许,但他都拒绝了:

"我害怕,我害怕古马奇拉的博沃乌,他们很坏。"

博沃乌指安菲莱特群岛当地的妖术师。无论我们对莱塞塔所受到的诱惑有何想法——他的外貌和魅力让人难以相信他的吹嘘——无论他是害怕巫术,还是害怕被痛打一顿,事实是,当特罗布里恩人身处安菲莱特群岛时,必须改变他惯常的行为方式,必须彻底远离女人。当大拜访团抵达古马奇拉或纳布瓦盖塔时,那里的女人们都跑到灌木丛里,搭起帐篷住宿,直到海滩上的人都离去。

相反,安菲莱特人却曾习惯于在锡纳凯塔接受未婚女子的献身。现在,锡纳凯塔的男子总是反对这一习俗,但还没到采取任何措施的程度,他们对安菲莱特人说,白人政府禁止古马奇拉和纳布瓦盖塔的男人在锡纳凯塔有性行为。安菲莱特男人表现出有兴趣和我交谈的时候甚少,其中有一次,就是为了问我这是不是真的。

"锡纳凯塔男人对我们说,如果我们和锡纳凯塔的女孩儿睡觉,会坐牢。政府真会让我们坐牢吗?"

通常,我都告诉他们,关于白人在这些事情上的秘密,我一无所知。

我们刚才描述了那一小队卡杜瓦加男人对托瓦萨纳的访问。他们在那儿坐了大约两小时,其间,抽烟、嚼槟榔,谈话时有时无,人们眺望远处,表现出一副在这种场合惯有的高傲神情。最后,相互说明计划后,小男孩儿们把几个陶锅搬到客人的独木舟上作为塔洛伊(talo'i,送给拜访者的道别礼),客人们上船,划上三四英里,返回了纳布瓦盖塔。

我们须明白,从锡纳凯塔出发、刚才在古马奇拉岛的两个村落登陆的大型库拉船队,其行为方式差不多一样,谈话的内容相似,送给伙伴的帕里礼物也是同类型的,只不过是每件事的规模更大而已。每个房屋前都坐了一大群人,人们成群结队地在村里走来走去,村前的海面上到处都是满载货物的华丽的独木舟。在以托瓦萨纳为头人的小村子里,托乌达瓦达和考塔乌亚两位酋长将坐在同一个平台上,就是我们刚才看到的托瓦萨纳用来接待其他客人的那个平台。锡纳凯塔的其他头人则会再转过一个角,去往大村,在高高的棕榈树下扎营,遥望海峡对面形如金字塔的多姆多姆岛以及更南边弗格森主岛上科亚塔布那壮丽的轮廓。这里,建于桩子上的房屋散落在由小港、泻湖和堤坝组成的迷宫中,如画一般。人们一大群一大群地坐在椰树叶编织的席子上,通常每个人都会坐在自己伙伴的屋檐下,面无表情地嚼着槟榔,不时偷看一眼正拿出来送给他们的陶锅,更热切地期待着将要得到的库拉礼物,但表面上却显示出一副漠不关心的样子。

二

在第三章里,我谈过库拉的社会学,并简要定义了伙伴关系及其作用和义务。我说过,人们以一定的方式建立这一关系且从此终身处在其中,我还说过,一个人拥有的伙伴数量取决于他的社会地位和等级。过去,每当库拉团靠近一片到处都是穆卢夸西、博沃乌和其他妖术的土地,靠近陶瓦乌的发源地时①,都会感到紧张。当我们了解到这种紧张后,就不难理解海外伙伴所具有的保护性。在那里有个朋友,一个在表面上没什么恶意的朋友,是一

---

① 见第二章第七节。

笔很大的财富。然而，只有在我们到达多布后，看到将在那里施行的祈安巫术和土著人的紧张之情是多么真实和严重时，我们才能彻底理解拥有海外伙伴对他们而言到底意味着什么。

现在，我们须从连贯的叙述中再次岔开，依次讨论库拉社会学的几个方面。

1. **参与库拉的社会学限制**。并不是生活在库拉文化圈内的所有人都参与库拉，特别是在特罗布里恩群岛，有些地区整个都不进行库拉，如主岛北部的一系列村落、图马岛上的村落、库博马的各手工业村和蒂拉陶拉的各农业村。在锡纳凯塔、瓦库塔、古马奇拉和纳布瓦盖塔这样的村落群，每个男人都进行库拉。连接库拉圈大缺口的基塔瓦岛、伊瓦岛、加瓦岛和夸亚瓦塔岛，也是每个男人都参与库拉这些小岛分布在广大的海域上，将特罗布里恩、伍德拉克、图贝图贝、瓦里和其他地方连接起来。在讲多布语的地区，我想，某些村落群或者根本不进行库拉，或者小规模地进行，也就是说，他们的头人只在附近村落里有几个伙伴。

在基里维纳一些有大酋长的村子里，某些人从不参与库拉。例如，如果一个村子的头人具有古亚乌（酋长）或冈古亚乌（gumguya'u，小酋长）的等级，村里等级最低且与头人没有关系的平民不应进行库拉。过去，土著人非常严格地遵守这个规矩，现在，即便该规定有些松懈，但符合这一描述的平民，参与库拉的仍然不是很多。因此现在，对参与库拉的限制仅存在于像多布和特罗布里恩群岛这样的大库拉区，有些是地域性限制，即某些村落被整体排除在外，有些是社会性限制，即某些等级低的人被排除在外。

2. **伙伴关系**。在特罗布里恩语中，用于表述"海外伙伴"的词是卡雷塔乌（*karayta'u*），"我的伙伴"是尤洛卡雷塔乌（*ulo karayta'u*），尤洛（*ulo*）是表示远亲的物主代词。在古马奇拉，"我的伙伴"是尤洛塔乌（*ulo ta'u*），意思就是"我的男人"，而在多布语中则是耶古古马吉（*yegu gumagi*）。基里维纳语中表述"内陆伙伴"和"朋友"的词是同一个，即"卢贝古（*lubaygu*）"，"*gu*"为后缀物主代词，表示最近的所有物。

两个男人之间必须先建立伙伴关系，才能彼此进行库拉。海外访客通常先去他的伙伴家拜访,并赠送一个小礼物作为帕里,那个当地人再回赠他一件塔洛伊礼物。两个海外伙伴之间的关系并不是多么亲密,但是相较于两个互不认识的部落成员之间本质上的敌对关系,这种友谊引人注目,显然异于常规。两个生活在相邻村落的伙伴之间的内陆伙伴关系,与其他关系相比,其密切程度和亲近程度相对较低。土著人是这样向我定义这一关系的:

"我的伙伴和我的族人(卡卡维尤古,*kakaveyogu*)一样——他可能会和我作战。我真正的亲属(维尤古,*veyogu*),相同的脐带,总会和我们站在一边。"

获取详细资料、避免无意中在民族志概括中犯错的最佳方法就是收集具体资料。因此,我为考塔乌亚酋长写了一个完整的伙伴名单,他是整个库拉圈里伙伴最多的库拉人之一,我还写了一个地位较低的锡纳凯塔头人托伊巴约巴的伙伴名单,当然,我还补充了几个较小的人物,他们每人拥有的伙伴数量通常是 4 到 6 个。

在完整的考塔乌亚的伙伴名单中,55 人来自博约瓦岛北半部,即卢巴、库卢马塔和基里维纳,他从这些地区收到臂镯。在南边,他在博约瓦岛南部各地区和瓦库塔有 23 个伙伴,在安菲莱特群岛有 11 个,在多布有 27 个。我们看到,南边比北边多 6 个,两边的数量基本持平。这些数目包括了他在锡纳凯塔的伙伴。在锡纳凯塔,他和当地所有酋长和所有子村落的头人进行库拉,在他自己所在的小村子里,他还和自己的儿子们库拉。即便是在锡纳凯塔,他的每个伙伴若非在其南侧,就是在其北侧,也就是说,他们不是给他项链,就是给他臂镯。

这个名单囊括了所有氏族。如果问土著人某个人为什么会和他有伙伴关系,回答通常都是:"因为他是我的男亲属",这里的意思是"等级相同的族人"。其他氏族的人会成为他的伙伴,则是因为他们是"朋友"、姻亲,抑或是出于某个多少想象出来的缘由。之后我会讲述建立库拉伙伴关系的机制。

在托伊巴约巴的伙伴名单中，12人来自北方，4人来自博约瓦南部，3人来自安菲莱特群岛，11人来自多布，天平同样偏向南侧。前面说过，小人物的伙伴总数在4到10个之间，而博约瓦北部有些人只有两个伙伴，也就是说，在库拉圈的两边各有一个伙伴和他们进行库拉。

我不会在此完整地列出这些名单，但在写这些名单时，我发现了另外一个显著特点：两边都有明确的地理界线，一个人不能在界线以外的地方有任何伙伴。例如，对锡纳凯塔的所有男人而言，臂镯的界线最远至基里维纳的最北端，也就是说，在比基里维纳更远的下一个库拉区基塔瓦，任何一个锡纳凯塔男人都没有伙伴。在南边，即接受索拉瓦的那一边，弗格森岛东南端的几个村子是锡纳凯塔人有伙伴的最远之处。多布小岛恰好在这个界线之外，在那里及诺曼比岛上的所有村子里，没任何人和锡纳凯塔人进行库拉（参照地图5上表示库拉共同体的圆圈）。

但在界线以外，人们知道所谓"隔一地的伙伴（partners-once-removed）"的名字，"隔一地的伙伴"即伙伴的伙伴。假如一个人在两侧各仅有两个伙伴，而这些伙伴也是小人物，也只有一两个伙伴，这种关系仍不失其重要性。假如我是个锡纳凯塔人，我有一个伙伴，比如说在基里维纳，而这个伙伴又在基塔瓦有一个伙伴，如果这个基塔瓦人刚刚获得了一副精美的臂镯，这于我而言绝非小事，因为假定这个基塔瓦人和基里维纳人各有两个可选择赠予的伙伴，那么，我就有四分之一的机会得到这副臂镯。然而，如果是像考塔乌亚这样的大酋长，"隔一地的伙伴"那么多，对他个人而言，已经没有任何意义。考塔乌亚在基里维纳大约有25个伙伴，其中包括大酋长托乌卢瓦，而后者又和一半以上的基塔瓦男人库拉。考塔乌亚在基里维纳的其他伙伴，等级虽较低，但却很重要，他们也与很多人库拉。这样一来，在实践中，很有可能每个基塔瓦男人都是考塔乌亚的"隔一地的伙伴"。

假设库拉圈中很多人两侧都只有一个伙伴，那么，库拉圈里就会存在多条闭合线路，在每一条线路上不断传递的都是同样的物品。例如，如果基里维纳的甲永远和锡纳凯塔的乙库拉，乙和图贝图贝的丙库拉，丙和穆鲁阿的丁库拉，丁和基塔瓦的戊库拉，戊又和基里维纳的甲库拉，就会在大库拉圈中形成一个"甲乙丙丁戊"的闭合线路，一个臂镯落入其中任何一人的手中，就永远无法离开这条线路。然而，库拉圈绝非如此。一般说来，每个小库拉伙伴都在某一侧有个酋长身份的伙伴，而每位酋长都是库拉物品的转轨站。他在每一侧都有那么多伙伴，因而经常把一件物品从一条线路转移到另一条线路中。于是，任何一件物品第一次循环时经由了某些人之手，在下一次循环时则可能经由一条完全不同的线路，这当然也是土著人对库拉交换充满热情和兴奋的大部分原因所在。

"隔一地的伙伴"在基里维纳语里的说法是穆里穆里（*muri-muri*），一个人会说，某某人是"尤洛穆里穆里（*ulo murimuri*）"，意思就是"我的隔一地的伙伴"。另外一个与这一关系相关的表达方式则用来询问某件瓦古阿经由"何人之手"传来。当托乌卢瓦把一副臂镯送给考塔乌亚时，后者会问："*availe yamala*（谁的手）？"对方回答："*yamala，Pwata'i*（Pwata'i的手）。"接着，通常会发生和下面差不多一样的对话："是谁给了普瓦塔伊（Pwata'i）这副臂镯？""耶古马岛（the Island of Yeguma）的一个男人保存了多久后在一次索伊（宴席）上送出去的？""它们最后一次在博约瓦是什么时候？"等等，等等。

3. 进入库拉关系。一个男子要成为一名实际的库拉成员，必须年过青春期；必须有符合要求的地位和等级，如果他所在的村子对此有要求；必须懂得库拉巫术；最后，他还必须拥有一件瓦古阿。成员资格及其所有附带的意义都可由父亲处获得，父亲向儿子教授巫术，赠予他一件瓦古阿，并向他提供一个伙伴，而这个伙伴常常就是父亲本人。

假设考塔乌亚的一个儿子已经到了可以库拉的年龄，这位酋长向儿子传授咒语，已有时日，此外，这个小伙子从小就参加海外远航，因此多次看过相关的巫术仪式、听过相关的咒语。时机成熟之际，考塔乌亚就会吹响海螺号，遵照所有应该遵照的繁文缛节，把一件索拉瓦送给他的儿子。后者很快就会北上，或许他只是去某个邻村，和他自己所在的村子一样，也在锡纳凯塔，或许他跟随父亲拜访遥远的奥马拉卡纳。无论是哪种情况，与他进行库拉的人，或者是他父亲一个朋友或伙伴，或者是他自己一个特别的朋友。就这样，这个小伙子一下子就装备起来了，有了巫术、瓦古阿和两个伙伴，其中之一就是他的父亲。他北边的伙伴会在适当的时候送他一个臂镯，他很有可能会把这个臂镯送给父亲。交易一旦开始，就会继续下去。很快，父亲又给他一件瓦古阿，他可能把它库拉给先前的那个北方伙伴，也可能用它来建立另外一个伙伴关系。当他从北边又得到一个姆瓦利（臂镯）后，他很有可能把它送给南边的一个新伙伴，这样又建立了新的关系。酋长的儿子永远是平民（因为酋长不能和本亚氏族内的女人结婚，而儿子继承的是母亲的地位），所以他的伙伴数量不会增加到超过我们之前提到的托伊巴约巴的伙伴数量。

然而，并不是每个人都那么幸运，能成为酋长的儿子。在特罗布里恩，总的来说，酋长是最令人羡慕的地位之一，因为这一头衔赋予人许多特权，却不涉及特殊的责任。一位年轻的酋长要在库拉中建立地位，要支付数目可观的酬劳。酋长总是由高等级的女人的儿子、某酋长的外甥担任，但他的父亲可能只是影响力很小的平民。无论如何，他的舅父会期望从他那里获得一些波卡拉（分期馈赠）作为报酬，从而教他巫术，给他瓦古阿并帮他最终在库拉中确立领导地位。年轻的酋长会结婚，因而会获得一定数量的财富，他用该财富向舅父送礼物，继而舅父会把他引入库拉，与酋长把自己的儿子引入库拉的方式完全一样，只是前者涉及个人利益。

平民进入库拉的方式和酋长一样，唯一的区别就是诸事的规模更小：送给舅父的波卡拉更少、收到的瓦古阿更少、与之库拉的伙伴更少。如果一个人送给另一个人一件库拉瓦古阿，但并不是库拉交换，而是作为礼物，比如说作为姚洛（对收获礼的回礼，见第六章第六节），这件瓦古阿便不会离开库拉圈。如果受礼方还没进入库拉，则可凭借这件瓦古阿进入库拉圈，选择伙伴，进行交换。

这部分开始时，我讲过一个重要条件。我说，一个人要进入库拉圈，必须先学姆瓦西拉巫术。只有进行海外库拉的人才需如此，只进行内陆库拉的人不需要巫术，事实上，他们也从不学习巫术。

4. **女性在库拉中的参与**。在对各库拉部落进行概括性描述的那一章里，我说过，这些部落里的妇女绝不是受压迫者，她们的社会地位也绝非无足轻重。她们有自己的影响圈，在某些场合以及某些部落中，甚至极为重要。然而,库拉本质上是男人的活动。上文已经提到过,在锡纳凯塔和多布之间的那片地域上,妇女不参与大规模远航。然而,在基里维纳,年轻的未婚女子会东向航行到基塔瓦、伊瓦和加瓦,而这些岛屿的妇女,包括已婚老妪,甚至是整个家庭,都会航行到基里维纳,但是她们彼此之间、她们与男人之间并不进行海外库拉交换。

在基里维纳,一些妇女,特别是酋长的妻子,享有交换瓦古阿的荣誉和特权,但像这样的交易都发生在家庭内(*en famille*)。下面说个具体的例子。1915年10月或11月时,奥马拉卡纳的酋长托乌卢瓦从基塔瓦带回大量姆瓦利,将其中最好的一对送给了他的老妻博库约巴,她是托乌卢瓦从他哥哥努马卡拉继承来的妻子。没多久,博库约巴把臂镯转送给了托乌卢瓦酋长最喜欢的妻子卡丹瓦西拉,她育有5个儿子和1个女儿。然后,卡丹瓦西拉又把臂镯送给了她的儿子南瓦纳古姚,后者又把它库拉给了其南边的某个伙伴。下次当南瓦纳古姚收到索拉瓦项链时,他不会直接给父亲,而会给母亲,他的母亲再把项链交给她年长的"同事",然后再由这位德高望重的女士送给托乌卢瓦。显然,整桩交易就是在酋长送给儿子瓦古阿这个简单的交易中赞许了两位吉约维拉(*giyovila*,酋长妻子)的加入。这种加入让女性感到很愉快,她们非常看重。事实上,关于那次海外之旅,我当时听到的关于这件事的消息,多于其他所有交换。

在博约瓦南部,即锡纳凯塔和瓦库塔,妇女的作用相似,但她们还有另外一个作用。有时,男人会让妻子带一件库拉礼物去见他邻村的伙伴。有时,他急需瓦古阿,比如说,一些尤瓦拉库访客要来,这时他的妻子可能能帮他从其伙伴那里要到瓦古阿,因为虽然那个伙伴可能会拒绝给他瓦古阿,但不会拒绝给他的妻子。在此必须补充一点,这和性动机无关,只是出于对妇女的习俗性恭维。

在多布,男人的妻子或姐妹会对其库拉决定产生重大影响。因此,锡纳凯塔人有一种巫术专门用于影响多布妇女的想法。虽然在性的问题上,特罗布里恩人必须绝对远离多布妇女,无论是已婚的还是未婚的,但涉及到库拉时,他则会用溢美之词和礼物接近她们,会向未婚女子抱怨她兄弟对他的所作所为,然后这个未婚女子会向他要一颗槟榔,他就给她一颗施过咒语的槟榔，据说，这个女子就会影响她的兄弟，让他和这个人库拉。①

三

在第二章第四节对安菲莱特部落进行简短概述时，我称他们为"典型的垄断者"，这既是针对他们的经济地位而言，也是针对他们的性格而言。说他们是垄断者，主要表现在两个方面：第一，他们制造的精美陶锅是周边地区唯一的陶锅来源；第二，安菲莱特地处中间位置，是一个商业共同体，一边是人口稠密、园圃和椰子种植富饶的多布，另外一边则是新几内亚东部主要的手工业制造区特罗布里恩群岛。

然而，我们要正确理解"垄断者"一词。安菲莱特群岛并非一个商业中间商中心，并非常年忙于引入和输出人们心仪的各种实用物品。事实上，大型远航队一年才来这里一两次。但是，他们自己每几个月会航行去往东南方或北方；此外，邻居或其他地方来的小远航队也来拜访他们。就是通过这样的小型远航，他们从周边地区收集了相当数量的实用物品，再把这些物品提供给那些需要或渴望它们的人。在任何这样的交换中，他们都不能索价太高，但人们的确认为他们在赠予或交易时不太慷慨、不太迅速，总在寻找更高的回礼和额外的东西。卖陶器时，他们也不能依据供求规律向邻居索要高价，因为管束这一交换和其他交换的习俗性规则对他们的约束不亚于对任何其他土著人的约束。事实上，考虑到他们获取黏土时遭遇的诸多麻烦，及生产这些陶器所需的高技艺，他们的卖价已是非常低廉。但他们交易时的态度却明显很傲慢，深知自己作为陶工和陶器分销者的价值。

关于他们的制陶业及这些岛上的陶器贸易，还须再说几句。

安菲莱特土著人是广阔领域上唯一的陶器制造者，是特罗布里恩人和马绍尔本尼特群岛居民唯一的陶器供应者，我还相信，伍德拉克所有的陶锅

---

① 我无法说明多布女子对其兄弟会有何种影响，我甚至不知道多布女子和其兄弟之间是否存在和特罗布里恩群岛一样的禁忌。

也都来自安菲莱特群岛。① 往南,他们把陶器输出给多布、杜阿乌,一直到米尔恩湾(Milne Bay)。然而,情况不止于此;在这些遥远的地区里,虽然某些地区除使用安菲莱特陶锅外,也用其他地区出产的,但是安菲莱特陶锅却比整个英属新几内亚的任何其他陶器都优质得多——器身大而极薄,经久耐用,器形好看,加工精美(见整版插图46)。

最精美的安菲莱特陶锅的高品质源于其上佳的材料和工艺。做陶器用的黏土来自弗格森岛北海岸上一个名叫亚亚瓦纳(Yayawana)的采土场,距离安菲莱特群岛约一天的船程。在古马奇拉岛和纳布瓦盖塔岛上只能找到一种劣等黏土,可用来做小陶锅,但要做大陶锅就没什么用了。

关于为什么现在在安菲莱特群岛找不到优质黏土,有个传说。很早以前,在古马奇拉一个名叫托莫努莫努(Tomonumonu)的山峰上住着两兄弟,一个叫托罗西普普,一个叫托里基拉基。那时,托莫努莫努山峰上有很多优质黏土。一天,托罗西普普带着鱼夹去捕鱼,捕到一个非常好的大蛤蜊。他回家后,托里基拉基说:"噢,我的蛤蜊!我要吃了它!"托罗西普普拒绝了,并非常下流地暗示它是个双壳软体动物,及他要用它做什么。托里基拉基再次要求,托罗西普普又拒绝了,两个人就吵了起来。之后,托里基拉基就带着部分黏土,去了弗格森岛上的亚亚瓦纳,随后,托罗西普普也带着剩下的黏土跟随而去。至于他们后来命运如何,该传说并未言明,但是从那以后,古马奇拉就只剩下劣质黏土了。

在那之后,男人们必须一年去两次亚亚瓦纳带回黏土,以便让女人们用它做陶锅。去亚亚瓦纳大概要用一天的时间,它位于西南方,因此,可借助任何盛行风向顺利往返。男人们会在那儿逗留数日,挖土、晒干、然后装到几个瓦塔加(vataga)筐里。据我估计,每只独木舟大约会带回两吨黏土,够女人们用上半年。黏土呈稻草色般的淡黄色,放在由废弃独木舟的侧舷板做成的槽里,藏于房屋下。

---

① 这个信息是我对穆鲁阿(伍德拉克)进行一次短期访问时得到的,并得到了特罗布里恩人的证实。塞利格曼教授也说,该岛上的陪葬陶器来自安菲莱特群岛。前引,第731页,同时参照第15页和第535页。

过去白人还没来的时候，情况略加复杂。只有与弗格森岛北岸土著人交好的夸陶托（Kwatouto）这一个岛上的人能自由前往北岸。是否其他岛屿的土著人也曾去那儿采土，并为了防止被攻击而全副武装，抑或他们是通过与夸陶托以物易物来换取黏土，我无法确定。在安菲莱特群岛获得的资料极不令人满意，关于上述问题，几个资料提供者的描述互相矛盾。但是在我看来，有一点似乎很清楚：过去，和现在一样，夸陶托生产的陶器最好，虽然古马奇拉和那布瓦盖塔也一直制造陶锅，但可能品质较差。第四个岛屿，多姆多姆岛，则从不参与制陶活动，直到现在，仍没有一个女人会制造陶锅。

我说过，制造陶锅完全是妇女的工作。她们三两成群，坐在房屋下，身旁放着大块大块的黏土和制作工具，就是在这种寒酸简陋的环境中，她们制造出了一件件艺术精品。虽然我在安菲莱特群岛住了大约一个月，但我只是亲眼看到过几群老妪制陶。

关于制陶的工艺，方法是先将黏土大致塑形，再用刮刀拍打，接着用贻贝贝壳把器壁刮成要求的厚度。具体来说是这样的，一名妇女先把一定量的黏土进行长时间地揉搓，再做成两个半圆形的块，如果做大陶器，则要做若干这样的块。然后，要把这些黏土块放在一个平坦的石板或木板上，将其拼接在一起，形成一个厚厚的圆圈卷（见整版插图44的上图）。这时，她开始用双手，一边慢慢把圆圈卷捏紧，一边把整个圆圈拉成倾斜的器壁（见整版插图44的下图）。通常都是左手负责内壁，右手负责外壁。就这样，圆圈卷逐渐变成一个半球性的圆顶，圆顶中央有个洞，能让她把左手伸进去，磨弄内壁（见整版插图45的上图）。她的双手先自下而上将圆圈延展成薄薄的器壁，手指上上下下地移动，在外壁上留下一条条纵向沟纹（见整版插图45上图的细节之处）。这一步完成后，她的双手转而横向一圈圈地移动，在器壁上留下一道道同心的水平圆圈纹，直到陶器周身都呈现出很好的曲线才停止。

看着一个女人在相对很短的时间内，不用任何工具，把这种毕竟很脆的材料制作成一件几乎完美无瑕的半球体，而且其直径常常长达一米，不禁感叹这几乎就是个奇迹。

做好所需形状后，她就用右手握住一把轻木刮刀，轻轻地拍打坯子（见整版插图 45 的下图），这一步要花上一段时间，如果是做大陶锅，大约需要一小时。将圆顶形坯子拍打足够长时间后，慢慢地把几小块儿黏土填到顶部，将洞口封住，然后再拍打顶部。如果做的是个小陶锅，则是在封住洞口之后才拍打坯子。之后，把这个陶器坯子连同垫板一起放在太阳下晒一两天，待其变硬后，把它翻过来，让其盆口朝上，小心翼翼地放进篮子里。然后将一个黏土条沿着盆口的边平平地朝里粘上，形成优美的唇沿。接着，要在唇沿边上每隔 120° 的地方粘一小块黏土，用作装饰，再用一根尖尖的棍子在唇沿周围画上图案，有时则通身都画上图案。然后，再在太阳下晒一段时间。

等到陶锅足够硬，可以安全挪动时，将其口朝下置于一些干柴上，挪动时仍须非常小心。然后，在干柴间放些石头用于支撑陶锅，再在陶锅周围放上树枝和木柴，点火。下面的干柴烘烤陶锅内部，周围的烘烤其外部，最后就得到一个漂亮的陶锅，新时呈砖红色，用几次后，就彻底变成了黑色。其形状不太像半圆球体，倒像个半椭圆球体，仿佛是一颗鸡蛋从中间切开之后头较宽的那一半。整个陶锅看起来器形完美、高雅精致，我所知道的任何南海陶器都不能与之媲美（见整版插图 46）。

这些陶器在基里维纳语里叫库里阿（*kuria*），安菲莱特人则称之为库亚纳（*kuyana*）或瓦埃加（*va'ega*）。最大的一类，盆口直径约 1 米，深约 60 厘米，专门用于莫纳的礼仪性烹饪（见整版插图 35），名叫克沃拉莫纳（*kwoylamona*）[在安菲莱特群岛叫诺库努（*nokunu*）]。第二种尺寸的叫克沃拉卡拉吉拉（*kwoylakalagila*）[在安菲莱特群岛叫诺帕埃瓦（*nopa'eva*）]，用于平日里煮甘薯或芋头。还有一种叫克沃拉格瓦瓦加（*Kwoylugwawaga*）[在安菲莱特群岛叫诺巴达拉（*nobadala*）]，和第二种的用途一样，但尺寸小得多。巫术里用的是一种特殊尺寸的，叫克沃伊拉梅格瓦（*kwoylamegwa*）[在安菲莱特群岛叫诺西波马（*nosipoma*）]。还有最小的一类，虽然我不记得是否曾在特罗布里恩群岛见过，但特罗布里恩语中却有一个词专门指这一类陶锅，即克沃拉凯基塔（*kwoylakekita*），在安菲莱特群岛用于日常烹饪，安菲莱特人把它们叫作瓦埃加，是这个词的狭义含义。

我之所以详细介绍安菲莱特人这一非凡的艺术成就，是因为从各方面看，我们都应该详细了解这一迄今为止在美拉尼西亚地区所有类似成就中最为出类拔萃的工艺。

现在必须谈谈安菲莱特群岛的贸易了。这个小群岛地处中间位置，一边是大珊瑚岛群，平坦，极为肥沃，但却缺乏许多不可或缺的自然资源，另一边则是当特尔卡斯托群岛的火山区，丛林茂密，矿产丰富多样。这一中间位置暗示了可能发展的贸易路线方向。两边的邻居除了在自然上不平衡外，在社会因素上也不平衡：特罗布里恩人技高勤勉，经济上高度组织化，甚至连多布都比之不及，当特尔卡斯托的其他区民更难以望其项背。

假如地图上有商业流向图的话，我们首先看到的将是以安菲莱特群岛为源头向四周伸展的陶器输出流，反向流入安菲莱特群岛的则是各类食物，包括西米、猪、椰子、槟榔、芋头和甘薯。过去，安菲莱特群岛还要通过特罗布里恩群岛从伍德拉克输入一种非常重要的物品，即用于制作工具的石头，根据我在安菲莱特群岛获得的资料，这些石头还会被他们转卖给其他人，因为那时整个当特尔卡斯托，至少是其大部分地区，都依赖从伍德拉克输入的石头。此外，安菲莱特群岛还依赖从特罗布里恩输入以下物品：布沃塔卢制造的木盘子、库博马地区几个村子制造的石灰罐、卢亚制造的三层篮和折叠篮，及乌木石灰罐和贻贝贝壳，后两样主要由卡瓦塔里亚村从泻湖里采集。为了得到这些东西，他们要支付或赠送下面这些东西：首先当然是陶锅，其次是龟贝耳环、特殊的鼻针、红赭石、浮石和黑曜石，所有这些都能在安菲莱特当地获得。除此之外，安菲莱特人还帮特罗布里恩人从弗格森岛采购以下物品：做项链用的野香蕉子、用作腰带和用于捆扎的藤条、跳舞时用作装饰的食火鸡和红鹦鹉羽毛、纤维编织的带子、竹制长矛和有倒钩的长矛。

或许应补充说明一点：在过去，安菲莱特土著人并不能随意去弗格森岛上的所有地方。每个安菲莱特村落社区在弗格森岛上都有一个与之交好的地区，和这个地区贸易，不会发生任何危险。例如，上文提到过，只有安菲莱特群岛中最南端的夸陶托岛上的村民去往亚亚瓦纳时，才是自由安全的，并能取得极适于做陶器的淡黄色黏土。纳布瓦盖塔岛的土著人与亚亚瓦纳东边的几个村子交好，古马奇拉岛上的土著人则与更东边的村子交好。多姆多姆人从来都不是伟大的贸易家,也非娴熟的水手。那时,安菲莱特群岛的贸易环境还因各地区之间经常发生的内部争吵和战事而变得更加复杂。一边是夸陶托和多姆多姆组成的同盟,一边是古马奇拉和纳布瓦盖塔组成的同盟,两个派系之间敌意不断,且慢慢积蓄,不仅阻碍了友好商业关系的发展,还经常爆发公开的战争。这也是为什么过去这里的村子不是盘踞在高耸险要的岩架之上,就是像古马奇拉那样依海而建,用大海和礁石阻挡攻击、保护自己。

其周边地区,即特罗布里恩群岛和多布,对安菲莱特群岛的影响,无论是过去还是今天,都绝非只是商业影响。根据我在安菲莱特群岛收集到的有限的语言资料,我只能说,他们使用的语言与特罗布里恩语和多布语都有关系。他们的社会组织与特罗布里恩人的非常相似,只是没有酋长制。在巫术、灵魂等信仰方面,似乎与多布人更接近。他们的独木舟巫术学自特罗布里恩群岛,但独木舟制造技术却来自多布。我们之前已说过,特罗布里恩的独木舟制造技术也源自多布。安菲莱特人所知道的库拉巫术,部分学自特罗布里恩群岛,部分学自多布,仅有一个巫术体系源自本土。很久以前,在古马奇拉大村的上面,有一块叫塞拉瓦亚的巨石从丛林里挺立而出,巨石里住着一个马拉奇氏族的男人。这个男人懂得阿约瓦(ayowa)巫术,就是安菲莱特语和多布语里的姆瓦西拉(库拉巫术)。当他在巨石里念诵这一咒语时,一些人恰巧经过石头听到了,于是他们就学会了,并传给了后人。

四

还有一些关乎该地区部落间关系的重要信息必须提及。如前文所述,一些特罗布里恩人有时会在安菲莱特群岛住很长一段时日。然而,这个习俗从不互惠,即安菲莱特人从不会长期造访他们的北方邻居。特罗布里恩群岛和多布区的关系亦然。在讨论考塔乌亚和托伊巴约巴两人的库拉伙伴名单时,资料提供者告诉我,其中一些南方伙伴就是他们的维约拉(母系男亲属)。进一步询问后,我发现这些人似乎是来自特罗布里恩群岛的移民,最后定居于特瓦拉岛、萨纳罗阿岛和道森海峡西北岸上的各大多布聚居区。

282 西太平洋上的航海者

整版插图 42　安菲莱特群岛的景色（见边码第 268 页）

第十一章 在安菲莱特群岛 283

整版插图 43 在古马奇拉大村靠岸（见边码第272页）

整版插图 44

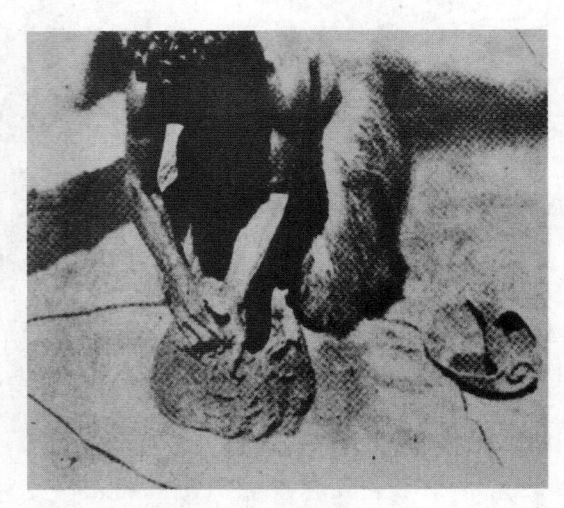

制陶工艺（一）

上图：将一块块黏土呈圈形放置，拼接在一起形成一个厚厚的泥圈。下图：向上拉伸泥圈，按压圆周。（见边码第 284 页）

第十一章　在安菲莱特群岛　285

整版插图 45

制陶工艺（二）

上图：正在加工圆形黏土坯子洞口附近的地方，随后会将洞口封住。由于图中所示是小陶锅，所以只有将洞口封住后，才拍打坯子，如下图所示。（见边码第 285 页）

286　西太平洋上的航海者

安菲莱特陶锅中的精品

最大型的烹饪陶锅仅用于制作芋头布丁,具有很高的价值,经常在礼仪性食物分配(萨加利)和集体烹饪中被使用和展示。(见边码第283页)

整版插图 46

第十一章 在安菲莱特群岛 287

整版插图 47

一艘独木舟在古马奇拉装载陶锅

陶锅是安菲莱特的主要输出品，放置时须非常小心。(见边码第290页)

然而，当我问及是否有多布人移民至博约瓦时，他们坚决地否定，说这种情况不可能发生。的确，我在整个马辛地区收集到的众多系谱资料中，都没有从南向北的移民迹象，不过，该地区内的移民经常发生，还有一些从马绍尔本尼特群岛出来的移民。大体上看，特罗布里恩群岛内部的所有移民都表现出明显的由北向南的移动趋向。例如，最为尊贵的亚氏族塔巴卢，其发源地是博约瓦岛最北端的拉巴伊村，但现在他们的大本营却是南面的奥马拉卡纳。该亚氏族的其他成员还统治着位于特罗布里恩岛中部的奥利维莱维村和图夸乌夸。有些成员甚至南迁至瓦库塔，在那里，他们也建立了酋长制，但却极为虚弱，从未能在任何程度上让其他土著人屈服。现已在博约瓦岛中部和南部稳固扎根的几个亚氏族，其祖先都来自北方。在安菲莱特群岛，也有几个亚氏族是从博约瓦迁徙过去的。

我们注意到，与人由北向南的迁徙不同，主要文化要素之一，即独木舟，却是由南往北传播的。我们看到，几代之前，马萨瓦或塔多布（*tadobu*）开始向北方传，一直传到基塔瓦岛，取代了又大又经风浪但却笨重缓慢的纳盖加独木舟。追踪信仰的传播痕迹更困难，但我有理由认为，巫术信仰，特别是关于穆卢夸西和陶瓦乌的信仰，也是由南向北传播的。

在下一章中，我们将重返锡纳凯塔远航队，跟着他们航行一小段，进入第一片讲多布语的聚居区。这些地方将再次把我们从主题引开，带领我们进入另一个话题——与库拉相关的神话和传说。

第十二章　在特瓦拉和萨纳罗阿
——库拉神话

一

黎明时分,船队准备离开安菲莱特群岛。这是赠送道别礼塔洛伊的时刻。陶罐和几样安菲莱特和科亚的特产前一天就准备好了,现在都拿到了独木舟上(见整版插图 47)。赠送者和主要的受赠者托利瓦加,都没太注意这个过程,因为对赠予和收取漠不关心才是合乎礼貌的正确态度。孩子们搬运礼物,年少的船员把它们放起来。此刻,无论是岸上的人,还是船上的人,都显得很平淡,和抵达时一样。就像抵达时没有问候语一样,此时也无道别之声,没有看得见的或形式上的悲伤,也未表达希望再见的愿望,或表现出其他任何一种情绪。只顾自己忙碌的船员们面无表情地把独木舟推到水里,竖起船桅,划行而去。

现在,他们正航向科亚塔布山那宽阔的正面,如果风向有利,大约两小时之后就能抵达。航行时,他们很有可能离科亚塔布山很近,丛林边缘上耸立的大树,从半山腰处直流而下、将山面一分为二的瀑布,及长满甘薯藤蔓和芋头大叶子的三角形园圃,都清晰可见。他们还能看到,一股股青烟从丛林间袅袅升起,青烟升起之处的树木下则隐藏着一个个村落,每个村落由几间棚屋构成。如今,为了用捕鱼来补充园圃收成的不足,这些村子都已搬到了海边。过去,它们都坐落在高高的山坡上,从海上几乎看不到村落的棚屋。

在这些破旧不堪的小村里住着的居民胆小害羞,但在过去,他们却会对特罗布里恩人构成威胁。他们的语言不同于多布语,土著人称之为"巴西马话(the Basima talk)"。弗格森岛上,除多布语外,似乎还有大约四五种不同的语言。我对巴西马土著人所知甚少，只是曾两次被迫在这一地区靠岸。我感觉他们的体型类型不同于多布人，不过，这只是一种印象。他们没有船，很少航行，如若需要，就把三五根原木捆在一起，做个小木筏。他们的房屋也不及多布的大和好。如果能对这些土著人进行进一步的调查研究，会十分有趣，但也会非常困难，在不跟任何白人接触的情况下研究很小的土著社区总是困难重重。

无论如何，目前，这片土地对我们而言仍很神秘，对特罗布里恩人也一样。实际上，特罗布里恩人曾几次试图接触这里的土著人，为数不多的几次事故也曾把他们带到后者的海岸上，但结果都不令人振奋，只是加深了他们固有的迷信般的恐惧。几代人之前，曾有一两艘布拉夸（Burakwa）的独木舟，从凯卢拉岛出发，前往加布探险，后者位于科亚塔布山西北山面下的大海湾里。起初，加布人在接待他们时，表现出很有兴趣，假装要和他们建立商业关系，之后却背信弃义地猛烈攻击他们，还杀死了酋长托拉亚和他所有的同伴。这个故事从此便流传开来。事实上，它已经成为特罗布里恩群岛著名的历史事件之一，因为之后，被杀酋长的弟弟托马砍去了加布的科亚，杀了其中一个村子的头人，为其死去的兄长复仇。后来，托马砍据此编创了一支歌舞，在基里维纳流传至今，其旋律确实是群岛上最优美的旋律之一。

下面是奥马拉卡纳酋长托乌卢瓦对这个故事的叙述，一字不差。他现在"拥有"这支古马加布舞蹈，是其祖先用拉加支付，从托马坎的后人那里购得的。① 该故事是歌谣的注解，以托马坎的复仇之旅开始，这也是这首歌谣的主题。

古马加布的故事

"托马坎有了一只新瓦加。他吹响海螺号，前往科亚。他对母亲说"（即临行前）"'母亲，您留下，我要航行。您听到的第一次海螺声，将是一串项链的海螺号声。'"（这是他成功换得一串好库拉项链的信号）。"'第二次海螺声将是死人的海螺号声，表明我已复仇。我会航

---

① 见第六章第六节。

第十二章　在特瓦拉和萨纳罗阿　291

行,我会停泊,我会睡觉。第二天,我会航行,我会停泊,我会睡觉。第三天,我会停泊在一个村子里,我已抵达那座山。第四天,我会赠送帕里,基纳纳(南方的陌生人)会来,我会打他。第五天,我会返航。我会快速航行,直到夜幕笼罩大海。第二天,我会在布拉夸停泊。您听到了海螺号声,您睡在屋中,起身。您听到一声海螺号声——为巴吉(项链)而吹。您听到第二声,为那个死人而吹!'那时,布拉夸的人将说:'两次海螺号声,两串项链',那时,您从屋里出来,您说:'布拉夸的男人啊,从村子的一头和另一头;你们真地嘲笑了我的儿子,托马坎。你们应该说——去,到加布复汝之仇。第一次海螺号声为项链而吹,第二次海螺号声为那个死人而吹。我说过了!'"(托马坎对其母亲说的话就此结束。)

"他停泊在科亚的村子里。他对弟弟说:'去,对那些基纳纳男人们这样说:你们的朋友腿疼,嗯,如果我们一起去他的独木舟的话,他会送你们帕里!'他的弟弟去了,对基纳纳的头人说了这些话:'一些青椰子,一些槟榔,一些猪肉,拿这个给我们,我们就给你帕里。你的臂镯、你的大石刃、你的野猪长牙、你的鲸鱼骨刮刀在独木舟上等着你。要传给你的话是,你的朋友腿疼,不能走路。'那个基纳纳男人说:'好,我们一起去!'"

"他抓了一头猪,他收集了槟榔、甘蔗、香蕉、项链、槟榔荚,他说:'好,我们一起去独木舟。'普乌(*pu'u*),他给项链;普乌,那头猪;然后,他又给了椰子、槟榔、甘蔗、香蕉。托马坎躺在一边;他的腿,他用白色的软漏兜树席包着。之前,他已对弟弟说过(也就是说,当他派弟弟去见加布人时,已经吩咐过他),'你和那个基纳纳人一起来,别留在村里。'然后(交换过初礼后)那个基纳纳人站在独木舟上。他的槟榔荚掉了。托马坎对那个基纳纳人说:'我的朋友,捡起槟榔荚。它掉到独木舟里了。'那个基纳纳男人弯腰,他捡槟榔荚。托马坎看到那个基纳纳人弯腰,他拿起一把斧头,坐着,朝他一砍。他砍断了他的脖子。然后,托马坎拿起头颅,把身体扔进了大海。头,他把它钉在了独木舟的一根棍子上。他们航行,抵达了自己的村落。他抓了一头猪,做了芋头布丁,砍了甘蔗,他们举行了一场大宴席,他创作了这首歌谣。"

这就是奥马拉卡纳酋长讲给我的关于古马加布歌舞的故事。他讲述时,村中的土著人正在唱这支歌、跳这个舞。为了与歌谣对照,我在上面引述了故事的全文,几乎就是对土著文本的逐字翻译,以这种方式重现的叙述展现了典型的不连贯的土著叙述,甚至都没讲到歌谣里描绘的各个事件。

下面便是这首歌谣的意译文本,其原始土著文本非常浓缩,颇具印象主义,一两个词就象征了整个场景和事件,并无描述。要完整理解这首歌谣,还需借助与歌谣一起流传下来的传统注释。

古马加布之歌

一

古马加布的异乡人坐在山巅之上。
"去山巅上,高耸的大山……"
——他们为托拉亚哭泣……
古马加布的异乡人坐在山坡上。
——一朵朵小云彩在博约瓦的上空升起;
母亲为托拉亚哭泣——
"我要复仇。"
母亲为托拉亚哭泣。

二

我们的母亲,迪布瓦鲁娜,在草席上做梦。
她梦到杀戮。
"为悲痛复仇;
停泊;攻击加布的异乡人!"
——异乡人出来了
酋长送给他帕里;
"我会送他多加;
把东西从山上带到我的独木舟上!"

三

我们交换瓦古阿;
我抵达的消息传遍科亚。

我们谈啊谈。

他弯腰被杀。

他的同伴逃之夭夭;

他的尸体被扔进大海;

基纳纳的同伴逃之夭夭,

我们航行回家。

四

第二天,大海波涛翻滚,

酋长的独木舟停靠在礁石上;

风暴来临;

酋长害怕沉没。

海螺号吹响:

声音在山中回荡。

他们都在礁石上哭泣。

五

他们划着酋长的独木舟;

他们绕过贝瓦拉(Bewara)之角。

"我挂起了篮子。

我见过他。"

酋长这样大声喊道,

酋长这样重复喊道。

六

女人盛装打扮

行走在海滩上。

娜瓦鲁娃戴上龟壳环;

她穿上卢卢加乌(luluga'u)短裙。

在我祖先的村子里,在布拉夸,

有许多的食物;

人们带来许多食物来分配。

这首歌谣极为简略,甚至可以说具有未来主义的特点,因为几个场景被同时塞到画面中。在第一节中,我们看到基纳纳坐在加布的山上,基纳纳是博约瓦人对当特尔卡斯托群岛所有土著人的称呼。紧接着,歌谣告诉我们托马坎有意上山,而女人们则在为被杀的酋长托拉亚哭泣——这些女人很有可能是托拉亚的女亲戚和遗孀。下一幅图景再次横跨大洋:在大洋一边的海岸上,我们看到那个加布人坐在山坡上;在遥远的另一边海岸上,在博约瓦上空的朵朵小云彩下,母亲在为她那被杀的酋长儿子哭泣。托马坎听到了她的哭泣,下定决心:"我要复仇。"

在第二节中,母亲梦见复仇之旅,有关找加布人复仇的话和停泊攻击的指示很有可能都是梦境。然后,我们就突然被带着横跨海洋,复仇的队伍已经抵达那座山。异乡人基纳纳从山上下来,到独木舟前,我们听到了他们和布拉夸人的对话。

在第三节,故事的发展进入高潮。但即便在这里,故事里的主人公——他同时也是这首歌谣的吟唱者——也没忘了吹嘘一下自己在科亚的响亮名声。整个惨景的描述只用了几句话:基纳纳弯腰被杀,他的尸体被扔进大海。关于他的头颅,这一节只字未提。

在第四节中,返航的船队遭遇了一场风暴。呼救信号在山中回响,像荷马史诗中的英雄一样,船队没有对因害怕和痛苦而哭泣感到惭愧。然而,他们通过某种方式逃走了。在第五节中,他们已经接近自己的村落,他们的领袖托马坎突然唱起胜利的赞歌。至于其中提到的篮子是什么意思,托马坎在那里放的是库拉战利品,还是被杀敌人的头颅,并不十分清楚;但后者与我们在故事中听到的把头颅钉在船上的说法不一致。歌谣以一场宴席的描述结束,其中提到的女人是托马坎的女儿,为了迎接父亲,她身着盛装。

对比歌谣和故事,我们发现二者并不十分一致。在故事中,母亲的介入让人印象深刻。我们得知,被同村村民的中伤刺激的托马坎希望回乡时尽可能引人注目,于是他和母亲安排了两次嘹亮的海螺号声作为信号,并让母亲在他返回时向人们作慷慨激昂的讲话。所有这些,歌谣都无表述。酋长腿疼的诈术也在歌谣中略去未提,但这并不是说主人公羞于启齿。另外一方面,关于那个加布人的头颅,二者之间也有出入,我们不知道是如歌中所唱,被装在了篮子里,还是如故事所述,被钉在了棍子上!

在此,我详细引述了这个故事和这首歌谣,因为他们很好地诠释了土著人对危险、对科亚的英雄浪漫色彩怀有的态度。它们还是有趣的文献资料,表明了在那样一种戏剧性事件中,哪些要点会激起土著人的想象力。我们发现,无论是故事,还是歌谣,都强调了履行社会责任、满足自尊、实现野心这些动机,此外,还强调了礁石的危险、杀人的诈术及最终返乡后的庆祝活动。显然,整个故事中很多会吸引我们的情节都被省略了。

关于科亚还有一些没被编成歌谣、流传不广的故事。在瓦库塔岛,我自己遇到过一个老头儿。小时候,在诺曼比岛上,他和整个船队的人都被一个说多布语的村落社区抓住了。所有男人和另外一个男孩儿都被杀掉吃了,但一些女人可怜他,于是他幸免于难,在那里长大成人。卡瓦塔里亚的一个男人,他也许还活着,也许刚去世,在弗格森岛上也有类似的经历。还有一个男人叫凯波拉,来自特罗布里恩群岛西部的库亚瓦小岛。一次,他和他的船员在弗格森岛西部某地搁浅,搁浅之地恰不是他们的贸易之地。同伴们都被杀掉吃了,他则被活捉并被养了起来,待长胖后,用于即将到来的宴席。他的主人,或者说是准备拿他做主菜的宴席东家去内陆邀请客人,与此同时,东家的妻子则到屋后去打扫。凯波拉趁机一跃而起,跑向岸边。村里的一些男人追他,他站在岸边一棵大树的枝干里,藏了起来,躲过了追寻者。晚上,他从树上下来,乘独木舟或筏子,沿海岸划桨而去。之后,他就白天划船,夜间在岸上睡觉。有一晚,他在一片西米棕榈树树中睡下,第二天早上醒来时,愕然发现身边围着基纳纳人。最终,他惊喜地发现其中一人是他的朋友兼库拉伙伴,他和这个人经常交易!一段时间后,他乘坐其库拉伙伴的独木舟返回了家乡。

像这样的故事,还有很多,且流传甚广,它们是部落生活中的一种英雄元素,如今,因为白人的影响,这一元素已烟消云散。即便如此,在我们右边,那渐渐远去的阴沉沉的海岸、高耸的丛林、幽深的山谷及被阴云笼罩的山头,所有这一切现在仍是一个朦胧神秘的背景,让尚未开始的库拉变得更庄严肃穆。这些贸易家的活动范围就在那些高山脚下。在那里,沿着海岸线散落着一串岩石和岛屿,一离开古马齐拉,就会途经其中的一些,再航行一段很长的距离后,会看到一块小岩石,名叫古雷瓦亚(Gurewaya),因与其有关的禁忌而引人注目。在它后面,紧挨着它有两个岛屿,名叫特瓦拉和乌瓦马,两者中间隔着一条狭窄的水道,这就是神话中的卡丁瓦图海峡。特瓦拉岛上有个村子,村里的土著人在这两个岛上都开垦园圃。村子不大,能配备三只库拉独木舟的人手,由此推断,可能有60到80个居民。这个小村落既非商业重镇,也非手工业制造中心,但却名扬四海,因为它与神话相连。特瓦拉岛是神话英雄卡萨布瓦布瓦雷塔的故乡,而他的故事则是最重要的库拉传说之一。的确,在特瓦拉,我们即身处库拉神话的中心。事实上,当锡纳凯塔船队驶出特罗布里恩泻湖、进入皮洛卢深邃海域的那一刻,我们就已踏入库拉神话的中心了。

二

我们不得不再次暂停航行,这一次,是为了理解土著人对库拉神话的思想态度。在本书中,我们一直努力呈现土著人头脑中反映出来的这个世界的景象。我经常描写景色,不只是为了让我的叙述更生动,甚至也不只是为了让读者看到土著习俗所存在的环境,而是要试图说明土著人活动于其中的场景在他们自己看来实际上是什么样的,试图描述他们对这个场景的印象和情感,因为我能从他们的民间传说、家居言谈及他们经过那些景色时表现出的行为看到这些印象和情感。

在此,我们必须试图重现神话对这片广袤山川的影响,神话为它增添了色彩、赋予它意义并把它转变成富有生命力的令人熟悉的事物。一块普通的岩石变成了一个人物;地平线上一个斑点,因传说中的英雄,变成了神圣的灯塔;一处毫无意义的风景获得了意义,虽然毫不起眼,但人们却对其充满强烈的感情。与土著人同行,特别是与库拉新手同行时,我经常看到,他们对那些充满传奇意义的地方兴致勃勃,年长者会指指点点地解释,年少者则饶有兴趣地注视着,谈话里到处都是神话人物的名字。自然环境本身对土著人的吸引不及对我们的吸引,但若在其中加入了人的兴趣,他们对风景的感觉便不同了。这块石头是某个英雄追逐一艘逃跑的独木舟时掷入海中之石,那条位于两个岛屿之间的海峡乃被一只独木舟劈开而成,这里的两块岩石由两个人变成,那里系一艘石化的瓦加——所有这些让这片山川化身为一个连续的故事,抑或是人们熟悉的某传说那激动人心的结局。神话对土著人的世界观有诸多影响,改变风景这一可见环境,只是其中之一。虽然在此我们只是从库拉的角度研究神话,但甚至只是在这样一个狭窄的范围内,神话一些更为广泛的影响仍显而易见,特别是在社会学、巫术和礼仪方面。

在试图理解土著人的神话观念时,首先遇到的问题是:在土著人看来,神话是什么?他们如何构思和定义神话?他们是否在神话和现实之间划了什么界线?如果是,这条界线是怎么划的?

他们的民间传说,即口头传说、故事、传奇和祖辈流传下来的文本,包括以下几个类别:第一类是土著人所说的利博格沃(libogwo),意思是"老话",但是我们会称其为传说;第二类是库夸内布(kukwanebu),即童话,在特定的季节里为了娱乐而讲述,大家都知道其中的事件是虚构的;第三类是沃西(wosi)和维纳维纳(vinavina),前者指各种歌谣,后者指小调,在玩耍时或在某些特殊场合中吟唱;第四类就是梅格瓦(megwa),也叫约帕(yopa),即巫术咒语。所有这些类别都有严格的区分,其名称、功能、使用的社会场合和某些形式上的特点各不相同。关于博约瓦的民间传说,在此进行这个简单的概括已经足矣,因为我们无法讲更多的细节。其中,就目前的话题而言,让我们感兴趣的只有第一类,即利博格沃。

土著人认为,"老话",即古代传说,是真实的。一方面,它包括历史故事,如往昔酋长的事迹、在科亚发生的英勇事迹、关于海难的故事,等等。另外一方面,利博格沃也包含土著人口中的利利乌(lili'u)——神话故事,土著人对这些神话故事深信不疑、敬畏有加,而这些神话故事也积极地影响着土著人的行为和部落生活。现在,土著人明确地把神话和历史故事区分开来,但这种区别却很难阐述,不经过深思熟虑,无法说明。

首先,要记住,土著人不会自发地去分析这样的区别并用语言表述出来。如果一个民族志学者能成功地让一个聪明的信息提供者明白这个问题(我试过并成功了),他只会说:

"我们都知道关于图达瓦、库达尤里和托科西库纳的故事是利利乌;我们的父亲、我们的卡达达(kadada,舅父)就是这样告诉我们的;我们总是听到这些故事;我们非常熟悉它们;我们知道除它们之外,其他故事都不是利利乌。因此,当我们听到一个故事时,便知道它是不是利利乌。"

的确,讲故事时,任何土著人,甚至是小男孩儿,都能说出该故事是不是他所属部落的利利乌。至于另外一种"老话",即历史故事,他们没有专门的词,但是他们会将其形容为"发生在'像我们一样的人'中间"。就这样,带着利利乌标签的传说被代代相传,构成了故事的组成部分,而利利乌的定义就是带着这样一个标签而传播的故事。但即便是这样一个定义也是存在于事实本身中,土著人并不能用他们现有的词汇对其进行清楚的陈述。

然而,对我们而言,这样的解释还不够,我们必须进一步探求,看看是否无法找到将神话世界和真实世界区分开来的其他标志和其他特征。我们会自然地想到:"土著人一定把神话故事放在古代、史前时代,而把历史事件放在近代?"这不无道理,因为土著人讲述的大部分历史事件都发生在较近的时代、发生在讲这些历史事件的社区里,并直接与现在的人和环境相关联,这种关联也许通过活着的人的回忆实现,也许通过系谱或其他记录实现。但另一方面,如果认为土著人会把从其他地区传来、无法和当前有直接联系的历史事件放入一个不同于神话的明确时间段中,就会大错特错。我们必须意识到,在土著人的思维中,过去并非不同时间阶段连续发展而成的漫长的时间流。他们没有久长的历史观,当那些历史事件越来越久远、越来越模糊而变为传奇和神话的背景时,它们就成了与近期发生的历史事件完全不同的东西。那种久长朴素的历史观,虽然在我们当中非常普遍,但对土著人而言,却是完全陌生的。谈及过去的某事件时,他们会区分它是否发生在自己的或是父辈的记忆范围内。一旦超越了这条界线,所有过去的事件都会被放入同一层次上,并没有"从前"和"很久以前"的渐变。他们的头脑中没有时代的概念,过去就是一个巨大的事件仓库,神话和历史的界线与任何一条明确清楚的时间段划分线都不重合。事实上,我经常遇到下面这种情况:当他们给我讲过去某个故事时，那个故事在我看来明显是虚构的，他们则会认为有必要强调这个故事并非在其父辈或祖辈发生，而是发生在从前，是个利利乌。

此外，他们不知何为所谓的人类演变或社会演变；换言之，他们不会像我们一样去回顾在自然界或在人类社会中发生的一系列连续的变化。我们的宗教观和科学观都认为地球在变老、人类社会在日趋发展，我们认为二者都如此；然而，在他们看来，二者却是永久不变、永葆青春的。因此，在判断传统事件的遥远程度时，他们不能把社会环境看作一个不断变化、分为不同时代的坐标。以托罗西普普神话和托里基拉基神话为例，我们看到，神话里人们的兴趣和关心之事、捕鱼类型和交通工具，与现在的土著人完全一样。我们稍后就会看到，神话人物住的房屋、吃的食物及使用的武器和工具，和今天的都一样。然而，在我们的任何历史故事、传说和神话中，整个文化环境是变化的，使得我们可以标出任何事件的时代坐标，并让我们感觉到某个遥远的历史事件或某个神话故事发生的文化环境完全不同于我们现在的文化环境。在讲诸如圣女贞德、所罗门王、阿卡琉斯、亚瑟王的故事时，我们必然要提到早已在我们中间消失的各种事物和环境，这甚至让肤浅、没受过教育的听众意识到，那个故事发生在与今天不同的遥远的过去。

我刚才说过，特罗布里恩传说中的神话人物与现在的土著人生活方式相同，所处的社会和文化环境相同。这一说法需要一个限定条件，从这个限定条件中，我们会看到，传说和历史之间有一个非常显著的区别：在神话世界中，虽然周遭环境和今天相似，但其中发生的各种事件，今天没发生过，其中的人们拥有的力量，今天的人们及其祖先都没有。在神话时代，人从地里钻出来；人变成动物，又变回来；男人和女人蜕皮而重获青春；独木舟飞过空中；东西变成石头。

土著人无疑能感觉并意识到神话世界和现实世界之间有条界线——简单的区别就是前者中发生的事情绝不会出现在今天，但他们自己却不能用语言将这条界线表达出来。他们非常清楚，今天，没人会从地里钻出来；人们不会变成动物，反之亦然；人们也不会孕育动物；今天的独木舟也飞不起来。下面这件事让我有机会了解到他们对上述事情的看法。当时，一个斐济传教士正在奥马拉卡纳向土著人讲白人的能飞的机器。他们问我那是不是真的，我证实了斐济传教士所言，并让他们看了一张报纸上的飞机插图，他们便问我那是现在发生的事，还是一个利利乌。我随即明白，当土著人遇到一件对他们而言乃不同寻常的超自然事件时，他们的倾向是，或者认为该事件不是真的，或者将其归入利利乌的范畴。但这并不是说，在他们看来，不真实的事件和神话事件一样、甚或相似。他们会坚持把他们听到的某些故事当作萨索帕（sasopa，谎言），并坚称它们不是利利乌。例如，那些反对传教士说教的土著人不会认同圣经故事是利利乌，相反，他们将之驳斥为萨索帕。有很多次，我确实听到这样保守的土著人如下争论道：

"我们关于图达瓦的故事是真的，是个利利乌。如果你去拉巴伊，你能看到图达瓦出生的洞穴，你能看到他小时候玩耍的海滩，你能看到他在雷布瓦格的一块石头上留下的足迹。可是耶稣的痕迹在哪呢？有谁曾见过传教士讲的那些故事的痕迹呢？实际上，他们不是利利乌。"

总而言之，利利乌和真实事实或历史事实之间的区别明确，两者之间有一道明确的分界线鸿沟。乍一看（prima facie），这种区别的基础是，所有神话都被贴上了神话的标签，并且所有土著人都认为它们是神话。更深一层的区别则在于利利乌世界中发生的某些事件具有超常、超自然的特点。这种超自然被认为是真实的，其真实性受到传统、神话事件留下来的各种迹象和痕迹、特别是利利乌时代的祖先流传下来的巫术法力的认可。巫术的传承无疑是现在和神话过去最明显的联系。但是，我们不能把这种过去想象成为某个史前远古时代，某个先于漫长的人类演变的时代。它就是过去，但却极接近现实，在土著人眼中，非常鲜活和真实。

正如我刚才所述，无论神话和当前现实之间的鸿沟有多么深，在土著人的观念中，二者在一点上是联系在一起的。神话里的人拥有非凡力量，主要是因为他们懂得巫术。现在，许多巫术都已失传，因此制造神奇之事的力量，要不然是完全消失了，要不然就是大打折扣。如果能恢复这些巫术，人们就能再次乘着独木舟飞翔、恢复青春、对抗吃人巨妖，做出许多古代发生过的英雄壮举。因此，巫术及由巫术赋予的力量实际上是连接神话传说和现世的纽带。神话结晶为巫术咒语，巫术反过来又证明了神话的真实性。通常，神话的主要作用就是为一套巫术体系提供基础，而凡是以巫术为支柱的制度，其根基之处也必有一个神话故事。神话最重要的社会学意义或许就在于此，即，通过与之相关联的巫术作用于制度。在这里，社会学的观点和土著人的观念惊人地相似。本书中的一个具体例子证明了这一点，这个例子就是神话、巫术和库拉的社会制度三者之间的关系。

因此，我们可以把神话定义为土著人观念中超自然事件的叙述，所谓超自然，就是他十分清楚那些事件不会在今天发生。与此同时，他深信它们那时确实发生过。社会认可的对这些事件的叙述，这些事件留在地球表面上的痕迹，承载了其部分超自然力的巫术，与巫术实践相关的社会制度——所有这些都表明这样一个事实：对土著人而言，神话故事是活生生的现实，只不过它发生在从前，那时的秩序是人们具有超自然力。

我在前面说过，土著人没有任何历史视角，他们不把事件——当然不包括近几十年发生的事件——排列成连续的阶段，也没按照古老程度对神话故事进行任何划分。但如果看看他们的神话故事，我们立刻就能明白，它们是对事件的描述，而某些事件必定先于其他事件发生，因为有一类故事描写了人类的起源，描写了不同的社会单元如何从地下出现，有一类故事叙述了某些重要制度是如何产生的、某些习俗是如何形成的，还有一类神话故事则涉及文化中的小变化，或新细节和小习俗的引入。大体上说，特罗布里恩的神话故事分为三类，涉及事件的三个不同层次。为了让读者能大致了解特罗布里恩神话，我们最好简短地描述一下每类神话故事的特点。

1. 最古老的神话故事，涉及人类的起源、亚氏族和村落的社会学、现世和来世之间永恒关系的确立。这些神话故事描述的事件发生在人类刚从地下来到地上居住之际。人一直存于地下某处，因为当他们从那里来到博约瓦地面上时，就已经全身装扮、懂得巫术、属于不同的社会划分并遵守一定的规则和习俗。但除此之外，至于他们在地下做过什么，我们一无所知。还有一系列神话，其中的每个神话故事都与一个较为重要的亚氏族相关，讲述了他们的祖先如何从地下出来，如何几乎一出来就完成了某个壮举、从而赋予那个亚氏族一个明确的特点。某些关于冥界的神话故事也属于这一系列。

2. **文化神话故事**。关于食人巨妖及其征服者的故事、关于建立了某些习俗和文化特征之人的故事及关于某些制度之起源的故事,都属于这一类。这些神话故事与前一类不同,它们发生的时候,人已经在地面上安居,所有的社会划分已经具有明确的特点。这类神话故事主要都与文化英雄图达瓦有关,他杀死了食人巨妖,从而使因害怕被吃掉而逃离的人们再次回到博约瓦居住。有关食人俗和园圃种植起源的故事也属于这一类。

3. **只出现普通人的神话故事**,但这些人有非凡的巫术法力。这类神话故事与前两类不同:故事中没有食人巨妖或非人的东西,故事涉及起源,但并不涉及整个文化,如食人俗、园圃种植,而是只涉及某个制度或某种巫术。有关妖术起源的神话、有关爱情巫术起源的神话、有关飞行独木舟的神话和几个库拉神话都属于这一类。当然,这三类之间的划分并不严格,许多神话故事可根据其不同特点或片段而被同时归入两类或全部三类之中。但是,每个神话故事通常只有一个主题,如果我们只看这个主题,那么一个神话故事应归入哪一类几乎是确定无疑的。

之前,我们强调土著人没有演变的观念,但这里我们又说有些神话故事讲述了制度的起源,乍看之下,这似乎互相矛盾。我们要明白,虽然土著人的确谈论人类还没出现在地面上的时代、还没有园圃的时代等等,但所有这些一出现就是现成的,它们并没有改变或进化。当第一批人从地下冒出来时,他们便戴着和今天一样的小装饰品,拿石灰罐,嚼槟榔果。从地下钻出这件事是神话事件,即那样的事今天不会发生,但那些人和接收他们的地区和今天的一样。

三

库拉神话故事沿目前库拉圈的一部分分布。神话中心分散在各地,几乎呈半圆形,从伍德拉克岛东部的万瓦拉村(Wamwara)开始,直至特瓦拉岛,即我们锡纳凯塔船队目前停靠的地方。

在万瓦拉村,住着一个叫盖勒乌的人,据一个神话所言,他是库拉的创始人。在伍德拉克岛西面的迪古梅努岛上,有另外一个库拉英雄,名叫托科西库纳,他早期居住于此,最后在安菲莱特群岛中的古马奇拉岛建立丰功伟业。位于马绍尔本尼特群岛最西端的基塔瓦岛是库拉独木舟巫术的中心,也是莫尼基尼基的家乡。他的大名出现在许多库拉巫术咒语里,但却没有一个明确的关于他的神话,人们只知道他是一个重要的姆瓦西拉体系(库拉巫术)的首位施行者,而这一体系很有可能是今天流传最广的体系。再往西的瓦韦拉是卡萨布瓦布瓦雷塔神话的另一端;该故事开始于特瓦拉岛,事件的发展又辗转到瓦韦拉,最后又回到特瓦拉岛。该神话故事还谈及博约瓦岛最南端将之与瓦库塔岛分开的吉里布瓦海峡(Giribwa)。几乎所有神话故事都有一件事发生在位于瓦库塔和安菲莱特群岛之间一个叫加布瓦纳的小岛上。托科西库纳神话把我们带到安菲莱特群岛,而另外一个神话的发生和结束则都在特瓦拉岛。以上就是库拉神话故事在穆鲁阿和多布之间这片广大地带上的地理分布。

我不曾对库拉圈的另外一半进行实地调查,但我曾和来自那些地区的土著人交谈过。我感觉,从穆鲁阿(伍德拉克岛)到图贝图贝,再到多布的这一部分,没有任何库拉神话中心;但我十分确定的是,除之前提到的两个地方外,整个特罗布里恩群岛都不在库拉神话区内。所有库拉神话都与博约瓦北部的任何村落没有关联,其他故事中的神话英雄也都未曾到过特罗布里恩群岛的北部和西部大区,像锡纳凯塔和奥马拉卡纳这样极为重要的中心从未在神话中出现过。这从表面上说明一个事实:在过去,除其南端和其东部聚居区瓦韦拉外,博约瓦岛或是根本不参与库拉,或是在库拉中并不重要。

下面,我将对各故事进行简述,但对最后讲到的卡萨布瓦布瓦雷塔神话和库达尤里之飞行瓦加神话,我则会详细引述,因为前者可能是所有库拉神话中最值得注意的,而后者则是非常重要的独木舟神话。

穆鲁阿神话的中心是穆鲁阿岛东端的万瓦拉村。关于这个神话故事,我只了解到简单的梗概:有个名叫盖勒乌的男子,属于卢库巴氏族,通晓姆瓦西拉巫术,无论他去哪儿,都能得到所有的宝物,其他人只能两手空空地返回。去加瓦和伊瓦时,他一出现,海螺号就普普地吹响了,每个人都把巴吉项链送给了他,于是他满载着库拉战利品荣归故里。然后,他去了杜阿乌,又得到了大量臂镯。他确立了库拉宝物的移动方向:巴吉项链必须"去",臂镯必须"来"。由于这是就博约瓦而言,所以"去"的意思就是从博约瓦去往伍德拉克,"来"则是从盖勒乌所在的万瓦拉村来锡纳凯塔。人们十分嫉妒盖勒乌在库拉中的成功,这位文化英雄最终因此惨遭杀害。

关于迪古梅努岛的神话英雄托科西库纳的故事,我得到了两个版本。在第一个版本的描述中,托科西库纳完全是个残废人,没有双手和双脚,上独木舟时,须由两个女儿抬着。一次,他们进行库拉远航,要经由伊瓦、加瓦和吉里布瓦海峡去往古马齐拉。两个女儿把他安顿在平台上,让他在那里吃饭和睡觉。她们看到山上有个园圃,就前往园圃去采集食物,把父亲留在平台上。回来时,发现父亲已经死去,于是就恸哭起来。哭声引来一个食人巨妖,他娶了一个女儿,收养了另一个。由于他长得十分丑陋,两个女孩儿用下流的方式将其杀害,然后在岛上定居。这个版本显然残缺不全,浮于表面,未向我们提供多少线索来了解土著人的库拉观念。

另外一个版本则有趣得多。在这个版本中,托科西库纳是个跛子,长着一张麻子脸,非常丑陋,以致无人愿意嫁给他。在遥远的北方,有一块神秘之地叫科科帕瓦,那里的人们吹一种长笛,笛声美妙悠扬。迪古梅努的酋长就住在托科西库纳所在的村子里,他听到后,非常渴望得到那只长笛,于是,很多男子出发去寻,结果由于路途遥远,都在半途中无功而返。托科西库纳也去了,依靠智慧和勇气成功地取得长笛,并安全返回了迪古梅努。他借助获得的巫术(我们据此可推测是他在途中获得的)改变了容貌,变得皮肤光滑、年轻貌美。正在园圃里的古亚乌(酋长)听到悠扬的笛声从村里传来后,赶忙回村,只见托科西库纳坐在高高的平台上,吹着长笛,相貌悦目。"噢,"他说道,"我所有的女儿,我所有的孙女,我的外甥女、侄女和姐妹们,你们都嫁给托科西库纳!你们的丈夫,你们离开吧!你们都嫁给托科西库纳,因为他从千里之外带回了长笛!"于是,托科西库纳娶走了所有的女人。

其他男人自然心有不甘,决定用计除掉托科西库纳。他们说:"酋长想吃大蛤蜊,我们去抓吧。""我该怎么抓呢?"托科西库纳问。"当大蛤蜊张开时,你把头放进去。"(这当然会招致死亡,因为蛤蜊会关上贝壳,如果真是个大蛤蜊,很容易就把他的头切下来。)然而,托科西库纳却潜入水中,用双手打开了一个蛤蜊的贝壳,实乃超人力之举。其他人非常恼火,另寻报复之计。这一次,他们谋划了一次捕鲨行动,建议托科西库纳用手捕捉鲨鱼。然而,他只是将大鲨鱼勒死后放入独木舟。之后,他又撕烂了野猪的嘴,令他们非常绝望。最后,他们决议在海上除掉他。起初,他们想在造瓦加伐树时,用大树砸死他,但是他伸手撑住了大树,毫发无损。捆扎独木舟时,他的同伴用柔软的漏兜树叶包住了瓦尤戈(捆扎藤绳),然后说服他只用漏兜树叶捆扎独木舟,他看到其他人表面上用的也是漏兜树树叶,于是上当受骗,也用了漏兜树叶。之后,他们起航了,其他人坐在结实、经得起风浪的独木舟里,而他的独木舟却是用又软又脆的漏兜树叶捆扎的,完全经不住风浪。

　　从这之后,该神话的库拉部分才真正开始。远航队抵达加瓦后,托科西库纳和他的独木舟留在沙滩上,其他人则到村子里去库拉。他们收到了所有属于索拉瓦类型的小臂镯,而大臂镯巴吉则仍留在村里①,因为当地人都不愿意送给他们。他们全部回来后,托科西库纳去了。不一会儿,他就回来了,带来了村里全部的巴吉多乌、巴吉杜杜、巴吉里库——全都是最珍贵的海菊蛤项链。在伊瓦和基塔瓦时,亦如此。他的同伴总是先去,但收到的只是些劣等的宝物,他虽然后去,却轻而易举地得到了别人没得到的上等项链。这些人十分恼火;在基塔瓦,他们检查了他独木舟的捆扎情况,发现绳子都腐烂了。"哦,太好了,明天,瓦库塔!后天,古马奇拉,他将沉没在皮洛卢里。"到了瓦库塔,同样的事再次上演,那些在库拉中不成功的同伴变得更加愤怒。

　　他们继续航行,途经加布拉沙洲(Gabula,这是特罗布里恩人的叫法,安菲莱特人的发音是"加布瓦纳")时,托科西库纳松开舵桨;之后,当他试图再次让独木舟的浮架一侧迎向风时,捆扎绳啪的一声断了,独木舟沉了下去。他在海浪中游,其中一只胳膊上挂着一个篮子,里面装满了宝物。他向其他独木舟喊道:"来拿走你们的巴吉!我要上你们的瓦加!"他们答道:"你娶走了我们所有的女人。现在,鲨鱼会吃掉你!我们要到多布进行库拉去!"然而,托科西库纳安全地游到了多姆多姆岛上一处叫卡姆萨雷塔的地方。在那里,他看到了从古马奇拉岛东坡上的丛林中凸出来的塞拉瓦亚岩石。"这是一块巨大的岩石,我要去那里住下来,"随后,他转身面对那些迪古梅努的独木舟,诅咒道:

---

① 按前文索拉瓦指项链,而巴吉则是索拉瓦中的一种。此处为何与前文一致,是故事叙述者的口误,是作者口译,还是其它原因,不得而知。——译者

"你们在多布将什么都得不到,只能得到劣等的项链,图图穆尤瓦(*tutumuyuwa*)和图图亚纳布瓦(*tutuyanabwa*)类型的索拉瓦。大的巴吉多乌将留给我。"之后,他就留在了安菲莱特群岛,没再返回迪古梅努。该神话故事到此结束。

以上是我对这个神话故事所作的详细总结,之所以将与库拉没有任何关系的第一部分包括在内,是因为它完整地描绘了主人公作为勇敢水手和冒险家的人物形象。这一部分介绍了托科西库纳如何在北上之后获得了巫术,将自己丑陋瘦弱的身体变为强壮英俊的身躯。这一部分还提及了他在女人方面的巨大成功,表明了库拉巫术和爱情巫术之间的关系,我们将在后文里看到,这一关系并非没有重要性。在第一部分里,也就是当他们踏上库拉远航的那一刻,托科西库纳的形象就是一个因通晓巫术而能力超群的英雄。

如我们所见,这个神话故事描述的各事件并未改变自然景观,因此它是典型的我所说的距现在最近的神话。故事里没暗指任何起源,甚至没提到姆瓦西拉巫术的起源,进一步证明了这一点。从目前对这个故事的叙述和解释来看,所有和英雄同行的人都懂得一套库拉巫术体系,即莫尼基尼基的姆瓦西拉。托科西库纳胜人一等,在于他懂得美容巫术、具有展示强大力量并毫发无伤地面对巨大危险的能力、具有免于溺死的逃生能力、懂得使其同伴无法在库拉中大获成功的邪恶巫术布卢布瓦拉塔。最后这一点是故事叙述者解释这个故事时提到的。我在后文里会进一步阐述库拉巫术,那时读者便会发现,当我们根据库拉巫术的主要观念和目的对其进行分类时,其类别恰好与上述四项胜人一等之处一致。

但是,有一种巫术是托科西库纳不知道的。在神话故事里,我们看到他对捆扎藤绳瓦尤戈的性质一无所知。显然,他不是独木舟建造师,也不懂得独木舟建造巫术。恰恰就是在这一点上,他受到同伴的蒙骗。

这个神话故事的地理意义在于它将迪古梅努和安菲莱特群岛联系起来,第一个版本亦是如此。在这个故事的两个版本中,那位英雄最终都定居于古马奇拉,两个版本都体现了移民的因素。此外,在第二个版本中,托科西库纳看到塞拉瓦亚岩石后,决定在安菲莱特群岛定居。还记得古马奇拉那个有关库拉巫术起源的传说,也提到了同一块岩石,虽然我没得到据传说住在塞拉瓦亚岩石上的那个人的名字,但显然这两个故事是同一个神话,只是古马奇拉的那个版本严重地残缺不全而已。

四

从托科西库纳神话的属地迪古梅努向西航行,便到了另外一个重要的库拉神话中心基塔瓦岛。据传说,基塔瓦和莫尼基尼基巫术体系有关联,但并没有专门关于这个人物的故事。然而,发生在基塔瓦的另外一个神话故事则是独木舟巫术的基础。关于这个神话故事,我得到了三个独立的版本,三者大体上一致。我会详细引述由最佳信息提供者讲述并用基里维纳语记下的那个故事,然后我会说明其他两个版本与该版本的不同之处。我将完整引述,不会省略某些枯燥的重复和明显不重要的细节,因为这些对于体现土著民间故事特有的叙述特点不可或缺。

要理解下面的故事,就要知道基塔瓦是一座高出海平面的珊瑚岛。其内陆部分高约三百英尺,在平坦的海滩后面,一道珊瑚壁陡然升起,从其最高点,地势向岛中央逐渐下降,形成一个斜坡,岛上的各村落就坐落在岛中央这个斜坡上,要把独木舟从任意一个村子运到海滩上都十分不易,因此,与博约瓦潟湖边上的村落不同,在基塔瓦,独木舟的挖空和捆扎都要在海滩上完成。

库达尤里飞舟的神话

"卢库巴氏族的莫卡图博达和他的弟弟托韦雷伊住在库达尤里村。和他们住在一起的还有他们的三个姐妹:凯古伦沃、娜乌库瓦库拉和穆朗韦丽阿。他们都是在基塔瓦一个叫拉比凯沃(Labikewo)的地方从地里钻出来的。这些人是利戈古和瓦尤戈巫术的尤乌拉(u'ula,根基、基础之意,此处为:最初的所有者)。"

"基塔瓦的所有男人决定进行一次去往科亚的大型库拉远航。孔瓦盖亚、凯布图(Kaybutu)、卡布卢洛(Kabululo)和拉莱拉(Lalela)的男人们建造独木舟。他们把瓦加的内部挖出来,雕刻了塔布约和拉金(有装饰的船头围板),他们做了布达卡(*budaka*,船舷上缘围板)。他们把各部件拿到海滩上,以便进行约瓦加(*yowaga*,把它们组装和捆扎在一起)。"

"库达尤里人则在村子里造船。库达尤里村的头人莫卡图博达命令他们这么做。他们非常生气:'非常沉的独木舟。谁来把它弄到海滩上?'他说:'不,不那样;会顺利的。我将就在村子里捆扎我的瓦加。'他拒绝挪动独木舟;独木舟留在村里。其他人在海滩上组装独木舟;他在村里组装。他们在海滩上用瓦尤戈藤绳捆扎独木舟;他在村里捆扎。他们在海滩上给独木舟填缝;他在村里填缝。他们在海滩上把独木舟涂黑;他在村里涂。它们在海滩上进行尤拉拉(*youlala*,涂上红色和白色);他在村里进行尤拉拉。他们在海滩上缝制船帆;他在村里缝。他们在海滩上竖起船桅和索具装置;他在村里竖起。之后,基塔瓦的男人们进行塔萨索里阿(试航)和卡比吉多亚(新船探访礼),但是库达尤里的独木舟一项都没进行。"

"不久,基塔瓦的所有男人命令女人去备食。一天,女人们把所有的食物、古古阿(个人物品)和帕里(礼物和贸易货物)都放到独木舟上。库达尤里人把这些东西放在他们在村里的独木舟上。库达尤里的头人莫卡图博达让他所有的弟弟、所有的船员都拿来一些他们的帕里,他对其施法,做了个利拉瓦(巫术包裹)。"

"其他村子的人去了海滩;每只独木舟都配备了尤萨格卢(船员)。库达尤里的那个男人在村里下令船员上船。其他村子的人在岸上竖起船桅;他在村里竖起船桅。他们在岸上准备索具;他在村里准备索具。他们在海上扬起船帆;他说:'请扬起我们的船帆,'他的同伴们就扬起了船帆。他说:'所有人,各就各位!'他走进房屋,他拿了他的利戈古(锛子),他拿了些椰子油,他拿了根手杖。他对着锛子、对着椰子油念咒。他走出房屋,他走向独木舟。他的一只名叫托库卢布韦多加的小狗跳上独木舟。① 他对船员说:'把船帆拉高点儿。'他们就去拉升降

---

① 读者会注意到这个名字与另外一个神话中的狗的名字一样,和所有狗一样,那只狗也是卢库巴氏族的,是凯加乌巫术的追根溯源处。参照第十章第五节。

第十二章　在特瓦拉和萨纳罗阿　*309*

索。他在手杖上涂上椰子油。他用手杖敲打独木舟的垫木。然后,他用利戈古敲打独木舟的尤乌拉和多布瓦纳(即独木舟的两头)。他跳入独木舟,坐下,独木舟飞了!"

"一块大石头立在前方。它将石头一劈为二,从中间飞过。他弯身,他看看;他的同伴们(即基塔瓦的其他独木舟)正航行在海上。他对弟弟们说(即船上的亲戚):'舀水,泼出去!'在地上航行的人以为那是雨,其实是他们从上面泼下来的水。"

"他们(其他独木舟)到了吉里布瓦,他们看到一只独木舟泊在那儿。他们说:'那是从多布来的独木舟吗?'他们认为是,他们想莱布(lebu,抢,不一定是敌对行为)多布人的布纳(buna,大宝贝)壳。然后,他们看到了那只狗在沙滩上走着。他们说:'威伊伊(Wi-i-i)!这是托库卢布韦多加,卢库巴的狗!这只独木舟是他们在村里捆扎的,在库达尤里村。它从哪条路来?它已经停泊在丛林里了!'他们向库达尤里人走去,他们问:'你从哪条路来的?''噢,我和你一起来的(同一条路)。''下雨了。你被雨淋着吗?''噢,是的,我淋着雨了。'"

"第二天,他们(基塔瓦其他村子的男人们)航行到瓦库塔,上了岸。他们进行库拉。翌日,他们起航,他(莫卡图博达)却留在瓦库塔。当他们消失在海上时,他的独木舟起飞了。他从瓦库塔飞。当其他人(其他船员)抵达古马奇拉时,他已在卢布布亚马岬角(promontory of Lububuyama)。他们说:'这只独木舟像我们同伴的,'这时,那只狗走了出来。'这是库达尤里的卢库巴氏族的狗。'他们又问他是从哪条路来的,他说他从同一条路来。他们在古马齐拉进行了库拉。他说:'你们先航行,我随后航行。'他们很吃惊:'他在哪条路航行呢?'他们在古马奇拉睡觉。"

"第二天,他们驶向特瓦拉,他们到了卡丁瓦图海滩。他们看到他的独木舟泊在那儿,那只狗出来了,在海滩上跑。他们对库达尤里的男人们说:'你们怎么来的?''我们和你们一起来的,我们走的是同一条路。'他们在特瓦拉进行了库拉。第二天,他们驶向布瓦约瓦(多布区的一个村落)。他飞,在萨鲁布沃纳海滩上停泊。他们到了那儿,他们看到了:'噢,看那只独木舟,这些渔民是从多布来的吗?'那只狗出来了。他们认出了那只狗。他们问他(莫卡图博达)从哪条路来:'我和你们一起来的,我在这儿停泊。'他们去了布瓦约瓦村,他们在村子里进行库拉,他们装船。他们在离开时收到了多布人的礼物,基塔瓦的男人们返航了。他们先起航,他在空中飞。"

返回时,在每个阶段,他们都看到他先到达,他们问他从哪条路来,他的回答都和上面的差不多。

"从吉里布瓦,他们航行到基塔瓦;他留在吉里布瓦,他从吉里布瓦飞;他去基塔瓦,到沙滩上去。当他的古古阿(个人物品)正被运往村里时,他的同伴们划船回来,看到他的独木舟已泊好,那只狗在沙滩上跑。其他所有男人都非常愤怒,因为他的独木舟会飞。"

"他们留在基塔瓦。第二年,他们种植园圃,基塔瓦所有的男人。太阳很烈,没一滴雨。太阳烤干了他们的园圃。这个男人(库达尤里的头人莫卡图博达)到园圃去。他待在那儿,他施行了一个唤雨的布卢布瓦拉塔(邪恶巫术)。一小片云漂来,只在他的园圃上下了雨,而他们的园圃则被太阳烤着。他们(基塔瓦的其他男人)来看自己的园圃。他们到了那儿,他们看到所有庄稼都死了,太阳已经烤干了它们。他们去了他的园圃,园圃湿湿的:甘薯、泰图、芋头,都长得很好。他们说:'让我们杀他,这样他可能会死。那时,我们就能对云施法,云就会在我们的园圃上下雨。'"

"真正厉害的巫术,这个库达尤里男人(即莫卡图博达)并没给他们;他没给他们利戈古(锛子)巫术;他没给他们库尼萨利利(*kunisali-li*,雨巫术);他没给他们瓦尤戈(捆扎藤绳)巫术、椰子油和手杖巫术。托韦雷伊,他的弟弟,以为他已经学到了这些巫术,但是他错了。他的哥哥只教了他一部分巫术,真正的巫术,他仍保留着。"

"他们来到(莫卡图博达,库达尤里的头人),他坐在村子里。他的兄弟们和外甥们磨好矛,他们击中了他,他死了。"

"第二年,他们决定进行一次大型库拉远航,去多布。由莫卡图博达砍伐和捆扎的老瓦加已经不好了,捆扎的绳结已经老化。所以弟弟

第十二章　在特瓦拉和萨纳罗阿　311

托韦雷伊就做了一只新船取代老船。孔瓦盖亚和拉莱拉（基塔瓦的其他村落）听说托韦雷伊砍了他的瓦加，他们也砍了他们的。他们在海滩上组装和捆扎独木舟，托韦雷伊则在村子里干。"

从这里开始，该土著故事逐一列举独木舟建造的每个细节，对比了其他基塔瓦人在海滩上的进度和托韦雷伊在库达尤里村的造船进度，完全和故事开头对莫卡图博达造船的描述一样，我将不再引述。当所有船员在船上各就各位准备起飞时，故事的关键时刻到了。

"托韦雷伊走进房屋，对锛子和椰子油施法。他走出来，把椰子油涂在手杖上，敲敲垫木。然后，像他哥哥那样，他用锛子敲打船的两头。他跳进独木舟坐下，但是瓦加没飞起来。托韦雷伊走进房屋，为被他杀死的哥哥哭泣；他杀了他，却没学会他的巫术。孔瓦盖亚人和拉莱拉人去往多布进行库拉。库达尤里人留在村里。"

"三姐妹对托韦雷伊非常生气，因为他杀了兄长，却没学会他的巫术。她们自己学了利戈古巫术和瓦尤戈巫术；她们已经把巫术放在了洛保拉（肚子）里。她们会飞行，她们是约约瓦。在基塔瓦，她们住在博蒂加勒阿山（Botigale'a hill）的山顶上。她们说：'让我们离开基塔瓦，飞走吧。'她们飞过天空。其中一个，娜乌库瓦库拉，飞向西方，穿过迪库瓦伊海道（Dikuwa'i，在特罗布里恩群岛西部的某个地方）；她到了锡姆锡姆（劳森塞群岛中的岛屿之一）。在那里，她变成一块石头，屹立在海中。"

"其他两个人先飞往（正西）亚卢马格瓦海滩（Yalumugwa，位于博约瓦岛的东岸）。在那里，她们试图穿透一块叫亚凯巴的珊瑚石——它太坚硬。她们（从东岸继续往南）穿过维拉萨萨海道（Vilasasa），试图穿透库亚卢亚岩石——没成功。她们（继续往南）去，试图穿透卡瓦卡里岩石——它太坚硬。她们（继续往南）去。她们试图穿透吉里布瓦处的岩石。她们成功了。这就是为什么现在在吉里布瓦有一条海道（把博约瓦主岛和瓦库塔岛隔开的海峡）。"

"她们（继续往南）飞向多布。她们来到了特瓦拉岛。她们来到卡丁瓦图海滩，飞穿而过，就出现了现在位于特瓦拉岛和乌瓦马岛之间的卡丁瓦图海峡。她们到了多布；她们继续向南走，到了萨兰瓦岬角（在多布附近）。她们说：'我们是绕过去，还是直接穿过去？'她们绕了过去。她们又碰到一个障碍，穿了过去，就形成了洛马海道（在道森海峡的西端）。她们又回去，返回到特瓦拉附近住下。她们变成了石头；她们站立在海中。其中一个看着多布，这是穆朗韦丽阿，她吃人，因此多布人是食人族。另一个是凯古伦沃，不吃人，她面朝博约瓦。博约瓦人不吃人。"

该故事的梗概极为清楚，内容跌宕起伏，故事中的所有事件和发展高度连贯，并展现出高度的心理动机。在我所观察的这部分世界的所有神话故事里，这个故事或许是讲得最好的。它也很好地说明了我们在第二节中提到的，即，神话故事中体现出的社会学环境和文化环境与当前存在的完全一样，唯一的不同就是神话世界中的巫术功效更高。库达尤里的故事，一方面详细描述了人物的社会学环境、他们所从事的活动和关心的事项，而这一切与现在没有任何不同；另一方面，它所描述的英雄因通晓独木舟制造巫术和造雨巫术而具有真正的超常能力。全面掌握正确的巫术是获得这些超自然力量的唯一原因，对于这一点，没有哪个故事比这个故事讲得更清楚明白。

该神话故事列举了部落生活的各种细节，真可谓民族志资料之大全。故事的陈述因土著人的解释而变得完整清楚，包含了大量我们应该了解的关于独木舟建造和航行的社会学、技术和组织等方面的知识，及库拉在这些方面的知识。如果进一步追踪细节，这个故事里的事件还能让我们了解氏族的划分、氏族的起源和地域特点、巫术的所有权及巫术与图腾氏族的关系等等。几乎所有的特罗布里恩神话故事都会提到氏族、亚氏族和人物的所属地。在上面这个版本中，我们看到神话英雄是从某地的地底下钻出来的，也就是说，他们是其所属图腾亚氏族在地面上的第一批代表。其他两个版本虽然没明确说明这一点，但我认为这一点已暗含在各事件中，因为很显然，故事中的飞行独木舟是第一次建造，也是最后一次建造。在其他版本里，那个钻出该亚氏族的洞也叫库达尤里，他们的巫术体系叫"维卢瓦亚巴"

(Viluvayaba)。

　　故事接下来的部分描述了独木舟的建造，对此，我听到的三个版本的描述都一样详细。同样地，如果我们把故事里的短句都换成更为完整的叙述，就像可从任何一个聪明的土著信息提供者探寻而来的那些，如果对每个描述独木舟建造步骤的词语，我们都插入一段完整的描述来说明这个词所代表的过程，那么，我们就能从这个神话故事里得到一个几乎完整的关于独木舟建造的民族志叙述。我们会看到独木舟的组装、捆扎、填缝、涂色、绳索配备、装帆，直至它躺在沙滩上准备起航。除了按序列举各技术阶段外，该神话故事还清楚地向我们展示了头人的作用：他是独木舟名义上的主人，他把独木舟说成是自己的独木舟，与此同时，他还指挥独木舟的建造；他凌驾于其他人的愿望之上，负责巫术的施行。故事甚至还提到了塔萨索里阿和卡比吉多亚，并几次提及库拉远航，在这个故事里，独木舟建造就是以库拉远航的准备阶段而出现的。故事经常枯燥地重复和列举各事件发生的习惯性次序，这些重复和列举不仅是有趣的民间传说资料，还是同样宝贵的民族志文献，是对土著人对其习俗之态度的宝贵说明。另外，土著神话的这一特点还表明，对一个土著人而言，做民族志资料提供者并不像我们最初想得那般陌生和困难。他非常习惯于在自己的叙述中逐一讲述习俗性活动的各个阶段，其叙述在准确性和完整性上近乎学究。当他被叫来提供民族志信息时，很容易就把这些特点转移到他的叙述中。

　　对故事戏剧性的高潮部分，即独木舟出人意料的起飞，三个版本的叙述都很清楚。三个版本也都逐一描述了船员们在航行前经历的各准备阶段。关于造船的对比——同伴们合理地在海滩上完成各阶段，他们则荒谬地在高于海平面几百英尺的村子中央做准备——让故事变得更紧张，让结果更出人意料。在三个版本中，巫术都是在刚要飞行前施行的，并都作为故事里的一个重要事件清楚地加以描述。

　　从一只从未碰过海的独木舟里往外舀水这个情节似乎有些不合逻辑。然而，如果我们还记得，造船时，为了防止船身变干并继而缩小、破裂和变形，土著人会往船里泼些水，该不合逻辑之处和缺陷就不再是问题了。在此，我想补充说明一点，即舀水和下雨事件仅在上述一个版本中出现。

关于那只狗的情节，对土著人而言更有意义、更为重要，三个版本都提到了。狗是与卢库巴氏族有关系的动物，也就是说，土著人会说那只狗是一个卢库巴，那只猪是一个马拉奇，那只大蜥蜴是一个卢库拉布塔（Lukulabuta）。在几个关于氏族起源及其相对等级的故事里，每个氏族都由其图腾动物代表。例如，蜥蜴第一个钻到地上来，因此，卢库拉布塔是最古老的氏族。狗和猪对其地位的高低各执一词，狗认为他的地位较高，因为他紧跟着蜥蜴钻到了地上，出现得比猪早，而猪则声称自己有不吃不洁之物的美德，最终，猪获胜，因此，马拉奇氏族被认为是等级最高的氏族，但在实际中，仅是该氏族的一个亚氏族具有此地位，即奥马拉卡纳的塔巴卢。从多布人莱布（抢）饰品的情节指的是在某些库拉交易中使用善意暴力的习俗（见第十四章第二节）。

故事的第二部分向我们展示了主人公的巫术法力远比今天的巫师的巫术法力强大。没错，今天的巫师能造雨，或让云停留不动，但是故事的主人公却能造出一小块云，让它只在自己的园圃上下充足的雨水，其他园圃却被太阳烤得干裂。这部分叙述没提独木舟，我们之所以对这部分感兴趣，只是因为它向我们揭示了土著人眼中的英雄所具有的超自然力真正来源于何处。

关于杀死莫卡图博达的动机，故事里没有清楚的说明。通常，神话故事都不会对事件的主观方面有太多探究。但是，该故事多次重复乏味地讲到当其他基塔瓦人看到库达尤里的独木舟超过他们时，是多么惊奇和气愤，从这一点看，显然，莫卡图博达的成功必然使他树敌颇多。但有一点不太容易解释，即杀他的不是其他基塔瓦人，而是他自己的男亲戚。其中一个版本说凶手是他的兄弟和男外甥们。在另一个版本中，基塔瓦人问托韦雷伊是否已经学会了飞行巫术和雨巫术，在得到肯定的答案后，他们才和托韦雷伊共谋，杀死了莫卡图博达。这个版本还有个有趣的说法：托韦雷伊是在园圃里将其兄长杀死的，然后他回到村中，指示和告诫莫卡图博达的孩子去收尸、安排葬礼、为下葬做准备，之后，他还亲自安排了大型的丧葬食物分配萨加利。在这里，我们找到了关于土著习俗和观念有意义的资料：托韦雷伊虽然杀了自己的兄长，但仍要负责安排葬礼、担任各仪式的主持者，并要向在仪式中履行职能的人付酬；他本人可能既不亲自碰尸体，也不哀悼或参与埋葬，然而，身为死者最近的亲属，他痛失亲人，可以说是自断一臂，一个死了兄弟的人，其悲伤程度宛如自己死去一般。[①] 再回到杀人动机的问题上，所有版本都说莫卡图博达是由他自己的男亲戚在获得了其他人的同意后将其杀害的，在这里，嫉妒、野心、想要继承尊贵头人身份的欲望一定与对他的仇恨交织在一起。事实上，我们看到，托韦雷伊满怀信心地实施巫术，发现自己被愚弄后，才哀号起来。

接下来便发生了整个神话故事里最引人注意的情节之一，它把约约瓦，或飞行女巫，与飞行独木舟及巫术赋予独木舟的速度联系起来。祈求速度的咒语里经常提到约约瓦或穆卢夸西，这一点在瓦尤戈咒语中表现得很清楚（第五章第三节引述过该咒语，第十八章的二至六节将对其进行语言方面的分析）。瓦尤戈咒语的卡里亚拉（巫术预兆，参照第十七章第七节）是流星，即在夜间对藤绳卷实施瓦尤戈仪式时，天空中就会有流星滑落。此外，当一个通晓该巫术体系的巫师去世时，也可以看见流星。我们也曾提到过（第十章第一节），流星就是飞着的穆卢夸西。

在这个库达尤里故事中，我们看到了这一联系的神话基础。让独木舟飞起来的巫术也赋予库达尤里三姐妹成为穆卢夸西的能力，及飞的能力。在这个神话里，她们还被赋予穿透岩石的能力，独木舟也具有这一能力。独木舟一离开村子便劈开一块岩石，三个姐妹也在几个地方穿石破地。给我提供解释的土著朋友向我保证，在这个神话故事刚开始时，当独木舟第一次来到吉里布瓦和卡丁瓦图时，那里的大地仍是连在一起的，各有一个海滩。穆卢夸西试图在东海岸沿岸的几个地方穿透博约瓦岛，但只在吉里布瓦获得成功。因此，该神话故事里有反映自然风景深刻变化的古老印记。两个向南飞的姐妹到了最远的地点后又折了回来，在特瓦拉定居，这和其他几个神话故事类似，在那些故事中，马绍尔本尼特群岛来的英雄们也在安菲莱特群岛和多布之间的某地定居。两姐妹中的一个朝北望着不吃人的博约瓦

[①] 参见：C. G. 塞利格曼教授，《英属新几内的美拉尼西亚人》，第五十四章，（特罗布里恩群岛、伍德拉克和马绍尔本尼特土著人中的）"埋葬和服丧典礼"（"Burial and Mourning Ceremonies"）。

人,据说,她反对食人俗,这很有可能是对博约瓦人不吃人肉、多布人吃人肉的某种神话式解释。该解释和即将引述的阿图阿伊纳和阿图拉莫阿神话有相似之处。还有一个神话更好地解释了食人俗的起源,但我不能在这里引述。

到现在为止,我们讲到的所有传说里的英雄都属于卢库巴氏族,包括盖勒乌、托科西库纳、库达尤里家族和他们的狗,以及于第十章第五节讲到的神话故事中的那只名叫托库卢布韦多加的狗。也许应该补充一点,在一些讲述人类起源的传说中,卢库巴氏族是第一个从地下钻出的氏族,在其他传说中,在时间上,它是第二个钻出来的,但却是等级最高的氏族,不过后来,它不得不屈服于马拉。基里维纳的主要文化英雄,即杀死食人巨妖的图达瓦,也是卢库巴氏族的。神话故事里讲述的卢库巴氏族最初的至高无上和后来的衰退甚至和史实相符:大约在六七代人之前,卢库巴是瓦库塔的首领氏族,后来,塔巴卢亚氏族,即基里维纳等级最高的马拉齐氏族的酋长们,南迁并在瓦库塔定居,前者不得不将酋长的地位让给了后者。在我们引述的神话故事里,卢库巴人都是技艺超群的独木舟建造师、航海家和冒险家,仅有一人例外,即托科西库纳,虽然他在其他所有方面都很优秀,但却对独木舟建造一无所知。

五

现在,让我们从马绍尔本尼特跨一大步,回到最后提到的那个神话中心——特瓦拉,听听有关库拉起源的神话。这个神话故事是我在奥布拉库得到的,讲述者用的是基里维纳语,下面是我的译文,非常忠实于原本的叙述。后来,萨纳罗阿的一个土著人又用洋泾浜英语告诉我一些信息,让我得以核查和修改之前得到的叙述。

卡萨布瓦布瓦雷塔和古马卡拉凯达凯达的故事

"卡萨布瓦布瓦雷塔住在特瓦拉。他听说了一条索拉瓦(海菊蛤项链)的名气,它正躺(被保存)在瓦韦拉。它的名字叫古马卡拉凯达凯达。他对自己的孩子们说:'让我们到瓦韦拉去库拉,取得这条索拉

第十二章　在特瓦拉和萨纳罗阿　317

瓦。'他把没成熟的椰子、没长好的槟榔和绿香蕉放到独木舟上。"

"他们去了瓦韦拉;他们在瓦韦拉停泊。他的儿子们上了岸,他们去获取古马卡拉凯达凯达。他留在独木舟上。他的儿子赠送食物,他们(瓦韦拉人)拒绝了。卡萨布瓦布瓦雷塔对着槟榔念诵了一个咒语,它变黄了(成熟了);他对椰子施咒,它的软核涨大了;他对香蕉施咒,它们成熟了。他摘下头发,他灰白的头发;他皱巴巴的皮肤,它留在独木舟上。他起身,他去了,他赠送了食物作为波卡拉,他得到了库拉礼物,那条贵重的项链,因为他已经是个美男子了。他走了,他把项链放下,他把它塞进头发里。他来到独木舟,他拿起表皮(脱下的皮);他穿上皱纹,戴上灰白的头发,他恢复了原样。"

"他的儿子们到了,他们在船上各就各位,他们向吉里布瓦航行。他们做饭。他叫他的孙子:'噢,我的孙儿,到这儿来,帮我抓虱子。'孙子过来了,走近他。卡萨布瓦布瓦雷塔说,告诉他:'我的孙子,在(我的头发)中间抓虱子。'他的孙子分开他的头发;他看到那条贵重的项链,古马卡拉凯达凯达就在卡萨布瓦布瓦雷塔的头发里。'嗯……'他对父亲说,告诉他,'父亲,古马卡拉凯达凯达已经被卡萨布瓦布瓦雷塔得到了。''噢,不,他没得到它!我是酋长,我英俊貌美,我都没得到那件宝贝。真的吗,这个皱巴巴的老头得到那条项链了吗?不,不会的!''真的,父亲,他已经得到它了。我看到它了,已经在他的头发里了!'"

"所有的水壶都已经空了;儿子上了船,弄洒了水,这样就没水了,只剩下空空的水壶(由椰子壳做的)。后来,他们航行,他们去往一个岛,叫加布拉(在安菲莱特和多布语里叫加布瓦纳)。这个人,卡萨布瓦布瓦雷塔,想喝水,告诉了他的儿子。这人拿起水壶——不,它们都空了。他们到了加布拉的海滩,尤萨格卢(船员)(在沙滩上)挖水洞。这个人仍待在独木舟上,喊道:'噢,我的孙子,给我拿水来,去那儿给我取些水来!'孙子说:'不,(你自己)来这儿取吧!'后来,他们取了水,他们取完后,卡萨布瓦布瓦雷塔来了。他们把泥弄在水里,水很浑浊。他坐下来,他等着。"

"他们走了,他们乘独木舟而去。卡萨布瓦布瓦雷塔喊道,'噢,我的儿子，你为什么丢弃了我？'儿子说：'我想你已经得到了古马卡拉凯达凯达！''噢，很快，我的儿子，我们回到村子里后，我就会送给你！''噢，不！嗳，你留着吧，我要走了！'他拿起一块石头，一块比纳比纳石头，卡萨布瓦布瓦雷塔这个人，他朝独木舟扔了过去，想在船上打个窟窿，这样，船上的人可能会沉入大海。不！他们加速跑了，他们走了，这块石头站起来，变成了海洋中的一个岛屿。他们走了，他们在特瓦拉停泊。他们（村民）问：'卡萨布瓦布瓦雷塔在哪呢？''噢，他的儿子生他的气了，他已经得到古马卡拉凯达凯达了！'"

"于是呢，卡萨布瓦布瓦雷塔这个人留在了加布拉岛。他看到托康姆瓦瓦（Tokom'mwawa，金星）过来了。他说：'我的朋友，到这儿来，让我上你的独木舟吧！''哦，不，我要去另外一个地方。'凯拉泰库（Kaylateku，天狼星）来了。他问他：'让我跟你走吧。'他拒绝了。凯尤西（Kayyousi，南十字星）来了。卡萨布瓦布瓦雷塔想跟他走。他拒绝了。阿姆纳凯瓦乌（Umnakayva'u，阿法跟贝塔人马星座）来了。他想在他的独木舟上获得一席之位。他拒绝了。基比（Kibi）（三颗相隔很远的恒星，在我们的星空图上并不构成任何星座）来了。他也拒绝带上卡萨布瓦布瓦雷塔。乌卢瓦（Uluwa，昴宿星）来了。卡萨布瓦布瓦雷塔让他带上他。乌卢瓦说：'你等等，你要留神，凯基亚迪加（Kaykiyadiga）会来，他会带上你的。'凯基亚迪加（猎户星座腰带处的三颗明星）来了。卡萨布瓦布瓦雷塔问他：'我的朋友，你要走哪条路？''我要落在塔耶布图山（Taryebutu）的山峰上。我会下去，我会离开。''啊，我的朋友，到这儿来，就让我（在你身上）坐下吧。''噢，来吧，你看，一边是瓦伊（va'i，魟），另一边是洛乌（lo'u，一种有毒刺的鱼）；你坐在中间，会很安全！你的村子在哪儿？''我的村子在特瓦拉。''你的村子那儿有什么？''在我的村子里，有一颗布萨（busa）树！'"

"他们去那儿了。卡萨布瓦布瓦雷塔的村子已经在他们的正下方了。他对这颗布萨树作法，它上升，它一直升到空中。卡萨布瓦布瓦雷塔换了位置（从猎户星座的腰带上了树），他坐在布萨树上。他说：'啊，我的朋友，打碎这条项链。一部分，我要送给你；一部分，我要带回特瓦拉.'他把一部分给了这位伙伴。这颗布萨树回落到地面上。他很愤怒,因为他的儿子抛下了他。他去了地底下。他在那儿待了很长时间。狗去了那儿,他们挖啊挖。他们挖出了他。他来到地上,他变成了一个陶瓦乌(邪恶精灵,见第二章第七节)。他袭击人类。这就是为什么特瓦拉村是妖术师和女巫之村,都是因为卡萨布瓦布瓦雷塔的缘故。"

为了说清这个有点模糊的故事,我们需要做些解释。故事第一部分讲的是一次库拉远航,故事里的主人公、他的儿子、他的孙子和其他船员都参与其中。他的儿子带着鲜美的食物,准备用作索求礼,引诱他的伙伴把那条著名的项链送给他。这个儿子是个年轻人,也是一位有名望的酋长。后来的情节更清楚些:主人公施法把自己变成了一个年轻的美男子,还把自己未成熟的不好的水果变成了极好的礼物,他不费吹灰之力就拿到了宝物,并藏于头发内。然后,在他意志薄弱时,出于我无法从土著人的解释中找到的某个动机,他故意让孙子看到项链。这个动机极有可能就是虚荣心。他的儿子,很有可能还有其他同伴,十分恼怒,因而设计害他。他们做了些安排,让他不得不自己到加布拉的海滩上取水。当他们已经取好而他仍在取水时,他们划船而去,将他一个人留在沙洲上。像波吕斐摩斯在奥德塞一行人逃跑之后一样,他向背叛他的船只投掷了一块石头,但是没有打中,石头变成了长年屹立于海洋中的一块岩石。

他借助星辰逃离的那段情节非常清楚。到了村子后,他施法让一棵树长高,把项链的一大部分送给了救他的人,只带着那一小部分回到地面上。随后,他进入地底下,变成了陶瓦乌,表明了他对人类的怨恨。通常,当一个村子里出现这样一个强大的邪恶人物时,整个村落社区都会带上印记,因此,该村落社区便成为出产妖术师和女巫之地。所有这些补充和说明都是在我的询问下,由最初给我讲这个故事的资料提供者告诉我的。

来自萨纳罗阿的多布资料提供者对故事的第二部分提出了一两种不同的说法。他说,当卡萨布瓦布瓦雷塔在天上时,结了婚,并待了足够长的时间,育下三男二女。他下决心要重返地面时,在天上弄了个窟窿,看到他的村子里有颗槟榔树。然后,他对其中一个孩子说:"我下去时,你抓着项链的另一端。"于是，他就顺着项链爬到了那颗槟榔树上。他拉着古马卡拉凯达凯达项链的另一端，项链断了，一大截留在了空中，还有一小截随他一起到了地面上。到村里后，他安排了一场宴席，邀请了所有的村民。他对食物施咒，村民们吃后都变成了鸟。最后这一幕与他在前一个版本中变成的陶瓦鸟身份十分吻合。我的多布资料提供者还解释性地补充说，卡萨布瓦布瓦雷塔的同伴之所以生气，是因为他是从博约瓦取得项链的，不是项链在库拉中正确的流动方向。然而，这显然是对神话事件的合理化加工。

比较这个故事和之前讲述的托科西库纳的故事，我们立刻就能发现，二者在几个方面都很相似。首先，故事中的主人公最初都是丑陋不堪的老人，但是他们都通过巫术重返青春，其中一个是永久性地，另一个则是为一次库拉交易暂时脱皮。其次，两个主人公都明确地在库拉中更胜一筹，并因此招来同伴的嫉妒和憎恨。再次，同伴们都决心惩罚他们，且惩罚的地点都在加布瓦纳岛或加布瓦纳沙洲。最后，两个主人公都定居于南方，不同的是，其中一个的家乡原本就在那儿，而另一个则是从马绍尔本尼特群岛中的一个岛屿移居至那儿。卡萨布瓦布瓦雷塔神话中有一个异常之处，那就是，他从北方取得项链，而项链的正常流动方向应该是由南向北，这不禁让我们怀疑这个故事可能是从另外一个传说衍变而来。在那个故事中，一个来自北方的男人进行库拉时，受到同伴的排挤，于是定居于特瓦拉，成为当地的文化英雄，后来，人们就把他说成是特瓦拉当地人。无论这种可能性有多么高，这种假设性解释仅为我自己所作，而非来自土著人。但是，这两个故事那么相似，我们必须将它们视为同一神话故事的不同版本，而非两个各自独立的传说。

六

以上就是对这些神话故事所作的民族志分析，让我们再回到刚开始讨论神话时的一般性社会学讨论。现在，我们能更好地理解库拉神话在何种程度上，及以何种方式影响土著人的观念。

可以说，控制全部部落生活的主要社会力量就是习俗的惰性，即对一致行为的喜爱。当伟大的道德哲学家提出绝对规则（*categorical imperative*）

的概念,说它是人类行为的基本指导原则时,他错了。在建议人们应如何行为,从而让人们的行为可能被当作一条普遍标准时,他恰恰颠倒了事物的原始次序。指导人类行为的真正规则如下:"其他人做的,看似属于一般行为规范的,就是正确、道德、恰当的。让我看看栅栏另一边的邻居在做什么,把它作为我的行为规则。"我们自己社会中的每个普通人如此,过去任何一个社会中的普通成员如此,今天的野蛮人亦如此;人的文化发展水平越低,他就越是恪守礼节、规矩和形式,越是无法理解并憎恶不一致的观点。人们创立了很多社会哲学体系来解释或误解这一基本原则。塔尔德(Tarde)的"模仿(Imitation)"、吉丁斯(Giddings)的"同类意识(Consciousness of Kind)"、涂尔干(Durkheim's)的"集体观念论(Collective Ideas)"及许多类似概念,如"社会意识(social consciousness)"、"民族灵魂(the soul of a nation)"、"群体意识(group mind)"及当今极为流行和盛行的"群众的暗示性(suggestibility of the crowd)"和"群体本能(the instinct of herd)"等观点,全都试图掩盖这一简单的经验性真理。在我看来,这些体系中的多数,特别是那些借助集体精神(Collective Soul)这一幽灵的体系,都无意义可言,因为他们试图用假设的方式解释社会学中最基本的东西,而这些基本的东西已无法再被概括简化,我们只需承认这些东西,并将其作为我们学科的基础。用文字制定定义、对措辞吹毛求疵,似乎并不能帮助我们在一个新学科上大获进展,因为我们首先需要的是了解事实。

无论对这一原则作何种理论解释,在此,我们仅需强调:严格遵守习俗、遵照其他每个人的做法,就是特罗布里恩土著人的主要行为准则。该准则的一个重要推论就是过去比现在重要。父亲的所作所为——或者,如特罗布里恩人所说,舅父的所作所为——就其作为行为准则而言,比兄弟的所作所为重要得多。特罗布里恩人本能地用作其行为指导的正是祖辈的行为。因此,叙述卓越的神话远祖而非直系祖先之所作所为的神话故事必然有巨大的社会影响力。叙述往事的故事被神圣化,因为它们属于伟大的神话年代,因为它们被普遍认为是真实的,为所有人知晓和传诵。它们因其历史性和普遍性而被认为是正当得体的。

就这样,通过所谓的社会学基本法则的运作,神话具备了确定风俗、批准行为方式、赋予一项制度尊严和重要性的规范性力量。库拉就是从这些古老故事里获得了极大的重要性和价值。库拉行为中遵守的商业信誉、慷慨及谨遵礼节等规则的约束性也都源于神话。我们可称之为神话对习俗的规范性影响。

然而，库拉神话还有另外一种魅力。在库拉这项活动中，运气极大地影响着成功的可能性。一个人，无论其伙伴众多，还是寥寥几个，既可能满载而归，亦可能所获甚少，这取决于他的运气。于是，像所有赌博中的赌徒一样，库拉冒险家们认为，大获全胜不得不取决于运气。库拉神话则用极具运气的故事滋养了这一想法，还向人们表明，当他获得了必要的巫术知识时，让运气降临到自己身上的主宰就是自己。

我在前面说过，神话事件和今天发生的事件之不同之处在于前者是非凡的、超常的。这既使它们变得更具权威，也使人们对它们更为向往。神话事件为土著人树立了非常有价值的行为标准和渴望实现的理想。

七

但我也曾说过，虽然神话世界不同于现实世界，但是二者之间并没有不可跨越的鸿沟。的确，虽然理想必须高于现实，但是，理想若要有效，就必须看起来可及。在我们熟悉了土著人的故事后，就能明白"巫术是连接神话世界和现实世界的纽带"这一说法的意思了。例如，在独木舟神话中，库达尤里独木舟可以飞行的超常成就，仅仅被看成是速度的最高表现，而今天的人们也仍在通过巫术赋予独木舟速度。库达尤里家族的巫术遗产仍在，即，使独木舟航行得更快。如果巫术能被完整地传承下来，现在的任何一艘独木舟都能像神话中的那艘一样飞起来。又如，在库拉神话故事中，巫术让人获得超常能力，变得漂亮、有力量，还能免遭危险。神话事件证明了巫术宣称的法力的真实性，巫术的有效性通过某种回溯性的神话经验得以建立。今天实施的巫术仍能实现相同的效果，只是程度较弱而已。土著人深信姆瓦西拉巫术的咒语和仪式能让施咒的人有魅力、不可抗拒和免遭危险（参照下一章）。

把神话故事和现实直接连接起来的还有神话人物的社会学特征。这些神话人物都与某些地方相连,如同现在的各地方群体一样;他们所属的图腾氏族和亚氏族与今天存在的一样。于是,某个亚氏族或地方群体的成员们可以宣称某位神话英雄就是他们的直系祖先,成员们还能吹嘘他是他们的族人。的确,与歌谣和童话故事一样,神话为某些亚氏族"所有",但这并不意味着其他人不能讲述,只是该亚氏族的成员理应对那些神话事件拥有最详尽的资料,是最权威的解释者。的确如此,通常,神话在其本土最为人所知,即当地人知道所有细节,没有任何掺杂或不太真实的添加和混合。

如果我们还记得,在特罗布里恩群岛,神话常常和巫术相连,且巫术是一种财产,由地方群体里的某些成员所有,就不难理解上面那一点了。现在,要懂得并恰当地理解巫术,就要熟悉神话。这就是为什么与某一神话故事相连的地方群体一定更熟悉这一神话故事。在某些时刻,那个地方群体不仅要实施与神话相关联的巫术,还必须监督人们遵守与之相关联的某些仪式、典礼和禁忌。这时,神话事件的社会学特点与现存的社会划分就密切联系在了一起。但即使是那些已成为地区内所有氏族和地方群体之财产的神话,如库拉神话,如果能清楚地陈述其中英雄所属的氏族、亚氏族和村落,就会给整个神话故事打上真实和现实的印记。除巫术之外,社会学上的连续性也为神话世界和现实世界搭建了一座桥梁。实际上,巫术桥梁和社会学桥梁是并行的。

我在前面(第二节开头)提到,神话赋予山川灵气。这里还须指出,在土著人看来,经神话改变的山川恰恰证实了神话的真实性。神话世界因沧海桑田的变化而丰富。被打通的海道、被劈开的巨石和由人变成的石头,让神话世界离土著人更近,变得真切而永恒。反过来,叙述得极具感染力的神话故事又反作用于山川,让它充满了戏剧性的事件,这些事件永远固定在那儿,赋予山川明确的意义。这就是我对神话的一般性介绍,在后面的调查研究中,我们还会经常碰到神话和神话事件。

八

现在,我们的船队已经驶过神话中心特瓦拉,正在向萨纳罗阿岛前进。

此时要讲述的第一件关于他们的事情又直接把我们带入另一个神话故事中。当土著人驶进锡亚瓦瓦区后,他路过了一块名叫西娜泰穆巴迪耶伊的石头或岩石。我并未看见,但土著人告诉我它就在一个小潮汐海湾里的红树丛中。像之前提到的古雷瓦亚石一样,这块石头也享有某些特殊待遇,土著人会给它供品。

土著人并未在这个不重要的地区耽搁。他们最终的目的地已经进入视线。这里的海域被陆地封锁着,像一个湖,以科亚瓦乌(Koyava'u)为最高峰的多布诸峰在他们前方逐渐逼近。他们继续向南航行,在右前方的远处,科亚塔布山宽阔的东坡急剧地落入水中,形成一个深谷,他们身后是广阔的萨纳罗阿平原,其北端耸立着几个火山锥,在左前方的远处,诺曼比山脉在海面上排开,宛若一条长长的链子。他们一直南行,向萨鲁布沃纳海滩前进。在那儿,他们将仪式性地停留,从而做最后的准备,施行最后的巫术。他们驶向两块黑色的岩石,那是萨鲁布沃纳海滩北端的标志,一块站立在海滩底部,另一块则站立在一条狭长沙嘴的顶端。这两块岩石就是阿图阿伊纳和阿图拉莫阿,是土著人最重要的禁忌之地,无论是开始库拉远航,还是即将到达库拉远航的目的地,他们途经此地时,都会放供品。有个神话故事将锡亚瓦瓦红树林中的那块岩石和这两块联系在一起。这三个人——两个我们现在看到的变成石头的男人和一个女人——是从"奥穆尤瓦",即伍德拉克岛或马绍尔本尼特群岛来到这里的。该神话故事如下:

阿图阿伊纳、阿图拉莫阿和西娜泰穆巴迪耶伊神话

"他们是两个兄弟和一个姐妹。他们先来到锡亚瓦瓦的一个叫卡达瓦加(Kadawaga)的小湾。那女人丢了梳子。她对其兄弟说:'我的兄弟们,我的梳子掉了。'他们答到:'好,回去找吧。'她找到了梳子,拿了起来。第二天,她说:'嗳,我就留在这了,就叫西娜泰穆巴迪耶伊。'"

"两个兄弟继续前进。他们到了主岛岸边时,阿图阿伊纳说:'阿图拉莫阿,我们该怎么走呢?我们该望着大海吗?'阿图拉莫阿说:'噢,不,让我们望着丛林吧。'阿图拉莫阿向前走,骗了他的兄弟,因为他是食人者。他想朝向丛林,这样,他才可能吃人。于是,阿图拉莫阿向前

走,他的眼睛转向丛林。阿图阿伊纳的眼睛转而望着大海,他说:'你为什么骗我,阿图拉莫阿。我望着大海时,你却望着丛林。'阿图拉莫阿后来转身,向着大海来了。他说:'好吧,你阿图阿伊纳望着大海,我要望着丛林!'坐在丛林附近的男人是个食人者,坐在海附近的是好人。"

这个简短的神话故事是我在锡纳凯塔得到的。故事告诉我们有三个人从东北方迁徙到该地区,但未说明原因。其中的女人丢了梳子后,决定留在锡亚瓦瓦,变成了一块岩石,叫西娜泰穆巴迪耶伊。两个兄弟只往前走了几英里后,也在萨鲁布沃纳海滩的北端经历了同样的变化。故事里有食人族和非食人族的典型区分。由于我是在不吃人的博约瓦听到这个故事的,那位非食人族的主人公,即在近海处变成石头的那个人,就被冠以"好人"的称号。我们之前引述的两姐妹飞往多布的库达尤里飞舟神话,也有相同的区分,一个关于食人族起源的神话故事,也有这样的区分,但我不打算在这里引述该神话。丛林与食人相关联,大海与禁食人肉相关联,这种关联性与库达尤里神话中的一样。在那个故事里,面朝南方的石头是食人者,面朝北方的则不是,在土著人看来,这就是多布人吃人肉、博约瓦人不吃的原因。把这些岩石中的一块命名为食人者(托砍拉塔乌,tokamlata'u)并无更深远的意义,尤其是土著人并不认为这块岩石周围有什么特殊的危险。

阿图阿伊纳和阿图拉莫阿这两块岩石的重要性不在于残缺不全的神话故事,而在于围绕它们举行的仪式。例如,三块石头都会收到一份供品——波卡拉,包括一小块椰子、一块不新鲜的甘薯、一截甘蔗和一个香蕉。独木舟驶过时,人们便把供品放在石头上,抑或朝石头扔过去,并说下面的话:

"老头(西娜泰穆巴迪耶伊,则用'老婆婆'),这是给你的椰子、给你的甘蔗、给你的香蕉,请带给我好运,让我在图乌陶纳快速进行库拉。"

博约瓦人去多布的途中,及多布人开启库拉旅程,向北前往博约瓦,路过此地时,都会向这三块石头供奉供品。除此之外,还要遵守某些禁忌和规矩。例如,任何人接近石头时,都须跳进海里沐浴,小孩儿则在船上把海水撒在身上，目的是预防疾病；第一次前往多布库拉的人则不能在这些石头附近进食；在石头附近，不能将猪或青椰子直接放在地上，而须用席子垫着；库拉新手必须去阿图阿伊纳和阿图拉莫阿的脚下沐浴。

还有些石头，多布人会向它们供奉波卡拉，博约瓦人则不会，如前面提到的古雷瓦亚岩石。多布人认为，如果他们经过它时没供奉波卡拉，就会全身生疮而死。经过古雷瓦亚时，他们不会站立在独木舟上；在能看得见古雷瓦亚的海滩上扎营时，不会进食。他们认为，如果不遵守这些禁忌，就会晕船、睡着，独木舟则会漂到未知之地。我不知道多布是否有关于古雷瓦亚岩石的神话故事，但是多布人相信，在那块石头上盘踞着一条巨蟒，监督着人们遵守这些禁忌，如有违背，则会降疾病于人。博约瓦人也会遵守与古雷瓦亚有关的一些禁忌，但我不知道具体是哪些。

一个多布的资料提供者还告诉了我一系列类似的其他石头的名字，它们分布在多布东边到图贝图贝的航线上。例如，在杜阿乌地区某处有一块叫科科拉卡凯达凯达的石头；在一个叫马凯多科多科（Makaydokodoko）的地方附近，有一块叫塔布达亚的石头；再往东，在布纳马（Bunama）附近，有一块小石头叫西纳达，在库拉中有一定的名气。此外，在一个叫锡纳埃纳（Sina'ena）的我无法在地图上定位的地方，有一块叫塔亚达布沃罗的石头，形似猪的眼睛、鼻子、腿和臀部。这块石头被称为"猪猡之母"，而锡纳埃纳地区也的确盛产猪。

关于这些石头的神话故事，我只得到了上面引述的那一则。和前面引述的两个库拉神话一样，那则故事也是一个从北向南移民的故事。故事没提及库拉，但是去库拉时都要对这些石头波卡拉，显然，它们和库拉之间存在某种联系。要更好地理解这种联系，我们必须意识到，在某些种类的巫术中，对祖先亡灵和建立该巫术习俗的文化英雄的亡灵，也会进行类似的供奉。这表明，阿图阿伊纳和阿图拉莫阿，如同托科西库纳和卡萨布瓦布瓦雷塔一样，也是库拉英雄，而他们的故事则是基本库拉神话的一种变体。

第十三章　在萨鲁布沃纳海滩上

一

过了阿图阿伊纳和阿图拉莫阿这两块神石之后，锡纳凯塔船队就已抵达他们此次远航的最终目的地。道森海峡宽阔的西北海岸在他们面前延展开来，科亚瓦乌的山脚下散落着布瓦约瓦、图乌陶纳和代代伊三个村落。博约瓦人把科亚瓦乌叫作科亚维古纳（Koyaviguna）——"最后的山"。一过那两块神石，便是萨鲁布沃纳海滩，洁净的白沙环绕着一个浅浅的小海湾。就在这里，船员们在最终到达目的地前，暂作停留，要在与多布伙伴会面之前用巫术装备自己。他们从锡纳凯塔出发后，曾在穆瓦暂留并在那里进行了最后的起航仪式和典礼，现在，经历了长途跋涉之后，他们要在萨鲁布沃纳沙滩上以同样的方式再次集结力量。

我在第二章描述该地区时就提到过萨鲁布沃纳海滩，我们想象着自己经过该海滩时，碰到一个庞大的独木舟船队，船员们正进行神秘的活动，我还说，我们可能会看到近100只独木舟在萨鲁布沃纳海滩上停泊。的确，在过去的大型尤瓦拉库远航中，要达到这一数字，轻而易举。粗略一算，那时，锡纳凯塔大约可以派出20只独木舟，瓦库塔大约能有40只加入他们，安菲莱特大约有20只，从特瓦拉、锡亚瓦瓦和萨纳罗阿来的加起来又有20只。他们有些实际上并不会参与库拉，加入其中，完全是出于好奇，就像1918年我跟随多布人前往锡纳凯塔的那次大型尤瓦拉库一样，当时多布派出了60只独木舟，后来又有12只安菲莱特独木舟和相同数目的瓦库塔独木舟加入其中。

锡纳凯塔人抵达了萨鲁布沃纳海滩，现在他们停下了，把独木舟泊在岸边，开始装饰身体，并施行一整套巫术仪式。他们在很短时间内举行了许多简短的巫术仪式,伴随的咒语通常都不太长。事实上,从抵达萨鲁布沃纳海滩的那一刻到进村为止,他们就不停地举行各巫术仪式,托利瓦加则不断地念诵咒语。对观察者而言,展现在他面前的是一幅忙碌热闹的景象。1918年,我跟随多布的库拉远航队航行,快要抵达锡纳凯塔时,我亲眼目睹并亲身参与其中的正是类似场景。

船队暂停行进;把船帆卷起,把船桅卸下,将独木舟泊好(见整版插图48)。每只独木舟上的年长者开始打开篮子取出个人物品,年轻人则跑到岸上采集大量树叶拿回船上。然后,年长者对着这些树叶和其他东西默念咒语。在这件事上,托利瓦加需要其他人的协助。之后,他们用海水洗身,并用施过咒语的树叶擦抹身体。他们把椰子打烂、刮净、施法,再用刮下来的东西涂抹皮肤,皮肤因椰子油而变得闪闪发亮。然后,他们会对一把梳子念咒,用它梳理头发(见整版插图49)。接着,他们把压碎的槟榔和石灰混合在一起,在脸上画红色的装饰条纹,其他人则用塞亚库(*sayyaku*),即一种有香味的树脂,在脸上涂相似的黑色条纹。他们把出发前在家里施法并保存在椰子油里的芬芳薄荷枝从容器中拿出来。薄荷枝被插在臂镯上,而那几滴椰子油则要涂抹在身体和装了帕里(贸易品)的巫术包裹利拉瓦上。

对土著化妆品施行的所有巫术都是属于姆瓦西拉(库拉巫术)的美容巫术。所有这些咒语的主要目的都一样,即让人变得美丽迷人、让他的库拉伙伴不能自已。这一目的在神话中表达得非常清楚,我们看到丑陋笨拙的老人在巫术的作用下变成魅力四射的年轻人。该神话情节不过是夸张地说明了每次在萨鲁布沃纳海滩上或其他类似地方念诵了姆瓦西拉美容巫术后所发生的情况。我的资料提供者向我解释这些仪式的意义时一再告诉我:

"此时,我们很丑;我们吃坏鱼、坏食物;我们的脸很丑。我们想航行到多布;我们遵守禁忌,我们不吃坏食物。我们去萨鲁布沃纳,我们洗浴;我们对西拉西拉树叶施咒;我们对椰子施咒;我们普图马(*putuma*,用油涂抹自己);我们做红涂料和黑涂料;我们插上芬芳的瓦纳(*vana*,插在臂镯上的装饰性香草);我们漂漂亮亮地到了多布。我们的伙伴看到我们,看到我们的脸很美;他把瓦古阿扔给我们。"

第十三章 在萨鲁布沃纳海滩上 *329*

一支库拉船队暂停下来举行最后的姆瓦西拉仪式

该图摄于特罗布里恩,展现了多布船队刚刚抵达及最后一次停靠的情景(参照第十四章第二节)。萨鲁布沃纳海滩上的情景会和该图的一样。注意前面的两个人正在蹚水走向岸边,为"凯卡卡亚"取树叶。(见边码第335页)

整版插图 48

330　西太平洋上的航海者

整版插图 49　姆瓦西拉的美容巫术

整个船队正在为最终抵岸做准备；每只独木舟都向化妆用品施咒，每个人都梳头、涂抹身体、画脸绘。（见边码第 335 页）

这里提到的坏鱼和坏食物是懂得姆瓦西拉的人忌讳的东西，人们常常在无意中犯忌。

无疑，对巫术功效深信不疑几乎会使其真正奏效。虽然那些咒语并不会真的赋予人美貌，然而，通过施行巫术而让自己觉得很美会增加人的自信，进而影响其行为和举止。由于交易中关键的是索礼一方的举止，此巫术无疑通过心理暗示的方式达到了目的。

在特罗布里恩人的巫术知识中，还有两类巫术与库拉巫术之美容巫术相似。其中之一就是使人变得迷人且不可抗拒的爱情巫术。土著人那么深信爱情巫术的咒语，以致认为在爱情中取得的所有成功都应归因于这些咒语的功效。另一类是专门在大型舞蹈和节庆前施行的美容巫术。

现在，让我们就在萨鲁布沃纳海滩上进行的巫术举一两个例子。所有巫术的仪式程序都极为简单，都是先对某种物质施咒，然后将它用在身体上。第一个巫术仪式是洗浴礼。托利瓦加把嘴凑近从岸上采来的大束大束的香草，对其念诵凯卡卡亚（*kaykakaya*，洗浴礼咒语），净身之后，船上所有进行库拉的人都要用这些叶子擦抹皮肤。然后，按照我在前面提到的顺序，依次对椰子、梳子、普通或带香味的黑色染料或槟榔施咒。① 通常，只用其中的一种涂料。有时，托利瓦加会为每个人施咒；有时，懂得巫术的人，如槟榔巫术或梳子巫术，会自行施咒，甚至也会为其他所有人施咒。有时，在所有这些仪式中，只施行凯卡卡亚和其他某个仪式。

凯卡卡亚咒语

"噢，卡塔图纳（*katatuna*）鱼；噢，马拉布瓦加（*marabwaga*）鱼、亚布沃（*yabwau*）鱼、雷雷古（*reregu*）鱼！"

"他们的红涂料，他们涂着红涂料；他们的红涂料，他们装饰着红涂料。"

"他们独自拜访，我们一起拜访；他们独自拜访，我们一起拜访酋长。"

---

① 同时参照"库拉巫术及相应活动一览表"的表（六）（A），见第十七章，边码第418页。

"他们搂我入胸;他们拥抱我。"

"伟大的女人和我交朋友,在陶锅翻滚的地方;优秀的女人和我交朋友,在坐人的平台上。"

"两只鸽子站着,转过来;两只鹦鹉飞来飞去。"

"它不再是我的母亲,汝乃吾母,哦,多布女人!它不再是我的父亲,汝乃吾父,哦,多布男人!它不再是高高的平台,那高高的平台是他的臂膀;它不再是坐人的平台,那坐人的平台是他的双腿;它不再是我的石灰勺,我的石灰勺是他的舌头;它不再是我的石灰罐,我的石灰罐是他的咽喉。"

之后,就是咒语的结尾部分,与第七章引述的苏伦沃亚咒语的结束语完全一样:"我刚逝去的舅父的灵魂……"

在咒文的开头部分,我们看到一串鱼的名字。这些鱼的身体上都有红色斑纹。对念诵姆瓦西拉咒语和进行库拉的人而言,它们是禁忌之物,如果吃了,就会变丑。我在前面曾经引述过一个资料提供者的话:"我们吃坏鱼,我们很丑",其中的"坏鱼"指的就是这些鱼。该咒语部分上是祈求帮助,部分上是避邪,意在破除犯忌吃鱼的有害影响。由于该咒语和洗浴礼相关,所以整个过程具有某种巫术连贯性,但这一连贯性却存在于一系列让人感到极为费解和困惑的观念中:鱼的红色斑纹、为变得美丽而涂在人身体上的红色、捕鱼巫术的援用、对这种鱼的禁忌。这些观念以某种方式联系在一起,然而如果企图把他们按某种逻辑排序,则是不明智、不正确的。① 对于咒语中有关"拜访"的那一句,没有哪个土著资料提供者能向我解释清楚,我大胆推测那句话的意思是邀请鱼协助库拉冒险家的库拉拜访,并帮助他们变漂亮。

接下来两句是念咒人对将在多布受到的接待的预期想象,其语言夸张、措辞有力,是典型的巫术语言。被译为"搂我入胸""拥抱""交朋友"的土著

---

① 关于所有这些观念之间的相互关系,没有哪个说法比弗雷泽的说法更好,他用"观念的接触传染"(contagion of ideas)来描述一种典型的巫术思想。这种主观的心理过程让土著人相信事物之间有巫术上的接触传染。

语原本用于描述对小孩儿的爱抚、晃动和拥抱。在土著习俗中，男人行走或坐下来时彼此之间勾肩搭背，并不是娘娘腔，也不荒谬。须说明，这样做并没有任何同性恋的意图，至少没有较为粗俗的同性恋的意图。然而，在实际中，多布人和他们的库拉伙伴之间并不会真地这样爱抚。咒语里提到的"伟大的女人"和"优秀的女人"指的是库拉伙伴的妻子和姐妹，我们曾说过，土著人认为她们会对交易产生重大影响。

两只鸽子和两只鹦鹉暗喻咒语念诵者和其伙伴之间的友谊。随后的句子表明他把普通亲属换成了他的多布朋友。接下来的咒文夸张地描述了他与伙伴的亲密：他会坐在伙伴的手臂和腿上，他会从伙伴嘴里分得用来咀嚼蒌叶的材料。

我再例举一个咒语，它与装饰及个人之美有关，施咒对象是托利瓦加及其船员用来在脸上画朱红色条纹的槟榔。把嫩槟榔放在小臼里捣碎，和上石灰，就会得到一种极为明亮浓稠的颜料，到印度洋诸国和大西洋某些地方旅行过的人都知道土著人用这种颜料涂抹嘴唇和舌头。

塔洛咒语

"红涂料，乌达瓦达（*udawada*）鱼的红涂料！红涂料，红涂料，姆韦利利（*mwaylili*）鱼的红涂料！在芳香的漏兜树花瓣的一端；在杜瓦库（Duwaku）花的另一端。有我的两种红色涂料，他们神采奕奕，他们闪闪发光。"

"我的头，它神采奕奕，它闪闪发光；我的红涂料，它神采奕奕，它闪闪发光，

我脸上的黑涂料，它神采奕奕，它闪闪发光；

我芳香的涂料，它神采奕奕，它闪闪发光；

我的小篮子，它神采奕奕，它闪闪发光；

我的石灰勺，它神采奕奕，它闪闪发光；

我的石灰罐，它神采奕奕，它闪闪发光；

我的梳子，它神采奕奕，它闪闪发光。"

后面列举各种个人物品，如席子、贸易品、大篮子、巫术包裹（利拉

瓦),然后是头的各部位,包括鼻子、枕骨、舌头、嗓子、喉、眼睛和嘴。之后,把"它神采奕奕,它闪闪发光"换成另外一个关键词,再和这些词搭配一遍。新换上的词是"米塔普韦普瓦伊(*mitapwaypwa'i*)",是一个合成词,表达眼中的欲望、垂涎、新奇。根据土著人的心理—生理理论,眼睛是赞赏、愿望和性欲的所在之处,是对食物和物质性财产之贪欲的所在之处。在这个咒语里,该词表达的含意是:当多布伙伴看到访客时,会渴望和他库拉。

咒语的结尾是:"我的头聪明伶俐,我的脸闪闪发光。我得到了漂亮的身形,如酋长一般;我得到了好身形。我是唯一的;我的名声举世无双。"

我们看到,咒语在开头部分又提到了两种鱼,显然,鱼的红色就是库拉需要的红色!至于第二句的意思,我无法解释,唯一知道的就是漏兜树花花瓣的一端有淡淡的颜色,这些花瓣被土著人视为最精致、最迷人的装饰品之一。咒语的中间部分和结尾无需解释。

这两个咒语足以说明库拉之美容巫术的一般特点。但在此,我必须再引述另外一个咒语,即海螺号咒语。通常,就是在当前这个阶段对海螺号施咒,但有时托利瓦加会在离乡前对着海螺号的开口念诵咒语,然后小心翼翼地把开口封起来,以免巫术效力消散。海螺号由一种很大的冠螺(Cassis cornuta shell)做成,将螺旋的顶部敲掉,就形成一个吹口。然而,咒语并非对着这个吹口念诵,而是对着唇状大开口念诵,念完后,用椰子壳纤维把两个口都封上,直到真正要吹的时候才打开。

塔乌亚(海螺号)咒语

"姆瓦尼塔(*Mwanita*),姆瓦尼塔!一起去那儿;我要让你们一起去那儿!一起到这儿;我要让你们一起到这儿!彩虹在那儿出现;我要让彩虹在那儿出现!彩虹在这儿出现;我要让彩虹在这儿出现。"

"谁在库拉中领先?我"(这里说出念咒者的名字)"在库拉中领先,我将是唯一的酋长;我将是那唯一的老人;我将是唯一在路上碰到伙伴的人。我的名声举世无双；我的名字独一无二。和我的伙伴在这里交换美丽的宝物；和我的伙伴在那里交换美丽的宝物。我伙伴的篮中之物被聚集起来。"

这段绪言之后是正文，按照一般的原则成文，即一个关键词和一系列词重复搭配。关键词传达了一种能俘获库拉伙伴从而让他在赠送库拉礼物时变得慷慨的兴奋状态。首先和这个关键词搭配的是一系列描述其伙伴之各种个人用品的词，如他的狗、腰带、禁忌椰子和槟榔，然后是期望得到的不同级别的库拉宝物的名字。因此，该部分可译为：

"兴奋状态控制了他的狗、他的腰带、他的格瓦拉（gwara，椰子和槟榔禁忌）、他的巴吉多乌项链、他的巴吉里库项链、他的巴吉杜杜项链……"咒语的结束语很典型："我要库拉，我要抢夺我的库拉；我要偷走我的库拉；我要窃走我的库拉。我要库拉到独木舟下沉；我要库拉到舷外浮架下沉。我的名声像响雷，我的脚步像地震！"

该咒语的第一个词姆瓦尼塔，是个土著词，指的是长着黑色甲环的长虫。土著人告诉我，之所以在这个咒语里提它，是因为它形似海菊蛤贝壳项链，后者也有许多环。该咒语是我在锡纳凯塔得到的，因此这一解释只考虑了项链，然而这一明喻显然也可用于臂镯，因为如整版插图60所示，将许多臂镯用一根线串起时，同样形如姆瓦尼塔虫。或许应补充一点：锡纳凯塔是只在一个方向上进行海外库拉远航的库拉共同体之一，即它只从南边获取海菊蛤项链。与它对应的基里维纳也只有北方一个海外库拉方向。因此，我在基里维纳得到的咒语的正文部分就不同于锡纳凯塔的：凡是在锡纳凯塔咒语的塔普瓦纳（正文）里出现的海菊蛤项链的名字，在基里维纳咒语的塔普瓦纳里，都换之以各种臂镯的名字。像其他进行双向海外远航的库拉共同体一样，在基塔瓦，同样的咒语被同一个人使用时，会有两种不同的正文，这取决于他是向东去取姆瓦利，还是向西去取索拉瓦，但咒语的绪言不会有变化。

"一起到这儿来"指的是收集到的宝物。"这儿"和"那儿"的文字游戏在土著语里表现为"m"音和"w"音,它们是可以互换的构词成分,巫术咒语经常使用这一文字游戏(见第十八章第十二节)。咒语里召唤的彩虹是该咒语的卡里亚拉(巫术预兆)。当海螺号吹响、船队靠近海岸时,天空中会出现一道彩虹。

绪言的其余部分照常是巫术咒语中典型的吹嘘和夸张。正文部分不需要解释。显然,海螺号的声音意在让伙伴急切地履行职责。对海螺号念诵咒语,强调并加强了这一效果。

二

施行完美容巫术并念完海螺号咒语后——整个过程大约不超过半个小时,每个人都盛装打扮,在独木舟上各就各位。船帆已被卷起,船桅已经卸下,最后这一程要划桨前行。各只独木舟逐渐接近目的地,没有任何整齐的队形,但它们彼此靠近,托利尤瓦拉库的独木舟照例航行在最前面。在每只独木舟上,托利瓦加坐在自己该坐的位置上,即船中央靠近格博博(专门为放贸易品而建)的地方,一个人坐在前面,紧靠船头围板,另外一个人坐在船尾处的平台上,其余所有船员都划桨,小男孩儿或船员中的年少者则坐在船头附近,准备吹响海螺号。桨手们挥舞着叶形船桨,动作悠长、有力、敏捷,水花溅在他们的身上,桨片在阳光下闪闪发光——这就是土著人称之为卡维卡维拉(kavikavila)的划桨礼。

独木舟开始移动,那三个到目前为止还闲着的人开始吟唱专门的巫术咒语,每个人吟唱的都不一样。坐在船头的那个人手扶塔布约(椭圆形船头围板),吟诵的是卡伊库纳塔布约(*kayikuna tabuyo*,船头围板的摇晃)咒语;坐在船中央的托利瓦加吟诵的是法力强大的卡瓦利库利库(*kavaliku-liku*,地震咒语),这个咒语令"大山颤动塌陷";坐在船尾的人吟诵的是凯塔维莱纳莫伊纳瓦加(*kaytavilena moynawaga*)咒语,我不能对该名称的含义进行很好的解释,其直译过来的意思是"独木舟出口的变化"。就这样,独木舟满载着不可抵抗的排山倒海般的巫术力量,朝目的地进发了。吟诵者的声音与柔软却有穿透力海螺号声混合在一起,各种不同的音高配合在一起,形成了一种奇怪的、令人烦乱的和谐。在此,我们必须引述这三个咒语的样本。

卡伊库纳塔布约

"莫鲁博罗古,莫西拉瓦乌!"

"鱼鹰,落在汝之猎物上,抓住它。

我的船头围板,噢,鱼鹰,落在汝之猎物上,抓住它。"

接下来,该关键词,即对鱼鹰的召唤,和一串词语依次搭配,先是独木舟的各装饰部件,然后是独木舟的某些组成构件,最后是石灰罐、石灰棍、梳子、船桨、席子、利拉瓦(巫术包裹)和尤萨格卢(船员)。咒语的结束语如下:

"我要库拉,我要抢夺我的库拉……",与前面引述的海螺号咒语相同。

该咒语头两个词的第一个音节"莫"表明这是两个男人的名字,但是我未取得关于他们的信息。正文里对鱼鹰的提及,暗示了该仪式的动作(即船头围板的摇晃)和这部分咒语之间的关联,因为装饰用的船头围板也叫布里布瓦里(buribwari,鱼鹰)。此外,"鱼鹰,落到汝之猎物上"这句话显然是一个巫术明喻,意思是:"像鱼鹰落在猎物上把它抓走一样,也让这只独木舟落在库拉宝物上把它们带走。"这个明喻和摇晃船头围板的动作关联在一起,有很强的暗示意义,可能意味着,通过对船头围板念诵专门的咒语,想让整只独木舟及其全部构件都像扑向猎物的鱼鹰一般。

由坐在船中央的托利瓦加念诵的咒语如下:

卡瓦利库利库

"我在开阔的海滩上停泊,我的名声到达泻湖;我在泻湖上停泊,我的名声到达开阔的海滩上。"

"我打大山;大山颤抖;大山下陷;大山颤动;大山倒下;大山粉碎。我踢大山下的土地。我聚集,我收拢。"

"在库拉中遭遇大山;我们在库拉中遭遇大山。"

"在库拉中遭遇大山……"这句译自土著语"*kubara*, *takuba*, *kubara*"。之后,这个关键表达和一长串表示各种等级的库拉宝物的词语依次搭配。咒文的结束语已在前面引述过:"我的名声像响雷,我的脚步如地震。"

开头两句非常清楚,既有巫术咒语里典型的夸张,也有同样典型的词语置换。之后是对"大山"进行的猛烈的言语攻击,在言语上导致了骇人的巨变。这里的"大山"(科亚)代表的是整群库拉伙伴,或某一个库拉伙伴,或伙伴的思想。"*kubara*, *takuba*, *kubara*"这句话极难翻译,其中的词语显然是古语词,我曾在几个姆瓦西拉咒语中见过,意思似乎类似"靠近的船队和科亚之间的遭遇战"。"海战"一词在特罗布里恩语中是*kubilia*,在安菲莱特语和多布语中是*kubara*。如果我们考虑到巫术咒语里常常混杂着库拉伙伴所用语言的词汇,以上的词源解释和翻译则似乎是正确的。

第三个咒语,即船尾那个人念诵的咒语,内容如下:

凯塔维莱纳莫伊纳瓦加

"鳄鱼,掉下来,带上汝之男人!把他推到格博博(独木舟上放置贸易品的地方)下!"

"鳄鱼,拿给我项链,拿给我巴吉多乌,等等。"

咒语的结尾和前面引述过的两个咒语(塔乌亚和卡伊库纳塔布约)一样,仍然是:"我要库拉,我要抢夺我的库拉……"

显然,该咒语是这三个咒语中第一个咒语的附属咒语,把对鱼鹰的召唤换成了对鳄鱼的召唤,但意义是一样的。咒语的其余部分意思非常清楚,即恳请鳄鱼带来各种不同等级的海菊蛤贝壳宝物。

思考一下该巫术产生的心理影响是件很有趣的事。土著人深信该巫术的功效,不仅包括在前进中吟诵咒语的人,还包括那些在岸上等待来访者的土著人。多布人知道强大的力量正作用于他们。他们一定感觉到巫术作用像波浪一样慢慢前进,扩散到整个村子。他们听到了海螺号的呼唤,那不可抵挡的音符将巫术吹拂到他们面前。他们能猜得出海螺号声中的许多呢喃之语;他们知道对方的期盼,他们努力应对。对访问团而言,在该巫术中,不同的吟唱与塔乌亚(ta'uya,海螺号)混合在一起,表达了他们的希望、欲望和高涨的兴奋之情,以及他们想要"震撼大山"、动摇其根基的企图。

与此同时,他们心中还升起了另外一种情绪——敬畏和忧虑;这时,就要用另外一种巫术来帮助他们表达并平息这种恐惧——祈安巫术。该巫术的咒语之前已经念诵过,或许是在萨鲁布沃纳的海滩上和其他咒语一起念诵的,或许是在旅途中更早的某个时刻,但其巫术仪式则将在上岸的这一刻举行。由于这一刻也是该巫术对应的心理时刻,因此我们必须在此对土著人的这一心理进行描述。

土著人知道对方期待他们的到来,事实上他们就是受邀而来,却仍不能确定伙伴对他们是否怀有好意,要知道,他们曾那么多次和这些伙伴交易,曾接待伙伴的来访,并曾多次拜访和回访伙伴。从理性角度来看,这似乎很荒谬。这是一次符合习俗的和平之旅,为什么他们要惧怕危险、要发展专门的巫术工具来对付多布人呢?这是逻辑推理,但习俗没有逻辑可言,人的情感态度对习俗的影响胜过理性。土著人对异族的基本态度就是敌视和不信任。在土著人看来,每个陌生人都是敌人,这是放之四海皆准的民族志特征。在这个方面,特罗布里恩人也不例外,在其狭隘的社会视野之外,怀疑、误解和暗藏的敌意甚至在他和近邻之间筑起一道高墙。库拉通过特殊的习俗性交易在一些确定的地理位置上攻破了这道高墙,但是像所有与众不同之物和例外之物一样,要放下对陌生人普遍怀有的敌意,则须借助巫术来合理化和实现。

事实上,多布人和拜访者的习俗性行为极准确地反映了这一情况。习俗规定,当多布人接待特罗布里恩人时,先要表现出敌视和凶恶的样子,几乎像对待入侵者一样。但是,当抵达后的拜访者对着村子仪式性地唾完后,这种态度完全不见了。就这个问题,土著人以惯用的方式表达了他们的观点:

"多布人没我们好。他很凶恶,他是食人者!当我们到多布时,我们怕他，他可能会杀我们。但是，瞧！我唾了施过咒语的姜根，他们的想法变了。他们放下矛，他们友善地接待我们。"

三

当由许多小村子构成的多布村处于某个禁忌期时，这种敌意的表现就固定成一种明确的礼仪性态度。任何一个小村子有重要人物去世后，整个多布村就会遵守所谓的格瓦拉禁忌。届时，人们不能攀爬村周围和村里的椰子树和槟榔树，也不能触摸其果实，多布人自己不能，更不用说外人了。禁忌期的持续时间长短不一，取决于死者的重要性和其他情况。只有当格瓦拉行将期满结束时，基里维纳人才敢来拜访多布，当然，多布人会提前告诉他们这一情况。但即便如此，当基里维纳人抵达多布时，多布人仍表露出真实的敌意，因为拜访者必须要打破禁忌，必须爬上椰子树和槟榔树，摘下被忌的果实。这与一种在巴布亚-美拉尼西亚广为流传的禁忌期结束习俗一致：任何禁忌须由不受禁忌约束的人结束，或由他迫使施禁忌者将其打破，而不得不允许禁忌被打破的人则要回复以某些暴力和争斗。在这里，基里维纳人这样说道：

"当多布处于格瓦拉时，假如我们不施行卡乌巴纳伊（ka'ubana'i，祈安巫术），我们害怕。多布人涂上战争油彩，手拿长矛和一只普卢塔（puluta，剑棒）；他们坐在那儿看着我们。我们跑进村里，我们爬树。他朝我们追，'别爬，'他喊道。然后，我们向他唾莱亚（姜根）。他扔下长矛，他回去，笑了。女人们拿走长矛。我们在全村里唾。然后，他高兴了。他说：'你爬你的椰子树、你的槟榔树吧，割你的香蕉吧。'"

就这样，禁忌破了，格瓦拉结束，习俗性的、做作的紧张时刻过去了，但在此之前，双方的神经必然都很紧张。

下面是托利瓦加对着几块姜根所念的长咒。施过咒的姜根会分给船员，让他们上岸时带着。

第十三章 在萨鲁布沃纳海滩上 *341*

卡乌巴纳伊

"漂浮的尼基尼基的灵魂！杜杜巴(*Duduba*),基拉基拉(*Kirakira*)(这两个词不可译)。"

"它减弱,它消退了！

汝之愤怒减弱,它消退了,噢,多布男人！

汝之战争油彩减弱,它消退了,噢,多布男人！

汝之毒刺减弱,它消退了,噢,多布男人！

汝之怒气减弱,它消退了,噢,多布男人！

汝之追逐减弱,它消退了,噢,多布男人！"

后面是一长串各种词语,分别表示敌意、不愿库拉和所有的战争装备,如"拒绝库拉""低声怒吼""闷闷不乐""厌恶",然后是"武器""竹刀""剑棒""大倒钩长矛""小倒钩长矛""圆棒""战争黑彩""战争红彩",逐一念出。用基里维纳语说完这些词后,再用多布语重复一遍。所有这些词和"多布男人"搭配一遍后,其中一部分再和"多布女人"搭配一遍,但不包括那些武器。到此,这个极为冗长的咒语仍未结束。念诵者继续念诵道：

"谁出现在基纳纳之巅？我"(这里提及念诵者的名字)"出现在基纳纳之巅。"

之后,把关键词"它减弱,它消退了"换成"狗嗅",将这段冗长的咒文再重复一遍,意译过来,咒文大体如下：

"汝之愤怒,噢,多布男人,就像狗嗅",

或者,意思更明确的译文是：

"汝之愤怒,噢,多布男人,应该减弱,就像狗之凶恶在嗅新来的人时会减弱一样。"

用狗做明喻必定是巫术传统中极为根深蒂固的做法,因为在从其他资料提供者得到的该巫术咒语的另外两个版本中,关键词是:"狗四处嬉戏"和"狗很温顺"。咒语的结尾部分和本章前面引述的凯卡卡亚咒语一样：

"它不再是我的母亲,汝乃吾母,噢,多布女人……",直到最后的

"我刚刚逝去的……"。

对该咒语进行注释时,首先要说明第一句里提到的名字"尼基尼基(Nikiniki)",或"莫尼基尼基(Monikiniki)",土著人通常都用第二种读法,其中的前缀"莫(mo-)"表男性。土著人这样描述他:"一个男人,一个古时候的男人;没有关于他的神话;他说巫术。"的确,姆瓦西拉巫术的主要体系就是以他的名字命名的,但我所有的资料提供者都不知道任何关于他的传说。

正文的第一个关键词意思十分清楚。它描述了多布人的愤怒之情和外在武装的消失。值得注意的是,咒文里译作"减弱"的原土著词是多布语,而非基里维纳语。关于狗的那一部分,我已经解释过,但土著人自己的解释可能更清楚,其中一个解释很简单:

"他们在姆瓦西拉中提到狗,因为当狗的主人来了后,狗就会站起来舔他;同样的,多布人的倾向。"另外一个解释更复杂:"原因是狗玩耍时,会鼻子碰鼻子。假如我们按照老规矩提到这个词,宝物也会如此。假如我们送了臂镯,项链便会来,它们会碰上。"

这意味着,如果我们根据古老的巫术传统在这个巫术中提到狗,我们也会影响库拉礼物。这个解释无疑颇为牵强,很有可能并未表达该咒语真正的意思。它无法解释咒语中提到的愤怒之情和武器。我在这里引述这一解释,只是想举例说明土著人的循规蹈矩。

狗在该巫术中也是一个禁忌。如果施行卡乌巴纳伊的人在吃东西时听到狗吠,则须停止进食,否则他的巫术就会"变钝"。

在该巫术的庇佑下,特罗布里恩的水手们安全地在图乌陶纳沙滩上登陆了,我们也将跟随着他们进入下一章。

第十四章　在多布的库拉
——交换的技术细节

一

在上一章中，我们讲了格瓦拉（丧葬禁忌）习俗，以及当村子处于该禁忌和需将禁忌解除时对拜访者的恐吓式接待。没有格瓦拉时，如果抵达的船队进行的是尤瓦拉库之旅，则会举行大型的欢迎礼。逐渐靠近岸边的独木舟会排成一排，面朝托利尤瓦拉库的主要伙伴所在村落的海滩。托利尤瓦拉库的独木舟，即尤瓦拉库远航队队长的独木舟，会排在边上。托利尤瓦拉库会上到平台上，对着聚集在海滩上的土著人慷慨陈词。他要设法唤起他们的野心，从而让他们给拜访者大量宝物，比其他任何时候都多。之后，他岸上的伙伴会吹一声海螺号，蹚水走向独木舟，把第一份礼物送给他。之后，可能还会再送一份礼物，也是送给托利尤瓦拉库的。随后，其他海螺号吹响，男人们从岸上的人群里走了出来，遵照一定的长幼尊卑顺序，带着要送给伙伴的项链走向独木舟。赠送项链时总要遵照仪式，通常要把项链的两端系到一根棍子上悬挂着，坠子垂在下面（见整版插图61）。有时，会由一个女人（头人的妻子或姐妹）运送瓦古阿，这时，她就把项链放在篮子里，用头顶着。

二

欢迎礼过后，船队就散开了。记得我们曾在第二章中说过，多布村落建得并不紧凑，而是分散在各处，每个村子都很小，只不过有十几个棚屋。现在，船队沿着岸边航行，每只独木舟都停泊在其托利瓦加主要伙伴所在的村子前。

真正的库拉终于要拉开帷幕了。在此之前,我们谈的都是准备、航行和航行中的奇遇以及在安菲莱特群岛进行的一点预备性库拉。所有这些都带来了兴奋和激情,并都是为了最后的目标——在多布进行的大型库拉。现在,我们终于等到了高潮部分,最终结果却是获得几个脏兮兮、油腻腻、看上去没什么价值的土著小装饰品,不过是些扁平圆片串起来的长链子,一部分是覆盆子般的粉红色或砖红色,还有一部分已经褪了色。然而,在土著人眼中,这一结果因传统和习俗的社会力量而变得有意义,传统和习俗赋予这些物品价值,为其戴上浪漫的光环。此时,我们似乎应该反思一下土著人在这件事上的心理,并尝试理解这一心理的真正意义。

或许想想以下这一幕将有助于我们理解:就在离库拉发生地不远的地方,众多白人冒险家不怕千辛万苦,其中很多人甚至丢了性命,就是为了得到一种在土著人看来无足轻重的脏兮兮的东西——几个金块儿,就像我们眼中他们的巴吉一样。甚至再近些,就在特罗布里恩泻湖,就有珍贵的珍珠。过去,土著人打开贝壳要吃时,看到一颗韦图纳(waytuna,这是他们的叫法,意思是珍珠贝的"种子"),就把它扔给孩子们玩耍。现在,他们看到,一些白人为了得到尽可能多的这些无甚用处的东西而拼尽全力。这两种情况非常相似:附着在一件物品上的习俗化价值赋予了这件物品权力、名望及增加这种权力和名望带来的愉悦。当然,白人的情况更为复杂、更为间接,但和土著人的情况在本质上并无不同。试想,如果大量的名贵珠宝被释放到我们中间不断易手——如"山之光"钻(Koh-i-noor)、奥洛芙黑钻(Orloff)和其他名贵的钻石、翡翠、红宝石——不断在一个圆圈里流动,得到它们,要靠运气、勇气和胆识,这种情况就更像库拉了。即便对他们的占有是短暂的,但曾经占有的名声和"收集"热仍会刺激人们对这类财富的渴望。

库拉这一普遍的、属人的心理基础,我们必须长记于心。然而,若想了解库拉的具体形式,我们则需探寻交易的技术细节和其他细节。关于这些,我们曾在第三章做过简短的概述。现在,我们已对库拉的准备性阶段有了更多的了解、对土著人的心理和习俗有了更透彻的理解,这些能让我们更好地对库拉的技术细节进行具体描述。

关于库拉交换的主要原则,我们已在第三章说过,即库拉交换总是送礼和回礼,绝不是以物易物,后者是包含等价估计和讨价还价的直接交换。库拉总是由两次交易构成,两次交易在名称、性质和时间上截然不同。交换由被称为瓦加的初礼或启动礼物开启,由被称为约泰尔的结束礼或回礼结束。二者都是礼仪性馈赠,赠送时,须吹响海螺号,须非常显眼地发生在公共场所。土著语"扔"一词惟妙惟肖地形容了这一动作,因为宝物虽由送礼人送出,但收礼人几乎毫不在意,很少真正地用手接过来。交易礼节要求送礼时要用一种随便的、突然的、近乎生气的方式,收礼时也要同样地表现出一副漠不关心和不屑的样子。这里有一个例外情况,该例外情况有时会在特罗布里恩群岛发生,而且只有在特罗布里恩群岛才会发生,即当酋长向平民赠送瓦古阿时,平民会用手接过来,并表现出感激。而在其他所有时候,宝物都会被放在收礼方伸手可及的地方,由一个无足轻重的随行人员拿起来。

要弄清收礼和送礼这个习俗性行为背后的种种动机,并非易事。收礼人一方的角色或许不难解释。在土著人的礼仪性和商业性赠予和收取行为中,存在一种朴素且基本的人类感情,即对得到价值感到不满。当土著人讲到某次交易时,总会坚称自己送的礼物多么重要、多有价值,而贬低其收到的等价物的重要性和价值。与此同时,土著人本质上不愿表现出想要任何东西,这种态度在食物上表现得最明显,对此,我们已经谈论过(第六章第四节)。这两个动机共同作用,形成了接受礼物时表现出来的不屑态度,但这种态度终究是非常符合人性的、可理解的。至于送礼人,他在送礼时刻意表现出的气愤,或许首先是对人类天生不愿意与占有物分开的直接表现,此外,也是试图通过表现出痛苦的样子来提高礼物的表面价值。这就是我对赠予和收取礼节的解释,是在我多次观察土著人的行为、多次和他们说话聊天后得出的。

这两种库拉礼物的馈赠时间也不相同。显然,在属于尤瓦拉库类型的海外远航中,必会如此,因为在那样的远航中,拜访团不会携带任何宝物,因此,无论他们收到什么宝物,瓦加也好,约泰尔也罢,都不能实现同时交换。然而,即便是在同一个村落内进行内陆库拉,两种礼物的交换也必须有时间间隔,至少是几分钟。

两种礼物的性质也有深层次的不同。作为交换启动礼的瓦加须是自愿送的,也就是说,没有任何义务性的强制。人们可以用各种方法索求它,(瓦沃拉,*wawoyla*),但不能施压。约泰尔却不同,它是对之前收到宝物的回礼,乃迫于某种义务的压力而送。假设一年前我送给某个伙伴一件瓦加(启动礼),现在我来访,发现他有一件等值的瓦古阿,我就会认为他有义务把它送给我,如果他没送,我会生气,而且会理直气壮,不仅如此,如果我有机会用手碰到他的瓦古阿,根据习俗,我就有权利抢走(莱布)它,不过这可能会让我的伙伴非常愤怒,由此引发的争吵又是亦真亦假。

瓦加和约泰尔的另外一个区别体现在非尤瓦拉库的海外远航中。在那样的远航中,土著人有时会携带宝物,但仅限于为回赠过去收到的瓦加而应该送出的约泰尔。他们从不在海外远航中携带启动礼瓦加。

如前所述,瓦加比约泰尔需要更多的争取或索求。土著人称这一过程为瓦沃拉,包含一系列的索求礼,其中一种索求礼叫波卡拉,由食物构成,[①]我们曾在第十二章中讲述卡萨布瓦布瓦雷塔神话时提到这种礼物。通常,土著人会在远航中带相当多的食物,当他们知道某人有一件上好的宝物时,就会送些食物给他,并说:"我波卡拉你的宝物,把它送给我吧。"如果物主不想和他的宝物分开,就不会接受对方的波卡拉,如果接受了,就暗示这件瓦古阿迟早会被送给提供波卡拉的人,但物主也可能没准备好立即就和他的宝物分开,而是希望收取更多的索求礼。

还有一种索求礼叫卡里布图,通常由一件不经常被库拉的宝物构成,如一把打磨光滑的小斧刃,或一条贵重的腰带,赠送时说:"我卡里布图你的项链(或臂镯),我要拿走它,带走它。"同样,只有当对方有意满足赠送人时,才会接受这个礼物。要得到极为名贵的宝物,常常既要送波卡拉,也要送卡里布图,一件接着一件。如果在送了一两件这样的索求礼之后终于得到了这件大瓦古阿,被满足的索求方会再送给伙伴一些食物,这种礼物叫奎波卢(*kwaypolu*)。

食物性馈赠会在日后发生的类似场合中得到回赠。食物的馈赠和回赠

[①] 注意这是土著人使用波卡拉一词时的第三个含义。(参照第六章第六节。)

并不会严格等值，但由一件宝物构成的卡里布图则一定要在日后予以等值回赠。或许还应补充以下这一点：通常，赠送波卡拉食物礼的地区，其食物比受赠区的食物丰盈。于是，锡纳凯塔人会给安菲莱特人波卡拉，但却很少或从不波卡拉粮食富足的多布人。此外，在特罗布里恩内部，波卡拉会由北部农业大区基里维纳送给锡纳凯塔人，但不会出现反向流动。

另外一种和库拉相关的独特礼物叫科罗汤纳（korotomna）。如果一个锡纳凯塔人把一串项链送给了一个基里维纳人，而后者又从更东边的伙伴那里收到了一件小宝物，则要把这件小宝物送给那个锡纳凯塔人，作为那串项链的科罗汤纳。这种礼物通常是一个装饰着海菊蛤圆片的鲸鱼骨石灰刮刀，是必须要回赠的。

须注意，以上这些表达方式都出自特罗布里恩语，既指特罗布里恩群岛北部和南部之间，也指特罗布里恩群岛南部和安菲莱特群岛之间的交换的礼物。在从锡纳凯塔到多布的海外远航中，索求礼以访客的帕里这一馈赠形式被整体送出，名称和技术细节上的细微差别被忽略了。这是必然的，因为当关于一件上好宝物的消息能轻易快速地流传于特罗布里恩群岛南北之间时，在多布和博约瓦之间却无法实现。因此，去多布时，博约瓦人须在不知道能否从对方获得任何精美宝物的情况下，就是否给伙伴送索求礼、送什么和送多少做决定。然而，只要访客的帕里中有特别宝贵的礼物，日后多布人则必须回礼。

还有一种重要的礼物对库拉而言必不可少，即叫做巴西的过渡礼。试想，一个锡纳凯塔人上次和他的多布伙伴在锡纳凯塔会面时，送给伙伴一副非常精美的臂镯，现在他到了多布，发现他的伙伴没有与那副臂镯等值的项链，但仍期望伙伴送给他一件价值较低的项链。这个礼物就是巴西，它不是对那件价值颇高的瓦加的回礼，而是填补间隙的礼物，日后，锡纳凯塔人须回赠一副与这个巴西等值的小臂镯。对已经得到、但还没有其等价物的大臂镯，多布这一方仍须回赠，一旦得到等价物，就要将其作为库杜（成交礼）送给对方，结束这场交易。这两个说法都运用了修辞手法。库杜的意思是"牙"，用作能达成或咬定一项交易的礼物的名字，非常合适。巴西的意思是"刺透"或"戳入"，一个土著人曾对这个名字作了解释，下文是该解释的直译译文：

"我们说巴西,因为它没真正地咬住,像一颗库杜(牙)那样;它只是巴西(刺透)了表面,让它轻了点。"

瓦加和约泰尔这两种礼物的等值用库杜(牙)和比盖达(*bigeda*,它会咬住)来表达。另外一个描述等值的修辞性说法是瓦伊(*va'i*),意为"结婚"。当两件相向而行的宝物在库拉中碰面并互相交换时,就说它们结婚了,臂镯被视为是女性的象征,项链被视为是男性的象征。关于这些观念,一个资料提供者曾向我作过一番有趣的解释。我们曾在前面提到,食物性礼物从不会由锡纳凯塔送往基里维纳,因为那显然是多此一举。当我问为什么会这样时,我得到的答案是:

"我们现在不奎波卢或波卡拉姆瓦利,因为她们是女人,没理由要奎波卢或波卡拉她们。"

这个解释几乎没什么逻辑,但却含有"女性的价值较小"这样一种观念,抑或,它指的是关于婚姻状态的一种基本观念,即女方的家庭要给男方提供食物。

库拉交易中的等值观念强烈而明确。当收礼人对约泰尔(回礼)不满时,他会激烈地抱怨这项回礼对他的启动礼而言不是一个名副其实的"牙"(库杜),不是真正的"婚姻",没有真正地"咬住"。

半个库拉圈,从伍德拉克岛,甚至是更东边的纳达(劳兰群岛),一直到特罗布里恩群岛南部,都在使用这些基里维纳语词。多布语也用瓦加和巴西这两个词,但把约泰尔念作约图拉(*yotura*),把库杜念做乌杜(*udu*)。安菲莱特人用的也是那些基里维纳词语。

以上就是库拉交易要遵守的实际规则,至于其他的一般性原则、库拉伙伴的定义和有关库拉的社会学,第十一章已详细讨论过。我们在第三章中说过库拉宝物必须一直流动、不能停下,对这一规则,无需再作补充,因为这一规则从无例外。然而,我们必须对库拉中用的宝物再赘言几句。在第三章中,我曾简要说过,在一个方向上流动的是臂镯,在相反方向,即顺时针方向上，流动的是项链。现在要补充的是，与姆瓦利（臂镯）一同流动的还有另一件物品——多加，即环形野猪长牙。在过去的库拉流中，多加几乎和姆瓦利一样重要，但现在几乎根本看不到它被用作库拉物品。这一变化的原因不易解释。在具有像我们在库拉中看到的重要性和传统惰性的制度中，不会存在潮流介入从而产生变化的问题。我唯一能想到的原因就是，在今天，随着部落间的交往日益频繁，所有库拉宝物都大量流失到了库拉圈之外的其他地区。现在，多加在新几内亚主岛上的价值极高，我认为，其价值甚至大大超过了它在库拉地区内的价值，这样一来，多加的流失就比任何其他物品都更为严重。现在，库拉物品之一海菊蛤项链实际上是从库拉区以外的地方输入库拉区的，甚至有白人大量生产，以供土著人使用。库拉区内生产的臂镯足够抵消任何流失，但多加的再生产却极为困难，因为它们与自然界里一种罕见的怪胎——长着环形长牙的野猪——联系在一起。

和姆瓦利同向流动的另外一种物品叫博苏（bosu），是一种用海菊蛤贝壳装饰、用鲸鱼骨制成的大石灰刮刀。严格地说，它并不是库拉物品，但可用作前面提到的科罗汤纳礼，但今天已经很难看到。和项链同向流动的是一种腰带，也由做项链的那种红色海菊蛤贝壳制成，但只是一种无足轻重的附属库拉物品，会被用作小臂镯的回礼，如巴西等。

在项链和臂镯的流动圈上，有一个重要的例外。我们从上一章中知道，锡纳凯塔生产一种海菊蛤贝壳项链，比库拉中用的贝壳项链更大更粗糙。这些贝壳串在基里维纳语里叫卡图达巴比尔（katudababile），在多布语里叫萨马乌帕（sama'upa），有时被用作库拉礼物从锡纳凯塔输往多布，因此，其作用等同于臂镯。然而，这些卡图达巴比尔从不能完成一次库拉循环，因为它们处于错误的方向上，从未能从东边返回到特罗布里恩群岛，其中一部分流入到库拉区以外的地区，另一部分流回锡纳凯塔，加入到其他项链的循环流动中。

还有一种附属库拉交易品是打磨光滑的大而薄的斧刃，在基里维纳语里叫贝库。它们从不用于任何实际目的，只用作财富的象征和展示品。在库拉中，这种斧刀被用作卡里布图（索求礼），是双向流动的。然而，由于制作石材采于伍德拉克、抛光完成于基里维纳，它们从特罗布里恩群岛到多布的流动比反向流动更为频繁。

总而言之,可以说,真正的库拉物品一方面是臂镯(姆瓦利)和环形野猪长牙(多加),另一方面是分为很多种类的精美长项链(索拉瓦或巴吉)。表明这三件物品具有特殊地位的标志是它们是咒语里唯一提及,或者至少是迄今为止咒语里提到的最重要的物品。在后文中,我会逐一列出这些物品的进一步分类。

如我们所见,虽然库拉交易有大量的礼仪,交易的技术细节里含有众多礼节,甚或说是商业信誉,但是发生争吵和摩擦的可能性仍然很大。假如一个人得到了一件非常精美的宝物,而他又没有义务把它用作约泰尔(回礼),这时就会有许多伙伴争着要得到它,由于最后胜出者只有一人,其他人就会受挫,或多或少地被冒犯,从而心生怨恨。另外一个更容易让人心生怨恨的因素是等值问题。由于没有准确的标准对互换宝物进行度量甚或比较,由于各种宝物没有明确的对照物或关联指标,送出高价值瓦古阿的人就不易得到满足。当收到一件在他看来并不等值的回礼(约泰尔)时,实际上,他不会当众失态,甚至不会公开表现出对这件事的不满,但是他会产生深深的愤恨感,进而会经常斥责对方、恶言相向。虽然他不会在伙伴面前这样做,但这些迟早都会传到后者的耳朵里。最后,土著人可能诉诸于解决分歧的普遍方法——黑巫术,这时他们会雇佣妖术师向冒犯他们的一方施用某个邪恶咒语。

当土著人讲到某个有名的瓦古阿时,会这样称赞其价值:"很多人都因它而死"——这不是说他们死于战斗或搏斗,而是指死于黑巫术。土著人有一套迹象体系,能让他们在人死后当天验尸时确定死者因何被施法。在这些迹象中,有一两个表明一个人之所以被杀,是因为他在库拉中斩获成功,或是因为他为库拉得罪了某人。我们必须明白,一边是礼仪上的一丝不苟和端庄得体,另一边是愤恨和贪婪,二者的交织是所有库拉交易的基础,是土著人交易时的主要心理基调。公平和得体的义务基于一个普遍原则,即"吝啬是极为不当和可耻的",因此虽然人们一般都会贬低他收到的礼物,但是我们不应忘记送礼一方是真心实意地想做到最好。毕竟,在有些案例中,我们看到,当一个人收到非常精美的宝物时,会夸耀它,并坦率地表现出满意。当然,对这样的成功,他并不归因于其伙伴的慷慨,而是归因于自己的巫术。

土著人普遍认为有一种行为是应受谴责和可耻的,那就是想要保留很多宝物,且传递时很慢。这样做的人会被说成"在库拉中很难对付"。下面的这段土著描述,说的就是安菲莱特土著人表现出的这种行为:

"古马奇拉,他们的库拉很难对付;他们小气,他们抓住不放。他们想抓住一个索拉瓦、两个、三个大的,或者四个。有人波卡拉他们,他却波卡波卡拉(poka pokala);如果这个人是个亲戚,他会得到一个索拉瓦。只有凯卢拉人,古马奇拉人小气。多布、杜阿乌、基塔瓦很好。来到穆尤瓦——他们像古马奇拉。"

这段话的意思是古马奇拉人会囤积项链,会索要大量食物作为波卡拉——典型的重叠词刻画了索要波卡拉时的坚持不懈——即便如此,他还是只把项链给亲戚。当我问资料提供者这样吝啬的人是否也会面临被巫术杀死的风险时,他回答道:

"一个人,在库拉中遥遥领先——他会死——吝啬的人不会;他会平安无事。"

三

现在,让我们再回到库拉的具体活动中去,跟随锡纳凯塔的一位托利瓦加的行踪去看看吧。抵达时,他大概已经得到了一两件项链,但是他还有更多的伙伴,因此期望得到更多的宝物。在收足宝物之前,他必须遵守一个禁忌,即不能吃任何当地食物,甘薯、椰子、蒌叶、槟榔都不行。在土著人的信仰中,如果他犯忌,则不会再收到其他宝物了。此外,他试图通过装病来博得伙伴的同情。他会待在船上,传话出去,说他病了。多布人知道这样的惯例性疾病是什么意思,但是他们仍可能屈服于这种劝说。如果这一诈术未生效,他可能会求助于巫术。有一个咒语叫克沃伊加帕尼(kwoygapani),或叫"缠绕巫术",可以勾引被施咒者的心智,让他变傻,从而顺从于劝说。

先对一两颗槟榔念诵该咒语,然后把槟榔送给伙伴及其妻子或姐妹。

克沃伊加帕尼咒语

"噢,奎加(kwega)叶子;噢,友好的奎加叶子;噢,奎加叶子到这儿;噢,奎加叶子去那儿!"

"我要从多布女人的嘴里进入;我要从多布男人的嘴里出来。我要从多布男人的嘴里进入;我要从多布女人的嘴里出来。"

"勾引人的奎加叶子;缠绕人的奎加叶子;多布女人的心智被奎加叶子勾引,被奎加叶子缠绕。"

"被奎加叶子勾引"和"被奎加叶子缠绕"依次再和下列词语搭配:"汝之心智,噢,多布男人""汝之拒绝,噢,多布女人""汝之厌恶,噢,多布女人""汝之肠""汝之舌""汝之肝"……,如此列出所有与理解和感情有关的器官及描述这些官能的词语。结尾部分与前面引述过的一两个咒语相同:

"它不再是我的母亲,汝乃吾母,哦,多布女人……"(参看上一章中的凯卡卡亚咒语和卡乌巴纳伊咒语)。

奎加是一种植物,很有可能与蒌叶属于同一科,当没有真正的槟榔荚(姆韦耶,mwayye)时,土著人就会把它的叶子连同槟榔和石灰一起咀嚼。非常引人注意的是,不止一个巫术咒语援用奎加,而非真正的槟榔荚。咒语的正文部分十分清楚:奎加所具有的勾引人和缠扰人的力量被投掷在多布人的所有精神官能上及这些官能的解剖学位置上。用过这个巫术后,祈求一方就用尽了他所有的办法。他不得不放弃希望,开始吃多布的水果,因为他的禁忌解除了。

和库拉同时进行的还有附属性普通贸易品的交换。在第六章第六节中,我们根据特罗布里恩岛的实际情况把各种赠予和收取划分为各种类别。现在正在多布发生的部落间交易也适用这一划分。库拉本身属于第(6)类"延迟支付的礼仪性以物易物";拜访者登陆后赠送的帕里及东道主回赠的塔洛伊或道别礼属于第(4)类"基本等值的礼物";最后,拜访者和当地人之间也会发生简单纯粹的以物易物（金瓦利），然而伙伴之间从不会直接进行金瓦利类型的交换。一般说来，当地人赠送的礼物会更重大，因为塔洛伊永远在数量上和价值上超过帕里，此外，在拜访者逗留期间，当地人还会向拜访者赠送小礼物。当然，如果帕里中有诸如斧刃或优质石灰勺等高价值的索求礼，则一定要回赠以严格的等价物，其余礼物的回礼则可不受限地超过赠礼的价值。

以物易物发生在拜访者和当地土著人之间，后者不得是前者的库拉伙伴，但必须属于与前者进行库拉的共同体。例如，努马努马、图乌陶纳和布瓦约瓦这三个村子就构成了一个我们所说"库拉共同体"或"库拉单元"，锡纳凯塔与之有伙伴关系，那么，一个锡纳凯塔男人则只和来自这三个村子的非其个人伙伴的人金瓦利（贸易）。下面是土著人的陈述：

"有些贸易品，我们当作帕里送；有些，我们留下；之后，我们金瓦利它。他们拿来了槟榔、西米，他们放下了。他们想要我们的某个物品，他们说：'我想要这把石刃。'我们给了，我们把槟榔、西米放到我们的独木舟上。但是，如果他们给我们的数量不够，我们责骂他们。然后，他们再拿来些。"

这是金瓦利的清晰定义，交易行为中有讨价还价和对等值的调整。

当锡纳凯塔拜访团抵达后，周边地区的土著人，即来自多布本岛、道森海峡另一侧、和南面代代伊村的土著人，便聚集到上述三个库拉村落里来。这些来自其他地区的土著人带来了一定数量的贸易品，但是他们不能和来自博约瓦的拜访者直接交易，他们必须先和当地土著人交换货物，然后再由后者和锡纳凯塔人交易。因此，当锡纳凯塔人与更遥远地区的居民发生任何贸易关系时，来自库拉共同体的东道主都是中间商。

让我们总结一下这些交易的社会学特征。可以说，拜访者和多布土著人之间有三层关系。首先，拜访者与其伙伴在自由赠予和收取的基础上交换一般性礼物，这种交易与真正的库拉同时进行。其次，拜访者与并非其库拉伙伴的当地居民进行金瓦利。最后，通过作为中间商的当地人，和外地人进行非直接的交换。即便如此，我们也不能把这想象成一个十足的商业聚会。聚集的土著人很多，但主要是出于好奇，想看看对尤瓦拉库拜访团的礼仪性接待。然而，当我说每个博约瓦访客都会带来并带走大约六件物品时，我并没少说。有些物品是锡纳凯塔人之前在博约瓦手工业制造区进行预备性贸易远航时得来的（见第六章第三节），就这些物品的交换，他一定有利可赚。下面几个例子显示了他们在博约瓦的付价和在多布的得价，说明了他们的利润。

库博马对锡纳凯塔　　　　　　多布对锡纳凯塔
1只塔内波波篮子＝12个椰子＝12个椰子＋西米＋一条腰带
1把梳子＝4个椰子＝4个椰子＋1捆蒌叶
1只臂镯＝8个椰子＝8个椰子＋2捆蒌叶
1只石灰罐＝12个椰子＝12个椰子＋2份西米

表格中的第二纵列显示了锡纳凯塔人付给库博马（特罗布里恩岛北部的一个大区）各手工业制造村的价格，第三纵列则是他们在多布得到的价格。该表格取自一个锡纳凯塔的资料提供者，很有可能很不准确，交易的利润必定和他们说的相差甚远。然而，毫无疑问的是，对每件物品，锡纳凯塔人都会在先前支付过的价格上再要些额外的东西。

因此可见，在这种交易中，中间人必定有利可图。锡纳凯塔人是特罗布里恩各手工业制造中心和多布的中间商，而东道主多布人则是锡纳凯塔人和多布周边地区之间的中间商。

除进行交易和获取库拉宝物之外，锡纳凯塔土著人还拜访他们在当地的朋友和远亲，我们在前面曾说过，这些朋友和远亲乃移民至此。在平坦肥沃的平原上，拜访者从一村走到另一村，欣赏着他们从未见过的美景。他们看到了努马努马和代代伊的热喷泉，每隔几分钟，温泉便从各个泉眼中轮番喷射而出，高达几米，喷泉周围的土地荒芜贫瘠，偶尔可见一两株矮小的桉树，据我所知，这里是整个新几内亚东部唯一能看到桉树的地方，至少陪我一起来这儿看温泉的几个见识颇多的土著人是这样告诉我的,他们曾游历过新几内亚主岛东端和东部的所有岛屿。

这里的海湾和泻湖被陆地封锁着,道森海峡的北端在群山和火山锥的包围下,仿佛是一个湖,所有这一切,在特罗布里恩人看来,都充满了异域风情。在村子里,他们受到男性朋友的招待,双方都用多布语。虽然多布语与基里维纳语完全不同,但是锡纳凯塔人从小便学多布语,值得注意的是,没有多布人会说基里维纳语。

如前所述,拜访者和多布女人之间不会发生任何性关系。一位资料提供者这样对我说:

"我们不和多布女人睡觉,因为多布是最后的大山(Koyaviguna Dobu),这是姆瓦西拉巫术的一个禁忌。"

我进一步追问是否犯忌仅对库拉产生不利,得到的答案是:他们害怕犯忌,自古以来就规定(*tokunabogwo ayguri*)男人不应侵犯多布女人。事实上,锡纳凯塔人全都害怕多布人,会非常小心地不在任何地方冒犯他们。

在多布逗留三四日之后,锡纳凯塔的船队起程返航了。没有任何特别的告别仪式。离开那天的清早,他们收到了塔洛伊(道别礼),有粮食、槟榔、实用物品,有时,塔洛伊里还有一件库拉宝物。虽然船上满载货物,但是他们仍会通过一个叫凯卢帕(*kaylupa*)的巫术让船变轻,然后向北而行。

第十五章　回乡之旅
——卡洛马贝壳的采集和制作

一

　　锡纳凯塔船队返航时走的路线和他们去多布时走的路线完全一样。每到一个来时曾停靠过的有人居住的小岛和村子,他们都会再次停靠,待上一天或几个小时。在萨纳罗阿、特瓦拉和安菲莱特群岛,他们再次拜访了那些小村落里的伙伴。归途中,他们收到一些库拉宝物,所有来自中间地带伙伴馈赠的塔洛伊也是在回来的路上才收到。在所有这些村子里,人们都急切地想知道这只尤瓦拉库船队在多布受到了怎样的接待,他们讨论这一次收获的宝物,并和以前的收获作比较。

　　现在,不再施行巫术,也不再举行仪式。关于返航,的确没什么可说的,除了以下两个重要事件:在萨纳罗阿泻湖采集海菊蛤贝壳(卡洛马),以及在穆瓦海滩上展示并比较收获的库拉宝物。

　　上一章中,我们看到,锡纳凯塔人通过贸易的方式取得一些科亚特产。然而,还有一些有用的东西,特罗布里恩群岛当地没有,在科亚却极易获取,对于这些东西,特罗布里恩人就无需假借他人之手了。在萨纳罗阿岛和多布岛众多的山坡上,可以找到大量的一种叫黑曜石的玻璃状熔岩,过去特罗布里恩人用这种材料制作剃刀、刮削器和锋利精巧的切割工具。这个地区还盛产浮石,特罗布里恩人把它们采集回去用作打磨工具。此外,他们还能采得红赭石和坚硬的玄武石(比纳比纳),后者可用来锤击、捣碎物体,也用于巫术目的。最后,在某些海滩上,还有一种叫作马亚(maya)的非常精细的硅砂,特罗布里恩人把它运回去后用来打磨用作财富象征的斧刃,今天,他们还在生产这种斧刃。

二

在特罗布里恩人目前为自己收集的所有物品中,最重要的当数海菊蛤贝壳。这些贝壳可从萨纳罗阿泻湖里的珊瑚露头上免费获得,但采集这些贝壳并非易事。正是这种贝壳,可被做成圆形有孔的小圆片,再被串成库拉项链,库拉区内几乎所有有价值或做工精美的物品也都用这种小圆片做装饰。但是,库拉区里只有两个地方做这些小圆片,即锡纳凯塔和瓦库塔,二者都在博约瓦南部。锡纳凯塔和瓦库塔面对的特罗布里恩泻湖里也有这类贝壳,但萨纳罗阿泻湖里的品种颜色更好,而且我想也更易采集。然而,在萨纳罗阿采集贝壳的,只有锡纳凯塔人。

无论是在他们自己泻湖里的无人沙洲岛纳瑙拉(Nanoula)附近采集,还是在萨纳罗阿采集,这都是一个重大的礼仪性事件,整个锡纳凯塔作为一个整体参与其中。卡洛马巫师(托沃西纳卡洛马,*towosina kaloma*)为全村施行整套或至少部分巫术,也负责确定日期及指挥整个过程中的仪式部分。由于海菊蛤是库拉远航中必不可少的要素之一,在此,我们须详细描述其采集和制作。土著语卡洛马[南马辛各地区用萨皮-萨皮(*sapi-sapi*)一词]既指贝壳本身,也指做好的小圆片。这是一种大海菊蛤贝壳,贝壳上有一层红色结晶体,从暗黑的砖红色到柔和的覆盆子般的粉红色,深浅不一,以粉红色最为珍贵。泻湖底浅,满是泥浆,上面分散着珊瑚露头,海菊蛤贝壳就藏于露头上的洞穴里。

据传说,这种贝壳和锡纳凯塔大有关系。据一个锡纳凯塔传说,从前,有三个属于马拉奇氏族之塔巴卢亚氏族的古亚乌(酋长)级女人到处游荡,选择居住的地方。老大选了奥马拉卡纳村,老二去了古米拉巴巴,最小的在锡纳凯塔住下。最小的女人在篮子里装了卡洛马圆片,它们被穿在一根又长又细的棍子上,这根棍子叫维杜纳(*viduna*),就像最后制作阶段里用的那根那样。她先待在一个叫凯布瓦乌(Kaybwa'u)的地方,但是有一只狗叫了,她继续赶路。她又听到狗叫声,她拿起一个卡博马(木盘子),到裙礁采贝壳去了。当她在那儿看到莫莫卡(*momoka*,白色海菊蛤)时,惊叫道:"啊,这是卡洛马!"但再细看时,她说:"噢,不,你不是红色的。你的名字是莫莫卡。"然后，她拿起那根穿着卡洛马圆片的棍子，将其插入礁石上的一个洞里，棍子就立在那儿了。但是她看着棍子，说："噢，内陆的人来了会看到你，把你拔走。"于是，她拔起那根棍子，上了独木舟，划桨而去。她划到海里，停泊在那儿，从棍子上拔下贝壳圆片，投入大海，让它们到珊瑚露头里去。之后，她说道："禁止内陆的土著人拿走这些宝物，只有锡纳凯塔人可以潜水。"于是，就只有锡纳凯塔人懂得这个巫术、知道如何潜水。

该神话故事表现出的某些特点值得注意。我不会讨论它的社会学特征，但在社会学方面，它与基里维纳神话不同，后者不承认锡纳凯塔和古米拉巴巴的酋长与奥马拉卡纳的酋长具有平等的地位。该神话的一个特点是故事里的马拉奇女人表现出对狗的厌恶，而狗却是卢库巴氏族的图腾动物，据神话和历史资料，卢库巴氏族曾不得不把领导地位让给马拉奇（参照第十二章第四节）。故事里还有一个细节很有趣：她把卡洛马穿在棍子上，就像制作的最后阶段那样，然后她试图就这样把它们插在礁石上。然而，造好的卡洛马，用我的资料提供者的话说，"看着她，海水把它们荡来荡去，它的红眼睛闪闪发光。"女人看到后，就把这些太易取得、太吸引人的卡洛马拔下来，撒到深海里。就这样，她让不谙此道的内陆人无法得到它们，并让锡纳凯塔人独占它们。无疑，瓦库塔各村的工艺是从锡纳凯塔学来的。在瓦库塔，几乎无人知晓这一神话，只有几个采集和制作专家而已，还有一个关于该手工制造业在后来传到瓦库塔的传说。此外，瓦库塔人从不在萨纳罗阿潟湖采集卡洛马。

现在，要描述卡洛马采集的技术细节和仪式了。我们最好叙述一下土著人是如何在锡纳凯塔潟湖里的纳瑙拉沙洲岛附近采集卡洛马的，因为那是规范而典型的卡洛马采集形式。当锡纳凯塔人在萨纳罗阿采集时，过程非常相似，只是省去了其中一两个环节而已。

卡洛马巫师（托沃西纳卡洛马）一职在马拉奇氏族的两个亚氏族里世袭，其中之一便是卡西埃塔纳（Kasi'etana）大酋长所属的亚氏族。季风季结束后，即在三四月份里的奥吉布库维（*ogibukuvi*）（也就是新甘薯季），巫师下令准备，村落社区送他索苏拉（*sousula*）礼，一两个村民给他一件瓦古阿，其他人则提供古古阿（普通小物件）和食物。然后，他们开始备船，准备好比纳比纳石，他们将用这些石头把海菊蛤贝壳从珊瑚礁上敲下来。

第二天早上，巫师施行"凯夸乌纳拉伊（*kaykwa'una la'i*）"（意思是"吸引珊瑚礁"）巫术仪式。和其他几种海洋生物一样，卡洛马的栖息地很远，位于萨纳罗阿和多布之间的凯塔布（Ketabu）珊瑚礁，为了让卡洛马向纳瑙拉移动，则须念诵上面提到的咒语。念咒时，巫师在锡纳凯塔海滩上走来走去，对着天空、大海及遥远的卡洛马栖息地念诵。然后，卡洛马就"站起来"（伊特莱兹，*itolise*），从原来住的珊瑚露头（瓦图，*vatu*）来到锡纳凯塔潟湖。我是从卡西埃塔纳的现任酋长托乌达瓦达那里得到这个咒语的，他是那个神话中赐予人们贝壳女人的后人。咒语开篇是一长串祖先的名字，然后自夸整个船队如何钦佩巫师咒语的成功。正文部分的关键词是"伊特洛（*itolo*）"："它站起来"，"它出发"的意思，然后列举形状、颜色、质量各不相同的各类卡洛马贝壳，这些词再与该关键词搭配。结束语是另一番吹嘘："我的独木舟因满载贝壳而下沉"，然后用不同的措辞将这句话重复数遍。

巫师可能只念诵一次该咒语，也可能在接下来的几天里念诵几次。之后，他就会确定采集之旅的最后日期。出发前的那个晚上，每个人都在家里施行某个私人巫术，对凿石加比拉（*gabila*）施咒，充当凿石的都是比纳比纳（一种从科亚采得的石头）。通常，要把凿石放在一片干香蕉叶上，同时放上一些红木槿花及其叶子或其他红颜色的花，对其念咒，然后用香蕉叶把这些都包起来，一直保存到使用之时。他们相信这会为凿石带来运气，让它凿下许多贝壳，并让贝壳色泽红艳。

另一个私人巫术仪式是对贻贝壳施咒，再在第二天早上用它来刮擦独木舟的船身，这会让海水清澈，采集者潜入水中时能容易地看到并经常找到海菊蛤贝壳。

翌日清晨，整个船队踏上采集之旅，他们随船带些食物，因为采集通常要持续几天，夜晚，就在纳瑙拉沙洲岛的沙滩上度过。当独木舟行至锡纳凯塔和纳瑙拉之间的某处时，所有独木舟都排成一行，巫师的独木舟位于最右端，他对一束花束施咒，花束里有红木槿花、红巴豆叶、开红花的红树林叶子——这些红色的东西是用来使贝壳借巫术之力变红的。然后，他驾驶船只行至所有独木舟的前面，每经过一只，便用该花束抚拭其船头。之后，两端的独木舟开始撑篙前行，原来的横排变成圆圈，巫师随即撑篙沿直径穿过。在潟湖此处,有一个叫维图奎拉伊的小瓦图(珊瑚露头),被称为"巴洛马(灵魂)之瓦图"。就是在这个瓦图上,巫师停下船,下令一些船员潜入水中,贝壳采集便在这里开始了。

之后,每只独木舟还会自行再实施某些私人巫术。例如,用红木槿花对锚石施咒,目的是让海菊蛤贝壳变红。还有一个私人巫术叫"扫海",和前面提到的贻贝壳巫术一样,能使海水清澈。还有一个叫"洒盐水",是个邪恶巫术,施行该巫术的人会使他人的巫术失去效果,让他们无所收获,自己则能采得大量的贝壳,多得让人吃惊和怀疑,施行者会潜入水中,喝一口海水,浮出水面时,将海水喷向其他独木舟,并念诵邪恶咒语。

以上便是在特罗布里恩潟湖进行海菊蛤贝壳采集时的相关巫术和礼仪。在萨纳罗阿进行的采集,其过程与之完全相同,只是没有召唤珊瑚礁这一环节,很有可能是因为采集人已然身处卡洛马的原栖息地。此外,土著人告诉我,一些私人巫术会在船队踏上库拉远航之前于锡纳凯塔施行,然后用干叶子把施过咒的东西包起来保存。

需补充的是,无论是在特罗布里恩潟湖,还是在萨纳罗阿,都没有珊瑚露头私有权。整个锡纳凯塔共同体在潟湖里有他们的渔场,每个锡纳凯塔人都可在该渔场里采集海菊蛤贝壳,间或也捕鱼。如果另外一个海菊蛤贝壳采集共同体,即瓦库塔人,侵犯他们的渔场,则会招致麻烦,要在过去,会发生打斗。珊瑚露头私有权存在于潟湖北岸的一些村落里,即卡瓦塔里亚村落群和凯卢拉岛上的村子。

三

现在,我们须介绍卡洛马手工制造业的最后几个阶段。整个过程涉及的工艺与显著的社会经济安排密切交织在一起,因此最好先在这里说明制作要点。海菊蛤由贝壳和一个小而平的盖子构成,前者大小、形状都如半个掏空的梨,是制作贝壳圆片唯一使用的部分。先把它用一块比纳比纳或乌图凯马(*utukema*,从伍德拉克岛输入的一种绿石)敲成几块,如整版插图50(A)所示,便可看见每块贝壳片的层次:最外一层是柔软的白垩物质,然后是一层红色坚硬的钙质,最里面是白色晶体层。最外层和最里层都须磨掉,但在此之前,先要把每块碎片弄成大致的圆形,将其变成一个厚圆块。然后,把这样的圆块(见整版插图50—A和整版插图50—B的前景)放入一个圆柱状木柄的洞内,手握木柄,在一块扁平的砂石上(见整版插图50—B)打磨这个圆块,直至其外层和里层都被磨掉,只剩下中间红色的钙层,之前的圆块变成一个两面都光滑的扁平圆片。之后,用泵钻——吉吉乌(*gigi'u*)——在圆片中央钻孔,再把这些钻了孔的圆片套在一根细而坚韧的棍子上(见整版插图52),之前我们在神话中提到过。然后,在砂石上来回滚磨插在棍子上的圆贝壳片,直至其形状完全对称(见整版插图52)。就这样,通身光滑、中间有孔的扁平圆贝壳片制作完毕了。像潜水一样,敲打、钻孔的工作全由男人做,而打磨的工作通常由女人干。

  这个工艺关系到一种有趣的社会学关系,即制作者和订做者之间的关系。我们曾在第二章中说过,特罗布里恩社会组织的特点之一是男人和其妻子的母系男亲戚之间互有责任,后者须在收获时节经常向前者提供甘薯,而前者则要不时送给后者宝物。在锡纳凯塔进行的卡洛马宝物的生产常与这一关系相关。锡纳凯塔人为他的某个姻亲制作库塔达巴比尔(*kutadababile*,大珠子项链),后者则用食物向前者支付酬劳。由于有这一习俗,锡纳凯塔男人经常会娶来自内陆农业村的女子为妻,甚至会娶基里维纳女人为妻。当然,即使他在这些村落里没有姻亲,也会有朋友或远亲,他就会为他们制作。要不然他就为自己制作一串,将其投入库拉。然而,最典型、最有意思的是某个人订做项链,并用一套类似分期支付的特别经济制度来支付酬劳,关于这种经济制度,我曾在介绍独木舟的建造时提到过。下面是对卡洛马制作酬劳的叙述,该文本译自土著文本,与其十分贴近。

关于卡洛马制作的叙述

  假如某个内陆人住在基里维纳,或是卢巴,或是附近的一个村落;他想要一个库塔达巴比尔。他会请求一个懂得如何潜水采集卡洛马的渔民行家。这个男人同意了;他潜水,他潜水……直至足够;他的瓦塔加(大折叠篮子)已经满了,这个男人(内陆人)听到了传言;他,卡洛马的主人(即订做项链的人)说:"好!我要去看看!"他回来,他会看,他不会给任何瓦卡普拉酬劳。他(这里指锡纳凯塔的潜水者)会说:"走吧,明天,我要打碎贝壳,来这儿,给我瓦卡普拉。"第二天,他(内陆人)会做好食物,他会带来,他会给瓦卡普拉;他(潜水者)会打碎贝壳。第三天,一样。他(内陆人)会给瓦卡普拉,他(潜水者)会打碎贝壳。假如打碎的工作已经完成,他会说:"好!打碎这一步已经完成,明天我要打磨。"第二天,他(内陆人)会做好食物,会带上香蕉、椰子、槟榔、甘蔗,将它们当作瓦卡普拉送出去,;这个人(潜水者)打磨。打磨已经完成了,他会说:"好!明天我要钻孔。"这个人(内陆人)会带上食物、香蕉、椰子、甘蔗,作为瓦卡普拉送出去:要丰盛,因为很快项链就要做好了。同样,在磨圆圆柱卷时,他会送一个大瓦卡普拉,因为很快一切都将完工。完工后,我们把它穿在一根绳子上,我们洗它。(注意从第三人称单数到第一人称复数的变化。)我们把它给我们的妻子,我们吹响海螺号;她会去,她会把他的宝物带给这个人,我们的姻亲。第二天,他会约米卢;他会抓一头猪,他会折一束槟榔,他会砍甘蔗、香蕉,他会在篮子里装满食物,用有几个尖叉的木头插上椰子。很快,他会拿来。我们的房屋会被填满。之后,我们会分香蕉、甘蔗和槟榔。我们把它送给帮忙的人。我们坐着,我们坐着(相当于"我们等着");在收获季,他带来甘薯,他卡里布达博达(他支付这种酬劳),那串项链。他会带来食物,填满我们的甘薯仓房。

同许多土著人提供的信息一样,该叙述也需一定的修正。首先,在故事里,各环节接连发生,进展很快,这与真实的干活儿方式相差甚远。通常,做耗时长久的活计时,如制作库塔达巴比尔,土著人都是不慌不忙的。叙述照例多次列举食物,所列食物的数量或许并未被夸大,因为——这就是土著人的经济——为人定制项链得到的酬劳会比在其他任何一种交易中得到的酬劳多一倍,甚或更多。另一方面,我们须记得,这里所说的最后一次支付,即卡里布达博达,不过就是例行地将甘薯仓房填满,这向来都是姻亲的责任。然而,如果某一年制作了库塔达巴比尔,这每年都例行赠送的收获礼则要被称为"给项链的卡里布达博达酬劳"。把项链交给妻子,再由妻子带给她的兄弟或亲戚,也是姻亲关系的特点之一。

锡纳凯塔和瓦库塔只做一种项链,所用贝壳圆片较大,越向尾部,圆片越小。真正的库拉项链所用圆贝壳片更薄,直径更小,且全部大小一致,于其他地方被引入库拉,我将在以后的章节(第二十一章)里描述库拉其他分支时再谈这个话题。

四

说完了卡洛马这个题外话,让我们再次回到还在萨纳罗阿泻湖上的锡纳凯塔船队,稍作停留。采集了足够多的贝壳后,他们起航了,并再次拜访了特瓦拉和古马奇拉,或许还会在皮洛卢里的某个沙洲上停留一晚,之后,他们终于抵达了家乡的泻湖。但是,在回到家乡并和家乡人团聚之前,他们在穆瓦做了最后一次停靠。在这里,他们要举行塔纳雷勒,对在这次旅程中收获的宝物进行展示和比较。每只独木舟都在沙滩上铺一两块席子,人们把项链放在上面。于是,海滩上排起一长排宝物,远航队的成员们走来走去,或称赞,或清点。当然,总是酋长们收获最多,特别是在此次远航中担任托利乌瓦拉库的那位。

结束之后,他们回村了。每只独木舟都吹起海螺号,每吹一次,代表一件宝物。如果某只独木舟没得到任何瓦古阿,其成员会感到莫大的耻辱和沮丧,特别是托利瓦加。土著人会说这样的独木舟比西库雷亚(bisikureya)了,字面意思是"禁食"。

海滩上,所有村民都骚动起来。女人们身着专门为这一时刻新做的短草裙(塞瓦塔伊,sevata'i)走入水中,走向独木舟去卸货。她们并未对自己的丈夫作特别的问候,她们关心的是从多布拿回来的食物,特别是西米。

很多从其他村子来的人也聚集于此,迎接归来的船队。为朋友和亲戚的旅程提供了口粮的人现在得到了西米、槟榔和椰子作为回报。欢迎人群中的一些人是为进行库拉交换而来的,甚至有人从卢巴和基里维纳远道而来,他们大致知道库拉船队从多布返回的抵达日期。人们会谈论这次远航、清点收获,还会讲讲重要宝物最近的历史。从此阶段开始,我们已进入内陆库拉,这将是后面某一章的主题。

整版插图 50—A

制作卡洛马贝壳（一）

把海菊蛤贝壳打碎，敲打四周，做成粗糙的圆片；该活计由男人完成。

整版插图 50—B

制作卡洛马贝壳（二）

女人们把粗糙的圆片磨成扁平的圆片。每个圆片都被塞入木质圆筒底部的洞里，放在一块扁平的磨石上打磨。（见边码第 371 页）

第十五章　回乡之旅　　365

整版插图 51

制作卡洛马贝壳（三）

用泵钻在每个圆片上打孔。（见边码第 372 页）

整版插图 52

制作卡洛马贝壳（四）

　　贝壳圆片虽已被磨平并打了孔，但形状仍不规整，现在，将它们穿到一根很有韧性的细棍子上，在这种形态下，放在一块扁平的磨石上打磨，直至圆片呈圆柱形，也就是说，每个圆片的形状都变完美了。

第十六章　多布人对锡纳凯塔的回访

一

在前面的十二章里,我们跟随一支远航队,从锡纳凯塔到了多布。但是,几乎每走一步,我们都会从航线上叉开,去研究各种相关的制度及其背后的信仰,引述巫术咒语,讲述神话故事,因而打断了叙述的连续性。现在,我们已熟悉库拉暗含的习俗、信仰和制度,因此,在本章中,我们将对一次反方向的远航,即从多布到锡纳凯塔的远航,进行一次连续不断的描述。

我曾目睹过,事实上是跟随过一次从南方到特罗布里恩群岛的大型尤瓦拉库,因此我能根据直观印象描述某些场景,而非重构这些场景。这样的重构,对于一个对土著人的部落生活见识很多并与聪慧的资料提供者关系良好的人而言,并非难事,也根本不是幻想。事实上,在我第二次访问即将结束之际,我有很多机会用自己亲眼看到的事实来检验那样的重构,因为在特罗布里恩群岛待了一年后,我已经写出了一些资料。实验证明,即便是在很小的细节上,我的重构通常都与现实相差无几。然而,对民族志学者而言,只有当他描述的事物为亲眼所见时,才能在处理具体的细节时有更大的信心。

1917年9月,考塔乌亚带领一支尤瓦拉库远航队从锡纳凯塔起航,前往多布,途中,瓦库塔人和安菲莱特人陆续加入,最后大约40只独木舟抵达道森海峡的西海岸,当时在那儿做了一项安排:多布的一支远航队将于六个月后回访锡纳凯塔。考亚博鲁,即布瓦约瓦村落群之凯索拉伊小村的埃萨埃萨(esa'esa,头人),有一头长着环形长牙的猪,因此他决定安排一次尤瓦拉库远航。远航伊始,那头猪要被宰掉用于宴席,其长牙则会做成饰品。

1917年11月,当我经过该地区时,人们已经在准备独木舟了。所有还能修的独木舟都被拆开,重新捆绑、填缝和涂色,一些小村子则在挖凿新舟。在特罗布里恩逗留数月后,我于1918年3月再次南下,想在安菲莱特群岛待些时日。在那儿上岸总是很难,因为岸边没有停泊处,所以若想在天气恶劣的晚上登陆,更是不可能。那次,我乘坐一只小船于晚上抵达,因而不得不巡游于古马奇拉和多姆多姆之间,想等到天亮再登陆,可是到了半夜,一股暴风从西北方向刮来,刮裂了主帆,推着我们向南方的多布而去。就是在这个晚上,我船上雇佣的土著男孩儿们在桅杆顶上看到了穆卢夸西之火。黎明时,风停了,为了修复船帆,我们驶进了萨纳罗阿泻湖。在那里停留的三日里,我到处走走看看,爬火山锥,在小溪里划船,还探访了分散在珊瑚平原上的村落。所到之处,都能看到多布人即将起程前往博约瓦的迹象:在海滩上准备用来装运东西的独木舟,在园圃里收食物,在丛林里做西米。一条小溪的源头处,有一片西米沼泽地,其间有一间又长又矮的棚子,是从主岛*来的多布人到这儿取西米时的落脚处。据土著人说,这块沼泽地是图乌陶纳辖下某社区的专属地。

有一天,我碰上了一群从萨纳罗阿岛来的多布土著人,他们正在从一棵西米棕榈树上捣西米肉,然后用水淘洗。只见一棵大树已被伐倒,树干中部被剥下来一大块树皮,露出了里面柔软的肉质。三个男人站在前面,不停地捣,还有几个男人在一边等着轮换累了的人。所用工具半截是木棍,半截是锛子,刀刃由绿石所做,厚而不宽,和我以前在新几内亚南岸看到的迈卢人使用的工具属于同一类。①

他们把捣出来的西米肉放在篮子里,拿到附近的一条小溪边上。那里有一个天然的洗槽,乃西米棕榈树的一个宽大的宿存叶基。洗槽中央放着一个筛子,用覆盖在椰子叶根部的纤维做成,乍看上去就像一块粗糙的编织物。土著人引导溪水从洗槽的宽口端流入,从窄口端流出。他们

---

* 根据边码第69页及231页上的内容,该"主岛"很有可能指当特尔卡斯托群岛中的弗格森岛。——译者

① 见作者的记事录《迈卢的土著人》,载于《南澳大利亚皇家学会汇报》(1915),第598页。

把西米肉放在洗槽里，粗糙的木质纤维被拦截在筛子里，流水带着粉状淀粉流入洗槽下面一个形如独木舟的大木槽里，淀粉沉淀下来，水则从槽边溢出。积了很多淀粉后，土著人小心翼翼地把水筐掉，把淀粉放到另外一个槽状的宿存叶基内晾干。西米就是被放在这样的容器中参与远航贸易的，这也是西米的计数单位。

我饶有兴趣地对这个过程观察了很久。那看起来极为古老的高大西米棕榈树，生长在荆棘丛生的危险的沼泽地上，是那么满怀恶意和难以接近，但是人类却用那么简单直接的方法将其变成了食物，真是不可思议。土著人制造和食用的西米是一种硬硬的淀粉物，颜色呈不干净的白色，味道像没用酵母的面包，非常糟糕，质地如橡胶，并不像我们杂货店里卖的西米食品那般清透，而是粉状的，又硬又韧。土著人视其为佳肴，用它烘烤小蛋糕，或煮面团。

在三月下半月的某一天里，多布人的主船队从各村出发，先去了萨鲁布沃纳海滩，在那里进行了一次礼仪性实物分配，这在多布语里叫埃古亚伊（eguya'i）。然后，他们向阿图拉莫阿和阿图阿伊纳祭献波卡拉，取道萨纳罗阿和特瓦拉，经过禁忌之石古雷瓦亚，驶往安菲莱特群岛。风轻柔而多变，以西南微风为主。这个阶段的航行必定十分缓慢。他们一定在中途的几个岛屿和沙洲上扎营度过了几夜，因为船队庞大，一个地方只能容纳少数几只独木舟的船员。

而那时，我已经成功抵达安菲莱特群岛，并已经做了两三个星期的民族志调查，但并不是很顺利，我曾在前面提到过一两次，安菲莱特土著人是很差的信息提供者。我当然知道多布船队即将抵达，但是经验告诉我不能相信土著人的时间表和对日期的确定，因此我并不指望他们会准时，但这一次我错了。在库拉远航中，一旦定下日子，土著人真会努力遵守日期。在安菲莱特群岛，人们正忙着为远航做准备，因为他们想加入多布人的远航，和他们一起前往特罗布里恩群岛。几只独木舟去主岛取西米了，人们把陶锅集中放在一起以便装船，并对独木舟进行彻底检查。那几只独木舟带着西米从主岛返回后，又过了大约一星期，他们在旁边的纳布瓦盖塔岛上举行了一次萨加利[食物分配礼，安菲莱特语叫马达雷（madare）]。

我的到来为土著人带来了极大的不便，使事情变得很复杂，这让大头人托瓦萨纳大为不悦。我是在他所在的小村落——古马奇拉岛上的努阿加锡村——登陆的，因为古马奇拉大村附近既无法停靠，又没地方搭帐篷。在现在的安菲莱特群岛，白人极为罕见，据我所知，在我之前，只有一个白人商人曾在这里逗留数周。在安菲莱特人看来，把我和一群女人及一两个老头儿一起留下是不可能的，这让他们感到担心，而年轻男人中又没人愿意放弃参加这次远航的权力和乐趣。最后，我只好向他们保证，男人们一离开，我就搬到旁边的纳布瓦盖塔岛，他们这才满意。

已经确定的多布人的抵达日期日益临近，安菲莱特人的兴奋之情也日益高涨。消息逐渐传来，他们急切地听着并转告给我："大约60只多布独木舟正在驶来，""船队在特瓦拉附近停泊了，""每只独木舟都满载着食物和礼物，""考亚博鲁驾着他的船来了，他是托利尤瓦拉库，他的船头上系着一条大漏兜树飘带。"随后他们说了一串对我而言没什么意义的名字，因为我对多布土著人并不熟悉。另外，从这个世界的另外一端，即这次远航的目的地特罗布里恩群岛，也传来了消息："基里维纳的酋长托乌卢瓦，已经去了基塔瓦——他很快就会带回很多姆瓦利，""锡纳凯塔人要去那儿取些姆瓦利，""瓦库塔人去过基塔瓦了，带回了大量的姆瓦利。"在这片蛮荒且少有人航行的海域中，能在一个人烟稀少且显然完全与世隔绝的小岛上听到所有这些消息，真令人吃惊；这些消息所传达的事件就发生在几天前，而其发生地却远在数百英里之外。

追踪这些消息的传播路线是件有趣的事。较早的关于多布人的消息是由前往主岛去取西米的古马奇拉船队传来的。几天之后，主岛某个村子里来的一只独木舟到了安菲莱特，来的途中，它在特瓦拉碰到了多布人。从特罗布里恩群岛北部来的消息则是由几天前抵达纳布盖塔的库亚瓦独木舟带来的（在第十一章中，我曾描述过他们对努阿加锡的拜访）。所有这些行动并非偶然发生，而是与尤瓦拉库远航相连，并在广阔的区域里相当完美地配合一致。为了表明各种行动和事件的复杂性及精确的时间安排，我将它们制成了下页上的列表，表中所列日期几乎都十分准确，都是我观察得来的。这个列表呈现了一幅清楚的尤瓦拉库概要图，阅读本章时可作参考。

过去,每当进行尤瓦拉库库拉时,部落间关系一定会活跃起来,各地都会呈现一片繁忙的景象,不亚于今日。于是,消息会迅速传到千里之外,为数众多的土著人开始协调行动、确定日期。我们在前文中说过,远航中的高潮事件(在该案例中,即指多布船队抵达锡纳凯塔)总是定在月圆之日或月圆之日前发生,该日期为各种先期活动(如本案中个别独木舟的访问)提供了总方向。

从多布到锡纳凯塔的尤瓦拉库远航(1918年)时间表
上一次尤瓦拉库

日期	
1917年9月	远航,由考塔乌亚率领,从锡纳凯塔到多布。
	准备阶段
1917年10月—1918年2月	于多布的西北区造新船、修旧船。
1918年2月—1918年3月	制作西米,收集贸易品和食物。
3月中旬	独木舟下水、装备、载货;施行预备巫术。
	航行
3月25日左右	多布独木舟启程。
几乎同时	[在博约瓦:瓦库塔人从基塔瓦返回,带回大量姆瓦利。]
同时	[在安菲莱特群岛:做航行前的准备、收集食物、修船。]
3月28日左右	[在博约瓦:托乌卢瓦从基塔瓦带回姆瓦利。]
同时	[在安菲莱特群岛:传来多布船队即将抵达的消息,及博约瓦的情况。]
3月29日	[在安菲莱特群岛:部分独木舟先驶往瓦库塔。]
3月31日	多布船队抵达安菲莱特群岛。
4月1日	他们继续前往博约瓦。
4月2日	[在安菲莱特群岛:其余的本地独木舟驶往博约瓦。]
同一天	[在博约瓦:锡纳凯塔人去基里维纳。]
4月3日	[在博约瓦:他们带回臂镯。]
	多布人抵达博约瓦

4月3日	多布船队出现在瓦库塔。
4月3日—5日	他们在瓦库塔接受库拉礼物、交换其他礼物、进行贸易。
4月6日	多布船队抵达锡纳凯塔,在凯库亚瓦(Kaykuya-wa)沙滩上施行巫术,受到礼仪性接待。
4月6日—10日	多布人(及安菲莱特人)留在锡纳凯塔,接受库拉礼物,赠送帕里,并进行贸易。
4月10日	他们全都离开锡纳凯塔,接受塔洛伊(道别礼)。多布人向南航行(安菲莱特人驶往凯卢拉和特罗布里恩群岛西部诸小岛)。
4月10日—14日	多布人在锡纳凯塔泻湖捕鱼。
	返程
4月14日	多布人再次出现在瓦库塔,接受塔洛伊(道别礼)。
4月15日	多布人离开瓦卡塔。
20日或21日左右	在萨鲁布沃纳海滩上举行塔纳雷勒(对宝物的竞争性展示和比较),返回多布。

的确,从这一刻开始,安菲莱特群岛上及周围的各种活动加快了步伐。库亚瓦独木舟到访的次日,古马奇拉大村的独木舟便出发前往特罗布里恩群岛了,因此,这些独木舟要比多布来的尤瓦拉库船队早出发数日。我划一只小船来到古马奇拉大村,看他们如何往独木舟上装货、如何启程。村子里一片繁忙的景象,我甚至看到几个老妪也在协助男人们干活儿。人们正在把海滩滚木上的独木舟往水里推。船在岸上的时候已经准备就绪:平台上铺了棕榈叶席子,船底放了支撑货物的架子,船上放了横向的木板用作船员的座位,船桨、索具及船帆都准备就绪。至于装货,则是在独木舟下水之后才开始:槽形西米块放在底部,男人和女人们拿来大陶锅,将其小心翼翼地放在船中央专门的位置上(见整版插图47)。然后,独木舟一只接着一只地出发了,绕过古马奇拉岛的南端,向西而行。早上十点钟左右,最后一只独木舟转过南端的岬角消失了,整个村子几乎成了一座空城。离去的人和留下的人并无道别之词,也未流露出任何情绪,但是别忘了,由于我的在场,岸上除一两个老妪之外,看不到任何女人。最好的资料提供者都走了,我打算

第二天早上搬到纳布瓦盖塔岛去。日落时分，我划一只小船沿着古马奇拉岛的西海岸游览，就是在这时我碰上了这些一早出发去库拉的人，按照库拉习俗，他们正坐在吉亚西拉沙滩上进行预备性停靠，和我们在第七章中描述的在穆瓦的停靠一样。

第二天早上，我去了旁边的纳布瓦盖塔岛（或纳布瓦盖塔村）。头人托瓦萨纳看到我安全离开后，才和船员乘船离开，去追赶前往瓦库塔的其他独木舟。整个纳布瓦盖塔村都在为启程做最后的准备，他们想等多布人抵达之后，和他们一起前往基里维纳。所有船只都在进行重新涂色和修整，海滩上，人们正在修理一张船帆（见整版插图53）。村里在举行一些小型的食物分配，人们将食物一分再分，还从大块食物上切下小块儿，用专门的东西包起来。不断处理食物是该区域部落生活最显著的特点之一。我抵达时，一伙儿男人刚修补完一只船的船帆。在另外一只船上，我看到他们正往舷外浮架上绑一根又轻又干的小木头，为浸水的旧浮木增加浮力。此外，我还能仔细观察土著人如何对独木舟进行最后的调试，如何搭建额外的架子、铺椰叶席子、在船中央搭建放置陶锅和利拉瓦（巫术包裹）的小笼子。然而，由于我和这些纳布瓦盖塔土著人不够亲近，他们没允许我看任何巫术仪式。他们的姆瓦西拉巫术和博约瓦的完全一样，其实就是从博约瓦借来的。

在纳布瓦盖塔的第二天，我再次遭遇无法找到优秀资料提供者的困难，所有男人都兴奋地忙于各种准备，更加大了这一困难。于是下午，我和我的两个"男孩儿"划船长游，希望能划到多姆多姆岛。然而，一股很强的水流——这片区域的许多地方都易出现这样的水流——卷起一道道高浪，使得我们未能成行。晚上返回时，我的男孩儿们突然警觉和兴奋起来，如嗅到气味的猎狗一般。在黑暗中，我什么都没看到，而他们却觉察到两只独木舟正在向西移动。大约半小时后，便见一团篝火在多姆多姆岛南边一个无人小岛的海滩上闪烁起来；显然，一些多布人正在那里宿营。两个男孩儿中，一个是多布人，另一个来自萨里巴（南马辛），他们表现出的兴奋和极大的兴趣让我大概了解到了眼前这件事的规模——一支大型库拉船队的先遣队正悄悄地慢慢驶往一个中途暂停地。这也让我清楚认识到了库拉制度的部落间特点，它用一个深厚的共同兴趣把那么多分散四处的共同体团结在一起。

第十六章 多布人对锡纳凯塔的回访 373

后来,我们得知,就在那天晚上,许多独木舟都停泊在安菲莱特群岛中外围的无人小岛上,等着其他船抵达。晚上,当我们回到纳布瓦盖塔时,村里人早已知道了这件大事,整个村子都骚动起来。

翌日,天气极为晴朗,远处的山峦笼罩在薄薄的云雾中,露出透明的蓝色轮廓,煞是美丽。一过正午,一声海螺号声传来,一只多布瓦加转过岬角,行驶过来,船身上下色彩鲜艳、装饰一新,用漏兜树叶编织而成的华丽的船帆,在蔚蓝的大海上闪着金光,随后,每隔几分钟,就有一只独木舟相继驶来,最后,所有独木舟都出现在离海滩数百码之遥的海面上,然后,土著人卷起船帆,划桨驶向岸边(见整版插图40)。这并不是靠岸礼,因为此次远航的目的地是特罗布里恩群岛的瓦库塔和锡纳凯塔,并不包括安菲莱特群岛,这些船行驶到此,只是一次中途停靠。然而,对当地人而言,这仍是一件大事,特别是纳布瓦盖塔的独木舟随后将加入船队,一同前行。多布船队大约有60只船,到纳布瓦盖塔的仅有25只上下,船员约250人,其他船都去了古马奇拉大村。无论如何,现在聚集在这个村子里的人大约已是平日里见到的5倍之多。但是,他们根本没进行库拉,在岸上也没吹海螺号,我想双方也没互赠礼物。拜访者们成群围坐在好友的房屋旁,最尊贵的客人则坐在纳布瓦盖塔村的大头人托布瓦伊纳的房屋周围。

村子前的岸边停泊着许多独木舟,有些隐在小湾里,有些则泊在有遮挡的浅水处。男人们围坐在岸上的篝火旁做吃的,用的都是从船上拿下来的口粮,唯一取自岛上的只有装入椰子壳水壶中的泉水。泊在村前海滩上的独木舟实际上大约有十二艘。深夜,我沿着岸边走,观察他们的就寝安排。那是一个月明之夜,每两个睡着的人中间点一堆篝火,发出柔和的红光。每堆篝火都由三根木棍构成,每烧完一点儿,就往里推一点。土著人就睡在硬硬的大漏兜树席子下,每张席子的中间都是折起的,放在地上,就是一个小小的棱柱形帐篷。沿着海滩望去,但见人火相间,连绵不断,暗褐色的帐篷在满月照耀下的沙滩上几乎看不见。他们一定睡得很轻,因为时不时就有人发出点动静,从帐篷下抬头望望、调调火、警觉地环顾四周,很难说最打扰他们睡觉的是蚊子、凉风,还是对巫术的恐惧,我想应该是最后一个。

374　西太平洋上的航海者

整版插图 53　　　　　　　　　　在纳布瓦盖塔的海滩上

图中央,可见一张船帆被搭在木棍搭起的脚手架上;对其进行全面检查和修补的土著人正在工间休息。

第十六章 多布人对锡纳凯塔的回访 375

整版插图 54

拖至锡纳凯塔海滩上的多布独木舟（见边码第 390 页）

整版插图 55

停泊在潟湖岸边浅水处的独木舟（见边码第 390 页）

整版插图 56

在锡纳凯塔的多布访客

上图：在锡纳凯塔，库拉访客和主人并肩坐在一个房子前的平台上。下图：右边是托瓦萨纳，戴着一顶用漏兜树纤维做的假发，拿着石灰罐和刮刀，腿上装饰着布纳贝壳，他和考亚波鲁（左边），即多布访客的酋长，坐在一个锡纳凯塔酋长的平台上。注意考亚波鲁臂环上的香草。

翌日清晨，没有任何预兆，整个船队离开了。早上八点左右，最后一只独木舟撑槁驶入海面，竖起船桅，扬起船帆。没有告别礼，也没吹海螺号，多布人就这样离开了他们的休息地，如来时一样，没有仪式，也没有展示。第二天早上，纳布瓦盖塔人跟随而去，留在村里的只有几个行动不便者和女人，还有一两个男人也留了下来，或许是为了照看村子，或许是为了专门盯着我，确保我不会胡作非为。他们之中，没一个能胜任资料提供者一职。由于疏忽大意，我错过了两天前来古马奇拉的一艘快艇，在它离开时没能坐上。运气不佳，加之天气不好，我可能不得不在纳布瓦盖塔滞留一段时日，即便不是几个月，也将是数周。我本可以乘坐土著人的独木舟，但如果这样，就不得不丢下寝具、帐篷，甚至还有写作的全套工具和照相器材，如此一来，我的旅行将无甚意义。一两天后，我碰上了极好的运气，一艘汽艇的主人听说我被困在安菲莱特后，来到纳布瓦盖塔村，于是，一小时后，我就追随着库拉船队的足迹，急速驶往特罗布里恩群岛了。

二

第二天早上，我们在翠绿色的泻湖上，沿着航道慢慢前行，当看到一个当地的小船队正在浑浊的水域中捕鱼，并认出那平坦海岸上十几个熟悉的村落时，我立刻来了精神。离开风景如画但在民族志上却很贫瘠的安菲莱特群岛，来到有众多优秀资料提供者的特罗布里恩，我感到十分高兴。

此外，安菲莱特的男人们很快就会与我汇合于此。我于锡纳凯塔上岸，那里的每个人心中都满溢着即将到来的重要时刻，因为他们知道多布船队即将抵达，但那天早上，关于其最近行踪的消息还不曾传来。事实上，多布人虽然比我早48小时从纳布瓦盖塔出发，但因风小而走得很慢，他们在比我偏东的一条航道上行驶，那天早上刚到瓦库塔。

此前我在安菲莱特听到的有关特罗布里恩人行踪的消息，全都正确。也就是说，瓦库塔人的确去了东边的基塔瓦，并带回大量的臂镯；基里维纳的酋长托乌卢瓦后来也去了基塔瓦，五六天前才回来，带回了213对臂镯；然后，锡纳凯塔人去了基里维纳，成功获取了213对臂镯中的154对，加上原有的 150 对,现在在锡纳凯塔,总共有 304 对臂镯正等候着多布人。我抵达锡纳凯塔的那个早上,锡纳凯塔船队刚从基里维纳回来,一抵达,他们就匆忙赶回家中,为接待多布人做好一切准备。关于这些多布人的消息,我们当天下午就知道了——消息经由陆路,村村相传,很快就从瓦库塔传到了我们这里。我们还得知,尤瓦拉库船队两三天之后便将抵达锡纳凯塔。

在这段等待的时间里,我重新整理了关于即将发生在我面前的这一库拉阶段的信息,并试图为即将发生的所有活动的所有细节勾勒出清楚的框架。在一个事件发生之前就应掌握其背后的规则和基本观念,这在社会学研究中极为重要,特别是有众多土著人牵涉其中时,否则,真正重要的事件可能被众人不甚相关及偶然的行动遮盖,从而让观察者看不到所见事件的意义。诚然,如果观察者能够不断重复观察同一现象,其基本、相关的特点便会因规律性和持久性突显出来。然而,如果就像民族志田野工作中经常发生的那样,观察者仅有一次亲眼目睹某个公共仪式的机会,则需事先对其框架进行很好的剖析,而后再集中注意力观察这些框架的具体细节,判断普遍行为的基调、情感或热情的特点,及许多很小却很有意义的细节,这些细节仅能通过实际观察才能看到,它们很好地揭示了土著人与其制度之间真正的、内在的关系。于是,我忙着研究核查以前的记录,将之整理成形,使之详细而具体。

第三天下午,我正坐着记笔记,所有村子都言传他们已经看到了多布人的船。的确,当我赶快跑到岸边时,只见远处地平线上仿佛飘着片片小花瓣,那便是正在前进的船队的船帆。我立刻跳入一只独木舟,撑篙去往锡纳凯塔南边约一英里处的凯库亚瓦岬角。在那儿,多布独木舟依次抵达停泊,收起船帆,卸下船桅,最后,整个船队都聚集在我的面前,共有八十多艘(见整版插图 48)。每艘船上都下来几个人,蹚水走到岸上,拿回大捆大捆的叶子。我看到他们洗身、抹油,分连续的几步对自己进行节日的装扮(见整版插图 49)。每件物品在使用和佩戴之前,都先由船上的某个人对其施咒。在所有装饰品中,土著人对待起来最小心翼翼的是其貌不扬的干香草,自在多布被施咒后,这些香草就被保存在小容器中,现在土著人把它们拿出来插在臂镯上。整个过程迅速得近乎骚乱,让人觉得他们只是在迅速完成一个技术活儿,而不是在举行庄严细致的典礼,但其实礼仪性的东西很快就会显现出来。

做完准备后,整个船队聚拢起来,虽然不十分规则,但却有一定的秩序,排成几行,每行有四五只,然后,他们就以这个队形向锡纳凯塔的海滩进发。泻湖的水太浅,不能划桨,因此,他们撑篙而行。距离岸边还有十分钟航程时,所有海螺号鸣起,咒语的默念声从独木舟上传来。出于礼节,我无法足够接近独木舟去观察咒语念诵者的确切排列,但人们告诉我,和特罗布里恩人靠近多布时遵守的排列是一样的,我在第十三章中描述过。翠绿色的泻湖上,色彩鲜艳、装饰一新的船队,向着沙滩上的棕榈树丛,迅速地滑行而去,沙滩上则到处都是满怀期待的土著人,那场面震撼人心。但我想,特罗布里恩船队抵达多布时,必定更震撼人心。愈发美丽如画的风景、在深水中上下舞动的叶形船桨进行的划桨礼、更强烈的危险感和紧张感(与多布人拜访温顺的特罗布里恩人时的感觉相比)——这一切必然使那一幕比我刚刚描述过的场景更激动人心、令人难忘。

行至距岸边约二十米时,独木舟的队形变成两行,托利尤瓦拉库的船位于第一行的左翼。当所有船只都各就各位时,考亚博鲁从船上起身,用多布语大声向岸上的人讲话。当天晚上,记得他讲话内容的土著人用基里维纳语转述给我。他说:

"谁会在库拉中拿第一?瓦库塔人还是你们自己?我认为你们会领先!拿来臂镯,一篮子,两篮子;捉来猪猡;摘来椰子;摘来槟榔!因为这是我的尤瓦拉库。不久,汝,考塔乌亚,也会进行一次尤瓦拉库,那时,我们会送汝大量的瓦古阿!"

考亚博鲁如此说道,对象是他的主要伙伴考塔乌亚,锡纳凯塔第二重要的酋长。他并没对最重要的酋长托乌达瓦达说话,因为托乌达瓦达不是他的主要伙伴。

语毕,考塔乌亚便蹚水走过去,每只手里各拿一对臂镯。他身后跟着一个小男孩,那是他最小的儿子,他吹着海螺号。还有两个男人也跟着,他们肩上扛着一根棍子,棍子上展示着几对臂镯。这一行人走到考亚博鲁的船前时，考塔乌亚把手中的臂镯扔到独木舟的平台上，对考亚博鲁这样说道：

"这是一个瓦加（启动礼）！在适当的时候，我将到多布进行尤瓦拉库；汝将回赠给我一串大索拉瓦（项链），作为它的库杜（等值礼物）。还有更多的臂镯，汝将马上收到。锡纳凯塔有很多臂镯。我们知道瓦库塔也有过很多臂镯。一会儿，汝与汝之尤萨格卢上岸，我会抓一头猪。我会给你们很多食物、椰子、槟榔、甘蔗、香蕉！"

考塔乌亚一回到岸上，他最年长的妻子便头顶一个佩塔篮子，里面放了一对臂镯，下水向考亚博鲁的独木舟走去，身后也跟着那个拿海螺号的小男孩儿。之后，岸上的海螺号声四起，男人们从人群中走出来，有的独自一人，有的结队而行，蹚水走向多布人的船。臂镯依礼仪悬于棍子上，或挂在伸出的胳膊上。用一个大到足以放下大约80个臂镯的篮子盛放一对臂镯，这种极为夸张的做法，只有酋长的妻子才使用。这些事项持续了约半小时，与此同时，落日将红色的余晖洒在彩色的独木舟上、黄色的海滩上，和在海滩上走来走去的生机勃勃的古铜色人体上。再过一会儿，多布人的船只，有的被拖至岸上，有的泊于水中，船员们则分散在锡纳凯塔的七个村落里。我们能看见一大群一大群的人坐在平台上，一边嚼槟榔，一边用多布语和主人们聊天（见整版插图56）。

整整三天，多布人都待在锡纳凯塔，时而传来一阵海螺号声，宣布又一笔库拉交易完成了，也就是说，一对臂镯被交给了某位访客。从其他地区结队而来的人聚集在锡纳凯塔：每天，都有博约瓦南部内陆村落的人涌向他们的首府，从库博马、卢巴和基里维纳（即博约瓦的中部和北部）赶来的人则暂住在亲戚家、甘薯仓房和临时搭建的棚子里。包括多布人及半道加入的安菲莱特人和瓦库塔人在内，访客的数量约达800人，锡纳凯塔约有500人，再加上从其他村落来的大约1200人，我们会看到在锡纳凯塔内和周边聚集起的人群相当可观，达2000多人。

特罗布里恩人当然是自管口粮。多布人自己带了相当多食物，除此之外，他们还会从东道主那里收到一些粮食和生猪肉，从博约瓦的某些其他村落得到鱼。事实上,多布人通过以物易物换来的物品只有魟、鲨鱼和某些其他种类的鱼。至于其他贸易,只能与接待他们的锡纳凯塔进行,这与锡纳凯塔人在多布时的情形一样。锡纳凯塔人从博约瓦的手工业制造区买回的东西与他们带到多布去的一样,有篮子、石灰罐、石灰刮刀等。然后,他们再将这些东西卖给多布人,卖的方式和利润与我们在第十五章里描述的完全一样。如我们在前文中所言,一个锡纳凯塔人从不会与他的伙伴做贸易,而是与其他多布人做贸易,伙伴之间只能交换礼物。多布人送给锡纳凯塔人的礼物叫*瓦塔伊*(vata'i),与博约瓦人送给海外伙伴的*帕里礼*相比,二者只是名字不同,其经济或社会学性质完全一样。通常,多布人收到的*塔洛伊*(道别礼)比他们送出的*瓦塔伊*更为丰厚。

多布人待在锡纳凯塔时,有的住在海滩上,有的住在独木舟上(见整版插图 54 及整版插图 20)。在一些独木舟上,他们娴熟地用金色席子搭成船篷,遮住船的一部分,彩色的船身映衬着翠绿的海水,在阳光的照耀下熠熠生辉,仿佛是豪华游艇一般(见整版插图 55)。土著人在其间蹚水走来走去,不时传来欢声笑语,潟湖上一派生机盎然的景象。在海滩上宿营的人们,有的在用大陶锅煮东西,有的在抽烟,还有的在嚼槟榔。大群大群的特罗布里恩人穿行其间,谨慎而好奇地看着他们。在整个过程中,女人并不十分显眼,我也没听说任何关于偷情的流言,不过,这样的事或许已经发生了。

三

第四天早上,前一天几乎已经沉寂的海螺号声再次响起,这是启程离开的信号。食物和一些小礼物被作为*塔洛伊*拿到了独木舟上,还有几个姆瓦利在最后一刻被送了出去,海螺号便是为它们而吹。没有任何仪式,也没有任何告别之语,多布人的独木舟一只接着一只离开了。

他们的回乡之旅也有一次习俗性的捕捞停靠,但他们捕捞的是鱼,而不是贝壳。一些人停靠于穆瓦海滩,大部分则停靠在位于锡纳凯塔和瓦库塔中间的苏苏瓦海滩上,在那里,他们用专门为此目的而从家乡带来的一种毒根捕鱼。这一次,他们在苏苏瓦和穆瓦停留了三日,之后便去往瓦库塔接受塔洛伊了。至于之后的旅程，我无法步步跟随，但随后我听说他们很快就回到了家乡，平安无事。

他们在萨鲁布沃纳海滩上举行了塔纳雷勒，即收获的竞争性展示，结果大致如下：

从锡纳凯塔得到304只臂镯，

从瓦库塔得到344只臂镯。

因此，总数是648只。不算那些半道加入的安菲莱特人和瓦库塔人，从多布来进行真正尤瓦拉库的独木舟约有60艘，因此，在那次远航中，至多有500个多布人参与。然而，在这500人中，已经成年并进行库拉的人不足一半。因此，平均算来，每五人收获近13只臂镯。有些人得到的不会超过一对，有些人甚至没有任何收获，大量臂镯都落入头人之手。

在后面的一章中，我们将跟随那些因库拉而从其他地区聚集到锡纳凯塔的人的行踪，至少是他们其中一些人的行踪。没用几天，这些人就全然不见了，锡纳凯塔又恢复到平日里的样子。

第十七章　巫术与库拉

一

　　讨论库拉的各种习俗和做法时,每一阶段,我都对巫术仪式进行了描述,并对巫术咒语进行了分析。我必须这么做,首先是因为在土著人的库拉观中,巫术至关重要;其次,所有巫术咒语都揭示了信仰的本质,阐明了典型的观念,它们深入有力地把我们直接带入了土著人的内心世界,其他任何道路都不如此路直接;最后,对巫术细节,我有一种直接的民族志兴趣,巫术对部落生活影响巨大,已经成为土著人思维中根深蒂固的组成部分。

　　现在,有必要把我们对巫术的认识建立完整,把所有零碎的资料集中在一起,使之成为一幅条理清楚的图画。到目前为止,多次对巫术的分散提及和很多与其相关的具体细节仍未能让我们对以下问题形成整体的观点:巫术对土著人意味着什么?他们如何想象巫术力量(magical forces)的运作?关于巫术法力(magical power)的本质,他们有何含蓄和直接的观点?如果能把前面章节中提到的所有资料集中在一起,并补充以土著人和民族志的注释,我们就能对基里维纳的巫术理论形成某种综述。

　　目前搜集到的所有资料都表明巫术在库拉中极为重要。但如若我们调查研究的是这些土著人的部落生活除库拉外的任何其他方面,我们依然会发现,每当他们碰上至关重要的事情时,都会求助于巫术。可以毫不夸张地说,在他们的观念中,巫术掌控人的命运,赋予人控制自然力的力量,是人应对许许多多各方危险的武器和盔甲。因此,在人最本质的方面,即在健康和身体安康上,人被黑巫术控制,不过是妖术、邪恶精灵和某些生灵法力的玩物。几乎所有形式的死亡都是这些中介力量造成的结果。痈疾和所有急症都归因于巫术,事实上,除诸如劳累过度或轻微感冒这样容易解释的小病外,一切都被归因于巫术。我曾讲过(第二章)邪恶法力导致生病和死亡的几种方式。导致流行病的陶瓦乌及带来刺痛和小恙的托奎是唯一能直接影响人类命运的非人类生灵,甚至是这个有限的神鬼殿,其成员也只是偶尔降临人间,施展其潜在的法力。到目前为止,土著人最害怕、最常担心的却是布瓦加乌,他们是彻头彻尾的人类妖术师,完全凭借巫术来干活儿。在巫术产出量和出动频率上位居第二的便是我们在第十一章中详细描述过的穆卢夸西(飞行女巫)。这些例子很好地说明,每个对超常力量的信仰都源于对巫术的信仰。巫术赋予了这些生灵毁灭人的能力和命令其他毁灭性媒介(agents)的能力,同时也赋予人进行自我保护的力量和方式,如果运用得当,就能挫败穆卢夸西的所有邪恶企图。如果对这两种中介力量进行比较的话,可以说,在日常生活中,妖术师在土著人看来是最令人害怕且运用巫术最频繁的;穆卢夸西则出现在某些惊险时刻,如死亡时,发生陆上灾难、特别是海上灾难时,她们一旦出动,甚至比布瓦加乌更致命。健康,即人的正常状态,一旦失去,能靠巫术重获,并且只能靠巫术重获。没有所谓的自然康复,健康的恢复总是由于人们运用巫术的反作用消除了邪恶巫术。

那些涉及到对危险的惧怕、激情和强烈感情的觉醒这类重大的人生时刻,也都伴随着巫术。婴孩的出生总是由巫术迎来,目的是为了让孩子茁壮成长,并消除危险和邪恶之力。青春期没有什么仪式或巫术,但对土著人来说,青春期并不是个体生命中某个十分明确的人生关头,因为他们的性生活在青春期到来之前就已开始,并随着身体的成熟而逐渐形成和发展。然而,爱情有一个非常精细的巫术与之对应,该巫术体现在很多仪式和咒语中,土著人非常重视该巫术,性生活上的所有成功都归因于它。不伦之爱(即氏族内部的爱情,土著人把这种爱视为不道德性爱中最主要的一类)的恶果也可通过一类特殊的巫术抵消。

园圃种植上的野心、想在库拉中大获成功的抱负、舞蹈中对个人魅力的自我陶醉和展示等主要社会兴趣,都体现在巫术中。有一种美容巫术,是礼仪性地施行在舞者身上的;还有一种在跳舞时施行的祈安巫术,目的是防备嫉妒的妖术师施行的邪恶巫术。个人对自己的庄稼和种子施行的特别园圃巫术,以及在对手园圃上施行的邪恶巫术,表达的是个人在园圃种植上的诉求,而非全村整体利益的诉求,后者由集体园圃巫术达成。

对人类极为重要的自然力,例如,恰当地交替作用而使庄稼茁壮成长的雨水和阳光,为航海和捕捞而必须加以控制的风,也都由巫术控制。祈求阳光和雨水的巫术可为善,亦可为恶。特罗布里恩人对这一巫术有特别的兴趣,因为最强大的祈求阳光和雨水的巫术体系就掌握在基里维纳各大酋长手中。奥马拉卡纳的酋长们总是可以通过造成长期干旱来表达对臣民的不满,从而提高他们的整体统治力,这独立于他们用来把自己的意志强加于个人或整个社区的任何其他机制。

在特罗布里恩群岛,食物供给这种基本经济活动主要是园圃种植和捕鱼,也完全由巫术控制。这些活动的成功当然主要取决于运气、机遇或造化,但对土著人而言,则需要超自然力的协助。对独木舟的建造和卡洛马贝壳的采集进行描述时,我们提到过经济巫术的一些例子。然而,某些村落社区的集体园圃巫术和采集巫术甚至比那些例子更清楚地表现了我们在独木舟巫术中看到的那一显著特点:仪式和咒语并不仅仅是与经济活动并行的、对其没有任何影响力的附属物。相反,在特罗布里恩群岛,可以说,巫术信仰是经济活动得以组织和系统化的主要心理力量之一。① 艺术上的能力及灵感也都归因于巫术的作用。

仇恨、羡慕和嫉妒这些强烈的感情,除了可以通过布瓦加乌和穆卢夸西的强大妖术得以宣泄外,也是各类邪恶巫术的实施原因,这些邪恶巫术被统称为布卢布瓦拉塔。这种巫术的经典类型以疏远妻子或爱人的喜爱或破坏猪对主人家的眷恋为目的。它使猪厌倦主人及驯养,继而跑到灌木丛里去;用于疏远妻子的咒语稍有不同,但同样会让她厌恶家庭生活,继而抛弃丈夫回娘家;还有分别针对园圃、独木舟、库拉、卡洛马的布卢布瓦拉塔。事实上,土著人有针对一切的布卢布瓦拉塔,也有很多善意巫术可用来驱除布卢布瓦拉塔的效果。

至此,我们仍未穷尽所有的巫术。有一种巫术是有条件的诅咒,目的是保护财产免遭他人可能的破坏,有战争巫术,有与加诸于椰子和槟榔上的禁忌有关的巫术,目的是让他们生长和繁殖,还有避雷和使被雷击者苏醒的巫术,此外,还有牙疼巫术和让食物能长久保存的巫术。

这一切都说明,巫术广为使用、极为重要,同时也说明了下面的事实:事

---

① 对这些观点的详述,见前面引用过的有关"原始经济学"一文,载于《经济学杂志》(1921年3月)。

关重大利益时,强烈的激情或感情被唤起时,人的努力遭遇神秘力量阻挠时,不得不承认即便他机关算尽仍会出问题时,巫术总是最强大的。

二

　　现在,让我们简短地陈述一下土著人怀有的基本巫术概念。要陈述与我们迥然不同之人的信仰,到处都是困难和陷阱,在我们试图找出其信仰的根基——即构成一系列惯例和一整套传统之基础的最普遍观念——之时,给我们造成最大的困扰。在研究一个处于特罗布里恩那样发展阶段的土著社区时,我们不能期待那个社区本身有哲学家一样的人物,能给我们提供一个明确、精准和抽象的陈述。土著人视其基本假设为理所当然之事,当他分析、探究有关信仰之事时,总是只关注于细节和具体的应用。只要民族志学者引导资料提供者作那样的概括性陈述,势必导致最糟糕的诱导性问题,因为这些问题里必然有土著人根本不知道的词汇和概念。一旦他领会了这些词汇和概念的意思,他的观念就会被输入其头脑中的我们的观念扭曲。因此,民族志学者必须自己概括,必须在没有土著资料提供者提供直接帮助的情况下,形成抽象的说明。

　　我说直接帮助,是因为我们的概括必须完全基于土著人提供的间接信息。在收集信息、讨论咒语及翻译其文本的过程中,土著人会就细节问题表达大量观点。这些自然流露的观点,如若被放入一个正确建构起来的框架中,其本身几乎就能为我们描绘出一幅真实的图景,几乎就能涵盖土著人的全部信仰。那时,我们的工作将只是用一个抽象的式子总结这幅图景而已。

　　然而,民族志学者有甚至更好的证据来得出结论。信仰凝结而成的客观的文化事项,包括传统、神话、咒语和仪式,是最重要的知识来源。在这些文化事项中,我们面对的信仰现实就是土著人在与巫术的密切互动中面对的信仰现实,土著人不仅在口头上宣称自己信奉这些信仰,而且还部分上通过想象、部分上通过真实经历,生活在这些信仰中。分析咒语的内容,研究念诵咒语的方式及与咒语相随的仪式的举行方式,研究土著人的行为,既包括表演者的,也包括观看者的,了解巫术专家的社会地位和社会功能——这一切向我们揭示的不仅是土著人的基本巫术观念结构,还有与之相关的情绪和感情,以及巫术作为一种社会力量的本质。

通过研究这样的客观资料,民族志学者能探究土著人的态度,并形成巫术的概括性理论,然后就能用直接的提问来验证自己的结论,因为这时的他,已经能用土著人的术语说话,能用土著人的思路思考,问问题时,他能接受资料提供者的引导,而非用诱导性的问题误导资料提供者和自己。尤其是向土著人询问他们对一些实际发生事件的看法时,他不会流于抽象的泛泛之言,而是能将他的询问转化为具体的应用和土著人的思维方式。

民族志学者试图对纷繁多样的原始人的思想和习俗进行概括总结,这项工作,就其揭示人性的现象而言,是创造性的,因为所有这些现象甚至连现象发生于其中的那些人也不知道。这种创造性与构建自然科学的普遍原则时体现的创造性一样。在自然科学中,广为应用的客观规律在人们将其探究出来之前,一直不为人所知。然而,如同自然科学的原则是经验式的一样,同理,民族志社会学的结论也是经验式的,因为这些结论虽然由研究者首次清晰地陈述,但仍然是关于人类思维、情感和行为的客观现实。

三

我们可以从以下这个问题开始,即土著人如何想象巫术的起源。当我们向土著人提出一些相当具体的问题时,如:你们的巫术产于哪里,你如何想象它的发明,即便最聪慧的土著人,也不知如何作答,他甚至都无法说出一个扭曲的、半猜测的答案。然而,就这个问题,或者应该说就等同于这一问题的概括性问题,却是有答案的。仔细研究每类巫术的神话时,我们发现,每个神话都有关于巫术如何为人所知的或明或暗的观点。当我们记下这些观点、对其进行比较并得出概括性结论后,就能明白为什么我们想象出来的问题,土著人无法回答,因为根据土著信仰,渗透到所有传统和所有制度中的巫术从来都不是被制造或发明出来的。巫术作为一种原本就存在的事物代代相传,是一切对人有重大影响的事物本来就含有的要素。土著人认为,巫师对某一事物或某一过程施展法力时用的语言,是与该事物或该过程同时存在的,巫术咒语和它的对象物是一起出生的。

就某些巫术而言,传说直接宣称它们是由同一女人"生"的。例如,一个叫卡沙娜伊的女人生了雨,并一同生了雨巫术,从此该巫术就在这个女人所属的亚氏族里传承。又如，文化英雄图达瓦的神话母亲除了生出其他动植物外，也生了卡拉拉（kalala）鱼，关于这种鱼的巫术也归功于她。在关于凯加乌巫术（保护溺水船员免遭女巫和其他危险伤害的巫术）之起源的小神话故事中，我们看到生下托库卢布韦多加（一只狗）的母亲也把巫术传给了他。然而，所有这些神话故事都没说是这些女人发明或创作了这些巫术。事实上，一些土著人明确声明，这些女人是跟她们的母系祖先学会巫术的，上述最后一个神话则说，那个女人是从传统习得那个巫术的。

其他神话故事则更粗略。虽然它们对巫术源头的说明没那么详细，但却明明白白地向我们表明，巫术是一种原始事物，的的确确是土生土长的。例如，古马奇拉的库拉巫术是从塞拉瓦亚石里出来的；独木舟巫术是从地上的洞里出来的，是那些最初出现时就带着它的人们带来的；园圃巫术也总是被认为是当地的第一批祖先从起源之洞钻出时带出来的；几种仅在某地使用的小巫术，如风巫术和仅在一个村落里使用的捕鱼巫术，也被认为是从地下带出来的。所有类型的妖术都是由非人生灵传给人的，而这些非人生灵只是传递者，并非巫术的创造者。布瓦加乌妖术源自一只螃蟹，该妖术由这只螃蟹传给一个神话人物，继而在这一神话人物的达拉（dala，亚氏族）里传承，然后传遍各岛。托奎（树精）也教给了人某些邪恶巫术。关于飞行女巫巫术的起源，基里维纳并没有相关的神话故事。不过，我从其他地区取得的初步信息指向一个事实，即他们跟一个叫作陶库里波卡波卡的神话邪恶生灵学了该巫术，甚至现在还与它保持着某种关系，这种关系最终发展为与沃尔珀吉斯之夜（Walpurgisnacht）[①]极为相似的夜间聚会和性狂欢。

爱情巫术和雷电巫术可以用明确的事件进行解释，但是二者都不会让我们觉得巫术是被发明出来的。事实上，在所有这些神话故事里，都存在某种"以待决之事为论据（petitio principii）"的谬误，因为一方面，它们意在解释巫术是如何来的，另一方面，它们又把巫术描述成业已存在的、现成的事物。然而，我们之所以会认为这些神话故事有某种"以待决之事为论据"的谬误，是因为我们在接近这些故事时的思想态度就是错误的。因为在土著人的观念中，

[①] 据德国民间传说，每年4月30日到5月1日之间的夜晚，圣沃尔珀吉斯（八世纪法兰克王国的圣徒）在哈尔茨山布罗肯峰（Brockon of the Hazz Mountains）设宴招待魔鬼与巫婆，狂欢作乐。——译者

他们想要解释的并不是巫术是如何起源的,而是巫术是如何被带到博约瓦的各地方群体或各亚氏族之内的。

因此,概括以上所有信息,可以说,巫术从来不是被发明出来的。在发生了神话事件的古时候,巫术或来自地下,或由某个非人生灵传给人类,或由女性始祖传给其后人,该位女始祖同时也带来由该巫术控制的现象。在今天的实际案例中,以及在今天的土著人自己知道的最近几代发生的实际案例中,巫术由一个人传给另一个人,通常由父亲传给儿子或由母系男亲属传递。但在本质上,巫术不可能由人来制造或发明,亦完全抗拒人对它做任何改变或修改。天地初开时,巫术就存在;巫术创造,但从不被创造,巫术修改,但从来禁止被修改。

现在,我们很容易明白,如果向土著资料提供者询问关于巫术起源的问题,如我们前面问的那些问题,任何问题,就其提问本身而言,都会造成对证据的扭曲,更何况那些十分抽象且毫不生动的概括性问题是土著人无法理解的。在他生活成长的世界中,某些过程、某些活动都有自己的巫术,巫术是其属性,就像这些过程或活动的其他属性一样。传统上,一些人会被授以巫术,于是他们就懂巫术;无数神话故事讲述了人们是如何获得巫术的。这才是对土著观点的正确陈述。一旦我们归纳出这一结论,当然就可以通过直接的问题或引导性的问题来验证我们的结论。就"人从哪儿找到巫术?"这个问题,我得到的答案如下:

"所有巫术,都是他们很久以前在地下世界里找到的。我们从不曾在梦里发现某个巫术咒语;如果我们这样说了,那一定是谎言。灵魂从不给我们咒语。它们给我们歌谣和舞蹈,这是真的,但不给我们巫术。"

这个回答非常直白地表明了土著人的信仰,我曾向许多资料提供者求证,他们都重申了这一答案,只是说法略有不同,或有所补充。他们都强调:巫术植根于传统,是最永恒和最有价值的传统事项,现在的人与灵魂,或诸如托奎和陶瓦乌的非人生灵进行的任何接触都无法将巫术渗漏到人类知识中。传承于前人的特性是那么明显,对该延续性的任何违反都不可想象;由真实的人所做的任何添加,都会使巫术成为赝品。

整版插图 57

一个与怀孕相关的巫术咒语

女人们弯腰伏在一件孕妇要穿的特制的衣服上。她们的嘴几乎碰到了衣服,这样传递咒语效力的气息才可能完全地浸入这件衣服。

整版插图 58

一个战争巫术仪式

卡努库布西,基里维纳的最后一个战争巫师,正在重现他昔日对盾牌施咒的方式。

第十七章 巫术与库拉 *391*

整版插图 59

一个园圃巫术仪式

把煮熟的食物放在园圃中显露一段时间,供灵魂享用。巫师的胳膊上放着礼仪斧头,在右边蹲着。前面是一捆他即将施咒的叶子。

与此同时，土著人认为巫术在本质上是属人的。巫术并非人用某种方式将其捕获并为己服务的一种自然力；本质上，巫术是施加在自然上的人的固有力量。这么说时，我当然又是把土著人的信仰转换成了他们自己都不会用的抽象词语，然而，这一点体现在他们所有的民俗中、运用巫术的方法和巫术观念中。在所有传统中，我们都看到，巫术总是由人所有，或至少由人格化的生灵所有。巫术由人从地下带出来，不被认为是原本存在于某处、但他们却不知道、后又被他们捕获的东西。相反，如我们之前所见，通常，巫术控制的那些对象也是由人带来的，如雨、卡拉拉鱼及由人格化的螃蟹带来的疾病。

巫术与特定亚氏族的密切社会学联系突出了巫术的"人类中心论"。的确，在多数情况中，巫术涉及的都是人类活动或自然对人类活动的回应，而非自然力本身。例如，园圃巫术和捕鱼巫术涉及的是由人照料或破坏的动植物的行为；在独木舟巫术和雕刻巫术中，对象物是人造的事物；在库拉中，在爱情巫术和许多种食物巫术中，巫术的力量则直接作用于人性。疾病不被视为一种外在的力量，从外面降临在人身上，而直接是一种人为的、由妖术师制造的东西。因此，我们可对上文给出的定义作如下补充：巫术是一种由传统传递的人的力量，作用于人自己的创造物、由人带来的东西，或自然对人的活动的回应上。

关于这个问题，还有一个重要的方面，我曾经谈过，即巫术和神话的关系。我曾在第十二章中说，神话属于超自然的范畴，更确切地说，是属于超常的范畴，而巫术则在那个世界和当前的现实世界之间搭建了一座桥梁。现在，该陈述获得了新的重要意义，即巫术似乎是在传统上与先祖时代保持连续性的根本。巫术不仅从不被视为是一个新发明，这一点我在本章已多次强调，而且在性质上，与构成神话事件气氛的超自然力是一样的。这种超自然力传递至今，有些已经丢失——神话故事讲述了它是如何丢失的，但却从未有任何新添之物。巫术里现在所有的，无一不是在发生神话故事的古老时代就有的。关于现在和过去的关系，土著人有一种明确的回溯性观点；他们也有自己的黄金时代和某个伊甸园。因此，无论是通过寻求巫术的起源来探究巫术，还是通过研究现实和神话世界之间的关系来探究巫术，我们都会得到同一个真相:巫术从来不是被人或任何其他媒介发明的,也从未被改变。

当然,这只是说土著信仰是这么认为的。几乎不用明说,我们就知道,在现实中,巫术必然是不断变化的。人的记忆不足以一字不差地口头传递他所接收到的内容。与其他任何一个口头传承的传统事项一样,在现实中,当巫术咒语由一代传给另一代时,甚至在同一个人的头脑中,会不断地被重新塑形。事实上,甚至仅根据我在特罗布里恩群岛收集的资料,我们就能准确无误地识别出,某些咒语要比其他咒语古老得多,而有些咒语的某些部分,甚或整个咒语,都是最近的创造。在此,我只能提及一下这个有意思的话题,因为若要进行完整的陈述,需要大量的语言分析和大量其他形式的"高级批判"。

所有这些思考都让我们非常接近一个本质问题:巫术对土著人到底意味着什么?到目前为止,我们看到巫术是人施加在对其有重大影响事物上的一种固有的力量,一种总是通过传统传递的力量。① 关于巫术的起源,土著人所知甚少,也不太关心,就像他们不太了解和关心世界的起源一样。他们的神话故事描述了社会习俗的起源及人在世界中的居住。但是,他们认为世界是理所当然的,巫术亦然。他们不会问有关巫术演化论的问题,如同他们不会问有关天体演化论的问题一样。

四

到目前为止,我们的探讨尚未超出神话故事的范畴,以及就巫术的性质而言,我们可以从神话故事中了解什么。若要更深入地了解该话题,我们必须更仔细地研究有关巫术实施的具体资料。我们在前面章节中收集的信息已足够让我们做出正确的推论,因此,在这里,除独木舟巫术、库拉巫术和航

---

① 巫术和任何重大关切相关联的事实,在采珍珠一例上得到了体现。白人的到来,为土著人开创了一个利润非常高、非常吸引人的新行业。现在有一种与珍珠采集关联在一起的巫术。这当然与巫术不能被创造的土著信条有明显的矛盾。面对这个矛盾,土著人解释说,该巫术真的是一个古老的采贝巫术,涉及所有在泻湖湖底上找到的贝壳,只不过是该巫术此前仅用于圆锥形大贝壳的采集。事实上,该巫术不过是将姆瓦利(臂镯)巫术改编后,用于珍珠。然而,我怀疑,如果是在以前,即土著信仰和风俗的根基还未因白人那些用意良好但并不总是明智有益的教导和统治遭到动摇时,还未因贸易的引入遭到动摇时,这种转移或改编甚至会不会发生。

海巫术外,对其他类型的巫术,我只会偶尔提及。

我一直都把"巫术"作为一个整体来谈论,仿佛巫术就是一件东西。事实上,世界各地的巫术,无论多么原始,还是发展得多么成熟,都有三个基本要素。在施行巫术时,总有或诵或吟的咒语,总要做一些动作,也总有主持仪式的祭司或祭司们。因此,在分析巫术实施的具体细节时,我们必须区分咒语、仪式和施行者的条件。

在特罗布里恩的巫术中,这三个要素都相当清楚和明确,无论我们研究的是巫术本身,还是土著人对这些巫术的看法。但或许应立即说明一点,即在特罗布里恩,三个要素的相对重要性并不十分一致。目前,咒语是巫术里最重要的组成部分。在语言使用上,虽然这些土著人有一个专门的词表示咒语之意,即约帕(yopa),但他们却经常用梅格瓦(megwa),即巫术,来指称咒语。咒语是巫术里被保密的部分,只有施行者这个内行的圈子才知道。传授巫术时,无论是通过购买、馈赠,还是通过继承,必须传授给新接受者的仅是咒语,并且如我们之前所说,传授是分步进行的,酬劳也是分期支付的。说到巫术知识,或问到某个人是否懂某个巫术时,总是指咒语,因为就性质而言,仪式一向属于公共财产。甚至从本书提供的诸多案例就可看出,仪式非常简单,而咒语常常很复杂。如果就这个问题问土著人的话,他们总是回答咒语是巫术里更重要的部分。如果问:"巫术真正的力量在哪儿?"他们会说:"在咒语里。"和仪式一样,巫师的条件也是巫术实施中必不可少的部分,但土著人认为它也没有咒语重要。

要更清楚地了解这一切,必须仔细调查真正的事实。首先要调查的是咒语和仪式的关系,为此,最好根据伴随仪式的复杂性,对以各种方式施行的巫术进行分类。我们将从最简单的仪式说起。

无伴随仪式而直接念诵的咒语。在这类巫术中,施行者只是向空中念咒,我们曾经举过几个例子。例如,卡洛马(海菊蛤贝壳)采集里的集体巫师做的第一个动作就是在海滩上行走、对着大海念诵咒语。又如,在海难发生的那一刻,托利瓦加要在弃船前直接向自然力念诵最后的凯加乌。此外,当他呼唤那条能把溺水船队送到友邦之岸的神奇大鱼时,他要让自己的声音漂浮在海面上。最后的库拉咒语,即独木舟靠近目的地时由三人共同吟诵的旨在"震撼大山"的咒语,是直接向科亚念诵的。卡洛马采集中让海水变清澈的咒语也是直接念诵的。除此之外,我们还可以在园圃巫术、风巫术和其他本书没介绍过的巫术中找到更多的例子。

对这种做法,土著人有专门的说法,他们会说咒语"只用嘴(o wadola wala)"念诵。然而,仪式如此简单的巫术还是相对少见的。虽然我们可以说这样的巫术根本没有仪式,因为巫师除说话之外,既没操纵任何东西,也没做任何动作,然而,换一个角度看,就巫师必须总是对着自然或生灵抛出其声音而言,整个施行过程则具有仪式性。的确,像其他所有的巫术施行一样,在这种施行中,念诵者的声音也必须通过某种方式传送到他想要施咒的对象物上。此外,我们看到,在所有这些例子中,一方面,施咒对象都是声音可以直接触及的,另外一方面,要对诸如风或生长在遥远的珊瑚礁或科亚(大山)的贝壳这类对象物施加什么物质或动作的话,会有一定的困难。

伴随着简单的注入仪式的咒语。本书中讲到的许多例子都属于这一类。开篇时(第五章第二节及第三节),我们看到巫师如何对锛子的刀刃、拉独木舟用的绳子、捆绑藤绳、填缝材料和独木舟的涂料施咒。在库拉巫术中,最初对香薄荷、利拉瓦(巫术包裹)和格博博(独木舟的中央部分)施行的巫术,在萨鲁布沃纳海滩上施行的所有美容巫术,包括对椰子施行的,和对面部涂料施行的,还有海螺号巫术,都属于这一类。在施行所有这些巫术时,对象物都被放在一个声音可触及的适当位置上,通常是容器或遮盖物里,这样声音就能进入一个封闭的空间,集中到要被施咒的物质上。例如,对利拉瓦施咒时,声音被投到席子上,而后要小心地把席子包起来;对香薄荷施咒时,薄荷被放在经熏烤而变硬的香蕉叶上,之后,香蕉叶被小心地折成一个包,用绳子系上;对锛子的刀刃施咒时,先用香蕉叶把刀刃包裹着,留个口子,当施咒的声音进入口子、触到刀刃后,再把刀刃包起来并系上;在海螺号巫术中,我注意到,巫师念完咒语后,会立刻小心翼翼地把海螺号的两个口子用东西填上。如果马上就会使用施咒对象,则不需要采取那么多预防措施,但巫师必须总是把嘴贴近施咒对象(见整版插图57),无一例外,而且只要有可能,就要把施咒对象放入某种"窝"里,如一片折起的叶子里,甚或是合拢的双手里。所有这些都表明,正确的巫术施行必须让声音直接传到巫术物质（substance）上，如有可能，还应将声音包住，使其集中在巫术物质周围，然后再通过某种包裹将它永久固封在那儿。因此，在该类巫术仪式中，动作的主要目的是小心地把咒语传到施咒对象上，并使它留存在施咒对象的周围。

或许我们要注意以下这点：在几乎所有上述例子中，仪式中受到影响的物质本身并不是巫术的最终目的，而只是可见对象物（object in view）的一部分，或是其组成部分，或是其附属物，或是其制造工具。例如，瓦尤戈藤绳、凯巴西（填缝材料）、涂料和船头围板都是独木舟的组成部分，对它们施行咒语，目的并非要赋予它们某种特质，而是要让这些零部件使独木舟变得又快又轻。此外，在库拉中，被施咒的香草和椰子油涂料只是附属物，该巫术的最终目的是让施咒者个人变得美丽迷人。同样，锛子和卡洛马巫术中的敲击石只是用来获取目标物的工具，巫术最终针对的是那个目标物。把简单的注入仪式直接施用于可见对象物上的例子并不多。把该类仪式和第一类进行比较，我们发现，其不同之处主要在于施咒对象的大小。如果施咒对象是山川、礁石或风，便不可能将其放入由香蕉叶做成的小包裹里，人的思想亦是如此。通常，巫术仪式的最终目的并不是易于处理的小东西。在本书列举的巫术中，虽然巫师会对某个巫术物质施咒，并将咒语集中于该物质上，但我想没有一个物质是咒语的最终目的。在战争巫术中，对矛头和盾牌施咒，目的是使矛更尖利，使盾能防矛（见整版插图58）；在个人园圃巫术中，咒语施于甘薯上，但目的是取得丰收。除此之外，从其他类型的巫术中还能举出更多的例子。

伴随着转移仪式的咒语。对锛子刀刃的施咒仪式和拍打独木舟干草的施咒仪式进行比较，我们发现，在后者中，施咒对象和巫术的最终对象物（final object），即独木舟，并无内在联系，施咒对象即不会成为最终对象物的一部分，也不会被用作最终对象物的制造工具。进行这种仪式的目的是引入一种特殊的媒介，用它吸收法力，再把法力转移到最终对象物上。因此，我们可以把使用媒介的这种仪式叫作转移仪式。对一根棍子施咒，用于随后敲打独木舟；对贻贝壳施咒，用它刮独木舟；对一块椰子壳施咒,把它扔入水中,带走独木舟的沉重;对漏兜树飘带施咒,从而赋予独木舟速度。所有这些仪式都引入了一种物质,而这种物质只发挥巫术性的作用。因此,这种仪式并不是简单地对一个部件或一件制造工具施咒,而后这个部件将成为对象物的组成部分,那个制造工具将用于制造对象物。这类仪式更加独立、更具有自己的意义。用两束草先后拍打独木舟以取出沉重、赋予轻盈的动作,具有和咒语平行、但却独立于咒语之外的意义,扔椰子壳的动作亦是如此。土著人明确说过,漏兜树飘带的摆动与速度有直接关联。就像比西拉飘带在风中摆动一样,独木舟和船帆也会在快速行驶中颤动。向多布人假装出来的敌意唾姜根的这个仪式中,我们的药典中称之为兴奋物的姜固有的特性让仪式的意义变得很清楚。我们不难看出,某些仪式比其他仪式更具创造力。也就是说,在土著人的观念中,某些仪式的动作比其他仪式的动作产生的效果更明确。唾姜根便是如此,洒石灰的效果则更直接,为的就是形成迷雾、遮住穆卢夸西的眼睛。这两个仪式要比挂漏兜树飘带更具创造力。

伴随着供品和召唤的咒语。 在本书描述的第一个仪式中,我们看到土著人向托奎(树精)进献供品,并召唤它。很多仪式都向祖先的灵魂进献供品,并恳求他们享用供品。园圃巫术(见整版插图59)、捕鱼巫术和天气巫术都举行这样的仪式。然而,须立即说明的是,这些仪式并不涉及通常意义上的崇拜和牺牲性供品,因为土著人并未把这些灵魂当作帮巫师执行巫术命令的巫师的代理。稍后我们还会再谈这个话题。现在我们只须注意,在唯一一个我们碰到的属于此类的仪式中,即在召唤托奎时,伴随咒语出现的供品只是对赶走它的补偿,或是说服它离开的手段。第一种情况而非第二种更有可能,因为托奎受到驱赶后,没有其他自由的选择,只能遵从巫师的命令。

这个概括清楚地表明,巫术的效力、力量和生效原则在于咒语。我们看到,在很多情况中,如果是直接对着施咒对象说,有咒语本身足矣。此外,在可被称为"流行类的仪式"中,与念咒相伴随的动作只是为了将咒语引导并集中到施咒对象上。在所有这样的巫术仪式中,仪式本身没有完全独立的意义和完全自主的功能。在一些仪式中,仪式会引入一种物质,但只是用于巫术性目的。通常，这一物质会通过某个平行的动作加强咒语含义。大体上，可以说，巫术的主要创造力在于咒语，仪式的作用是将咒语传递或转移到对象物上，在某些仪式中，还可以通过转移媒介的性质及最终使用转移媒介的方式来加强咒语的意思。显而易见，在特罗布里恩巫术中，没有哪个仪式的举行没有咒语相伴。

五

我们研究咒语力量传递到对象物的方式时，显然可以看出，用来转移巫术效力的是念诵者的声音。事实上，可以说巫术词语是通过不断的重复而被揉进施咒对象里的，我们在引述咒语时已多次指出过这一点，随后还会再谈到。要更好地理解这一点，我们必须调查土著人的精神生理学观念。纳诺拉（头脑）一词指智力、辨别力、巫术咒语的学习能力、所有形式的非体力技能和道德品质，位于喉的某处。土著人总会指着发音器官，说那里是纳诺拉的所在之处。因发音器官有缺陷而不能说话的人，在称呼上[托纳戈瓦（*tonagowa*）]和对待方式上被等同于有智力缺陷的人。然而，记忆，即背诵下来的咒语和传统的储藏，则位于更深的地方，即腹部。如果一个人能学会很多咒语，人们会说他有一个好的纳诺拉，然而，虽然咒语自然会进入喉部，但在逐字地背诵学习时，他必须把它们放在一个更大更宽敞的容器里；咒语会一直沉到腹部底端。这一解剖学事实是我跟卡努库布西收集战争巫术时发现的。奥马拉卡纳酋长的战争巫师一职已经传承了很久，这位老人便是这个职位的最后持有者。他头大，额头高而宽，鼻子粗短，没有下巴，诚实的脸上总是挂着一副迷惑和恐惧的神情，在所有资料提供者中最温顺服从（见整版插图 58）。我发现这位温和的老人非常值得信赖，提供的信息也很准确，就他专长的有限领域而言，的确是个优秀的资料提供者。他和前任们曾用其专长，让奥马拉卡纳男人们的"纳诺拉怒火中烧"，把敌人吓得落荒而逃，并使其被胜利的斗士们追杀。为感谢他告诉我那几个咒语，我给了他丰厚的酬劳。在第一次会面结束时,我问他是否还会其他咒语,他骄傲地拍拍肚子,回答道:"还有很多在这儿!"我立刻向另外一个资料提供者询问了这句话的意思,由此得知,每个人的巫术都在他的肚子里。

此外,还有巫术层级的观念,即必须先学会某些类型的巫术,以便让它们沉下来,其他巫术才能落在其上。但是,这方面的观念既模糊又自相矛盾,而巫术位于腹部这一主要观念却清晰明确。这一事实让我们对巫术获得了新的认识。凝结在巫术咒语里的巫术力量被现在的人放在他们的身体里。身体是这一过去遗留下来的最宝贵遗产的储藏室。巫术的力量并不存在于事物之中,而是存在于人体之内,只能通过声音释放出来。

六

目前,我们只是谈论了咒语和仪式之间的关系,但上一节的最后一点把我们引向了施行者的条件这个问题。施行者的肚子是巫术力量的圣所。这样的特权既带来了危险,也带来了义务。显然,当一个地方存放了极为宝贵的物品时,你就无法把异质的东西不加选择地放入其中,因此必须进行食物限制,而许多限制由咒语的内容直接决定,就此,我们已看到过一些例子。例如,当咒语召唤红鱼时,红鱼就是施行者的禁忌之物;又如,卡乌巴纳伊咒语里讲到了狗,施行者在吃饭的时候就不应听到狗吠。在其他巫术中,巫师不能享用咒语的目标对象物;鲨鱼捕捞、卡拉拉捕捞和其他形式的捕鱼巫术,都要遵守这一规定。园圃巫师在某一段时间内不能享用新收成。至于为什么不能享用巫术里提到的东西,无论它是巫术的目的物,还是只是巫术里的协助因素,几乎没有任何清楚的信条,人们只是普遍担心咒语会遭到破坏。在巫术的施行期内,巫师还要遵守其他禁忌,有些是永久性的禁忌,有些则是临时性的。我们已经见过一些永久性的禁忌,如懂得凯加乌巫术的人不能在孩子们发出吵闹声的时候进食。临时性的禁忌,如在第一轮库拉仪式的举行期内,要戒除性事。除此之外,其他类型的巫术中还有很多临时性禁忌。例如,为了求雨,巫师要把自己涂黑,并在一段时间内都不梳洗整理；再如，在捕捞期和巫术期内，鲨鱼捕捞巫师要把自家的房门打开，拿掉遮羞叶，两腿叉开而坐，"这样，鲨鱼的嘴才可能一直张着。"在此，我们无法列举太多的禁忌和规矩，只需明白，巫师行为得当是巫术的要素之一，而在很多情况下，该行为由咒语的内容决定。

禁忌和规矩不是一个人为施行某些类型的巫术而须满足的唯一条件。在很多情况下，最重要的条件是他是某个社会群体的成员，因为许多巫术都具有严格的地方性，必须由该巫术在神话中的最初拥有者的后裔施行。例如，每次施行园圃巫术时——土著人把该巫术视为所有善意巫术的居首位者，施行者必须与从当地起源洞里钻出的始祖有系谱上的联系。这条规定的例外情况仅限于一个高等级的外来家族篡夺了当地群体的头人地位，但这样的例外情况很罕见。在几个地方性的捕鱼巫术体系中，巫师一职是世袭的，并且与地区有关。在卡萨纳伊"出生"的重要的雨巫术和太阳巫术，只能由当地的酋长们施行，而这一重要的特权由他们从当地原来的头人那里篡夺而来。当然，继承总是沿母系发生。一个男人可以把巫术馈赠给他的儿子，但后者可能必须在其父亲去世后放弃这一权力，并永远不能把巫术传与他的儿子，除非他的儿子通过姑舅婚姻又成为当地群体中的一员。即便巫术由一个氏族授予或赠予了另一个氏族，原氏族仍被誉为该巫术的主要行家和专家。例如，虽然黑巫术已遍及各地，不再具有地方性，但土著人仍认为最懂该巫术的是巴乌(Ba'u)村和布沃塔卢村，因为那里是带来该巫术的螃蟹最初从天而降的地方。又如，虽然库拉巫术也已遍及整个库拉区，但仍和某些地方联系在一起。

对这些社会学的观察进行总结时，我们可以这样说，当巫术仍保留其地方性时，巫师必须属于神话祖先所属的达拉（亚氏族或地方群体）。而在其他所有时候，虽然地方性不再对巫师的社会学特征有任何要求，但巫术的地方性仍受到认可。

巫术的传统性及施行者的巫术亲缘关系也体现在咒语的另外一个重要特征上。我们已经看到，一些咒语会提及神话事件，或念诵神话祖先的名字，更常见的甚至是一个完整的名单，该名单起于巫术的神话始祖的名字，终于最近的继承者的名字,即把巫术传授给当前施行者的那个人的名字。这样的名单把当前的巫师与曾经用过这一咒语的所有巫师通过某种巫术系谱连在一起。此外,在其他咒语中,巫师会把自己和一些神话人物等同起来,用第一人称的方式念诵他们的名字。例如,在摘取薄荷枝时念的咒语里,我们看到这样的话:"我,克沃伊雷古,和我的父亲,我们砍下了拉巴伊的苏伦沃亚!"巫师与神话祖先在系谱上的实际承继关系及咒语里表达出的巫术亲缘关系再次表明,传统具有至高无上的重要性,在这里体现为它决定了施行者的社会学特征。他被置于一个确定的社会群体内,该群体的成员因出生或所谓的"巫术过继"而具有施行某一巫术的权力。就在念咒这个行为中,巫师通过列举与巫术相关的名字、提及神话和神话事件来表明他受到了过去的恩泽。仍然存在的社会学限制和巫术亲缘关系再一次证实了巫术对传统的依赖。在另外一方面,这两者表明,如同禁忌一样,施加于巫师身上的义务和他必须满足的条件主要都源于咒语。

七

与上一节所讨论各问题密切相关的是"巫术体系"这一话题,及"体系性"巫术仪式和咒语与"独立的"巫术仪式和咒语二者之间的区别。正如我们在本章开篇看到的那样,整个巫术自然地分为几个大类,有的针对大自然的某部分,如风或天气,有的针对一些人类活动,如园圃种植、捕鱼、打猎或战争,还有的针对一些或真实或想象的力量,如艺术灵感、巫术技能、个人魅力或才能。

每一类巫术中又有一个重要的区分。有些仪式和咒语是孤立的、独立的,只要需要,就可独立使用,如几乎所有的风巫术咒语、一些个人园圃巫术咒语、针对牙疼和小病的咒语、一些针对打猎和食物采集的咒语、几个爱情巫术仪式和雕刻巫术仪式。例如,当一个人在泻湖上划船时,如果风向不顺,他就会念诵一个咒语,让风力变弱并改变方向;当村里刮起危险的大风时,也会念诵该咒语。施咒是自由的、个人的行为,只要情况需要,便可能施行或确定施行。

但属于我在这里所说的体系性巫术的咒语则不同。这样的巫术由一套关联有序的咒语和伴随仪式构成,其中任何一个都不能从序列中割裂出来单独施行。咒语和仪式必须按照既定的顺序依次进行,整个巫术系列一旦开始,便至少不能省略较为重要的仪式。这样的体系性巫术总与某个活动相关联,如建造独木舟、进行海外库拉远航、采集贝壳、开拓及收割园圃。要明白体系性巫术的性质并非难事,因为本书中描述的仪式和咒语几乎都属于这一类。一般说来,在特罗布里恩群岛,独立的、彼此无关的仪式和咒语,在数量上和重要性上,都属无足轻重的少数。

让我们来考虑一下以前描述过的某类体系性巫术吧,无论是独木舟巫术,还是库拉巫术,无论是凯加乌咒语,还是卡洛马采集的巫术仪式。在此,要注意的第一个普遍事实就是,我们面对的是一类没有巫术就绝不会开始的事业或活动。没有巫术礼仪,独木舟就不会被建造,尤瓦拉库就不会开始,卡洛马也就无人采集。土著人会严谨地遵守礼仪的主要方面,也就是说,虽然他们可能会省掉一些小咒语,但从不会省略一些最重要的咒语,我们之前就注意到了这个事实。实际活动和与之伴随的巫术紧密关联在一起,前者的各阶段和行为与后者的仪式和咒语依次对应。为开启某些活动,必须举行某些仪式,其他的则必须在实际工作结束之际举行,还有一些是活动的重要部分。但是,在土著人的思想中,每个仪式和巫术对活动的成功而言都必不可少,如同实际工作必不可少一样。于是,托奎必须被赶走,否则,那棵树就完全不适于做独木舟;锛子、捆绑藤绳、填缝材料和涂料必须被施以咒语,否则独木舟就会又沉又笨,漏掉这些环节,甚至可能会危及性命。细细回顾前几章引述的各种例子,不难看出活动和巫术之间的这种密切关联如何赋予体系性巫术以特定的特点。劳作的连续进展和巫术的连续进展是不可分割的,这只是因为在土著观念中,劳作需要巫术,而巫术也只有作为劳作不可分割的要素才有意义。

进行劳作和施行巫术都是为了实现同一个目的:建造快速稳定的独木舟,在库拉中大获丰收,确保安全、避免沉船等等。因此,我们看到,体系性巫术就是与某一活动相关联的一套仪式和咒语,为同一个目标,以连续的方式,在适当的位置上,依次施行。这一点——恰当理解什么是体系性巫术——具有最重要的理论意义,因为它解释了巫术活动和实际活动之间的关系的性质,表明了二者之间的联系有多么深刻。这也是不借助图表就无法恰当解释和理解的要点之一,后面附加的"库拉巫术及其相应活动一览表"即是我为此准备的图表。该图表总结了前几章的要点,能让我们快速调查库拉的连续活动及其与库拉的关系,始于独木舟的建造,终于返乡。该一览表笼统地展现了体系性巫术的显著特点,特别是姆瓦西拉和独木舟巫术,此外,还展现了巫术的、仪式性的活动和实际活动之间的关系、二者的相关次序以及二者为了同一个中心目的——成功的库拉——分阶段携手并进的情况。因此,该一览表的作用就是阐明"体系性巫术"这一说法的含义,并明确概括库拉中的各要素,包括巫术要素、礼仪要素和实际要素。

库拉巫术及相应活动一览表

(一)独木舟建造的第一阶段(第五章第二节)

季节和大约的持续时间	地点	活动		巫术
开始:6~8月	雷布瓦格	伐树 (由造船师和帮手完成)	启动仪式	瓦布西托奎(供品及咒语),目的是赶走树精 (由船主或造船师施行)。
紧接着	同上	修理造船用的原木 (由造船师完成,帮手协助)		无巫术。
几天后	路上	拉原木 (由全体村民进行)	受助于直至	使原木变轻的双重仪式 (凯芒瓦乌和凯加加比尔)。
抵达村庄后的早晨	村内的中心空地	把原木原封不动地放置在那里		巫术行动(卡皮图内纳杜库)礼仪性地启动建造工作。
同一天晚上	村内的中心空地	加工独木舟的外部		无巫术伴随。
之后的几天或几周	中心空地	挖凿独木舟的内部	启动仪式	对卡维拉利(有活动把手的锛子)念诵利戈古咒语。 无巫术。
上述阶段行将结束时	造船师的屋前	准备好独木舟的其余部件,由造船师和帮手完成		
所有工作完成后				结束仪式:卡皮图内纳纳诺拉瓦加。

这一阶段的所有巫术都是独木舟巫术。只有建造新船时,才实行该巫术,翻新旧船

时并不施行。除第一个咒语外,其他咒语都由造船师念诵,而非船主。这一阶段的工作主要由造船师兼雕刻师一人完成,另有几名帮手;拉原木的工作,则有很多人帮忙。

(二)独木舟建造的第二阶段(第五章第三节)

时间	地点	活动	巫术	
工作第一天	某个泻湖村的滨海区,或某个东部村落的海滩上	安装船头围板	启动仪式	卡图利利瓦塔布约仪式:由托利瓦加对装饰性船头围板施行,该仪式属于姆瓦西拉(库拉巫术)。
		随后的活动是	启动仪式	瓦卡卡亚仪式:这是对独木舟进行的巫术的、礼仪性的清洗,由船主或造船师施行,目的是驱除所有邪恶的影响力,从而让独木舟变快。
(有时,无法在一天之内完成捆绑,从而不得不延续到另一个工作期内)		捆绑独木舟	关联巫术	瓦尤戈(捆绑藤绳)咒语仪式:是在第二阶段中施行的最重要的巫术,由造船师或船主施行,目的是让独木舟更轻快、更结实。
第二时段:填缝,之后施行三个避邪术	某个泻湖村的滨海区,或某个东部村村落的海滩上	给独木舟填缝	关联巫术	凯巴西(填缝材料)巫术:由造船师或船主对填缝材料施咒,使独木舟安全。瓦库苏卢避邪术。瓦古里避邪术。凯拉佩纳避邪术。
		给独木舟涂色	关联巫术	凯考洛(黑色涂料)巫术。马拉卡瓦(红色涂料)巫术。普瓦卡(白色涂料)巫术。

(三)独木舟的下水礼(第六章第一节)

活动		巫术
下水及试航	启动仪式	凯塔卢拉瓦多拉瓦加仪式,属于巫术中的姆瓦西拉套系。

在这之后是一个间隔期,用于进行卡比吉多亚(礼仪性访问)、预备性贸易和海外远航的其他准备。

(四)启程期间的巫术及启程前的准备(第七章)

时间:大约为航行前三日至前七日

活动		巫术
为独木舟的航行做准备(在平台上铺席子,在船内放架子)	启动仪式	亚瓦拉普仪式:由托利瓦加对着椰树叶施行,目的是保证库拉成功。
		卡伊库纳苏伦沃亚仪式:对着有香味的薄荷施行。
		凯姆瓦洛尤仪式:由托利瓦加对着在椰子油里煮着的薄荷施行。
打包贸易物品	关联巫术	格博博仪式(又叫基普沃伊西夸布):由托利瓦加的一个朋友或姻亲对四个椰子施行,目的是让食物保存长久(咒语只表达对一次好库拉的渴望)。

所有这些巫术都属于姆瓦西拉,除最后一个咒语外,都必须由托利瓦加施行。

(五)海外远航最后出发时施行的巫术(第八章第三节)

该系列的仪式始于独木舟开始其在皮洛卢海湾上的漫长航行的那一刻,没有一系列逐步进行的相关联活动,所有仪式都指向同一个目标:独木舟的速度和可靠性,都由托利瓦加施行。

活动:海外航行,由一系列的巫术仪式启动。

时间:远航第二天的早上。

地点:穆瓦海滩。

巫术的目的:赋予独木舟速度。

仪式的施行者:托利瓦加。

- 卡杜米亚拉:用施过咒的叶子仪式性地擦拭或清洁独木舟。
- 比西拉巫术:把先前施过咒的漏兜树飘带系在船桅和索具上。
- 卡伊库纳维瓦:一边晃动帆脚索,一边念咒。
- 瓦布西芒瓦乌:用一个不新鲜的马铃薯从独木舟上"赶走沉重"。
- 比西博达帕泰尔:一个邪恶巫术仪式,目的是让其他船只变慢,从而让自己的船相对变快。

(六)抵达最终目的地时施行的姆瓦西拉巫术
(A)美容巫术(第十三章第一节)

活动:洗身、涂油、画脸绘。	凯卡卡亚:用施过咒语的叶子仪式性地擦洗身体。
地点:最后一个阶段开始前船队休息时停靠的海滩或其附近(去多布时在萨鲁布沃纳,去锡纳凯塔时在凯库亚瓦)。	卢亚(椰子)咒语:对象物是用于涂油的椰蓉。
	西纳塔(梳子)咒语:对象物是梳子。
施行者:咒语通常由托利瓦加念诵,有时由船员中的一位长者念诵。	塞亚库:芳香的黑色涂料。
	博瓦(Bowa):普通的木炭黑色涂料。
	塔洛(Talo):用压碎的槟榔做的红色涂料。

(B)最终靠近目的地的巫术(第十三章第二节)

活动:船队一起划桨前行(靠近多布)或撑篙前行(去锡纳凯塔)。	塔乌亚:仪式性地吹响施过咒的海螺号。
施行者:在每艘独木舟上,由托利瓦加和两名船员同时施行。	卡伊库纳-塔布约:念诵咒语的同时晃动船首围板。
	卡瓦利库利库:托利瓦加念诵的咒语
目的:"震撼大山",给在海滩上等候的伙伴们留下深刻印象。	凯塔维莱纳莫伊纳瓦加:在船尾对着科亚念诵的咒语。

(C)祈安巫术(第十三章第三节)

活动	巫术
进入多布村(该巫术仅在博约瓦人到科亚时才施行)	卡乌巴纳伊:对着姜念诵咒语,然后仪式性地对着多布村和多布伙伴吐姜,让他们心软。

(D)说服巫术(第十四章第三节)

活动	巫术
拜访者劝诱海外伙伴进行库拉(瓦沃拉)	克沃伊加帕尼:对一颗槟榔念诵咒语,之后把它送给伙伴。

(七)返乡时念诵的一个独木舟咒语(第十四章第三节)

活动	巫术
把海外伙伴赠送的礼物、收获的贸易物品及返乡用的口粮装到独木舟上	凯卢帕:让独木舟变得更轻的咒语,把它"抬出"水面。

每个类别的体系性巫术又有不同的巫术体系。因此,我们看到,虽然仪

式和咒语的类型在所有村落中都一样,但实际的细节却并不相同,依据念咒者所熟知的体系而各有差异,如瓦尤戈巫术。在特罗布里恩巫术中,仪式一般都十分简单,所有体系的仪式都一样,因此,仪式上的区别通常并不显著,然而,咒语的措辞却完全不同。例如,在瓦尤戈巫术(第五章第三节)中,我们在仪式方面只发现了一个细微的差别,但我记录的另外一两个瓦尤戈咒语却与本书引述的那个咒语有本质区别。

每个巫术体系都有一个发展得或大或小的神话系谱,及一个相关的地方人物,这一点我们已在上一节中讨论过。第五章引述的瓦尤戈巫术及本书里引述的所有独木舟建造咒语都属于独木舟巫术里的凯库达尤里(Kaykudayuri)体系。土著人认为,该体系为神话里建造飞行独木舟的人所知晓和念诵,并传给他的后代,但如我们所知,传下来的内容并不完整。如上一节所述,关于该体系和其他体系的知识和使用并非严格停留在原来的氏族内,而是传播到了外面,许多与巫术最初所有者有某种巫术亲缘关系的人都知晓。

在土著信仰中,所有这些人知道的咒语都一样。但事实上,在岁月的流逝和反复的传递中,咒语已经发生了相当大的变化。今天,许多"真传的库达尤里"咒语彼此之间完全不同。

因此,一个巫术体系就是形成一个连续系列的许多巫术咒语。独木舟巫术的主要体系是凯库达尤里体系,与基塔瓦一个同名的地方相关联。该体系包含一整套关于独木舟建造的咒语,从驱赶托奎开始,到最后的避邪术,都包括在内。另外一个完整的体系叫凯卡帕尤科(Kaykapayouko),来源于凯卢拉岛。还有一个重要的体系叫伊隆泰乌洛(Ilumte'ulo),现在为锡纳凯塔所有,但很有可能源于多布。关于这些体系,其中一些的神话资料我并不知道,还有一些神话资料则极为简单,不过是说某某体系源于某某地、最初为某某氏族所有而已。姆瓦西拉巫术的各体系中,在博约瓦南部最知名的叫莫尼基尼基,本书引用的咒语多数都属于该体系。该体系有时和托科西库纳神话松散地联系在一起,因为托科西库纳有时被认为是该体系的原始所有者,但另外一个说法是莫尼基尼基才是原始所有者。多布的姆瓦西拉叫卡萨布瓦布瓦雷塔,并且被归属于这位神话人物。库拉巫术里的芒罗维塔（Momroveta）体系来自穆尤瓦，而基里维纳人通常念诵的则是莫尼基尼基体系，只是插入了几个属于某个本地巫术的咒语，那个本地巫术叫克沃伊加帕尼（勿与第十四章引述的一个同名咒语混淆）。有了这些说明，本书中多次提到的"巫术体系"一词的含义就清楚了，因此这里不再赘述。

八

在前面有关神话的那一章里，我们看到，巫术为神话中的超常世界和今天的正常普通世界之间的鸿沟搭建了一座桥梁。若如此，这座桥梁必须触及超常，必须通到那个世界。因此，巫术是否必须具备超自然的特点？这毫无疑问。虽然巫术的效果经常被人看到，并被视为是基本事实，但是仍被认为与其他人类活动在效果上有明显区别。土著人十分清楚，独木舟的速度和浮力取决于建造者的知识和劳作；他们也十分熟悉好材料和好工艺的特性。然而，速度巫术甚至会给建造得最好的独木舟增加一些东西。这种额外增加的品质被认为与神话中让独木舟飞起来的的品质十分相似，只是在今天的独木舟身上，这些品质已弱化为只是能超过其他船只的速度而已。

咒语的语言通过不断提及神话表达了该信仰，这些提及就是一种明喻，邀请现在的独木舟效仿神话里的独木舟。在对库达尤里神话进行详细明确注释时，土著人明确地说，咒语施得好的独木舟所发挥出的惊人速度就是昔日飞行独木舟速度的遗留和对应物。因此，巫术的效果是在人力和自然力产生的所有效果之外额外增加的一种东西。爱情巫术也是如此。大家公认，俊美的脸蛋、匀称的身形、点缀物、装饰品和香气具有吸引力，但几乎每个男人都把他的成功归因于其爱情巫术的完美。他们认为巫术的力量独立于，甚至超越所有其他个人魅力的力量。这里人们经常听到的一个说法很好地说明了这一点：

"看，我并不英俊，但是那么多女孩都想要我，原因就是我的巫术很好。"

在园圃巫术中,土壤、雨水、适宜的劳动都得到了应有的认可。然而,没有人会想象不施行完整的巫术就进行园圃种植。当一个人看到周围的人都和他一样勤劳,其他方面的所有条件都和他一样时,他希望"机会"或"好运"给他带来不同,而巫术就被认为能带来这种不同。所以,我们看到,在所有这些情况中,巫术作用与人的劳作和自然条件所产生的效果并行,并独立于后者。巫术产生的这些不同和那些出人意料的结果,不能为其他任何因素所解释。

到目前为止,我们看到,可以说巫术代表了一种不同的现实。我把这种不同的现实称为"超自然"或"超常",使用的一个标准就是土著人的情绪反应。当然,这种反应在邪恶巫术中表现得最为明显。人们害怕妖术师,不仅仅因为他有邪恶的企图,还因为他显现的方式异乎寻常,就像我们害怕鬼一样。人们害怕在晚上碰见妖术师,倒不是因为他可能会害人,而是因为他面目恐怖,掌控了各种力量和能力,而那些不懂黑巫术的人则不具有。他的汗水泛着微光,身边飞着夜鸟给他把风,他能随意隐形,并把看到他的人吓得一动不动。简言之,土著人想到妖术师时那种歇斯底里的恐惧感,就像我们想到闹鬼的地方时一样。这里必须补充一句,土著人对亡灵根本没有那样的恐惧感。与布瓦加乌相比,他们甚至更害怕穆卢夸西,后者具有各种非常怪异的特性。食人尸、飞行、隐形、化身为夜鸟,所有这些能力都让土著人毛骨悚然。

其他巫师及其技艺并不会让土著人产生那么强烈的情绪,无论如何,他们不会感到恐惧。土著人十分看重和依赖本地的各巫术体系,确定无疑地把这些巫术的效果视为社区的财产。

每种巫术都有相关的巫术预兆,即卡里亚拉。念咒时,自然界会发生巨变。例如,施行园圃巫术时,会电闪雷鸣;施行某些库拉巫术时,天空中会现出彩虹;其他巫术则会引来阵雨云。在前文中我们曾提到,打开巫术包裹的预兆是一阵小暴风雨。此外,凯加乌可能会引来浪潮,其他巫术则会导致地震。战争巫术的预兆出乎意料地有一种田园风格,只会影响到一些植物和飞鸟。在某些巫术中,只要念诵咒语,就会有预兆,其他巫术的预兆则不会那么有规律地出现,但当巫师去世时,总会出现卡里亚拉。如果问土著人:

造成以上列举的任何一个自然现象的真正原因是什么？他们会说：

"巫术是真正的原因（尤乌拉）；他们是巫术的一个卡里亚拉。"

巫术的另外一个超常或超自然之处在于，某些巫术的施行与灵魂关联在一起。一类特殊的巫术酬劳，即尤拉尤拉，同时也是给巴洛马（灵魂）的供品。巫师会从送给他自己的大量食物中分出一点，放在某个特殊的地方，说道：

"噢，灵魂，来享用你们的尤拉尤拉，让我的巫术显灵。"

在某些仪式中，人们认为灵魂是在场的（见整版插图59）。当巫术出了问题或施行得不好时，"灵魂会生气，"土著人常常这样说。有时巴洛马会出现在巫师的梦中，指点他怎么做。就巫术而言，这是灵魂对人类事务最主动的介入。下面我将用意译的方式引述土著人关于此事的一些说法。

"捕鱼巫术的主人常常梦见有很多鱼。原因是巫师祖先的灵魂托梦。那个巫师会说：'昨晚祖先的灵魂指示我，说我们应该去捕鱼！'的确，我们到那儿后，发现有很多鱼，于是，我们撒网。"

"纳鲁戈的舅父莫库代亚"（此人是奥布拉库的首席捕鱼巫师）"托梦给他的外甥，告诉他：'明天，到夸布瓦瓦（Kwabwawa）撒网捕鱼！'纳鲁戈于是说：'我们去吧，老头昨晚指示我的。'"

"锡纳凯塔的卡洛马（海菊蛤贝壳）巫师梦到一块长满了卡洛马贝壳的地方。第二天，他会潜入水中，从礁石上把它敲下来。或者，他梦到一艘独木舟，于是他就划船到那里抛锚。托乌达瓦达、卢瓦扬、西纳卡迪梦到他们敲下很多贝壳，第二天，我们到了那儿，果然有很多。"

在以上所有例子中（最后一个除外），我们看到，灵魂扮演了顾问和帮手的角色。当他们因巫术施行得不好而生气时，他们是传统的守卫者；当他们分享巫师的尤拉尤拉时，他们是合伙人和支持者。然而，他们并非直接着手工作的中介力量。在特罗布里恩的鬼神学中,巫师并不命令灵魂去干活儿。活儿是由咒语这个中介力量完成的,而咒语则受到伴随仪式的帮助,由恰当的巫师念诵。灵魂和巫术法力的关系与施行者和巫术法力的关系一样,起作用的只有巫术法力。灵魂可帮助巫师恰当地运用巫术,但从不能成为巫师的工具。

如果要总结我们对巫术的超常性了解到的内容,可以说,巫术具有自己明确的特点,使之与人的非巫术行动区分开来。与人们的普通行为平行但又独立于普通行为的巫术力量的作用方式、对某类巫术和巫师的情感反应、卡里亚拉、巫术施行中与灵魂的交流,所有这些特性都使巫术有别于人们的普通活动。

在土著人的术语中,巫术领域用梅格瓦一词表示,该词可用来指"巫术的施行"、"咒语"、巫术的"力量"或"效力",亦可用作形容词,笼统上指一切具有巫术特点的事物。该词用作动词时,有三个同根异形词:梅格瓦(*megwa*)、米加-梅格瓦(*miga-megwa*)、米加(*miga*),意思分别是"施行巫术"、"念诵咒语"、"举行仪式"。如果土著人想表达某些行为与巫术有关,而与劳作无关,某些效果缘于巫术的力量,而非其他努力,他们就把梅格瓦一词用作名词或形容词。他们从不用该词指人或物的优点,也从不用它指任何与咒语无关的行为。

在基里维纳语中,相关概念"禁忌"则由博马拉(*bomala*)(加上所有格代词做后缀)一词表示。该词的意思是"禁止之事",指人在任何情况下都不被允许做的事物,可用来指各种巫术禁忌、与等级相关的禁忌和对土著人普遍认为的不洁食物的限制,如蜥蜴肉、蛇肉、狗肉和人肉。博马拉一词几乎没有一丝"神圣"之意,如果有的话,就体现在博马(*boma*)一词的使用上。该词指人们通常不能进入的、能找到传统之地的"禁忌树林",而那些传统之地通常就是产生人和巫术的起源洞。"*Toboma*"("*to-*",表示人称代词的前缀)的意思是"等级高的人",但也不是圣人的意思。

九

最后,我们必须谈谈巫术的社会学或礼仪定位。我们经常提到巫术仪式简单及务实的特点。在对独木舟的建造进行介绍时,我们提到过该特点;在园圃巫术中,我们也会发现同样简单和纯事务性的巫术表演。当用"礼仪性"一词来形容一个巫术行为时,指有大批公众的参与,且不仅施行者,而且观看者都要遵守明确的行为规则,如保持肃静、恭敬地看着正在进行的事、至少得表现出一定的兴趣。如果在做某件事时,一个人匆忙了事,其他人则有说有笑,完全不理会他,这就为巫术行为打上了明确的社会学印记,并不允许我们把"礼仪性"作为巫术行为的区别性标志。但一些巫术行为的确具有礼仪性。例如,启动卡洛马采集的初始仪式要求整个船队进行协助,要求船员做出某种明确的行为,在进行复杂的队形变化时,巫师为所有人主持仪式,但却需要他们协助。在两三个捕鱼巫术体系中及某些村落的几个园圃巫术仪式中,也有类似的仪式。事实上,园圃巫术的初始仪式处处都有礼仪性行为。整版插图59所示的园圃巫术仪式,与向灵魂供奉食物有关,并有大批村民参与,我在其他地方进行了描述。① 战争巫术中的一两个仪式需要很多男人的积极协助,采取大型典礼的形式。因此,我们看到,巫术仪式可能是礼仪性的,也可能不是,但礼仪性绝不是特罗布里恩巫术的显著或普遍特点。

十

我们已看到,就巫师必须遵守禁忌而言,禁忌与巫术关联在一起。然而,因特殊目的而设的某些限制或禁令,则通过一种有所不同的形式与巫术关联在一起。例如,我们发现,在一种叫作凯图布塔布(*kaytubutabu*)的习俗中,有禁食椰子和槟榔的禁令,这一禁令与一种促进椰子和槟榔生长的特定巫术相关联。此外,还有一种保护性禁忌,用来防止成熟果实因离村落很远无人看护而被人偷去。方法就是把一小包施过咒语的东西挂在一根小棍子上,置于树上或附近。对着此物念的咒语,用韦斯特马克(Westermarck)教授引入的绝佳术语来说,是一个"条件性诅咒"。该条件性诅咒会攻击任何要触碰那棵树的果实的人,会让他患上某种疾病。这是唯一一种个人援

---

① 见作者的文章《巴洛马,特罗布里恩群岛的亡灵》,载于《皇家人类学会志》,1917。

用中介力量的巫术,因为该巫术的某些咒语会邀请托奎(树精)住在凯塔帕库(kaytapaku)上,即那根棍子上,和棍子上的东西一起保护树上的果实。这些背离了土著信仰之主流的小分歧,总是出现。有时,这些差别包含了非常重要的线索,能让我们对事实有更深刻的理解,有时,这些差别则毫无意义,只是强调了一个事实,即人类信仰没有绝对的一致性。要决定究竟是哪一种情况,则需对相似现象进行更深入的分析和比较研究。

十一

为了完整地概括巫术的所有特点,在此,我将简要谈谈巫师一职的经济状况,其实在前面几个章节中,我已经提供了这方面的资料。我说过,巫术沿母系传承,并有两种例外情况,即父传子和通过购买传递(第二章第六节和第六章第六节中的第5类)。后一种交易可在两个名义下进行,涉及两种根本不同的操作方式:波卡拉是一个人付给将把巫术传授给他的母系亲属的报酬,拉加则是从外人那里购买巫术。只有某些巫术可通过拉加制度来购买,并自由地在氏族或亚氏族之间传递。大部分巫术体系都具有地方性,只能在同一个亚氏族内传承,偶尔有父传子的例外情况,但儿子最终必须再把巫术还给父亲所属的亚氏族。巫术的另外一个经济特点就是巫师会因提供服务而得到报酬。报酬的种类有很多。有些具有偶然性,由个人为某一次明确的巫术行为而支付,如在妖术和治病巫术中;有些报酬则由整个社区有规律地进行支付,如在园圃巫术和捕鱼巫术中。有时,报酬相当可观,如在妖术、祈求风调雨顺的巫术和园圃巫术中;有时,则不比一次正式的祭品多多少。

十二

在上文中,我们一直在讨论博约瓦(特罗布里恩)巫术的一般特点。该讨论主要基于本书提供的资料,仅有几个例子来自巫术的其他分支。到目前为止,讨论结果如下:对土著人而言,巫术是一个特殊的领域,它是一种特殊的力量，发挥作用时其本质是属人的、自主的、独立的。这种力量是某些词语的内在属性，而这些词语则由通过社会传统和遵守某些规矩而取得念诵资格的人在某些动作的伴随下念诵而出。这些词语和动作自身就拥有这一法力，它们直接发挥作用，无需任何其他媒介促成。它们的法力并不来自灵魂、妖魔或超自然生灵的权威力，也不被认为得于自然。认为词语和仪式的法力是一种根本的且不可简化的力量，是土著人之巫术信仰的首要的、基本的信条。因此，我们看到，土著人建立了以下观念：人从不能擅自改动、改变或改进咒语；传统是巫术的唯一来源；巫术由传统从超出人类思考范围的远古时代传承下来，巫术不能自然产生。

现在，我们自然地被引到下一个阶段，即探究巫术词语和仪式发挥作用的方式。显然，要获得这个方面的正确信息，唯一的办法就是对大量确凿无误的咒语和记录详细的仪式进行分析和比较。在本书中，我们收集了一些库拉巫术咒语，并将一部分进行了意译，这已经能让我们得出一些有意义的结论。但是，在语言分析的帮助下，我们可以研究得更深入。在下一章中，我们就将进行这种研究。

第十八章　词语的巫术法力
——一些语言资料

一

　　本章的目的是通过对两个巫术文本进行语言分析、对更多的巫术文本进行总结概括,来说明哪种词语被认为可以产生巫术法力。当然,这并不是说我们幻想巫术的编写者或创作者有一套关于语言功效的理论,而后通过创作咒语,将理论付诸于实践。但是,就像通过分析人的行为可以查明社会中流行但却不成文的道德观念和规则,通过仔细观察风俗和习惯可以发现法规和社会礼节背后的原则,通过研究仪式可以看到信仰和教义的一些明确信条一样,同样,在分析巫术咒语中某些思维模式直接的语言表达方式时,我们有理由假设这些思维模式一定以某种方式指导了塑造咒语的人。用一种严谨的方式去设想一个社会中典型的思维方式和由此产生的固定的具体结果之间的关系,是社会心理学的课题。我们民族志学者有义务为这个学科收集资料,却无需侵入它的研究领域。

　　然而,可以说,无论我们可能如何想象咒语的形成方式,都不能认为它是一个人的创作,因为如前所述,当我们用外行评论家的视角、而非土著人的视角,去检查任何一个咒语时,会发现每个咒语中都有明白无误的迹象表明它是不同时期语言添加而成的集合物。几乎每个咒语里都有大量的古语资料,但没有一个咒语有某种印记能够表明,它传递到我们这儿的形式,一定也是它在几代前的表现形式。因此可以说,一个咒语在从一个巫师传递给另一个巫师的过程中被不断地重塑,可能每个巫师都在咒语上留下了他的记号,无论这个记号是多么小。但是,在关乎巫术信仰的事情中,接连不断的所有咒语持有者的基本态度都是一样的,而这一共同的基本态度就是咒语所有规律和所有典型特征的基础。

在下文中，我将引述一个独木舟巫术咒语和一个属于姆瓦西拉的咒语，所选的这两个文本有普通水平的翻译和注释，并清楚地显示了巫术语言的几个典型特征。对语言细节和方法细节不感兴趣的读者可略过下文，直接跳到本章第十二节看最后的讨论。

二

下面的文本是瓦尤戈咒语，是锡纳凯塔子村落之一科皮拉（Kopila）村的头人莱塞塔告诉我的。咒语的注释来自他和另外一个资料提供者，此人名叫莫塔戈伊，是位非常聪明且非常坦率、可靠的男性资料提供者。我在第六章里提供了该咒语的意译版本，就像在第六章里说的那样，仪式非常简单，就是把五盘瓦尤戈藤绳放在两块席子之间的木盘子上，对着藤绳吟诵咒语。

瓦尤戈咒语

（一）尤乌拉（开头）

1. *Kala bosisi'ula,*　　　　*kala bomwalela.*
   他的 仪式性吃鱼，　　　　他的 禁忌内部。

2. *Papapa, silubida, monagakalava.*
   飘扬，　　 萎叶藤，　　留在后面。

3. *Tubugu Kalabotawosi,*　　*Tubugu Kwaysa'i,*
   祖父 卡拉博塔沃西，　　　祖父 夸伊萨伊，
   Tubugu Pulupolu,　　　　*Tubugu Semkiku,*
   祖父 普卢波卢，　　　　　祖父 塞姆基库，
   Tubugu Kabatuwayaga,　　*Tubugu Ugwaboda,*
   祖父 卡巴图瓦亚加，　　　祖父 尤格瓦博达，
   Tubugu Kitava,　　　　　*Bulumava'u Nawabudoga,*
   祖父 基塔瓦，　　　　　　新灵魂 纳瓦布多加，
   kaykapwapu　　　　　　　*Mogilawota.*

最近的先人　　　　　　　莫吉拉沃塔。

4. *Kusilase　　onikota,　　　bukwa'u'i kambu'a.*
   你坐　　　在独木舟的滚木上，　你嚼你的槟榔。

5. *Kwawoyse　bisalena　　　Kaykudayuri*
   你拿　　　他的漏兜树飘带　　凯库达尤里(的)
   Kusaylase　odabana　　　Teula
   你(把它)放　在上面　　　　特乌拉(的)。

6. *Basivila,　basivilake'i　Kitava miTo'uru,*
   我可能转身　我可能转身面向　基塔瓦 你的托乌鲁，
   mimilaveta　Pilolu.
   你的海湾　　皮洛卢。

7. *Nagayne　　isipukayse　　girina　　　Kaykudayruri.*
   今天　　　他们点燃　　节日篝火　　凯库达尤里(的)。

8. *Kumwam　　dabem　　　Siyaygana,　bukuyova.*
   汝束在一起　汝之短裙　西亚加纳，　汝飞。

9. *Bakabima　kaykabila,　bakipatuma　yogwayogula.*
   我可能握住　锛子的手柄，我可能紧握　组件棍子。

10. *Baterera　　odabana　　　Kuyawa.*
    我可能飞　　在(……的)上面　库亚瓦。

(二)塔普瓦纳(正文)

11. *Odabana Kuyawa,　　Odabana Kuyawa…;*
    在库亚瓦(的)上面，　在库亚瓦(的)上面……；
    　　　　　　　　　　　　　(重复几遍)

    bayokokoba　　　　　odabana Kuyawa;
    我可能变得像烟一样　在库亚瓦(的)上面；
    bayowaysulu　　　　　odabana Kuyawa;
    我可能变成隐形的　　在库亚瓦(的)上面；
    bayovivilu'a,etc.;

我可能变得像一阵旋风,等等;

bayomwaleta,etc.;　　　　　　*bayokarige*,etc.;

我可能变成独自一人,等等;　　我可能变得像死了一样,等等;

bayotamwa'u,etc;　　　　　　*bayogugwa'u*,etc.;

我可能消失,等等;　　　　　　我可能变得像雾,等等;

12. 重复第9节、第10节和第11节,把其中的库亚瓦换成迪库图瓦。

13. 重复第9节、第10节和第11节,把其中的库亚瓦换成拉乌。在这之后,重复一遍尤乌拉,开始第二段塔普瓦纳。

14. *Bakalatatava*,　　　　*bakalatatava*...;

　　我可能倾倒,　　　　　我可能倾倒……;

（重复几遍）

ula sibu　　*bakalatatava*;　*ulo koumwali*　　*bakalatatava*;

我的 龙骨　我可能倾倒;　我的独木舟的船舷　我可能倾倒;

uli sirota,etc.;　　　*ulo katukulu*,etc.;　*ulo gelu*,etc.;

我的独木舟的船底,等等;　我的船头,等等;　　我的肋材,等等;

ulo kaysuya,etc.;　　*uli tabuyo*,etc;　　*uli lagim*,etc;

我的连接棍,等等;　　我的船头围板,等等;　我的横向船头围板;

ulo kawaydala,etc.

我独木舟的侧面,等等。

在这之后,再重复一遍尤乌拉,最后以多吉纳(结束语)结束整个咒语。

（三）多吉纳(结束语)

15. *Kalubasisi*　*kalubayo'u*;　*kuvaylise mayena*

（不可译）　　飞着的(?);　　你打他的舌头,

kuvaylise bubuwala,　*kulakwoyse kala sibu waga*.

你打　　他的胸,　你解开　　他的 龙骨 独木舟。

16. *Wagam*,　　*kousi*,　　*wagam*,　　*vivilu'a*,

独木舟(汝乃)　鬼魂,　　独木舟,(汝乃)　旋风,

kuyokarige Siyaygana,　*bikuyova*.

汝消失　　　　　西亚加那，　　汝飞翔。

17. *Kwarisasa*　　*kamkarikeda*　*Kadimwatu*;
　　汝穿透　　　　海峡　　　　卡丁瓦图；
　　kwaripwo　　*kabaluna*　　*Saramwa*;
　　汝破开　　　　鼻子 他的　　萨兰瓦；
　　kwabadibadi　*Loma*.
　　汝遇见　　　　洛马。

18. *Kuyokarige,*　　　　　*kuyotamwa'u.*
　　汝变得像死了一样，　　汝消失。
　　kuyovivilu'a,　　　　*kuyogugwa'u.*
　　汝变得像一阵旋风，　　汝变得像雾。

19. *Kusola*　*kammayamaya,*　*kwotutine*　*kamgulupeya*;
　　汝塑造　细沙，　　　　汝砍断　　　汝之海草；
　　kuna,　*kugoguna,*　　*kambwoymatala.*
　　汝去，　汝戴上　　　　汝之布蒂阿花环。

在上面，我们逐字翻译了土著文本，把其中每个词和每个构词词缀都译成了对应的英语词。要得到这样一个一字不差的译文，并随后将它转变成明白易懂的英文译文，要克服两个主要困难。咒语中的大部分词语都不是日常用语，而是古语词、神话人名和根据非常规语言规则形成的奇怪的合成词。因此，第一个任务就是解释那些过时的表达方式和神话典故，并找到所有古语词在今天的对应词。即便我们为原始文本中的每个词都找到了对应的意思，但要把这些意思连起来，通常也相当困难。咒语的行文不是叙事风格的，它不是用来在人与人之间传递思想的，也无意自称有连续的、前后连贯的意思。咒语是服务于巫术目的的一种工具，其用意是把人的特殊力量施加在事物上。它的意思，就广义的"意思"含义而言，只有和这个目的联系在一起时，才能被理解。因此，咒语并非是合逻辑、扣主题的思想的连贯表达，而是将各表达方式组合在一起，成为一个整体，依据的是所谓的巫术思维顺序，或许更准确地说，是巫术的表达顺序、是根据咒语目的排列词语的巫术表达顺序。显然,任何真正想去理解这些咒语的人都必须知道并熟悉这种语言连接的巫术顺序——这里,我有意没用"巫术逻辑"这个说法,因为该案例中的咒语没有逻辑。因此,刚开始"读"这样的资料时,会有很大困难,只有熟悉了大量咒语后,阅读者才能变得更自信、更有理解能力。

三

在弄懂这样的文本时,我惯常的做法是从巫师那里找到与那些意思隐晦的表达方式相对应的词语,使两者一一对应。通常,巫师自己对神话典故、咒语里某些难懂的表达方式,比任何其他人都更为了解。遗憾的是,也有一些愚钝的老人,他们虽然能滚瓜烂熟地说出某个咒语,但显然从不关心它的意思,或者是已经完全忘了它的意思,他们不是好的解说者。通常的情况是,一个还不错的资料提供者能缓慢清楚地背诵出咒语,且不失其脉络,但作为语言资料提供者,却毫无帮助,也就是说,他不能帮助我们取得一个词的定义,不能协助我们把词语分割成各构词部分,不能向我们解释哪些词属于日常语言、哪些词是方言、哪些词是古语词、哪些词是单纯的巫术合成词。在我的资料提供者中,只有几个人能在这方面帮助我,我之前提到的莫塔戈伊又是这几人之中最为优秀的。

下面进行的只能是一个大概的分析,因为要进行全面的分析,须先完成一篇关于语法的长篇专题报告。但是,这个大概的分析足以基本概括咒语的主要语言特点及前面章节中提到的意译文本的各构建方法。

上面引述的咒语显示了长咒语典型的三部分结构。第一部分叫尤乌拉。这个词的意思是树或竿子的"底部",任何建筑物的"地基",也可用作比喻义,指"原因"、"起因"或"开头"。当土著人用它指歌谣的第一阕和巫术咒语的绪言时,用的就是最后一个意思。咒语的第二部分叫塔普瓦纳,字面意思是:"表面"、"皮肤"、"身体"、"树干"、树的"中间部分"、道路的"主要部分",因此用来指咒语或歌谣的"主要部分"。多吉纳的字面意思是"尖端"或"末端",用于指树的"顶端"或尾巴的"末端",被用来指咒语的"最后部分"或"结束语"。有时,土著人会用意思是"顶部"或"头"(不是人的头)的达布瓦纳（*dabwana*）一词代替多吉纳。因此，我们想象咒语时，须将它倒置，其开头尤乌拉是基础，其正文在中间树干的位置上，其结束语多吉纳在顶端。

在这个咒语的尤乌拉部分，开头的词语短促有力，每个词都代表了自己的一套意思、一个句子、甚至是一个完整的故事。在基里维纳咒语中，这种开头很典型。它们给解读者带来的巨大困难也很典型。构成第1节和第2节的七个词里，有四个不属于日常用语，是晦涩难懂的合成词。例如，"*bosisi'ula*"和"*bomwalela*"两个词都是由前缀加词根构成的。前缀"*bo-*"的意思是"禁忌的"、"属于巫术的"，两个词根"*sisiula*"和"*mwalela*"都不是完整的词，其中第一个是"*visisi'ula*"一词的词根部分，而该词指的是和这个巫术相关联的一个习俗。举行瓦尤戈仪式时，某些时刻，巫师会突然地一阵阵颤抖，这时必须给他一些烤鱼，他吃了之后，就不再颤抖了。土著人说他颤抖得像一条比西拉（漏兜树飘带），并说这表明他的巫术生效了，因为漏兜树的颤抖是速度的象征。"*Mwalela*"派生于"*olumwalela*"，后者的意思是"内部"。加上前缀"*bo-*"，"*bomwalela*"可被译为"禁忌的内部"。

解释这两个词的大致含义，甚至比找出它们字面上的对应词更为困难。在这里，咒语间接提到仪式性吃鱼与象征速度的颤抖相关联，还有"禁忌的内部"这个表达。巫师颤抖后吃鱼这一习俗具有巫术意义上的重要性。像所有这样的仪式一样，该仪式增强了巫术的功效。该习惯性规矩的威力或价值只有当它在咒语中被提及时才会显现，如与咒语和仪式分裂开来，便不能产生直接的效果，或者可以说，其巫术效力会大打折扣。这是我对这两个词——"仪式性吃鱼"和"巫师的禁忌内部"——能做的最好解释。

第2节中的三个词，每个都有自己的故事。"*Papapa*"的意思是"飘扬"，代表的是一个短语："让独木舟加速，从而使漏兜树的叶子飘扬。"当然，这个词表达的含义不只是这句话，要理解它的意思，须熟悉漏兜树树叶在独木舟装饰中的作用，须知道土著人如何看待飘扬和速度之间的巫术关联，并须了解漏兜树飘带的仪式性使用。因此，只有当该词处于咒语的语境中，只有当它与咒语的目的、与各种相关联的观念和习俗联系在一起时，才有意义。对土著人而言，他们知道这一切，并且咒语的整个语境就在他们的脑海中，因此当他听到或重复说"*papapa*"时，该词便抖动着巫术威力。"*Silubida*"

是一个专门的巫术词语,由 *lilobida* 变形而成,属胡椒科胡椒属植物的一种。
"Monagakalava"也是一个复杂的合成词,意思是"留在后面"。蒌叶是土著人经常使用的一种巫术要素,在这个咒语中,施咒人不久就会邀请祖先的灵魂嚼槟榔。"留在后面"无疑指的是被咒语念诵者的独木舟超过的其他独木舟。因此,这两个词能被较容易地放入该咒语的语境里。显然,如前所述,这一节中的三个词都是独立的,都有自己的一套意思。第一节里的两个词很有可能是关联在一起的,甚至可能各自代表某个复杂故事的一半。

接着,在第 3 节里,出现了一长串祖先的名字,据土著人说,所有这些祖先都是真正的人,曾经住在基塔瓦,即该巫术的故乡。"*Kwaysa'i*"的意思是"波涛汹涌的大海","*pulupolu*"的意思是"翻滚"、"白浪滔滔",表明这些名字有某种意义,因而是神话的。纳瓦布多加是个基塔瓦男人,是最后提到的莫吉拉沃塔的父亲,而莫吉拉沃塔则是巫术当前所有者的母系亲戚。因此,这是"巫术亲缘关系"一个很好的例子:通过"巫术亲缘关系",当前的所有者,一个锡纳凯塔男人,便和基塔瓦这一神话地区连接起来。

接下来的第 4 节和第 5 节在语言上都更清楚、更简单,其中的词按顺序连接在一起。这两句是对祖先灵魂的召唤,邀请他们到独木舟上来和巫师一起,并把漏兜树飘带放到特乌拉的山顶上,其中的"凯库达尤里"是对独木舟的称呼,意思是"库达尤里的船"。这里用夸张和比喻的修辞手法,邀请灵魂跟随他的旅程。须注意,至少根据现在的信仰,土著人并不将灵魂视为遵从巫师命令推送独木舟的中介或力量,而只将他们视为被动的同伴。第 6 节包含对同行者的嘲讽:巫师展望到自己先向大山航行而去,而当他转身时,基塔瓦的男人们,即他的同行者们,还远远地在托乌鲁海滩上,整个皮洛卢海湾仍躺在他们面前。

第 7 节延续了同样的思想倾向。该句暗示了最先抵达的独木舟点燃篝火的习俗,而巫师看见自己享有这一殊荣。我们注意到,他总是用库达尤里这个名字,也就是用古代神话飞舟的名字,来称呼自己的独木舟。在第 8 节里,独木舟被称呼为飞行女巫,她被要求将自己的短裙束起去飞翔。在第 9 节里,巫师在语言上重做了原始的库达尤里神话里发生的一件事,即他握着锛子的手柄,抓住独木舟,一敲打,独木舟便飞起来了。

因此,该咒语的尤乌拉以古语的、意思十分浓缩的合成词开头,每个词都有一套独立的巫术意思;然后跟着一串祖先的名字;接下来是意思更清楚、同时也更激动人心的句子;之后是召唤祖先的灵魂、预见在速度上获胜、重建神话事件。

四

现在,让我们说说塔普瓦纳。它总是咒语里最长的部分,因为一整串词须和几个关键词重复搭配数遍。我们目前分析的这个咒语有三个关键词。此外,巫师可以即兴地(*ad libitum*)反复念诵同一组词与一个关键词的搭配。他不会按任何固定顺序说完这一长串词中的所有词,在这部分咒语里,他可以随意回到前面的某个地方,换上不同的关键词,重复那部分词语。

在此,我们最好也说说实际念诵咒语的方式。开头部分的吟诵总是带着很强的、优美的韵律,这种韵律并非固定不变,而是因巫师而异。头几个词要被重复数次。以这个咒语为例,"*kala bosisi'ula*"会被重复三四次,接下来的两个词(*kala bomwalela*)也是如此。念诵第 2 节中的词语时,念诵人声调平缓,且不重复。祖先的名单念得很快,草草了事。尤乌拉的剩余部分,可以说是它激动人心的部分,念得没有韵律可言,声音更像是普通的说话,语速也更快。

然后是尤乌拉的最后一句,几乎在所有咒语中,该句都将尤乌拉和正文连接以来。这一句念得缓慢、庄严、清晰,最后通过变调,声音逐渐降低。在塔普瓦纳中,咒文总是再次使用尤乌拉结尾部分里的关键词或关键表达。这个词被重复数遍,仿佛是要把它彻底装进或揉进咒语中一般。然后,巫师快速连续地低声念诵一串词,每个词都搭配上那个关键词,有时念一遍,有时念两三遍。这造成一种效果,仿佛那个关键词正被揉进那一串词中的每个词里一样。关键词通常念得慢些,它们是这部分的节奏标记。咒语的最后一部分,即多吉纳或达布瓦纳,念得更敷衍马虎,通常采用说的方式,而不是吟诵的方式。

说完这个题外话后,让我们再回到咒语的分析上来。通常,塔普瓦纳,即咒语的正文更易翻译,其中的词语没那么古语化、没那么浓缩。在该咒语中,塔普瓦纳的第一部分和第二部分的关键词都非常简单。第一部分(第 11 节)里的关键词都有神话性,涉及的地方都与其中一个库达尤里姐妹的飞行有关。在塔普瓦纳的第二部分(第 14 节)中,关键词的意思是:"我可能倾倒"或"我会倾倒",意思是速度造成的。这个说法在这里的意思是:"我会超越",和这个动词搭配的一串词指的是独木舟的各部分。塔普瓦纳的第二部分比第一部分典型得多,因为其关键词是动词,而与之搭配的一串词是名词。其典型性还体现在动词以一种简单直接的方式表达了咒语的巫术效果(超过其他独木舟),而那一串词加在一起就是咒语的对象物,即独木舟。这样的塔普瓦纳——巫术的作用由一个动词表达出来,一串搭配词提及的则是园圃、渔网或武器的各部分,抑或人体的各部分——见于所有类型的巫术中。

第一部分塔普瓦纳(第 11 节、第 12 节和第 13 节)则没那么典型,因为描述巫术作用的动词都被降级为搭配词,而关键词则成了说明地点的副词短语。那一长串的语言连接都暗喻了独木舟的速度。"我会飞,我会变得像烟一样,我会变成隐形的,我会变得像一阵旋风,等等",这些都是对极快速度的颇为形象而具体的描绘。那一串词也呈现出了一种语言上的对称性和单一性。前缀"ba-"表将来时或可能性,我直译为"可能",但在咒语里它的意思是"会"或"要"。① 构词前缀"yo-"表使役,在咒语里的意思是"变成"或"变得像"。然后是词根"kokoba-",意思是"在燃烧的园圃上盘踞成云的烟"。因此,"bayokokoba"的完整的具体意思可译为:"我会变得像盘踞的烟云","boyowasula"的完整意思可译为:"我会变得像遥远的喷雾那般隐形"。在这串词中,唯一抽象的词是"tamwa'u",其字面意思是"消失"。因此,在这段塔普瓦纳中,搭配词系列由一些形式相似的词构成,每个词都用具体的暗喻手法表达了相同的大意。在两部分塔普瓦纳中间,又重复了一遍尤乌拉,因此,我们能想象得出该咒语的整个塔普瓦纳(正文)的长度。

咒语的最后一部分,即多吉纳,明确地引用库达尤里神话,并提到了该

---

① 英文原文中,此处为"shall"一词,将咒语译为中文时,视行为需要,"shall"一词有时译作"要",有时译作"会"。——译者

神话提及的几个地方。它也展现了在咒语结束语里常见的典型的高潮。用夸张、有利的语言预料最终的结果。

五

以上就是对瓦尤戈咒语的分析。现在,我将引述另外一个类型不太一样的咒语,属于姆瓦西拉(库拉巫术)。该咒语明显是个更现代的咒语,基本上没有任何古语,每个单词都未被用作独立的句子,整体上易懂,并有连贯的意思。

卡伊库纳苏伦沃亚(也叫森盖亚塔)
(一)尤乌拉(开头)

1. *Avayta'u   netata'i   sulumwoyala   Laba'i?*
   谁   砍   薄荷树 的   拉巴伊?
   Yaygu,   Kwoyregu,   sogu   tamagu,
   我,   克沃伊雷古,   和……一起   我的父亲,
   katata'i   sulumwoyala   Laba'i.
   我们砍   薄荷树   拉巴伊。

2. *Silimwaynunuva,   inunuva;   silimwayniku,   iniku;*
   咆哮的苏伦沃亚,   它咆哮;   颤动的苏伦沃亚,   它颤动;
   silimwayyega,   iyega;   silimwaypolu,   ipolu.
   飒飒作响的苏伦沃亚,   它飒飒作响; 沸腾的苏伦沃亚,   它沸腾。

(二)塔普瓦纳(正文)

3. *Ipolu,   ipolu,   ipolu...   agu sulumwoya,   ipolu;*
   它沸腾,   它沸腾,   它沸腾……   我的 薄荷树,   它沸腾;
   agu   vana,   ipolu;   agu   kena   ipolu;
   我的   香草饰品,   它沸腾;   我的   石灰刮刀,   它沸腾;
   agu   yaguma   ipolu;   agu   sinata   ipolu;

我的　石灰罐　它沸腾；我的　梳子，　它沸腾，
agu　mo'i　ipolu; agu　pari　ipolu;
我的　席子　它沸腾；我的　礼物货物　它沸腾；
agu　vataga　ipolu; agu　kauyo　ipolu;
我的　大篮子　它沸腾；我的　个人的篮子　它沸腾；
agu　lilava　ipolu.
我的　巫术包裹　它沸腾。
Dabagu ipolu; kabulugu ipolu; kaygadugu ipolu;
我的头　它沸腾；我的鼻子　它沸腾；我的枕骨　它沸腾；
mayyegu ipolu; tabagu ipolu; kawagu ipolu;
我的舌头　它沸腾；我的喉　它沸腾；我的语言器官　它沸腾；
wagogu ipolu; ula woyla ipolu.
我的嘴　它沸腾；我的　库拉争取　它沸腾。

(三)多吉纳(结束语)

4. *Bulumava'u　kadagu　Mwoyalova*
　新灵魂　　我的舅父　姆沃亚洛瓦
　kuvapwo　　dabana　　Monikiniki,
　汝低语　（咒语，向）头　　莫尼基尼基(的),
　kuvapokayma　dabana　　agu　touto'u.
　汝低语　（咒语，向）头　　我的　轻木头(的)。

5. *Avaliwo koya- isikila koya;*
　我踢　大山—　它倾斜，大山；
　imwaliku koya; ikaywa'u koya;
　它下陷，大山；它打开，大山；
　isabwani koya; itakubile koya; itakubilatala koya.
　它欢呼，大山；它翻倒，大山；它倒下，　大山。

6. *Awapwoyma　　dabana　　Koyava'u;*
　我低语　（一个咒语，向）头　　科亚瓦乌(的);

avapokayma	lopoum	Siyaygana;
我施法	汝之内部	西亚加纳（独木舟）（的）；
akulubeku	wagana	akulisonu lumanena.
我浸透	那瓦加	我淹没 那拉米纳。

7. Gala　butugu,　butugu　pilapala;
　 不是　我的名声　我的名声　打雷
　 gala　valigu,　valigu　tumwadu　　　　tudududu.
　 不是　我的行走，我的行走　飞行女巫发出的噪音(?)　图杜杜杜。

该咒语开头的几句相当清晰，字对字的翻译足以解释其含义，无需任何进一步的注释，当然名字除外。拉巴伊是基里维纳北部的一个村子，在关于人之起源的神话中是一个相当重要的地方，因为几个主要的亚氏族都是在那里从地底下钻出来的。拉巴伊还是神话文化英雄图达瓦的故乡。然而，库拉神话涉及的几个地方并不包括拉巴伊。或许，该咒语这个有点异常的特点可能与它明显表现出的语言现代性有关？这个咒语里提到的另外一个人名是克沃伊雷古，关于这个名字，告诉我这个咒语的莱塞塔这样注释道：

"一个男人，他住在拉巴伊，是该巫术的主人。第一个懂莫尼基尼基巫术的不是这个人。这个巫术有一部分由托科西库纳发现，有一部分是过去在锡纳凯塔发现的。"

在解释这个注释时，我们必须注意，这个资料提供者是个锡纳凯塔男人，因此这里有他的地方感情，因为并无明确的神话故事把早期的姆瓦西拉实践和锡纳凯塔联系在一起。我们已经知道，托科西库纳是一位神话英雄，他和几位其他神话英雄的故事的确与姆瓦西拉巫术相关联。莫尼基尼基是姆瓦西拉巫术中一个体系的名字，该体系通常被认为就是来自一个叫莫尼基尼基的男人。

咒语的第二节包含四对词，每对词都由一个合成词和一个动词构成。

合成词为名词性,根据基里维纳咒语非常喜欢用的头韵对称,都加了前缀"*silimway-*",该前缀派生于意思是"薄荷"的"*sulumwoya*"一词。这样的文字游戏,特别是对咒语里关键词玩的文字游戏,像该咒语里的"*sulum-woya*",表明对词语进行的这种纯语音处理一定与对词语内在力量的看法和感情相关联。我将塔普瓦纳的关键词(第3节)直译为"它沸腾",或许也可以译为另外一个稍微不同的意思:"它翻起泡沫"。在土著念诵者的大脑中,很有可能这两个意思兼而有之。我觉得,用有双重含义的词,是土著语的特点之一。例如,在这个咒语里,"*polu*"一词出现在一系列分别表示"咆哮"、"颤动"、"飒飒作响"的动词里,这些词都有"噪音"、"嘈杂"、"骚动"的意思,而这个意思与姆瓦西拉巫术要产生的巫术效果是一致的。在这个语境中,该词的翻译显然是"翻起泡沫"。在另外一方面,这个咒语是对着薄荷枝念诵的,随后,薄荷枝会被保存在煮沸的椰子油里,因此,该词在这里的双重含义可被解释为:"像苏伦沃亚的油沸腾一样,我的名声(或者是我伙伴的急切之情?)翻起泡沫。"这样一来,"*polu*"一词会把烹煮仪式的意义和该咒语的语境连接起来。虽然这个解释并非得自土著资料提供者,但无疑符合当前一般的解释方式。我之前说过的巫术观点的巫术连结就是指这种词语和意义的连接。

该咒语的多吉纳(结束语)也体现了一两个典型的特点。例如,在第4句里,当前的念诵者让他的舅父对着莫尼基尼基的头低声说咒语。这样,当前的咒语所有者便将自己的独木舟和神话英雄的独木舟等同起来。在第5节、第6节和第7节里,我们看到几个夸张的说法,如描绘大山的摇动、把自己的名声比作响雷、把自己的走路声比作穆卢夸西发出的响声、描绘瓦加如何由于满载宝物而下沉。最后一部分会照例用一种更敷衍、更快的方式念完,造成一种词语堆砌的效果,词接着词,每个词都非常有力。最后以拟声词"*tudududu*"结束,该词表示雷的隆隆声。

六

这两个巫术咒语的原文和译文表明了语言分析如何可以让我们更深入

地了解土著人感觉到的语言的巫术价值。一方面,各种语音特点显示了用这些文字来传递巫术力量时须对文字进行何种处理;另一方面,只有对咒语进行这种逐字分析,才能让我们很好地理解什么是我们经常提到的观念和语言表达的巫术连结。然而在此,我们不可能引述所有咒语的完整原文,并对其进行语言分析,那足以写出一本关于巫术语言的专著。但是,我们可以快速浏览其他咒语,并指出其中体现出来的巫术语言的显著特点,从而对目前我们经详细分析上述两个咒语而得到的结论进行补充。

　　上文中的两个例子当然属于由三部分构成的长咒语。我们在前面用意译方式引述的很多咒语都没有正文,但是可以分出它的尤乌拉(绪言)和多吉纳(结束语)。在第六章引述的第一个咒语,即"瓦布西托奎咒语"(驱赶树精),是一个与众不同的咒语。它是一种召唤,不是吟诵出来的,而必须用低沉、劝说的方式说出来。该咒语由两部分组成。在第一部分里,"kubusi(汝下来)"用作命令,和对树精的各种描述和约束——搭配。第二部分,重复说几个句子,让树精有一种被追赶的感觉。第一部分的关键词 kubusi 和第二部分的句子本身都具有直接力量。我们须明白,对土著人而言,被人赶走是奇耻大辱。约巴,即"驱逐"、"命令离开",自成一类。在某些情况中,人们会被从社区中约巴或驱逐出去,一个男人若受到如此对待,永远别想再待下去。因此,这个咒语里的词语所具有的法力源于土著习俗的社会约束力。第五章里引述的第二个咒语,即"凯芒瓦乌咒语",也与众不同,因为它只由一个部分构成。这个咒语同样多次重复"kubusi(下来)"一词,与之搭配的一系列词表示污秽和被打破的禁忌。然而,这些东西不被认为是人格化的生灵。该词的法力很有可能也来自有关约巴的观念。

　　接下来的那个咒语是"凯芒瓦乌咒语"的附属咒语,叫"凯加加比尔",或"轻灵咒语",它的尤乌拉很典型:

Susuwayliguwa(重复); *Titavaguwa*(重复) *mabuguwa*(重复);
他没能超过我; 独木舟快得颤动; 巫术词语;
mabugu, *mabugamugwa*; *mabugu,mabuguva'u*.
马布古, 马布古-古时的; 马布古,马布古-新的。

头两个词是合成词,都有因巫术目的而加的前缀和后缀,这是对词语进行的某种巫术处理。据土著人说,那个无法翻译的巫术词语是"*megwawala*",意思是"只是巫术"。该词先和前面那两个词、再和两个后缀(古时的和新的)对称地重复数遍。通过加反义前缀或后缀对词语进行重复是对词语进行巫术处理时经常表现出来的特点。这段绪言清楚地展现了咒语中的文字游戏、为了节奏和对称而进行的词语变形,及通过加反义词缀对相同词语进行的重复。在接下来的那部分咒语中,"*ka'i*(树)"一词用作关键词和各个动词依次搭配,形成"树飞起来"等等。这一部分究竟是塔普瓦纳,还是只是一个并非不太常见的有关键词的尤乌拉,我们很难判断。

我们将查看更多的独木舟咒语的尤乌拉(第一部分),然后再查看咒语的正文和结束语。在第五章引述的下一个咒语里,即在"卡皮图内纳杜库咒语"中,"*bavisivisi*"一词被沉闷乏味地重复数次。它的意思是:"我将挥手让他们回去"(即其他独木舟)。咒语的开头部分用一个词以暗喻的方式总结了该咒语的目的,这种情况经常出现在基里维纳的巫术咒语中。接下来的词语是:

Sîyá	*dábanâ*	*Tókunâ*	*ínenâ.*
锡亚山	(在) 顶部	托库纳	妇女
Sinegu	*bwaga'u,*	*tagogu*	*bwaga'u.*
我的母亲	妖术师,	我自己	妖术师。

土著人念这些词语时,用的是一种重重的、锤击一般的节奏,如那些升半音符号和发音符号所示。第二行显示了有节奏的、对称的词语安排。该咒语尤乌拉的剩余部分与瓦尤戈咒语的同一部分相似,本书已提供了其完整的土著文本(参照前面章节里这两个咒语的意译文本)。

同一章引述的"利戈古咒语"中,尤乌拉以另外一个文字游戏开始:

virayra'i(重复);   *morayra'i*(重复);
女的雷拉伊;   男的雷拉伊;

basilabusi	*Wayayla*,	*basilalaguwa*	*Oyanaki*;
我会穿透	（在）瓦耶拉，	我会出现	（在）奥亚纳基；
basilalaguwa	*Wayayla*,	*basilabusi*	*Oyanaki*;
我会出现	（在）瓦耶拉，	我会穿透	奥亚纳基；

在前面引述该咒语时，我未将这部分尤乌拉译出，因为这部分的意思是"巫术性的"，用土著文本更易理解。"雷拉伊（*rayra'i*）"只是一个巫术词语，最先出现时加了一对分别表示男女的反义前缀 *vi*- 和 *mo*-。之后的句子是个典型的地理对仗的例子，那两个地名是两个海角，位于博约瓦岛和凯卢拉岛之间的考洛科基海峡的两侧，相对而立，至于为什么会提到这两个地方，我无从得知。

在第九章里引述的"卡杜米亚拉咒语"中，开头部分如下：

Vina pega , pega ; vinamwana , mwana ;
nam ma youyai , makari youya'i , odabwana ;
nam ma youya'i , makari youya'i , o'u'ula.

第一行说了两种会飞或会跳的鱼，即"*pega*"和"*mwana*"，行文对称。加在这两个词上的前缀"*vina-*"很有可能表示女性，传达的意思可能是：飞行与女性相关联，即与飞行女巫相关联。第二行和第三行里有个文字游戏：在词根"*yova*"或"*yo'u*"（意思是"飞"）上加几个词缀，重复念诵。这两行的最后两个词"*odabwana*"和"*o'u'ula*"使这两行形成了某种对仗，前者是"在顶部"的意思，后者是"在底部"的意思，在该咒语中，很有可能分别指船的一端。

同一章里引述的"比西拉咒语"，其开头如下：

Bora'i , bora'i , bora yyova , bi yova ;
Bora'i , bora'i , bora yteta , biteta.

"*Bora'i*"似乎又是一个纯巫术词语。前缀"*bo-*"有"禁忌的"或"仪式的"

之意；词根"ra'i"很像前面引述过的巫术词语"rayra'i"，显然只是"ra'i"的重叠形式。因此，这是对巫术词根"ra'i"和词语"yova"（"飞"）和"teta"（"准备就绪"、"升腾"）进行的有节奏的语言建构。

"卡伊库纳维瓦咒语"的绪言行文对称、节奏感强：

> Bosuyasuya（重复）；boraguragu（重复）.
> Bosuya olumwalela；boyragu okatalena.

我不知道其中那两个词的准确含义，只知道它们代表了巫术作用。这两个词的顺序安排及"olumwalela"（"中间部分"、"内部"）和"okatalena"（"身体"、"外面"）形成的对仗，与前面引述的其他绪言的特征一致。

七

虽然咒语的塔普瓦纳（正文）念诵时耗时更长，但其结构却更简单。此外，许多咒语根本没有正文。在我们引述过的咒语里，第一个有正规的塔普瓦纳的是卡皮图内纳库杜。在该咒语中，我们看到，一列关键词和一串溢美之词搭配念诵。关键词都是动词，用如下形式念诵：

> mata'i,   matake'i,   meyova, etc.
> 砍,   砍向,   飞,等等。

该咒语中的这些动词都加了前缀"ma-"或"me-"，表示不确定的时态。据我所知，该前缀在几个美拉尼西亚语言中仍广为使用，但在基里维纳，却明显带有古语的味道，只在某些惯用语和巫术中出现。该咒语里一些动词用暗喻的手法描述了独木舟的速度。与关键词搭配的一串溢美之词列举了独木舟的各部分。关键词用其古语形式来表达比喻意义，而溢美之词用的就是日常用语，这种情况非常典型。

另外一个正规的塔普瓦纳出现在第九章引述的卡杜米亚拉咒语里。咒语只有一个关键词,即"*napuwoye*",译为:"我用巫术赋予速度。"前缀"*na-*"表示确定的时态。构词成分"*pu-*",我无法译出。词根"*woye*"的字面意思是"敲打",延伸意义是"给予巫术"。在卡伊库纳维瓦咒语里,"*bwoytalo'i*"和"*bosuyare*"这一对词的意思分别是"仪式性地涂红彩"和"仪式性地戴花环",前缀"*bo-*"表示"仪式的",使这一对词形成头韵和形式上的相似。

我们看到,塔普瓦纳的数量较少,在我们列举的这七个咒语里,仅有三个咒语有。在形式上,塔普瓦纳比尤乌拉更简单。仔细查看更多的关键词后,我们会看到那些关键词通过直接或比喻的方式,描述了巫术的作用或效果。例如,在"卡杜米亚拉咒语"中,有一个动词的意思是"巫术的赋予",这是对巫术作用的直接描述,然后,两个词用比喻的方式描述了巫术的作用,一串动词关键词列举巫术的效果,如飞行、速度,等等。在未列入本书的其他独木舟咒语里,我们也能找到相似类型的关键词,如"独木舟飞行"、"布里瓦达鱼在海浪上准备就绪"、"礁石上的苍鹭涉水而行"、"礁石上的苍鹭沿海滩而行……",所有这些都是根据思想的巫术趋向来表达咒语的目的。

八

从语言学角度看,咒语的最后一部分,即多吉纳,表现出的显著特点通常较少。在语音上,最突出的特点体现在纯拟声复合词上,如"*sididi*"、"*saidididi*",或是我们在卡杜米亚拉咒语里看到的那三个:"*sididi*"、"*tatata*"、"*numsa*"。在意思表达上,一些多吉纳也运用了暗喻的修辞手法,例如,在凯加加比尔咒语里,描述时间时,用早上的太阳和晚上的太阳比喻巫师和他的伙伴在速度上的差异。多吉纳也引用神话典故。无疑,这部分咒语在土著人看来是最不重要的。就像我们在前面注意到的那样,很多时候,同属于一个套系的很多咒语使用的多吉纳都是一样的。还有一些咒语根本没有多吉纳,例如,在"卡皮图内纳杜库"里,整个多吉纳就是拟声词"*sididi*"。如前所述,念诵这部分时,念诵人更敷衍迅速,没什么旋律上的变化,也没什么语音上的特点。

九

  以上是我对独木舟巫术进行的简短的语言分析,我们首先分析了绪言尤乌拉,然后分析正文塔普瓦纳,最后简要地分析了一下多吉纳。下面,我将用更概括的方式,对本书引述过或提到过的姆瓦西拉(库拉巫术)咒语进行简要的分析,先从尤乌拉说起。

  亚瓦拉普咒语(第七章)的开头如下:

> *Bu'a, bu'a, bovinaygau, vinaygu;*
> *Bu'a, bu'a, bomwanaygu, mwanaygu...*

在这里,"*bu'a*"(槟榔)一词被重复,并被转变为前缀"*bo-*",和两个反义词根"*-vinay-*"(女的)和"*-mwanay-*"(男的)及后缀"*-gu*"(第一人称物主代词)构成合成词。

  凯姆瓦洛约咒语(第七章)的开头是:

> *Gala bu'a, gala doga, gala mwayye...*

念诵这部分时,语调庄严肃穆,这句话后面是基于词根"*mwase*"的文字游戏,我在该咒语的意译文本中描述过该文字游戏。

  另外一个有节奏、念诵时有规律重音的绪言见于"凯卡卡亚咒语"(第八章):

> *Kaýtutúna iýana, márabwága iyaná...*

  词语的对称排列、押头韵的前缀及使用意思对立的两个词,也见于其他几个咒语。

  塔洛咒语(第八章)

Talo, talo'udawada, udawada

Talo, talomwaylili, mwaylili...

塔乌亚咒语（第八章）

Mwanita, monimwanita;

Deriwa, baderideriwa;

Derima, baderiderima...

卡乌巴纳伊咒语（第八章）

Mose'una Nikiniki,

Moga'ina Nikiniki...

克沃伊加帕尼咒语（第十四章）

Kwega, kweganubwa'i, nubwa'i;

Kwega, kweganuwa'i, nuwa'i;

Kwega, kweganuma'i, numa'i...

我列出这些咒语，但并未给出完整的注释，目的是要显示其构词和语音特点，事实上，它们与我们之前引述和分析过的例子在所有的要点上都十分相似。

十

库拉巫术咒语的正文与独木舟巫术的塔普瓦纳并无本质不同的特点。在形式上，一些关键词只是一些没有随叙事时态而变换形态的动词。例如，在塔洛（红染料）咒语里，一对动词"*ikata*（它神采奕奕）"和"*inamila*（它闪闪发光）"和描述人头各部分的各种名词搭配。"卡伊库纳塔布约"（第十三章）的关键词在语法上也很简单："*buribwari, kuvakaku kuvakipusa*（鱼鹰，落在汝之猎物上，抓住它）"——动词都是叙事时态的第二人称。

在其他咒语里，我们看到，关键词通过重叠、组合和添加词缀而发生了词形变化。在亚瓦拉普咒语（第七章）里，"*boraytupu, badederuma*"这对被重复的关键词是合成词，虽然我未能成功地全面分析它们，但资料提供者们的一致看法让我对以下的近似翻译较为满意："快速航行，充足的量。"在格博博咒语（第七章）里，"*tutube tubeyama*"是对词根"*tubwo*"玩的文字游戏，该词根通常用作动词，意思是"面盘饱满"、"长得好看"。在塔乌亚咒语（第十三章）中，"*munumweynise*"是词根"*mwana*"或"*mwayna*"的叠词，意思是"渴望的"或"兴奋的状态"。在卡乌巴纳伊里，第一个关键词"*ida dabara*"或是一对古语词，或是一对方言词（"*dabara*"是词根，"*ida*"只是语音上的添加），意思是"减弱"。其他关键词有"*ka'ukwa yaruyaru*"、"*ka'ukwa mwasara*"、"*ka'ukwa mwasara baremwasemwasara*"，这些词都是将动词部分做了不规则的重叠，最后一个还有重复和形态变化。第十四章列出的最后一个姆瓦西拉（库拉巫术）咒语中，有一对关键词组："*kwoygapani, pani; kwoyga'ulu, ulu*"。"*Kwega*"是一种胡椒属蔓生植物，变形后用作前缀，与动词性词根"*pani*"（勾引）和"*ulu*"（缠绕）构成合成词。

　　至于这类咒语的结束语，如前所述，没有绪言和正文那么多变。在同一套系或体系内，多吉纳的变化通常很少，一个人常常会把同一个多吉纳用于他所有的咒语。因此，我们在前面用作例子的苏伦沃亚文本已足够展现姆瓦西拉咒语最后一部分的各种特点，无需再赘言。

十一

　　关于凯加乌咒语（第十一章），只需快速概括一下语音特点便足矣，并且我们将只谈论塔普瓦纳的语言特点。"*Gwa'u*"或"*ga'u*"的意思是"薄雾"或"雾"；用作动词时的形态总是"*ga'u*"，意思是"制造薄雾"、"用雾笼罩"。在一些该类咒语的正文中，这个在语音上很有表现力的词有非常好的声音效果。例如，在"吉约罗凯瓦咒语一"中，关键词是"*aga'u*（我用雾笼罩）"、"*aga'usulu*（我用雾笼罩，遮住）"、"*aga'uboda*（我用雾笼罩，隔开）"。念诵塔普瓦纳的这些词时，开始时缓慢、低沉，而后快速急切，产生了一种真正的"巫术"效果——就听者的主观感受而言。"吉约罗凯瓦咒语二"里的关键词更令人印象深刻、更具拟声效果：

Ga'u, *yaga'u*, *yagaga'u*, *yaga'u*, *bode*, *bodegu*!

这句话中的元音在美拉尼西亚发音中，与意大利语的元音发音时长一样，的确有一种不凡的音调效果，极为合适，因为这是一个激动人心的咒语，于下沉的瓦加里迎风念诵，是迷惑和误导穆卢夸西的最后巫术尝试。表使役的前缀"*ya*"用于名词性的"*yaga'u*"，后者翻译过来的意思是"聚集的迷雾"；"*yagaga'u*"是个叠词，我把它译为"包围的迷雾"。从这个例子可以看出，巫术词汇的所谓对应词，其对应性相当微弱，因为有那么多东西都是通过语音或拟声手段表达的。

其他咒语中的关键词则没那么有创造力。"吉约塔纳瓦咒语一"用了"*atumboda*"一词，我将其译为"我压下，我关上"，该译法直译了动词"*tum*"和"*boda*"的意思，前者就是"压"的意思，后者就是"关"的意思。"吉约罗凯瓦咒语二"的关键词近乎古语词，成对念诵："*apeyra yauredi*"，意思是"我起来"、"我逃离"，还有一个语法不规则的"*suluya*"，意思是"遮住"。

用来召唤仁慈之鱼来营救溺水船队的凯塔里阿咒语的正文，其关键词是"*bigabaygu suyusayu*"，意思是"*suyusayu* 鱼会抬起我"。这一表达方式值得我们注意：该咒语可能被视为向有用动物发出的求助，但即便在该咒语中，也并未用第二人称来称呼动物。用语言预期结果，表明咒语通过词语的直接法力而非对动物的恳求来产生作用。

十二

至此，我们完成了对各种咒语的语言样品进行的概述，现在可以对分析结果稍作总结。对咒语功效的信仰，让咒语形成了各种意义上或发音上的语言特点。土著人深信某些词语具有神秘的、固有的力量，他们相信这些词远古时代就已存在，本身就有功效，直接发挥其影响力。

先谈谈巫术语言的意义。我们看到，就意义而言，巫术语言足够清晰和直接。多数关键词都是对巫术动作的直接陈述。例如，在某个咒语中，关键词是"*napuwoye*"，意思是"我赋予巫术功效（速度）"，在另外一个咒语中，关键词是"用节庆的方式涂红色,用节庆的方式戴花环"。这些关键词都直接描述了巫师正在做的动作。通常,一个咒语的主要语言表达,即开篇词和关键词,涉及咒语的目的。例如,在独木舟巫术中,我们看到,许多词和词组的意思是"速度";在库拉巫术中,则有许多表示"成功"、"大量"、"兴奋"、"美丽"的表达方式。更常见的是,咒文通过明喻和一词双意,运用一种比喻的方式将巫术的目的陈述出来。在咒语的其他部分中,巫术意思并未被禁锢在单个的词语或表达方式中,而是通过明确的词组或长句表达出来,咒文体现出如下显著特点:列举祖先的名字、召唤祖先的灵魂、引用神话典故、明确和夸张、通过对比贬低同伴——大多数都表达了对巫术要达到的有利结果的预期。此外,咒语的某些部分还有系统的、精细的列举,如念诵者逐一列举独木舟的各组成部分、某次旅程的各连续阶段、各种库拉物品和宝物、人头部的各个部分、人们信仰中有飞行女巫的各个地方。这样的列举通常力求完整,几乎到了迂腐的地步。

说到语音上的特点,我们看到,一个词在咒语中的词形与它在日常用语中的词形非常不同,会有明显的词形和发音变化。这些语音特点在主要词语,即关键词和开篇词上表现得尤为明显。有时,它们会被截去一部分,但更常见的则是添加,如添加对称或反义词缀,即为语音效果而添加的构词成分。这些手段带来了节奏、头韵、押韵等效果,而这些效果又通过实际念咒时发出的重音被加强和突出。我们还发现了用一组对称音节进行的语言游戏,例如加反义前缀"mo-"和"vi-",或"mwana-"和"vina-",两对前缀都分别表示"男性的"和"女性的",又如"-mugwa(古老的)"和"-va'u(新的)",或"ma-(到这边)"和"wa-(到那边)",等等,等等。特别是,我们还发现了前缀"bo-",有"仪式的"或"禁忌的"之意,衍生于"bomala",它的另外一个形式bu'a(槟榔)的意思是"红色的"、"节日的"。还有各种拟声词,如"sididi"或"saydidi"、"tatata"、"numsa",模仿速度的声音、风的哭号声、船帆的沙沙作响声、漏兜树叶子发出的摩擦声;"tududu"模仿的是雷的霹雳声;还有节奏感强、表现力强但却并非直接拟声的句子:

  Ga'u, yaga'u, yagaga'u, yaga'u, bode, bodegu.

十三

现在,我们来谈谈在巫术仪式中用作仪式性转移咒语的物质。我们发现,在独木舟巫术中,干白茅草、干香蕉叶、干漏兜树叶都用在轻灵巫术中。不新鲜的马铃薯被用来带走独木舟的沉重,不过在另一个场合,沉重则是由一把白茅草带走的。土著人在洗浴后擦干身体时通常用的两三种灌木叶和野草被用来对独木舟的船身进行巫术清洗,在其他避邪仪式中,则用一根棍子和一支火把。在与涂黑独木舟相关联的仪式中,用的是若干轻巧的物质烧焦后的余烬,包括白茅草、敏捷的小鸟的巢、蝙蝠的翅膀、椰子壳和一棵极轻的含羞草的小枝条。

显而易见,和词语一样,巫术中使用的物质也与巫术的目的,即轻灵、敏捷、飞行相关联。

在库拉巫术中,我们看到土著人在臼中将槟榔砸碎,和石灰和在一起,用于染红独木舟的两端。槟榔还在施过引诱咒语后被送给库拉伙伴。被放入椰子油里煮的芳香的薄荷枝及姜根也用于姆瓦西拉巫术。在萨鲁布沃纳海滩上需被施咒的海螺号和化妆用品都是必备物品,利拉瓦包裹也是。在库拉巫术中用的所有物质不是与美丽和吸引(槟榔、化妆用品、薄荷枝)相关联,就是与兴奋(海螺号、嚼槟榔)相关联。因此,在这里,巫术关注的不是最终目的——得到宝物,而是中间目的,即让伙伴觉得他令人愉悦、让伙伴对库拉充满兴奋。

十四

在本章即将结束之际,我想引述几个土著信息文本。在前面的章节中,我将若干陈述和叙述放入土著人的嘴中,并用引号加以引用。现在,我希望展现产生那些引言的一些真正的语言资料。当土著人说话时,我记下了他们大量的对话。每当一个土著表达涵盖了关键要点,或是传达了典型的思想,抑或是表述很整齐或意思含混不清时,我都在它们被说出来的时候快速用笔记下。很多这样的文本,除具有语言价值,还可用作没有外语掺杂的体现土著观念的文献。这样的文本也能表明,从原始的土著人陈述到清楚的民族志表述,其间的道路是多么漫长。乍看上去,我们会强烈感觉到这些文本所包含的信息极为空泛、匮乏。那些浓缩的、支离破碎的、可以说像电报体一样的文字,仿佛几乎没有任何能揭示我们研究对象的东西,因为它们缺乏观点的表达连贯,其中含有的具体细节、真正恰当的概括极少。然而,我们须记住,无论这些文本可能有多么重要,它们却不是获取民族志信息的唯一来源,甚至不是最重要的来源。观察者须在部落生活的情境中去解读它们。许多在文本中几乎没被提到的行为习俗和社会学信息,民族志学者可通过亲自观察和直接研究客观的表现及涉及土著社会结构的信息,对其进行了解(参照导论中有关研究方法的评述)。在另外一方面,对于一个不仅懂得语言而且自己会用该语言的人而言,更好地了解、掌握语言表达的方式,将使语言自身对他而言更有意义。毕竟,如果土著人能向我们准确、清晰、连贯地描述他们的部落组织、习俗和观念,民族志工作就不会有困难了。遗憾的是,土著人不能跳出自身所在的各种部落氛围并对其进行客观评价,即便他可以,他也没有足够的智力和语言能力来表述。因此,民族志学者必须收集客观的资料,如地图、详图、系谱、财产清单、继承的账目、村落社区的人口普查数据。他必须研究土著人的行为、在各种情况下与之交谈、记下他们说的话,然后通过所有这些不同的数据,形成自己的综合结论,即一幅描绘了社区及社区中的人的图景。有关研究方法的这些问题,我已在导论中详细阐述过,在此,我只想就语言资料举例说明,这些语言资料直接反映了土著人对一些民族志话题的想法。

十五

这里,我将先提供一个有关航行优先权的文本,如第九章中所述,该特权为锡纳凯塔的某个亚氏族享有。当我和非常优秀的资料提供者锡纳凯塔的托伊巴约巴讨论独木舟下水的各种风俗时,像往常一样,我试图让我的谈话者尽可能地讲述具体细节、陈述事件的完整次序。叙述时,他说了下面这句话：

"托拉布瓦加最先让他们的独木舟下水；这样，海面变清澈了。"

于是，我察觉到这里出现了一个新的话题，就引导资料提供者继续朝这个话题说下去，便得到了下面的文本，现将其逐句引述如下：

托拉布瓦加亚氏族及其航海特权

1. *Bikugwo,*   *ikapusi*   *siwaga*
  他可能先   他倒下（它下水）   他们的独木舟
  Tolabwaga,   *boge*   *bimilakatile*   *bwarita.*
  托拉布瓦加，   已经   他可能清澈了   海。

2. *Igau*   *kumaydona*   *gweguya,*   *tokay*
  后来   所有的   酋长，   平民
  siwaga   *ikapusisi*   *oluvyeki*
  他们的独木舟   他们倒下（下水）   在后面。

3. *Kidama*   *takapusi*   *takugwo*
  假设   我们倒下   我们先
  bitavilidasi   *baloma;*   *bitana*
  他们可能转（向）我们   灵魂们；   我们可能去
  Dobu,   *gala*   *tabani*   *bunukwa*   *soulava.*
  多布，   不   我们找到   猪   项链。

4. *Makawala*   *yuwayoulo;*   *bikugwo*   *isipusi*
  同样地   （捆绑藤绳）   他（它）可能先   他们系紧
  siwayugo,   *iga'u*   *yakidasi.*
  他们的瓦尤戈捆绑，   后来   我们自己。

5. *Takeulo*   *Dobu,*   *gala*   *bikugwasi*
  我们航行   多布，   不   他们可能先
  Tolabwaga;   *okovalawa*   *boge*   *aywokwo.*

托拉布瓦加； 在海滨 已经 他结束了。

6. *Obwarita   tananmse   kayne   isakauli*
   在海里   我们考虑   是否   他跑
   taytala   lawaga,   ikugwo.
   一个（男性的）   他的独木舟，   他先。

7. *Gala   bikaraywagasi   patile.*
   不   他们可能命令   独木舟船队。

8. *Dobu,   gweguya   bikugwasi,*
   多布，   酋长们   他们可能先。
   Biwayse   kaypatile   gweguya.
   他们可能来那儿   独木舟船队   酋长们。

9. *M'tage   Tolabwaga   boge   aywokwo*
   的确   托拉布瓦加   已经   他（它）结束了
   sikaraywaga   ovalu.
   他们的命令   在村里。

   托拉布瓦加亚氏族属于卢夸西西加氏族，现居住在卡西埃塔纳（Kasi'etana）。目前，仅有一个男人和两个女人在世。

10. *Simwasila   siwaga   migavala,   vivila*
    他们的库拉巫术   他们的独木舟   巫术 他的，   女人
    boge   iyousayse.
    已经   他们抓住。

11. "*Datukwasi   boge   kasakaymi*
    "我们的巫术特性   已经   我们给你
    megwa   kwaraywagasi   lagayle!"
    巫术   你们的命令   今天！"
    他们把巫术交给男性后代时会这么说。

资料提供者的注解

在解释第3节中的表达"bitavilidasi baloma"时，我的资料提供者说道：

'Bitavilida': bilivalasi baloma
'他们可能转(向)我们': 他们可能说 灵魂
"Avaka pela gala ikugwo Tolabwaga,
"什么 为了 不 他先 托拉布瓦加,
kukugwasi gumgweguya; kayuviyuvisa Tolabwaga!"
你先 次级酋长们; 海的清洁工 托拉布瓦加!"

13. Tavagi gaga igiburuwasi, ninasi igaga,
我们做 坏的 他们生气 心他们的 他 坏的
pela magisi batayamata tokunabogwo
为了 欲望 他们的 我们可能观看 很久以前
aygura.
他已经下令。

该译文逐字译出了每个小品词和词根,翻译时所依据的土著语法和构词规则不只体现在该文本中,而是体现在几百个文本中。在此,我无法对语言细节进行注释并证明其合理性,这些对一位美拉尼西亚学者而言相当明显,然而他们可能会在我的译文中找到一些新特征,甚至是一些有争议的特征。其他读者对这些细节不会有太大兴趣。在该译文中,我对包容性第一人称和排他性第一人称及双数和复数未进行任何区分。原土著文本用了两种时态,叙述时态在英文译文中用动词不定式表示,表可能性的时态,通过添加"可能"一词体现。括号中的词语是原土著文本的上下文暗含的意思或一些添加的解释。

下面是该文本的意译文本:

意译

1. 托拉布瓦加的独木舟会先下水;这样,海面变清澈了。
2. 之后,所有酋长及所有平民的独木舟下水。
3. 如果我们让自己的独木舟先下水,(祖先的)灵魂会和我们生气;我会去多布,我们会收不到猪,收不到项链。

4. 独木舟的捆绑也如此：首先，托拉布瓦加会系紧捆绑藤绳，之后是我们自己。

5. 在去多布的旅程中，托拉布瓦加人不会打头航行，因为他们的优先权止于锡纳凯塔的海滩。

6. 在海上就随我们了，如果一个男人的独木舟跑得快，他就打头。

7. 他们（托拉布瓦加人）不指挥独木舟船队。

8. 在多布，酋长们领先；酋长们会比船队先抵达那儿。

9. 但是托拉布瓦加人的至高权力在村子里已经结束了。

10. 属于托拉布瓦加的库拉巫术和独木舟巫术已经传到他们的女人的手里了。

11. （这些女人会向她们的男孩儿说话）："我们会给你们巫术，巫术遗产今后由你们掌管。"

12. 当灵魂们生气时，他们会告诉我们："为什么托拉布瓦加人不打头，而你小酋长打头？托拉布瓦加人不是海的清洁者吗？"

13. 当我们做错时，他们（灵魂）生气，他们的心是恶的，因为他们希望我们遵守古老的习俗。

十六

将意译文本与直译文本进行比较，显然，意译文本中有某些添加，一些句子，通过添加各种连词，成为从属从句或并列分句，而那些连词要么在土著文本中根本不存在，要么则体现为非常模糊的小品词，如"*boge*（已经）"和"*m'tage*（的确）"。对于这些语言问题，我无法在此详述，但是我们最好依次查看每个句子，以显示为使译文明白易懂需要添加多少社会学和民族学的常规知识。

1."倒下"一词的意思因上下文的意思而定，我将它译为"下水"。在此，小品词"*boge*"须被译为"这样"。关于"海变清澈"的几个词立刻让我明白这里涉及一个特别的古老习俗。然后是亚氏族托拉布瓦加的名字。要理解这个分句的意思，须明白这个名字代表一个亚氏族；此外，我们还须非常熟悉土著社会学,这样才能明白这种赋予亚氏族的特权可能是什么意思。因此,要理解这样的词,首先只能将其置于它所在分句的上下文中,并借助一定的语言知识,但是唯有在土著生活和土著社会学的情境中,它才能显现出更完整的意思。关于"海变清澈"的表达需要进一步的解释,我向资料提供者询问,得到了第三句那样的解释。

2. 本句中的"酋长"、"平民"等词,只有知道它们在土著社会学中如何被定义的人才能完全明白。

3. 在这句话中,我们找到了第1句中令人费解的分句的解释。"一个清澈的海"意思是祖先灵魂的心情好,这继而意味着好运气。至于土著人是否认为祖先的灵魂积极地介入其中或帮助他们,这个问题仍是未知的。当我要求作进一步的说明时,得到了第12句和第13句中的解释。

4. 本句浓缩地指涉了下水前独木舟建造的各步骤。当然,要理解这句话,前提条件是了解那些不同的建造步骤。

5—9. 这几句概括了托拉布瓦加亚氏族的权力的局限,并侧面说明了女人作为家族(亚氏族)传统保管者的作用。不用多说,如果不了解土著人的各种母系制度、其关于继承的习俗及巫术财产,这些话便毫无意义。要得到关于这些事实的正确知识,只能通过收集客观的民族志资料,如关于真实的继承案例的具体信息等等。

12和13. 这两句解释了巴洛马会生气至何种程度,及如果一个习俗未被遵守,他们会有何种行动。显然,祖先灵魂的生气,只体现为一句话,但这一句话却包含了让土著人总是遵守古老习俗的所有力量。巴洛马只是会责备他们没遵守老规矩,至于被冒犯的祖先的灵魂会在实际上施以何种惩罚,土著人并无明确的观念。

以上思考雄辩地表明,若不足够了解一个给定社会当前的社会学信息、习俗和信仰,任何语言分析都不能揭示一个文本的完整意义。

十七

下面我将再列举一个土著文本。该土著文本非常有意义,因为它阐明了前面引述的瓦尤戈巫术咒语,是我试图查明咒语开头出现的"*bosisi'ula*"一词是何含义时得到的。据两个锡纳凯塔的资料提供者所言,"*visisi'una*"指的是前面已经描述过的信仰,即瓦尤戈咒语的主人会一阵阵颤抖,他颤抖时就像一条比西拉(漏兜树)飘带在风中颤抖一样。之后,他应该仪式性地吃些烤鱼,这叫"*visisi'una*"。然后这个男人会对某位家人说:

"*Kagabu, kumaye, avisisi'una.*"
"汝烤,汝拿来,我仪式性地吃。"

或者别人会催促他的妻子或女儿:

"*Kugabu, kumaye, ivisisi'una.*"
"汝烤,汝拿来,他仪式性地吃。"

当我让资料提供者给我直接的对等词时,他说道:

"Ivisisi'una - bigabu, tomwaya ikam."
"Ivisisi'una — 他烤, 老男人 他吃。"

下面的文本含有对该词的一个更清楚的定义,当时,我正试图弄清这个词的含义,并找出恰当的英语翻译。

对"VISISI'UNA"一词的解释

(A)—第一个资料提供者。

1. *Pela   isewo   wayugo,   itatatuva   wowola*
   为   他学   瓦尤戈(藤绳巫术), 他(它)颤抖 身体他的
   matauna,   isa'u(or isewo)   wayugo.
   这个(男人),   (谁)他学   瓦尤戈。

2. "Nanakwa,   kugabu   kusayki,   tomwaya
   "快,   汝烤   汝给   老男人（巫师）
   ivisisi'una   boge   itatatuva   kana
   他仪式性地吃,   已经   他颤抖   他的
   bisila   kana   wayugo."
   漏兜树飘带,   他的   瓦尤戈藤绳。"

(B)—第二个资料提供者。

3. Tayta   isewo   bisila,   gala   bikam
   （如果）一个（男人）他学   比西拉,   不是   他可能吃
   yena,   boge   itatuva   wowola.
   鱼,   已经   他颤抖   身体他的。

意译

(A)1.一个已经学了瓦尤戈咒语的男人的身体颤抖,因为他学了咒语。（某人看到他颤抖,会告诉他的某个家人;)

2."快,烤鱼,给这个老头儿,他才可能仪式性地吃,他的漏兜树飘带颤抖,他的瓦尤戈。"

(B)3.一个学比西拉巫术而不吃鱼的男人会颤抖。

该土著文本,加上上述简短的解释和两个译本,应该会让读者们看到我如何能从土著资料提供者那里得到未知和有时非常复杂的语言表达的释义,及如何在这个行动过程中,就信仰和习俗之令人费解的细节,取得进一步的说明。

下面,我将给出另外一个有趣的文本,涉及的是格瓦拉风俗。在第十三章中[①],我曾给出该习俗的土著释义,并描绘了当多布处于棕榈树禁忌期时,特罗布里恩人在多布受到的接待。事实上,那里的说明基于以下文本和其他若干注解。

---

① 原文中是"第十四章",但从实际内容看,应为"第十三章"。——译者

多布的格瓦拉及卡乌巴纳伊巫术

1. *Tama　　　Dobuikar　igava'u-　　gwara：bu'a*
   我们来（向）　多布，　他新近死—　格瓦拉：槟榔树
   bilava　　usi　　bimwanogu,　nuya
   他可能成熟　香蕉　他可能成熟　椰子
   bibabayse　ka'i　　kayketoki.
   他们可能刺　棍子　小棍子。

2. *Gala　　ka'ubana'i,　takokola：ikawoyse*
   不　　卡乌巴纳伊，我们惊吓：他们拿（涂上）
   bowa　　kayyala,　kema；isisuse　biginayda
   战争涂料　矛，　　斧头；他们坐着　他们可能看我们。

3. *Batana　ovalu　tasakaulo,　gala　tanouno*
   我们去　在村里　我们跑，　不　　我们走。
   Batawa　　tamwoyne　　bu'a.
   我们可能抵　达我们(i. d.)爬上　槟榔树。

4. *Idou：" E! Gala　bukumwoyne　bu'a."*
   他叫喊："喂！不　　汝可能爬　　槟榔树。"

5. *Bogwe　ika'u　kayyala,　mwada　biwoyda.*
   已经　他拿　矛，　　或许　　他可能打我们。

6. *Tapula　　　nayya　　ka'ubana'i：*
   我们仪式性地唾　野姜根　　卡乌巴纳伊：
   ika'ita　ima,　igigila　iluwaymo　kayyala,　kema.
   他回来　他来　他笑，　他扔　　　矛，　　　斧头。

7. *Tapula　　　valu　kumaydona,　boge　itamwa'u*
   我们仪式性地唾　村落　所有的，　已经　他消失
   ninasi　　ilukwaydasi：
   心他们的，他们告诉我们：

8. *"Bweyna, kumwoynasi kami bu'a,　　nuya,*
   "好，　　你爬　　　　你的　槟榔树，椰子（棕榈树）

kami   usi   kuta'isi."
你的   香蕉   你割。"

注解时，补充道：

9. Gala ikarige veyola   ninasi   bweyna.
   不   他死   男亲属他的， 心他们的   好。

10. Vivila kayyala ikawo, pela tokamsita'u.
    女人   矛她的   她拿， 为了 食人者。

意译

1. 我们来到多布，(那里)某个人刚刚去世——有一个格瓦拉：槟榔会熟，香蕉会熟，他们会把椰子叉在小叉子上。

2. 如果不施行卡乌巴纳伊巫术，我们害怕：他们(多布人)涂上战争彩纹，拿起矛和斧头，他们坐着(等)并看着我们。

3. 我们跑着进村，而不是走路；我们到了，并爬上槟榔树。

4. 他(多布人)喊道："别爬槟榔树！"

5. 他已经拿着矛，以便打我们。

6. 我们仪式性地将施了卡乌巴纳伊咒语的野姜根唾到四处——他回来了，走向我们，笑着，他扔掉矛和斧头。

7. 我们仪式性地对整个村子唾，他们的心意消失了，他们告诉我们：

8. "好，爬你的槟榔树和你的椰子树吧，割你的香蕉。"

9. 如果没有男亲属过世，他们就是善意的。

10. 一个女人也会拿起一支矛，因为他们(多布人)是食人者。

以上三个土著文本足以让读者对处理语言资料的方法及立即记录下来的土著观点的文献价值有所认识。它们也可证明我此前的言论，即一方面要会用土著语，另一方面要熟悉他们的社会组织和部落生活，才有可能解读这些土著文本的完整意义。

第十九章　内陆库拉

一

岔开谈了那么久巫术后，现在我们可以再次回到对库拉的描述了。目前为止，我们一直探讨的只是库拉中的一件事，即锡纳凯塔和多布之间的海外远航及回访。通过探讨这一典型阶段，我们得到了整个库拉的概况图，并顺带了解了交易的基本规则、巫术、神话和其他相关方面，现在只剩下对这幅概况图做最后的润色了，即先简单介绍在一个地区内进行库拉的方式，再谈谈在库拉圈其余部分发生的交换。在一个库拉共同体内部发生的库拉交换叫"内陆库拉"。我对这个主题的了解只是基于我在特罗布里恩的个人经历，因此，本章里提及的一切都将主要适用于这部分库拉圈。然而，由于目前博约瓦岛是库拉圈内面积最大、人口最稠密的地方，因此，谈论博约瓦岛的内陆库拉交换，无异于就是谈论最发达、最典型的内陆库拉。

在第十六章中，我们说过，1918年4月，托乌卢瓦曾因为多布人的尤瓦拉库访问来过锡纳凯塔。托乌卢瓦是奥马拉卡纳的现任酋长，实际上，他也是基里维纳的最后一位酋长，因为他死后无人会继承他的位置。他的权力已因澳大利亚联邦政府官员的干涉和传教士的影响而遭到破坏。过去，特罗布里恩酋长的权力主要在于他的财富，通过一夫多妻制，酋长能使其财富经常保持在一个高水平上。然而现在，他虽然可以保留原有的妻子，但却被禁止再娶，而他的继任者将不被允许继续他那个年代所实行的古老的一夫多妻制，因此，酋长的权力失去了根基，在很大程度上已经瓦解。

我想说，这种强加的干涉只是对我们自己的道德感和得体性极为偏见和狭隘的应用，除此之外，别无其他可理解的目的，这种干涉在那块殖民地的法规中没有任何法律依据，无论是从形式上看，还是从它可能产生的任何结果来看，也不能被合理化。事实上，削弱自古以来就确立的权威、削弱部落的道德伦理和习俗，一方面，会让土著人情绪低落、不服从任何法律或规则，另一方面，则破坏了部落生活的整个结构，进而剥夺了许多他们非常珍视的消遣、享受生活的方式及社会乐趣。一旦你让生活对一个人变得毫无魅力，无论这个人是野蛮人还是文明人，就是切断了他获得活力的根脉。我深信，土著种族之所以会迅速消亡，更多的是因为我们肆意干涉他们的娱乐活动和正常消遣，破坏了他们心中的生活乐趣，而非其他任何原因。例如，在特罗布里恩群岛，酋长一直都是所有大型部落庆典的组织者，平民按照各种法定义务送与他大量的供奉（见第六章第六节），他则通过不同的方式把他所有的财富再送出去，如举行大型的礼仪性食物分配，在庆典上赠送礼物，向跳舞的人、参与部落之体育运动和娱乐活动的人赠送食物。这些是让土著人充满热情的娱乐活动，并在很大程度上赋予了他们生活的意义。今天，他们追求的所有这些活动都已非常松懈，因为酋长手里无法集中财富和权力，他既无力资助往昔的大型娱乐活动，也没有足够的影响力像以前那样有力地发启那些活动，托乌卢瓦死后，情况会更糟糕。我们有理由担心，一两代人之后，库拉就会完全瓦解，甚至土著人也表达了这样的担忧。

众所周知，土著人的抵抗力和健康甚至比我们更依赖于自我暗示，不过，心理疗法的最新发展似乎表示，到目前为止，医学在很大程度上低估了这一因素的一般影响。过去的民族志观察者也曾叙述过一些明确无误的案例，或许以玻利尼西亚（Polynesia）地区最多。在那些案例中，失去生活的兴趣和决心寻死本身就导致了疾病。虽然在此我无法引述一个十分显著的案例，但是我自己经历中各种证明类的证据能完全证实这一点。因此，我们可以做出以下与事实相符的论断：大体上失去生活的兴趣和生活的快乐（joie de vivre），并切断将一个人类社会的成员维系在一起的所有让人兴趣盎然的纽带，将会导致这些成员完全放弃生的渴望，从而极易生病，并难以繁衍。

因此，一个明智的管理土著人的政府，一方面要通过酋长进行治理，要利用古老的法律、习惯和习俗赋予他的权威，另外一方面，则要维持一切真正让土著人觉得生活有意义的东西，因为这些是他们从过去继承下来的最为珍贵的东西，如若丢弃，代以其它，甚无益处。将自己的恶习教给一个不同种族和不同文化中的人十分容易，但若要他对另一个民族的体育运动和娱乐活动产生强烈的兴趣，则是难上加难。即便是在欧洲各国之间，民族特色的最后堡垒依然是传统消遣，没有消遣和娱乐，一种文化和一个种族就无法生存。将沉重得事实上具有毁灭性的欧洲法律和道德准则机器，连同其各种约束力，一齐应用于土著社会，只能破坏整个精细的部落权威体系，好的坏的，一起消灭，留下的只是无序、困惑和恶意。①

因此，可怜的老托乌卢瓦带着几个随从来到了锡纳凯塔，只是想展示一下他昔日的权威。他仍然遵守着昔日与其位高权重的地位相伴随的所有严格的规矩和繁重的责任。例如，他不能吃塔巴卢亚氏族成员认为不洁的食物，甚至不能接触任何因沾染过不洁食物而变得污秽的东西，也不能用其他

---

① 这种欠思考的干预态度甚至见于一位见多识广、开明的传教士所写的一本书中，即亨利·牛顿(Henry Newton)所著《在远新几内亚》("In Far New Guinea")。他在描述土著人的宴席和舞蹈时，承认这些是部落生活的必不可少之物："整体而言，赴宴和跳舞是好事；二者让年轻人感到兴奋和放松，给单调乏味的生活增添了色彩。"他告诉我们："长老们要求停止跳舞的时候到了。他们开始咆哮，因为园圃被忽略了。他们想知道跳舞是否会给人们食物，所以下令将舞鼓挂起，让人们专心劳作。"虽然牛顿先生认识到了这种自然的部落权威，虽然他真的认同本书里的观点，但仍忍不住说出下面这些话："然而，认真地说，为了土著人他们自己的利益，设立一些规定是好事——例如午夜以后不准跳舞，因为人们跳舞时就不能做其他工作了。——园圃荒芜了，如果能对跳舞进行管制，便能帮助人们学会自我克制，从而加强他们的品格。"接着，他直言不讳地承认道，这个规定难以执行，因为"在土族人看来，设立该规定的原因，似乎是为了白人的舒适，而非为了土著人的利益。"恐怕我也是这样想的！

下面的引文出自牛津出版社近期出版的一本科学性著作——D. 詹内斯和 A. 巴兰坦合著的《当特尔卡斯托岛的北部》(1920)，也是危险、鲁莽地干涉土著人部落传统的例子，而部落传统是现在能把土著人系在一起的唯一权威，是能指望他们去遵守的唯一纪律。一位教徒去世后，其亲属被"劝告放弃他们葬礼中较粗野的要素"，非但不要求他们"去遵守他们因由来已久的古老仪式的点点滴滴"，反而建议他们从那天起停止"那些没有意义的东西"。一经过训练的民族学家竟然说那些由来已久的古老仪式没有任何意义，真是奇怪！我们不禁会问：这些习俗对谁没有意义，对土著人，还是对上述引文的作者？

下面这个事件甚至更能说明真实情况。一个内陆村落的头人应当将一个巫术锅藏放在他自己的棚屋里，该巫术锅是"风、雨和阳光的最伟大统治者"，是"天地初开时传下来的"。据两位作者说，锅的主人常常突袭沿海土著人并"征收贡品"，如果他们拒绝，就用锅的法力威胁他们。一些沿海土著人去找传教士，让他干预或让他找治安法官去干预。照原本的安排，他们都应该和传教士一起去抢锅，但到了那天，"只来了一个人。"然而，当传教士去的时候，土著人挡住了他的去路，只有在治安法官威胁要采取惩罚措施时，他们才接受劝说，暂时离开了村子，让传教士去抢锅。几天后，传教士拿到了锅，把它砸碎了。两位作者继而说，这件事后，"所有人都感到满意和高兴"；恐怕我们可以补充一点：除了土著人和那些在这些事件中看到土著文化被迅速破坏和整个种族会最终瓦解的人。

人用过的容器和盘子喝水进食。又如，当他去锡纳凯塔时，当地甚至连地位最高的酋长都不再遵守那些禁忌，而他却几乎是在绝食，因为他只能吃从自己村子里带来的食物，或者吃青椰子、喝青椰子汁。与其地位相连的礼节，被遵守的已经不多。过去，当他快到某个村子时，一个送信人会先进村，大喊一声："噢，古亚乌"，然后，所有人都会站好，当酋长进村时，平民会趴在地上，头人会蹲下，上等人则会低头。现在，在特罗布里恩群岛，当托乌卢瓦在场时，平民依然不会站立，但是，这位酋长不再那么大声骄傲地宣布自己的到来，别人怎么待他，他就怎么接受，不再用权威要求别人。

二

那次在锡纳凯塔，我再次看到他。此前两年前，在奥马拉卡纳，我和他做了大约八个月的邻居，我的帐篷就搭在他的利西加（酋长的住所）旁边。再次见到他我发现他变老了，高大的身体变得更弯曲了，那张半慈祥半狡猾的大脸庞上，满是皱纹和忧虑。他向我抱怨他在锡纳凯塔受到的怠慢，他一串项链都没收到，而就在几天前，锡纳凯塔人从基里维纳拿走了150多对臂镯。的确，他与锡纳凯塔各酋长在地位上的相对变化一直都是这个老酋长的痛楚。由于采珍珠业的引进，所有沿海区民，尤其是锡纳凯塔的头人，都变得十分富有，他们通过采集珍珠从白人那里换来烟草、槟榔和瓦古阿。但是，因白人影响而衰落的托乌卢瓦却没能从采珍珠业中获得任何收益，和地位比他低的锡纳凯塔人相比，他就是个穷人。因此，在锡纳凯塔待了一两天后，他极为不悦地返回了奥马拉卡纳的住所，发誓以后再也不会来了。我们就将从那里随他而行。

奥马拉卡纳仍是特罗布里恩内陆库拉的中心，在某些方面，仍是库拉圈中最重要的地方之一。无论现在，还是过去，该地都很有可能是唯一让库拉在某种程度上集中于一人之手的地方。此外，奥马拉卡纳还是基里维纳这一重要大区的首府，控制着特罗布里恩北部的所有内陆库拉，并将基塔瓦岛和西边的凯卢拉岛和库亚瓦岛连接起来。它也是连接基塔瓦和锡纳凯塔的重要纽带，不过，在这两个地方之间，还有一些其他次要的交流方式，我们马上就会看到。

在第三章中对库拉要素进行定义时，我们看到库拉圈上的人口被划分为我们所说的库拉共同体。我们记得，这些共同体因彼此进行各自的海外远航而分割开来。例如，我们已看到，锡纳凯塔人以一个整体航行到多布，虽然瓦库塔人可能会和他们同去，但在航行和行动时，他们是两个独立的单位。又如，整个基里维纳地区去往东边的基塔瓦时，也是作为一个船队，锡纳凯塔的独木舟从来不能成为其中的一部分。库拉共同体的另一个区分性特点是，同一库拉共同体内的所有成员，其伙伴的最远地理界限都一样。例如，一个基里维纳人，无论他来自哪个村落，假设他在库拉里，那么，在南边，其伙伴所在地的最远界限不超过锡纳凯塔，在东边，则可能在基塔瓦的任何一个村落里有伙伴。但是，没有哪个基里维纳人，甚至包括托乌卢瓦自己，能与这个界限以外的人建立伙伴关系。此外，一个库拉共同体内部的交易与来自两个不同共同体成员之间的交易，在方式上也有若干差异。

基里维纳就是这样的一个库拉共同体，锡纳凯塔则是另外一个，但两者之间并无海洋相隔，当这样两个位于同一地区的库拉共同体进行库拉交换时，其风格不同于海外库拉。因此，我们在这儿的首要任务就是清楚地区分：

1. 从一个地区到另一个地区的海外库拉交易；
2. 两个毗邻"库拉共同体"之间的库拉交易；
3. 一个"库拉共同体"内部的库拉交易。

我们已详尽地描述过第一类，现在只需指出第二类和第一类的区别即可。显然，当两个位于同一个岛屿上的共同体进行交换时，如基里维纳和锡纳凯塔，并没有海外航行，也无需建造独木舟、下水和举行卡比吉多亚。有时，一个共同体会到另一个共同体进行大型拜访，带回大量瓦古阿，例如，锡纳凯塔人于1918年3月的最后几天到基里维纳的拜访，就是这样的大型拜访，那次锡纳凯塔人带回很多姆瓦利，等着多布人的尤瓦拉库拜访。在特罗布里恩，当一个地区对另一个地区进行那样重要的拜访时，会施行某些库拉巫术，但显然不是全部，因为不进行贸易，就不需要对利拉瓦包裹施咒；此外，因为要访问的主人并非危险的食人族，而是一直都友好相处的睦邻，所以也不必举行卡乌纳巴伊仪式，但他们会施行美容巫术，还会对着槟榔念诵诱惑咒语，从而得到尽可能多的宝物。两个毗邻地区之间进行的这些大型拜访与尤瓦拉库无法相比,不过,我想只有当库拉圈的另一个部分对这两个地区中的其中一个进行尤瓦拉库拜访时,才会进行上述拜访,我们在前面讲的锡纳凯塔对基里维纳的拜访(第十六章)就是这种情况。当然,在这样的拜访中,并没有附属贸易,锡纳凯塔和基里维纳之间没什么可交换的,因为两地之间常年有规律地进行交换,但却独立于库拉。这样的两个库拉共同体的成员之间的伙伴关系与库拉共同体内的伙伴关系一样:双方都讲同一种语言、有同样的习俗和制度,其中很多人还有事实上的亲属关系或姻亲关系,因为如前文所言,锡纳凯塔和基里维纳之间通婚非常频繁,特别是在上等人之间,一般是锡纳凯塔男人娶基里维纳女人。

三

现在让我们谈谈第二类和第三类之间的关系,即两个毗邻"库拉共同体"之间的库拉和一个库拉共同体内部的库拉二者之间的关系。首先,在同一共同体内进行的内陆库拉并无大型的、整批的交易,瓦古阿的循环通过个人交换实现。每当海外远航队带回许多宝物时,这种个人交换就更加频繁,有时则很长时间才进行一次。这类库拉不施行巫术,虽然每个礼物的赠予都伴随着若干仪式,但并没有大型的公众集会。要解释这些一般性的说明,最好的办法就是描述一个具体案例。

1915—1916年间于奥马拉卡纳停留的那八个月中,我有幸多次看到内陆库拉,因为当时基里维纳和基塔瓦之前经常有往来,每次从东边来了臂镯后,就会发生一连串的交换。11月里,托乌卢瓦乘自己的独木舟进行了一次小规模的跨海远航,他去了基塔瓦,带回了许多姆瓦利(臂镯)。托乌卢瓦于一个晚上返回到考卢库巴海滩,传话给村子,说他第二天就会带着战利品回来。第二天早上,从远处传来阵阵海螺号声,表明船队就要到家了。很快,托乌卢瓦出现了,打头的是他的一个小儿子,拿着海螺号,他身后则跟着他的同伴。每个人都拿着几对自己得来的臂镯,酋长的则挂在一根棍子上,像念珠一样垂着(见整版插图60)。

村子里的人都坐在自己的房屋前,根据风俗,他们不需举行专门的集会来迎接这位酋长,也没表现出任何兴奋之情。酋长径直走向一个布拉维亚卡(bulaviyaka),即一个妻子的房屋,在屋前的平台上坐了下来,等着食物拿上来。如果他只是想与妻子和孩子们闲聊家常,他就会坐在这个地方;如果有外人,他就会在利西加前的正式接待处接待他们,利西加就是极为高大的酋长住所,和甘薯仓房一起位于内排,面向中央空地巴库(见整版插图2)。那天,他去了卡丹瓦西拉的房屋。她是他最喜爱的妻子,育有四儿一女,虽然已经年迈,但却是托乌卢瓦自己娶的第一个妻子,不是继承来的,直到现在,他们两个人之间仍相依相恋。虽然托乌卢瓦还有几个更年轻的妻子,其中一两个还十分貌美,但却常看到他和卡丹瓦西拉吃饭聊天。他还有几个更年迈的妻子,是他根据习俗从前任,即他的哥哥那儿继承而来。其中年纪最大的是博库约巴,是酋长妻子团的首长,已经被继承过两次,现在的她是一个收入来源,因为她的男性亲属们必须向酋长敬献甘薯。她受人尊敬,现在甚至不需履行为酋长做饭的义务。

托乌卢瓦坐着,吃着,并向我和聚集在那儿的几位同村老人讲述他的旅行。他告诉我们现在基塔瓦有多少对臂镯,他是从谁那里得到了那些我们正在传看的臂镯及如何得到的,告诉我们最重要臂镯的名字,又讲讲它们的历史。他还对基塔瓦的园圃种植状况作了一番评论,那里的大甘薯(库维)种植让其周边的所有地区羡慕不已,又谈到未来的库拉安排,说东边将有远航队到基里维纳来,以及他自己计划进行的活动。

当天下午,从其他村落里来的人开始聚集,一方面是想听听这次远航的消息,另一方面是想看看能否从酋长这里得到什么。所有附属村落的头人都围坐在酋长周围,这时酋长已经挪到利西加前的正式接待处了。头人们的随从和托乌卢瓦的亲信们在一起,还有奥马拉卡纳的其他居民,他们都蹲在巴库(中央空地)上,聊着天。每一伙人谈的话题都一样,和酋长回来后对我们说的话差不多。人们把新得来的臂镯传来传去,赞叹着,叫着它们的名字,述说着得到它们的过程。

第二天,西边邻村的一些男人们带着几个索拉瓦(海菊蛤贝壳项链)来到了奥马拉卡纳,将它们礼仪性地敬献给托乌卢瓦(见整版插图61、整版插图62及卷首插图)。每串项链都是一件瓦加(启动礼),赠送者期望能立刻

第十九章 内陆库拉 457

从基塔瓦带回的臂镯

1915年10月带回到奥马拉卡纳的臂镯中属于托乌卢瓦个人的部分。（见边码第471页）

整版插图 60

整版插图 61

送来一件索拉瓦

访问团向酋长的房子走去,第二个人吹着海螺号,带头的人用一根棍子扛着项链。(见边码第 472 页)

整版插图 62

敬献索拉瓦

挂着项链的棍子被插入酋长的房子。该整版插图和上幅整版插图描绘的都是一次纯粹的家庭内部的库拉行为,即托乌卢瓦的一个儿子向托乌卢瓦敬献一串项链,因此参与的公众很少。(见边码第 472 页)

从那堆姆瓦利中得到约泰尔（成交礼）。在这里，我们看到了酋长地位对库拉伙伴关系的影响。在基里维纳的内陆库拉中，所有赠予托乌卢瓦的礼物都是被送来的，他从不需要去取或送礼物；此外，都是别人给他启动礼（瓦加），他从不给别人，而他送出的礼物总是约泰尔。因此，酋长有时会欠平民库拉礼物，但平民从不会欠酋长。内陆库拉的程序规则与尤瓦拉库海外远航的程序规则之间的区别十分清晰：在具有竞争性的海外远航中，访问团从不携带交换用的宝物，他们只收礼，然后带回家；内陆库拉的决定性因素是两个伙伴之间的相对社会地位，礼物由地位低的人送给地位高的人，启动交换的人必须是地位低的一方。

下面的记录一字不差地引自我于1915年11月13日在奥马拉卡纳写下的笔记。"今天早上，瓦加卢马的头人拿来一串巴吉多乌（精美的项链）。在村口（指奥马拉卡纳），他们（访问团）停下来，吹海螺号，排好顺序。然后，吹海螺号的人打头，等级最高的人扛着挂着巴吉多乌的棍子，一个男孩端着一个卡博马（木盘子），上面放着沉重的木质钟状吊坠。"这里需要解释一下。海菊蛤贝壳项链的礼仪性携带方式就是把项链的两端系在棍子上，让项链垂着，吊坠在最低点（见卷首插图、整版插图61、整版插图62）。如果项链又长又精美，吊坠也会相应地大而沉，而实际的链子本身很细、容易断，这样就必须把吊坠拿下来，分开携带。我们继续上面的叙述："头人走向托乌卢瓦，说：'Agukuleya, ikanawo ; lagayla lamaye ; yoku kayne gala mwali.'这句话是他把棍子插进酋长的茅草屋顶里时说的。这句话的字面意思是：'我的库莱亚（吃剩的食物），拿走吧；我今天把它带来了；你也许没臂镯吧？''吃剩的食物'一词用在礼物身上，是一种贬低的说法，指溢出来的或不想要的废弃物。因此，他既是嘲讽、贬低自己的礼物，同时也暗示了他还有很多财富。通过这样做，他拐弯抹角地吹嘘了自己的富有，最后一句怀疑托乌卢瓦是否有臂镯，实际上是对这位酋长的讥讽。那一次，礼物立即被回赠以一副精美的臂镯。"

我在前面（第十一章第二节中的第4个方面）提到过的发生在两个酋长妻子之间的小交换，就与这一次远航相关。除此之外，还发生了另外一两个家庭内部的库拉交换，托乌卢瓦的一个儿子敬献给他一条项链（见整版插图61和整版插图62），随后这个儿子自己收到一对臂镯。在那两三天中，还发生了更多的交易；海螺号声从四面八方传来：当访客们从自己的村子里启程时，海螺号第一次吹响，而后是在路上，然后是在奥马拉卡纳的村口，最后是在送礼的那一刻，过了一会儿，海螺号再次被吹响，宣布托乌卢瓦送了回礼，渐渐远去的海螺号声则标志着访问团回家之旅的各个阶段。托乌卢瓦自己从不亲手接收礼物，礼物总是被挂在他的房子或平台上，而后由某位家人拿回来，但平民则要亲自从酋长手中接过臂镯。在交换集中的这段日子里，村中一派生机勃勃和活跃的景象：访问团带着瓦古阿来来往往，其他人至此则只是为了看着，因此村里到处都是看热闹的人群。那轻柔的海螺号声，是我去过的所有南海之地的一大特色，为这些日子的节日和礼仪气氛，增添了一股特殊的味道。

并非所有从基塔瓦带回的臂镯都这样被立刻赠送了出去，其中一些会留着用于路途更遥远的库拉，或是在日后某个特殊场合因某个礼仪必须送礼的时候赠送出去。在内陆库拉中，每当有大量宝物流入一个地区时，就会引发大量的交易。之后，零星的交易时有发生，因为那些从托乌卢瓦那儿收到臂镯的小伙伴，并非所有人都会把臂镯保留一阵子，有些臂镯迟早会流入内陆库拉交易中。然而，无论这些宝物可能会多么分散，只要另外一个库拉共同体来访并索求它们时，它们总会出现。1918年3月，当锡纳凯塔访问团来到奥马拉卡纳时，基里维纳所有拥有臂镯的人，不是来到奥马拉卡纳，就是在自己的村中接受锡纳凯塔伙伴的访问。那一次，锡纳凯塔人在基里维纳得到了大约154只臂镯，其中只有30只来自托乌卢瓦自己，来自奥马拉卡纳的一共有50只，其余的都得自其他村子，比例如下：

利卢塔	14
奥萨波拉	14
姆塔瓦	6
库罗凯瓦	15
奥马拉卡纳（托乌卢瓦）	30
奥马拉卡纳（其他人）	20
亚卢马格瓦	14
卡萨纳伊	16

其他村子 ………………………………… 25
　　　　　　　　　　　　　　　　 ——
　　　　　　　　　　　　　　　　 154

因此，内陆库拉并不影响库拉流的主流，无论宝物如何在某一"库拉共同体"内部易手，都几乎不会影响外面的流动。

四

现在我们需对博约瓦内各库拉共同体界线的实际情况稍加描述。在第50页上的地图4上，我们可以看到基里维纳的界线，它是博约瓦群岛北部最东端的库拉共同体。在基里维纳的西边，蒂拉陶拉、库博马及库卢马塔三个大区形成了另外一个库拉共同体，更准确地说法应是，这几个大区内的一些男人与邻近共同体的成员进行内陆库拉。然而，这三个大区并不整体构成一个库拉共同体。首先，许多村落完全不参与库拉，也就是说，甚至连他们的头人都不参与部落间的交换。非常显著的是，所有大的手工业制造中心，如布沃塔卢、卢亚、亚拉卡、卡杜奎凯拉、布杜韦拉卡，都不参与库拉。源自亚拉卡的一个有趣的神话故事，讲述了该村的居民如何因习俗的阻止，不能通过库拉远航去见识世界，于是试图建造一根通天高柱，想在天上为他们的冒险活动开辟一块辽阔之地，不料，柱子倒了，只有一个人留在了上面，而此人现在就是雷电的掌管者。

库拉中的另外一处重要遗漏是几个北方村落，包括拉巴伊、凯博拉、卢埃比拉、艾达利卡、卡普瓦尼、尤瓦达。如果我们还记得，拉巴伊是非常重要的基里维纳神话中心，是四个氏族的始祖从地下某个洞钻出来的所在之地，并且是所有基里维纳最高等级酋长的追根溯源处，这个遗漏就显得越发引人注意、越发神秘了。

因此，特罗布里恩岛北部的整个西半部在库拉共同体的链条上可勉强算作一个共同体，但我们不能把它看作一个完全成熟的共同体，因为那里只有零零星星的个人参与库拉，地区整体的，甚或该地区的个人独木舟，从不参与任何海外库拉远航。卡瓦塔里亚村会进行大型的海外航行去往当特尔卡斯托群岛的西部，但这些远航的确和库拉没什么关系，我们将在第二一章里简单对其加以介绍。

再往西,是凯卢拉岛。该岛和其南边的两三个小岛,包括库亚瓦、马努瓦塔和努比扬,自成一个"库拉共同体"。这个共同体也有点不同寻常,因为他们只进行小规模的库拉,一边与基里维纳和博约瓦岛西北部的各酋长和头人,另一边与安菲莱特群岛,但从不与多布进行库拉。他们曾进行漫长凶险的航行,到当特尔卡斯托群岛的西部去,比卡瓦塔里亚人所到之处更西、更远。

博约瓦南部主要的库拉共同体是锡纳凯塔和瓦库塔,我们已在前面的章节中对这两个地区进行了充分的描述和解释。锡纳凯塔是南部内陆库拉中心,虽然南部内陆库拉的规模不敌北部,但仍能够把锡纳凯塔周围的五六个村落联合在一起。锡纳凯塔也和三个东部沿海村落,即奥卡姚洛、布瓦加和库米拉布瓦加进行库拉,这三个村落经常航行到基塔瓦,将锡纳凯塔和基塔瓦联系起来。三个村落又形成了某种不完善的"库拉共同体",或者可能是规模非常小的"库拉共同体",因为他们自己从不进行尤瓦拉库,并且经手的交易量非常少。另外一个这样独立的小库拉共同体是瓦韦拉村。有时与基里维纳联手一起进行大型远航的卢巴大区,有时也和瓦韦拉村联手进行一些小远航。在研究土著种族的生活时,总能发现这样难以分类或中间性的过渡现象,在他们的生活中,多数社会规则都不像我们的那么准确,他们没有要求思想前后一致的强烈心理倾向,地方特色和例外也不会因典范或竞争的存在而消失。

关于除特罗布里恩群岛之外其他区域的内部库拉,我能说的不是很多。刚开始在北马辛开展工作时,我在伍德拉克看到过一次内部库拉,那是我第一次碰到有关库拉的迹象。那是1915年的年初,当时在迪柯亚斯村时,我听到了海螺号声,村中出现了普遍的躁动,我看到了一个大巴吉多乌的馈赠,我当然询问了这个风俗的意思,他们告诉我这是拜访朋友时的一种礼物交换。当时,我并未察觉到我目睹的正是我随后发现的库拉的一次详细呈现。后来,在特罗布里恩群岛开展工作时,从基塔瓦和加瓦来的土著人告诉我,他们的库拉交换习俗大体上与基里维纳一样。我还得知,多布的也一样。然而,我们必须意识到,像基塔瓦这样的共同体,其内陆库拉必然会呈现出某种不同之处，因为在那里，各股库拉都汇集在一个小空间里，一直在特罗布里恩群岛的广阔地域上流动的宝物将集中流往三个小村落。如果我们估算特罗布里恩岛连同瓦库塔的居民多达一万，而基塔瓦的居民不超过五百，那么每个基塔瓦人拥有的宝物大约是每个特罗布里恩人的 20 倍。

另外一个这样的集中地是图贝图贝岛，我想，还有伍德拉克岛上的一两个地方。据说，伍德拉克岛上的亚纳布瓦村是库拉链上独立的一环，每件物品都必须经过那里，但那里已是库拉圈的东部，是下一章将要讨论的话题。

第二十章 基里维纳和基塔瓦之间的远航

一

我们差不多已经讨论完本书的调查对象、也已经使用完可供使用的资料了。对南部的库拉(锡纳凯塔和多布之间)进行描述时,我详细阐述了库拉的规则及其相关方面,在那一部分所说的一切几乎都适用于整个库拉圈,因此,接下来描述东北部的库拉时,并没有很多新鲜的内容要讲,所有的一般交换规则和行为类型都与前面阐述的一样。东北部也有大型的尤瓦拉库远航和小型的、非礼仪性的航行。基里维纳人和基塔瓦人之间的伙伴关系类型,与上一章描述的存在于特罗布里恩内部的一样,因为各东部岛屿上的土著人,从基塔瓦岛到伍德拉克岛,和特罗布里恩人有着相同的社会组织和文化,说的语言也一样,只有方言上的区别而已。他们之间的关系向来友好,许多人由真正的亲属关系隔海相连,因为在这些地区之间,一直都有移民发生,并且通婚频繁。因此,这里海外伙伴之间的一般关系不同于锡纳凯塔和多布之间的:访问时没有任何深深的恐惧感,不施行卡乌巴纳伊(预防危险的巫术),访客与东道主之间的关系更无拘无束、更亲密。其余的库拉巫术(卡乌巴纳伊除外)与南部一样,事实上,整个博约瓦用的许多巫术,都取自基塔瓦人。许多库拉的预备性习俗和安排,包括独木舟的准备、下水礼和卡比吉多亚,都一样。事实上,第六章里描述的下水礼就是我在奥马拉卡纳的海滩上看到的。

在实际的远航中,许多礼仪及所有关于库拉礼物的规则,包括关于帕里(初礼)和塔洛伊(道别礼)的规则,都与西南部一样。要介绍这里的库拉,最佳方法就是讲述一次从基里维纳到基瓦塔的典型的尤瓦拉库远航,指出相似之处,强调不同之处,并对一两个分歧点给予特别关注。这里有个虽小但却有趣的习俗叫尤拉瓦达（youlawada），该习俗允许访问团对受礼男人家的装饰进行攻击和破坏。东部的库拉还有另外一个重要特点，即在一种叫索伊的丧葬宴席中会出现特别丰富的瓦古阿分配。

1915—1916年间，我住在奥马拉卡纳，有机会记录并观察东北部的库拉。我几次看到从基塔瓦来的远航队抵达奥马拉卡纳的海滩，并宿营数日。托乌卢瓦去过基塔瓦两次，在上一章中，我对其中一次的返航进行了描述。有一次，他从海滩出发，进行一次远航，我是其中的一员。当时正值风向不定的九月，我们本希望北风会刮上几个小时，这样我们就能抵达基塔瓦，之后再乘着盛行的西南风如愿返回，但走到半路，风向突变，我们不得不返航，这让我非常沮丧，但也让我清楚地看到，土著人完全依赖于天气。遗憾的是，托乌卢瓦认定是我带给了他厄运，因此在计划第二次旅程时，不再信任我，不允许我成为团队的一员。两年后，当我住在大约位于博约瓦岛中部的奥布拉库时，又几次见到基塔瓦来的远航队访问瓦韦拉。瓦韦拉与奥布拉库相对，在博约瓦岛的另一侧，而博约瓦岛此处的宽度不足1.5英里。我也见到过一两次从瓦韦拉出发的远航队去往基塔瓦。我看到的唯一一次大型远航是于1916年4月或5月从基里维纳出发到东方去的那次尤瓦拉库，但我只看到了各准备阶段，其下水礼，我曾在第七章里描述过。

请想象我们正跟随着基里维纳的这次尤瓦拉库之旅。例行的关于航行的首次示意，于托乌卢瓦到基塔瓦进行的一次访问后发出。在基塔瓦时，他听说大量臂镯很快就会抵达该岛，因为就像我们将在本章末看到的那样，大量宝物时常沿着库拉圈进行协调一致的移动。托乌卢瓦当时在基塔瓦就与其酋长伙伴夸伊亚约定要进行一次尤瓦拉库，这将是让姆瓦利的大规模流动继续进行下去的方法。回到奥马拉卡纳后，他与基里维纳其他村落的头人们聚集起来，一起讨论尤瓦拉库的计划，部署细节。即便是在过去，当酋长的权力还没遭到削弱时，虽然带头和决定重大事件的人是酋长，但他必须和其他头人商议，听听他们的意见。然而在这种场合上，其他头人的意见几乎从不会与酋长的愿望相冲突，于是，他们没进行太多的讨论，就决定大约六个月后进行这次尤瓦拉库。很快，像我们之前描述过的那样，独木舟的重建和修理工作开始了。在准备阶段，基里维纳和锡纳凯塔之间仅存细小的差别，体现在预备性贸易上——基里维纳人须到内陆的库博马各手工业制造村，各为自己采购所需物品。

现在，我们最好先谈谈基里维纳和基塔瓦之间所需的一切贸易品。这两个地区在地理上和在其他方面都比锡纳凯塔和多布之间更相似，因此，二者之间的贸易并没么重要，只有一个我们随后将会看到的例外情况值得注意。基里维纳远航队随船带到基塔瓦用于附属贸易的物品有：木梳、各种等级的石灰罐、用蕨类植物编织的臂环、龟壳耳环、贻贝壳、盘成卷的捆绑独木舟的蔓生植物（瓦尤戈）及原产于当特尔卡斯托的蕨类编织腰带。在这些物品中，最重要的可能是作刮擦和小刀之用的贻贝壳、属于库博马特产的各种石灰罐和瓦尤戈。我不太确定基塔瓦是否没有这种蔓生植物，但是由于这种植物只在沼泽地上生长，因此不太可能会在高耸起的珊瑚岛上繁茂生长，若如此，从特罗布里恩群岛输入到基塔瓦的所有贸易物品中，这种蔓生植物一定最不可或缺。

特罗布里恩人从这些小岛输入如下物品：一种用椰子树树叶做的短草裙、做工精美的翁形篮子、小手篮、漂得格外白的漏兜席子、圆锥（conus）贝壳碎片做的饰品、用来装饰腰带的某些种类的宝贝壳、乌木石灰刮刀、乌木拐杖、乌木雕刻而成的剑棒、用烧焦的檀香木制成的有香味的黑涂料。所有这些物品都不具有至关重要性，因为它们全都能在特罗布里恩制造或找到，只是稍有不同，或品质较差而已。

然而在过去，有一种物品对特罗布里恩土著人格外有用，并且只能从基塔瓦得到，但其原产地则是更东边的穆鲁阿（伍德拉克岛）。这种物品就是库库马利(kukumali)，即一块块形状粗糙的绿石块。这些石块在特罗布里恩群岛被打磨后，用作石器，最大的被通身打磨后又大又薄，成为一类特别重要的瓦古阿（高价值的物品）。虽然自引入钢和铁后，石器的实际用途自然被取代了，但贝库（贵重的斧刃）的价值却有增无减，因为白人商人须用它向土著人购买珍珠。要注意，虽然用于生产这些石器和宝物的所有原材料过去都必须从基塔瓦输入，但由于基里维纳是主要的打磨区，无论是过去，还是现在,做好的宝物则是从基里维纳输出的。

至于基里维纳人和基塔瓦人进行贸易的方式,此前我们谈论的关于部落内贸易的一切在这里仍然适用;带着的货物,部分被用作礼物送出去,部分用于与非库拉伙伴交换,有些则是离开时伙伴赠送的礼物。

二

让我们再回到托乌卢瓦及其同伴的身边。随着时间的推移,各村越来越躁动。像往常一样,人们制定了各种野心勃勃的计划,访问团中的年轻成员希望他们能到穆尤瓦(或穆鲁阿,即伍德拉克岛)。那里并不进行库拉,但基里维纳访问团有时去那里观看某些庆典。说到穆尤瓦,巴吉多乌要讲讲自己的经历。这个老人,显然是奥马拉卡纳酋长的继承人,然而,如我们在前一章中所讲,他永远都不会继承其舅父的酋长地位。孩提时,巴吉多乌曾和奥马拉卡纳的大酋长之一,也就是他的外祖父一起航行,他们去了苏洛加,即开采绿石的地方。

"在那里,"巴吉多乌说,"有一个大杜布瓦代布拉(岩洞或岩石架)。苏洛加的卢库拉布塔氏族(该氏族在穆尤瓦叫库卢塔卢)成员是这个杜布瓦代布拉的托利(主人,所有者),可以采石。他们懂得某种梅格瓦(巫术);他们对斧刃施咒,然后敲击杜布瓦代布拉的岩壁。库库马利(一个个石块)掉了下来。当博约瓦的男人来到苏洛加时,他们向苏洛加的卢库拉布塔男人赠送帕里(礼物)。他们给他们帕亚(龟壳)、夸西(臂环)、西纳塔(梳子)。然后,苏洛加男人会向我们展示库库马利,并对我们说:'你们拿吧,多拿。'可以做成贝库(象征财富的大斧刃)的好库库马利,我们要用东西换;我们会用瓦古阿(宝物)交换。离开时,他们会给我们更多的库库马利作为塔洛伊(道别礼)。"

对这段话进行注释时,要记得,当巴吉多乌去苏洛加时,乃三四十年前,那时,钢铁早已使小块的库库马利对土著人而言失去了用处和价值,而大块的库库马利仍具有很大的价值,仍是作为财富象征物之大斧刃的原材料。

正因为如此,大块的仍需用东西换,也正因为如此,主人才慷慨地邀请客人们想拿多少小块儿的就拿多少,然而,对于这个邀请,客人们也同样微妙地拒绝利用。①

483　　这个场合的另外一个主角是老艾贝纳,他是奥马拉卡纳的姊妹村卡萨纳伊村塔巴卢(最高等级的成员)的一员。艾贝纳曾在伊瓦岛待过很长一段时间,因此熟知东部群岛的神话故事和巫术,他会坐在那儿,一连几个小时讲着名库拉远航的种种故事、神话事件和东方各岛的奇特风俗。就是从他那里,我第一次就穆卢夸西和她们的风俗、就海难和营救船队的办法、就伊瓦的爱情巫术,取得了资料,此外,我还了解到只有像艾贝纳这样四海为家的文化人才能透彻懂得和理解的许多其他事实。他是个很好的资料提供者,乐于教授和展示他的智慧及知识,同时不乏想象力。讲到放荡好色的凯塔卢吉女人(见第十章)及男人在那里遭受的苦难时,他会说得仿佛自己亲身经历过一样。这一次,他越发滔滔不绝地讲着库拉和相关的习俗,重访旧地的希望,及听众包括我在内对他表现出的钦佩和尊敬之情都让他充满灵感。

　　其他听众最喜欢听他讲以下内容:基塔瓦、伊瓦和加瓦的人们如何种植园圃,在那里表演的特别的舞蹈,库拉的技术细节,及伊瓦爱情巫术的强大功效。

　　这一次,我用更少的时间获得了更多关于库拉的信息,比我在前面数月里费九牛二虎之力得到的更多、更容易。就是要利用这种让土著人的兴趣集中在某个话题上的大事件,才能最容易、最可靠地收集民族志证据。那时,土著人会乐于陈述各个习俗和规则,还会准确而饶有兴趣地详细说明具体的事例。例如,在本案例中,他们会描述一对臂镯几次易手的路线,现在应该已转回到基塔瓦了——通过这种方式,民族志学者可以从土著人那里获得确凿的民族志文献、真实的想法和信仰的细节,而非强迫出来的矫揉造作的冗词赘言。

484　　我一直看到卡萨纳伊酋长和奥马拉卡纳酋长的独木舟举行下水礼(参

---

① 我自己没见过苏洛加矿场。有趣的细节见塞利格曼教授所著《英属新几内亚的美拉尼西亚人》一书。他亲自去过那个地方,收集了一些样品及许多有关斧刃生产的资料。前引,第530—533页。

照第六章）。当时那里聚集了大量的土著人,并举行了各种庆典,随后,当一切准备就绪,海滩上又聚集起了相似的人群,但却比之前的人少,因为此时在场的只是邻村的人,而非整个基里维纳地区的人,酋长对着人群讲话,盼咐男人们走后要严格禁止外村人进村。土著人至少在表面上小心翼翼地遵守着这样的禁忌。托乌卢瓦前两次外出时,我曾有机会对此进行观察。夜幕刚刚降临,所有人都回到屋内,外面的篝火也都灭了,我走在村里,看到村中的景象非常荒芜,除几个专门负责守夜的老人外,看不到其他一人。日落后,外乡人要非常小心,甚至不能穿越村子的外围地区,他们会走另外一条路,以避开奥马拉卡纳的小树林。

甚至连姊妹村卡萨纳伊的男人也不准踏入这个首府之村。有一次,有两三个卡萨纳伊男人想去看望他们的朋友,某个守村老头表现出了极大的愤怒和权威,并制止了他们。但是一两天后,当库拉团仍在外远航时,没去远航的托乌卢瓦最喜爱的小儿子纳布瓦苏阿与卡萨纳伊老酋长最年轻的妻子通奸,被当场 (in flagrante delicto) 抓获。卡萨纳伊村的村民大怒,但也不无幸灾乐祸的意思。前两天晚上被赶走的那些人中的一人,拿起海螺号一吹,将奥马拉卡纳的丑闻和耻辱公布于众。由于土著人只有在非常重要的和礼仪性的场合上才会吹响海螺号,这无异于对这个本应遵守贞操的社区打了一记耳光,并斥责了它的虚伪。一个卡萨纳伊男人大声地对奥马拉卡纳人说:

"你们不允许我们进入你们的村子;你说我们不贞(托凯拉西);但是,我们只是想去看看朋友。现在,看看这儿,纳布瓦苏阿在我们村里通奸!"

现在,让我们再次回到尤瓦拉库船队。再过几个小时,他们就跨过大海,到达基塔瓦了。他们航行的方式、船上的人员安排及航行禁忌和锡纳凯塔的都一样。关于他们的独木舟巫术,我的了解远不及我对博约瓦南部独木舟巫术的了解,但是我想他们的仪式要少得多。总的来说,在这片海域上航行更容易,因为这里礁石更少,盛行的两种风不是把他们吹向东边各岛,就是把他们推回博约瓦岛那长长的海岸线上。另一方面，基里维纳人的航海技术远不及锡纳凯塔人。

但是，对于海上的各种危险，他们的信仰都一样，尤其是关于飞行女巫参与海难的信仰。我们在前面一章中（第十章）描述过的那种灾难故事及脱险办法，指的就是这片海域和皮洛卢海湾。

这些土著人和博约瓦南部的土著人一样，都能感受到并喜欢航行的浪漫。一想到要远航，他们就会露出兴奋之情，甚至能在东海岸上看看雷布瓦格那边广阔的大海，就会让他们高兴不已，他们经常成群结队地走到那儿，只是为了找乐子。东部的海岸比泻湖的海滩更加美丽：陡峭的黑岩与细腻的沙滩交错出现，高耸的丛林遍布在海岸的高高低低之处。然而，到基塔瓦的航行，并不会像从博约瓦南部到当特尔卡斯托的航行那样，让人感到强烈的对比。这些土著人仍身处高出海面的珊瑚岛的世界中，这里和他们的家乡一样，因此他们很熟悉。即便是到我待过一小段时间的穆尤瓦岛（或穆鲁阿岛，即伍德拉克），也不会像特罗布里恩群岛和科亚那样，在地貌上呈现出鲜明的对比。我对马绍尔本尼特群岛的了解并非来自我的亲身经历，而是来自塞利格曼教授的精彩描述，它们似乎是典型的小环礁。[①]

在巫术方面，最重要的启动仪式，即对利拉瓦和苏伦沃亚进行的仪式，由托利瓦加在村中完成（参照第七章）。基里维纳不施行对独木舟内四个椰子施咒的巫术。抵达基塔瓦海滩后，所有的美容巫术及针对海螺号的巫术，其施行的方式都和在萨鲁布沃纳海滩上时一样（第十三章）。然而，在这里，土著人须步行完成最后一段旅程。

访问团中，打头的是个小男孩，很可能是托利瓦加的一个小儿子，他身后跟着酋长本人和其他人，一行人向高耸山脊背后的村落走去。如果访问团带了索拉瓦（项链）——要记住，在尤瓦拉库中，从不会出现这种情况——它们会被礼仪性地挂在棍子上，由酋长身后的人扛着。若如此，也就是说，当访问团带着库拉礼物时，要举行尤拉瓦达（youlawada）仪式。进村时，访问团步履轻快，不东张西望，当打头的小男孩儿疯狂地吹响海螺号时，访问

---

① 参见前引，第 670—672 页。

第二十章 基里维纳和基塔瓦之间的远航 *471*

整版插图 63

一场索伊曼席中的礼仪性破坏

本图摄于新几内亚的南海岸。(参照边码第 486 页及第二章第三节)

团的所有男人断断续续地发出礼仪性的尖叫声,这种尖叫声叫蒂莱基基(tilaykiki),其他人则把石头和矛扔向卡瓦拉普,即酋长房屋或仓房屋檐上的哥特式拱形雕刻刷漆装饰板。东部村落里几乎所有房屋的卡瓦拉普都有轻微的损伤,托乌卢瓦家的甚至掉了一个角。人们并不修补破损,因为它是荣誉的记号。

　　这一风俗并不见于锡纳凯塔和多布之间及锡纳凯塔和基里维纳之间的库拉。它始于特罗布里恩的东海岸,止于图贝图贝,因为瓦里(泰斯德岛)及图贝图贝和多布之间的那一部分库拉圈并无这一风俗。我自己从未在特罗布里恩看过这一风俗,但我在新几内亚南海岸的马辛人中看到过一种类似的风俗。我曾在三个不同的村落观察过从一个村到另一个村的索伊宴席,那些带着猪来送礼的访问团,试图对受礼者的树木或房屋造成一些破坏。土著人总是把猪四脚朝天、脑袋朝下地吊在一根又长又粗的棍子上(见整版插图5和整版插图63)。他们会用这根棍子撞击一棵小椰子树,或小槟榔树,抑或是一棵水果树,如果主人不制止,他们会一直撞击,直至把树撞断或连根拔起,那头猪则会尖叫不止,受破坏一方的女人们也会一起尖叫。此外,当访问团带着礼物进村时,他们会向受礼者的房屋投掷小矛。在这种场合中,双方都会明显地表现出凶恶和敌意。虽然这种有点表演化的攻击和对财产轻微但却真实的破坏为部落习俗所认可,但却经常在南马辛人中引起真正的争吵和混战。塞利格曼教授在巴特尔湾的土著人中也观察到了这一风俗。"当一个人走过房屋时,他们用一直挥动着的树枝戳墙,而后就那样把树枝留在墙上。"此外,"……人们把它们(猪)抬进来,拿着一头系着一撮草的树枝或棍子,用它们戳受礼人的房屋。"①

　　如果我们还记得之前描述过的送礼方式——礼物被送礼人恶狠狠地、几近鄙夷地扔出去,如果我们还记得经常和礼物伴随在一起的嘲笑及接受礼物的方式,尤拉瓦达风俗似乎只是这种送礼方式的一种夸张形式,即已经固定化为一个明确的礼节。从这个角度看,很有意思的是,尤拉瓦达仅在送瓦加 vaga(初礼)时发生,送约泰尔(回礼)时则没有。

------

① 前引,瓦拉加宴席的描述,第594—603页。

基里维纳访问团在村中进行了初步的礼仪性访问,送了库拉礼物和帕里类的礼物,又与他们的库拉伙伴和朋友聊了很久,晚上,他们返回海滩,在独木舟附近安营休息。他们有时会搭临时帐篷,有时碰上好天气,便直接睡在席子下。年轻的未婚姑娘从村里给他们送来食物,她们经常在这个时候和访客们偷情。访问团会停留数日,去拜访岛上的其他村落,聊天、观察园圃并希望得到更多的库拉礼物。酋长们不忌讳基塔瓦的食物,因为基塔瓦人不接触最不洁之物。离开时,访客们会收到送到他们船上来的塔洛伊礼。

基塔瓦人用非常相似的方式对这些访问进行回访。他们在特罗布里恩东海岸的沙滩上宿营,天气不好时,便会搭起临时住所。我曾看到整个家庭,包括男人、女人和孩子,在东海岸上居住数日,因为男人带上女人和小孩儿一起航行,是基塔瓦的风俗。基里维纳人有时带未婚女子,但从不带妻儿,而南方的锡纳凯塔女人则从不进行库拉航行,无论是多么微不足道的航行。在大型的尤瓦拉库远航中,各地的女人都不参与。

在上一章中,我们提到,基塔瓦在库拉圈中位置特殊,因为每件宝物都需经过该地。基塔瓦岛自成一个"库拉共同体"。其西边与之毗邻的所有库拉共同体,包括基里维纳、卢巴、瓦韦拉、博约瓦南部(这里指奥凯姚洛村、布瓦加村和库米拉布瓦加村),交换时都不能绕过基塔瓦,基塔瓦东边的邻居亦然。换句话说,若基塔瓦以东岛屿上的一个人想向西传递一只臂镯,则必须先把臂镯送给基塔瓦人,而不可直接送给基塔瓦以西的人。基塔瓦东边的岛屿,包括伊瓦、加瓦和夸亚瓦塔,形成一个库拉共同体,如地图5所示,图上的每个圈都代表了一个"库拉共同体"。库拉流汇于基塔瓦后,向东再次分流,但绝没有向西流动时涵盖的地域广阔,向西的流动,涵盖了特罗布里恩群岛的广阔区域。基塔瓦的库拉与锡纳凯塔和基里维纳的库位还有一个不同点,我们曾谈到过(在第十三章第一节),即这个小岛须在两个方向上进行海外交换。我们已看到,锡纳凯塔人的大型远航和尤瓦拉库只针对其南边的伙伴,因此他们通过海外远航得到的,只有项链这一种库拉宝物,臂镯则通过内陆库拉从其北边和东边的邻居处获得。同样的情况做必要的修正(*mutatis mutandis*)后,也适用于基里维纳人,他们所有的项链都从陆路获得,进行海外库拉只是为了得到臂镯。在库拉中,基塔瓦和瓦库塔这两个岛及马绍尔本尼特群岛,可以说，是库拉中的双面手，两种物品的取得和送出都需通过海路，这当然主要取决于它们在一个地区内所处的地理位置。看一眼地图5，便可知哪些库拉共同体须跨海进行所有的交易，哪些须经由陆路进行一半的交易，后者仅包括上一章提到的特罗布里恩各地区及多布各地区。

三

上文介绍了基塔瓦库拉的所有特点，只有一点未加说明，而这一点非常重要。关于这个特点，我们以前提到过，事实上，从对尤瓦拉库风俗的描述中，我们也可明显地看到该特点，即库拉流并不平稳，而是有一阵阵的湍流。例如，第十六章所述由多布出发的尤瓦拉库远航队就从博约瓦带回了约800只臂镯。库拉物品的这种突然奔涌，与一个重要制度有关，该制度不存在于特罗布里恩群岛和多布，但存在于基塔瓦，及从基塔瓦沿着库拉圈一直到图贝图贝这片区域（见地图5）。该制度是，村中有人过世后，根据风俗，该村的村民必须遵守一个禁忌，即村里不能接待访客，也不能赠送任何库拉物品。然而，处于禁忌下的社区却期待收到尽可能多的库拉礼物，并会忙于此事。过一段时间后，他们会举行一个大型的典礼并分配食物，这叫索伊。他们邀请所有的库拉伙伴前来参加，如遇重大事件，甚至会邀请库拉伙伴界线以外地区的人。届时，他们会先举行大型的食物分配，所有客人都会分得食物，然后，大量的库拉宝物会被送给该社区的库拉伙伴。

丧葬与经济物品禁忌的关联，是新几内亚美拉尼西亚习俗的一个非常普遍的特点。我在新几内亚南海岸的迈卢人中也发现了这个特点，在那儿，丧葬的特点之一便是一种针对椰子的戈拉（*gora*）禁忌。[①] 如我们所见，多布也有这个制度。相似的禁忌也见于南马辛人中。[②]

丧葬期内实行的这种经济性禁忌的重要性缘于另外一个广为存在的关联，即丧葬和宴席之间的关联，更准确地说，是丧葬和食物分配之间的关联。

---

① 见作者的记事录《迈卢的土著人》，载于《南澳大利亚皇家学会汇报》(1915)，第 580—588 页。
② 参见 C. G. 塞利格曼教授。前引，第四十四章。

在漫长的服丧期内,土著人会间隔性地举办宴席。在服丧期行将结束时,还会举行一次特别盛大的宴席或食物分配,届时会把积累下来的食物,通常包括椰子、槟榔和猪,分给众人。对新几内亚东海岸上的所有土著人而言,死亡会极大并永久性地扰乱他们平静的部落生活。一方面,它抑制了经济消费品的正常流动;另一方面,无数的系列仪式、典礼和节庆分配,一下子制造了各种各样的相互义务,占据了土著人最佳的精力、注意力和时间,有时是数月,有时是数年,依死者的重要性而定。每次死亡之后发生的社会和经济巨变是这些土著人最显著的文化特点之一。从表面上看,这一特点让人感到神秘莫测,并会引出种种推测和思索。让这个问题变得更为费解和复杂的是,在土著人的信仰中,所有这些禁忌、宴席和仪式都与死者的灵魂无任何关系。人死后,灵魂立刻就走了,必定去往另一个世界定居,完全不知道村里发生的事,特别是那些纪念他生前的哀悼活动。

基塔瓦的索伊(食物分配)是一系列小型分配中的最后一幕。它与博约瓦及其他马辛人的类似仪式的不同之处在于库拉物品的聚集。我们说过,在这种情况下,丧葬期的禁忌也影响到宝物。村中有人去世后,人们立刻在村前的登陆海滩上竖起一根大棍子,并在上面系一只海螺号。这个标志表明该村不接待来索取库拉物品的访客。除此之外,还要对椰子、槟榔和猪施行禁忌。

这些细节及下面的细节是一个移居到锡纳凯塔的基塔瓦人告诉我的,他是个聪明可靠的资料提供者。他告诉我,依据死者的重要性及他死后一年左右内物品的聚集速度,守戒村会传话给所有的伙伴和*穆里穆里*(隔一地的库拉伙伴)。

"所有的人都聚集起来时,"我的资料提供者对我说,"萨加利(分配)开始了。他们先萨加利考洛(甘薯),然后是布卢夸(猪)。当猪的数量很多时,就半只半只地给;不多时,就分成四份。每只独木舟前都会摆上一大堆,包括甘薯、椰子、槟榔和香蕉。然后再并列放一排猪肉。一个人为甘薯堆叫喊,另一个人为猪肉堆叫喊;每只独木舟的名字都被喊出来。如果是整头猪,他们会说,'*To'uluwa, kam visibala*(托乌卢瓦,你的整头猪)!'如果不是,他们会喊,'*Mililuta, kami bulukwa*(利卢塔的男人,你们的猪)!'还有'*Mililuta, kami gogula*(利卢塔人,你们那堆)!'他们拿起猪肉,把他们那一堆拿到自己的独木舟上。在那儿,托利瓦加(独木舟的主人)会再进行一次小型萨加利。那些住在近处的,把猪毛烧掉,然后放到独木舟上带回家去。那些住得远的,则把猪肉烤了,在海滩上吃掉。"

要注意,当分到等级最高的酋长及其同伴的那一份时,会喊酋长的名字,分到没那么重要的人的那一份时,则喊村名。在所有这种场合中,外乡人都不在公众场所吃东西,甚至连再分配也是在独木舟旁的宿营处悄悄进行的。

食物分配完毕,并被各访问团拿回去后,索伊的主人走进自己的房屋,拿出一件极为精美的宝物,伴随着一声海螺号声,他把宝物送给了在场库拉伙伴中最尊贵的一位。之后,其他人开始行动,很快,整个村子里,海螺号声此起彼伏,所有村民都忙着向伙伴赠送礼物。他们先送初礼(瓦加),只有在这之后,才把那些早就应该送给伙伴的必须作为成交礼(约泰尔)的宝物送给他们。

公众的分配全都结束、客人们也都离去后,组织这次分配的亚氏族的成员们在日落时分在自己人中进行了一次小分配,称为凯梅卢(*kaymelu*)。之后,索伊、整个服丧期和一连串的分配结束了。我在前面说过,有关索伊的叙述只是基于几个资料提供者的陈述,其中有一个极为聪明可靠,但我并没有通过亲自观察去验证,因此不能保证叙述的完整性,这样的材料总是如此。

然而,从让我们感兴趣的角度来看,即从与库拉的关联的角度来看,一个明确的显著事实是:丧葬禁忌暂时阻挡了库拉物品的流动,由此集聚的大量宝物通过索伊突然释放出来,形成一个大浪,沿着库拉圈流动。例如,在流动的过程中被多布人的尤瓦拉库远航队收获的大量臂镯,就是一两个月前伍德拉克岛上的亚纳布瓦村在满月之时举行的索伊宴席激起的涟漪。1918年9月,当我离开博约瓦时,耶古马岛或埃冈岛(Egum)[在东部地区的发音,该东部地区即地图上的奥尔斯特群岛(Alcester Islands)]正处于丧葬禁忌期，在锡纳凯塔，我碰上了正在访问锡纳凯塔的基塔瓦酋长奎瓦亚，他告诉我，耶古马人给他送去一个正在发芽的椰子，并说："它抽叶时，我们将萨加利（进行分配）。"耶古马人在村子里保留了一个处于同样生长阶段的椰子，把其他的都送给了临近的社区。这是第一次着手定日子，当宴席临近时，还会指定更确切的日期。

将索伊和库拉联系在一起的这种风俗，一直延伸至图贝图贝。多布人并不在丧葬宴席中分配宝物，但他们有另外一个习俗：在最后的丧葬分配中，他们喜欢用库拉臂镯和库拉项链装扮自己——这一风俗对特罗布里恩人而言完全陌生。因此，在多布，一次即将举行的丧葬宴席也会把宝物集聚起来，宴席结束后，这些宝物将分成姆瓦利和索拉瓦两股，沿着库拉的两个方向流走。但是多布人并没有在最后一次丧葬宴席中分配宝物的风俗，因此，瓦古阿的释放不会像在索伊中那般突然。

索伊一词也指马辛地区广为存在丧葬庆典。例如，每年 11 月到来年 1 月，新几内亚南海岸上的博纳博纳（Bonabona）土著人和苏奥（Su'a'u）土著人都会举行庆典，相关的活动有跳舞、馈赠猪、建造新房、搭建平台及几个其他特色活动。每年，这些宴席都在几个不同的地区接连举行。我说过，我曾有机会在三个地方看到这些宴席，但我并未进行研究。这些宴席是否和某种形式的宝物交换相关联，我并不知道。马辛其他地区的丧葬宴席也叫索伊。[①] 它们和北马辛的宴席有何关系，我无法说明。[②]

这些思考让我们离库拉两个分支的汇合点越来越近。此前，我们从特罗布里恩出发，沿着这两个分支，分别向南和向东而行，现在这两个分支又折回相遇了。关于库拉圈剩余的那一部分，我的资料不足，我将于下一章对其进行简要的说明。

[①] 参见 C. G. 塞利格曼教授。前引，第 584 页。

[②] 牛津大学的 W. E. 阿姆斯特朗（W. E. Armstrong）先生目前在苏奥进行的民族志调查无疑将阐明这一问题。

第二十一章　库拉的余部和旁支

一

在本章里，我们要描述库拉的其余部分，从而让库拉圈闭合起来。我们还必须谈谈库拉的旁支，即那些从库拉圈上某些地方到外围地区进行的规律性贸易和远航。我们已见过这种旁支，因为我们已了解到，特罗布里恩岛西部，尤其是卡瓦塔里亚村，及凯卢拉岛上的聚居地，会到弗格森岛和古迪纳夫岛进行非库拉贸易远航。通过种种联系，这样的远航自然而然地成为完整的库拉图卷的一部分，考虑到这种横向的贸易关系到某些库拉宝物在库拉圈内外的输入和输出，则更是如此。

我们对远航的描述，向南，已远至道森海峡，而在向东的航线上，我们已在上一章中抵达了伍德拉克岛。我们必须把这两点连接起来。俗话说，一条链子的强度取决于其最弱一环，我们希望，这句话对民族学无效，因为我对库拉圈其余部分的了解的确远不如前面几章那么全面。幸运的是，无论库拉圈的东南部情况如何，前文所述仍真实有效。此外，毫无疑问的是，整个库拉圈上交易的基本原则都一样，只是在细节上很可能有不同之处。我曾有机会向来自库拉圈几乎所有地方的资料提供者提问，主要要点的相似性确定无疑。此外，塞利格曼教授的书中，就南马辛地区贸易的某些方面提供的信息，虽未直接但却完全证实了我的调查结果。但是，这里须明确强调一点，即本章提供的信息与本书中的其他信息不属于同一类。后者来自我与之生活在一起的土著人，大部分都通过我的亲身经历和亲眼观察得到了检查和验证（参照导论中的表1）。关于东南部库拉的资料则源于我对来自那个地区土著人的仓促询问。这些人是我在他们身处异乡时碰到的，我自己并未去过伍德拉克和多布之间的任何地方。

把地图 5 摆在面前,我们从伍德拉克出发,便立刻进入一个有趣的库拉支流。伍德拉克的东边是劳兰珊瑚群岛,在那里居住的土著人与伍德拉克人说一样的语言。他们也在库拉圈上,但似乎是库拉圈上的一条死胡同(cul-de-sac),因为我被告知,流到那里去的宝物会再返回到伍德拉克。这是很不寻常的复杂情况,是本来顺畅的库拉流中出现的一种旋涡。至于这一复杂情况如何得以解决,是把该地区进一步划分,在地区内部形成一个小库拉圈,两类库拉物品在其上相向流动,还是另有其他安排,我并不能确定。此外,一个资料提供者告诉我,一些瓦古阿从劳兰群岛直接往南流向米西马岛,但我无法证实这一说法。对这部分库拉,我只能给出以上的大致描述。

从伍德拉克往南,无论库拉宝物沿哪条路线流动,确定无疑的是,它们全部或几乎全部汇集于重要的商业中心图贝图贝。根据塞利格曼教授的描述,该小岛在食物方面甚至都不能自给,手工业制造也不发达。岛上的人在很大程度上都忙于贸易,很有可能他们的部分生计就来自贸易。"图贝图贝已成为一个贸易共同体,其居民被看成是商人和中间商,在西至罗杰阿岛,东到穆鲁阿这个相当广阔的区域发挥作用。"[①]甚至连特罗布里恩人都知道图贝图贝是库拉中重要的一环。大家都知道,无论那个小岛的丧葬禁忌和大型宴席发生了什么,都会影响宝物在博约瓦内的流动。

不管怎样,毫无疑问的是,图贝图贝与其东北方的穆鲁阿(伍德拉克岛在图贝图贝语中的发音)及西北方的多布有直接联系。我曾看到一只从该小岛来的独木舟停在多布的海滩上,在伍德拉克时,人们告诉我,图贝图贝的男人经常来访。塞利格曼教授详细描述了他们去往伍德拉克岛时航行的方式和各阶段:

"他们去穆鲁阿的贸易航线……,按照他们的走法,大约是 120—130 英里。他们通常在季风时节出发,乘信风而归,因为这样最有利于他们的航行。如果整个航程中的风向和天气都有利,他们第一晚就在一个叫奥勒(Ore)的岛上度过,该岛距离道森海峡大约两英里。第二天晚上他们抵达帕纳莫蒂(Panamoti),第三天晚上在托库努[Tokunu(奥尔斯特)],到第四

---

① 塞利格曼,前引,第 524 页。

天晚上,他们可能就到穆鲁阿了。"①这一描述很容易让人想起我们跟随锡纳凯塔人到多布时的航线——同样分为几小段,中间在沙洲或岛屿上宿营,同样是乘顺风之便。

从基塔瓦往东,直至图贝图贝,土著人使用一类不同的独木舟,叫纳盖加,我在第五章第四节里提到过。我们说过,这类船在建造原理上与特罗布里恩的独木舟一样,但其体型更大、承载能力更强、更经得起风浪。同时,它航行得更慢,但较之轻快的独木舟有一大优点:吃水更深,因此在航行中偏航较小,并能顶风航行。这样一来,土著人就可跨越远途,并能面对天气的挑战,若是多布和基里维纳那更脆弱、更轻快的独木舟,远途和天气都会迫使它返航。

去往诺曼比岛(杜阿乌)北岸和多布岛时,图贝图贝人会乘东南信风而去,乘季风而归。据塞利格曼教授所言,在最佳条件下,他们去往多布的航行大约历时四天。②

据此,我们可以确定一个基本事实:东南部库拉的中心是图贝图贝小岛。该岛与我们从特罗布里恩出发、在两个方向上跟随库拉之旅所到的两点有直接的交流,这两个点便是多布和伍德拉克岛。

我们只能将一些细节上的疑问暂且搁置,例如,多布人和穆鲁阿人是否回访?根据所有的可能性,答案是肯定的,但在这个问题上,我没有十足的把握。

另外一个问题是,图贝图贝土著人是否是穆鲁阿或多布的直接伙伴。我们已看到,基里维纳土著人虽然经常去伊瓦、加瓦、夸亚瓦达、甚至伍德拉克,但他们并不是这些土著人的海外伙伴(卡雷塔乌),而是隔一地的伙伴(穆里穆里)。我们应该记得,多布本岛和杜阿乌的土著人并不是南博约瓦人的伙伴,但我有确凿的资料表明,他们与图贝图贝有直接的伙伴关系。我还相信,伍德拉克土著人与图贝图贝土著人进行直接的库拉交换。

然而,在"穆鲁阿-图贝图贝-多布"之间存在一条直接交流航线的事实,

---

① 前引,第 538 页。
② 塞利格曼,前引,第 538 页。

第二十一章 库拉的余部和旁支 481

纳盖加独木舟

该类独木舟产于北马辛的东部，为库拉圈的东南部所用。（见边码第 496 页及第五章第四节）

整版插图 64

并不能排除存在与这条航线并行的其他更为复杂航线的可能性。事实上，我知道几乎在图贝图贝岛正南方的瓦里岛（泰斯特岛）也在库拉中。在图贝图贝岛东边约一百英里处的米西马岛（圣艾尼昂岛）也是库拉圈的一部分。这样就形成了一个更大的圈，这个圈从伍德拉克岛，或从劳兰群岛出发，经过米西马岛及与其邻近的帕纳亚蒂小岛、瓦里岛，再往西，经过新几内亚东端附近的岛群，包括萨里巴岛、罗杰阿岛和巴西拉基岛，然后往北折向诺曼比岛。东南部的这种双重路线在西北部也有，它们将基塔瓦和多布连接起来。短程路线是从基塔瓦到瓦库塔，再由瓦库塔去多布。然而除此之外，还有几条更长的路线。其中之一是：从基塔瓦到奥卡姚洛或瓦韦拉，再到锡纳凯塔，然后或直接去往多布，或经过安菲莱特群岛去往多布。另外一条范围更大的路线是：从基塔瓦到基里维纳，再到锡纳凯塔等其他地方。范围最大的路线是：从基里维纳到博约瓦岛西部，然后到凯卢拉，再从那里到安菲莱特群岛，再到多布。最后这条线路不只在距离上最长，而且要花更多的时间，因为凯卢拉人和安菲莱特人是出了名的"难对付"。看看地图5及更详细的特罗布里恩群岛地图（地图4），上述路线便一目了然。

对西北部库拉路线更详细的了解，让我们看到了那里的复杂和不规律性。博约瓦岛西部只进行内陆库拉，并且只有几个村子的几个头人参与；凯卢拉与安菲莱特群岛上的各社区进行小规模的库拉。所有这些地方，及博约瓦岛南部东岸上的村落，都是我们所说的半独立库拉共同体。这样的细节和特点无疑也存在于库拉的各东南分支上，但这也只是想当然而已。

进一步追踪各条线路后所获得的信息使我相信，新几内亚东端附近的岛屿——罗杰阿、萨里巴和巴西拉基——过去和现在都在库拉圈里，他们向东与图贝图贝和瓦里交流，向北与诺曼比人接触。至于东角上的大村落群是否也曾在库拉中，我并不确定。无论如何，所有的线路都经由诺曼比岛的东北岸抵达道森海峡的东岸。从这里，即从多布地区开始以后的路线，我们已完全准确、详细地描述过。

关于上述分支上远航的详情及库拉的技术细节，我没有太多的资料。或许，实际交换的规则，吹海螺号的礼仪，荣誉、道德或虚荣的准则，迫使人们送出与他们收到东西等值的物品，所有这些在整个库拉圈上都一样。库拉巫术也一样，只是在细节上有所不同。

二

有一个话题须多说几句，即附属贸易。东南部的库拉交易伴随着一种新兴且重要的物品的交换：大型航海独木舟。其主要的建造中心是加瓦岛和帕纳亚蒂岛，而且造船的目的在很大程度上是为了输出。在这里，建造好的独木舟被输出到不会建造这种独木舟的南部各区（参照第一章第三节）。过去，在伍德拉克岛的土著人人口没像现在一样急剧减少之前，他们很有可能也建造一些独木舟，用于海外贸易交换。我曾在南马辛地区的奥兰治里湾一带看到土著人使用这种独木舟，那里距离建造地已达两百多英里之遥。该物品的交易沿着库拉的交流路线进行，因为图贝图贝人和瓦里人无疑就是这一交易的主要分销商和中间商。

我不能确定独木舟交易与库拉交易直接关联到何种程度。从塞利格曼教授提供的资料来看，①图贝图贝土著人用臂镯支付他们从北方帕纳莫蒂购买的独木舟。因此，在这个商业交易中，姆瓦利的流动方向与它们在库拉圈必须遵守的流动方向相反。这再次暗示了这两种交易完全独立于彼此。除独木舟外，南部还有一种重要的贸易物品，即图贝图贝和瓦里都制造的陶锅。这两个被塞利格曼教授称为"商人冒险家"的岛屿也进行库拉远航。此外，他们还交易邻近地区制造、由他们分销的几乎所有各类手工业制造品，这类贸易很有可能也独立于库拉远航。塞利格曼教授在其《英属新几内亚的美拉尼西亚人》一书中的第四十章对此进行了非常全面的探讨，因此这里稍作提及足矣。②

整个库拉圈都已呈现在我们面前，我们可能会问：这个库拉圈和外围地区在商业上有多少接触？特别是，某些贸易品在多大程度上流入库拉圈，其他贸易品又在多大程度上流出库拉圈？在这个方面，我们最感兴趣的就是

---

① 参见前引，第536—537页。
② 我无法跟从塞利格曼教授对通货（currency）一词的用法，他并未对该词进行十分清晰的界定。这个词可以正确地应用于臂镯、海菊蛤圆片、绿石做的打磨光滑的大斧刃，等等，但前提条件是我们用这个词单指"物品"或"财富的象征"。通货通常指交换媒介和价值标准，而马辛宝物中没有一样能满足这些功能。

真正的库拉物品,即姆瓦利(臂镯)和索拉瓦(项链)进出库拉圈的情况。

三

我们在特罗布里恩群岛见过那样一条库拉旁支,即从博约瓦西部的卡瓦塔里亚村及凯卢拉岛去往弗格森和古迪纳夫的科亚的远航。我们先要对这些远航进行简要的描述。① 其准备工作和锡纳凯塔的大同小异,建造独木舟时施行的巫术也差不多一样(参照第五章),他们也举行下水礼和叫做塔萨索里阿的试航(第六章)。凯卢拉岛目前是更重要的独木舟建造中心。是否昔日里卡瓦塔里亚的一些独木舟实际上并不是在凯卢拉建造再卖给卡瓦塔里亚人,我并不确定,但我认为是如此。现在,卡瓦塔里亚村已完全投身于采珍珠业,大约在一代人之前,他们就放弃了远航,现在甚至都没任何独木舟了。贸易品的收集和对利拉瓦、亚瓦拉普、苏伦沃亚施行的巫术,与前面描述的那些一样(第七章),唯一不同的是,凯卢拉岛施行的姆瓦西拉是另外一个体系的,卡瓦塔里亚人也曾使用该体系。关于这一点,我们要记住,凯卢拉土著人的确与安菲莱特人进行小规模库拉,他们的姆瓦西拉也与库拉有关。② 但是,卡瓦塔里亚人和凯卢拉人的姆瓦西拉的主要施咒对象

---

① 关于这个问题,现任新几内亚循道宗传教会(Methodist Mission in New Guinea)会长 M. 吉尔摩传教士已经发表了一篇短文。[载于《英属新几内亚年报(1904—1905)》(Annual Report of British New Guinea),第71页。]在进行田野调查时,我与卡瓦塔里亚的几个土著人一起讨论过该篇短文,发现它大体上是正确的,整体而言,陈述得很准确。然而,由于作者必须使陈述极为简练,导致了一两处歧义。例如,他经常提到的"赴宴"可能会让人们产生一种错误的印象,宴席总是指食物的公共分配,分好之后,人们自己吃,或结群而吃,而"赴宴"则暗含"一起吃"的意思。此外,吉尔摩先生把卡瓦塔里亚的特权氏族(参照第九章第三节)的首领称为"海上酋长(sea-chief)"。在我看来,当吉尔摩先生说这个酋长是"至高无上"的、有"决定一次远航的权利"时,他关于"海长酋长"的资料是言过其实的,特别是当他说酋长"有权第一个选择独木舟"时,这个说法一定是误解,如我们所见,每个亚氏族(即村落里进一步划分的小区)都建造自己的独木舟,因此谈不上随后的交换和自由选择。从我与吉尔摩先生的谈话中,我发现他完全了解库拉的事实。在他的文章中,关于库拉,他只提到一句,说这些远航中的一些"主要关注流通着的象征土著财富的物品的交换……其中的贸易只是次要的考虑。"

② 吉尔摩先生的相反陈述,即"从西部——卡瓦塔里亚和凯卢拉——出发的旅程是纯粹的贸易远航"(同前引),是错误的。首先,我倾向于认为一些卡瓦塔里亚男人的确曾经在安菲莱特群岛进行库拉,他们南下时总会在那里停留,但是可能只是在非常小的规模上进行,与远航的主要目标,即与南部科亚的贸易相比,完全是无足轻重的。第二,至于凯卢拉土著人,从我在特罗布里恩群岛和安菲莱特群岛收集到的确凿资料来看,我确信他们进行库拉。

是他们与弗格森岛和古迪纳夫土著人进行的非库拉贸易,这一点在吉尔摩先生的描述中十分清楚,同时也得到了我的资料提供者们的证实。他们告诉我,施行姆瓦西拉是为了卡维卢阿(*kavaylu'a*)(美食),即西米、槟榔和猪,这些是他们远航的主要目标物。

"如果他们(西博约瓦人)不施行姆瓦西拉,他们(西当特尔卡斯托土著人)就会攻击他们。他们是愚蠢的人,科亚人,不像多布人,多布人是人,而那些科亚人是野蛮的食人者。如果他们(卡瓦塔里亚和凯卢拉)不施行姆瓦西拉,他们会拒绝给他们槟榔,拒绝给他们西米。"

航行的特点是,库卢图拉氏族享有优先权,如我们在前面一章中(第九章第三节)所见,他们在航行中打头,在任何海滩上停靠时,都享有在优先登陆的特权。抵达时,他们施行美容巫术,驶向海滩时,也念诵"震动大山"咒语。在科亚进行的交易在某种程度上与库拉交易类似。我的资料提供者这样说:

"他们停好船后,首先他们送帕里;他们送梳子、石灰罐、木盘子、石灰刮刀、很多古古阿(实用物品)。送塔洛伊(道别礼)时,这些都会得到回赠。"

接下来的交易,即主要贸易,像金瓦利一样进行。科亚土著人会把西米或槟榔拿来,放在沙滩上靠近独木舟的地方,说:

"我想要一把贝库(礼仪性斧刃)。"我的资料提供者们都确信这时会发生真正的讨价还价。"如果他们给我们的数量不够,我们不同意,他们就再拿点儿。他们会回村取更多的货物,回来给我们。如果够了,我们就给他贝库。"

以物易物贸易就这样一直进行,直到访客们用尽其贸易存货,并从当地土著人那里获得了尽可能多的东西。

这些远航很有趣，因为我们看到，与库拉中施行的巫术一样的巫术及许多相似习俗，也与这些普通贸易远航关联在一起。至于这些贸易关系中的伙伴关系属何种性质，我并不确定，只知道卡瓦塔里亚和凯卢拉有他们各自与之交易的地区。

如前所述，他们进行这些长途旅行的主要目标物是西米、槟榔和猪，此外，还有各种羽毛，特别是食火鸡和红鹦鹉羽毛，还有藤制腰带、纤维编织腰带、黑曜石、用于打磨斧刃的细沙、红赭石、浮石及其他丛林和火山物产。为了得到这些，他们向科亚输出的最宝贵的物品有臂镯、贵重的斧刃、野猪长牙及其仿制品，价值次之的物品包括木盘子、梳子、石灰罐、臂环、篮子、瓦尤戈藤绳、贻贝壳、乌木石灰刮刀。海菊蛤贝壳项链并不输出到科亚。

四

卡瓦塔里亚和凯卢拉这两个地区还有另外一个重要活动，即生产臂镯。正如锡纳凯塔和瓦库塔是特罗布里恩群岛仅有的生产海菊蛤贝壳圆片的两个地方一样，卡瓦塔里亚和凯卢拉也是仅有的采集椎状大贝壳（the large Conus millepunctatus shell）并将其制作成相当珍贵、但却鲜有人戴的饰品的两个地方。这两个地方在姆瓦利生产上的独占垄断主要为风俗习惯的惯性所致，一直以来的风俗习惯就是指派他们进行这种采集和生产。这种贝壳散布在整个潟湖中，下水采集它们也不比潟湖村进行的其他任何活动更难。然而，只有刚才提到的这两个地方做这件事，也只有他们拥有一套复杂的巫术，至少与卡洛马巫术一样复杂。

臂镯实际制作起来也不难。这种饰品用最靠近贝壳底部处切下来的一圈贝壳做成。土著人用石头沿着边缘敲下圆形的底部，然后在距离底部有一段距离的地方平行敲出一个圈，而后沿这个圈切下宽宽的一个贝壳圈，这就是制作饰品的原料。接下来，必须将其打磨光滑，在平坦的磨石上磨掉外面柔软的钙质层,里面则用一根长长的圆柱形石棒将其磨光。①

卡瓦塔里亚有一个风俗,即一个男人找到一个精美的椎状贝壳后,会将它当作姚洛礼,送给妻子的兄弟,后者会回赠给他食物,如上好的甘薯、香蕉和槟榔,如果贝壳极为精美,还会回赠猪。然后,受赠贝壳的人会为自己把这个贝壳做成饰品,做法与我们之前描述过的锡纳凯塔的一个做法相似,在那里,一个男人会为自己的姻亲采集并制作项链。

凯卢拉有一个更有意思的风俗。岛上的某个村落,抑或是其某个姊妹岛(库亚瓦小岛和马努瓦塔小岛)的居民,会采集一对贝壳,将其打成一对贝壳环。这种叫做马卡维纳(makavayna)的粗糙的贝壳环,在未加工好的状态下,被带到安菲莱特群岛,当作库拉礼物赠送出去。古马奇拉男人收到后,会将其打磨,库拉给多布。多布人得到后,在相交的两个接口(在整版插图 16 上,清晰可见)的一侧打孔,在上面装饰上黑色的野香蕉仔儿和海菊蛤圆片。于是,只有在旅行了大约一百英里、经历了库拉的两个阶段后,姆瓦利才最终成形并装饰齐全。

就这样,一件新生的库拉物品进入了库拉圈,经历了几个阶段后,最终成形。与此同时,如果它是件珍品,制作者还会给它取个名字。有些名字表达的就是与某地的关联。例如,有一对有名的臂镯,用作原材料的贝壳是一个卡瓦塔里亚人不久前在纳瑙拉岛附近找到的,这对臂镯就以此地名命名。可能要补充一点:每对臂镯总是有"左""右"两只,右边的那只在两只中更大、更重要,整对臂镯也以这只命名。当然,人们从来不会同时找到一对贝壳,如果一个男人成功地得到了一个精美的贝壳,他会忙着去找一个稍差的与之配对,抑或他的某个姻亲、朋友或男亲戚会送给他一个。"纳瑙拉"是最有名的臂镯之一,全特罗布里恩人都知道它,那时,当它快到基塔瓦时,人们普遍感兴趣的话题就是博约瓦何人会得到它。还有一对臂镯叫"索皮马努瓦塔(sopimanuwata)",意思是"马努瓦塔之水",是过去马努瓦塔岛上的一个人在该岛海岸附近找到的。还有一对有名的臂镯是在凯卢拉做的,它的

---

① 我曾常有机会在新几内亚南岸上的迈卢人中观察这一制作过程,因此曾详加介绍。我从未在特罗布里恩群岛看过臂镯的制作,但根据我得到的具体信息,这两个过程是一样的。(参照作者的专著《迈卢土著人》,载于《南澳大利亚皇家学会汇报》,1915,第 643—644 页。)

名字叫"布利瓦达（bulivada）"，是一种鱼的名字。据传说，这对臂镯中较大的那个贝壳被找到的时候，其顶端处破了一个洞，当人们将它从水里拿出来时，发现里面住着一只小布利瓦达鱼。还有一对叫"戈梅恩艾科拉（Gomaneikola）"，意思是"它缠在网里"，传说它是用网捞上来的。还有很多其他有名的姆瓦利，它们的名字可谓家喻户晓，以致人们给自己的子女也取同样的名字。然而，大多数的名字都无法追溯其来源。

臂镯进入库拉圈的另外一个地点是伍德拉克岛。这项手工制造业现在在伍德拉克岛已相当少见，几乎绝迹，关于这一点，我不太确定，但却相信。过去，穆鲁阿很有可能在相当程度上是像特罗布里恩群岛一样多产的臂镯制造中心。现在，在特罗布里恩群岛，虽然凯卢拉岛和其他西部岛屿仍像从前一样采集和制作姆瓦利，但卡塔瓦里亚的土著人几乎已经完全脱离了这一行业，其全部时间都用于采珍珠。因此，臂镯的两个主要原产地都在库拉圈中。它们被做好后，或如我们在凯卢拉所见，当它们还在制作过程中时，就进入了循环。它们进入库拉圈时，没有任何特殊的仪式或习俗相伴，事实上，和普通的交换行为没什么差别。如果找到贝壳并制作姆瓦利的那个男人自己并不参与库拉，这在卡瓦塔里亚或凯卢拉有可能发生，他就会把它当做该社会规定的许多礼物和酬劳中的一种，送给某个亲戚、妻子的兄弟或头人。

五

目前我们只描述了卡瓦塔里亚和凯卢拉的贸易路线，现在，让我们沿着库拉圈看看其商业旁支。在东边，从基塔瓦到伍德拉克岛的这一大段库拉圈没有生出旁支，所有贸易都沿库拉的路线进行。另外一段是我颇为了解的一段，即从特罗布里恩群岛到多布，这一段上的商业关系我刚刚介绍过。如第十一章所述，安菲莱特人和弗格森岛土著人进行贸易；来自特瓦拉、萨纳罗阿和道森海峡的讲多布语的土著人与弗格森的内陆土著人进行贸易，但规模可能不太大；诺曼比岛上的多布语社区及诺曼比北海岸的杜阿乌土著人都在库拉中，他们与诺曼比岛上不在库拉圈中的土著人及新几内亚主岛东角以西的土著人进行贸易。但是,所有这些贸易都对库拉的主流没什么影响。一些不太贵重的物品可能会流出主流,进入丛林地带,而丛林地带的一些产出,反过来,也会流到海岸区域。

库拉主流上最重要的物品进出地在南部,主要是图贝图贝和瓦里,及这两个主要中心周围一些较不重要的地方。新几内亚的北海岸,通过其东角上的航海社区,与图贝图贝和瓦里这一地带相连,但就主要库拉物品而言,这个旁支并不重要。位于库拉圈最南端、分别连接东西的两条旁支才是最重要的,其中一条将库拉圈和新几内亚南岸连接起来,另一条则将库拉圈与东南岛[塔古拉(Tagula)]和罗塞尔两个大岛及邻近几个小岛连接起来。

新几内亚主岛南岸上居住的土著人,从东向西,首先是讲苏奥和博纳博纳方言的马辛族人。这些土著人与库拉区南部,即罗杰阿、萨里巴、巴西拉基、图贝图贝和瓦里的土著人一直都有交往。南岸的马辛人与迈卢人也有商业往来,从迈卢开始的一条贸易关系链将东部各地区与住着莫图人的中部各地区连接起来。我们从巴顿船长在塞利格曼教授书中提供的资料得知,莫图人每年都会到巴布亚湾进行贸易,因此,一件物品可以经由巴布亚任何一条河流的三角洲流动到特罗布里恩地区的伍德拉克岛,事实上,很多东西的交易都跨越了这么远的距离。

然而,从库拉的角度看,有一种流动尤为让我们感兴趣,即两类库拉宝物的流动。其中之一的臂镯沿着新几内亚主岛南岸从东向西流动。毫无疑问,这一库拉宝物在最南端从库拉主流流出,而后被带往莫尔兹比港,在那里,臂镯的价值,无论是过去还是现在,都比在东部地区高许多。在迈卢时,我发现,当地土著商人在苏奥地区用猪换得臂镯,再把臂镯带到西边的阿罗马、胡拉(Hula)和克雷普努(Kerepunu)。塞利格曼教授在莫尔兹比港记下的笔记告诉我们,阿罗马、胡拉和克雷普努将臂镯输入到莫尔兹比港。他还说,其中一些会进一步向西流动,直至巴布亚湾。①

海菊蛤贝壳项链在南岸沿何种方向流动,则更难确定。今天,曾在莫尔

---

① 塞利格曼教授在《英属新几内亚的美拉尼西亚人》(第89页)中所做的这两个陈述,与我在迈卢人中取得的信息完全一样。参见《南澳大利亚皇家学会汇报》(1915)第620—629页。

兹比港土著人中高度发展的项链制造业，虽未完全消失，但已部分衰落。我自己曾有机会观察博埃拉（Bo'era）土著人制作阿盖瓦（ageva），即一种非常小而精致的贝壳圆片，上好的巴吉就是用这种圆片做的。当时他们正在用一种带石英钻的土著泵钻制作项链，工作地点距一大片白人聚居地仅几英里之遥，那个地区在过去的50年间，一直处于大规模的白人影响之下。然而，这只不过是那一度极为发达的手工制造业的一丝余迹而已。我对这个问题的探究并不详尽，因为当我在南岸调查时，我还没想到这个问题，而当我第二次和第三次去新几内亚考察时，只是路经莫尔比兹港。但我想，也许我们可以肯定一点：过去，贝壳项链从莫尔比兹港向东流动，在新几内亚的东端进入库拉圈。

无论其流动方向如何，该库拉宝物确定无疑的源地有东南岛、罗塞尔岛及它们周边的小岛。颜色最鲜红最好的海菊蛤贝壳就出自那片海域，那里的土著人也是制作海菊蛤贝壳圆片的行家，他们把制成品输出到瓦里岛，我想，还有米西马岛和帕纳亚蒂岛。和这些项链交换的物品中，最重要的有独木舟和打磨光滑的大斧刃。

扫视一下库拉圈，我们能看到，一类库拉物品，即姆瓦利或臂镯，产于库拉圈上的两点，即伍德拉克和博约瓦西部，另外一类库拉物品索拉瓦或巴吉（项链）则于库拉圈的最南端流入圈内，其中一个产地（罗塞尔岛）仍旧活跃，另外一个（莫尔比兹港）很有可能在过去产量很大，但现在已与库拉圈断了联系。锡纳凯塔制作的项链并非真正的库拉物品，虽然有时也用作交换，但根据格雷欣法则（Gresham's Law），它们迟早会从库拉圈中消失。在这里，格雷欣法则作用的是非货币物品，因此产生相反的作用！第三类宝物是通身打磨光滑的绿石大斧刃，这类宝物有时在库拉流中流动，但并不真正属于库拉。我们知道，其石材采于伍德拉克岛，而后在特罗布里恩群岛的基里维纳打磨，更准确地说，过去曾是如此。我认为另外一个打磨中心是，或曾经是米西马岛。

我们看到姆瓦利和索拉瓦的源头分别在库拉圈的南北两端：臂镯产于最北端，项链则在最南端流入。值得注意的是，在库拉圈的东段，即在伍德拉克-博约瓦-多布-图贝图贝这一部分，两类物品按自然方向流动，也就是说，每类物品都由原产地输出到不制作或无法获得这类物品的地区。在伍德拉克-耶古马-图贝图贝这个分支上,库拉流与这些物品的自然商业流动相反,因为在这个分支里,图贝图贝人将臂镯输入穆鲁阿无异于把煤运到纽卡斯尔,而穆鲁阿人则把项链带到图贝图贝和瓦里,也就是项链从外面流入库拉圈的地方。这些思考,对任何想要探讨库拉起源或历史的人而言都很重要,因为宝物的自然流动无疑是原始的路线,从这个角度看,库拉的西半部[①]似乎更为古老。

在此,所有关于库拉的描述性资料已介绍完毕。下面,我必须对库拉作一些整体评论,这将留到下一章,即最后一章。

---

① 原文如此,但根据上下文,此处似乎应为"东半部"。——译者

第二十二章　库拉的意义

我们已经沿着库拉的各条路线和旁支走了一遍,详尽仔细地探讨了库拉的规则和习俗、信仰和实践及围绕在库拉周围的神话传统,直到在最后的资料中将库拉圈首尾相接。现在,我们将把用于观察细节的放大镜放在一边,从远处审视我们的调查对象,放眼看看整个制度,让它在我们面前呈现出清晰的样子。这个样子可能让我们觉得不同寻常,可能是我们此前从未在民族学研究中见过的。我们最好尝试为它在系统的民族学之诸多研究对象中确立定位,衡量它的意义,并评估我们通过熟悉它学到了多少东西。

毕竟,无论它们自身看上去多么有趣、多么新颖,孤立的事实于科学并无价值。真正的科学研究不同于猎奇,后者追求的是古怪、奇特和异常——轰动欲和收集癖是促成猎奇的双重刺激因素。而科学则必须对事实进行分析和归类,从而将事实置于一个完整的有机体中,纳入一个试图对其各个方面进行分组的系统中。

当然,我不会对前面各章中的经验资料妄加推测,也不会加入任何假设。我要做的只限于反思该制度最普遍的方面,并试图在某种程度上更清楚地说明在我看来存在于各种库拉习俗深处的思想态度。我认为,在以后进行的其调查对象与库拉类似的田野调查及理论研究中,我们应对这些具有普遍性的观点加以考虑和检验,这样才可能证明它们对以后的科学研究有益。我们可能认为,把新现象交给同事考虑是新现象编年记录者的特权;然而,这既是特权,也是责任。因为,除了他对事实有第一手的认识外,如果他的报告写得很好,他就能成功地将他知识中最好的部分传递给读者——对民族志现象的基本方面和特点进行的概括终究是经验式的。因此,在其报告行将结束之际,对描述过的制度进行全面的总结概括,是编年记录者应完成的任务。

如上所述,在某种程度上,库拉似乎是一种新型的民族学事实。其新颖之处有一部分在于其广大的社会影响和地理跨度。一个大型的部落间关系用明确的社会纽带将广阔的区域和众多的人口连为一体,用明确的相互义务关系将他们捆绑在一起,让他们共同遵守详细的规则和规矩——想想它所处的文化水平,可以说,库拉是一个极为庞大和复杂的社会机制。这一广大的社会共同关系和文化影响网络,一刻都不能被看成是短暂的、新生的和不稳定的。其高度发展的神话和巫术礼仪表明,它已在这些土著人的传统中深深地扎根,有着古老的历史。

另一个不同寻常的特征是交易本身的特性,该特性是库拉的实质。库拉是一种半商业半礼仪的交换,是为了它自己的缘故而进行,为了满足深切的占有欲而进行。但是,这种占有不是一般的,而是特殊的占有,人们轮流、短暂地占有两类物品的个体样品。虽然从永久性上看这种所有制并不完整,但却因为连续占有的数量而得到加强,我们可称之为"积累性占有"。

另有一个方面非常重要,或许最为重要,它或许还最能揭示库拉不同寻常的特性,这个方面就是土著人对财富象征物的思想态度。这些财富象征物既不被用作,也不被视为金钱或货币,他们与这些经济工具没什么相似之处,如确有什么相似之处,也只在于金钱和瓦古阿都代表凝结的财富。瓦古阿从不被用作交换媒介或价值尺度,而这是货币和金钱的两个最重要的功能。每件属于库拉类物品的瓦古阿一生只有一个主要目标——被占有和被交换,只有一个主要作用,并只为一个主要目的服务——沿着库拉圈循环流动,以某种方式被占有、被展示,我们一会儿将会讲这个问题。每件瓦古阿不断经历的交换是一种非常特殊的交换:其流动的地理方向受到限制,可进行交换的社会圈子狭窄,同时还要遵守各种严格的规则和规定;既不能将之描绘为以物易物,也不能将之视为简单的礼物馈赠和收取,也不是任何意义上的交换游戏。事实上,它就是库拉,一种全新类型的交换。正是通过这种交换,正是因为它们经常可以到手、是竞争性欲望的对象物,正是因为它们是引起嫉妒并赋予人们社会荣誉和名望的方式,这些物品才具有很高的价值。事实上,它们是土著人生活中的主要兴趣之一,是他们文化清单上的主要条目之一。因此,库拉最为重要和最不寻常的特征之一就是库拉瓦古阿的存在,这些不停循环和不断交换的宝物,因这种循环和循环的特点获得了价值。

交换宝物的行为必须符合一定的准则,该准则的主要基本原则就是,库拉交易不是讨价还价。交换的价值必须等值,但必须是偿还者自己意识到习俗和他自身的尊严要求他这样做的结果。赠送时附着的礼仪、携带和处理瓦古阿的方式,都清楚地表明这不只是商品。的确,对土著人而言,它是赋予他们尊严、提升他们地位的物品,因此要以崇敬和喜爱之情待之。他们交易时的行为表明瓦古阿不只被认为具有很高的价值,还受到仪式性的对待,引起情感反应。这一认识因瓦古阿的其他用途得以证实并深化,因为除库拉物品外,其他宝物,如卡洛马腰带和石制大斧刃也具有那些用途。

因此,当土著人在村里或村子附近发现化身为蛇或陆蟹的邪恶精灵陶瓦乌时,就会礼仪性地把一些瓦古阿摆在它面前。这样做不是为了通过供奉礼物来贿赂它,而是要直接影响它的心,让它变善。在每年的收获庆典暨舞蹈季米拉马拉期间,灵魂将返回自己的村落。届时由这个村子占有的库拉宝物及斧刃、卡洛马腰带、多加吊坠等永久性瓦古阿,会被放在平台上,祭祀性地展示给灵魂,这种做法和风俗叫约洛瓦(参照第二章第七节)。因此,瓦古阿是对神灵最有效的供奉品,能让他们的心处于一种愉悦的状态,用土著人常说的就是"让他们有好心境"。在约洛瓦中,生者向灵魂祭献他最珍贵的东西。土著人认为这些灵魂访客会把瓦古阿的灵魂或影子部分带回去,在图马沙滩上进行塔纳雷勒,就像库拉团在家乡的沙滩上对得到的宝物举行塔纳雷勒一样(参照第十五章第四节)。所有这些都清楚地表明了土著人的思想态度:他们认为瓦古阿自身就是极好之物,它不是可兑换的财富,也不是潜在的装饰物,甚至不是权力的工具。拥有瓦古阿这件事本身就是令人兴奋、舒服和舒畅之事。他们会一连几个小时端详把玩一件瓦古阿;有些时候,甚至摸一下它,都能沾上它的优点。

这一点在一个丧葬风俗中表现得最为清楚。一个人快死时,他的身边和身上会摆满宝物,其中一些是他所有的亲戚和姻亲拿来借给此刻使用的,一切结束后再拿回去,而这个人自己的瓦古阿则会在死后在尸体上再放一段时间(见整版插图65)。关于这个风俗,有各种说明和解释。有的说这是送给冥界的看守托皮莱塔(Topileta)的礼物;有的说死者必须带走宝物的灵魂,以便在图马获得高社会地位;一种简单的说法认为,摆放宝物只是为了装饰行将死去的人,让他在最后时刻更幸福。所有这些信仰无疑是同时存在的,都符合并表达了风俗背后的情感态度,即宝物的慰藉作用。用于垂死之人时,它是一件好东西,能带来愉快,同时能慰藉人且让人增强信心。他们把它放在垂死之人的额头上、胸上,用它抚摸他的肚子和肋骨,还在他的鼻子前面晃动。我经常看到土著人这样做,事实上,我观察到他们做了好几个小时。我相信,该风俗深处有一种复杂的情感和智慧:既渴望生命的鼓励,又要为死亡做准备,即要让他紧紧抓住这一世,又要为另一个世界装备好,但最重要的是,他们深信瓦古阿是至高无上的慰藉,用它们围绕一个人甚至能让他在最不幸的时候没那么不幸。同样的心态很可能也是另一个风俗背后的原因——死者遗孀的兄弟应该向死者的兄弟送一件瓦古阿,这件瓦古阿当天会被送回去。但是,这段保留时间已足以安慰在土著人的亲属关系观念中那些最直接遭受死亡打击的人。

在这一切中,我们看到的是同样的思想态度:赋予浓缩的财富极高的价值,以严肃、恭敬的方式对待它,在观念和感情上都认为它蕴藏了最好的东西。土著人对瓦古阿的重视与我们对财富的重视大为不同。圣经中的金牛象征也许应用在他们的态度上比应用在我们的态度上更合适,不过,要说他们"崇拜"瓦古阿就不太正确了,因为他们什么都不崇拜。或许,就库拉的事实和刚才引述资料所表达的意义而言,也就是说,就库拉宝物在一些最重要的土著生活行为中受到仪式性地对待而言,瓦古阿或许可被称为"崇拜品"。

因此,库拉在几个方面向我们展示了一种新型现象,它处于商业和礼仪的交界处,表达了一种复杂而有趣的思想态度。它虽然新颖,但很难说是唯一的,因为我们很难想象,规模这么大、明显与人性的基本方面深深相关的社会现象只是一种游戏和怪诞行为,只在地球上一个地方存在。我们一旦发现了这一新型民族志事实,就可希望在其他地方也存在类似或同源的事实,因为我们的科学史多次表明,发现一种新型现象后,用理论对其进行讨论分析,随后便可在世界各地发现这种现象。例如,塔布(tabu)原本是个玻利尼西亚词语和风俗,却被用作在野蛮蒙昧和文明的种族中找到的类似规定的原型和名祖(eponym)①。图腾制度最早发现于一个北美印第安部

---

① 指由人名转化而来的词,如 nicotine(尼古丁)。——译者

496 西太平洋上的航海者

整版插图 65　　一具覆盖着宝物的尸体

在这个男人临终前覆盖在他身上的大量宝物,包括大斧刃,已被拿走。只有他个人所有的宝物还留在尸体上,这些宝物将在下葬前被拿走。(见边码第 512 页)

落，由弗雷泽著书阐释，后来世界各地都对该现象进行了广泛而全面的记录，以致这位历史学家在重写他早年的那本小书时，竟将其扩充为四卷。马纳（mana）的概念最早在一个小美拉尼西亚社区里被发现，随后，休伯特（Hubert）、莫斯（Mauss）、马雷特（Marett）和其他人的著作都证明了它具有根本重要性，无论有无名称，在所有土著人的巫术信仰和实践中，马纳无疑都存在，而且是大量地存在。这些是最经典、最有名的例子，如果需要，还可以补充其他例子。"图腾型"、"马纳型"或"塔布型"现象可见于所有的民族志地区，因为其中的每个概念都代表了野蛮人对现实的基本态度。

库拉亦然，如果它代表的是某个类型的人类活动和思想态度，这个类型新颖却不怪诞，事实上，只要是一个基本类型，我们就可以期望在各种其他民族志地区找到类似和同源的现象。因此，我们就可以留心一些经济交易，它们也对被交换或被处理的宝物表达了一种恭敬得近乎崇拜的态度，也暗示了一种新型的所有制，这种所有制是暂时的、间断性的、积累性的，这些交易也是通过一个庞大复杂的社会机制和各种经济活动体系进行的。这样的经济交易就是库拉型的半经济、半礼仪性活动。如果期望能在其他地方找到该制度一模一样的复制品，其细节之处完全相同，如宝物的移动路径也是个圈，每类宝物也必须沿固定的方向移动，也存在索求礼和过渡礼，这样的期望无疑是徒劳的。所有这些技术细节既重要也有趣，但它们很有可能与库拉当地的特殊情况有这样或那样的关联。我们能期待在世界其他地方找到的是库拉的基本观念及其主要框架中的社会安排，这些才是田野调查者应留心注意的内容。

对主要关心进化问题的理论研究者而言，库拉可能就财富和价值的起源、一般的贸易和经济关系的起源提供了一些反思材料。库拉还可能在一定程度上揭示了礼仪生活的发展、经济目标和野心对部落间交往的演变和原始国际法演变的影响。对主要从文化接触的角度看民族学问题及关心制度、信仰和物品如何通过传递（transmission）而得到散播（spread）的学者而言，库拉也同样重要。这是一种新型的部落间接触、一种新型的共同体间关系，这几个共同体在文化上的差异虽小，但却清楚明确，这不是一种间歇的或偶发的关系，而是一种有规律的、永久的关系。且莫说试图解释各部落间的库拉关系如何起源的问题,我们首先面临的是一个明确的文化接触的问题。

以上数言足矣,因为我不想进行任何理论推测。然而,库拉有一个方面需要我们从它理论重要性的角度加以关注。我们已看到,在这一制度中,几个方面紧密交织、相互影响。以经济活动和巫术仪式为例,这两个方面形成一个不可分开的整体,巫术信仰的力量和人为的努力彼此塑造、相互影响。关于这是如何发生的,前面的章节已详细描述过。①

但是,在我看来,更深入地分析和比较文化的两个方面以何种方式在功能上相互依赖,可能会为理论思考提供一些有益的素材。事实上,在我看来,这里有发展一个新型理论的空间。时间上的连续及前阶段对后阶段的影响,是进化研究的主要研究对象,英国人类学古典学派〔泰勒、弗雷泽、韦斯特马克、悉尼·哈特兰(Sydney Hartland)、克劳利(Crawley)〕研究的正是这些。民族学学派〔拉米尔(Ratzel)、富瓦(Foy)、格拉布纳(Grabner)、W.史密德(W. Schmidt)、里弗斯和埃利奥特·斯密斯(Eliott-Smith)〕研究文化通过接触、渗透和传递产生的影响。人类地理学(拉策尔等人)研究环境对文化制度及种族的影响。研究一个制度各方面之间的相互影响,研究该制度得以建立的社会和心理机制,是理论研究的一个类型。这类理论研究时至今日仍只是一种尝试,但我敢预言,它迟早会得到承认。这种研究将为其他研究铺垫道路、提供资料。

在前面的某两处地方,为了批评有关原始人之经济性的观点,我曾较为详细地讲了些题外话,因为那种观点不仅存在于我的习惯性思维中,还存在于一些教科书中——什么都不想要、只想满足自己最简单的需求并根据最省力的经济原则来满足需求的理性人的概念。这个经济人总是准确知道他的物质兴趣在哪儿,并沿直线朝它前进。在所谓的唯物史观的深处,有一个有些类似的人的概念,认为人在设计和追求一切事物时,他心里所想的只有纯粹功利的物质利益,别无其他。现在我希望,无论库拉对民族学可能有何意义,对一般的文化科学而言,库拉的意义将在于它有助于我们去除那些简

---

① 另见前面引用过的文章,载于《经济学杂志》(1921年3月)。

陋的、理性主义的原始人概念,并引导推断者和观察者深入分析经济事实。的确,库拉向我们表明:整个原始价值的概念、称一切有价值的物品为"金钱"或"货币"的错误习惯、当下流行的有关原始贸易和原始所有制的观点,所有这些都需根据我们的库拉制度加以修正。

在本书开篇的引言中,我在某种程度上向读者承诺,该书将为他们呈现一幅生动的事件图景,让他们用土著人的视角看那些事件,与此同时,读者每时每刻都能看到我取得资料的方法。我尽可能呈现了所有具体的事实,让土著人在读者的脑海中为自己说话、让他们自己交易、自己开展活动。描述时,我努力用事实和细节说话,并配上文献、数据和实际发生的案例。但与此同时,正如我一再所言,我坚信真正重要的不是细节,也不是事实,而是我们对细节和事实的科学利用。因此,库拉之细节和技术问题的意义只在于它们表达了土著人一些重要的思想态度,因而增加了我们的知识、扩展了我们的视野、深化了我们对人性的理解。

在对土著人的研究中,真正让我感兴趣的是他对事物的态度、他的思想(Weltanschauung)、他借以呼吸和借以生活的生活气息和现实。每个人类文化都赋予其成员一种确定的世界观和一种明确的生活热情。当我在人类历史中徜徉、在地球表面上漫步时,一直最让我着迷、让我真正地想去深入其他文化、理解其生活类型的,正是这种从各种不同文化的独特视角去观察生命和世界的可能性。

在一个古怪异常的事实前停留片刻,被它逗乐一笑,看看它奇怪的外表,把它当作一件稀有物品收藏到自己的记忆博物馆或趣闻轶事库——这种思想态度一向与我的本性相异,令我反感。对不同文化中外表奇怪、乍看上去无法理解的所有事物,有些人不能理解其内在意义和心理现实,这些人生来就不适合做民族学家。是否喜欢通过消化和理解一个文化中的所有事项从而形成最后的总结,更为重要的是,是否热爱各种文化的多样性和独立性,这些问题能检验一个人是否能够成为人的科学的真正研究者。

然而,比热爱接触各种不同人类生活方式更深刻、更重要的是,渴望把这种知识转化成智慧。我们可以暂时走进野蛮人的精神世界、通过他的眼睛看外面的世界、自己感受他做自己时一定会有的感受,然而,我们的最终

518 目标是丰富和深化我们自己的世界观、了解我们自己的本性，使之在智慧和艺术上更完美。领会其他人的基本世界观时，带着尊敬和真正的理解，甚至对土著人也是这样，由此我们就一定能扩展我们自己的世界观。如果我们从不离开每个人生下来就存在于其中的习俗、信仰和偏见的狭窄桎梏，就不能达到"知晓自己"的苏格拉底式终极智慧。在这个具有终极重要性的问题上，养成从他人的角度去看待他的信仰和价值的思维习惯，比任何东西都更能让我们受益。现在，当偏见、恶意和报复让所有欧洲国家彼此心生嫌隙时，当作为文明的最高成就而受到珍视和宣扬的所有科学和宗教理想被抛入风中时，文明的人类比以往任何时刻都需要这种宽容。"人的科学"将以其最完善和最深刻的形态，让我们在理解其他人观点的基础上获得这种知识、宽容和慷慨。

民族学的研究——常常被它自己的追随者误以为是无聊的猎奇，是在有着"野蛮习俗和原始迷信"的野蛮而奇特之人中间的闲逛——可能会成为一门最深刻、最有启发性和最高尚的科学研究。呜呼哉！民族学已没有太多的时间，关于其真正意义和重要性的这个真相是否来得及为人所知呢？

索 引

（所标页码为原书页边，即本书边码）

Accounts, native, verbatim：一字不差的土著人的叙述：海难和营救 256,258；卡洛马制作 373
Adultery 通奸，～的案例 484
Amphlett Is 安菲莱特群岛 45,46；～的景色，267；～的居民 46—48；～的村落 46—47；作者在～的经历 379—385；～的酋长制 469。参见 Trade；Pottery；Departure of Kula parties from A.
Armshells 臂镯，库拉中的～交换 87；～的制造 502,503；～进入库拉 503；～的命名 504
Armstrong, W. E. 阿姆斯特朗，W. E.，～在南马辛人中的调查 493 注释
Arrival 抵达，库拉团～安菲莱特群岛 268,270；～多布 350；多布船队～安菲莱特群岛 384；多布船队在锡纳凯塔的～和接待 387—389；在锡纳凯塔～家乡 375；～基塔瓦 486
Atu'a'ine, Aturamo'a, Sinatemubadiye'i 阿图阿伊纳，阿图拉莫阿，西娜泰穆巴迪耶伊，神话人物 331,332。参见 Pokala

Bagi 巴吉。参见 Soulava
Baloma (spirits) and magic 巴洛马（灵魂）和巫术 422,423
Barter, ceremonial 以物易物，礼仪性的～ 187—189。参见 Trade
Barton, F. 巴顿，F.，论西里贸易远航 1 注释
Basi 巴西，库拉中的过渡礼 98,355—357
Beauty magic 美容巫术 335,336
Behavior of natives 土著人的行为，～的研究 17—22
Beku 贝库，在库拉中交换的石刃 358。参见 Kukumali
Betel Nut 槟榔，巫术中的～ 199,361
Bisila 比西拉，漏兜树飘带 216,217；～巫术中各处
Bomala (taboo) 博马拉（禁忌）424。参见 Taboo
Bosu 博苏，在库拉中交换的鲸鱼骨石灰刮刀 358

Bulubwalata 布卢布瓦拉塔，邪恶巫术 143,395
Bwaga'u 布瓦加乌。参见 Sorcery

Cannibalism 食人俗，～的神话暗示 321,322,331
Canoes 独木舟 第四章；～的稳定原则 108—113；三类～ 112,113；独木舟建造劳动的社会组织 113—116；～的所有权 116—120；～的礼仪性建造 第五章；～巫术 125。参见 Launching；Sailing；Tasasoria；Kabigidoya；Magic；Nagega；Masawa；Yawarapu；Compartments of a C.
Ceremonial objects 礼仪性物品 89,90,151
Charts 图表，作为方法的工具 12—15。参见 Method
Chiefs 酋长，锡纳凯塔的各位～ 196
Chieftainship 酋长制。参见 Trobriand I. natives；Amphlett Is.
Circulation of vaygu'a on the Kula ring 瓦古阿在库拉圈上的循环 92,93
Commercial honour 商业信誉，库拉交易中的～ 95,96。参见 Quarrelling
Communal Labour 集体劳动 159—163
Compartments 舱室，独木舟的～ 204。参见 Gebobo
Conch shell 海螺号，～巫术 340—342
Concrete evidence 具体证据，～的方法 12—17
Conversations 谈话，关于库拉的～ 214。参见 Partnerhsip
Cultural districts 文化区，库拉的～ 29—33，第一章第二节到第五节，78—80；特罗布里恩群岛的文化区 第二章第一节到第七节。

Dabwana 达布瓦纳。参见 Dogina
Dangers of sailing 航行危险，真实的～ 22,222,228；传奇中的～ 221,232—236,291—297。参见 Shipwreck

Dates 日期，~的确定 271，380，382。参见 Synchronizing events

Departure 启程，海外远航的~ 第七章；从锡纳凯塔~ 205，206；库拉团从安菲莱特群岛~ 290；从多布~ 365；多布船队从安菲莱特群岛~ 384，385

Distributions, ceremonial 礼仪性分配。参见 Eguya'i，Madare，Sagali，So'i

District of the Kula 库拉区 第一章；~的分区 29—33。

Dobu, district of 多布，~地区 38—40；~部落 39—43；多布人的容貌 40；~的习俗 41—43；在~的库拉 第十四章；从~出发的库拉远航 第十六章。

Doga 多加，在库拉中交换的环形野猪长牙 357

Dogina 多吉纳，巫术咒语的结束语 433；~的语音特点 447

Economics of primitive man 原始人的经济学 60，85，96—98，167—176。参见 Value

Eguya'i 埃古亚伊，在多布的食物分配 378

Evolution 演变，没有~的观念 301

Field work 田野调查，~的初次经历 4—6；~的适当条件 6—8。参见 Method

Flying canoe 飞行独木舟，~的神话。参见 Kudayuri；Mulukwausi and the flying of canoes

Foodstuffs 粮食，特罗布里恩群岛与~有关的心理 168—172。参见 Sagali

Frazer, Sir James 詹姆斯·弗雷泽先生，宗教和巫术的区分 73 注释；论巫术的心理原则 338 注释；图腾的概念 514

Gardens and Magic 园圃和巫术，特罗布里恩群岛的~ 59，60

Gardiner, A. H. 加迪纳，A. H.，论语言学方法 24 注释

Gebobo 格博博，独木舟的主舱 204；~巫术 205

Gere'u 盖勒乌，文化英雄 307

Gifts 馈赠/礼物。参见 Give and Take

Gilmour, Rev. M 传教士 M. 吉尔摩，论特罗布里恩的贸易 500 注释，501 注释

Gimwali (trade) 金瓦利（贸易）96，189—191，362—364

Give and Take 赠予和收取，特罗布里恩部落生活中的~ 167；~的心理 173—176；馈赠一览表 176—191；~的社会学 191—194；卡洛马手工制造业中的~ 372—374。参见 Basi；Gimwali；Kaributu；Kinship and Presents；Ko-

rotomna；Kudu；Kwaypolu；Kula；Laga；Mapula；Pari；Pokala；Puwaya；Talo'i；Trade；Vata'i；Wasi

Gora 戈拉，丧葬禁忌 489

Gumagabu 古马加布，~传奇和歌谣 292—297

Gwara 格瓦拉，在多布的禁忌 346，347，350

Hardon, A. C. 哈登，A. C.，对研究方法的改进 3 注释；论新几内亚的种族划分 28；轮文化的迁移，各处注释

Historical changes 历史演变 145，288，289，321

Historical perspective 历史观，~的缺乏 300

Hubert, H. and the concept of mana 休伯特，H.，与马纳的概念

Inland, Kula 内陆库拉 第十九章；在特罗布里恩群岛 464—477；在其他地区 477

Institutions 制度，~的研究 11—15。参见 Method

Intertribal relations 部落间关系，消息如何在部落间传播 379—382

Jenness, D. and Ballantyne A. 詹内斯，D. 和巴兰坦，A. 引用~ 43；论传教的功绩 467 注释

Kabigidoya 卡比吉多亚，独木舟的展示礼 163—166，184

Kalipoulo 卡利保洛，捕鱼独木舟 112

Kaloma (spondylus shell) 卡洛马（海菊蛤贝壳），~的采集和制作 第十五章；~制造的分布 367；神话 367，368；~巫术 369—371；~的礼仪性采集；~的制造 371—374

Kaributu 卡里布图，库拉中的索求礼 99，354，358。

Kariyala 卡里亚拉，巫术预兆，瓦尤戈的~ 320，422

Kasabwaybwayreta 卡萨布瓦布瓦雷塔，库拉的文化英雄 322—326

Katudababile 卡图达巴比尔，在库拉中交换的项链 358

Katuyausi 卡图姚西，在特罗布里恩群岛的性交之旅 55

Ka'ubana'i 卡乌巴纳伊，祈安巫术 345—349；去基塔瓦的远航不施行~ 478

Kayga'u 凯加乌，迷雾巫术 245—266；关于~起源的神话 262—264

Kaytalugi and Kokopawa 凯塔卢吉和科科帕瓦，

索 引 **503**

神话中的地区 223,224
Kaytaria 凯塔里阿,营救巫术 261,262
Kewo'u 克沃乌,小独木舟 112
Kinship 亲属关系,特罗布里恩群岛的～ 71,72;亲属关系和礼物 177—186,191—193
Kitava 基塔瓦,在～的库拉 第二十章;在库拉圈中的特殊地位 488
Kiriwina 基里维纳,从～到基塔瓦的库拉远航 第二十章
Korotomna 科罗托姆纳,次要礼物 355
Kudayuri myth of the Flying canoe 飞行独木舟的库达尤里神话 311—321
Kudu 库杜,库拉中的成交礼 98,356,357
Kukumali 库库马利,用于制作石器的绿石 481,482
Kula 库拉,～的概括性描述 第三章;～的简要定义 81—84;它的经济性质 84—86;它的主要规则和方面 91—95;库拉作为宝物的交换 95—99;它的次要规则和方面 99—102;～神话 第十二章第三节到第五节;在～中交换宝物 352—357;～内礼物的礼仪性呈现 388—389;～的意义 第二十二章;作为一类民族学事实 513—515。参见 Conversations; Dobu; Social grouping; Synchronising events; Technicalities; Trade; *Wawoyla*
Kula community 库拉共同体,定义～ 103;一个～内的交易 470—475;特罗布里恩群岛内～的界线 475—477
Kula magic 库拉巫术。参见 *Mwasila*; Magic
Kulturkreise 文化。参见 Cultural districts
Kulture-myths 文化神话故事 305
Kwaypolu 奎波卢,索求礼 354
Kwita 奎塔,传说中的大章鱼 234

Labour 劳动,～在特罗布里恩群岛的组织 156—163。参见 Communal Labour; Trobriand Is. natives
Laga 拉加,礼仪性购买 186,426
Lashing creeper 捆绑藤绳。参见 *Wayugo*
Launching of canoes 独木舟的下水 第四章第一节
Legends 传奇,古马加布 292,293
Lilava 利拉瓦,包了库拉货物的巫术包裹 202—204;～禁忌 230,335
Linguistic documents 语言文献 23,24;～的研究 第十八章

Madare 马代厄,在安菲莱特群岛的食物分配 379

Magic 巫术,巫术的体系 59;与独木舟相关联的～ 第五章各处,125,第八章第三节;连接神话和现实 303,304;巫术和库拉 第十七章;～的对象物 392—396;研究～背后的观念的方法 396,397;一种原始的力量 398—403;本质上是人的力量 400,401;与神话的关系 401,402;～的体系 412—420;库拉巫术一览表 415—418;～中的礼仪性要素 424,425;关于～的土著观点的简要总结 427。参见 Beauty magic; *Bisila*; *Bulubwalata*; Canoes; *Gebobo*; *Lilava*; *Kaloma*; *Kayga'u*; *Ka'ubana'i*; *mulukwausi*; *Mwasila*; Safety; Sailing; Shipwreck; *Sulumwoya*; Trobriand Is.; *Vilamalya*; *Wawoyla*; *Wayugo*; Wind; *Yawarapu*
Magical filiation 巫术亲缘关系 411,412
Magical power 巫术法力,词语的巫术法力 第十八章
Magical power and practical efficiency 巫术法力和实际功效 420,422
Magical substance 巫术物质。参见 Rites
Magician 巫师,～的一般条件 409—412;～的禁忌 409,410;～的社会学 410,411;～的经济状况 426,427
Mailu tribe 迈鲁部落,～中的贸易 2;与马辛的文化关系 34;～的臂镯制造 503 注释
Mapula 马普拉,回报 178,179,182,183
Marett, R. R. and the concept of *mana* 马雷特,R. R.,和马纳的概念 514
Masawa 马萨瓦,航海独木舟 112,144,145。参见 Canoes
Massim 马辛(人),～的种族分区 28—29;对南马辛各部落的描述 第一章第三节,33—38;～的村落 35,36;～的容貌 36;～的习俗 37,38;北马辛 78—80
Megwa (magic) 梅格瓦(巫术)。参见 Magic
Mauss, M., and the concept of *mana* 毛斯,M.,和马纳的概念 514
Mentality of natives 土著人的心态,对～的研究 22—24。参见 Method
Method of Ethnographic field work 民族志田野调查的方法 导论第二节到第七节;对它的清晰陈述是必不可少的 2—4,15,16;科学目的对～的影响 8—11;～的总结 24,25。参见 Concrete evidence; Charts; Field Work; Linguistic documents; Magic; Method in studying
Migrations 移民,库拉区里的～ 288,289

Milamala 米拉马拉，特罗布里恩群岛一年一次的宴席和灵魂返乡 72，184
Mint 薄荷。参见 *Sulumwoya*
Mortuary distribution 丧葬分配。参见 *So'i*；*Sagali*
Mulukwausi 穆卢夸西，飞行女巫 76，236，237—248，第十章各处；对付～的巫术 248—266；～的性质 238，239；～的模仿和训练 239，240；～的地位 240，241；～的飞行方法 241，242；～施加的妖术 242—244；与海难的关联 244—248；～和独木舟的飞行 320，321，393。参见 *Kayga'u*
Muwa 穆瓦，库拉远航的第一个和最后一个停靠地 第八章
Mwali 姆瓦利。参见 Armshells
Mwasila 姆瓦西拉，库拉巫术 102，147，第八章各处，第十三章各处，485，486
Myth 神话 第十二章；～的土著定义 299，300；神话和现实的区别 301—303，338—330；～的分层 304，305；～的社会学分析 326—328。参见 Atu'a'ine，Aturamo'a，Sinatemubadie'i；Clans 和 m；Gere'u；*Kaloma*；Kasabwaybwayreta；Kudayuri；Kultur-myths；Magic；Origins；Petrifaction；Tokosikuna
Myths 神话故事：
—托库卢布韦多加 263，264
—盖勒乌 307
—托科西布纳 307，308，309，310
—库达尤里 311，312，313，314，315，316
—卡萨布瓦布瓦雷塔 322—324
—阿图阿伊纳、阿图拉莫阿和西娜泰穆巴迪耶伊 331

Nagega 纳盖加，航海独木舟 144，145，496。参见 canoe
Natives, dying out of 土著人的消亡，～的原因 465—468。
Natives 土著人。参见 Trobriand Is. natives；Massim；Races；Dobu；Amphletts
Necklaces 项链。参见 *Soulava*，*Katudababile*
Northern Massim 北马辛。参见 Massim
Nuwakekepaki 努瓦凯凯帕基，会跳的石头 235
Octopus 章鱼。参见 *Kwita*
Organisation of savage communities 野蛮社区的组织 9，10
Orgastic Licence 性放纵，特罗布里恩群岛除草季的～ 53，54

Origins of institutions 制度的起源，关于～的土著观念 305
Origins of magic 巫术的起源 398—403
Ownership, in the Trobriands, defined 定义特罗布里恩群岛的所有权 117
Ownership, of the Kula articles 库拉物品的所有权 94

Pari 帕里，库拉货物；（尤指）见面礼 205，268，269，335，355，361，362，390。参见 *Vata'i*
Partnerships 伙伴关系，简要定义～ 91，92；～内的社交 270，273；～的社会学 第十一章第二节，274；～的限制 275；一般的伙伴关系 275；伙伴名单 276；进入～ 278；女性充当伙伴 280
Payments 酬劳/馈赠。参见 Give and Take
Petrifaction 石化，神话中的～ 40，44，298，330—333。
Pokala 波卡拉，库拉中的索求礼 99，205，354—356，360。
Pokala 波卡拉，给酋长的贡礼 181
Pokala 波卡拉，给男亲戚的酬劳 185，186
Pokala 波卡拉，供奉给神话人物的祭品 332—334，378
Pottery in the Amphletts 安菲莱特群岛的陶器 282—286
Presents 礼物。参见 Give and Take
Provinces, in the Trobrians Is. 特罗布里恩群岛的大区 66—70
Prow-board 船头围板。参见 *Tabuyo*
Puwaya 皮尤瓦亚，劳动酬劳 129

Quarrelling, in the Kula 库拉中的争吵 358—360。参见 Commercial Honour

Races 种族，新几内亚的～ 27—29。参见 Massim
Rank 等级。参见 Trobriand Is. natives
Return visit of the Dobuans to Sinaketa 多布人对锡纳凯塔的回访 第十六章
Return journey of the Sinaketans 锡纳凯塔人的返乡之旅 374，375
Rites 仪式，对巫术仪式的一般性分析 403—408；巫术仪式中使用的物质 452，453
Rivers, W. H. R. 里弗斯，W. H. R.，～对方法的改进 3 注释；～的系谱分析法 14

Sailing 航行/航海，第四章；～的社会学 120，121；～

巫术 215—218；在皮洛卢上～第九章；～技术 226,228；～中的亚氏族特权 230—232。参见 Dangers；Stars；Wind

Safety magic 祈安巫术。参见 *Ka'ubana'i*, *Kayga'u*

Sagali 萨加利, 礼仪性食物分配 148—150,170, 182,183；在一次尤瓦拉库中的～ 211—214

Sago 西米，～的制作 377,378

Sarubwoyna 萨鲁布沃纳,库拉巫术的海滩 第十三章,44

Scenery 景色,～和神话 298

Scenery 景色,新几内亚东端的～ 33,34；多布的～ 43—45；安菲莱特群岛的～ 45,46,267；特罗布里恩群岛的～ 49,51；泻湖村的～ 195,196；皮洛卢上的～ 219,221；弗格森岛东南端的～ 290

Seligman, C. G. 塞利格曼教授, C. G.
　—论南马辛人中的贸易 2
　—对方法的改进 3 注释
　—田野调查的方法 14
　—论新几内亚的种族划分 28,31
　—论南马辛人的习俗 37,38
　—论北马辛人的类型 51 注释
　—论特罗布里恩习俗 66,70 注释,79 注释
　—论南海岸上的贸易 86 注释
　—论飞行女巫 238
　—论苏洛加的绿石矿场 482 注释
　—论马绍尔本尼特群岛的景色 485
　—论瓦拉加宴席 487
　—论南马辛的禁忌 489
　—论丧葬宴席 493
　—论在图贝图贝的贸易 495,496,499
　—"通货"一词的使用 499 注释

Sex, laxity in the Trobriands 特罗布里恩群岛的性放纵 53,54；性交的酬劳 179,182；在多布的性关系 42,364；在安菲莱特群岛的性关系 47, 272,273；海外远航中的性交 272。参见 *Katuyausi*, Orgiastic licence

Sexual taboo 性禁忌/禁欲。参见 Taboo

Shipwreck 海难 第十章；在～中溺水的危险 244—247；～的故事 256—261；～营救 256—262。参见 *Kayga'u*, *Kaytaria*, *Mulukwausi*

Sinamatanoginogi 西纳马塔诺吉诺吉, 传奇中的雨 235

Sociology and myth 社会学和神话。参见 Myth, sociological analysis of

So'i 索伊, 与库拉关联的丧葬宴席 102,489—493

Social Grouping of a Kula party 一个库拉团内的社会小集团 197,198。参见 Sailing, Canoes

Songs 歌谣,古马加布～ 293,296

Soulava 索拉瓦, 在库拉中交换的用海菊蛤做的贝壳圆片项链 86,87。参见 *Kaloma*

Southern Massim 南马辛。参见 Massim

Sorcery 妖术, 特罗布里恩群岛的～ 73—76, 393。参见 *Mulukwausi*

Spells 咒语,巫术咒语,关于～的土著观念 401—403；～和仪式 404—408；人体解剖学下的～ 408,409；意义的理论 432；～的口头念诵；～的语音特点 442—452

Spells, in native, fragments of: 用土著语表达的咒语片段：
　—凯加加比尔 443—445
　—卡杜米亚拉 445
　—比西拉 445
　—卡伊库纳维瓦 445
　—卡皮图内纳库杜 446
　—亚瓦拉普 448,449
　—格博博 449
　—塔乌亚 449
　—吉约塔纳瓦咒语二 450
　—凯塔里阿 451

Spells 巫术咒语：
　—瓦布西托奎～ 127
　—凯芒瓦乌～ 129
　—卡皮图内纳杜库～ 130,131
　—利戈古～ 132
　—瓦尤戈～ 137—139,429—438
　—亚瓦拉普～ 198,199
　—苏卢沃亚～ 200,201,439—442
　—凯姆瓦洛约～ 201,202
　—利拉瓦～ 202,203
　—格博博～ 205
　—卡杜米亚拉～ 215
　—比西拉～ 216
　—卡伊库纳维瓦～ 217
　—吉约罗凯瓦咒语一（莱亚凯加乌）249—252
　—吉约罗凯瓦咒语二（普瓦卡凯加乌）252,253
　—吉约塔纳瓦咒语一（达库纳凯加乌）254
　—吉约塔纳瓦咒语二 254,255
　—凯塔里阿～ 261,262
　—托库卢布韦多加的凯加乌～ 264,265

—凯卡卡亚~337,338
—塔洛~339,340
—塔乌亚~340—342
—卡伊库纳塔布约~343
—卡瓦利库利库~343,344
—凯塔维莱纳莫伊纳瓦加~344
—卡乌巴纳伊~347,348
—克沃伊加帕尼~361
Spirits 灵魂。参见 *Baloma*;*Milamala*;*Tauva'u*;*Tokway*
Stars 星星,航行中的星星 225,226
Stone implements 石器。参见 *Kukumali*
Stones, jumping 会跳的石头。参见 *Nuwakekepaki*;*Vineylida*
Sulumwoya 苏伦沃亚,芳香的薄荷,~巫术 135, 200—202。
Subclans 亚氏族。参见 Trobriand Is., Totemism;Sailing
Synchronising events 同步事件,库拉中的~379—384,386

Taboos 禁忌,库拉远航前遵守的性~198;海航的~229—230;库拉团员不在时村落须遵守的~484;库拉争取中的~360;保护性~的制度 425,426。参见 *Gora*,*Gwara*
Tabuyo 塔布约,装饰性的船头围板 134,135,147
Talo'i 塔洛伊,道别礼 362,365,336,390,391
Tanarere 塔纳雷勒,对宝物的比较 374,375,391
Tapwana 塔普瓦纳,巫术咒语的正文 433;对一个~的分析 436—438;~的语音特点 446,447,449,450
Tasasoria 塔萨索里阿,独木舟的试航 第六章第一节。参见 Canoe
Tauva'u 陶瓦乌,邪恶精灵 76,77;~和库拉 325,393
Technology of pot making 制陶的工艺 284—286
Technicalities of the Kula 库拉的技术细节 第十四章
Texts, in native statements quoted verbatim: 一字不差引述的土著文本:129,205,206,209,213,229,231,247,254,270,271,273,276,299,302,332,336,346,346,347,348,356,360,362,364,388,389,400,421,422,423,441。参见 Accounts, Legends, Myths, Spells, Songs

Texts, in native with translation and commentary: 有译文和注解的土著文本:455—459,460—461,461—463,473,482,484,491,501,501—502
Tokosikuna 托科西库纳,库拉的文化英雄 307—311
Tokway 托奎,树精 77,125—128,393。
Toli 托利。参见 Ownership
Toli'uvalaku 托利尤瓦拉库。参见 *Uvalaku*
Toliwaga 托利瓦加,独木舟的所有者或主人 117—120。参见 Sailing; Compartments of a Canoe
Totemic clans 图腾氏族,~和凯加乌神话 263,264;~和库拉神话故事 321,368;~和巫术 401。参见 Trobriand Is. Natives
Trade 贸易,南海土著人中的~"引言"第一节;为库拉做预备的 165,166;在库拉中是次要的 99,100,361—365;在安菲莱特群岛的~282,286—288;基里维纳和基塔瓦之间的~480,481;库拉东部分支的~498—500。参见 *Gimwali*;Mailu
Trading expeditions 贸易远航,从特罗布里恩群岛西部出发的~500—502
Tradition 传说,传说的分类 299;~的力量 326—328
Trobriand Island natives 特罗布里恩岛的土著人 第二章;~的容貌 51—53;~的等级 52;~中的妇女和性 52—55;~的村落 55—57;~的园圃 57—62;~的酋长制 62—70;~中的图腾制度、氏族和亲属关系 70—72;~的宗教和巫术 72—78。参见 Foodstuffs; Give and Take; Kinship; Labour; *Milamala*; Provinces; Scenery; Sorcery
Tubetube 图贝图贝,在~的库拉 495—498。
Urigubu 尤里古布,每年送给姐妹的丈夫的食物 61,63—65,181。
U'ula 尤乌拉,巫术咒语的绪言或开头 433;对一个~的分析 434—436;~的语音特点 446,447,449,450
Uvalaku 尤瓦拉库,礼仪性、竞争性远航 207—201;描述一次~远航 第十六章各处,351,353,354;关于~的安排 376,377;一次~的时间表 381;基里维纳和基塔瓦之间的~480,482—489

Vaga 瓦加,库拉中的启动礼 98,352—357

Value 价值,原始社会中的经济~168—173;~的土著概念 351,352。参见 Economics,*Vaygu'a*

Valuables 宝物。参见 *Vaygu'a*;*Beku*;*Bosu*;*Doga*;*Katudababile*;*Mwali*;*Soulava*

Vata'i 瓦塔伊,抵达礼 390

Vaygu'a 瓦古阿,土著宝物 86—91;~的价值 172—173;进入和流出库拉圈 503,505,508;分析它的意义 510,513;~的礼仪性使用 512;死亡时的~512,513

Vilamalya 维拉马利阿,食物巫术 169

Vineylida 维内利达,会跳的石头 235

Waga 瓦加。参见 Canoes

Wasi 瓦西,用鱼换粮食的以物易物 187,188

Wawoyla 瓦沃拉,争取库拉礼物 353,354;~巫术 360,361

Wayugo 瓦尤戈,捆扎独木舟的蔓生植物/藤绳 126;~巫术 136—139。

Westermarck,E. 韦斯特马克,E.,采用~的术语 426

Wind 风,~和航行 224,225;~巫术 225

Witches 女巫。参见 *Mulukwausi*

Wooing for Kula gifts 争取库拉礼物。参见 *Kaributu*,*Kwaypolu*,*Pokala*,*Wawoyla*

Yawarapu 亚瓦拉普,铺独木舟的席子 198;~巫术 198,199

Yotile 约泰尔,库拉中的回礼 98,352—357

Yoyova 约约瓦。参见 *Mulukwausi*

Youlawada 库拉赠送的典礼 486,487

译 后 记

　　翻译这本书的过程是一个喜悦和忧虑夹杂的过程。喜悦，源于这本经典的人类学著作本身，它为我开启了一个不同的视野，让我感受到了翱翔于那些质朴的土著人中间的魅力，及民族志学者们的伟大贡献。忧虑，则源于压力，如何才能将这本经典著作最大限度地呈现在各位专家学者及对此书感兴趣的中文读者面前，直到今天，仍有遗憾之处。匆忙之中，必有错误和疏漏，敬请方家指正。

　　译事完成之际，想衷心地感谢一些人。这似乎流于俗套，但内心那份真挚的感谢之情，必须言明，才能安心。首先，感谢覃俐俐老师的引荐，让我获得了这个对我而言十分宝贵的机会。其次，非常感谢商务印书馆李霞老师一直以来给予的耐心、理解和各种帮助。此外，我曾就一些词句的理解向Ann Marie Ross女士和周蕴仪女士请教，还请好友蔡进阅读译稿，提出修改意见，愿借此机会向她们深表谢意。最后，感谢我的家人一直在我身边。

弓 秀 英
2015 年 2 月

图书在版编目(CIP)数据

西太平洋上的航海者/(英)马林诺夫斯基著;弓秀英译.—北京:商务印书馆,2016(2020.8重印)
(汉译人类学名著丛书)
ISBN 978-7-100-12009-8

Ⅰ.①西… Ⅱ.①马…②弓… Ⅲ.①土著人—社会人类学—研究—美拉尼西亚 Ⅳ.①D766.083

中国版本图书馆 CIP 数据核字(2016)第 036189 号

权利保留,侵权必究。

汉译人类学名著丛书
西太平洋上的航海者
——美拉尼西亚新几内亚群岛土著人之事业及冒险活动的报告

〔英〕马林诺夫斯基 著

弓秀英 译

商 务 印 书 馆 出 版
(北京王府井大街 36 号 邮政编码 100710)
商 务 印 书 馆 发 行
北京艺辉伊航图文有限公司印刷
ISBN 978-7-100-12009-8

2016 年 4 月第 1 版　　　开本 710×1000　1/16
2020 年 8 月北京第 2 次印刷　印张 34¾
定价:79.00 元